RWI-Mitteilungen

Zeitschrift für Wirtschaftsforschung

Jahrgang 53 (2002)

Wirtschaftlicher Strukturwandel und Wirtschaftspolitik auf dem Wege in die wissensbasierte Ökonomie

Festschrift für Paul Klemmer

Herausgegeben von

Bernhard Lageman, Klaus Löbbe und Heinz Schrumpf

Duncker & Humblot · Berlin

Rheinisch-Westfälisches Institut für Wirtschaftsforschung

RWI-Mitteilungen

Zeitschrift für Wirtschaftsforschung

Herausgeber: Rheinisch-Westfälisches Institut für Wirtschaftsforschung, Hohenzollernstraße 1/3, 45128 Essen, Tel. 0201/81 49-0 – Schriftleitung und Redaktion: Dr. Bernd Fritzsche und Joachim Schmidt – Verlag: Duncker & Humblot GmbH, Carl-Heinrich-Becker-Weg 9, 12165 Berlin – Alle Rechte vorbehalten – Printed in Germany – ISSN 0933-0089 – Druck 2002 bei Druckerei Peter Pomp GmbH, 46238 Bottrop

Bibliografische Information Der Deutschen Bibliothek
Die Deutsche Bibliothek verzeichnet diese Publikation in der Deutschen Nationalbibliografie; detaillierte bibliografische Daten sind im Internet über http://dnb.ddb.de abrufbar.

ISBN 3-428-11077-3

Inhalt

Regionalpolitik und räumliches Wirtschaften

Umweltpolitik und nachhaltiges Wirtschaften

RWI-Mitteilungen 2002, Jg. 53 (1-4): 1–2

Geleitwort

Der vorliegende Band erscheint anlässlich des Ausscheidens von Herrn Professor *Paul Klemmer* aus dem Amt des Präsidenten des Rheinisch-Westfälischen Instituts für Wirtschaftsforschung. Er enthält Arbeiten von Wissenschaftlerinnen und Wissenschaftlern des Instituts sowie von ehemaligen Mitarbeitern des RWI, die heute in verantwortungsvoller Position an Hochschulen in Deutschland und im Ausland tätig sind.

Inhaltlich deckt der Band ein sehr breites Spektrum von Fragestellungen ab und gestattet einen Einblick in die Forschungsarbeit des Instituts. Nicht von ungefähr sind hierbei auch die beiden großen Themenkreise stark vertreten, denen in den zurückliegenden Jahrzehnten das Forschungsinteresse von Herrn Professor Klemmer in besonderem Maße galt – nämlich die raumwirtschaftliche und regionalpolitische Forschung sowie die Umweltökonomie. Die Vielzahl der Beiträge gerade zu diesen Fragen zeigt, in welchem Maße der Präsident des RWI in seiner Amtszeit Nachwuchswissenschaftler(innen) zu Forschungsarbeiten inspiriert und konzeptionelle Ideen in die Arbeit des Instituts eingebracht hat. Aber auch die Mittelstandsforschung, auf deren strategische Bedeutung für das Institut Herr Professor Klemmer immer wieder hingewiesen und die er im Institut nachdrücklich gefördert hat, ist vertreten. Last, not least ist natürlich die im vorliegenden Band ebenfalls stark präsente sektorale Strukturforschung hervorzuheben, die seit vielen Jahren das intellektuelle Flaggschiff der Forschungsarbeit des RWI ist und in der „Strukturberichterstattung" ihren Ausdruck findet.

Ich habe Herrn Professor Klemmer in den Jahren meiner Arbeit zunächst als Mitglied, später als Vorsitzender des Verwaltungsrates als tatkräftigen und weit blickenden Leiter des Instituts kennen gelernt, der die Interessen des Instituts mit hohem Einsatz und großer Hartnäckigkeit verfolgt hat. Erinnert sei an die zu Beginn seiner Präsidentschaft zu lösenden, aus den Amtsperioden der Vorgänger im Präsidentenamt übernommenen administrativen Komplikationen. Erinnert sei aber auch ganz besonders daran, dass das Institut in der Evaluation des Wissenschaftsrates per saldo recht gut abgeschnitten und somit seinen Platz unter den führenden Wirtschaftsforschungsinstituten Deutschlands mit beachtlichem Erfolg behauptet hat. Zu erinnern ist auch an die Zunahme der Zahl der am Institut tätigen Wissenschaftler, die Expansion des Drittmitteletats und die für das Institut neue und erfolgreiche Einwerbung von Forschungsmitteln der großen Forschungsstiftungen –

auf einem Terrain, auf dem das Institut in direkter Konkurrenz zur universitären Forschung tätig wird. An herausragender Stelle ist zu nennen, dass erstmals in der Geschichte des Instituts enge Forschungskontakte zu ausländischen Universitäten und Forschungseinrichtungen geknüpft wurden. Hervorzuheben ist nicht zuletzt auch die in seiner Amtsperiode unter großem Engagement des Präsidenten eingerichtete Kooperationsbeziehung des RWI zur Wirtschaftswissenschaftlichen Fakultät der Ruhr-Universität Bochum. Herr Professor Klemmer hat das Rheinisch-Westfälische Institut für Wirtschaftsforschung in schwieriger Zeit, in der das herkömmliche System der wirtschaftspolitischen Beratung in Deutschland zunehmend auf dem Prüfstand steht, mit Verve und Erfolg geführt und entscheidende Weichenstellungen für dessen künftige Entwicklung vollzogen. Dafür gebührt ihm der herzliche Dank aller Beteiligten.

Mit großer Freude und dem Ausdruck tiefer Verbundenheit lege ich diesen Band den Freunden und Förderern des Instituts und der wissenschaftlichen Öffentlichkeit vor. Ich verbinde damit meinen persönlichen Dank sowie den des Verwaltungsrats des Rheinisch-Westfälischen Instituts für Wirtschaftsforschung an Herrn Professor Klemmer für sein erfolgreiches Wirken und sein großes Engagement für das Institut.

Heinrich Frommknecht
Vorstandsvorsitzender i.R.
Vorsitzender des Verwaltungsrates des RWI

RWI-Mitteilungen 2002, Jg. 53 (1-4): 3–15

Zu diesem Heft

von Bernhard Lageman, Klaus Löbbe und Heinz Schrumpf

This publication is written in honour of Professor Dr. Paul Klemmer, the retiring President of the RWI. From the wide spectrum of his contributions, the articles in this Festschrift comprise the major themes of Professor Klemmer's research. The profession is particularly indebted to him for his contributions to "Ordnungspolitik" and question of sustainability, and for emphasizing the European dimension of economic analysis. (JEL: P10; Q20)

Der Titel des vorliegenden Jahrgangsheftes „Wirtschaftlicher Strukturwandel und Wirtschaftspolitik auf dem Weg in die wissensbasierte Ökonomie" umschreibt wichtige Forschungsfelder des Instituts und spricht programmatisch Arbeitsgebiete des Mannes an, der mit der vorliegenden Festschrift geehrt werden soll. Am 30. September 2002 endet die Amtszeit von Professor Dr. *Paul Klemmer* als Präsident des RWI. Damit finden dreizehn Jahre eines sehr erfolgreichen und engagierten Wirkens für das Institut ihren Abschluss. Professor Klemmer wurde 1989 zum Präsidenten berufen. Parallel dazu hat er bis zum Jahre 2001 die Aufgabe eines ordentlichen Professors auf dem Lehrstuhl für Wirtschaftslehre, insbesondere Wirtschaftspolitik, an der Ruhr-Universität Bochum wahrgenommen. Wissenschaftlerinnen und Wissenschaftler des Instituts und ehemalige Kolleginnen und Kollegen, die heute an anderem Ort in Forschung und akademischer Lehre tätig sind, nutzen diese Gelegenheit, mit der vorliegenden Festschrift Herrn Professor Klemmer für das in seiner Präsidentschaft Geleistete, sein großes persönliches Engagement und die vollzogenen Weichenstellungen ihren herzlichen Dank auszusprechen und ihre Reverenz zu erweisen.

Das Amt des Präsidenten eines großen Wirtschaftsforschungsinstituts bringt die Verpflichtung mit sich, vor unterschiedlichen Zirkeln Stellungnahmen zu einem kaum überschaubaren Kreis von Themen abzugeben: Haushaltskonsolidierung und Konjunkturpolitik, Maastricht-Kriterien und Einführung des Euro, Arbeitsmarktpolitik und Reform des Sozialstaats, Umweltprobleme und Ökosteuer, Deregulierung und UMTS-Lizenzen, Besteuerung des Mittelstandes und Direktinvestitionen, um nur einige zu nennen. Paul Klemmer hat diese Aufgabe mit großer Fachkompetenz, Sachkenntnis auch im Detail, mit Ausdauer, Geschick und Fortüne erfüllt. Er ist, wie er immer wieder zeigte, auf sehr vielen Gebieten der wirtschaftswissenschaftlichen Forschung zu Hause. Natürlich hat er – wie könnte es in

Zeiten einer immer stärkeren Differenzierung und Spezialisierung der ökonomischen Forschung anders sein – auch seine Spezialgebiete gepflegt und dort Herausragendes geleistet. Die Regionalökonomik und -politik sowie die Umweltökonomik sind hier an erster Stelle zu erwähnen. Bei aller notwendigen Konzentration eigener Arbeit auf bestimmte Forschungsfelder ist Paul Klemmer aber nie der Versuchung erlegen, sich in diesen abzuschotten. Er hat stets über den Tellerrand des eigenen Gebietes hinaus gesehen und regen Anteil an der Entwicklung in anderen Bereichen der Ökonomie genommen, ja auch jenseits der Grenzen wirtschaftswissenschaftlicher Forschung. Dieses Interesse hat es ihm ermöglicht, die Arbeit des Instituts in ihrer ganzen Breite und Tiefe zu vertreten.

Suchte man nach geeigneten Stichworten, welche für die wissenschaftliche Tätigkeit des scheidenden Präsidenten in den neunziger Jahren stehen könnten, so sind vor allem drei Themen zu nennen: pragmatischer Liberalismus, Nachhaltigkeit und Europäische Integration.

Unter dem „*pragmatischen Liberalismus*" ist eine ordnungspolitische Position zu verstehen, die um die Überlegenheit der Wettbewerbswirtschaft und die Risiken staatlicher Intervention in den Marktprozess weiß. Wenn der wirtschaftspolitische Diskurs allzu schnell auf ein „Marktversagen" rekurriert, erinnert diese Position daran, dass sich hinter dem so monierten Phänomen oft eigentlich ein Staatsversagen verbirgt. Gleichzeitig lehnt diese Position aber auch einen ordnungstheoretischen Dogmatismus ab. Sie kennt die Begrenztheit und Relativität ökonomischen Wissens und seine Anfälligkeit gegenüber modischen Strömungen. Pragmatischer Liberalismus ist im Denkgebäude der neoklassischen Theorie zu Hause und schätzt deren analytische und heuristische Stärke, übersieht dabei aber nicht die Grenzen des idealisierten Menschenbildes der Neoklassik. Er pflegt ein realistisches Bild von der Komplexität, vielfältigen Interessengebundenheit und Multidimensionalität politischer Entscheidungsprozesse sowie von den Schwächen und Stärken des deutschen korporatistischen Systems. Die wirtschaftspolitische Forschung und Beratung macht bisweilen die Erfahrung, dass fundierte und einsichtig präsentierte Vorschläge von der Politik nicht akzeptiert werden, die Umsetzung wohl gemeinter Ratschläge deren Intention manchmal gerade ins Gegenteil verkehrt. Dies kann an der „destruktiven Kraft" der von der Neuen Politischen Ökonomie untersuchten Mechanismen liegen, aber auch daran, dass akademische Ratschläge oft im Bannkreis abstrakter Theorie verbleiben oder sich durch Realitätsferne auszeichnen.

Die Ratschläge, die Paul Klemmer der Politik erteilt hat, ob in Gutachten, Sachverständigengremien oder im persönlichen Gespräch, waren vom Geist des ökonomischen Liberalismus durchdrungen, zugleich aber auch durch die Einsicht in das Machbare sowie das Aufzeigen der Komplexität wirtschaftspolitischen Handelns und der begrenzten Prognostizierbarkeit seiner Wirkungen. Eine solche zugleich prinzipienfeste und konstruktive Haltung steht der wirtschaftspolitischen Beratung wohl an und ist in einer Zeit, in der auf dem Markt der Ideen und Konzepte zu jeder gutachterlichen Meinung die gegenteilige, mit formell gleichem akademischen Qualitätssiegel versehene Gegenmeinung zu haben ist, zugleich eine verantwortliche und zeitgerechte Position. Die Demokratisierung wissenschaftlicher Erkenntnis durch das steigende Bildungsniveau, die rasche Verfügbarkeit kodifizierten Wissens, die Inflation medialer Verbreitungskanäle und das Internet machen die autoritäre Attitüde älterer Wissenschaftlergenerationen obsolet. Einsame Ex-cathedra-Urteile finden kein Publikum mehr. Pragmatischer Liberalismus ist, so zeigt sich hier, eine überzeugende Antwort auf die legitimen Erwartungen der Öffentlichkeit und der Politik an die wirtschaftspolitische Beratung im 21. Jahrhundert.

Paul Klemmer hat sich zudem bereits frühzeitig – lange vor seiner Präsidentschaft im RWI – für umweltökonomische Fragen interessiert, zu einer Zeit, in der manche strukturkonservative Ökonomen noch glaubten, diesen Bereich despektierlich als „irrelevantes Randgebiet" abtun zu müssen. Dies hat sich inzwischen – seine große Attraktivität beim akademischen Nachwuchs, zahlreiche Promotionen und Habilitationen, neue und umgewidmete Lehrstühle sowie natürlich Lehrbücher renommierter Wirtschaftsverlage beweisen es – nicht zuletzt dank der Forschungsarbeit und dem umweltpolitischen Engagement von Paul Klemmer radikal geändert. Inzwischen hat sich der Blickwinkel der Ökonomie erweitert: Beim Stichwort *Nachhaltigkeit* geht es nicht nur um den lebensnotwendigen Erhalt der natürlichen Ressourcen der Menschheit für künftige Generationen, sondern auch um die Stabilität und Entwicklungsfähigkeit der marktwirtschaftlichen Ordnung, um Art und Quantität der Zuwanderung sowie die Bewältigung des demographischen Wandels und um eine Fortentwicklung des Sozialstaats, die den veränderten demographischen Realitäten Rechnung trägt, ohne dabei gleich das „Soziale" an der Sozialen Marktwirtschaft als unzeitgemäßen Ballast über Bord zu werfen. Es gibt buchstäblich kein Gebiet der wirtschaftspolitischen Forschung und Beratung, in dem sich die Frage nach angemessenen nachhaltigen Lösungen nicht stellt. Paul Klemmer jedenfalls hat frühzeitig erkannt, dass die Frage der Nachhaltigkeit wirtschaftspolitischer Lösungen immense Anforderungen an die ökonomische Forschung stellt. Und er hat sich beherzt solcher Fragen angenommen und die Mitarbeiter/innen des Instituts dazu animiert und inspiriert, sich für solche Fragen zu interessieren.

Auch die wissenschaftliche Begleitung der *Europäischen Integration* war stets ein besonderes Anliegen von Paul Klemmer, ist er doch ein „bekennender Europäer" gewesen und geblieben. Aus historischer Sicht ist die Europäische Union ein junges und relativ fragiles Gebilde, über dessen Erfolg sich noch nicht endgültig urteilen lässt. Gewiss, die Osterweiterung der EU ist praktisch beschlossen und der Euro ohne große Friktionen eingeführt; aber es gibt auch vielfältigen Anlass dafür, die Hände nicht bereits angesichts des Erreichten in den Schoß zu legen. Die Währungsunion verlangt nach einer engen Verzahnung nationaler Wirtschaftspolitiken. Mit der politisch richtigen und notwendigen Einführung des Euro wurde indes angesichts des faktischen Standes der Koordination nationaler Politiken in gewissem Sinn ein ungedeckter Scheck auf die Zukunft ausgestellt. Die Institutionen der Union sind reformbedürftig, indessen kommt gerade dieser Prozess nicht von der Stelle. Die abnehmende Zustimmung der Bevölkerung zur Europäischen Integration, die sich nicht nur in Umfragen deutscher Meinungsforschungsinstitute äußert, sondern auch aus anderen Ländern berichtet wird, sollte nicht überbewertet werden, weil in derartigen Umfragen Alternativen zum Integrationsprozess und deren Konsequenzen nicht zu vermitteln sind. Aber hier könnte sich auch etwas Problematisches andeuten. Für die nachwachsenden Generationen ist das Jahrhundert der europäischen Bürgerkriege, das 20. Jahrhundert, nicht mit konkreten eigenen Erfahrungen verbunden. Frieden, Sicherheit und steigender Wohlstand gelten ihnen fälschlicherweise als quasi „naturrechtliche" Gegebenheiten. Die ökonomische Forschung sollte den europäischen Integrationsprozess vor diesem Hintergrund durch konstruktive Forschungsarbeit nach besten Kräften unterstützen. Folgerichtig bestimmte die europäische Dimension der Forschung in Fragestellungen, methodischen Ansätzen und Kooperationen die Arbeiten des Instituts in immer stärkerem Maße. Paul Klemmer hat sich nicht nur mit eigenen Beiträgen an der wissenschaftlichen Diskussion beteiligt (z.B. mit dem „Handbuch zur Europäischen Wirtschaftspolitik" 1998), sondern nachdrücklich darauf hingewirkt, dass das Institut sich in seinen Forschungsarbeiten in bewusstem Bruch mit einer fast ausschließlich auf den nationalen Rahmen ausgerichteten Tradition immer mehr nach Europa hin öffnet. In einigen Bereichen – Forschungsprojekte im Auftrag der Kommission, der DG „Unternehmen", INTAS-, Tacis-Projekte u.a. – ist dies mit beachtlichem Erfolg gelungen. Insgesamt allerdings bleibt – und dessen ist sich Paul Klemmer wohl bewusst – noch sehr viel zu tun. Der Weg nach Europa ist in der Forschung offenbar ebenso hart und steinig wie in der Politik. In der Forschung hat sich dabei der Weg der Kooperation mit ausländischen Hochschulen und Forschungseinrichtungen besonders bewährt. Dabei konnte das Netzwerk der Kooperationen weit über Europa hinaus geknüpft werden, so dass das Institut bereits frühzeitig auf die Globalisierungsdebatte und die daraus resultierenden Anforderungen an die wissenschaftliche Arbeit vorbereitet wurde.

Die Vielfalt der Themen und die dabei gewahrte Kontinuität der Ansätze, die Paul Klemmer im Laufe seiner Lehr- und Forschungstätigkeit auszeichneten, spiegelt sich auch in der Spannweite der Beiträge wider, die ihm in diesem Sammelband gewidmet werden. Sie sind drei Themengebieten zugeordnet: „Innovation, Mittelstand und wirtschaftlicher Strukturwandel", „Regionalpolitik und räumliches Wirtschaften" sowie „Umweltpolitik und nachhaltiges Wirtschaften". Diese Schwerpunkte und die einzelnen Beiträge werden im Folgenden vorgestellt.

Innovation, Mittelstand und wirtschaftlicher Strukturwandel

Der erste Teil dieser Festschrift enthält Beiträge, die sich mit den Themenkreisen „Innovation, Mittelstand und sektoraler Strukturwandel" befassen. Wenn die vorliegende Schrift auf Innovation und Strukturwandel als Mittel zur Überwindung der Krise setzt, so deshalb, weil sie explizit die Lernfähigkeit und Anpassungsbereitschaft des *homo oeconomicus* ins Visier nimmt, nämlich die Fähigkeit der Menschen, neue Techniken und Verhaltensweisen, aber auch veränderte Organisationsmuster und Politikstile zu erproben und im Sinne einer wirtschaftlich sinnvollen und ethisch vertretbaren, global nachhaltigen Entwicklung einzusetzen.

Im Beitrag von *Michael Rothgang* mit dem Titel „Wie wirkt Technologiepolitik? Eine Betrachtung aus unterschiedlichen Perspektiven" wird mit der Rolle von Innovationen im Wirtschaftsprozess ein Themenbereich, der in den letzten Jahren vermehrt in den wissenschaftlichen Wirkungskreis von Paul Klemmer getreten ist, mit der Wirksamkeit staatlicher Eingriffe in den Wirtschaftsprozess verknüpft. Im Einklang mit dem pragmatischen Liberalismus setzt sich der Beitrag differenziert mit Wirksamkeit und Wirkungsmustern der Technologiepolitik auseinander. Zunächst wird der Wirkungskanal von der Transmission staatlicher Maßnahmen zu den einzelnen Unternehmen betrachtet, von der Diffusion der resultierenden wirtschaftlichen Impulse durch die verschiedenen Sektoren hin zu den erzielten gesamtwirtschaftlichen Effekten auf Wachstum, Produktivität und Beschäftigung. Dabei zeigt sich, dass Technologiepolitik durchaus wirksam sein kann, ihre Effektivität jedoch sehr stark von der konkret vorherrschenden Marktkonstellation abhängt. Hinsichtlich des Zusammenwirkens und der Wirksamkeit der Wachstumspolitik unter verschiedenen institutionellen Rahmenbedingungen wird deutlich, dass Deregulierungsmaßnahmen die Instrumente der Wachstums- und Technologiepolitik sinnvoll ergänzen können.

In dem Beitrag „Perspektiven der Internet-Wirtschaft" befassen sich *Jochen Dehio* und *Rainer Graskamp* mit den gesamtwirtschaftlichen Potenzialen der Nutzung des Internet, eines der zentralen Anwendungsfelder der *new economy*, die im Wesentlichen auf der Produktion und Anwendung moderner Informations- und Kommunikationstechnologien (IKT) beruht und sich durch ein starkes Wachstum bei stabilen oder sinkenden Preisen auszeichnet. Die Autoren vertreten im Ergebnis die Ansicht, dass die gesamtwirtschaftlichen Potenziale der Nutzung des Internet noch keineswegs ausgeschöpft sind. Im Zuge einer Erholung der Weltwirtschaft dürfte die Investitionsneigung gerade im IKT-Bereich wieder deutlich steigen und die Internet-Wirtschaft somit positive gesamtwirtschaftliche Auswirkungen in Form von Kostensenkungen und Produktivitätssteigerungen entfalten. Die kommerzielle Nutzung des Internet wird künftig aber nicht mehr von den einstigen Pionieren getragen, sondern in erster Linie von den Unternehmen der *old economy*, die ihrerseits die Voraussetzungen für die Nutzung des Internet geschaffen haben bzw. noch schaffen werden.

Mehrere Beiträge der vorliegenden Schrift befassen sich mit Handwerks- und Mittelstandsfragen. *Bernhard Lageman* fragt in seinem Beitrag „Mittelstandsfinanzierung im Umbruch – Aufbruch in ein neues System?" nach den Perspektiven der Mittelstandsfinanzierung in Deutschland. Die Diskussion um Basel II hat die Öffentlichkeit darauf aufmerksam gemacht, dass sich das Banken- und Finanzsystem in Deutschland – wie in allen anderen entwickelten Ländern – derzeit in einem Wandlungsprozess befindet, der auf lange Sicht starke Auswirkungen auf die Unternehmensfinanzierung haben dürfte. Das deutsche Modell der KMU-Finanzierung wird wesentliche Korrekturen erfahren. Eher unwahrscheinlich ist indessen, dass die KMU-Finanzierung hier in absehbarer Zeit angelsächsischen Mustern folgen könnte und das Ende des „deutschen Finanzierungsmodells" angesagt ist.

Friederike Welter setzt sich in ihrem Beitrag „Entrepreneurship-Förderung an Hochschulen" konstruktiv-kritisch mit entsprechenden Ansätzen auseinander. Der Beitrag spricht ein Feld an, auf dem sich Paul Klemmer in den neunziger Jahren praktisch sehr engagiert hat: dem Aufbau von Kooperationsbeziehungen zwischen Hochschulen und Wirtschaft im Ruhrgebiet, mit dem Ziel Unternehmensgründungen im Umkreis der Hochschulen zu fördern. Er hat an maßgeblicher Stelle die Initiative zur Beteiligung der Ruhr-Universität Bochum am EXIST-Wettbewerb des Bundesministeriums für Forschung und Technologie mitgetragen und hierbei auch die Kompetenzen des RWI in die Waagschale geworfen. In der Folge war er gemeinsam mit Prof. *Heinze* (RUB) und Prof. *Schulte* (FH Gelsenkirchen) Initiator und Koordinator des „Spin-off-"Förderprojekts dieser beiden Hochschulen. Paul Klemmer hat sich damit zu einem recht frühen Zeitpunkt – nicht immer mit Beifall aller Fakultätskollegen – stark für eine zukunftsweisende Entwicklungslinie der Hochschulen eingesetzt, die mittlerweile in der deutschen Hochschulszene in breitem Maße Fuß gefasst hat. Der Beitrag von Friederike Welter untersucht, ausgehend von der Behandlung der Rolle des Unternehmers und von Entrepreneurship in der ökonomischen Theorie, Möglichkeiten und Grenzen der Vermittlung gründungsrelevanter Kenntnisse und Fertigkeiten an Studenten. Eine Schlussfolgerung der Analyse lautet, dass es nicht nur innovativer Konzepte und unkonventionellen Denkens an den Hochschulen bedarf, um erfolgreich Entrepreneurship zu fördern, sondern auch und vor allem der Einbettung dieser Anstrengungen in ein Entrepreneurship-freundliches wirtschaftliches und soziales Umfeld. Hierzu können nicht zuletzt die allgemeinbildenden Schulen durch Stärkung der zum selbständigen Handeln und zur beruflichen Selbständigkeit notwendigen Fähigkeiten einen wesentlichen Beitrag leisten.

Im Beitrag von *Wolfgang Dürig* über den „Wandel des Berufsbildes des selbständigen Handwerksmeisters in der wissensbasierten Ökonomie" wird ein Themenkreis angesprochen, für den sich Paul Klemmer in seiner Amtszeit als Präsident des RWI stets stark interessiert und dessen wissenschaftliche Erschließung er in vielfältiger Weise ermutigt und unterstützt hat. Die wissenschaftliche Auseinandersetzung mit Fragen der Handwerkswirtschaft ist seit Jahrzehnten im Institut verankert und stellt eines der Forschungsgebiete dar, durch das sich das RWI von den anderen Wirtschaftsforschungsinstituten unterscheidet. Paul Klemmer hat nicht nur die Forschung über das Handwerk im RWI vorangetrieben, sondern auch immer wieder durch sein Engagement in der Öffentlichkeit sein Interesse an Handwerksfragen unter Beweis gestellt. Wolfgang Dürig geht in seinem Beitrag von den Merkmalen aus, die in der öffentlichen Wahrnehmung als „typisch" mit den Handwerksberufen verbunden werden. Die eindeutige Zuordnung von Handwerk und Nichthandwerk ist schwieriger geworden. Der Autor zeigt die große Bandbreite handwerklicher Betätigungen auf und führt aus, dass diese sich zunehmend einem allgemeingültigen Handwerksbegriff entziehen. Die Zukunft des Handwerks in der wissensbasierten Ökonomie wird unter diesen Bedingungen stark davon abhängen, inwieweit es diesem gelingt, in seinen verschiedenen Gewerken sein eigenes Profil gegenüber den Kunden zu bewahren und zu entwickeln und dabei technische und organisatorische Innovationen in kreative Produkte umzusetzen.

Der Beitrag von *Rainer Graskamp* und *Klaus Löbbe* mit dem Titel „Unternehmensfunktionen, Standortwahl und sektoraler Strukturwandel" zeigt, dass die Veränderungen in der regionalen und sektoralen Zusammensetzung von Produktion und Beschäftigung und namentlich die Beschleunigung des Wandels von der Industrie- und Dienstleistungsgesellschaft nicht zuletzt das Spiegelbild einer veränderten Unternehmensorganisation sind: Die Intensivierung des nationalen und internationalen Wettbewerbs hat offensichtlich die Auflösung traditioneller Organisationsmodelle der Unternehmen beschleunigt: Um die Anpassungsfähigkeit der Betriebe an Marktschwankungen zu verbessern und die Kosten- und Leistungskontrolle zu erhöhen, streben die Unternehmen eine Verminderung der Fertigungstiefe an. An die Stelle hierarchisch geordneter Großsysteme treten flachere, überschaubare Unternehmenseinheiten mit eigenständiger Produkt- und Verfahrensverantwortung.

Der Beitrag von *Helmut Wienert* über Handelsmatrizen als Instrument zur Erfassung von Veränderungen im internationalen Warenhandel zeigt, dass diese Art der Präsentation statistischer Daten geeignet ist, den aktuellen Stand und die Veränderungen im internationalen Warenaustausch anschaulich zu dokumentieren. Im empirischen Teil der Arbeit wird anhand einer Handelsmatrix für das Jahr 2000 gezeigt, dass die Regionen der Welt nach wie vor sehr unterschiedlich in die internationale Arbeitsteilung eingebunden sind: Die mit Abstand wichtigsten Regionen für den Warenhandel sind Westeuropa und Nordamerika (NAFTA). Der Vergleich mit 1992 belegt, dass sich im asiatischen Raum ein neuer „Handelspol" herausgebildet hat. Der gemessen am Bruttonationaleinkommen überproportionale Zuwachs des Welthandels ist auch auf die Gründung der NAFTA und die Ausweitung der Handelsbeziehungen der Länder des ehemaligen Ostblocks zurückzuführen. Afrika, der Mittlere Osten und Lateinamerika (ohne Mexiko) sind bislang Regionen, die vom Niveau und von der Dynamik her als weltwirtschaftlich noch kaum integriert eingestuft werden können. Die Globalisierung hat bislang also keineswegs alle Regionen durchdrungen.

Einem nur auf den ersten Blick fremdartigen Thema widmen sich *Robert Gitter* und *Markus Scheuer* in ihrem Beitrag „Winnetou in the 21st Century: A Look at American Indians in Today's Labor Market". Mit der Neuen Institutionenökonomik wird auf einen theoretischen Ansatz zurückgegriffen, der sich mit Paul Klemmers eigenen Forschungsinteressen deckt. Gitter und Scheuer zeigen in ihrem Beitrag, dass institutionelle Gegebenheiten – hier eher im Sinne der North'schen „informellen Institutionen" – einen erheblichen Einfluss auf die Entwicklung der Arbeitsmärkte ausüben können. Die Autoren versuchen, ein realistisches Bild der heutigen Lebensbedingungen der Indianer Nordamerikas zu zeichnen – das in Deutschland noch stark von den Büchern eines Karl May geprägt zu sein scheint –, und zeigen, dass sie eine poly-kulturelle Bevölkerungsgruppe sind, die auf dem Arbeitsmarkt weit weniger erfolgreich war als andere Minderheiten in den Vereinigten Staaten.

Regionalpolitik und räumliches Wirtschaften

Der zweite Teil des vorliegenden Bandes enthält Beiträge zum Thema „Regionalpolitik und räumliches Wirtschaften". Hiermit wird ein Gebiet der empirischen Wirtschaftsforschung und Wirtschaftspolitik angesprochen, auf dem Paul Klemmer in den vergangenen Jahrzehnten wie auf keinem anderen Gebiet Akzente gesetzt und eine ganze Forschungsrichtung geprägt hat. Erinnert sei an seine frühen methodischen Arbeiten zur regionalökonomischen Forschung, seine Arbeiten zur Erfassung der regionalen Arbeitsmärkte, seine Beiträge zur wissenschaftlichen Vorbereitung der Gemeinschaftsaufgabe „Verbesserung der regionalen Wirtschaftsstruktur“ und seine Analysen zur europäischen Regionalpolitik.

Natürlich widmete Paul Klemmer dem Strukturwandel im Ruhrgebiet immer wieder besondere Aufmerksamkeit und hat sich dieser Region, in der sowohl das RWI als auch die Ruhr-Universität Bochum tief verwurzelt sind, sehr stark verpflichtet gefühlt. Ausdruck seines Engagements ist z.B. seine Tätigkeit als Vorsitzender des Vorstandes des Ruhr-Forschungsinstituts für Innovations- und Strukturpolitik (RUFIS), die er seit 1979 wahrnimmt. Regionalökonomie freilich beschränkt sich nicht darauf, die Probleme einzelner Regionen wie des Ruhrgebiets zu analysieren, sondern versucht, vor allem unter Anwendung quantitativer Methoden die wirtschaftliche Entwicklung von Regionen vergleichend zu analysieren und auf dieser Basis Bestimmungsfaktoren und Gesetzmäßigkeiten der raumwirtschaftlichen Entwicklung zu erkunden. Daneben hat sich Paul Klemmer seit Beginn seines wissenschaftlichen Wirkens sehr stark für die Regionalpolitik, also die Beeinflussung raumwirtschaftlicher Prozesse durch den Einsatz politischer Instrumente, interessiert und beratend engagiert. Hervorzuheben ist hier seine Mitarbeit in zahlreichen Gremien. Paul Klemmer wurde 1974 zum ordentlichen Mitglied der Akademie für Raumforschung und Landesplanung berufen. Er ist seit 1987 Mitglied im Beirat für Raumordnung beim Bundesminister für Raumordnung, Bauwesen und Städtebau. 1987 wurde ihm das Bundesverdienstkreuz für seine wissenschaftlichen Arbeiten auf dem Gebiet der ökonomischen Umwelt- und Raumforschung verliehen. Die Beiträge dieses Teils des Bandes zeugen davon, wie breit die Spannweite relevanter Fragestellungen und Forschungsansätze ist, ohne diese freilich hier auch nur annähernd ausschöpfen zu können.

Heinz Schrumpf untersucht den Reformbedarf der europäischen Regionalpolitik. Die seit längerem anhaltende Tendenz zu einer fortwährenden Fokussierung der regionalpolitischen Entscheidungskompetenzen auf europäischer Ebene steht in klarem Konflikt mit der von Paul Klemmer vertretenen Föderalismustheorie: Nach dieser Theorie ist eine Zentralisierung von politischen Entscheidungskompetenzen lediglich auf der Grundlage fundierter Begründungen durchzuführen, die einen erhöhten Wohlstand erwarten lassen. Unabhängig von den Problemen dieses Kernbereichs der europäischen Politik, zeigt sich, dass spätestens mit der EU-Erweiterung nach Osten die verteilungspolitischen Konflikte und die flächendeckenden Förderansprüche der Beitrittsländer eine völlige Neuorientierung dieses Politikbereiches erzwingen. Heinz Schrumpf sieht als einzig gangbaren Weg bei der Erweiterung der EU auf 28 Mitglieder eine Beschränkung der Strukturpolitik auf einen zweckgebundenen Finanzausgleich. Die Verantwortung für die regionalen Programme wird dabei an die einzelnen Mitgliedsstaaten zurück gegeben. Diese Anpassung würde darüber hinaus einen Schritt in Richtung einer stärkeren Betonung der föderalen Struktur der Regionalförderung bedeuten, was wiederum den Bogen zu den von Paul Klemmer vertretenen Grundüberzeugungen schließt.

Beate Müller beschäftigt sich mit den Auswirkungen des Strukturwandels auf die Arbeitslosigkeit in den oberzentralen Verflechtungsbereichen des Landes Nordrhein-Westfalen. Die Differenzierung der Arbeitslosen nach einer Fülle von Merkmalen zeigt, dass Arbeitsmarktpolitik eine an die regionalen Besonderheiten angepasste Strategie der Arbeitsämter voraussetzt. Letztere sollten daher eine weitaus höhere Autonomie haben, als bisher diskutiert wurde.

Der Beitrag von *Thomas Siebe* untersucht die Auswirkungen des Strukturwandels auf die Beschäftigung, ein Themenfeld, das bei Paul Klemmer gerade auch im Rahmen seiner Tätigkeit im RWI im Mittelpunkt seiner Forschungen stand. Dabei bestand und besteht Klemmers wissenschaftliches Engagement insbesondere in der Analyse der wirtschaftlichen Strukturprobleme des Ruhrgebiets und der Ermittlung von Strategien zu ihrer Überwindung. Ganz im Einklang damit setzt sich Thomas Siebe am Beispiel der Regionen Emscher-Lippe und Münsterland mit der These auseinander, dass Strukturwandel mitunter als Nullsummenspiel angesehen wird. Arbeitsplätze entstehen im Dienstleistungsgewerbe, während sie in der Industrie wegfallen. Angesichts der beobachteten Änderungen der Beschäftigungsstruktur erscheint dieses Muster zunächst als plausibel. Für eher industriell geprägte Regionen gilt es allerdings nur bedingt: Die Emscher-Lippe-Region als altindustrieller Standort ist durch unterdurchschnittliche Beschäftigungserfolge im Dienstleistungsgewerbe gekennzeichnet. Die Ergebnisse deuten darauf hin, dass eine wettbewerbsfähige Industriebasis in beiden Regionen nach wie vor eine Voraussetzung für Beschäftigungserfolge im Dienstleistungsgewerbe ist.

Der Beitrag von *Uwe Neumann* ist einem Thema gewidmet, das seit Jahren im angelsächsischen Raum einen hohen Stellenwert hat, nunmehr aber auch in Deutschland zunehmend beachtet wird. Der demografische Wandel und der ökonomische Strukturwandel wirken sich innerhalb der kreisfreien Städte auf die Stadtbezirke sehr unterschiedlich aus. Die Erhaltung der Leistungsfähigkeit städtischer Gebiete als Orte des Wissenszugangs und der Wissensnutzung wird in Zukunft eine zentrale Rolle für die Politik in den Stadtregionen einnehmen. Es zeigt sich, dass es daher immer wichtiger wird, räumliche Differenzierungsmuster zu verstehen und ihre gesellschaftliche Bedeutung bewerten zu können. Neumann zeigt für die Stadtbezirke des Ruhrgebiets Erklärungsansätze, die als Frühindikatoren für eine problematische Entwicklung einzelner Stadtbezirke dienen können.

Die Chancen und Hemmnisse des Technologietransfers zwischen Wirtschaft und Wissenschaft auf regionaler Ebene haben in letzter Zeit gerade auch auf internationaler Ebene eine immer größere Aufmerksamkeit gefunden. Diese Beobachtung spiegelt sich insbesondere in der Tatsache wider, dass zwei Beiträge in dieser Festschrift sich diesem Themenbereich widmen. *Martin Wenke* stellt die Frage: Welchen Einfluss hat eine Hochschule auf die Wirtschaftsstruktur ihres regionalen Umfeldes? Das Beispiel der Hochschule Niederrhein zeigt, welche Potenziale hinsichtlich der besseren Einbindung von Fachhochschulen in die regionale Wirtschaft bestehen, weist jedoch auch auf die in vielen Fällen noch bestehenden Hemmnisse hin. Der Beitrag lässt den Schluss zu, dass insbesondere die Fachhochschulen unter einem – heute überholten – Image der Vergangenheit leiden, also noch vornehmlich als Lehranstalten eingeschätzt werden.

Diese Ergebnisse werden durch den Beitrag von *Ricarda Kampmann* und *Johann Walter*, der sich mit der Rolle der Fachhochschule Gelsenkirchen als Innovationsmotor für die Emscher-Lippe-Region beschäftigt, weitgehend bestätigt. Einerseits bewegt sich diese Fachhochschule in einem wirtschaftsstrukturellen Umfeld, das immer noch Innovationsrückstände zu vergleichbaren Regionen aufweist, andererseits zeigt sich aber, dass durch forcierte Kooperationsangebote durchaus Innovationsimpulse möglich sind. Diese schlagen sich bei der Hochschule selbst als positive Effekte nieder, zum Beispiel im Drittmittelhaushalt. Die Ergebnisse basieren auf schriftlichen Befragungen bei ausgewählten Unternehmern der Region in den Jahren 1995 und 1998, die um Leitfadeninterviews ergänzt wurden. Insgesamt zeigte sich, dass die Aufgabe der Schaffung eines günstigen Innovationsklimas nicht durch einzelne lokale Akteure erfüllt werden kann. Vielmehr ist dazu die Bildung von Kontaktnetzen verschiedener Unternehmen und regionaler Einrichtungen, die Förderung von regionalen Kooperationen von Betrieben, sowie die Stimulierung von Firmengründungen erforderlich.

Rüdiger Hamm greift ein Thema auf, das in der Regionalwissenschaft in den letzten Jahren verstärkt diskutiert wurde: Hochwertige Infrastrukturen wie Flughäfen stellen nicht nur einen Beschäftigungsfaktor dar, sondern sind auch insbesondere unter Umweltaspekten Gegenstand vielfältiger Kritik. Sowohl Befürworter als auch Gegner eines Flughafenausbaus operieren häufig mit sehr unterschiedlichen Zahlen zur beschäftigungspolitischen Relevanz derartiger Investitionen. Die vorliegende Arbeit zeichnet sich dadurch aus, dass mit Hilfe der Input-Output-Analyse die Beschäftigungswirkungen nicht nur quantifiziert werden, sondern gleichzeitig auch eine Stärken-Schwächen-Analyse des Regionalflughafens Mönchengladbach geleistet wird. Auf dieser Grundlage wird dann eine Abschätzung der Effekte vorgenommen, die sich aus dem projektierten Ausbau des Flughafens ergeben. Für den politischen Entscheidungsprozess wird damit eine solide Grundlage geschaffen.

Umweltpolitik und nachhaltiges Wirtschaften

Die Umwelt- und Ressourcenökonomik gehörte bereits zu einem seiner wichtigsten Forschungsfelder, bevor Paul Klemmer das Präsidentenamt im RWI übernahm. Er hat auf diesem Gebiet innovative Beiträge geleistet, die Politikgestaltung beratend begleitet und nicht zuletzt zahlreiche junge Forscher(innen) am Bochumer Lehrstuhl und im Institut zu umweltökonomischen Arbeiten inspiriert und animiert. Seine Berufungen in zahlreiche wissenschaftliche Beiräte sind Zeugnis für seine Reputation und sein umfangreiches Engagement. Genannt seien der Sachverständigenrat für Umwelt der Bundesregierung (1980 bis 1987), seine Tätigkeit als Vorsitzender des Arbeitskreises „Kosten der Umweltverschmutzung/Nutzen des Umweltschutzes" beim Bundesminister für Umwelt, Naturschutz und Reaktorsicherheit (1986 bis 1991), seine Mitgliedschaften im Beirat für „Umweltökonomische Gesamtrechnung" beim Statistischen Bundesamt (seit 1990), in der Enquete-Kommission „Schutz des Menschen und der Umwelt" (seit 1992) sowie im Wissenschaftlichen Beirat „Globale Umweltveränderungen" der Bundesregierung (seit 1992). Während seiner Zeit im RWI konzentrierte sich sein Interesse nicht nur auf theoretische Grundsatzfragen, sondern in zunehmendem Umfang auch auf instrumentelle und damit auf umweltpolitische Überlegungen. Gerade auf diesem Gebiet hat Paul Klemmer die Arbeiten des Instituts gefördert und mit seinem Engagement dafür gesorgt, dass die Ergebnisse in der öffentlichen Diskussion wahrgenommen wurden und die Aussagen des Instituts zu wichtigen energie- und umweltpolitischen Fragen als fundiert und sachkundig anerkannt sind. Besonders hervorzuheben ist seine kritische Einstellung gegenüber allen ideologisch geprägten Vorurteilen und Ansichten. Für ihn stand das abgewogene Urteil nicht am Anfang, sondern am Ende einer intensiven Auseinandersetzung mit den empirischen Sachverhalten. Diesem Grundsatz fühlen sich auch die folgenden Arbeiten aus dem Bereich der Energie- und Umweltpolitik verpflichtet.

So arbeitet *Bernhard Hillebrand* in seinem Beitrag über das Instrument der ökologischen Steuerreform die Voraussetzungen heraus, an die dessen Einsatz in der Energie- und Umweltpolitik geknüpft ist. Dabei konzentriert sich die Analyse im Wesentlichen auf drei Aspekte: Im ersten Teil werden die Wechselwirkungen zwischen Energiepreisen und Energiesteuern im Einzelnen dargestellt. Der zweite Teil des Beitrages konzentriert sich auf die sektoralen Be- und Entlastungen, die mit möglichen Fortentwicklungen der ökologischen Steuerreform verbunden sein können. An die ökologische Steuerreform knüpft sich über die ökologische Lenkungswirkung hinaus auch die Erwartung zusätzlicher Einnahmen, die bei entsprechender Kompensation Ineffizienzen im bestehenden Steuer- und Abgabensystem verringern und zu einer „doppelten Dividende“ beitragen sollen. Die Gesetze zur Einführung und zur Fortführung der ökologischen Steuerreform tragen dieser Intention insoweit Rechnung, als die zusätzlichen Einnahmen zur Verringerung der Arbeitgeberbeiträge zur gesetzlichen Rentenversicherung verwendet werden. Die Analyse verschiedener Steuer-Varianten zeigt allerdings, dass mit dem Einstieg in eine ökologische Steuerreform die Grundlagen für eine stärkere, durch staatliche Vorgaben induzierte Spreizung der sektoralen Produktionskosten gelegt werden. Im dritten Teil wird der Zusammenhang zwischen ökologischer Steuerreform und anderen Maßnahmen und Instrumenten der Umweltpolitik aufgezeigt.

Karl-Heinz Storchmann hebt in seinem Beitrag die Bedeutung der Nutzungsdauer für die Effizienz des Kapitalstocks von Pkw und damit die Schadstoffemissionen hervor. Die Untersuchung bezieht den Bestand nicht nur in Industrieländern, sondern auch in Entwicklungs- und Schwellenländern ein. Anhand von ökonometrischen Analysen der Abschreibungsfunktionen lässt sich zeigen, dass zwischen diesen Ländergruppen signifikante Unterschiede hinsichtlich der Nutzungsdauer der Pkw bestehen. Eine an der Reduktion der Schadstoffemission ausgerichtete Umweltpolitik sollte versuchen, den Anteil alter, ineffizienter Fahrzeuge am Kapitalstock möglichst gering zu halten. Mit anderen Worten: Die Nutzungsdauer von Pkw sollte verkürzt, d.h. die Abschreibung beschleunigt werden.

Ulrike Lehr stellt in ihrem Beitrag die Konzepte und Probleme dar, die mit der Bewertung von Umweltschäden verbunden sind. Neben den eher theoretischen Auseinandersetzungen um eine angemessene Bewertungsmethode legt ihr Beitrag dar, dass zwischen theoretischer Forschung und praktischer Umweltpolitik bemerkenswerte Zusammenhänge bestehen. Denn unter den verschiedenen Bewertungsansätzen hat sich die Kontingente Evaluierungsmethode (KEM) erst etabliert, als diese im Zentrum der Auseinandersetzung zwischen verschiedenen Interessengruppen vor amerikanischen Gerichten stand. Sie ist inzwischen als Methode zur Feststellung von Entschädigungsansprüchen vor Gericht zugelassen. Trotz beachtlicher Fortschritte in den Meß- und Erhebungsverfahren ist ihre Zuverlässigkeit und Glaubwürdigkeit auch gegenwärtig noch immer umstritten. Strittig sind u.a. das Fragebogendesign, die beste Art, Überschätzungen zu vermeiden, und die beste mathematische Technik zur Auswertung der Ergebnisse.

Lutz Trettin nähert sich in seinem Beitrag, der aus organisatorischen Gründen vorab in Heft 4/2001 der *RWI-Mitteilungen* veröffentlicht wurde, den im ersten Teil des Bandes angesprochenen KMU aus einer für deutsche Verhältnisse ungewohnten Sicht: Behandelt wird die Rolle von Kleinunternehmen im Wertstoffhandel von Kalkutta. Diese tragen in der indischen Metropole in erheblichem Maße zu einem ökologisch sinnvollen Recycling bei und verschaffen zugleich einer ansehnlichen Zahl von Menschen ein wirtschaftliches Auskommen im informellen Sektor. Mit diesem Beitrag wird nicht nur ein zentrales Forschungsfeld von Paul Klemmer – die Umweltökonomie – angesprochen, sondern indirekt auch ein Fragenkreis, der ihn in den zurückliegenden Jahren zunehmend beschäftigt hat: die vielschichtige Entwicklungswelt und die institutionellen Ursprünge von Wachstum, Stagnation und wirtschaftlichen Differenzierungsprozessen in der modernen Welt. Die moderne Wirtschaftstheorie und die auf dieser fußende empirische Wirtschaftsforschung ist in ihrer Wahrnehmung der institutionellen Bestimmungsfaktoren des Wirtschaftens – so eine solche überhaupt stattfindet – in bedeutendem Maße auf die Verhältnisse in den wenigen hoch entwickelten Volkswirtschaften fixiert. Die Verhältnisse in den außereuropäischen Gesellschaften werden zumeist nur dann stärker wahrgenommen, wenn sie – beispielsweise in Gestalt der Asienkrise, der ökonomischen Folgen des islamistischen Terrorismus und gescheiterter makroökonomischer Anpassungsprozesse in lateinamerikanischen Volkswirtschaften – als „Drohpotenzial" für die Konjunktur in den Zentren der Weltwirtschaft in Erscheinung treten. Dies ist zwar eine verständliche Begrenzung des analytischen Blickfeldes, die aber in Zeiten der Globalisierung und zunehmender weltwirtschaftlicher Interdependenzen nicht mehr zu rechtfertigen ist.

Andreas Oberheitmann geht in seinem Beitrag über den Energieverbrauch und die CO_2-Emissionen in der Volksrepublik China zwei Fragen nach: Zum einen, welche Instrumente der nationalen Umweltpolitik zur Verfügung stehen, um die CO_2-Emissionen zu beeinflussen, und zum anderen, welche komplementären Strategien für China zur Minderung dieses Treibhausgases in Zukunft denkbar sind. Ohne zusätzliche Maßnahmen wird China im Jahr 2020 etwa 6,3 Mill. t CO_2 emittieren und damit für rund 20 vH der weltweiten CO_2-Emissionen verantwortlich sein. Insofern ist der Handlungsbedarf evident. Isolierte nationale Maßnahmen dürften allerdings nur begrenzte Wirkung haben. Vielmehr erscheint eine Strategie sinnvoller, die auf internationale Kooperationen setzt und sich die nach dem Kyoto-Protokoll zulässigen flexiblen Instrumente des *Clean Development Mechanism* (CDM) zunutze macht. China hat für das CDM-Projekt ein hohes Potenzial, doch hängt seine Realisierung vor allem von der Inanspruchnahme billiger „heißer Luft" aus Russland und der Ukraine durch die Annex-I-Staaten im Rahmen des internationalen „Emissions Trading" ab.

Soviel zu Intention, Schwerpunkten und Beiträgen der vorliegenden Festschrift. Die Autorinnen und Autoren sowie die Herausgeber danken Herrn Professor Klemmer herzlich für sein Wirken im RWI und wünschen ihm für seinen weiteren Lebensweg alles Gute.

Zusammenfassung

Einleitend werden Anliegen und Schwerpunkte des Jahrgangsbandes dargestellt, der als Festschrift für Paul Klemmer konzipiert ist. Am Beispiel der ordnungspolitischen Konzeption des pragmatischen Liberalismus, des Nachhaltigkeitsaspekts und der europäischen Dimension der wirtschaftswissenschaftlichen Forschung wird in Wissensverständnis und wissenschaftliches Wirken des langjährigen Präsidenten des RWI eingeführt. Die Erläuterungen zu den einzelnen Beiträgen stellen deren Bezug zum Werk des Geehrten heraus.

Résumé

Comme introduction à ce volume dédié à l'hommage de Paul Klemmer, les auteurs présentent l'objectif et le point de vue principal de cet ouvrage. En prenant comme exemple d'un côté la conception d'ordre politique du libéralisme pragmatique, et de l'autre côté l'aspect du développement durable et aussi de la dimension européenne de la recherche économique, l'activité scientifique de Paul Klemmer durant sa longue période en tant que président du RWI est présentée dans ce volume. Les commentaires suivants lient chaque contribution à l'ouvrage de l'honoré.

Innovation, Mittelstand und wirtschaftlicher Strukturwandel

RWI-Mitteilungen 2002, Jg. 53 (1-4): 19–40

Wie wirkt Technologiepolitik? Eine Betrachtung aus unterschiedlichen Perspektiven

von Michael Rothgang

The paper looks at different aspects of technology policy in their effectiveness and patterns of impact. Initially, analysis of the transfer channel is carried out from the transmission of state measures to single firms, from the diffusion of economic impulses through different sectors to the attained economic effects on growth, productivity, and employment. It is shown that these effects strongly depend on market constellations. Deregulation policy aims at – among others – intensifying competition and setting the incentive for technical progress and innovation. Thereby, both policy areas have partly the same aims, and, in fact, they are often complementary. Simulations with the RWI econometric sectoral model facilitate an assessment of the macroeconomic effects and impulses on growth and employment that would result from technology policy measures under the given institutional structural conditions.
(JEL: 031; H21; H25)

Die Wirksamkeit von Maßnahmen der Technologiepolitik wird in der wirtschaftswissenschaftlichen Literatur teilweise kontrovers diskutiert. Gleichzeitig konnten sich diese Instrumente in der politischen Praxis fest etablieren. Dabei haben sich die Schwerpunkte im Zeitablauf tendenziell gewandelt, weg von einer relativ undifferenzierten Förderung von Forschungs- und Innovationsaktivitäten hin zur gezielten Unterstützung von Schlüsseltechnologien, zur Förderung von Infrastrukturleistungen in Technologieparks, von Kooperationen und zur Bereitstellung von Informationen und Beratungsangeboten für Unternehmen.

Die Skeptiker hinsichtlich der Wirksamkeit technologiepolitischer Maßnahmen verweisen mehrheitlich auf die Rolle funktionsfähiger Märkte für die Innovationsfähigkeit einer Volkswirtschaft. Sie sehen in einer Deregulierung staatlich reglementierter Wirtschaftsbereiche oder in der Förderung der Humankapitalakkumulation durch das Bildungssystem häufig die bessere Strategie einer Technologie- und Wachstumsförderung. Der vorliegende Beitrag hat vor diesem Hintergrund zum Ziel, die Wirksamkeit der Maßnahmen der Technologiepolitik aus unterschiedlichen Perspektiven zu analysieren. Dabei werden

– ein Überblick über den derzeitigen Kenntnisstand hinsichtlich der Wirkungsweisen und Effekte der Technologiepolitik gegeben und die Frage nach deren Abhängigkeit von den institutionellen Rahmenbedingungen aufgeworfen (Abschnitt 1),

- das Zusammenwirken von Maßnahmen der Technologiepolitik mit denen zur Deregulierung aus mikroökonomischer Perspektive analysiert (Abschnitt 2),
- die gesamtwirtschaftlichen und sektoralen Effekte analysiert, die sich aus dem technischen Fortschritt ergeben (Abschnitt 3).

In methodischer Hinsicht werden dabei verschiedene Analyseebenen kombiniert: Die Ergebnisse makroökonomischer Wachstumsanalysen werden ergänzt durch die Darstellung sektoraler Wirkungs- und Diffusionsmuster des technischen Fortschritts. Darüber hinaus werden die Reaktionen einzelner Unternehmen auf technologiepolitische Maßnahmen und die Effekte, die sich im Zusammenspiel mit den Marktmechanismen ergeben, auf mikroökonomischer Ebene diskutiert.

1. Effekte staatlicher Technologiepolitik

1.1. Theoretische Analysen der Wirksamkeit staatlicher Technologiepolitik

Die theoretische Grundlage für staatliche Technologiepolitik zur Förderung von Produktivität, Wirtschaftswachstum und Beschäftigung ergibt sich aus der Wachstumstheorie. Während zunächst technisches Wissen als frei verfügbar (Solow 1956) oder Nebenprodukt der Kapitalakkumulation (Arrow 1962) angesehen wurde, ist seit den späten achtziger Jahren in zahlreichen Beiträgen ein Forschungssektor modelliert worden, in dem ein Wissenskapitalstock für Produkt- und Verfahrensinnovationen angesammelt wird (Romer 1990). Für dessen Akkumulation ist – genauso wie beim Sach- oder Humankapital – ein Konsumverzicht erforderlich, so dass nicht eine möglichst schnelle Wissensanhäufung gesellschaftlich erstrebenswert ist, sondern eine optimale Rate der Wissenskapitalakkumulation existiert.

Diese Modelle beruhen zwar auch auf den Annahmen einer Wettbewerbswirtschaft unter Vollbeschäftigung, berücksichtigen aber, dass die Ergebnisse der Forschungsaktivitäten durch Patentrecht geschützt sind. Vom Wissenskapital als Zusammenhangswissen unterschieden wird das Humankapital als Produktionsfaktor, der erforderlich ist, um dieses Wissen auf die Beschäftigten zu übertragen und anzuwenden (Mankiw 1995). Humankapitalakkumulation beeinflusst das Wachstum zum einen über die direkte Auswirkung auf die Produktion, zum anderen durch den Einsatz von Wissenschaftlern im Forschungssektor (Lucas 1988; Romer 1990).

Je nachdem, ob die verschiedenen Kapitalstöcke abnehmende, konstante oder zunehmende Skalenerträge aufweisen, können staatliche Maßnahmen zur Förderung der Kapitalbildung die Wachstumsrate des Einkommens – je nach Modellvariante vorübergehend oder dauerhaft – erhöhen. Ein Grund für die staatliche Förderung der Forschung und Humankapitalakkumulation – über die Grundlagenforschung als klassisches öffentliches Gut hinaus – ergibt sich aus der Vermutung, dass die positiven *spillovers* der Forschungs- und Bildungsinnovationen zwar meist die auch vorhandenen negativen Externalitäten überwiegen (s.u.), im Marktgleichgewicht aber zu wenig Forschung und Humankapitalbildung betrieben wird (Romer 1996: 113f.). Die genauen Wirkungszusammenhänge bei der Fortpflanzung der Impulse im Wirtschaftsprozess können jedoch in den entsprechenden Modellen der Wachstumstheorie nicht mehr abgebildet werden. Genauso wenig sind Aussagen über die Wirksamkeit verschiedener technologiepolitischer Maßnahmen möglich, so dass hierfür mikroökonomische Untersuchungen erforderlich sind.

In zahlreichen Staaten wurden in den vergangenen Jahren verstärkt Maßnahmen ergriffen, die auf eine langfristige Beeinflussung des Wirtschaftswachstums zielten. Im Rahmen der staatlichen Forschungsförderung können die Maßnahmen nach unterschiedlichen Kriterien eingeteilt werden (OECD 1995: 25ff.). Gemäß der Nähe zu Märkten existiert ein breites Spektrum von der reinen wissenschaftlichen Grundlagenforschung über vormarktliche aber anwendungsbezogene bis hin zu marktnaher Forschung. Weiterhin kann nach Programmen unterschieden werden, die auf eine Förderung bestimmter Schlüsseltechnologien (wie die Gentechnik oder die IuK-Technologien) zielen, die generelle Förderung von F&E beabsichtigen oder die Diffusion von Technologien zum Zweck haben. Nach dem verwendeten Instrumentarium kann unterteilt werden in fiskalische Vergünstigungen (z.B. Abschreibungen), direkte Subventionen und Kredite für Projekte und Personal, staatliche Auftragsvergabe und die Unterstützung von Forschung in öffentlichen Einrichtungen und Universitäten.

Für die Auswirkungen staatlicher Forschungspolitik auf Wirtschaftswachstum und Beschäftigung ist letztlich die Umsetzung in den einzelnen Unternehmen mit bestimmend. Daher kommt den Transmissionskanälen eine besondere Bedeutung zu. Diese umfassen neben dem direkten Transfer von Wissen aus staatlicher Grundlagen- bzw. angewandter Forschung in Universitäten und Instituten die indirekte Wirkung auf die Forschungsaktivitäten in Unternehmen und über den Arbeitsmarkt für Wissenschaftler.

Der unmittelbare Wissenstransfer zwischen Unternehmen und staatlichen Einrichtungen kann über unterschiedliche Kanäle laufen: Neben Kooperationen im Rahmen konkreter Projekte kann Wissen aus der staatlichen Forschung über informelle Forschungsnetzwerke in die Wirtschaft diffundieren. Außerdem bieten Unternehmensgründungen aus Universitäten die Möglichkeit, ökonomisch verwertbare wissenschaftliche Forschung in marktfähige Produkte umzusetzen. Ein weiterer Weg der Wissensdiffusion besteht über die Einstellung von Hochschulabsolventen.

Die Wirkungen staatlicher Forschungsaktivitäten auf die Forschung im Unternehmen können positiv oder negativ sein (David, Hall 1999: 8 ff.). Ein positiver Signaleffekt existiert, wenn das staatliche Interesse in einem Anwendungsbereich als Zeichen für zukünftige Unterstützung empfunden wird und daher die Forschung in Unternehmen intensiviert wird. Private Forschungsaktivitäten können dann zum Ziel haben, neues Wissen aus dem öffentlichen Bereich (*spillovers*) aufnehmen zu können und für zukünftigen Innovationswettbewerb gerüstet zu sein. Um Forschungsergebnisse nutzen zu können, müssen die betroffenen Unternehmen in der Regel auch eigene Forschung betreiben (Cohen, Levinthal 1989).

Allerdings ist auch ein *crowding out* privater Forschungsaktivitäten durch den Staat möglich, wenn langfristige Forschungsvorhaben zurückgezogen werden, um stattdessen die Ergebnisse staatlicher Forschung zu verwenden, oder wenn die erwarteten zukünftigen Erträge eigene Aktivitäten nicht mehr lohnend erscheinen lassen, da staatliche Forschungsergebnisse Mitbewerbern kostenlos zur Verfügung stehen.

Auf dem Arbeitsmarkt konkurrieren staatliche Forschungseinrichtungen zunächst um wissenschaftliche Arbeitskräfte. Soweit Vollbeschäftigung im entsprechenden Arbeitsmarktsegment herrscht, bewirken verstärkte staatliche Forschungen kurzfristig hauptsächlich eine Erhöhung der Löhne und keine vermehrten Forschungsanstrengungen (Goolsbee 1998). Längerfristig steigt über eine Zunahme der Anzahl der Hochschulbsolventen in Abhängigkeit von der langfristigen Lohnelastizität das Angebot an Wissenschaftlern, während die Löhne wieder sinken. Allerdings kann eine derartige Verschärfung der Arbeitsmarktsituation durch staatliche Politik (Zuwanderung; langfristig durch Investitionen in Bildungsinfrastruktur) abgefedert werden.

Direkte Vergünstigungen wie Steuererleichterungen reduzieren die Kosten von Forschungsprojekten, was in Abhängigkeit von den entsprechenden Elastizitäten zu einer direkten Ausweitung der Forschungsausgaben führt. Gleichzeitig kommt es so lange nicht zu Verdrängungseffekten bezüglich sonstiger Forschungsvorhaben, wie die Kosten für die Einstellung zusätzlicher Mitarbeiter nicht zunehmen. Es kann jedoch ein Anreiz für die Unternehmen bestehen, kürzerfristige Vorhaben zu bevorzugen, um die Steuererleichterungen besser nutzen zu können. Dies würde wiederum die längerfristigen *spillovers* reduzieren (David et al. 2000: 9f.).

Die Diffusion der Ergebnisse staatlicher Technologiepolitik resultiert aus *spillovers* zwischen den einzelnen Unternehmen. Dabei können Wissensflüsse von Zwischenproduktströmen, in denen der technische Fortschritt inkorporiert ist, unterschieden werden (Griliches 1980). Zudem erweitert zuvor akkumuliertes Wissen den Wissenshorizont und kann zu neuen Produkt- und Verfahrensideen führen (*standing on the shoulder*-Effekt). Effekten, die letztlich zu einer Erhöhung des Wirtschaftswachstums führen, stehen negative gegenüber: So können vergangene Forschungsaktivitäten zur Folge haben, dass die am meisten Erfolg versprechenden Anwendungen schon umgesetzt sind und nur noch wenige Marktchancen verbleiben (*fishing out*-Effekt). Außerdem kann es zu einem *congestion*-Problem kommen, wenn alle Unternehmen in denselben Bereichen forschen; dies ist häufig bei Schlüsseltechnologien wie Gen- oder Informationstechnik der Fall, wo auf das erste Unternehmen, das eine Erfindung zum Patent anmeldet, häufig der gesamte Ertrag entfällt. Auch wenn die Ergebnisse aus der staatlichen Forschung international frei verfügbar sind oder durch neues Wissen entwertet werden, ergeben sich geringere lokale Wachstumswirkungen durch die Technologiepolitik (Löbbe et al. 1993: 243). Diese Effekte können in ihrer Gesamtheit dazu führen, dass das Grenzprodukt der Wissenserstellung nicht konstant, sondern abnehmend ist. Ein langfristiger Wachstumseffekt der Technologiepolitik existiert in diesem Fall nicht.

Die Umsetzung der Effekte der Technologiepolitik in Produktivität, Wachstum und Beschäftigung erfolgt über die Diffusion neuer Technologien, die meist mit dem Eintritt neuer Unternehmen in Märkte, dem Wachstum von Unternehmen, Rationalisierungen und dem Austritt unproduktiver Unternehmen verbunden ist. Während das Größenwachstum von Unternehmen im Zusammenhang mit Produktinnovationen hauptsächlich in Wachstumsmärkten stattfindet, die Produkte am Anfang des Produktlebenszyklusses produzieren, steht in etablierten Märkten das Rationalisierungsmotiv im Vordergrund (Haid, Münter 1999).

Hinsichtlich der Diffusion technischer Neuerungen zwischen Unternehmen und der Auswirkungen auf die Faktorproduktivität müssen inkrementelle von Basisinnovationen unterschieden werden, die eine technologische Pfadänderung begründen und die Umstrukturierung der Wertschöpfungsprozesse in Unternehmen bedingen; ein Beispiel dafür sind die IuK-Technologien (Klemmer et al. 1999; Cohen et al. 2000). Gerade hier kann der Strukturwandel über die Diffusion und Adaption neuer Technologien mit der erforderlichen Anpassung komplementärer Produktionsfaktoren (Humankapital), über die Realisierung von Lernkurveneffekten bis hin zur Steigerung der gesamtwirtschaftlichen Faktorproduktivität Jahrzehnte betragen (David 1990, 2000). Die Implementierung der für neue Technologien in den Unternehmen erforderlichen neuen Organisationsformen kann zur Gründung gänzlich neuer Unternehmen, in den bestehenden zu einer grundlegenden Änderung interner Strukturen – eventuell auch durch Fusionen oder neue Manager – führen (Bassanini et al. 2000: 32). Der Übergang von einer alten zu einer neuen Technologie kann sogar mit einer vorübergehenden Verlangsamung des Wachstums einhergehen, da im Übergang Skaleneffekte noch nicht voll nutzbar sind; Produktivitätssteigerungen sind in diesen Fällen erst in Zukunft zu erwarten.

Die Wirkungen auf den Arbeitsmarkt sind insbesondere von Regulierungen, der Anpassungsflexibilität an ein neues Gleichgewicht und dem Zusammenwirken mit anderen makro- und strukturpolitischen Maßnahmen abhängig. Im Modell einer Wettbewerbswirtschaft führt der technische Fortschritt durch Produktivitätssteigerungen ohne Auswirkungen auf das Vollbeschäftigungsgleichgewicht zu Wachstum, da durch eine Ausdehnung der Produktion und das Entstehen neuer Sektoren die Beschäftigungsabnahme in den etablierten Sektoren ausgeglichen wird[1]. Jedoch führen Anpassungsverzögerungen zu – vorübergehender – *mismatch*-Arbeitslosigkeit (Aghion, Howitt 1998).

1.2. Empirische Evidenz

Der Effekt von Maßnahmen der Forschungspolitik auf das Wirtschaftswachstum[2] lässt sich bei der empirischen Überprüfung in zwei Teilaspekte zerlegen: Zunächst stellt sich die Frage, inwieweit sich Hinweise über die Wirksamkeit staatlicher Technologiepolitik ergeben. Diese Frage wird im Folgenden auf der Grundlage der Ergebnisse von empirischen Untersuchungen über die Transmissionskanäle der

[1] Krugman (1997) diskutiert die theoretischen Mechanismen in einer Modellökonomie, in der nur Hotdogs und Brötchen erzeugt werden. Wenn sich die Produktivität bei der Herstellung von Hotdogs verdoppelt, stellt sich letztlich ein Gleichgewicht ein, bei dem sowohl mehr Brötchen als auch mehr Hotdogs produziert werden. Die im Hotdogsektor entlassenen Arbeiter finden im Brötchensektor neue Beschäftigung, und die Nachfrage steigt, um die vermehrte Produktion aufnehmen zu können. Wenn nun die Konsumenten keine zusätzlichen Hotdogs konsumieren können oder wollen, dann kann einerseits die Wochenarbeitszeit und damit das Arbeitsangebot reduziert werden, oder es entsteht andererseits ein neuer Sektor für Döner, die zusätzlich zu den Hotdogs konsumiert werden.

Technologiepolitik rekapituliert. Darüber hinaus stellt sich die Frage, inwieweit private Unternehmen in regulierten Märkten Impulse (Ausgaben oder Steuererleichterungen) anders wahrnehmen als solche in deregulierten. Diese Frage betrifft letztlich auch Unterschiede in der Umsetzung von staatlichen Impulsen in Wirtschaftswachstum. Dabei kommt dem Zusammenhang zwischen Wissensakkumulation in Unternehmen und Produktivitätssteigerungen eine zentrale Rolle zu. Um zu sehen, ob die Deregulierung von Märkten die Umsetzung von neuem Wissen in Wachstum fördert, werden im Folgenden empirische Ergebnisse vorgestellt.

1.2.1. Generelle Wirksamkeit von Maßnahmen der Technologiepolitik

Wie dargestellt sind die Transmissionsmechanismen technologiepolitischer Maßnahmen komplex und mit verschiedenen Wirkungsverzögerungen verbunden. Zudem werden langfristige Wachstumsprozesse von verschiedensten wirtschaftlichen Faktoren beeinflusst. Daher ist es nicht verwunderlich, dass in makroökonomischen Untersuchungen die empirische Evidenz für einen unmittelbaren Zusammenhang zwischen staatlicher Forschungsförderung und Wirtschaftswachstum eher gering ist. Damit stellt sich die Frage, ob nicht generell die positiven *spillovers* gegenüber den entgegenwirkenden Effekten überschätzt werden (Arnold 1999). Um dies zu untersuchen, ist der Blick auf die einzelnen Bereiche der Wirkungskette zu richten.

Relativ gesichert sind empirische Untersuchungen zu den Erträgen und *spillovers* von privatwirtschaftlichen Forschungsaufwendungen und den damit jeweils verbundenen Produktivitätsverbesserungen. Diese kommen auf der Grundlage von gesamtwirtschaftlichen Outputelastizitäten zwischen 10 und 20 vH zu einer Verzinsung von Forschungsaufwendungen zwischen 20 und 30 vH, wobei die sozialen Erträge erheblich höher (20 vis 100 vH) geschätzt werden (Ahn, Hemmings, 2000: 24f.). Während der direkte Effekt einer staatlichen Förderung auf das neu gewonnene Wissen in den Unternehmen – obwohl sicherlich vorhanden – empirisch kaum messbar ist, differieren die Auswirkungen staatlicher Maßnahmen auf die unternehmerischen Forschungsaktivitäten je nach verwendetem Instrumentarium. Für Steuererleichterungen ergibt sich aus den vorliegenden empirischen Studien, dass der kurzfristige Effekt relativ gering ist, da die Unternehmen ihre Ausgaben langfristig planen. Eine Verminderung der F&E-Kosten durch Steuererleichterungen um 10 vH erhöht nach einer Studie von Bloom et al. (1999) kurzfristig die

[2] Neben Forschung und der De- bzw. Reregulierung von Märkten bildet die Humankapitalakkumulation einen zentralen Ansatzpunkt staatlicher Wachstumspolitik. Empirisch lässt sich der Zusammenhang zwischen Bildung, Produktivität und Wirtschaftswachstum mit Hilfe von Querschnittsregressionen über mehrere Länder oder mikroökonometrisch (Bildungsniveau und Entlohnung) untersuchen (zu einem Überblick vgl. Ahn, Hemmings 2000: 25ff.). Aus den Querschnittsanalysen ergibt sich zwar ein enger positiver Zusammenhang zwischen Humankapital und Wachstum. Jedoch gibt es Hinweise auf latente Variablen, die sich hinter dem Humankapitalbestand verbergen, was eine Quantifizierung des unmittelbaren Einflusses erschwert. Gleichzeitig ist der Zusammenhang zwischen der Veränderung des Humankapitalbestandes und dem Wirtschaftswachstum nur schwach. Die mikroökonometrischen Untersuchungen führen im Durchschnitt zu einer Ertragsrate der Bildung in Hinblick auf die Entlohnung von 10 bis 15 vH. Gleichzeitig weisen die Untersuchungen auf leicht abnehmende Skalenerträge zusätzlicher Bildung hin. Jedoch könnte der unmittelbare Zusammenhang zwischen Bildung und Produktivitätssteigerung in den mikroökonometrischen Untersuchungen dadurch verzerrt sein, dass Bildung teilweise von den Arbeitgebern als Filter für andere Eigenschaften des Bewerbers (Motivation, Talent) herangezogen wird.

F&E-Ausgaben um 1 vH; langfristig ergibt sich als Durchschnitt aus den betreffenden Studien eine Erhöhung der Ausgaben um etwa 10 vH (Hall, van Reenen 2000: 466).

Staatliche Beihilfen oder Forschungsaufträge an private Unternehmen können im Gegensatz zu Steuererleichterungen selektiv für solche Projekte eingesetzt werden, bei denen mit größeren *spillovers* und sozialen Erträgen gerechnet wird. Empirische Studien zur Frage ihrer Komplementarität oder Substitutionalität zu privaten Forschungsausgaben ergeben insgesamt aber ein uneinheitliches Bild; dies erlaubt keine sichere Einschätzung, ob staatliche Forschungsaufwendungen im Durchschnitt private Aktivitäten eher fördern oder substituieren (David et al. 2000).

Eine neuere OECD-Studie, die in einer Regressionsanalyse für 17 OECD-Länder den Einfluss verschiedener staatlicher Instrumente der Technologiepolitik auf privatwirtschaftliche Forschungsausgaben untersucht (Guellec, van Pottelsberghe 2000), kommt unter anderem zu folgenden Resultaten:

- es existiert ein positiver Effekt staatlicher Beihilfen auf privatwirtschaftliche Forschungsaktivitäten, wobei sich für jede D-Mark an zusätzlichen direkten staatlichen Forschungsausgaben die privatwirtschaftlichen um 1,70 DM erhöhen;
- auch bei Steuererleichterungen lässt sich ein positiver Effekt nachweisen;
- bei beiden Instrumenten ist der langfristige Effekt größer als der kurzfristige;
- Steuererleichterungen und die direkte Finanzierung privatwirtschaftlicher Forschung sind Substitute, so dass eine größere Intensität des einen Instruments die Wirkung des anderen abschwächt;
- der Effekt staatlicher Unterstützung auf die privatwirtschaftliche Forschung steigt mit zunehmenden F&E-Aufwendungen zunächst an und vermindert sich dann wieder, wobei sich im Länderdurchschnitt ein maximaler Effekt bei ca. 13 vH der Unternehmensaufwendungen ergibt;
- Forschung im Verteidigungsbereich führt zu einem *crowding-out* privatwirtschaftlicher Forschung, während die Förderung der zivilen keine Auswirkung auf unternehmerische F&E hat. Direkte *spillovers* staatlicher Forschung auf die privatwirtschaftlichen Forschungsaktivitäten konnten nicht nachgewiesen werden.

Neben diesen Untersuchungen zu Einzelaspekten des gesamten Transmissionsprozesses können mit Hilfe von Korrelationsanalysen Hinweise gewonnen werden, inwieweit im Ländervergleich staatliche Wachstumsimpulse mit verschiedenen unternehmerischen Forschungs- und Innovationsaktivitäten einher gehen und letztlich unterschiedliche Ergebnisse der Innovationsaktivitäten – gemessen an Patentanmeldungen und Publikationen – bedingen (Tabelle 1). Im Ländervergleich besteht eine sehr hohe Korrelation zwischen staatlicher Forschungsförderung, unternehmerischen Forschungs- und Innovationsaktivitäten sowie Publikationen und Patentanmeldungen. Jedoch weisen die niedrigen Korrelationskoeffizienten mit der Arbeitsproduktivität und der Totalen Faktorproduktivität darauf hin, dass im Ländervergleich kein *unmittelbarer* Zusammenhang zum Wirtschaftswachstum be-

Tabelle 1

Korrelation zwischen Variablen der Transmission der Technologiepolitik im Ländervergleich

Korrelationskoeffizienten[1]

	Grundlagenforschung (BIP-Anteil)	F&E der Unternehmen	Innovationsaufwendungen der Untern	Patentanmeldungen	Publikationen im SCI	Arbeitsproduktivität	Totale Faktorproduktivität
F&E der Unternehmen, 1997	0,664*** (0,005)						
Innovationsaufwendungen der Unternehmen, 1997	0,7* (0,053)	0,88*** (0,000)					
Patentanmeldungen, 1996	0,634** (0,02)	0,755*** (0,000)	0,785*** (0,004)				
Publikationen im SCI[2], 1995	0,708*** (0,005)	0,552** (0,010)	0,713** (0,014)	0,534** (0,015)			
Veränderung der Arbeitsproduktivität[3]	–0,444 (0,112)	0,334 (0,139)	0,408 (0,212)	0,376 (0,102)	0,08 (0,974)		
Veränderung der Totalen Faktorproduktivität[3]	–5,04 (0,066)	0,14 (0,545)	0,239 (0,479)	0,076 (0,751)	0,07 (0,977)	0,814*** (0,000)	
Veränderung der Beschäftigung[3]	–0,409 (0,146)	–0,444** (0,044)	–0,445 (0,170)	–0,556** (0,011)	–0,207 (0,369)	–0,388* (0,082)	0,089 (0,702)

Eigene Berechnungen auf der Grundlage von OECD-Daten. – [1]Kritische Signifikanzniveaus in Klammer. – *Mit einer Irrtumswahrscheinlichkeit von 10 vH abgesichert. – [2]Science Citation Index. – [3]1990 bis 1998. – **Mit einer Irrtumswahrscheinlichkeit von 5 vH abgesichert. – ***Mit einer Irrtumswahrscheinlichkeit von 1 vH abgesichert.

RWI ESSEN

steht. Dies kann mehrere Ursachen haben: So ist der technische Fortschritt primär ein Resultat des in der Vergangenheit angesammelten Wissenskapitals, das durch die gegenwärtigen Forschungsaktivitäten nur sehr unvollkommen wiedergegeben wird. Wenn dies der Fall ist, sind Zeitreihenanalysen für verschiedene Nationen besser geeignet, die Zusammenhänge offen zu legen. Außerdem werden die Faktorproduktivitäten durch weitere Faktoren wie staatliche Regulierungen beeinflusst, so dass eine Überlagerung von Effekten auftreten kann.

1.2.2. Regulierungen und Wirksamkeit der Technologiepolitik

Bei den bisherigen Betrachtungen wurde davon ausgegangen, dass die Wirkung staatlicher Maßnahmen der Technologiepolitik unabhängig von den institutionellen Rahmenbedingungen auf den Märkten analysiert werden kann. Inwieweit diese die Wirksamkeit beeinflussen, ist bislang sowohl in theoretischer als auch in empirischer Perspektive nur wenig analysiert worden. Es ist nicht bekannt, wie Stärke und Art der Marktregulierung die Transmissionsprozesse der Technologiepolitik und damit ihre Wirksamkeit beeinflussen. Falls ein Zusammenhang besteht, würde dies dafür sprechen, dass sich erfolgreiche technologiepolitische Strategien und Maßnahmen nicht ohne Berücksichtigung der unterschiedlichen Rahmenbedingungen auf andere Länder übertragen lassen.

Tabelle 2

Beziehung zwischen Einflussgrößen der Arbeitsproduktivität und der Beschäftigung im Ländervergleich

Ergebnisse von Korrelationsrechnungen

Land	F&E-Intensität[1]	Beschäftigung[1]		Bildung[2]	
	Produzierendes Gewerbe	Unternehmenssektor	Produzierendes Gewerbe	Unternehmenssektor	Produzierendes Gewerbe
Vereinigte Staaten	0,54 (2,67)	–0,29 (1,65)	0,16 (0,71)	0,34 (1,87)	0,32 (1,43)
Japan	0,82 (6,13)	–0,23 (1,22)	–0,06 (0,26)	0,02 (0,09)	0,25 (1,03)
Westdeutschland	0,21 (0,93)	–0,54 (3,36)	–0,44 (2,16)	0,33 (1,60)	0,51 (2,21)
Frankreich	0,44 (2,07)	–0,42 (2,52)	0,10 (0,45)	0,42 (2,43)	0,61 (3,27)
Italien	0,17 (0,73)	–0,59 (3,77)	–0,39 (1,89)	0,36 (1,86)	0,46 (2,22)
Vereinigtes Königreich	0,60 (3,18)	–	–0,22 (1,02)	–	0,06 (0,25)

Nach Angaben in Scarpetta et al. 2000. In Klammern sind die t-Werte angegeben. – [1]Veränderung 1990 bis 1997. – [2]Veränderung 1981 bis 1995.

RWI ESSEN

Einen ersten Hinweis darauf, wie institutionelle Faktoren die Determinanten von gesamtwirtschaftlichen Wachstumsprozessen tangieren, gibt ein Vergleich der Einflussgrößen des Produktivitätswachstums in verschiedenen Ländern. In Tabelle 2 werden Korrelationen dazu für verschiedenen Ländern im Zeitablauf ausgewiesen. Dabei zeigt sich in verschiedenen Ländern ein sehr unterschiedlicher Zusammenhang zwischen Forschungsintensität und Produktivitätsfortschritt: Für die USA und Japan ergeben sich mit Korrelationskoeffizienten von 0,54 und 0,82 stark signifikante Zusammenhänge, während für Deutschland und Italien keine signifikante Korrelation zu erkennen ist. Auch die Beziehung zwischen Veränderung der Arbeitsproduktivität, der Beschäftigung und der Bildung ist nicht gleich: Während in den kontinentaleuropäischen Ländern insbesondere für das Produzierende Gewerbe ein signifikant positiver Zusammenhang zwischen Humankapitalakkumulation und Arbeitsproduktivität auszumachen ist, lässt sich dies für die USA, Japan und Großbritannien nicht beobachten. Gleichzeitig ist für die kontinentaleuropäischen Länder der Zusammenhang zwischen Beschäftigung und Arbeitsproduktivität signifikant negativ.

Insgesamt scheint in den kontinentaleuropäischen Ländern das Produktivitätswachstum unter anderem von Rationalisierungsinvestitionen in Kombination mit einer Erhöhung des Humankapitaleinsatzes getragen worden zu sein, während etwa in den USA und Großbritannien Innovationen eine größere Rolle spielten.

Schaubild 1

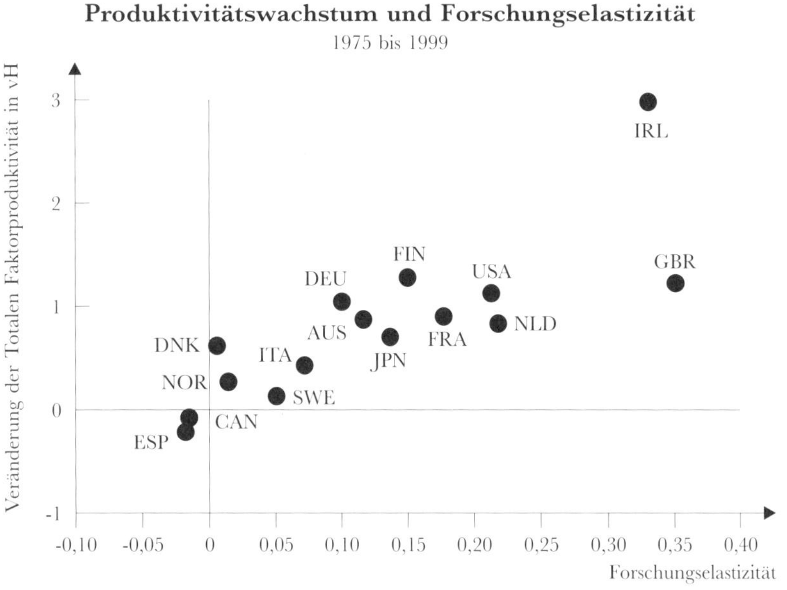

Eigene Berechnungen.

Diese Unterschiede lassen vermuten, dass differierende Strukturpolitiken und Regulierungsformen dahinter stehen.

Als Indikator für die Umsetzung von innovativen Impulsen in Wirtschaftswachstum werden oftmals (länderspezifische) Forschungselastizitäten herangezogen, die angeben, wie stark die Totale Faktorproduktivität im Zeitablauf zunimmt, wenn die Forschungsausgaben um 1 vH steigen (Schaubild 1). Um diese zu berechnen, wurden die Totalen Faktorproduktivitäten unter der Annahme veränderbarer Faktorkostenanteile von Kapital und Arbeit ermittelt. Für die Berechnung wurden lediglich die Faktoreinsatzmengen berücksichtigt, so dass der Effekt einer Veränderung in der qualitativen Zusammensetzung (Ausweitung des Humankapitalbestands, Intensivierung des IuK-Kapitalstocks) in der errechneten Veränderung der Totalen Faktorproduktivität enthalten ist. Für den Forschungskapitalstock, der sich aus der Akkumulation vergangenen Wissens durch gesamtwirtschaftliche Forschungsaktivitäten ergibt, wurde eine jährliche Abschreibungsrate von 5 vH unterstellt.

Eine starke Zunahme des Forschungskapitalstocks ist seit Mitte der siebziger Jahre vor allem in Irland, Finnland, Kanada, Spanien und Dänemark zu beobachten, während die Bundesrepublik (4,5 vH) im Mittelfeld rangiert. Die Totale Faktorproduktivität ist im gleichen Zeitraum vor allem in Irland, Großbritannien, Finnland, den Vereinigten Staaten, aber auch Deutschland am stärksten gestiegen, während sie in Spanien und Kanada sogar zurückging. Im Ländervergleich zeigt sich also, dass sich ein stärkeres Wachstum des Forschungskapitalstocks nicht unmittelbar in erhöhter Faktorproduktivität niederschlägt; vielmehr ergeben sich sehr unterschiedliche Elastizitäten. Das lässt darauf schließen, dass es den verschiedenen Nationen in sehr unterschiedlichem Ausmaß gelang, die Akkumulation von Wissen in Wachstum umzusetzen. Die höchsten Forschungselastizitäten errechnen sich für Irland, Großbritannien, die Vereinigten Staaten und die Niederlande, während Deutschland mit einem Wert von 10 vH im Mittelfeld liegt.

Eine Ursache für diese unterschiedlichen Diffusionsmuster kann in den strukturellen Rahmenbedingungen für den Wettbewerb auf den Märkten und für Wirtschaftswachstum liegen. Darüber hinaus können auch Faktoren wie Entwicklungsstadien der Länder (Nationen, die schon an der Grenze des technischen Fortschritts sind, haben es schwieriger als andere, die noch aufholen) oder Unterschiede in der Qualittät der Faktorausstattung (Humankapital) dafür verantwortlich sein. Diese Faktoren beeinflussen in ihrem Zusammenwirken die Transmission von neuem Wissen in unternehmerische Prozessabläufe und neue Produkte, die dann wiederum in erhöhten Faktorproduktivitäten aufscheinen. Auf mikroökonomischer Ebene geht das Produktivitätswachstum in etwa gleichgewichtig auf Unternehmen zurück, die Beschäftigung im Rahmen einer Expansion aufbauen, wie auch auf andere, bei denen Beschäftigung abgebaut wird (Bassanini et al. 2000: 32). Der reibungslose Ablauf dieser Prozesse wird vor allem auch durch die Absorptionsfähigkeit der Unternehmen für neues Wissen und das Funktionieren des Marktmechanismus bedingt. Die Neugründung von Unternehmen hat, obwohl langfristig sehr wohl von hoher Bedeutung, keinen direkten Einfluss auf die aggregierten Produktivitätszahlen, da neu gegründete Unternehmen i.A. unterdurchschnittlich groß sind.

Eine verbreitete Vorgehensweise, um Hinweise auf die entscheidende Determinanten des Produktivitätsfortschritts zu finden, besteht darin, über die Industrieländer hinweg Korrelationskoeffizienten von Strukturparametern und Forschungselastizitäten zu berechnen (Tabelle 3). Hier wird deutlich, dass von 1975 bis 1999 Staatseingriffe in den Wirtschaftsprozess (Steuern- und Abgabenbelastung, Anteil der Staatsbeschäftigten, des Staatsverbrauchs am BIP) einen tendenziell negativen Einfluss auf die Umsetzung von Forschungskapital in Produktivitätswachstum hatten. Die Ergebnisse sind aber nicht hoch signifikant, was bei der geringen Zahl von Ländern auch nicht unbedingt zu erwarten war.

Über diese langfristigen Zusammenhänge hinaus stellt sich die Frage nach der Umsetzung wachstumspolitischer Impulse in regulierten oder deregulierten Märkten insbesondere im Kontext der *new economy*, die in den neunziger Jahren zumindest in den USA deutliche Wachstumsimpulse gab. Mit dem Aufkommen neuer technologischer Möglichkeiten können veraltete Regulierungsmuster Wachstum durchaus behindern. Darauf weist zumindest eine Untersuchung der OECD (Bassanini et al. 2000: 34–36) hin, nach der in Ländern mit weniger Regulierungen sowie deregulierteren Produkt- und Arbeitsmärkten das Wachstum der Totalen Faktorproduktivität in den neunziger Jahren im Vergleich zu den achtzigern signifikant höher lag.

Tabelle 3

Indikatoren für Staatseingriffe und Forschungselastizität im Ländervergleich

Querschnitts-Korrelationskoeffizienten[1]

Steuern- und Abgabenbelastung	–0,181 (0,573)
Anteil der Staatsbeschäftigten	–0,555 (0,061)
Anteil des Staatsverbrauchs am BIP	–0,310 (0,327)
Anteil der Subventionen am BIP	–0,356 (0,292)

Eigene Berechnungen. – [1]Kritisches Signifikanzniveau in Klammer.

RWI ESSEN

2. Substitutionalität vs. Komplementarität von Technologiepolitik und Deregulierung

Die Deregulierung von Einzelmärkten erhöht den Wettbewerbsdruck auf die Unternehmen, die neuesten Technologien anzuwenden. In dieser Hinsicht wirkt Deregulierung komplementär zu staatlicher Technologiepolitik, da die Implementierung und Diffusion von technischem Fortschritt beschleunigt werden. Eine differenziertere Analyse der Wirkungen einzelner Deregulierungsmaßnahmen in Zusammenspiel mit der Technologiepolitik zeigt jedoch, dass die Wirkungsmuster komplexer sind; die Frage nach der Komplementarität oder Substitutionalität zwischen staatlicher Forschungspolitik und Deregulierung in Hinblick auf unternehmerische Forschung lässt sich nicht generell beantworten. Hierfür müssen die Maßnahmen im Einzelnen untersucht und kurz- bzw. langfristige Effekte unterschieden werden. Gleichzeitig muss neben den Innovationen die abgestimmte Wirkung der Maßnahmen auf die Diffusion neuer Techniken berücksichtigt werden.

Ansatzpunkt beider Politikbereiche sind die Unternehmen, die technischen Fortschritt implementieren und aus deren Wettbewerb auf den Produktmärkten Beschäftigungs- und Produktivitätssteigerungen resultieren. Daher bietet es sich an, die Determinanten der Forschungsaktivitäten eines repräsentativen Unternehmens zu analysieren. Dafür wird ein einfacher Analyserahmen herangezogen, in dem davon ausgegangen wird, dass das betrachtete Unternehmen zu jedem Planungszeitpunkt eine Investitionsentscheidung für eine Auswahl von Forschungsprojekten trifft (Howe, McFertidge 1976). Die Finanzierungsseite wird durch die zunehmende Funktion der Grenzkapitalkosten der Forschung (GK_F) dargestellt (Schaubild 2). Der horizontale Teil der Funktion gibt den Bereich an, in dem eine Eigenfinanzierung für Forschungsprojekte möglich ist. Wenn die Forschungsausgaben ausgedehnt werden, ist in immer größerem Ausmaß Fremdkapital – mit zunehmenden Grenzkosten – erforderlich.

Die Funktion GE_F gibt die Grenzerträge für verschiedene Forschungsprojekte wieder. Es wird angenommen, dass die Projekte nach ihren erwarteten Erträgen sor-

Schaubild 2

Analyserahmen für das Zusammenwirken von Technologie- und Strukturpolitik

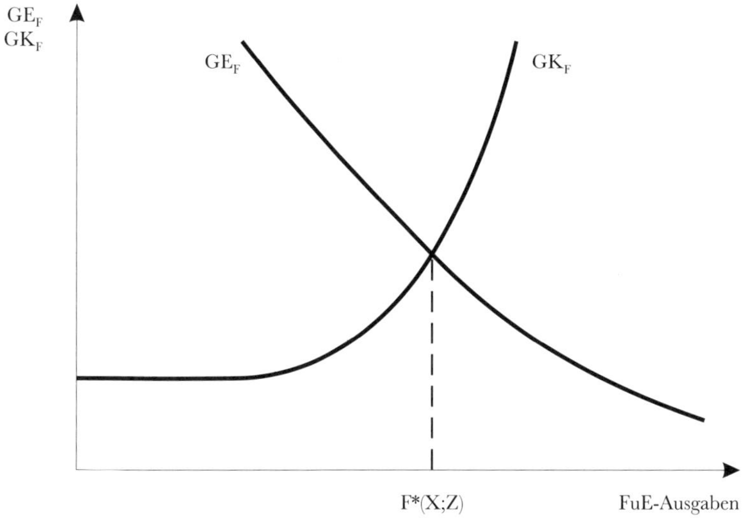

GE_F (F;X): Grenzerträge der Forschungsprojekte

GK_F (F;Z): Grenzkapitalkosten der Forschungsprojekte

X;Z: Lageparameter (staatlicher) Regulierungen und Forschungspolitik

RWI ESSEN

tiert sind, wobei hier vereinfachend unterstellt wird, dass sie beliebig teilbar sind. Eine Zunahme der Forschungsausgaben hat eine Erhöhung der Fremdfinanzierungskosten bei gleichzeitig verminderten erwarteten Erträgen zur Folge. Im Ertragsmaximum, d.h. bei *F*(X;Z)*, sind Grenzerträge und -finanzierungskosten jeweils gleich groß.

Sowohl die Maßnahmen der Wachstums- und Technologiepolitik als auch die zur Deregulierung beeinflussen die Lage beider Kurven über die in den Vektoren *X* und *Z* zusammengefassten Lageparameter. Eine Erhöhung der Forschungsaktivitäten, die zu dem erwünschten Wachstumseffekt führt, würde aus einer Rechtsverschiebung einer der beiden Kurven zur resultieren. Die Lage der Grenzfinanzierungskostenkurve (Parameter in *Z*) verschiebt sich durch:

- Maßnahmen der Technologiepolitik, die die Kosten bei der Finanzierung von F&E beeinflussen (Steuervergünstigungen, Subventionen für Projekte);
- Deregulierung auf den Kapitalmärkten, die zu einer höheren Verfügbarkeit von Risikokapital oder zu einer Senkung der Kreditzinsen aufgrund größeren Wettbewerbs zwischen den Kreditinstituten führt;

– makroökonomische Politikvariablen, die den Kapitalmarktzins beeinflussen, wie Maßnahmen der Geldpolitik, soweit sie längerfristig wirksam sind. Fiskalpolitische Maßnahmen können über die Versteuerung von Kapitalgewinnen indirekten Einfluss auf die Finanzierungskostenkurve haben.

Die Grenzertragskurve (Parameter in *X*) wiederum verschiebt sich durch:

– erweiterte Marktchancen in deregulierten Märkten (Telekommunikation, Post), die die erwarteten Erträge zukünftiger Produktinnovationen erhöhen. Gleichzeitig kann erhöhter Wettbewerb bei deregulierten Gütermärkten die Gewinnchancen längerfristig aber auch wieder sinken lassen;

– Verknappung qualifizierter Wissenschaftler am Arbeitsmarkt, was zu einer Erhöhung der Lohnsätze führt;

– Maßnahmen zum Schutz von Eigentumsrechten an Erfindungen (Patentrecht);

– Maßnahmen staatlicher Technologiepolitik über die Erweiterung der Fortschrittsgrenze, was den Möglichkeitsraum für neue Produkte und Verfahren erhöht, sowie das Auftreten des Staates als Nachfrager von Forschungsergebnissen (Verteidigung, Raumfahrt).

Im geschilderten Modellrahmen kann nun analysiert werden, inwieweit Maßnahmen der Technologiepolitik und der Deregulierung auf den Märkten substitutiv oder komplementär wirken. So vermindern sowohl bessere Abschreibungsmöglichkeiten als auch das Angebot an Venture Capital die Grenzfinanzierungskosten für Unternehmen. Die Effekte sind jedoch nur dann in ihrer Wirkung substitutiv, wenn sie nicht zwischen unterschiedlichen Unternehmen streuen. Beispielsweise werden durch die Abschreibungserleichterungen tendenziell große Unternehmen, durch Venture Capital-Finanzierung hingegen Startup-Unternehmen stärker begünstigt.

Einen indirekten Effekt auf die Forschungsaktivitäten von Unternehmen haben Technologiepolitik und Strukturpolitik über den Arbeitsmarkt: So führt die Deregulierung von Telekommunikationsmärkten zu einer erhöhten Nachfrage nach Informatikern. Dies wird durch staatliche Forschungsprogramme im IuK-Bereich verstärkt, was zu einem Ansteigen der Entlohnung für Informatiker führt. Bei kurzfristig starrem Angebot an ausgebildeten Informatikern sind dann staatliche und private Forschung Substitute. Die positiven Effekte durch staatliche Grundlagenforschung, die neue technische Möglichkeiten aufzeigt, können noch nicht voll wirksam werden. Durch komplementäre Maßnahmen der Bildungspolitik – und in kurzfristiger Perspektive durch Zuwanderung – kann diesen Effekten entgegengewirkt werden. Die höhere Entlohnung von Informatikern hat dann eine längerfristige Signalwirkung für Studienanfänger in diesem Bereich.

Einen Schwerpunkt in der Technologieförderung bildet die Unterstützung von kleinen und mittleren Unternehmen. Gerade für sie werden die administrativen Hürden bei der Gründung oftmals als besonders bedeutend angesehen, so dass eine komplementäre Verminderung des Verwaltungsaufwandes den Effekt der Technologiepolitik erhöht.

Ein weiteres Beispiel für die Bedeutung der Abstimmung von Regulierung und Technologiepolitik bildet der Umweltschutz, auch wenn es hier unter dem Aspekt der Deregulierung weniger darum geht, den Wettbewerb zu erhöhen, als vielmehr um eine effizientere Erreichung der gesetzten Umweltziele (OECD o. J.: 22). Als erfolgreich erwiesen hat sich hier in der Vergangenheit die Abstimmung von technologischen Förderprogrammen und Regulierungen in Form von marktwirtschaftlichen und ordnungsrechtlichen Instrumenten (Klemmer et al. 1999: 67).

Eine Erweiterung des Patentschutzes erhöht die erwarteten Forschungserträge und verstärkt über eine Erhöhung der Forschungsaufwendungen die Maßnahmen der Technologiepolitik. Jedoch vermindert sich gleichzeitig mit vermehrtem Schutz des geistigen Eigentums die Diffusion der Forschungsergebnisse durch die Wirtschaft, was die Realisierung von gesamtwirtschaftlichen Wachstumseffekten behindert.

3. Wirkungen von Technologiepolitik in Deutschland in einem Makromodell

3.1. Theoretische Vorüberlegungen

Um die Wirkungen der Technologiepolitik unter den in Deutschland herrschenden institutionellen Rahmenbedingungen zu untersuchen, werden diese nun mit Hilfe des RWI-Strukturmodells am Beispiel einer Erhöhung des technischen Fortschritts analysiert. Dabei stehen insbesondere die Effekte auf Wachstum und Beschäftigung im Vordergrund. Hervorgerufen werden kann die Intensivierung des technischen Fortschritts neben technologiepolitischen Maßnahmen auch durch Deregulierungen auf Güter- und Faktormärkten, so dass in Hinblick auf die makroökonomischen Diffusionsmuster kein Unterschied zwischen den beiden Bereichen existiert.

Theoretische Überlegungen kommen je nach zugrunde gelegtem institutionellem Rahmen zu unterschiedlichen Ergebnissen hinsichtlich der Beschäftigungswirkungen: Während im dynamischen Gleichgewicht einer Wettbewerbswirtschaft Friktionen über die Mobilität der Arbeitnehmer beseitigt werden (Krugman 1997), führen Anpassungsverzögerungen zu einem vorübergehenden Auftreten struktureller Arbeitslosigkeit (Aghion, Howitt 1998). Unter günstigen Rahmenbedingungen können sich per saldo positive Beschäftigungseffekte ergeben (Gersbach 2000: 123; Meyer-Krahmer 1999). Die durchgeführten Simulationen unterscheiden sich von den theoretischen Überlegungen darin, dass in den Modellgleichungen die institutionellen Gegebenheiten in Deutschland verfestigt sind; die Wirkungen des technischen Fortschritts errechnen sich bei den vorherrschenden strukturellen Bedingungen. Allerdings ist Deregulierung mit einer Veränderung der Rahmendaten für die Marktprozesse verbunden, die langfristig diese Zusammenhänge in den Modellgleichungen verändern. Je weiter diese gediehen sind, desto weniger können die Gleichungen des Modells die aktuellen Wirkungsmuster widerspiegeln.

In den Simulationsrechnungen wurde angenommen, dass sich die Erhöhung der Rate des technischen Fortschritts in allen Sektoren auswirkt. Eine primäre Wirkung auf die Beschäftigung entsteht dadurch, dass die Arbeitsproduktivität steigt und damit zunächst die gleiche Produktionsmenge mit einem geringeren Arbeitseinsatz hergestellt werden kann. Gleichzeitig führen die mit dem Fortschritt verbundenen Kostensenkungen zu Gewinnsteigerungen bzw. Preissenkungen, was zu einer realen Einkommenssteigerung und damit einer erhöhten Güternachfrage führt. Über eine Veränderung der relativen Preise und der Technologien kommt es zu einer Veränderung der Faktoreinsatzrelationen; die Vorleistungsverflechtung ändert sich. Häufig wirkt technischer Fortschritt faktorsparend, jedoch kann es aufgrund der Substitution von Vorleistungen durch eine Veränderung der relativen Preise auch zu einem vermehrten Input eines Faktors kommen, wozu wiederum Investitionen erforderlich sein können. Darüber hinaus wird durch den technischen Fortschritt die internationale Wettbewerbsfähigkeit der Volkswirtschaft gestärkt, was sich in der Verflechtung zum Ausland widerspiegelt.

3.2. Simulation einer Erhöhung des technischen Fortschritts

Im RWI-Strukturmodell ist der technische Fortschritt exogen in Form eines linearen Trends vorgegeben. Seine Wirkung spiegelt sich im geschätzten Trendkoeffizienten (Hicks-Parameter). Im RWI-Strukturmodell werden die Vorleistungsnachfrage und die Faktoreinsatzrelationen durch den technischen Fortschritt beeinflusst. Darüber hinaus wirkt er – unter der Annahme gegebener Faktorpreise – preissenkend auf die Güterpreise. Hinsichtlich der Arbeitsnachfrage wird bei allen Branchen im ersten Schritt arbeitssparender technischer Fortschritt unterstellt. Inwieweit der technische Fortschritt über steigende internationale Wettbewerbsfähigkeit, Marktanteilsgewinne, steigende Produktion und steigende Arbeitsnachfrage zu erhöhter Beschäftigung führt, ist mit dem Modell nicht darstellbar, da sich diese Situation nicht in den Daten und damit in den Modellparametern widerspiegelt.

Diesem Basisszenario, in dem die Geschwindigkeit des technischen Fortschritts quasi in die Zukunft extrapoliert wird (2,2 vH p.a.), wird ein Alternativszenario gegenübergestellt. Es enthält statt des linearen Trends als Operationalisierung des technischen Fortschritts eine nicht-lineare Trendfunktion mit geringfügig höheren Wachstumsraten als im Basisszenario. Es wird angenommen, dass der technische Fortschritt ab dem Jahr 2000 um 2,5 vH p.a. zunimmt. Die Auswirkungen sind in Tabelle 4 wiedergegeben. Der höhere technische Fortschritt wirkt über den Zeitraum von 10 Jahren preissenkend: Der Preisindex des BIP liegt in der Simulation geringfügig unterhalb dem Basisszenario. Das BIP ist im Jahr 2010 um 1,9 vH höher als in der Basislösung, die Ausrüstungsinvestitionen um knapp 2,3 vH, der Private Verbrauch um 1,7 vH. Die Exporte steigen um 1,2 vH, während die Importe nur leicht zunehmen. Trotz der per Saldo arbeitssparenden Wirkung des technischen Fortschritts – die Arbeitsproduktivität liegt um knapp 3 vH höher als im Basisszenario, die Kapitalproduktivität nur um 1,7 vH – liegt die Beschäftigung im Jahr 2010 nur um 1 vH unterhalb der im Basisszenario. Wegen der durch neue Produkte und Produktionsverfahren gestiegenen Investitionsnachfrage und dem höheren Privaten Verbrauch werden Multiplikatorprozesse ausgelöst, die zu höherer Produktion führen. Dadurch ergeben sich hinsichtlich der Beschäftigung Effekte, die der im ersten Schritt induzierten Freisetzung von Arbeitskräften entgegenwirken. Dennoch geht die Beschäftigung zurück, da nach den Modellrechnun-

Tabelle 4

Auswirkung einer Erhöhung des technischen Fortschrittes
1995 bis 2010

	1995	2000	2005	2010
	Basislösung			
Index des technischen Fortschrittes	100	113,9	127,8	141,7
Preisindex des BIP	100	104,8	117,5	130,6
	Simulationslösung: Erhöhung des technischen Fortschritts			
Index des technischen Fortschrittes	100	113,9	128,9	145,8
Preisindex des BIP	100	104,8	116,9	129,8
	Abweichung der Simulationslösung von der Basislösung in vH			
	in Preisen von 1995			
Bruttoinlandsprodukt			0,48	1,89
Privater Verbrauch			0,42	1,67
Staatsverbrauch			0,06	0,23
Anlageinvestitionen			0,35	1,64
Ausrüstungsinvestitionen			0,52	2,25
Bauinvestitionen			0,17	0,92
Exporte			0,32	1,18
Importe			0,01	0,17
	in jeweiligen Preisen			
Vorleistungen			0,20	0,87
Bruttowertschöpfung			0,08	0,32
Produktionswert			0,15	0,65
Güteraufkommen			0,12	0,57
Beschäftigung			–0,30	–1,04
Arbeitslose			3,67	11,76
Arbeitsproduktivität			0,78	2,96
Kapitalproduktivität			0,47	1,72

Eigene Berechnungen.

RWI ESSEN

gen bei der vorherrschenden Wirtschaftsstruktur die Freisetzungseffekte die durch die Nachfragesteigerung induzierten Beschäftigungsgewinne überwiegen.

Darüber hinaus wurden weitere Simulationen zu den Effekten von Fortschritt in einzelnen Sektoren wie dem Telekommunikations- und dem Strommarkt durchgeführt. Hier zeigten sich generell geringe Beschäftigungswirkungen, deren Vorzeichen jedoch variieren. In Sektoren, in denen der Fortschritt gütersparend wirkt, scheinen per saldo die Beschäftigungswirkungen eher negativ auszufallen, umgekehrt in Sektoren, in denen er güterverbrauchend wirkt.

Bei der Bewertung der Beschäftigungswirkungen ist zu beachten, dass es sich um eine Partialanalyse handelt, wobei andere makroökonomische (Politik-) Variablen konstant gehalten wurden. Dies gilt neben der Geld- und Fiskalpolitik insbesondere für die Lohnsetzung, die für den gesamtwirtschaftlichen Zusammenhang zwischen

Produktivität und Beschäftigung eine zentrale Rolle einnimmt. Durch vorübergehende Lohnzurückhaltung kann die Beschäftigung erhöht, durch eine gegenteilige Politik hingegen verringert werden.

4. Zusammenfassung

Im vorliegenden Beitrag wurden die Wirksamkeit technologiepolitischer Maßnahmen, ihr Zusammenwirken mit Deregulierung sowie die Bedeutung der vorherrschenden Regulierungsmuster für die Wirkungen der Technologiepolitik diskutiert. Grundlage war eine institutionell und empirisch orientierte Herangehensweise an die Fragen nach den Wirkungen der Technologiepolitik sowie deren Interdependenzen mit der staatlichen (De-) Regulierung von Märkten.

Die Wirksamkeit staatlicher Technologiepolitik wird mitunter bezweifelt. Sowohl aus theoretischen Analysen als auch auf der Grundlage empirischer Befunde zeigt sich jedoch, dass durch technologiepolitische Maßnahmen Wachstumsimpulse gegeben werden können, wobei in Hinblick auf die Wirksamkeit große Unterschiede zwischen den Instrumenten und in Hinblick auf die Bedingungskonstellationen auf den betroffenen Märkten bestehen. Bestimmend für die Wirksamkeit staatlicher Forschungspolitik für Wirtschaftswachstum und Beschäftigung ist zunächst deren Übertragung auf die einzelnen Unternehmen. Daher kommt den Transmissionskanälen eine besondere Bedeutung zu. Diese umfassen neben dem direkten Transfer von Wissen aus staatlicher Grundlagen- bzw. angewandter Forschung in Universitäten und Instituten die Wirkung auf die Forschungsaktivitäten der Unternehmen und die Effekte, die über den Arbeitsmarkt für Wissenschaftler und über *spillovers* in anderen Branchen resultieren.

Die Umsetzung des Effektes der Technologiepolitik in Produktivität, Wachstum und Beschäftigung erfolgt über die Diffusion neuer Technologien, die meist mit dem Eintritt neuer Unternehmen in Märkte, dem Wachstum von Unternehmen, Rationalisierungen und den Austritt von unproduktiven Unternehmen verbunden ist. Während Unternehmen im Zusammenhang mit Produktinnovationen hauptsächlich in expandierenden Märkten mit Produkten am Anfang des Lebenszyklus wachsen, steht in etablierten Märkten das Rationalisierungsmotiv im Vordergrund. Hinsichtlich der Diffusion technischer Neuerungen zwischen den Unternehmen und den unmittelbaren und mittelbaren Auswirkungen auf die Faktorproduktivität müssen inkrementelle von Basisinnovationen unterschieden werden, die eine technologische Pfadänderung begründen (z.B. IuK-Technologien).

Für die Wirkungszusammenhänge zwischen Technologiepolitik und Deregulierung erscheint bei erster Betrachtung eine Komplementarität in der Hinsicht zu bestehen, dass der Wettbewerbsdruck in deregulierten Märkten die Diffusion von Wachstumsimpulsen begünstigt. Bei genauerer Analyse zeigt sich jedoch, dass eine differenzierte Untersuchung des Zusammenwirkens von einzelnen (De-) Regulierungs- mit konkreten technologiepolitischen Maßnahmen in Hinblick auf die Anreizstruktur der betroffenen Unternehmen Voraussetzung für die Beantwortung dieser Frage ist. Insbesondere bildet die gezielte Abstimmung von Deregulierungsmaßnahmen mit Instrumenten der Technologiepolitik die Voraussetzung für die Umsetzung der Impulse in Wachstum. Dies zeigt sich u.a. dann, wenn

- durch Maßnahmen der Technologiepolitik die Kostensituation bei der Finanzierung von F&E verbessert wird; dabei könnte eine komplementäre Verminderung des Verwaltungsaufwands gerade für KMU den Effekt der Technologiepolitik erhöhen;

- durch Deregulierungsmaßnahmen auf den Kapitalmärkten eine höhere Verfügbarkeit von Risikokapital resultiert;

- durch Deregulierung auf den Gütermärkten sowie Maßnahmen zum Schutz von Eigentumsrechten an Erfindungen die erwarteten Erträge zukünftiger Produkt- und Prozessinnovationen erhöht werden, wobei jedoch der Verminderung der Diffusion von geschützten Forschungsergebnissen durch die Wirtschaft mit berücksichtigt werden muss.

Darauf, dass die gesamtwirtschaftlichen Effekte der Technologiepolitik von den konkreten institutionellen Rahmenbedingungen abhängen, deuten sowohl die theoretischen und empirischen Ergebnisse zu den Wirkungsmustern der Technologiepolitik als auch Simulationsrechnungen mit dem RWI-Strukturmodell hin. Dies gilt unabhängig davon, dass aufgrund der zahlreichen Faktoren und der komplexen Transmissionsprozesse der Zusammenhang zwischen regulatorischen Rahmenbedingungen auf einzelnen Märkten und Technologiepolitik empirisch schwer fassbar ist. Während zu Unterschieden in der Absorptionsfähigkeit der Unternehmen für makroökonomische Impulse in Abhängigkeit von staatlichen Regulierungsmustern bislang keine Erkenntnisse vorliegen, können zur Umsetzung von Wachstumsimpulsen aus den makroökonomischen Daten erste Schlussfolgerungen abgeleitet werden. In langfristiger Perspektive zeigt der Vergleich länderspezifischer Forschungselastizitäten, dass tendenziell Staaten mit einem geringeren Ausmaß an Staatseingriffen angesammeltes Wissen besser in Wachstum umsetzen konnten. Auch für die neunziger Jahre ergeben sich aus Berechnungen der OECD Hinweise darauf, dass Länder, die ihre Märkte stärker dereguliert und an neue technologische Entwicklungen in Zusammenhang mit der *new economy* angepasst haben, gegenüber den achtziger Jahren ein höheres Wachstum aufweisen konnten. Dennoch besteht hinsichtlich der Unterschiede in der Wirksamkeit technologiepolitischer Maßnahmen in Abhängigkeit von den jeweiligen institutionellen Rahmenbedingungen bislang noch eine erhebliche Unsicherheit.

Während in dieser mikroökonomischen Betrachtungsweise Deregulierungs- und technologiepolitische Maßnahmen jeweils unterschiedliche, gänzlich individuelle Wirkungsmuster entfalten, gleichen sich die gesamtwirtschaftlichen Diffusionsmuster. Durch eine Erhöhung des technischen Fortschritt – woher auch immer – gehen bei den in Deutschland gegebenen Rahmenbedingungen zwar positive Effekte auf Arbeitsproduktivität und Wirtschaftswachstum aus; zugleich ergibt sich per saldo ein Beschäftigungsrückgang, dem jedoch durch andere wirtschaftspolitische Maßnahmen (Lohnpolitik) entgegengewirkt werden könnte. Dennoch steht dieses Ergebnis im Widerspruch zu gleichgewichtstheoretischen Betrachtungen, in denen tendenziell eine Zunahme der Beschäftigung bei beschleunigtem technischem Fortschritt prognostiziert wird.

Diese Wirkungen, die sich am Ende der Reaktionskette auf den Arbeitsmarkt ergeben, sind insbesondere von den vorherrschenden Regulierungen und der Flexibilität der Anpassung an ein neues Gleichgewicht und dem Zusammenwirken mit anderen makro- und strukturpolitischen Maßnahmen abhängig. Im Modell einer Wettbewerbswirtschaft führt der technische Fortschritt durch Produktivitätssteigerungen ohne Auswirkungen auf das Vollbeschäftigungsgleichgewicht zu Wirtschaftswachstum, da durch eine Ausdehnung der Produktion und das Entstehen neuer Wirtschaftssektoren die Beschäftigungsabnahme in den etablierten Sektoren ausgeglichen wird. Jedoch kommt es aufgrund von Anpassungsverzögerungen am Arbeitsmarkt zu vorübergehender *mismatch*-Arbeitslosigkeit.

Literatur

Ahn, S. and P. Hemmings (2000), Policy Influences on Economic Growth in the OECD Countries: An Evaluation of the Evidence. OECD Economics Department Working Papers 246. OECD, Paris.

Aghion, P. and P. Howitt (1998), *Endogenous Growth Theory*. Cambridge, MA: MIT Press.

Arnold, L. (1999), Does Policy Affect Growth? *Finanzarchiv* 56: 141–164.

Arrow, K.J. (1962), The Economic Implications of Learning by Doing. *Review of Economic Studies* 29: 155–173.

Audretsch, D. and R. Thurik (1999), Innovation, Industry Evolution and Employment. Cambridge University Press, Cambridge.

Bassanini, A., S. Scarpetta and I. Visco (2000), *Knowledge, Technology and Economic Growth*: Recent Evidence from OECD Countries. Paris: OECD Paris.

Bloom, N., R. Griffith and J. van Reenen (1999), Do R&D Tax Credits Work? Evidence from an International Panel of Countries 1979–1994. Institute for Fiscal Studies Working Paper W99/8. London.

Cohen, M. and D. Levinthal (1989), Innovation and Learning: The Two Faces of R&D. *Economic Journal* 99: 569–596.

Cohen, S.S., B.J. DeLong and J. Zysman (2000), Tools for Thought: What Is New and Important About the "E-conomy". BRIE Working Paper 138. Berkeley Round Table on International Economy, Berkeley, CA.

David, P.A. (1990), The Dynamo and the Computer: A Historical Perspective on the Productivity Paradox. *American Economic Review* 80: 355–361.

David, P.A. (2000), Understanding Digital Technology's Evolution and the Path of Measured Productivity Growth: Present and Future in the Mirror of the Past. In E. Bryngolfsson and B. Kahin (eds.), Understanding the Digital Economy. Cambridge, MA, MIT Press.

David, P.A. and B.H. Hall (1999), Heart of Darkness, Public-Private Interactions inside the R&D Black Box. Nuffield College Economics Discussion Paper 1999-W-16. Oxford.

David, P.A., B.H. Hall and A.A. Toole (2000), Is Public R&D a Complement or Substitute for Private R&D? A Review of Econometric Evidence. *Research Policy* 29 (4/5): 497–529.

Giorno, C., P. Richardson and W. Suyker (1995), *Technical Progress, Factor Productivity and Macroeconomic Performance in the Medium Term*. OECD, Paris. OECD Working Papers, vol. 3, No. 72.

Gersbach, H. (2000), Promoting Product Market Competition to Reduce Unemployment in Europe: An Alternative Approach? *Kyklos* 53: 117–134.

Goolsbee, A. (1998), Does Government R&D Policy Mainly Benefit Scientists and Engineers? National Bureau of Economic Research Working Paper 6532. NBER, Cambridge, MA.

Griliches, Z. (1980), Returns to Research and Development in the Private Sector. In J.:W Kendrick and B. Vaccara (eds.), *New Developments in Productivity Measurement and Analysis*. Chicago: University of Chicago Press.

Guellec, D. and B. van Pottelsberghe (2000), The Impact of Public R&D on Business R&D. OECD Working Papers 8/30. OECD, Paris,

Haid, A. und M. Münter (1999), Neuere Entwicklungen in der industrieökonomischen Forschung und die aktuelle Berichterstattung über die technologische Leistungsfähigkeit Deutschlands. DIW Diskussionspapier 188. DIW, Berlin.

Hall, B. and J. van Reenen (2000), How Effective are Fiscal Incentives for R&D? A Review of the Evidence. *Research Policy* 20: 449–469.

Howe, J.D. and D.G. McFertridge (1976), The Determinants of R&D Expenditures. *Canadian Journal of Economics* 9: 57–71.

Klemmer, P., U. Lehr und K. Löbbe (1999), Umweltinnovationen: Anreize und Hemmnisse. Innovative Wirkungen umweltpolitischer Instrumente 2. Berlin: Analytica.

Krugman, P. (1997), The Accidental Theorist. All work and no play makes William Greider a dull boy. *Slate* (23 Jan.) Internet: http://web.mit.edu/krugman/www/hotdog.html, letzter Aufruf: 18.9.02.

Lucas, R.E., Jr. (1988), On the Mechanics of Economic Development. *Journal of Monetary Economics* 22: 3–42.

Löbbe, K. et al. (1993), Strukturwandel in der Krise. Untersuchungen des RWI 9. RWI, Essen.

Mankiw, G. N. (1995), The Growth of Nations. *Brookings Papers on Economic Activity* 1995 (1): 275–326.

Meyer-Krahmer, F. (1999), Innovation als Beitrag zur Lösung von Beschäftigungsproblemen? *Mitteilungen aus der Arbeitsmarkt- und Berufsforschung* 32 (4): 402–415.

OECD (ed.) (o. J.), *Regulatory Reform and Innovation*, Paris.

OECD (ed.) (1995), *Impacts of National Technology Programmes*. Paris.

OECD (ed.) (1998), *Technology, Productivity and Job Creation, Best Policy Practices*. Paris.

Pilat, D. (1998), What Drives Productivity Growth? OECD Observer 213. OECD, Paris.

Romer, P.M. (1986), Increasing Returns and Long-Run Growth. *Journal of Political Economy* 94 (5): 1002–1037.

Romer, P.M. (1990), Endogenous Technological Change. *Journal of Political Economy* 98: S71–S102.

Romer, P.M. (1996), *Advanced Macroeconomics*. New York: McGraw-Hill.

Scarpetta, S., A. Bassanini, D. Pilat and P. Schreyer (2000), Economic Growth in the OECD Area: Recent Trends at the Aggregate and Sectoral Level. OECD Economics Department Working Papers 248. OECD, Paris.

Schnabl, H. (2000), *Struktur-Evolution, Innovation, Technologieverflechtung und sektoraler Strukturwandel*. München et al.: Oldenbourgh.

Solow, R.M. (1956), A Contribution to the Theory of Economic Growth. *Quarterly Journal of Economics* 70: 65–94.

Zusammenfassung

Der Beitrag diskutiert verschiedene Aspekte der Wirksamkeit staatlicher Technologiepolitik. Zunächst wird der Wirkungskanal bei der Transmission staatlicher Maßnahmen zu den Unternehmen betrachtet, von der Diffusion der Impulse durch die Sektoren hin zu den erzielten gesamtwirtschaftlichen Effekten auf Wachstum, Produktivität und Beschäftigung. Dabei zeigt sich, dass Technologiepolitik durchaus wirksam ist, ihre Effektivität jedoch sehr stark von der vorherrschenden Marktkonstellation abhängt. Strukturpolitisch motivierte Deregulierungsmaßnahmen haben unter anderem das Ziel, den Wettbewerb zu intensivieren und Anreize für technischen Fortschritt und Innovationen zu setzen. Damit sind beide Maßnahmenbereiche teilweise auf die selben Ziele ausgerichtet. Es wird deutlich, dass beide Maßnahmenbereiche häufig in einer komplementären Beziehung zueinander stehen, Deregulierungen die Technologiepolitik sinnvoll ergänzen können. Modellrechnungen mit dem RWI-Strukturmodell ermöglichen die Abschätzung der sich ergebenden makroökonomischen Wirkungen (Wachstum und Beschäftigung) unter den in Deutschland vorherrschenden institutionellen Rahmenbedingungen.

Résumé

Par ce travail l'auteur discute sur l'efficacité de la politique technologique gouvernemental. Tout d'abord il analyse des canaux de transmission des mesures gouvernementales vers des entreprises. Il est montré que la politique technologique gouvernementale est efficace. Cependant, son effectivité dépend surtout de la constellation du marché. Comme la dérégulation a aussi entre autres pour but de stimuler la progression technologique et l'innovation, les deux champs d'action sont dirigés en partie vers le même but et se trouvent souvent dans des relations complémentaires . Des calculs effectués à l'aide du modèle structurel de RWI mettent en évidence les résultats macro-économiques qui en résultent.

RWI-Mitteilungen 2002, Jg. 53 (1-4): 41–64

Perspektiven der Internet-Wirtschaft[1]

von Jochen Dehio und Rainer Graskamp

The article examines the perspectives of the Internet economy which is one of the most important fields of application of the so-called "new economy". Its dynamic trend was linked with the upswing of the technology stock exchanges; the burst of the speculative bubble led finally to a decline in capital spending in the Internet infrastructure and, as a consequence of that, to a slump in the Internet economy as well. Nevertheless, the potentials of the Internet economy have by no means been exhausted and the propensity to invest in this field may increase significantly again. In this case, the Internet will develop positive overall economic effects in the form of cost reductions and increases in productivity. The commercial utilisation of the Internet will not likely be borne by the former pioneers, but mainly by enterprises of the "old economy". (JEL: O30; O40; O50)

Die Entwicklung der Internet-Wirtschaft und die damit voraussichtlich einhergehenden gesellschaftlichen und gesamtwirtschaftlichen Auswirkungen sind seit einigen Jahren nicht nur Gegenstand kontroverser öffentlicher Diskussionen, sondern beschäftigen auch in zunehmendem Maße die Wirtschaftsforschung (Blinder 2000; Davies et al. 2000; Heindl, Pauschert 2000). Der in der zweiten Hälfte der neunziger Jahre vor allem in den USA zu beobachtende Aufschwung wird u.a. auf einen *new economy*-Effekt zurückgeführt (Bosworth, Triplett 2000; Bryson 2001; David 2001; Nordhaus 2001): Infolge der Produktion und Anwendung von Informations- und Kommunikationstechnologien (IKT) – einschließlich der Nutzung des Internet – kommt es zu einem beschleunigten Wirtschaftswachstum (einer Steigerung der Totalen Faktorproduktivität, also einem Wachstum, das nicht durch eine Erhöhung des Faktoreinsatzes, Faktorsubstitution oder eine höhere Qualität der Faktoren erklärt werden kann) bei gleichzeitiger monetärer Stabilität.

Die Hoffnung, dass damit möglicherweise das Eintreten eines neuen gesamtwirtschaftlichen Paradigmas verbunden sein könnte, erfüllte sich einstweilen allerdings nicht. Der Zusammenbruch der Technologiebörsen, ein Rückgang des Weltwirtschaftswachstums sowie eine Rezession in den USA und einigen weiteren Industrieländern dämpften die mit der *new economy* verbundenen – ganz offensichtlich stark übertriebenen – Erwartungen. Gleichwohl setzen sich die Investitionen in IKT und speziell die Internet-Infrastruktur fort, wenn auch mit etwas verminderter Dynamik.

[1] Der vorliegende Beitrag basiert zum Teil auf Ergebnissen aus Löbbe et al. 2002.

Die Basishardware der IKT stellen Computer, Mobilfunk- und TV-Geräte bzw. Kombinationen dieser Endgeräte dar. Als eine der wesentlichen Anwendungen wurde Anfang der neunziger Jahre das Internet entwickelt. Seine Grundlage ist die weltweite Vernetzung von Computern. Es ist inzwischen zu einem Massenmedium geworden, das als Informations-, Kommunikations- und Transaktionsmedium einen integralen Bestandteil des Wirtschafts- und Gesellschaftssystems darstellt. Gleichwohl steht die Entwicklung dieses Mediums erst am Anfang; künftig sind weitreichende gesamtwirtschaftliche und gesellschaftliche Auswirkungen zu erwarten, die sich zum Teil jetzt schon abzeichnen. Dies betrifft neben den Veränderungen der internen Arbeitsabläufe in Unternehmen und den daraus resultierenden Produktivitäts- und Kosteneffekten auch weitreichende Konsequenzen im Hinblick auf den Informations- und Wissenstransfer.

IKT dienen der Verarbeitung und Weiterleitung von Texten, Tönen und Bildern in Form digitaler Signale. Ausgangspunkt war demnach vor mehr als drei Jahrzehnten die Basisinnovation „Digitalisierung". Sie und die darauf basierenden IKT-Anwendungen stellen zusammen mit der Bio- und Gentechnologie die jüngste Basisinnovation dar, die zudem mit einer zunehmenden internationalen Arbeitsteilung und Globalisierung einhergeht[2].

Innovationen dienen der Transformation von wissenschaftlichen und technologischen Erkenntnissen in neue Produkte und Unternehmensorganisationen. Sie lösen Änderungen von Produktionsabläufen, Strukturwandel sowie Effizienzsteigerungen und damit gesamtwirtschaftliche Effekte aus. Die neu entstehenden Märkte werden von innovativen Unternehmen erschlossen, die mittels Investitionen den Kapitalstock erweitern, neue Güter produzieren und Wachstum auslösen. Die Impulse halten solange an, bis das Nutzungspotenzial der Innovation erschöpft ist. Infolge einer zunehmenden Auslastung der neu geschaffenen Produktionskapazitäten sowie einer steigenden Wettbewerbsintensität kommt es schließlich zu einer Marktsättigung und damit zu einer Rückkehr auf den ursprünglichen Wachstumspfad. Gemeinsam ist somit allen zurückliegenden Basisinnovationen, dass sie mit zumindest vorübergehenden Wachstumsschüben verbunden waren. Mögliche Perspektiven der Internet-Wirtschaft und die davon ausgehenden Auswirkungen werden im Folgenden erörtert.

1. Zugang zum Internet

Voraussetzung für eine umfassende Ausbreitung der Internet-Wirtschaft ist die möglichst flächendeckende Bereitstellung der Infrastruktur für die Internet-Nutzung und die Ermöglichung des Netzzugangs, damit Unternehmen, Institutionen und Verbraucher dieses Medium anwenden und sich entsprechende Netzwerke bilden können. Im Jahr 2001 verfügten weltweit bereits mehr als 300 Mill. Nutzer über einen Zugang (eMarketer 2000, zitiert in NFO Infratest 2001: 148), etwa

[2]In der Vergangenheit waren verschiedene Basisinnovationen zu beobachten: Die stationäre Dampfkraft (Dampfmaschine) stellte den Auslöser der industriellen Revolution dar, die mobile Dampfkraft führte in Kombination mit der Stahlerzeugung zum Bau von Eisenbahnen, mit der Elektrizität waren die Einführung des Elektromotors sowie von Radio, Telefon und Fernsehen verbunden, und schließlich revolutionierte die Petro- und Kunststoffchemie sowie Kraftfahrzeuge die Wirtschaft.

Schaubild 1

Haushalte mit Internetzugang

1998 bis 2010; Anteil an allen Haushalten in vH

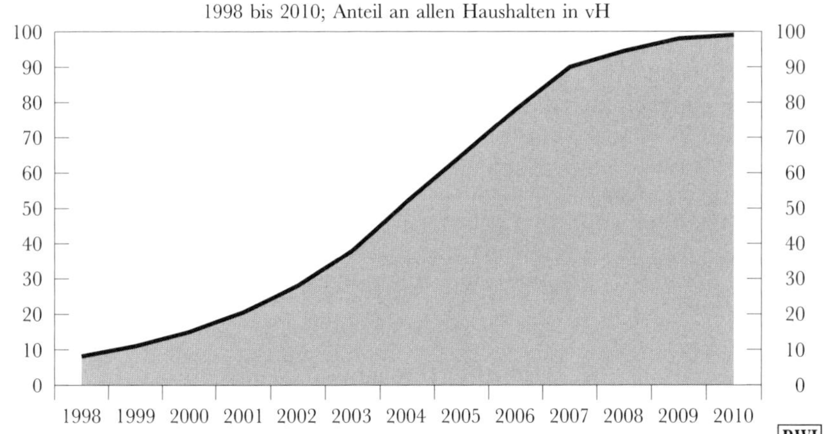

Quelle: RWI 2000: 71.

5 vH der Weltbevölkerung. Die hohe Dichte der Telefonanschlüsse sowie die – u.a. aufgrund der in den letzten Jahren gesunkenen Preise[3] – deutlich gestiegene Ausstattung mit PCs und Mobilfunktelefonen trugen maßgeblich zur raschen Ausweitung der Internet-Nutzung bei. Die technische Leistungsfähigkeit eines PC, der – abgesehen von der Erfüllung der klassischen Schreib-, Rechen- und Spielfunktionen – ein wichtiges Hilfsmittel für den Internet-Zugang darstellt, hat sich bezogen auf die Prozessorleistung, die Speicherkapazität oder andere Leistungsmerkmale erheblich erhöht. Mittels der Breitbandtechnologie, deren Verbreitung zügig ausgeweitet wird, wurden die Datendurchsatzgeschwindigkeiten deutlich gesteigert, so dass zusätzliche Anwendungen über das Internet möglich werden (z.B. das Herunterladen von Filmen). Eine ähnliche Dynamik ist für mobile Kommunikationsmittel zu konstatieren. Die neuen Mobilfunkstandards GPRS bzw. UMTS werden dazu beitragen, dass die Internet-Nutzung über Handys u.a. noch weitaus größere Bedeutung erlangt.

Zu erwähnen ist zudem der Trend, das Internet über das Fernsehgerät zu nutzen (PWC 2000); mittels *set-top*-Boxen kann über das TV gesurft, darüber hinaus können e-mails verschickt sowie weitere Nutzungen erschlossen werden. Solche *set-top*-Boxen könnten künftig integraler Bestandteil von Fernsehgeräten sein, so dass sich diese Art der Nutzung – etwa vergleichbar dem Videotext – als Standard durchsetzen dürfte. Unter Umständen wird interaktives Fernsehen (iTV) in Zukunft sogar die verbreitetste Nutzungsform werden, da hierdurch auch die Verbraucher erreicht werden können, die weder über PC noch Handy verfügen.

[3]Die von der amtlichen Statistik beispielsweise für Deutschland ausgewiesenen Preissenkungen bei Hardware dürften sogar tendenziell unterzeichnet sein, da Qualitätseffekte keine adäquate Berücksichtigung finden. In den USA werden z.B. Hardwarepreise mit Hilfe hedonischer Preisindizes qualitätsbereinigt; vgl. Boskin et al. 1996; Brachinger, Diewert 2002; Löbbe et al. 2002.

Die Ausstattung deutscher Haushalte mit Internet-Anschlüssen wird in den kommenden Jahren voraussichtlich zunächst dynamisch ansteigen, der Anstieg aufgrund des Basiseffekts sich schließlich aber abflachen. Der Anteil der angeschlossenen Haushalte dürfte sich asymptotisch einer Ausstattung von 100 vH annähern (Schaubild 1). Dies wird im Übrigen auch von sozioökonomischen Faktoren beeinflusst (RWI 2000: 69ff.): Der Anteil steigt mit zunehmendem Haushaltseinkommen sowie steigender Personenzahl pro Haushalt signifikant an. Eine Rolle spielt zudem das Alter des Haupteinkommensbeziehers; je älter dieser ist, umso geringer ist der Anteil der Haushalte mit Zugang, wobei allerdings der Anteil in der Gruppe der 25 bis 35-Jährigen am höchsten und damit höher als der der unter 25-Jährigen ist, was wohl vor allem mit den deren geringeren Einkommen zusammenhängen dürfte. Berufsgruppenspezifisch betrachtet ragen die Selbständigen heraus, darüber hinaus sind die Anteile bei Beamten und Angestellten überdurchschnittlich.

2. Definition Internetwirtschaft

Die rasche weltweite Ausweitung der Telekommunikationsnetze und des auf der Nutzung dieser Netze basierenden Internet hat die Möglichkeiten des Austauschs von Informationen und Waren erheblich erweitert. Nahezu das gesamte Wirtschafts- und Gesellschaftssystem dürfte hiervon tangiert werden. Dies betrifft einerseits die Bereiche Kommunikation, Information und Recherche (Email, Chats, allgemeine und spezielle Informationsdienste, Suchprogramme, Datenbanken, Anzeigen) sowie Unterhaltung (Musik, Videos, PC-Spiele, Online-Casinos usw.), andererseits den Austausch von Waren sowie die Abwicklung von Dienstleistungen.

Als Internet-Wirtschaft sind im weiteren Sinne alle auf dem Medium Internet basierenden Anwendungen zu verstehen, die in irgendeiner Weise wirtschaftlich relevant sind. Im engeren Sinne zählt hierzu auf der Unternehmensebene insbesondere die Einführung umfassender *e-business*-Lösungen. Hierunter ist die Bildung unternehmensinterner oder -externer – zum Teil sogar weltweiter – Netzwerke zu verstehen, die der Koordination oder Durchführung von Geschäftsvorgängen dienen. Eine der aus gesamtwirtschaftlicher Sicht bedeutendsten Anwendungen ist in diesem Zusammenhang der *electronic commerce* (*e-commerce*). Darunter wird der Austausch von Waren und Dienstleistungen über elektronische Netze verstanden, vornehmlich über das Internet, unabhängig davon, ob die Rechnungsstellung Online erfolgt und wie das jeweilige Produkt zugestellt wird. Es geht letztlich um die Online-Abwicklung von Geschäftsvorfällen.

In der Regel handelt es sich um mehr als nur die elektronische Ausschreibung eines Onlinegeschäfts bzw. die reine Online-Geschäftsanbahnung (Werbung und Bestellung), vielmehr umfasst *e-commerce* häufig das volle Leistungsspektrum eines Geschäftsvorfalls. Es bilden sich dabei mehr oder weniger geschlossene Benutzergruppen heraus, wobei mit steigendem Geschäftsvolumen in zunehmendem Maße Standards für Vertragsabschlüsse und Spielregeln für Geschäftsabläufe vereinbart werden müssen, um Angebot und Nachfrage besser strukturieren und in Übereinstimmung bringen zu können. Grundsätzlich sind drei Arten von Transaktionen zu unterscheiden:

- *Business to Business* (B2B): Online-Geschäftsbeziehungen zwischen Unternehmen (vornehmlich Vorleistungshandel);
- *Business to Consumer* (B2C): Geschäftsbeziehungen zwischen Unternehmen und Verbrauchern (Handel mit Waren sowie Abwicklung von Dienstleistungen);
- *E-Government*: Erbringung staatlicher Dienstleistungen über elektronische Netze.

Mit Hilfe des B2B können Inter- bzw. Transaktionen zwischen Unternehmen über sog. „virtuelle Marktplätze" Online gestaltet werden. Der B2B-Handel hatte bisher insbesondere bei standardisierten Produkten etwa aus den Branchen Elektrotechnik, Fahrzeugbau, Energie, Chemie und einigen Dienstleistungssektoren (z.B. Finanzdienstleistungen, Handel) größere Bedeutung; eine Ausweitung auf weitere Branchen ist vorstellbar.

B2C beinhaltet neben dem Onlinevertrieb von Waren an den Endverbraucher (Bücher, CDs, DVDs, Hardware, Software, Autos, Sportartikel, Kleidung, Lebensmittel usw.) die Abwicklung von Dienstleistungsangeboten (Reisebuchungen, Online-Banking, -Aktienhandel, -Auktionen, -Kasinos usw.). Der B2C-Handel konzentriert sich somit vornehmlich auf den Einzelhandel sowie die Bereiche Finanzen, Kommunikation und Information.

E-Government hat das Ziel, den Informations- und Datenaustausch innerhalb der öffentlichen Verwaltung zu verbessern. Darüber hinaus wird dem Bürger die Möglichkeit eingeräumt, bestimmte Verwaltungsakte über das Internet abzuwickeln sowie Informationsmaterial abzurufen.

Aufgrund von Substitutionsbeziehungen zwischen klassischem und elektronischem Handel wird teilweise lediglich herkömmlicher Handel ersetzt. Wenn beispielsweise ein Automobil Online bestellt und ggf. auch Online bezahlt wird, ist dieser Kauf nach gängiger Definition zwar als *e-commerce*-Umsatz anzusehen, allerdings resultiert aus diesem Geschäftsvorgang noch keine wesentliche Änderung gegenüber dem herkömmlichen Handel. Ähnliches gilt z.B. auch für den Onlinehandel mit Büchern: Buchhändler im Internet unterscheiden sich vom klassischen Versandhandel lediglich darin, dass das Angebot, die Ausfüllung des Bestellformulars und die Bezahlung Online erfolgen. Auftragsbearbeitung sowie Lagerhaltung und Auslieferung sind hingegen weitgehend mit der Praxis des herkömmlichen Buchhandels vergleichbar. Die Ausweitung des *e-commerce* führt insbesondere dann zu einer Erhöhung des gesamten Handelsvolumens, wenn es aufgrund von Produktivitäts- und Kostensenkungseffekten sowie der Entwicklung neuartiger Produkte bzw. Produktkombinationen zu einer über die Substitution hinausgehenden Steigerung der Handelsaktivitäten kommt.

Diese neuen Produkte betreffen etwa digitalisierbare Güter. So ist in Bezug auf das Beispiel des Online-Buchhandels denkbar, dass Bücher in digitalisierter Form direkt über das Internet verkauft werden. Dies hätte nicht nur den Vorteil, dass der Nachfrager jederzeit Zugriff auf die gewünschten Texte hätte, sondern er könnte vorab mit Hilfe von Suchfunktionen recherchieren und sich ggf. auf einzelne interessierende Kapitel beschränken. Zudem hätten die Nachfrager den Text digitalisiert verfügbar, was eine Archivierung auf dem eigenen PC ermöglichen würde. Für den Anbieter entfielen die Kosten für Lagerhaltung und Logistik. Ähnliches gilt beispielsweise für Musik, Videos oder Software.

3. Perspektiven der Internet-Wirtschaft: das Beispiel e-commerce

3.1. Auswertung von Studien zum Umsatz des e-commerce

Im Zuge sinkender PC- und Zugangspreise sowie eines qualitativ und quantitativ expandierenden *contents* im Internet auf der einen Seite und der weltweit steigenden Bedeutung des *e-commerce* auf der anderen werden die Wachstumsraten in den nächsten Jahren den meisten Prognosen zufolge sehr hoch ausfallen. Dabei ist davon auszugehen, dass Europa in Bezug auf den Anteil des *e-commerce* an der Produktion den Rückstand gegenüber Nordamerika verringern wird (EITO 2000).

Derzeit sind vom Statistischen Bundesamt allerdings noch keine entsprechenden Daten verfügbar; es existieren lediglich einige private Quellen. Aufgabe der amtlichen Statistik sollte es deshalb künftig sein, *e-commerce* – im Sinne von Transaktionen über das Internet – exakt zu definieren und zu messen. Er stellt gleichwohl aber nur einen Aspekt der sich durch das Internet ergebenden Veränderungen der Geschäftsprozesse dar. Erforderlich ist deshalb eine systematische statistische Erfassung der verschiedenen Dimensionen im Zusammenhang mit der internen und externen Vernetzung der Geschäftsabläufe, was idealerweise in die Volkswirtschaftlichen Gesamtrechnungen integriert werden sollte.

Den derzeitigen weltweiten *e-commerce*-Umsatz schätzen verschiedene Studien sehr unterschiedlich ein: So wird für 2001 von *ActivMedia Research* von weniger als 300 Mrd. $ ausgegangen, während *Goldman Sachs* 1,2 Bill. $ sehen (NFO Infratest 2001: 219). Diese Differenzen hängen – abgesehen wohl von Schätzfehlern – in erster Linie mit Abgrenzungsproblemen dahingehend zusammen, was konkret als *e-commerce* anzusehen ist. Trotz dieser Abgrenzungsproblematik, der zwangsläufigen Unsicherheiten bei Schätzungen des Umsatzes eines sich derart dynamisch entwickelnden Marktes und der eingeschränkten Aussagefähigkeit von Umsatzzahlen im Hinblick auf die gesamtwirtschaftlichen Implikationen geben die Studien zumindest einen ungefähren Eindruck von der quantitativen Bedeutung des e-commerce.

Im Folgenden wird die genannte Studie von eMarketer (zum Überblick vgl. NFO Infratest 2001) näher beleuchtet, der zufolge sich der weltweite *e-commerce*-Umsatz im Jahr 2001 auf 550 Mrd. $ belief (Tabelle 1). Mit einem Anteil von über 70 vH haben die USA danach den mit Abstand höchsten Anteil, auch wenn dieser gegenüber dem Jahr 2000 leicht abnahm. Asien und Europa verzeichnen Umsatzanteile von 14 vH bzw. 12,5 vH. In nahezu allen Regionen der Welt dominieren dabei die Umsätze des B2B-Handels (450 Mrd. $); sein Anteil am gesamten *e-commerce* stieg 2001 sogar noch an, und zwar von knapp unter 80 vH auf annähernd 82 vH; 100 Mrd. $ entfielen auf den B2C-Handel. Dieser Studie zufolge führte Deutsch-

Tabelle 1

E-Commerce-Umsatz in Deutschland, den USA und weltweit
2001

	Deutschland	USA	Welt
in Mrd. $	19	390	550
in vH des Produktionswerts	0,6	2,2	1,0
in $ pro Einwohner	230	1 350	90
Anteil weltweit in vH	3,5	71	100

Eigene Berechnungen. RWI ESSEN

land im Jahr 2001 in Europa mit einem Umsatz von 19 Mrd. $ (3,5 vH des weltweiten Umsatzes). Sowohl auf den Produktionswert als auch auf den Umsatz pro Einwohner bezogen hinkt Deutschland allerdings deutlich hinter den USA her: Während hierzulande der Anteil des *e-commerce* am Produktionswert nur etwa 0,6 vH und 230 $ pro Einwohner ausmachte, lag er in den USA immerhin bei über 2 vH bzw. 1 350 $. Der Anteil des weltweiten *e-commerce*-Umsatzes am Produktionswert betrug etwa 1 vH.

Der Schätzung von eMarketer zufolge wird der weltweite *e-commerce*-Umsatz bis zum Jahr 2004 auf knapp 3,2 Bill. $ steigen, in den kommenden drei Jahren also um 480 vH bzw. jahresdurchschnittlich 80 vH. Weniger als 60 vH werden dann noch in den USA anfallen, bereits mehr als 20 vH in Europa. Somit würde der Rückstand gegenüber den USA deutlich vermindert, wenn auch noch keineswegs beseitigt. Nicht nur kurzfristig, sondern auch auf lange Sicht wird das Wachstum vom B2B-Handel bestimmt: Sein Anteil am *e-commerce* dürfte mittelfristig auf etwa 90 vH steigen. *Forrester Research* und die *Gartner Group* gehen für 2004 sogar von einem weitaus höheren weltweiten *e-commerce*-Umsatz aus, was in erster Linie auf die bereits angesprochenen unterschiedlichen Abgrenzungen zurückzuführen ist. Die starken Abweichungen der Umsatzschätzungen deuten zwar darauf hin, dass eine verlässliche Prognose nur schwer möglich ist; hinsichtlich der für die nächsten Jahre unterstellten Wachstumsraten unterscheiden sich die Studien hingegen vergleichsweise wenig.

3.2. Projektion des e-commerce-Umsatzes

Anhand einer Beispielrechnung (Tabelle 2) wird im Folgenden die mögliche mittelfristige Bedeutungszunahme des *e-commerce* für ausgewählte Länder und unterschiedliche Jahre nachgezeichnet. Der Projektion liegt für das Jahr 2001 die Schätzung von eMarketer zugrunde, wobei hier – wenn dies mit einigen anderen Studien verglichen wird – eine relativ restriktive Abgrenzung erfolgte (z.B. geht *Goldman Sachs* von einem mehr als doppelt so hohen Volumen aus). Hingegen wird für die folgenden Jahre in der Projektion eine deutlich geringere Wachstumsrate als in den vorliegenden Studien angenommen. Der Grund ist u.a. darin zu sehen, dass sich die weltweite Penetration der Breitbandtechnologie voraussichtlich schleppender als zunächst angenommen vollziehen wird, da die Investitionstätigkeit in die-

Tabelle 2

Projektion des e-commerce-Umsatzes
2001 bis 2010

	2001	2005	2010
In Mrd. US-$			
Deutschland	19	140	700
USA	390	1 200	3 500
Welt	550	2 000	7 000
Anteil am weltweiten Umsatz, in vH			
Deutschland	3,5	7,0	10,0
USA	71,0	60,0	50,0
Welt	100,0	100,0	100,0
in vH des Produktionswerts			
Deutschland	0,6	3,5	14,5
USA	2,2	6,0	14,5
Welt	1,0	3,0	8,0
in $ pro Einwohner			
Deutschland	230	1 700	8 650
USA	1 350	4 050	11 350
Welt	90	315	1 050

Eigene Berechnungen.

RWI ESSEN

sem Bereich hinter den Erwartungen zurückbleiben dürfte. Zudem wurden im Hinblick auf Investitionen im B2B-Bereich offenbar die Probleme unterschätzt, die damit verbunden sind, dass nicht nur funktionsfähige, komplexe Softwarelösungen benötigt werden – hinsichtlich der Funktionsfähigkeit und der Gewährleistung einer ausreichenden Anwenderfreundlichkeit hat es vielfältige Probleme gegeben –, sondern diese auch mit den herkömmlichen Softwarekonzepten der beteiligten Unternehmen kompatibel sein müssen. Die Integration von *e-business*-Anwendungen in vorhandene IT-Systeme gelang bisher noch nicht in ausreichendem Maße. Darüber hinaus dürften verschiedene technisch, institutionell und soziokulturell bedingte Hemmfaktoren, die die Nutzung des Internets für *e-commerce*-Zwecke verzögern, relevanter sein, als dies in einigen sehr optimistisch erscheinenden Prognosen angenommen wurde.

Für das Jahr 2005 wird ein weltweiter *e-commerce* von 2 Bill. US-$ unterstellt, was für den Zeitraum von 2001 bis 2005 einem jahresdurchschnittlichen Wachstum von etwas weniger als 40 vH entspricht[4]. eMarketer geht wie erwähnt für 2001 bis 2004 von einem etwa doppelt so hohen Wert aus, *Ovum* und *Activ Media Research* nehmen für 2002 und 2003 durchschnittliche Wachstumsraten zwischen 59 vH und 84 vH an; zwei Studien von *IDC Research* und *Goldman Sachs* liegen mit etwas weniger als 70 vH pro Jahr im mittleren Bereich (errechnet aus Angaben zum Umsatz, zitiert in NFO Infratest 2001: 218ff.).

[4]Dies ist angesichts der augenblicklichen weltwirtschaftlichen Probleme sowie des Zusammenbruchs der Technologiebörsen immer noch relativ ambitioniert; bei anhaltenden Problemen der *new economy* könnte sich die Entwicklung weiter verzögern.

Für die Zeit danach wird angenommen, dass sich der Umsatz bis 2010 auf 7 Bill. $ erhöht (jahresdurchschnittlich 28 vH). Von 2001 bis 2010 würde der weltweite *e-commerce*-Umsatz somit um etwa ein Drittel pro Jahr wachsen. Damit ist impliziert, dass bis dahin ein flächendeckendes Breitbandkabelnetz zur Verfügung steht, mittels dem der Datendurchsatz erheblich beschleunigt werden kann. Zudem wird davon ausgegangen, dass das Internet nicht nur objektiv einen hohen Sicherheitsstandard erreicht hat, sondern dieser von den Nutzern auch als gewährleistet angesehen wird, so dass einer der bisher größten Hemmfaktoren für *e-commerce* wegfällt. Darüber hinaus wird unterstellt, dass in den nächsten Jahren – spätestens bis zum Jahr 2010 – international geltende Standards für Online-Transaktionen eingeführt, Rechtssicherheit hinsichtlich des weltweiten elektronischen Handels über das Internet geschaffen und die vollständige Integration der *e-business*-Softwarelösungen über die gesamte Wertschöpfungskette hinweg realisiert sein werden.

Die Projektion geht davon aus, dass sich der Anteil Deutschlands am weltweiten *e-commerce* bis zum Jahr 2005 auf 7 vH und bis 2010 auf 10 vH erhöht, während sich der Anteil der USA auf 60 vH bzw. 50 vH vermindert. Demzufolge wird der Umsatz in Deutschland 140 bzw. 700 Mrd. $ betragen, in den USA 1 200 bzw. 3 500 Mrd. $. Der zurückgehende – wenn auch nach wie vor weit überdurchschnittliche – Anteil der USA ist in erster Linie auf Nachholeffekte in Europa zurückzuführen. Der Anstieg des Anteils Deutschlands verläuft steiler als der Europas insgesamt[5]; dafür sind folgende Faktoren ausschlaggebend:

- Deutschland verfügt bereits über eine hochmoderne Netzinfrastruktur und ist besonders im Festnetzbereich führend. So entfällt fast jeder vierte weltweite ISDN-Anschluss auf Deutschland (BITKOM 2000: 7). 23 vH der deutschen Haushalte hatten im Jahr 2000 einen ISDN-Anschluss, aber nur 10 der westeuropäischen und 5 vH der US-Haushalte (BITKOM 2001, zitiert in NFO Infratest 2001: 77). Bei Kabelanschlüssen lag Deutschland mit 55 vH der Haushalte nur knapp hinter den USA (65 vH) und deutlich über Westeuropa (29 vH; BITKOM 2001, zitiert in NFO Infratest 2001: 89). Hinsichtlich des Ausbaus der Breitbandkabelnetze hat Deutschland zwar noch Nachholbedarf, es zeichnet sich inzwischen aber ab, dass die Verfügbarkeit von Einwahlverbindungen über xDSL, Standleitungen und interaktivem digitalen TV nunmehr zügiger voranschreiten wird. Weltweit verfügen erst etwa 15 Mill. Haushalte über einen Netzzugang auf Basis der Breitbandtechnologie (Multimedia Research Group 2001, zitiert in NFO Infratest 2001: 77).
- Als ein verlässlicher Indikator für die Verfügbarkeit moderner *e-commerce*-Infrastruktur gilt die Anzahl der SSL-Server (Server mit *Secure Socket Layer*); sie dienen der Übertragung verschlüsselter Informationen und sind deshalb für *e-commerce* besonders geeignet. Die USA verfügen mit 24 SSL-Servern pro 100 000 Einwohner (OECD 2001, zitiert in NFO Infratest 2001: 114) über mehr als fünfmal so viele wie Deutschland. Dieses Verhältnis entspricht relativ exakt dem zwischen den Pro-Kopf-Umsätzen beim *e-commerce*. Deutschland hat allerdings im Vergleich zu den Vorjahren bereits deutlich aufgeholt.

[5] Z.B. geht eMarketer davon aus, dass der deutsche Anteil bereits 2004 bei 9 vH liegen wird.

- Es gibt weltweit knapp 2 200 B2B-Plattformen, etwa die Hälfte davon in den USA, etwa 800 in Europa, davon annähernd 300 in Deutschland (Berlecon Research 2001, zitiert in NFO Infratest 2001). Dass auf Deutschland demnach etwa 13 vH aller weltweiten und 36 vH der europäischen B2B-Marktplätze entfallen, ist ein Indikator dafür, dass deutsche Unternehmen für das zu erwartende Wachstum des *e-commerce* gut gerüstet sein dürften.
- Für 2005 wird angenommen, dass die Zahl der mobilen Internetnutzer in Europa mit rund 170 Mill. etwa 80 vH über der in Nordamerika liegen wird (Ovum 2000, zitiert in NFO Infratest 2001: 157). Das Wachstum wird – wie bisher – vor allem in Deutschland sehr hoch sein, so dass in den nächsten Jahren von einer starken deutschen Marktstellung auszugehen ist.

Bezogen auf den Produktionswert steigt der *e-commerce*-Umsatz bis zum Jahr 2005 – unterstellt wird eine Zunahme des nominalen Produktionswerts um jahresdurchschnittlich 4 vH – in Deutschland auf 3,5 vH (1 700 $ pro Einwohner) und in den USA auf 6 vH (4 050 $); im Jahr 2010 lägen die Werte für Deutschland und die USA mit je etwa 15 vH gleichauf. Pro Einwohner gerechnet läge Deutschland mit 8 650 $ allerdings immer noch hinter den USA (11 350 $). Wenn davon ausgegangen wird, dass etwa neun Zehntel des *e-commerce* den B2B-Bereich betreffen, dann folgt daraus, dass im Jahr 2010 in Deutschland und den USA etwa 30 vH der Vorleistungen über das Internet gehandelt werden.

Der Anteil der weltweiten *e-commerce*-Umsätze am Weltproduktionswert beläuft sich der Projektion zufolge – nach 3 vH 2005 – im Jahr 2010 auf 8 vH. Bezogen auf die Einwohnerzahl – unterstellt wird ein Wachstum der Weltbevölkerung um jahresdurchschnittlich 1,1 vH – wird sich der Umsatz in den nächsten zehn Jahren zwar mehr als verzehnfachen, gleichwohl hätte er im weltweiten Maßstab mit nur wenig mehr als nominal 1 000 $ (nach heutiger Kaufkraft entspräche dies etwa 850 $) immer noch eine relativ begrenzte Bedeutung. In den Industrieländern wird der *e-commerce* hingegen ein durchaus beachtliches Ausmaß erreichen, und zwar sowohl bezogen auf die Produktion als auch auf die Zahl der Einwohner.

Die vorgestellte Projektion ist nicht als eine Prognose des mittelfristigen *e-commerce*-Umsatzes zu verstehen; es sollte vielmehr eine als realistisch anzusehende Entwicklung ins Verhältnis zur gesamtwirtschaftlichen Produktion und zur Einwohnerzahl gesetzt werden. Auf der Basis der vorgestellten Ergebnisse lassen sich folgende Schlussfolgerungen ziehen:

- Es ist davon auszugehen, dass das Wachstum des *e-commerce* aufgrund eines Basiseffekts – der aus der weniger weit fortgeschrittenen Entwicklung des deutschen Marktes resultiert – in den kommenden Jahren in Deutschland höher als in den USA ausfallen wird.
- Trotz der unterstellten hohen Wachstumsraten dürfte die Bedeutung des *e-commerce* zunächst relativ gering bleiben; demnach wird auch in den USA, trotz des bereits jetzt erreichten hohen Niveaus – bei einem Anteil von über 70 vH am weltweiten *e-commerce*-Umsatz – sowie einer unterstellten weiteren Zunahme um etwa 200 vH bis Mitte des laufenden Jahrzehnts, sein Anteil am Produktionswert nur etwa 6 vH betragen.

- Der Abstand zwischen Deutschland und den USA wird zwar bezogen auf den Produktionswert geringer, dennoch dürfte der *e-commerce* in den USA auch mittelfristig bedeutender als in Deutschland bleiben; der Projektion zufolge wäre der Anteil am Produktionswert Mitte des laufenden Jahrzehnts in den USA immer noch fast doppelt so hoch, Deutschland hätte den Rückstand erst 2010 weitgehend aufgeholt.

- Vermutlich wird *e-commerce* frühestens im Jahr 2010 zu einem bedeutenden Faktor für die Weltwirtschaft werden; der Umsatz wird 8 vH des weltweiten Produktionswerts ausmachen (2001 etwa 1 vH); es dürften somit auch dann noch Wachstumsreserven bestehen.

- Trotz des zu erwartenden hohen Wachstums bleibt die gesamtwirtschaftliche Bedeutung des *e-commerce* im Hinblick auf die damit einhergehenden Produktivitäts-, Kostenstruktur- und Realeinkommensveränderungen aufgrund der sehr heterogenen Struktur dieses Marktes sowie des mit dem Aufbau der Infrastruktur verbundenen hohen Investitionsbedarfs zunächst unklar.

Die meisten vorliegenden Studien zum *e-commerce* beschränken sich auf Schätzungen des Umsatzes. Sicherlich ist unbestritten, dass dieser in den nächsten Jahren überproportional wachsen wird; es erscheint allerdings zweifelhaft, ob er ein geeigneter Indikator für die Kennzeichnung der Marktentwicklung ist, da seine Höhe keine Rückschlüsse auf die unmittelbaren wirtschaftlichen Auswirkungen zulässt. Sollte die projizierte Größenordnung des *e-commerce* realistisch sein, müssten die Marktteilnehmer jedenfalls zu der Überzeugung gelangen, dass es aus ökonomischer Sicht sinnvoll ist, in diesem Bereich zu investieren. In Branchen, in denen *e-commerce* erst einmal einen kritischen Wert überschritten hat, kommt zudem ein Wettbewerbsargument zum Tragen: jene Unternehmen, die ihn nicht nutzen, könnten Marktanteile verlieren. Insofern stellt sich nicht alleine die Frage nach der kurzfristigen Rentabilität von *e-commerce*-Investitionen, sondern sie könnten sogar für den Verbleib im Markt zwingend sein. Die Unternehmen stehen somit vor der Alternative, am *e-commerce* teilzunehmen oder gar kein Geschäft mehr zu betreiben. Für Unternehmen, die die entsprechenden Voraussetzungen erfüllen, geht es dann vor allem darum, möglichst hohe Marktanteile zu erreichen, um Skaleneffekte zu realisieren, was zu einer Steigerung der Wettbewerbsfähigkeit infolge der Nutzung von Preissenkunkungsspielräumen und der Realisierung zunehmender Gewinne führt.

3.3. Gesamtwirtschaftliche Auswirkungen des e-commerce

Grundlage des Wirtschaftens ist künftig nicht mehr die klassische Wertschöpfungskette: Vorleistungslieferant – Zwischenhändler – Produzent – Distributor – Händler – Endkunde. Eher sollte von Wertschöpfungsnetzen ausgegangen werden (Urchs 2000: 72); dabei handelt es sich nicht mehr um lineare, sondern um multidimensionale Beziehungen zwischen den beteiligten Akteuren. Besteht beispielsweise bereits ein Netzwerk von 50 Unternehmen, wird ein neu hinzukommendes das gesamte Netzwerk nutzen und mit anderen Nutzern kommunizieren bzw. interagieren wollen. Davon profitieren die anderen bereits im Netzwerk befindlichen Unternehmen. Der zusätzliche Nutzen eines solchen Netzwerks entspricht somit nicht unbedingt der Zunahme der Nutzerzahl (die in diesem Fall nur um 2 vH steigt), sondern er ist unter Umständen überproportional. Inwieweit die hieraus resultieren Netzwerkexternalitäten im Einzelfall tatsächlich gegeben sind und welche konkrete Bedeutung ihnen letztendlich zukommt, ist empirisch allerdings kaum überprüfbar. Es ist nicht einmal in jedem Fall eindeutig, ob sie überhaupt positiv ausfallen, da auch Situationen denkbar sind, in denen negative Externalitäten auftreten.

Im Übrigen ist es fraglich, inwieweit Nutzenaspekte im Zusammenhang mit dem Internet – wie deutlich steigende Recherchemöglichkeiten, Zeitersparnis bei der Bestellung, neue Unterhaltungs- und Kommunikationsmöglichkeiten bis hin zu eventuellen positiven ökologischen Folgen (Einsparung von Verpackungen digitalisierbarer Produkte) – Niederschlag in den VGR finden. Da es sich dabei zum Teil auch um intrinsische Nutzenaspekte handelt, können sie zu einer Steigerung der Wohlfahrt beitragen, auch wenn sie in der Berechnung des BIP keinen unmittelbaren monetären Niederschlag finden. Sofern das BIP als Wohlfahrtsindikator angesehen wird, folgt hieraus eine Unterschätzung der positiven Auswirkungen der Internet-Wirtschaft bzw. des *e-commerce* und damit der tatsächlichen Wohlfahrt.

Andere Effekte im Zusammenhang mit der Internet-Nutzung und speziell des *e-commerce* werden hingegen – ohne explizit als solches ausgewiesen zu werden – in den VGR erfasst, etwa die Höhe der *e-commerce*-Investitionen, Veränderungen der Transaktionskosten oder die Auswirkungen auf die Produktivität und letztendlich das gesamtwirtschaftliche Wachstum sowie die Realeinkommen. Aus empirischer Sicht ist es allerdings schwierig, das Ausmaß der auf *e-commerce* zurückzuführenden Auswirkungen zu isolieren und exakt zu erfassen, da sich naturgemäß verschiedene Faktoren auf die genannten Indikatoren auswirken.

Die Mechanismen zwischen der Produktion von IKT-Gütern und deren Nutzung – beispielsweise in der Internet-Wirtschaft – sowie dem Produktivitätswachstum sind noch relativ unklar, da der Markt erst im Entstehen ist. Gleichwohl dürfte an der zentralen Bedeutung der IKT sowie der Internet-Wirtschaft für die internationale Wettbewerbsfähigkeit eines Landes kein Zweifel bestehen. Vom *e-commerce* als einem der wesentlichen Anwendungsbereiche der Internet-Wirtschaft können insbesondere folgende gesamtwirtschaftlichen Auswirkungen ausgehen:

- Erschließung neuer Absatz- und Beschaffungswege;
- Entwicklung neuer Produkte bzw. Produktkombinationen;
- Intensivierung des Wettbewerbs;
- Steigerung der Markttransparenz;
- Senkung der Transaktions-, Distributions- und Vertriebskosten;
- Produktivitätssteigerungen infolge eines effizienteren Daten- und Warenaustauschs.

Hieraus ergeben sich verschiedene Folgewirkungen:

- Rationalisierungen;
- Optimierung der Kostenstruktur;
- Senkung der Vorleistungs- und Verbraucherpreise;
- Steigerung der Realeinkommen;
- Veränderungen des Kapitalstocks;
- Änderungen in der Arbeitsnachfrage;
- Umschichtungen bei den komplementären Investitionen (z.B. Humankapital).

Durch den B2B-Handel über „virtuelle Marktplätze“ sollen insbesondere Transaktionskosten verringert werden. Darüber hinaus kommt es zu einer Steigerung der Wettbewerbsintensität und damit zu effizienteren Märkten, da z.B. eine größere Zahl von Vorleistungslieferern ihre Produkte anbieten. Vom B2B gehen deshalb positive Netzwerkexternalitäten aus: je mehr Unternehmen ihre Waren und Dienstleistungen im Internet anbieten, umso größer wird die Markttransparenz und umso ausgeprägter der Nutzen eines Nachfragers nach einem Produkt. Die volkswirtschaftliche Bedeutung des B2B-Handels liegt also auf längere Frist zunächst darin, dass er eine Rationalisierung der Geschäftsabläufe und eine effizientere Abstimmung der Beschaffungsvorgänge ermöglicht. Dies verschafft den Unternehmen infolge einer gesteigerten Markttransparenz bezüglich Preisen und Qualitäten und den damit einhergehenden Kostensenkungen bei der Beschaffung einen Wettbewerbsvorteil, was mit entsprechenden Effizienzgewinnen verbunden ist. Zudem bekommen sie u.U. Zugang zu neuen Märkten und Produkten.

Aufgrund der kostengünstigeren Distribution des B2C-Handels werden die klassischen Vertriebswege zum Teil durch den elektronischen Handel substituiert, zum Teil aber auch neue Produkte bzw. Absatzstrategien entwickelt. Zu deutlichen Senkungen der Vertriebskosten führt B2C beispielsweise beim Online-Vertrieb von Software, Flugscheinen oder Versicherungspolicen. Online-Banken verzeichnen eine erhebliche Verminderung der Transaktionskosten. Daraus kann durchaus ein auch gesamtwirtschaftlich beachtliches Kostensenkungspotenzial resultieren. Zum einen könnte sich die Senkung der Kosten, die Erhöhung der Wettbewerbsintensität und die Steigerung der Markttransparenz in Form niedrigerer Preise auswirken, zum anderen ist zu erwarten, dass sich die Angebotspalette erheblich erweitert. Beides zusammen würde eine Verbesserung der Güterversorgung und eine Realeinkommenssteigerung nach sich ziehen.

Vom *e-government* geht eine Beschleunigung der internen und externen Kommunikation sowie des Informations- und Datenaustauschs zwischen staatlichen Stellen und mit dem Bürger aus. Dies trägt letztendlich zu Effizienzsteigerungen in der öffentlichen Verwaltung bei. Zudem kann damit eine Verbesserung des Angebots von Verwaltungsdienstleistungen einhergehen.

Vom *e-commerce* werden also in erster Linie sinkende Inputpreise und positive Produktivitätseffekte erwartet sowie infolge der steigenden Wettbewerbsintensität tendenziell niedrigere Inflationsraten. Hieraus resultieren letztlich ein höheres gesamtwirtschaftliches Wachstum und eine Verbesserung der Güterversorgung, zumal auch neuartige Güter angeboten werden. Es stellt sich jedoch die Frage, in welchem Ausmaß es tatsächlich zu Einsparungen von Transaktionskosten sowie zu Produktivitätseffekten kommt.

Im Folgenden wird die mögliche Größenordnung des gesamtwirtschaftlichen Wachstumseffekts des B2B abgeschätzt. Dazu werden die Ergebnisse einer diesbezüglichen empirischen Arbeit erläutert, die auf einer Input-Output-Analyse beruht (Brookes, Wahhaj 2001). So wurde errechnet, in welchem Ausmaß in sektoraler Differenzierung Kostensenkungen resultieren, die in entsprechend verminderten Inputpreisen zum Ausdruck kommen. Neben den USA wurden Deutschland, Japan, Frankreich und Großbritannien in die Analyse einbezogen, der die Annahme zugrunde lag, dass bis Ende des laufenden Jahrzehnts der B2B-Handel etwa ein Drittel des Outputs betreffen wird.

Für den Zeitraum von 2000 bis 2009 wurde im Vergleich zu einer Basislösung (ohne B2B) für alle einbezogenen Länder ein zusätzliches nominales BIP-Wachstum von jahresdurchschnittlich 0,25 vH-Punkten errechnet. Für Deutschland ergab sich ein überproportioneles Wachstum (0,4 vH-Punkte), für die USA ein unterdurchschnittliches und für Japan, Frankreich und Großbritannien eines von 0,3 vH-Punkten. Trotz dieser Wachstumsimpulse kommt es auf die gesamte Zeitperiode bezogen zu keiner Steigerung der Inflation, in einigen Ländern nimmt sie sogar leicht ab. Die Ergebnisse decken sich insoweit mit der oben angestellten Vermutung, dass Deutschland ein vergleichsweise größeres Potenzial für *e-commerce* hat, wenngleich sich dies auf der gesamtwirtschaftlichen Ebene den Ergebnissen der vorgestellten Analyse zufolge im Hinblick auf das Wachstum nur relativ geringfügig auswirkt. Interessant ist im Übrigen auch das langfristige Wachstumspotenzial durch B2B, das für den Durchschnitt der einbezogenen Länder bei 5 vH gesehen wird, wobei für Deutschland 5,7 vH und für die USA 4,4 vH berechnet wurden. Es kommt durch den *e-commerce* aber nicht zu einem dauerhaften Anstieg der Wachstumsrate, sondern letztlich nur zu einem Niveaueffekt. Nach Ausschöpfung des Innovationspotenzials des *e-commerce* kehrt die gesamtwirtschaftliche Wachstumsrate wieder auf das Niveau des langfristigen Wachstumspfads zurück.

Der in der zitierten empirischen Analyse festgestellte Wachstumseffekt sollte allerdings vor dem Hintergrund gesehen werden, dass die Marktentwicklungen des B2B-Handels und die davon ausgehenden Wirkungen derzeit noch nicht hinreichend genau abschätzbar sind. Festzuhalten bleibt, dass von positiven gesamtwirtschaftlichen Effekten auszugehen ist, die aber – was den Einfluss auf das BIP-Wachstum anbelangt – voraussichtlich eher geringer als gemeinhin vermutet und insbesondere von vorübergehender Natur sein werden. Da das Ausmaß des Wachstumseffekts unklar ist, sind weitergehende Aussagen derzeit kaum möglich. Um künftige Produktivitäts- und Wachstumseffekte genauer zu analysieren, wären sektoral differenzierte Informationen über den *e-commerce* und damit in Zusammenhang stehenden elektronischen Geschäftsprozesse bzw. komplementären Investitionen erforderlich; dazu liegen bisher noch keine verlässlichen Daten vor.

4. Bedeutung der Finanzmärkte für die Internet-Wirtschaft

Auf die gesamtwirtschaftliche Entwicklung und den sektoralen Strukturwandel wirken sich neben Strukturreformen (Deregulierung, Privatisierung), der Geld- und Fiskalpolitik (insbesondere Zins- und Ausgabenpolitik), Fusionen und Unternehmensgründungen, der Öffnung der Grenzen für Güter und Kapital, zyklischen Komponenten (Konjunktur), Hardware-, Software- und Rohstoffpreisen sowie dem technischen Fortschritt (einschließlich IKT und Internet) auch neue Instrumente der Unternehmensfinanzierung aus. Hier ist neben der Bereitstellung von Venture Capital vor allem die Eigenkapitalfinanzierung von Investitionen über die Börse zu nennen. Ein beispielloser Börsenboom ermöglichte es in den neunziger Jahren vielen Unternehmen, sich durch ein *going public* bzw. im Anschluss daran durch Kapitalerhöhungen das notwendige Eigenkapital zur Finanzierung der für ein rasches Wachstum notwendigen Investitionen zu beschaffen.

Die Finanzmärkte spielten somit für die Ausbreitung der Internet-Wirtschaft eine wichtige Rolle, und die Börse erlebte im Zuge der „digitalen Revolution" ihrerseits einen dynamischen Aufschwung (vgl. z.B. Bond, Cummins 2000; Conrad, Stahl 2000); dies führte zu sich selbst verstärkenden Effekten. Die Produktion und Anwendung von IKT, die Biotechnologie sowie die Globalisierung und die fortschreitende internationale Arbeitsteilung hatten in den neunziger Jahren in den USA eine lang andauernde Phase beschleunigten Wachstums ausgelöst. Produktivitätssteigerungen, geringe Arbeitslosigkeit bei gleichzeitig moderater Inflation, niedrige Steuern und stark steigende Unternehmensgewinne waren die Folge. Ökonomen sprachen bereits von einem neuen wirtschaftlichen Paradigma. Die mit der Digitalisierung verbundenen technischen Errungenschaften faszinierten Unternehmen und Verbraucher sowie Anleger gleichermaßen. Die Mehrzahl der Marktteilnehmer ging Anfang des Jahres 2000 davon aus, dass sich der Wirtschafts- und Börsenaufschwung noch jahrelang fortsetzen würde, obwohl sich z.B. der NASDAQ-Index[6] binnen eines Jahrzehnts bereits mehr als verzehnfacht hatte.

Die Situation in den neunziger Jahren erscheint in mancher Hinsicht mit der in den zwanziger Jahren vergleichbar (Stahl, Conrad 2000): die u.a. durch die Entdeckung der Elektrizität ausgelöste technische Revolution (Radio, Telefon, Auto, Flugzeug usw.) und die Einführung der Massenproduktion lösten seinerzeit ein dynamisches Wachstum aus („goldene zwanziger Jahre"), mit der Folge von Produktivitätssteigerungen, Preisstabilität und niedriger Arbeitslosigkeit. Die Steuersätze wurden massiv gesenkt, und die Unternehmensgewinne stiegen deutlich. Überkommene volkswirtschaftliche Zusammenhänge schienen nicht mehr zu gelten, Ökonomen sprachen von einer „neuen Ära". Der technische Fortschritt inspirierte Unternehmer und Verbraucher sowie Anleger und löste damit einen Boom an den Aktienmärkte aus. Ende der zwanziger Jahre war die Mehrzahl der Marktteilnehmer davon überzeugt, dass die Börsenhausse sich – nach einem Anstieg des Dow-

[6]Die NASDAQ (*National Association of Securities Dealers Automated Quotations*) ist die Computerbörse der Freiverkehrshändler in New York. An dieser weltweit führenden Technologiebörse werden vor allem die wachstumsstarken High-Tech-Unternehmen gehandelt. Im *NASDAQ Composite Index* spiegelt sich die Kursentwicklung von über 5 000 Technologiewerten wider, wobei es sich in erster Linie um US-Unternehmen handelt.

Jones-Index um 500 vH in weniger als einem Jahrzehnt – fortsetzen würde. Schließlich platze die Spekulationsblase, der Dow-Jones-Index verlor binnen weniger Jahre 80 vH seines Kurswerts, und es begann die Weltwirtschaftskrise. Der Dow Jones sollte den alten Höchststand erst ein viertel Jahrhundert später wieder erreichen.

Auch im März des Jahres 2000 platzte eine gigantische Spekulationsblase, die sich insbesondere an den Technologiebörsen aufgebaut hatte: der NASDAQ-Index verlor 80 vH, und es kam zu einem weltweiten Wirtschaftsabschwung. NASDAQ und New Yorker Börse (*Big Board*) verzeichneten Anfang März 2000 eine Marktkapitalisierung von rund 17 Bill. $ (Stahl, Conrad 2000: 416). Der Verlust an Marktkapitalisierung, der innerhalb von zwei Jahren durch die Baisse hervorgerufen wurde, entsprach annähernd der Höhe des BIP der USA und erreichte damit die Dimension des Börsencrashs zu Beginn der Weltwirtschaftskrise.

Die im Frühjahr 2000 einsetzende Talfahrt der Technologiewerte an den Börsen konnte einerseits nicht ohne weitreichende realwirtschaftliche Konsequenzen bleiben, andererseits nährte er Zweifel an der Effizienz der zuvor sehr hohen Investitionen im Bereich der IKT- bzw. Internet-Infrastruktur. Die Kursverluste sind allerdings in erster Linie ein Indikator für die nicht eingetretenen, weil spekulativ weit überzogenen Wachstumserwartungen. Nachdem das tatsächliche Wachstum schließlich geringer als erhofft ausfiel oder zumindest nicht nachhaltig war, amortisierten sich die vorgenommenen IKT-Investitionen nur zum Teil. Die Kursentwicklungen der Technologiebörsen hingen zudem damit zusammen, dass die Kosten für Investitionen in Sach- und Humankapital, die erforderlich gewesen wären, um das anvisierte hohe Wachstum zu gewährleisten, offenbar unterschätzt worden waren. Die aufgebauten Kapazitäten – zu deren raschem Aufbau die hohen Börsenbewertungen einen Beitrag leisteten – mussten daraufhin zum Teil abgeschrieben werden, was entsprechende Wertberichtigungen nach sich zog.

Ursächlich für die aktuelle Schwäche der Technologiebörsen ist aber auch das instabile wirtschaftliche Umfeld. Die hiermit einhergehenden Unsicherheiten wirken sich in Verbindung mit nicht abreißenden negativen Unternehmensmeldungen (Insolvenzen, Bilanzfälschungen, unerwartet starke Gewinneinbrüche bzw. Verlustausweitungen) negativ auf die Stimmung an der Börse und letztlich die Kurse aus. Rückschlüsse auf die künftige Entwicklung der *new economy* bzw. der Internet-Wirtschaft lassen sich daraus allerdings nur bedingt ziehen, da die Börse Unternehmen bewertet, nicht die langfristigen gesamtwirtschaftlichen Auswirkungen des technischen Fortschritts.

Schaubild 2 weist den NASDAQ-Index seit Anfang der siebziger Jahre aus. Der Börsencrash von 1987, die Golfkrise und der Golfkrieg in den Jahren 1990 und 1991, die Rußlandkrise von 1998 sowie der „Internet-Hype" und die anschließende Korrektur in den Jahren 1999 bis 2002 werden in der logarithmischen Darstellung ersichtlich, ebenso aber auch ein langfristiger Aufwärtstrend, von dem sich der Index lediglich in der zweiten Hälfte der neunziger Jahre infolge einer spekulativen Übertreibung zeitweise nach oben entfernte.

Schaubild 2

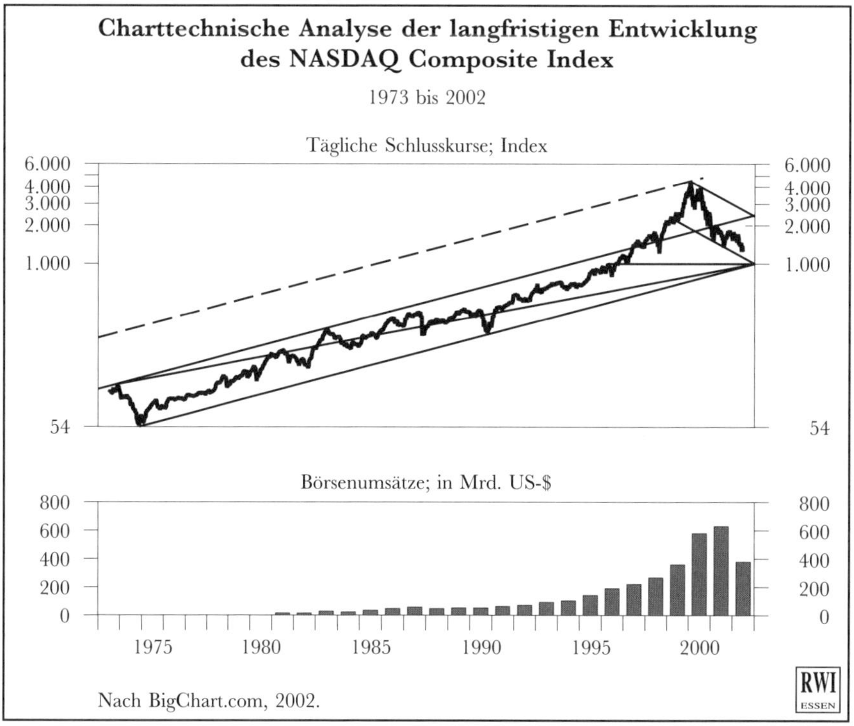

In einer einfachen charttechnischen Analyse lassen sich folgende Besonderheiten erkennen: Im Bereich von 1 000 Punkten befindet sich eine Unterstützungszone; hier verlaufen die untere Begrenzung eines langfristigen Aufwärtstrendkanals[7], eine horizontale charttechnische Unterstützung[8] und zudem die untere Begrenzung eines kurzfristigen Abwärtstrends. Von Anfang der achtziger bis Mitte der neunziger Jahre hangelte sich der NASDAQ-Index an einer Geraden entlang, die in Schaubild 2 ihren Ausgangspunkt im Hoch des Jahres 1973 nimmt und bis zur 1 000-Punkte-Marke im Jahr 2002 verläuft. Die Marke von 1 000 Punkten ist so betrachtet unter charttechnischen Gesichtspunkten als vierfach abgesichert anzusehen.

Bemerkenswert ist die obere Begrenzung des langfristigen Aufwärtstrendkanals insbesondere im Hinblick auf die zweite Hälfte der neunziger Jahre: Nachdem die obere Trendlinie im Jahr 1997 erstmals nach oben durchbrochen worden war, tauchte der NASDAQ-Index Ende 1998 infolge der Asien- und Rußlandkrise zwar kurzzeitig noch einmal in den Trendkanal ein, schließlich brach er aber signifikant

[7] Dieser Trendkanal ergibt sich durch eine Verbindung der lokalen Tiefpunkte der Jahre 1974, 1990 und der 1 000-Punkte-Marke im Jahr 2002 sowie einer Parallelverschiebung dieser Geraden nach oben, und zwar bis zu den lokalen Hochpunkten der Jahre 1973 und 1983.

[8] Diese resultiert aus den Tiefpunkten der Jahre 1996 und 2002.

nach oben aus, bis er Anfang März des Jahres 2000 das bisherige Hoch von 5 133 Punkten erreichte. Anschließend verlor er innerhalb von etwa einem Jahr rund 60 vH und durchbrach erstmals seit zwei Jahren wieder die obere Begrenzung des langfristigen Aufwärtstrendkanals. Die Abwärtsbewegung kam erst bei der unteren Begrenzung des inzwischen herausgebildeten kurzfristigen Trendkanals zum Halten. Nach einer kurzzeitigen Zwischenerholung, die den Index noch einmal an die 2 000-Punkte-Marke brachte, kam es erneut zu einer Abwärtsbewegung. Ein weiterer Rückgang auf 1 000 Punkte würde bedeuten, dass der Index auf das Niveau zurückfiele, das er bereits sechs Jahre zuvor erreicht hatte. Dieser Sechsjahreszeitraum ist insofern interessant, da in ihm zum einen der größte Wirtschaftsaufschwung in der Geschichte der USA und das anschließende Abgleiten in eine – zumindest kurzzeitige – Rezession fällt, zum anderen der kometenhafte Aufstieg und der anschließende Zusammenbruch vieler Internetunternehmen.

Im Hinblick auf die teilweise spektakulären Kursentwicklungen – speziell der Aktien von Unternehmen der Internet-Wirtschaft – sind allerdings verschiedene börsen- und geschäftsmodellspezifische Besonderheiten zu bedenken: Das Internet ist ein relativ neues Medium, das erst durch die Entwicklung der Web-Browser Anfang der neunziger Jahre zum Massenmarkt wurde. In der Folgezeit wurden zahlreiche Unternehmen gegründet, die sich mit sehr unterschiedlichen Geschäftsmodellen eine Marktnische in der Internet-Wirtschaft zu sichern bzw. zu schaffen versuchten. Einige von ihnen waren in der Anfangsphase außerordentlich erfolgreich, so dass die Börse diesen *Dot.com*-Unternehmen hohe Bewertungen zugestand. In deren Sog wurden auch solche mitgerissen, die bei näherem Hinsehen über keine tragfähigen Konzepte verfügten und insbesondere nicht in der Lage waren, das anvisierte hohe Wachstum zu finanzieren, da nicht einmal mit einem ausgeglichenen operativen Geschäft zu rechnen war, geschweige denn in absehbarer Zeit mit Gewinnen.

Die Bewertung vieler dieser Unternehmen ließ sich nicht mehr mit Hilfe klassischer Methoden (z.B. Kurs-Gewinn-, Kurs-Umsatz-, Kurs-Buchwert- oder Kurs-Cash-Flow-Verhältnisse) rechtfertigen, die den realistischerweise zu erwartenden Gewinnen und Umsätzen angemessenen gewesen wären. Statt dessen wurden neue Kriterien herangezogen, um die teilweise astronomisch hohen Marktkapitalisierungen zu begründen (z.B. Wachstum der Nutzerzahlen oder der Seitenaufrufe). Teilweise bewertete die Börse Unternehmen mit mehr als dem hundertfachen des Umsatzes, der erst für Jahre später erwartet wurde. Diese Bewertungen entfernten sich somit immer mehr von dem, was selbst unter Zugrundelegung optimistischer Annahmen bezüglich des weiteren Wachstums sowie niedriger Diskontierungsfaktoren noch zu rechtfertigen war. Die 400 größten Internet-Unternehmen der USA, die im Jahr 1999 einen Umsatz von knapp 30 Mrd. $ und einen Verlust von über 3 Mrd. $ erzielten, wurden Ende 1999 mit über 1 000 Mrd. $ bewertet (Komp 2000: 47). Objektiv betrachtet handelte es sich um dramatische Überbewertungen, da in den Kursen letztendlich ein deutliches Übertreffen der ohnehin sehr optimistischen Wachstumserwartungen bereits eingepreist war. Spätestens als deutlich wurde, dass in vielen Fällen die Erwartungen nicht annähernd einzuhalten waren, da etwa die Preise für Online-Werbung infolge der steigenden Wettbewerbsintensität unter Druck gerieten oder die Kosten für das erforderliche Marketing wesentlich höher ausfielen als zunächst vermutet, lag es auf der Hand, dass sich die hohen Börsenbewertungen nicht mehr halten lassen würden und die Spekulationsblase platzen musste. In deren Folge wird es nunmehr zu einer Selektion zwischen tragfähigen und weniger tragfähigen Geschäftsmodellen kommen. Nur die Unternehmen, die über ein tragfähiges Konzept verfügen, dürften überleben.

Einige der Internet-Fantasien der Börsianer stellten sich letztendlich als Luftschlösser heraus. Dabei war es paradoxerweise gerade die Technologiebörsenhausse, die die zunächst prosperierenden Internetunternehmen schließlich in wirtschaftliche Bedrängnis brachte; sie hatte einer großen Zahl von Unternehmen den Zugang zur Internet-Wirtschaft erst ermöglicht, da die euphorischen Anleger sie mit dem notwendigen Eigenkapital ausstatteten. Spätestens als auch die Großkonzerne der *old economy* mit massiven Investitionen ins Internet-Ggeschäft einstiegen, brachen zunächst die Preise – die zuvor Monopolpreise darstellten – ein, die Marktanteile gingen zurück und die Umsätze sanken wie in deren Folge auch die Börsenkurse. Statt der Realisierung erhoffter Monopolgewinne kam es bei den Internetpionieren zu einem Massensterben.

Die Börse – die abgesehen davon, Unternehmen zur Finanzierung von Investitionen mit Eigenkapital zu versorgen, vor allem ein Antizipations- und Umverteilungsmechanismus ist – hat somit einerseits den raschen Aufbau der Internet-Infrastruktur erst ermöglicht, sorgt andererseits aber auch dafür, vermeintliche Fehllenkungen von Ressourcen wieder zu korrigieren (wenngleich es natürlich umstritten ist, inwieweit der Börsenmechanismus tatsächlich zur Herbeiführung einer optimalen Faktorallokation beiträgt). Der Einbruch der Technologiebörsen setzte indes bereits ein, lange bevor die ersten Anzeichen eines Wirtschaftsabschwungs erkennbar und die Konjunkturprognosen nach unten korrigiert wurden – was wiederum als Indiz für die Antizipationsfähigkeit der Börse interpretiert werden kann.

Falls es zu einer Stabilisierung der weltwirtschaftlichen Entwicklung und zu einem wieder dynamischen Wachstum der IKT-Investitionen kommen sollte, spricht zunächst wenig gegen eine Fortsetzung des Aufwärtstrends der Technologiebörsen. Der Börsenabschwung hat im Übrigen die Investitionen in die *e-commerce*-Infrastruktur keineswegs zum Erliegen gebracht, bestenfalls ist das Wachstum zuletzt etwas geringer ausgefallen, als dies in verschiedenen sehr optimistischen Prognosen unterstellt worden war. Die Zahl der *Internethosts* stieg beispielsweise seit Anfang des Jahres 2000 innerhalb von anderthalb Jahren weltweit um über 70 vH (NFO Infratest 2001). Ungeachtet der Turbulenzen an den Technologiebörsen wird das Internet somit auch weiterhin zügig ausgebaut.

Wieder „realistischere" Unternehmensbewertungen, bescheidenere Wachstumserwartungen bezüglich Umsatz und Gewinn, die sehr niedrigen Zinsen (wodurch die Liquidität erhöht, die Attraktivität von festverzinslichen Anlagen verringert, die Fremdkapitalkosten vermindert und der Gegenwartswert künftiger Gewinne erhöht wird), eine vor allem in den USA betriebene expansive Steuer- und Ausgabenpolitik sowie möglicherweise – nicht zuletzt aufgrund der zunehmenden Umstellung der Alterssicherungssysteme auf Kapitaldeckung – steigende Liquiditätszuflüsse in die Aktienmärkte könnten dafür sorgen, dass sich die Technologiebörsen wieder erholen.

Allerdings gilt dieser Zusammenhang auch unter umgekehrten Vorzeichen: Sollte sich die Weltwirtschaft erneut eintrüben, könnten die Technologiebörsen noch weiter einbrechen und sich in der Folge die Perspektiven der Internet-Wirtschaft nochmals verschlechtern. Falls zusätzlich die Immobilienblase – die sich in den USA offenbar aufgebaut hat – platzen sollte, besteht angesichts der zur Zeit recht fragilen weltwirtschaftlichen Situation und der immensen Verschuldung der USA[9] die Gefahr eines erneuten Einbruchs der US- und damit auch der Weltkonjunktur. Gerade die einst viel gerühmte und zuletzt viel gescholtene *new economy* könnte aber einen Beitrag zur Stabilisierung der Weltwirtschaft leisten, indem sie ihre unbestreitbaren Wachstumspotenziale entfaltet.

5. Implikationen der Wachstumstheorie

Das von Solow (1956) entwickelte neoklassische Wachstumsmodell ist seit fast einem halben Jahrhundert Grundlage der empirischen Wachstumsforschung. Das BIP wird als Funktion eines Technologieparameters (technischer Fortschritt) sowie der in variablen Faktorproportionen zum Einsatz kommenden Produktionsfaktoren Sachkapital und Arbeit erklärt. Später wurde als weiterer Faktor Humankapital hinzugefügt (Mankiw et al. 1992). Modellannahmen sind Vollbeschäftigung und vollkommene Konkurrenz in einer geschlossenen Volkswirtschaft. Es wird unterstellt, dass eine Änderung des Einsatzes der Faktoren Arbeit und Kapital mit jeweils gleicher Wachstumsrate ein entsprechendes Wachstum des Sozialprodukts bewirkt (Annahme konstanter Skalenerträge) und eine Erhöhung des Kapitaleinsatzes bei konstantem Arbeitseinsatz kontinuierlich sinkende Produktionszuwächse hervorruft (Annahme abnehmender Grenzerträge).

Demnach hängt langfristig das Wachstum ausschließlich vom technischen Fortschritt ab. Eine Steigerung der Investitionsquote hat nur einen vorübergehenden Einfluss auf die Wachstumsrate, da mit zunehmender Kapitalakkumulation die abnehmenden Grenzerträge des Faktoreinsatzes zum Tragen kommen. Ein Wachstumsgleichgewicht ist dann erreicht, wenn die Pro-Kopf-Einkommen, der Pro-Kopf-Kapitalbestand und der Pro-Kopf-Konsum mit gleicher Rate steigen. Der Wachstumstrend wird dann allein durch die exogene Größe technischer Fortschritt bestimmt. Diese Grundannahme des (erweiterten) neoklassischen Wachstumsmodells deckt sich mit der weiter oben hergeleiteten Hypothese, dass IKT-Infrastrukturinvestitionen in der Internet-Wirtschaft lediglich zu einer vorübergehenden Erhöhung des Wachstumspfads führen, wie auch deren Nutzung sich lediglich bis zur Ausschöpfung des Nutzungspotenzials auf die Wachstumsrate auswirkt.

[9] In den USA hatten die privaten Haushalte Ende der neunziger Jahre Schulden in Höhe von rund 6 Bill. $, der Unternehmenssektor von etwa 13 Bill. $ und der Staat von 6 Bill. $; hinzu kamen rund 60 Bill. $ kurzfristiger Verbindlichkeiten amerikanischer Banken in Form von außerbilanziellen, spekulativen Transaktionen (Finanzderivate; Komp 2000: 49). Zusammengenommen lag die Verschuldung bei 85 Bill. $ – und damit etwa dem neunfachen des BIP –, was mehr als dem dreieinhalbfachen des Stands von Anfang der neunziger Jahre entspricht.

Die Vorstellung, dass sich technologische Neuerungen und entsprechende Investitionen grundsätzlich nur vorübergehend auf das Wachstum auswirken, ist gleichwohl nicht unumstritten. Im Rahmen der „Neuen Wachstumstheorie“ wurden Modelle entwickelt, die von steigenden Skalenerträgen aufgrund von positiven externen Effekten (*spillovers*) ausgehen, beispielsweise infolge von Forschung und Entwicklung (z.B. Lucas 1988). So wird für die rasche Ausbreitung der *new economy* in den USA maßgeblich das enge Zusammenwirken zwischen der Forschung und der Industrie verantwortlich gemacht. Sollte es, wie von Lucas angenommen, tatsächlich zu steigenden Skalenerträgen kommen können, wäre es auch denkbar, dass sich die IKT-Nutzung auf die langfristige Wachstumsrate auswirkt. Ein Beweis für die empirische Evidenz des Lukas-Modells steht bisher allerdings noch aus.

Relevant sind im Hinblick auf die Internet-Wirtschaft zudem *learning-by-doing*“-Modelle (Stokey 1988; Young 1991); sie unterstellen das Vorhandensein von Lernkurveneffekten. Hiernach entsteht Wissen insbesondere bei der Produktion bzw. Anwendung von für eine Volkswirtschaft neuen oder verbesserten Gütern. Relevant ist dieses zusätzliche Wissen insbesondere dann, wenn die neuen Produkte in großen Stückzahlen produziert werden und somit *economies of scale* genutzt werden können. Andere Länder adaptieren durch Übernahme oder Imitation von Technologien diese Innovationen mit relativ geringerem Ressourcenaufwand. Die Modelle beschreiben zwar durchaus die Mechanismen bezüglich der Marktdurchdringung der Internet-Wirtschaft, allerdings geben sie keine unmittelbaren Hinweise auf die gesamtwirtschaftlichen Auswirkungen, und es mangelt ihnen insbesondere an überzeugenden empirischen Befunden.

6. Abschließende Bemerkungen

Der vorliegende Beitrag, der sich mit den gesamtwirtschaftlichen Perspektiven der Internet-Wirtschaft befasst, zeigt, dass die *new economy* – die die Produktion und Anwendung von IKT einschließlich Internet umfasst und aus gesamtwirtschaftlicher Sicht durch eine Beschleunigung des Wirtschaftswachstums bei gleichzeitig moderater Inflation gekennzeichnet ist – entgegen gelegentlich anderslautenden Auffassungen keineswegs tot ist. Eine Abschwächung der Weltwirtschaft und der Zusammenbruch der Technologiebörsen haben zwar zu einer Verminderung der Investitionsdynamik in Bezug auf IKT im Allgemeinen und die Internet-Infrastruktur im Speziellen sowie zu einer realistischeren Einschätzung des mit der Internet-Wirtschaft künftig voraussichtlich verbundenen Wachstums geführt, trotzdem wird das Internet weiter zügig ausgebaut. Die Ausbreitung der Internet- Wirtschaft steht allerdings nicht nur in engem Zusammenhang mit erhöhten Investitionen im Bereich der IKT, sondern auch mit dem Erfolg von Bestrebungen, das gesamte *e-business* attraktiver und vor allem sicherer zu gestalten.

Obwohl die Mechanismen zwischen Produktion und Nutzung von IKT-Gütern auf der einen und dem Produktivitätswachstum auf der anderen Seite noch weitgehend unklar sind, besteht kein Zweifel daran, dass die IKT-Infrastruktur und die Internet-Wirtschaft für die gesamtwirtschaftliche Entwicklung und die internationale Wettbewerbsfähigkeit einer Volkswirtschaft bedeutsam sind. Einer der wichtigsten Bereiche stellt dabei der elektronische Handel (*e-commerce*) dar. Voraussetzung für ein dynamisches Wachstum des Umsatzes ist hier in erster Linie eine stärkere Verbreitung des Internet-Zugangs auf Basis der Breitbandtechnologie. Um dies zu gewährleisten, bedarf es erheblicher Investitionen in die Netzinfrastruktur.

Zum Teil wird herkömmlicher Handel durch *e-commerce* substituiert, teilweise werden aber auch neue Produkte bzw. Produktkombinationen angeboten. Dies betrifft sowohl den B2B- als auch den B2C-Bereich. Vom *e-commerce* könnten positive Auswirkungen im Hinblick auf die Erschließung neuer Absatz- und Beschaffungswege, eine Wettbewerbsintensivierung, eine Steigerung der Markttransparenz, die Senkung der Transaktions-, Distributions- und Vertriebskosten sowie Produktivitätssteigerungen ausgehen, was u.a. Rationalisierungen, eine Optimierung der Kostenstruktur und eine Senkung der Vorleistungs- und Verbraucherpreise zur Folge hätte. Sein Umsatz machte 2001 weltweit erst etwa 1 vH des Weltproduktionswerts aus; es ist allerdings davon auszugehen, dass sein Wachstum in den nächsten Jahren relativ hoch ausfallen wird. Die Chancen sind aufgrund einer hochmodernen Netzinfrastruktur, einer führenden Stellung in Bezug auf B2B-Plattformen sowie guter Perspektiven im Mobilfunkbereich und beim digitalen TV speziell in Deutschland vielversprechend.

Die Entwicklung des *e-commerce*-Umsatzes sagt allerdings nur wenig über die damit einhergehenden gesamtwirtschaftlichen Auswirkungen aus. Eine ökonometrische Studie von Brookes/Wahhaj (2000) nimmt beispielsweise sinkende Inputpreise und steigende Produktivitäten an und geht davon aus, dass es durch *e-commerce* auf längere Sicht zu einem Niveaueffekt beim BIP kommt, der durchaus bei 5 vH oder darüber liegen könnte, nicht jedoch zu einem dauerhaften Anstieg der Wachstumsraten. Der langfristige Wachstumspfad wird demnach nicht nachhaltig beeinflusst. Zu diesem Ergebnis, das im Übrigen von der neoklassisch geprägten Wachstumstheorie gestützt wird, kommen auch andere Studien (z.B. Löbbe et al. 2002).

Literatur

BITKOM – Bundesverband Informationswirtschaft, Telekommunikation und neue Medien (Hrsg.) (2000), *Wege in die Informationsgesellschaft*. Status quo und Perspektiven Deutschlands im internationalen Vergleich. Berlin und Frankfurt.

Blinder, A.S. (2000), The Internet and the New Economy. Brookings Policy Brief 60. Washington, DC.

Bond, S.R. and J.G. Cummins (2000), The Stock Market and Investment in the New Economy: Some Tangible Facts and Intangible Fictions. Comments by Janice Eberly and Robert J. Shiller. *Brooking Papers on Economic Activity* 2000 (1): 61–124.

Boskin, M., E. Dulberger, R.J. Gordon, Z. Grilliches and D. Jorgenson (1996), Toward a More Accurate Measure of the Cost of Living. Final Report of the Advisory Commission of the Senate Finance Committee to Study the Consumer Price Index. Washington D.C.

Bosworth, B. and J.E. Triplett (2000), What's New about the New Economy? IT, Economic Growth and Productivity. *Tokyo Club Papers* 14: 1–31.

Brachinger, H.W. and E. Diewert (eds.) (2002), *Hedonic Methods in Theory and Practice*. Springer: Heidelberg, erscheint demnächst.

Brookes, M. and Z. Wahhaj (2001), The Economic of Business to Business Internet Activity. *National Institute Economic Review* 175 (1): 95–108.

Bryson, P.J. (2001), Economy and "New Economy" in the United States and Germany. *Intereconomics* 2001 (7–8): 180–190.

Conrad C.A. und M. Stahl (Hrsg.) (2000), *Risikomanagement an internationalen Finanzmärkten.* Systemrisiken, Crashpotential, Anlagemanagement, Risikosteuerung. Stuttgart: Schäffer-Poeschel.

David, P. (2001), Productivity Growth Prospects and the New Economy in Historical Perspective. *Cahiers BEI* 6 (1): 41–62.

Davies, G., M. Brookes and N. Williams (2000), Technology, the Internet and the New Global Economy. Global Economics Paper 39. New York, NY: Goldman Sachs.

EITO – European Information Technology (ed.) (2000), *Millennium Edition.* Frankfurt a.M.

Heindl, H. und D. Pauschert (2000), Analysen zu den Grundlagen der „New Economy": Benchmarking und Internet-Ökonomie. In: F.H. Witt, Unternehmung und Informationsgesellschaft: Management – Organisation – Trends. Wiesbaden: Gabler: 169–184.

Komp, L. (2000), Des Kaisers neue Kleider auf amerikanisch: Neun Jahre US-„Wirtschaftsboom". In A. Hellenbroich (Hrsg.), Mythos Informationsgesellschaft. Wiesbaden: EIRNA, 37–54.

Löbbe, K., J. Dehio, R. Döhrn, R. Graskamp, H.D. von Loeffelholz, W. Moos und M. Rothgang in Kooperation mit R.J. Gordon) (2002), New Economy – an Assessment from a German Perspective. Untersuchungen des RWI. RWI, Essen, erscheint demnächst.

Lucas, R.E. (1988), On the Mechanics of Economic Development. *Journal of Monetary Economics* 22: 3–42.

Mankiw, N.G., D. Romer and D.N. Weil (1992), A Contribution to the Empirics of Economic Growth. *Quarterly Journal of Economics* 107: 407–437.

NFO Infratest (Hrsg.) (2001), *Monitoring Informationswirtschaft.* 3. Faktenbericht 2001. München.

Nordhaus, W.D. (2001), Productivity Growth and the New Economy. NBER Working Paper 8096. Cambridge, MA.

PWC – PricewaterhouseCoopers (ed.) (2000), Consumers or Content? The Digital Dilemma. The European Digital Television Report 2000. Internet: www.pwcglobal.com.

RWI – Rheinisch-Westfälisches Institut für Wirtschaftsforschung (Hrsg.) (2000), Wachstums- und Beschäftigungspotentiale der Informationsgesellschaft bis zum Jahre 2010. Gutachten im Auftrag des Bundesministeriums für Wirtschaft und Technologie. (Bearb.: K. Löbbe et al.), RWI Essen.

Solow, R.M. (1956), A contribution to the Theory of Economic Growth. *Quarterly Journal of Economics* 71: 65–94.

Stahl, M. und C.A. Conrad (2000), Die Finanzmärkte im Spannungsfeld der New Economy. *Wirtschaftsdienst* 80 (7): 415–422.

Stokey, N.L. (1988), Learning by Doing and the Introduction of New Goods. *Journal of Political Economy* 96: 701–717.

Urchs, O. (2000), Von der Kommunikation zur eCommunication: Neue Trends im Online-Marketing. In: Gesellschaft für Konsumforschung: 59–73.

Young, A. (1991), Learning by Doing and the Dynamic Effects on International Trade. *Quarterly Journal of Economics* 106: 369–405.

Zusammenfassung

Der Beitrag untersucht die gesamtwirtschaftlichen Perspektiven der Internet-Wirtschaft, einem der bedeutendsten Anwendungsbereiche der *new economy*. Ihre Dynamik in der zweiten Hälfte der neunziger Jahre stand in einem engen Zusammenhang mit dem Aufschwung der Technologiebörsen. Das Platzen der Spekulationsblase dort führte schließlich zu einem Rückgang der Investitionen in die Internet-Infrastruktur und in dessen Folge auch zu einem Einbruch der Internet-Wirtschaft. Das Internet wurde aber auch in den vergangenen zwei Jahren weiter ausgebaut. Das Potenzial der Internet-Wirtschaft ist noch keineswegs ausgeschöpft, und im Zuge einer Erholung der Weltwirtschaft dürfte die Investitionsneigung in diesem Bereich wieder deutlich steigen. Die Internetwirtschaft wird dann positive gesamtwirtschaftliche Auswirkungen in Form von Kostensenkungen und Produktivitätssteigerungen entfalten. Die kommerzielle Nutzung des Internet wird künftig vermutlich aber nicht mehr von den einstigen Pionieren getragen, sondern in erster Linie von Unternehmen der *old economy*, die die Voraussetzungen dafür mittlerweile geschaffen haben bzw. noch schaffen werden.

Résumé

Par le présent travail, les auteurs analysent l'aspect global économique de l'internet, qui est un champ important d'application de l'économie nouvelle (*new economy*). Le dynamisme de l'économie d'internet durant la deuxième moitié des années quatre-vingt-dix était lié étroitement à l'essor de la bourse de la technologie. L'éclatement de la bulle spéculative a eu pour effet, le recul des investissements dans l'infrastructure de l'internet, ce qui a entraîné par conséquent la chute de celle-ci. Le potentiel de l'économie de l'internet n'est pas encore épuisé et dans le courant du relèvement possible de l'économie mondiale, il n'est pas à exclure que le penchant d' investissement s'oriente de nouveau considérablement vers ce secteur. L'économie de l'internet propagera alors sous forme de compression des coûts et d'augmentation de la productivité un effet positif sur l'économie en général.

RWI-Mitteilungen 2002, Jg. 53 (1-4): 65–88

Deutsche Mittelstandsfinanzierung im Umbruch – Aufbruch in ein neues System?

von Bernhard Lageman

German SMEs - the "Mittelstand" - are largely financed by a mix of internal resources and long-term bank loans. This system seems to be under serious pressure as a result of the structural changes of the financial system and the new developments in bank regulation. At the same time there are growing opportunities for rapidly expanding SMEs to find venture capital resources. The article probes whether the bank-based system of SME financing is replaced by a market-based system. The answer is a qualified "no". The balance between banks and capital market is newly defined, but there no signs of a fundamental erosion of the bank financed patterns. At the same time the path-dependence of financial systems should not be underestimated. (JEL: G20; G21; G28)

Im Juli 1999 wurde der erste Entwurf für eine Neufassung des „Baseler Akkords" durch den *Basler Ausschuss für Bankenaufsicht* veröffentlicht. Er löste in Deutschland eine breite und teilweise erbittert geführte Diskussion in der an Finanzierungsfragen interessierten Öffentlichkeit über die Auswirkungen der geplanten Neufassung auf die Mittelstandsfinanzierung aus. Während die Reaktionen in der Bankwelt eher zwiespältig ausfielen, reagierten die Vertreter der Wirtschaftsverbände einhellig negativ. Der Schärfe der deutschen Diskussion und der Grad ihrer „Politisierung" überraschen, insoweit es bei der fälligen Neuregelung des Baseler Akkords („Basel II") zumindest vordergründig ausschließlich um banktechnische Fragen geht. Allerdings können – und hier liegt das Problem – technische Fragen der Bankenregulierung tiefgreifende Auswirkungen auf das Ausleihverhalten haben. Eine schlecht konzipierte Regulierung kann die volkswirtschaftliche Effizienz der Banken eher beeinträchtigen als fördern. Die im ersten Konsultationspapier (Basel Committee 1999) geforderte stringente Form der risikoadäquaten Eigenkapitalunterlegung[1] aller Unternehmenskredite der Banken und die generelle Anwendung externer Rating-Verfahren hätten sich in der Tat für die Finanzierung des deutschen Mittelstands[2] – aber auch der kleinen und mittleren Unternehmen (KMU)

[1] Die derzeit geltende Baseler Eigenkapitalempfehlung von 1988 (Basel I) verlangt, dass Risikopositionen aus Kredit- und Marktrisiken mit pauschal 8 vH Eigenmitteln zu unterlegen sind. Alle Unternehmenskredite werden unabhängig von der tatsächlichen Bonität der Kreditnehmer der selben Bonitätsklasse zugeordnet (Deutsche Bundesbank 2002a: 52).

[2] Die Begriffe „Mittelstand" und „KMU" werden im Folgenden als Synonyme verwendet. Nach gängiger pragmatischer deutscher Definition sind hierunter alle Unternehmen mit weniger als 500 Beschäftigten zu verstehen. Dies entspricht auch der in einschlägigen internationalen Vergleichen vorherrschenden Praxis. Es sei darauf hingewiesen, dass gerade im fachlichen Diskurs der deutschen Banken häufig ein wesentlich engerer Mittelstandsbegriff vorherrscht,

anderer Länder einschließlich der Vereinigten Staaten[3] – als problematisch erwiesen und ein erhebliches Durcheinander in der Kreditwirtschaft angerichtet. Das im Januar 2001 vorgelegte zweite Konsultationspapier (Basler Ausschuss 2001) hat den Ansatz stark verändert und in den umstrittenen Punkten eine wesentlich KMU-freundlichere Position eingenommen. Diese Tendenz hat sich in den am 5. November 2001 durch den Basler Ausschuss veröffentlichten „Potenziellen Modifikationen zu den Vorschlägen" und den seither geführten Verhandlungen weiter verstärkt.

In der deutschen Diskussion um Basel II überraschte die oftmals uneingeschränkt positive Behandlung des deutschen Finanzierungsmodells. Schließlich gehören Vorwürfe an die Adresse der Banken bezüglich einer unzureichenden Behandlung mittelständischer Finanzierungsprobleme seit langem zum Thema. In den achtziger und neunziger Jahren hatte sich die Finanzierungsdiskussion überdies fast ausschließlich auf Schwächen des deutschen Systems konzentriert, wie die fehlenden Zugangsmöglichkeiten zum Kapitalmarkt, Rückstände beim Risikokapitalangebot sowie bestimmte „Finanzierungslücken", die durch staatliche Förderangebote zu kompensieren seien.

In der Rückschau auf die Basel II-Diskussion kommt dem ersten Konsultationspapier grundsätzlich zumindest ein Verdienst zu: Es hat die interessierte Öffentlichkeit, nicht zuletzt viele mittelständische Unternehmen, auf den Strukturwandel des Finanzsystems aufmerksam gemacht. Zwar haben in den zurückliegenden Jahren gelungene und gescheiterte Bankfusionen, Mutmaßungen über den „Rückzug der Banken aus der Fläche", spektakuläre neue Geschäftsmodelle von Großbanken, die Diskussion um eine zu niedrige Umsatzrendite der Banken, die Abschaffung der Anstaltslast und Gewährträgerhaftung für die Sparkassen, um *shareholder value* und Rationalisierungspotenziale der neuen Technologien gezeigt, dass die Bankenszene in Bewegung geraten ist. Basel II hat indessen wie kein anderes Finanzierungsthema die öffentliche Aufmerksamkeit erregt, mobilisiert und emotionalisiert.

Der vorliegende Beitrag fragt nach den Zukunftschancen des „deutschen Modells" der KMU-Finanzierung. Erweist sich dieses in einem durch Liberalisierung, Globalisierung, europäische Integration, Finanzmarktinnovationen und informationstechnologischen Fortschritt – und Basel II – veränderten gesamt- und finanzwirtschaftlichem Umfeld als bestandsfähig, oder wird es zu einer „Amerikanisierung" der deutschen Finanzierungspraktiken kommen? Werden Pfadabhängigkeiten für die künftige KMU-Finanzierung maßgeblich sein oder wird sich eine Synthese von Elementen unterschiedlicher Finanzierungssysteme in Gestalt eines für alle entwickelten Volkswirtschaften typischen „Hybridsystems" herausbilden? Hiermit wird ein Themenkreis angesprochen – die systemvergleichende empirische Finanzforschung –, der sich noch weitgehend als Forschungsneuland darstellt. Wie fruchtbar dieses Feld ist und welche überraschenden Ergebnisse die vergleichende Finanzsys-

nach dem der „Mittelstand" die mittleren, i.A. besser situierten Unternehmen umfasst, nicht aber die Kleinunternehmen und die Selbständigen ohne Mitarbeiter. Diese Unterscheidung orientiert sich am Bankgeschäft.

[3] Bei Ausarbeitung des ersten Entwurfs ging die amerikanische Seite wohl noch davon aus, dass nur die Großbanken, nicht aber die im KMU-Geschäft dominierenden kommunalen Banken dem Regime von Basel II unterworfen würden.

temforschung bereit hält, hat unlängst ein Projekt der *Deutschen Bundesbank* und der *Banque de France* über die Finanzierungssysteme Deutschlands und Frankreichs gezeigt (Sauvé, Scheuer 1999).

Im vorliegenden Beitrag wird nicht über abgeschlossene Entwicklungen berichtet, die sich mit Zahlen und harten Fakten belegen lassen, sondern über Veränderungen am aktuellen Rand des Geschehens, die noch weithin offen sind. Dass die Datenlage schlecht ist und aussagekräftige länderübergreifende Statistiken zur KMU-Finanzierung kaum vorliegen, erschwert die Aufgabe. Vor diesem Hintergrund geht es darum, eine erste, notwendigerweise vorläufige und stark auf Hypothesen basierende Einschätzung zu liefern.

Der erste Abschnitt beschäftigt sich mit den Besonderheiten des deutschen Finanzierungssystems, der zweite fragt danach, auf welchen Gebieten Stärken und Schwächen der KMU-Finanzierung in Deutschland liegen. Die beiden sich anschließenden Abschnitte befassen sich mit den Auswirkungen des Strukturwandels der Finanzmärkte und von Basel II auf die Mittelstandsfinanzierung. Anschließend wird nach Annäherungen und Differenzierungen in der KMU-Finanzierung der entwickelten Volkswirtschaften gefragt. Der abschließende Abschnitt wirft resümierend die Frage nach der „Zukunftstauglichkeit" des deutschen Modells auf.

1. Merkmale des deutschen Finanzierungsmodells

Als „Finanzsystem" bezeichnet man mit Hellwig (2000: 3) ein Geflecht von Institutionen, Märkten und Verträgen, das bewirkt, dass ein Kapitalgeber seine Mittel nutzbringend anlegen und ein Kapitalnehmer Ausgaben finanzieren kann, die seine eigenen Mittel übersteigen. Die Teile des Finanzsystems – Institutionen, Märkte, Verträge –, welche an der Finanzierung von KMU beteiligt sind, bilden das System der Mittelstandsfinanzierung. Die wissenschaftliche Erklärung der Genese und Persistenz der erheblichen Unterschiede, die zwischen den Finanzsystemen der entwickelten Volkswirtschaften insgesamt und speziell auch bei der Mittelstandsfinanzierung bestehen, ist ein relativ junger, dynamischer Forschungszweig[4]; das verfügbare Wissen dazu ist noch recht begrenzt. Die Diskussion über die volkswirtschaftlichen Implikationen der Unterschiede wird kontrovers geführt (Allen, Gale 2001; Hellwig 2002: 3). Gleiches gilt für die Erklärung der erheblich voneinander abweichenden Kapitalstrukturen der Unternehmen (Rajan, Zingales 1995).

Aus klassifikatorischer Sicht hat in jüngster Zeit die Unterscheidung von kapitalmarkt- und bankorientierten Finanzierungssystemen weite Verbreitung gefunden. Wie bei der früher in der Fachliteratur dominierenden Unterscheidung von Universal- und Trennbanksystemen, die durch den Niedergang des Trennbanksystems in den Vereinigten Staaten (Huertas 2002: 485–492) obsolet geworden ist, handelt es sich um eine dichotomische Gegenüberstellung idealtypischer Systeme, welche

[4] Zuerst hatte sich die wirtschaftshistorische und Entwicklungsforschung des Themas angenommen (z.B. Tilly 1989), zumeist mit Blick auf die Gerschenkron-Hypothese, die zentrale Stellung der Bankenfinanzierung bei der Industrialisierung der mitteleuropäischen Länder erkläre sich aus deren relativer historischer Rückständigkeit im 19. Jahrhundert (kritisch hierzu Vitols 2001).

die in der Realität vorzufindenden Verhältnisse stark stilisiert. Auch die kapitalmarktorientierten Systeme entwickelter Industrieländer wie der USA und Großbritanniens verfügen nämlich über einen sehr differenzierten, hoch entwickelten und leistungsfähigen Bankensektor. Im übrigen funktionieren auch Kapitalmärkte nicht ohne vermittelnde Institutionen – Finanzintermediäre wie Investmentgesellschaften oder Banken, die Unternehmensanleihen betreuen – und kennen somit selbst Agency-Probleme (Allen 2001). Die bankenorientierten Systeme Deutschlands und anderer kontinentaleuropäischer Länder haben ihrerseits gerade in jüngster Zeit eine bemerkenswerte Entwicklung des Kapitalmarkts erfahren. Derartige Unterscheidungen sind also stets relativ und im Zeitablauf wandelbar. Wenn im Folgenden vom „deutschen (KMU-) Finanzierungsmodell" gesprochen wird, ist hierunter ein Komplex von Besonderheiten zu verstehen, der sich aus den institutionellen Gegebenheiten im Bankensektor und der Entwicklung der Finanzmärkte hierzulande erklärt. Diese Besonderheiten erwachsen nicht zwangsläufig aus der Tatsache, dass das deutsche Finanzierungssystem im Unterschied z.B. zum britischen stark bankorientiert ist. Vielmehr unterscheiden sich die deutschen Finanzierungspraktiken bei der KMU-Finanzierung auch stark von anderen bankorientierten Systemen, z.B. dem französischen (Übersicht).

Zentrale Merkmale des seit Jahrzehnten bestehenden, neuerdings allerdings starken Wandlungen (s.u.) unterworfenen deutschen Finanzierungsmodells sind:

- ein hoher Anteil der Bankkredite an der Finanzierung von KMU;
- ein flächendeckend engmaschig ausgelegtes Netz von Universalbanken, die sich stark im Firmenkreditgeschäft engagieren;
- sehr begrenzte, in jüngster Zeit allerdings deutlich verbesserte Möglichkeiten einer Kapitalmarktfinanzierung für KMU;
- ein breit ausgelegtes Programm finanzieller staatlicher Förderangebote, die Schwächen des Finanzierungssystems kompensieren sollen.

Während die Unterschiede in den Finanzierungsstrukturen großer, global operierender Unternehmen relativ gering sind, bestehen bei KMU erhebliche Unterschiede im Anteil der Bankkredite an den Passiva. Nach den vorliegenden Informationen zu urteilen, ist dieser Anteil in keinem vergleichbaren Land so hoch wie hierzulande. Dem stehen niedrige Eigenmittelquoten gegenüber. Auf die Bedeutung dieser Finanzierungsstruktur für die Wettbewerbsfähigkeit wird noch eingegangen.

Das deutsche Universalbanksystem basiert auf drei „Säulen": den Kreditgenossenschaften, den Sparkassen sowie den privaten Banken, darunter den wenigen Großbanken. Alle drei Gruppen sind auf breiter Basis in der Fläche vertreten, unter den privaten Banken allerdings nur die Großbanken. In ländlichen Räumen sind die Volksbanken und Sparkassen in besonderem Maße präsent (Schrumpf, Müller 2001). Die einzelnen Banken dieser beiden Gruppen bedienen jeweils räumlich relativ eng begrenzte Märkte, stehen aber untereinander in einem nationalen, durch ihre Zentralinstitute vermittelten Verbund. Der deutsche Bankenmarkt ist stark fragmentiert (Fischer, Rudolph 2000: 434). Die Fusionswelle der letzten Jahre hat zwar zu einem Rückgang der Zahl der Universalbanken von 3 439 im Jahre 1998

Übersicht

KMU-Finanzierung in Deutschland, Frankreich und den USA

Verglichenes Merkmal	Deutschland	Frankreich	USA
Grundmerkmale des Finanzierungssystems			
Kapitalmarkt versus Bankinstitute	stark bankenorientiert, keine deutliche Tendenz zur Disintermediation	bankenorientiert, vergleichsweise starker Kapitalmarkt, ausgeprägte Disintermediationstendenz	stark kapitalmarktorientiert, Tendenz zur Disintermediation mit Einschränkungen
Vorherrschender Bankentypus	Universalbanken	Trennbanksystem 1984 (mit *loi bancaire*) abgeschafft, Universalbanken	Trennbanksystem in Entwicklung zum Universalbanksystem; grundlegende Neufassung des Regulierungssystems (*Gramm-Leach-Bliley Act* u.a.)
Konzentrationsgrad im Bankensektor	Niedrig	Mittel	Hoch
Corporate Governance in Kapitalgesellschaften	Insider-dominiert, hoch konzentrierter Besitz	Insider-dominiert, konzentrierter Besitz	Streubesitz, außengesteuert (Orientierung am *shareholder value*)
KMU-Finanzierung			
Finanzierungsquellen der KMU	mehrheitlich innenfinanziert und hohe Fremdfinanzierungsquote; die Kehrseite der Fremdfinanzierung: niedrige Eigenmittelquote	Innenfinanzierung überwiegt; hohe Eigenmittelquoten	Stark innenfinanziert, größeres Gewicht von Bankkrediten und Beteiligungskapital; hohe Eigenmittelquoten
Vorherrschender Typ der Bank-Firmenkunden-Beziehungen	Hausbankbeziehung – deutsche Form des *relationship banking*; hoher Anteil langfristiger Kredite	Distanzierte Bank-Kunden-Beziehungen dominieren; kurzfristige Bankkredite überwiegen; „relationship banking" auf Großunternehmen konzentriert	Distanzierte Bank-Kunden-Beziehungen und *relationship banking* besonders in den *Community Banks*; hohes Gewicht kurzfristiger Kredite
Anleihen auf dem Kapitalmarkt	Bislang nicht möglich, kommt nur für Großunternehmen in Betracht, Experimente mit neuen Finanzierungsinstrumenten im Gespräch, die auf bankvermittelte Anleihenaufnahme hinauslaufen	praktisch kaum möglich, nur für Großunternehmen geeignet	Finanzierungsalternative für große, expandierende KMU, Nutzung innovativer Finanzmarktprodukte
Formeller Venture Capital-Markt(VC-Gesellschaften, ohne Corporate Venture Capital)	Bis zu Beginn der neunziger Jahre sehr schwach entwickelt, beachtlicher Aufholprozess, ernsthafte Finanzierungsmöglichkeit nur für technologieorientierte Unternehmen und schnell expandierende Unternehmen	Wie in Deutschland beachtlicher Aufschwung des VC-Markts in jüngster Zeit	Entwicklung des VC-Markts nach dem Zweiten Weltkrieg; starke Expansion in den vergangenen beiden Jahrzehnten; realistische Finanzierungsalternative für wachstumsorientierte KMU mit gutem Geschäftskonzept
Informeller VC-Markt (Business Angels)	In statu nascendi, periphere Bedeutung bei KMU-Finanzierung	In statu nascendi, periphere Bedeutung bei KMU-Finanzierung	Stark entwickelt, Finanzierungsalternative vor allem für schnell wachsende und technologieorientierte Unternehmen
Mezzanine Money	Erste tastende Versuche, hat bislang keine große praktische Bedeutung für KMU	Erste tastende Versuche, hat bislang keine große praktische Bedeutung für KMU	Beachtliche Palette von Angeboten, innovative Produkte, größere Bedeutung für einen relativ kleinen Kreis von KMU
Finanzierung von Kleinstgründungen	Starke Abhängigkeit von Innenfinanzierung, beachtliche Rolle staatlicher Programme	Starke Abhängigkeit von Innenfinanzierung, ergänzend staatliche Programme	Starke Abhängigkeit von Innenfinanzierung, reger Gebrauch von Kreditkarten, Kontokorrent, Überziehungskrediten, ergänzend staatliche Programme
Bedeutung staatlicher finanzieller Förderprogramme	Breit ausgelegte Programmpalette für zinssubventionierte Kredite und Eigenkapitalhilfe	Im Vergleich zu Deutschland schwach ausgelegte Programmpalette	Breite Palette finanzieller Förderangebote, Schwerpunkte u.a. bei ethnischen Minoritäten und Frauen

Eigene Zusammenstellung.

RWI ESSEN

auf 2 412 im Jahr 2002 geführt. Dieser erklärt sich aber insbesondere aus dem Zusammenschluss von Volksbanken, deren Zahl von 2 506 auf 1 610 zurückging (Tabelle 1). Alle Institutsgruppen tragen substanziell zur Fremdfinanzierung des Mittelstands bei; Sparkassen und Volksbanken sind, gemessen an ihrem gesamten Engagement, jedoch in besonderem Maße darin involviert.

Tabelle 1

Marktanteile der Bankengruppen in Deutschland

Mai 2002

Bankengruppe	Anzahl der Institute	Bilanzsumme		Kredite an Nichtbanken	
		in Mrd. €	in vH	in Mrd. €	in vH
Kreditbanken	275	1 796,3	28,1	963,2	26,8
davon:					
Großbanken	4	1 038,6	16,3	539,1	15,0
Regionalbanken	190	636,6	10,0	372,3	10,4
Zweigstellen ausländischer Banken	81	121,1	1,9	51,8	1,4
Landesbanken	13	1 282,6	20,1	565,7	15,7
Sparkassen	527	971,9	15,2	691,5	19,2
Genossenschaftszentralbanken	2	196,2	3,1	57,3	1,6
Kreditgenossenschaften	1 610	545,1	8,5	376,3	10,5
Realkreditinstitute	28	918,2	14,4	643,1	17,9
Bausparkassen	29	160,1	2,5	114,2	3,2
Banken mit Sonderaufgaben	14	513,7	8,0	183,7	5,1
Insgesamt	2 498	6 384,1	100,0	3 594,9	100,0

Nach Angaben in Deutsche Bundesbank (Hrsg.) (2002), *Monatsberichte* 54 (7): 24*.

RWI ESSEN

Finanzierungen über den Kapitalmarkt waren in der Vergangenheit für deutsche KMU praktisch nicht zugänglich. Dies hat sich indes mit der raschen Entwicklung eines Venture Capital-Markts in den neunziger Jahren geändert. Der Staat hat mit der Veränderung der Rahmenbedingungen für Kapitalbeteiligungen – hervorzuheben ist die Gründung des Neuen Marktes –, aber auch mit seinem direkten Engagement in öffentlichen Beteiligungskapitalgesellschaften wesentlich dazu beigetragen.

Eine wichtige Besonderheit der deutschen KMU-Finanzierung ist die Existenz des letztlich auf ERP-Mitteln gründenden umfassenden Angebots an finanziellen Fördermaßnahmen für Existenzgründungen und KMU. Dabei handelt es sich fast ausschließlich um Programme, die eine geringfügige Subventionskomponente in Gestalt einer Zinssubvention beinhalten und überwiegend aus den revolvierenden Fonds der ERP-Mittel gespeist werden. Letztere wurden im Zuge des Förderbedarfs in Ostdeutschland nach der Wiedervereinigung allerdings massiv durch staatliche Zuschüsse aufgestockt. Die so finanzierten Programme sprechen gezielt bestimmte Defizite des deutschen Modells der Mittelstandsfinanzierung an.

2. Stärken und Schwächen der deutschen Mittelstandsfinanzierung im internationalen Vergleich

Die neuere Finanzierungsforschung hat zwar die Frage nach der *performance* der unterschiedlichen Finanzierungssysteme aufgeworfen, ist dabei aber i.A. bei grundsätzlichen, aus theoretischen Überlegungen gespeisten Erwägungen stehen geblieben; empirische Vergleiche liegen nur vereinzelt vor. Ein pauschaler, am Zusammenhang zwischen bestimmten Merkmalen der Finanzierungssysteme und dem wirtschaftlichen Wachstum ansetzender internationaler Vergleich kam unlängst zu dem Urteil, das sich kein fundamentaler Einfluss der Finanzierungssysteme auf die wirtschaftliche Entwicklung in den hochindustrialisierten Volkswirtschaften nachweisen lasse (World Bank 2002: 77; für die zugrundeliegende empirische Untersuchung Demirguc-Kunt, Levine 2001: 2, 36f.).

Auch wenn derartige Analysen rar sind, besteht kein Zweifel daran, dass die Finanzierungsbedürfnisse der KMU durch die Finanzierungssysteme in unterschiedlichem Maße angesprochen werden. Ein Denken, das bei dem einen System nur Stärken, bei dem anderen hingegen nur Schwächen sieht, hält empirischen Befunden nicht Stand. Überdies kommen Vorzüge und Defizite der einzelnen Systeme in Abhängigkeit von den Bedingungen des sektoralen Strukturwandels in unterschiedlichem Maße zur Geltung, d.h. der Aufstieg der Großunternehmen im ausgehenden 19. Jahrhundert stellte z.B. andere Anforderungen an die Finanzierung als die *new economy*. Die heutige Diskussion um die Vorzüge und Nachteile des deutschen Modells kreist vor allem um folgende Themen:

- Kreditversorgung der etablierten Unternehmen;
- Wirkung der Hausbankbeziehungen auf die Unternehmen;
- Eigenkapitalquoten deutscher KMU;
- Finanzierung von Unternehmensgründungen und
- Finanzierung schnell wachsender Unternehmen im Allgemeinen sowie technologieorientierter im Besonderen.

Im deutschen Finanzierungssystem spielen Bankkredite eine zentrale Rolle bei der Finanzierung sowohl kleiner als auch großer Unternehmen. Aktienemissionen waren für deutsche KMU bis zur Schaffung der Rechtsform der „kleinen AG"[5] und der Einrichtung des Neuen Marktes faktisch nicht möglich. Aber auch die großen Unternehmen machten von der Möglichkeit einer Beteiligungsfinanzierung über die Ausgabe von Aktien in weitaus geringerem Maße Gebrauch als britische oder amerikanische. Das Verhältnis der Bankkredite zum BIP betrug in Deutschland Ende der neunziger Jahre mehr als 85 vH, in den Vereinigten Staaten hingegen nur rund 65 vH (World Bank 2002: 78), die Börsenkapitalisierung (Börsenumsatz/BIP) lag in den USA bei knapp 35 vH, in Deutschland hingegen nur bei rund 19 vH. KMU profitieren in erheblichem Maße von den Bankkrediten. Als wesentliche Stärke der deutschen Mittelstandsfinanzierung ist hervorzuheben, dass KMU im allgemeinen in den Genuss einer verlässlichen und stabilen Kreditversorgung kommen. Sie haben eine größere Chance als amerikanische, britische oder französische, Kredite zu erhalten und sind weniger abhängig von der Innenfinanzierung. Mit Blick auf die Kreditlaufzeiten ist der hohe Anteil mittel- und langfristiger Kredite hervorzuheben.

[5] Die „kleine AG" wurde insgesamt recht zögerlich angenommen; sie spielt bislang nur eine marginale Rolle.

Das Hausbankprinzip gilt zu Recht als wesentliche Stärke des deutschen Finanzierungsmodells. Nicht nur große, sondern auch mittlere und kleine Unternehmen unterhalten eine auf Langfristigkeit hin angelegte und recht intensive Beziehung zu ihrer „Hausbank". Diese ist der erstrangige Finanzier des Unternehmens, verfügt über einen Informationsvorsprung gegenüber anderen Instituten und übernimmt bei Betreuung eine besondere Verantwortung gegenüber dem Kreditnehmer (Elsas 2001: 269). Eine Hausbankbeziehung schließt gleichzeitige, weniger exklusive Verbindungen zu anderen Banken nicht aus. Die zumeist langjährige Kenntnis des betreuten Unternehmens gestattet es der Hausbank, Qualität des Managements und wirtschaftliche Situation sowie Perspektiven weitaus besser einzuschätzen, als dies bei einer flüchtigen Beziehung zwischen Kunden und Bank der Fall wäre. Dies verringert die in den Kreditbeziehungen stets angelegte Informationsasymmetrie zwischen Gläubiger und Schuldner, vermindert somit das Risiko der Kreditvergabe und gestattet es der Bank, die Kreditversorgung auch in gesamtwirtschaftlich und branchenbezogen ungünstigen Zeiten bzw. in kritischen Entwicklungsphasen des Unternehmens eher aufrecht zu erhalten (zur theoretischen Begründung vgl. Langer, Weber 2000: 218). Neuere empirische Untersuchungen belegen, dass das Hausbankprinzip tatsächlich die kontinuierliche Aufrechterhaltung der Kreditlinien mit den betreuten Unternehmen unterstützt (Elsas 2001: 269ff.; Machauer 1999: 212). Insbesondere können die Unternehmen in kritischen Phasen eher mit der „Treue" ihrer Bank rechnen, als dies im Rahmen von distanzierteren Beziehungen der Fall wäre. Spieltheoretische Ansätze zur Erklärung des beiderseitigen Vorteils von Hausbankbeziehungen, welche Letztere als langfristige implizite Verträge zwischen Bank und Kreditnehmer auffassen, finden insoweit ebenso Bestätigung wie landläufige Auffassungen darüber.

Die Diskussion über das Hausbankprinzip erweckt zuweilen den Eindruck, als ob sich dieses nur in Deutschland bzw. in modifizierter Form in Japan fände. Dies trifft nur mit Einschränkungen zu. Tatsächlich finden sich in den Banksystemen aller entwickelten Länder Formen eines auf enge und stabile Beziehungen zwischen Bank und Unternehmenskunden angelegten *relationship banking* (Aoki, Dinc 1997: 3ff.; speziell zu amerikanischen Erfahrungen Berger, Udell 1995, 2002). Allerdings sind sie andernorts – z.B. in den Vereinigten Staaten – insgesamt weitaus weniger verbreitet als hierzulande. Eindeutige Befunde gibt es hierzu für Frankreich aus dem erwähnten Forschungsprojekt der Zentralbanken. Die Beziehungen zwischen Geschäftsbanken und Unternehmenskunden folgt in beiden Ländern einem unterschiedlichen Muster (Fridrichs, Paranque 2001: 668f): Die Beziehungen zwischen französischen KMU und Geschäftsbanken sind „verfahrensorientiert", d.h. eher nüchtern, distanziert und auf eine zweckrationale Regelhaftigkeit hin ausgerichtet. Für Deutschland ist hingegen ein „Engagement-basiertes" Modell – eben die Hausbankbeziehung – typisch. Inwieweit diese mit den auch in anderen Ländern anzutreffenden Formen intensiver Bank-Kunden-Beziehungen gleichzusetzen ist oder spezifische Züge trägt, ist nur unzureichend geklärt. Anzunehmen ist, dass zumindest die grundlegende ökonomische Ratio des *relationship banking* anderer Länder – Abbau der Informationsasymmetrie zwischen Bank und Kunden, Aufbau von Vertrauen – den deutschen oder japanischen Hausbankbeziehungen entspricht.

Tabelle 2

Eigenkapitalausstattung westdeutscher Unternehmen ausgewählter Wirtschaftszweige nach Umsatzgrößenklasse und Rechtsform[1]

1998; Eigenmittel in vH der Bilanzsumme

Wirtschaftszweig (WZ 93)	Unternehmen mit Umsätzen von ... Mill. DM					
	weniger als 5	5 bis unter 10	10 bis unter 25	25 bis unter 100	100 und mehr	insgesamt
Kapitalgesellschaften						
Produzierendes Gewerbe, Handel, Verkehr	9,6	12,2	15,2	22,4	27,7	26,9
Verarbeitendes Gewerbe	15,1	14,3	18,0	25,5	30,4	29,7
Baugewerbe	2,2	5,2	10,0	12,6	17,0	15,7
Einzelhandel (einschl. Kfz-Handel, Tankstellen)	4,1	3,8	7,9	9,5	11,6	17,3
Nichtkapitalgesellschaften						
Produzierendes Gewerbe, Handel, Verkehr	0,5	7,7	10,7	13,1	18,3	15,8
Verarbeitendes Gewerbe	4,5	7,5	10,8	14,7	19,6	17,5
Baugewerbe	–5,7	–1,0	4,5	4,1	5,7	4,4
Einzelhandel (einschl. Kfz-Handel, Tankstellen)	–12,6	4,4	7,6	8,2	19,5	14,0

Nach Angaben in Deutsche Bundesbank 2001: 14ff. – [1]In der Bilanzauswertung der Deutschen Bundesbank erfasste Unternehmen. RWI ESSEN

Obwohl die positiven Aspekte der Hausbankbeziehung überwiegen, sind auch negative in Rechnung zu stellen. So weist Hellwig (2000: 17) darauf hin, dass die in der in ihr angelegte Machtposition der Bank die Unternehmen zu defensiven Strategien verleiten könnte, was sich abträglich auf deren Innovationsbereitschaft und Experimentierfreude auswirke. Im Kontext der japanischen Bankenkrise ist das dortige *relationship banking*, unlängst in Verruf geraten. Japanische Geschäftsbanken haben sich in den neunziger Jahren sehr schwer damit getan, lang gepflegte Kreditlinien von maroden Unternehmen zu kappen. *Relationship banking* könnte also, so die hieraus abzuleitende Hypothese, unter ungünstigen Bedingungen zu „weichen Budgetgrenzen" führen. Aufgrund der sozio-kulturellen Unterschiede zwischen Japan und Deutschland scheint es indessen verfehlt, aus dem japanischen Beispiel auf Gefahrenpotenziale der deutschen Hausbankbeziehungen zu folgern, welche die Stabilität des deutschen Bankensektors gefährden könnten.

Das große Gewicht der Fremdfinanzierung deutscher KMU schlägt sich wie erwähnt in hohen Verschuldungs- bzw. niedrigen Eigenmittelquoten nieder. Die Eigenmittelquoten waren 1998 im allgemeinen recht niedrig und stiegen mit zunehmender Unternehmensgröße an (Tabelle 2). Immerhin mehr als ein Viertel aller KMU verfügte über kein oder ein negatives bilanziell ausgewiesenes Eigenkapital (Nichtkapitalgesellschaften). Dabei bestanden erhebliche Unterschiede zwischen den Wirtschaftszweigen (auch Nick 1996). Die Eigenkapitaldecke vieler KMU ist so dünn, dass ein großer Kreis von ihnen kaum eine Chance haben dürfte, gemäß den in den externen Rating-Agenturen gängigen standardisierten Verfahren erträgliche Bewertungen zu erzielen. Die Bewertung der Eigenkapitalausstattung im Hinblick auf die neuen Rating-Prozeduren und der Schluss hieraus auf die Notwendigkeit einer Verstärkung der Eigenkapitalbasis erscheinen erforderlich (Lichtblau, Utzig 2002: 52). Problematisch hingegen erscheint es, die niedrigen Eigenmittelquoten pauschal als Ausdruck einer spezifischen Finanzierungsschwäche deutscher KMU zu werten (z.B. BdB 2002). Sie sind letztlich als ökonomisch rationaler Reflex der institutionellen Rahmenbedingungen aufzufassen: Das große Engagement der Universalbanken im Unternehmenskreditgeschäft und die bescheidenen Zugangsmöglichkeiten des Mittelstandes zum Kapitalmarkt haben ebenso wie das Steuer-, Insolvenz- und Gesellschaftsrecht dazu beigetragen, dass viele KMU in ihrer Bilanz äußerst niedrige bzw. sogar negative Eigenmittelquoten ausweisen. Auch ist große Vorsicht bei internationalen Vergleichen angebracht; wie Böttcher (1997) zeigt, haben z.B. die Bilanzierungsvorschriften einen merklichen Einfluss auf den Ausweis relativ niedriger Quoten in Deutschland und hoher in den USA.

Unübersehbare Schwächen des deutschen KMU-Finanzierungsmodells liegen in solchen Bereichen, in denen die Hausbankbeziehung nicht oder nur sehr begrenzt dazu geeignet ist, Finanzierungsprobleme der Unternehmen zu lösen (Audretsch, Elston 1997). Dies betrifft schnell wachsende Unternehmen, insbesondere junge technologieorientierte Unternehmen mit guter Perspektive, allgemein die Unternehmensgründungen, besonders aber die Kleinstgründungen. In diesen Fällen bestehen entweder keine intensiven Beziehungen zwischen den potenziellen Vertragspartnern (bei den Gründern) oder die bestehenden bieten keine Entscheidungsgrundlage, die ausreichen würde, sich seitens der Bank auf ein umfangreiches und nicht mit Sicherheiten gegen die absehbaren Risiken ausgestattetes Engagement einzulassen. Die Informationsasymmetrien zwischen Gläubiger und Schuldner werden in diesen Fällen nicht ausreichend reduziert.

Im Falle der schnell wachsenden technologieorientierten Unternehmen böte ein Kapitalmarkt, wie er in den Vereinigten Staaten oder Großbritannien besteht, interessante Alternativen. Die weitgehende Absenz eines Venture-Capital- (VC-) Marktes in Deutschland hat die Politik in den achtziger und neunziger Jahren dazu animiert, durch Änderungen der Rahmenbedingungen für VC-Anlagen, zum Teil auch durch Gründung staatlicher Beteiligungsgesellschaften und einschlägige Förderprogramme jungen und schnell wachsenden älteren Unternehmen Beteiligungskapitalangebote zu eröffnen. Diesen Bemühungen war ein recht beachtlicher Erfolg beschieden. Deutschland verfügt heute über einen noch relativ kleinen, aber dynamischen VC-Markt, der Angebote für Unternehmen mit wirtschaftlich attraktiven Wachstumsplänen bereithält. Zwar hat seine Entwicklung durch den Kursverfall am Neuen Markt und das ungünstige Klima für die Börseneinführung neuer Unternehmen in jüngster Zeit einen herben Dämpfer erlitten, und Fehlkalkulationen junger VC-Gesellschaften in den Jahren des Booms haben diese in Bedrängnis gebracht. Noch stellt sich allerdings der Einbruch der VC-Engagements als vorübergehende, eher konjunkturelle Erscheinung dar und nicht als ernsthafte Existenzbedrohung des VC-Marktes.

Bei Gründungen kann das Hausbankprinzip nicht in gleicher Weise greifen wie bei etablierten Unternehmen. Gründer (-innen) sind für Banken in vielen Fällen höchstens als (kleine) Privatkunden bekannt. Die deshalb auftretende Finanzierungslücke ist allerdings nicht als deutsches Spezifikum zu werten, sondern belastet Gründer in allen Finanzierungssystemen. Amerikanische und britische Gründer kompensieren dies durch Anstrengungen zur Eigenfinanzierung, die deutlich über das in Deutschland übliche Maß hinausgehen.

Falls es sich bei ihnen um frühere Unternehmer handelt, die nach einem gescheiterten Gründungsversuch einen Neuanfang wagen, sind diese sogar mit einem beachtlichen Malus belastet, der in der deutschen Geschäftswelt trotz gegenteiliger Beteuerungen aus Politik und Bankenwelt für Mehrfachgründer nach wie vor eine ernste, tief in der wirtschaftlichen „Mentalität“ des Landes verwurzelte Belastung darstellt. Dies ist sicher als spezifisches Defizit des deutschen Finanzierungsmodells zu werten. In den Vereinigten Staaten finden zuvor gescheiterte Gründer eine wesentlich günstigere Aufnahme in die Geschäftswelt; die Verhältnisse in anderen europäischen Ländern dürften hingegen ähnlich sein wie in Deutschland.

Die externe Finanzierung von Kleinstgründungen erweist sich im deutschen Finanzierungssystem, aber auch in anderen Ländern, angesichts der hohen Transaktionskosten von Mikrokrediten – für Anbahnung, Abwicklung, Monitoring – und Ausfallrisiken als besonderer Engpass in der Unternehmensfinanzierung. Hier versagen sowohl die normale Kreditfinanzierung im Firmenkundengeschäft der Geschäftsbanken als auch die traditionellen Existenzgründungsprogramme der Spezialkreditinstitute des Bundes. In den neunziger Jahren hat man sich dieses Problems in Gestalt spezifischer, auf die spezifischen Bedürfnisse zugeschnittener Finanzierungsangebote mit beachtlichem Erfolg angenommen (DtA-Startgeld, Überbrückungsgeld der Bundesanstalt für Arbeit.

3. Auswirkungen des Strukturwandels im Finanzsektor auf die Mittelstandsfinanzierung

In jüngster Zeit mehren sich die Anzeichen dafür, dass sich die Kreditfinanzierung für KMU schwieriger darstellt als in den vergangenen Jahrzehnten. Die Wirtschaftsverbände führen seit geraumer Zeit Klage über eine schleichende Verschlechterung der Finanzierungsmöglichkeiten, ohne dafür freilich „harte Fakten“ liefern zu können. Eine 2001 durch die Kreditanstalt für Wiederaufbau durchgeführte Befragung von rund 7 000 Unternehmen[6] führt allerdings zu Ergebnissen, welche das verbreitete Bild im Wesentlichen bestätigen: Ein Drittel der befragten Unternehmen berichtete über schwierigere Finanzierungsbedingungen, nur eine kleine Minderheit (3,3 vH) hingegen über eine Verbesserung (KfW 2002: 4–7). Die kleinen Unternehmen waren offenbar von dieser Verschlechterung stärker betroffen als die mittleren und großen Unternehmen. Wenig überrascht, dass sich Unternehmen in Branchen, die besonders ungünstigen konjunkturellen Bedingungen ausgesetzt sind – Bauwirtschaft und Einzelhandel –, besonders stark über eine Ver-

[6] Insgesamt wurden rund 60 000 Unternehmen aller Größenklassen und Branchen unter Einschaltung der Wirtschaftsverbände angeschrieben, die Rücklaufquote lag bei 11,4 vH, die Zahl der auswertbaren Fragebögen bei 6 741. Unter Branchenaspekt war das Verarbeitende Gewerbe überrepräsentiert, unter Größenaspekt waren die kleinsten Größenklassen unterrepräsentiert (KfW 2002: Anhang).

schlechterung beklagten. Die im Jahr 2000 durchgeführte *Mind Finance*-Studie, an deren Befragung sich rund 1 000 Unternehmen[7] beteiligten, hatte dagegen noch von einem deutlich besseren Verhältnis von KMU und Banken berichtet. Die teilnehmenden Unternehmen stellten hier den Banken ein überwiegend positives Zeugnis aus (MIND Finance 2000: 48–49). Allerdings hatten auch in dieser Befragung rund 20 vH der Respondenten eine Verschlechterung der Verbindung zu ihrer Hausbank moniert. Diese Unterschiede könnten darauf hindeuten, dass sich die Situation in einem relativ kurzen Zeitraum verschlechtert hat, methodische Differenzen könnten aber ebenfalls eine Rolle spielen.

Geht man davon aus, dass, wie in der KfW-Studie berichtet, tatsächlich eine Verschlechterung der Finanzierungsmöglichkeiten für den Mittelstand eingetreten ist, so sind als Ursachen zunächst makroökonomische und Finanzmarktentwicklungen in Rechnung zu stellen. Dass sich die Eintrübung des konjunkturellen Klimas ungünstig auf die Kreditkonditionen der Banken ausgewirkt hat, ist indessen angesichts der über die Kreditvergabe im Konjunkturverlauf vorliegenden Informationen eher unwahrscheinlich[8], zumal der Zinsrückgang 2001 mit zeitlichen Verzögerungen zu einer Verbilligung der Unternehmenskredite geführt haben müsste. Ein anderer Faktor dürfte allerdings gravierende Auswirkungen gehabt haben: Viele deutsche Banken dürften im Zuge des Platzens der Spekulationsblase auf den Aktienmärkten massive Verluste erlitten haben, mit entsprechenden Folgen für die Erträge. Der Zinsüberschuss pro Geschäftsvorfall hat nach Angaben des Bundesbands deutscher Banken ein historisches Tief erreicht (BdB 2002: 32). Indirekte Einflüsse der Aktienmärkte auf die Kreditierungsvergabe sind vor diesem Hintergrund nicht auszuschließen.

Des Weiteren sind die strukturellen Wandlungen der Finanzmärkte in Rechnung zu stellen, die auch erhebliche Folgen für die KMU-Finanzierung haben könnten. Über die tatsächlichen Wirkungen bestehen aber sehr unterschiedliche Auffassungen, und sie wurden empirisch bislang nur ansatzweise untersucht. Bei Identifikation relevanter Entwicklungen und bei Wertung ihres Gewichts werden aber sowohl in der öffentlichen Diskussion als auch in der Literatur unterschiedliche Akzente gesetzt. Im Folgenden werden betrachtet:

- die Intensivierung des Wettbewerbs zwischen den Banken und mögliche Auswirkungen der Konzentration im Kreditgewerbe;
- Veränderungen der Bankenregulierung, die das bisher vorherrschende Drei-Säulen-Modell in Frage stellen;
- die verstärkte Orientierung der Banken an Ertragskriterien und die Verbreitung eines *shareholder value*-Denkens;

[7] Über die Zahl der angesprochenen Unternehmen und die Responsequote liegen keine Informationen vor.

[8] Das Hausbankenprinzip begünstigt in der Tendenz die Stabilität des Kreditverhaltens der Banken in konjunkturellen Abschwüngen und Rezessionen. Möglicherweise unterstützt auch die bislang übliche Quersubventionierung „schlechter" Risiken durch „gute" Risiken ein antizyklisches Kreditverhalten der Banken, ein Aspekt, der in der Diskussion um Basel II wohl keine Rolle gespielt hat. Berichtet wird allerdings eine Asymmetrie der Zinsanpassung im Zinszyklus (Deutsche Bundesbank 2002b). Deutsche Banken geben Zinssenkungen nicht voll weiter, Zinssteigerungen dagegen sehr wohl, zeitliche Verzögerungen sind in beiden Fällen zu beobachten. Merkliche Unterschiede im Zinsanpassungsverhalten sind zwischen den Banken zu beobachten. Größere Institute passen z.B. ihre Zinsen schneller an.

- Auswirkungen der Nutzung der IuK-Technologien auf die Fremdfinanzierung der KMU;
- Auswirkungen der Stärkung des Kapitalmarkts und einer (möglichen) Tendenz zur Disintermediation auf die Mittelstandsfinanzierung.

Der Wettbewerbsdruck in der Bankenwirtschaft
ist nach einhelliger Meinung in den neunziger Jahren intensiver geworden und zwingt die Banken, Rationalisierungspotenziale auszuschöpfen. Indizien dieses Drucks sind z.B. das Engagement branchenfremder Großunternehmen (z.B. Automobilhersteller) auf den Finanzmarkt, gestiegene Ansprüche der Kunden an die Konditionen der Kreditvergabe und Einlagenbetreuung sowie die verstärkte Orientierung der Großunternehmen zum Kapitalmarkt (Emission von Anleihen, Aufstockung ihres Eigenkapitals). Die zu beobachtende Ausdünnung des Unternehmens- und Betriebsbestandes im Bankensektor hat bislang aber nicht zu einer merklichen Erhöhung des Konzentrationsgrades geführt. Zwar sind entsprechende Konzentrationsmaße in jüngster Zeit leicht angestiegen, dennoch stellt sich dieser Sektor noch als recht kompetitiv dar – mit deutlichen Unterschieden zwischen den drei Institutsgruppen. Eine Analyse des Forschungszentrums der Bundesbank führte zu dem Ergebnis, dass der leichte Anstieg des Konzentrationsgrades das Wettbewerbsverhalten der Banken nicht nachweisbar beeinflusst hat (Hempell 2002). Damit sind auch (noch) keine nachteiligen Folgen für KMU zu erwarten.

Die rechtliche Sonderstellung der deutschen Sparkassen
wurde nach Intervention der Wettbewerbsaufsicht der Europäischen Kommission per Vereinbarung zwischen der Kommission und der Bundesregierung im Juli 2001 und den hierauf aufbauenden Schlussfolgerungen vom 28. Februar 2002 beendet (BdB 2002: 38ff.), Anstaltslast und Gewährträgerhaftung werden abgeschafft. Die Landesbanken hatten zuvor bei Rating-Agenturen aufgrund ihrer rechtlichen Sonderstellung beste Einstufungen genossen, woraus faktisch eine Besserstellung bei der Refinanzierung resultierte. Die Sparkassen waren bisher – gemeinsam mit den Volksbanken – sehr stark im KMU-Kreditgeschäft engagiert, aufgrund ihres besonderen Status einem öffentlichen Auftrag verbunden und als wichtiger lokaler Akteur auch der peripheren Regionen präsent (Schrumpf, Müller 2001). Es stellt sich die Frage, wie sich die Wandlung der Sparkassen zu „normalen“ Geschäftsbanken langfristig auf ihr Engagement bei KMU und in der regionalen Wirtschaft auswirken wird. Fürs erste sind hier zwar keine gravierenden Veränderungen zu erkennen; längerfristig könnte sich dies allerdings ändern. Hier liegt ohne Zweifel ein Gefährdungspotenzial für die deutsche KMU-Finanzierung, insbesondere für kleinere Unternehmen. Allerdings sollte man nicht übersehen, dass bislang alle Banken im KMU-Kreditgeschäft engagiert sind, wenn auch mit unterschiedlichen Schwerpunktsetzungen. Überdies ist für die Zukunft nicht auszuschließen, dass neu in den Markt eintretende Wettbewerber eventuelle Lücken schließen.

Eine verstärkte Renditeorientierung der Banken
läuft auf eine Gewichtsverlagerung in der Zielhierarchie hinaus und nicht auf eine gänzliche Aufgabe anderer, gleichzeitig verfolgter Ziele. Die Umsatzrenditen, aber

auch andere Effizienzindikatoren der deutschen Bankentätigkeit sind im internationalen Vergleich bemerkenswert niedrig und seit Beginn der Talfahrt an der Börsen noch gesunken. Das verstärkte Bemühen um Effizienzsteigerung äußert sich unter anderem in der konsequenten Nutzung der neuen IuK-Technologien für die Optimierung von Geschäftsprozessen, die Interbank- und Kundenkommunikation, in der Verschlankung der Filialsysteme, dem Beschäftigtenabbau, der Einführung standardisierter Rating-Verfahren und neuer Geschäftsmodelle. Letztere sind, wie die Erfahrung mit *lean production* in der Industrie gezeigt haben, stets auch modeabhängig und nicht beliebig übertragbar. Die Finanzierung der KMU wird durch diesen Faktor, aber auch die vorher genannten, nicht zwangsläufig beeinträchtigt. Zu vermuten sind in allen Fällen differenzierte Effekte zwischen KMU.

Das Vordringen des Shareholder-Value-Denkens
hat der Renditeorientierung in den neunziger Jahren maßgebliche Impulse verliehen. Die Auswirkungen auf die Geschäftsphilosophie deutscher Unternehmen im Allgemeinen und der Banken im Besonderen werden aber wohl bisweilen überschätzt. Die durch konzentrierten Aktienbesitz, Insiderdominanz und *stakeholder*-Mitsprache gekennzeichnete deutsche *corporate governance* steht einer einfachen Übertragung amerikanischer *shareholer value*-Orientierungen entgegen. Überdies bildet die Baisse auf den Aktienmärkten und die daraus resultierende schrumpfende Börsenkapitalisierung und Vernichtung von Buchwerten auf breiter Ebene nicht eben ein günstiges Umfeld für die Durchsetzung dieses Prinzips. Auch hat dieses durch die jüngst aufgedeckten Betrugsskandale in der amerikanischen Wirtschaft wahrscheinlich für längere Zeit erheblich an Vertrauen eingebüßt.

Die Auswirkungen der neuen IuK-Technologien auf die Hausbankbeziehungen
verdienen mit Blick auf die KMU-Finanzierung besondere Aufmerksamkeit. Es liegt in der Logik der durch PCs und DV-Netze ermöglichten durchgreifenden Standardisierung der Geschäftsabläufe und der Einsparung von Personal, dass der „subjektive Faktor" im täglichen Bankgeschäft an Bedeutung verliert. Direktkontakte zwischen Bankangestellten und Kunden werden im beachtlichen Maße verzichtbar; z.B. ist im Retailgeschäft[9] eine schnelle und weitgehende Verlagerung der Kontakte auf das Internet zu beobachten. Die Hausbankbeziehungen können hiervon auf zweierlei Weise tangiert werden. Einerseits wäre eine Rückstufung der engen Firmenkunden- auf distanzierte Kontakte (wie in Frankreich üblich) möglich. Anderseits böte sich für Firmenkunden die Chance, auf relativ einfache, unbürokratische Weise in den Genuss von Standardkrediten kleineren Umfangs zu kommen. Erinnert sei daran, dass die Hausbankbeziehung keineswegs für alle Firmenkunden stets die optimale Form der Bankverbindung sein muss. Wiederum zeigt sich, dass die Auswirkungen des Wandels in der Bankwirtschaft auf die KMU-Finanzierung vielschichtig sind.

Kapitalmarktfinanzierungen von KMU
haben in den neunziger Jahren in Deutschland, wie bereits angesprochen, in Ge-

[9] Geschäftskontakte der Banken mit kleinen Privatkunden (die von den im *private banking* angesprochenen finanzstarken Privatkunden zu unterscheiden sind). Nach Basel II wird auch ein erheblicher Teil des KMU-Kreditgeschäfts in den Retailbereich fallen.

stalt von Venture-Capital-Engagements erstmals eine größere Bedeutung erlangt, allerdings begrenzt auf ein eng umschriebenes Segment (aufstrebende Jungunternehmen). Hierbei haben der Internetboom und die Hausse auf dem Neuen Markt eine Katalysator-Rolle gespielt. Es ist zu erwarten, dass die für die Entwicklung eines auch dem Mittelstand zugänglichen Kapitalmarkts ausgelösten Impulse trotz des seither eingetretenen Rückschlags auch in Zukunft wirken. Hierfür spricht jedenfalls der weitere Zufluss von finanziellen Ressourcen in die VC-Gesellschaften und das Erstarken der Coporate Venture Capital-Szene[10]. Ein weiteres Indiz für eine wachsende Bedeutung des Kapitalmarktes liegt darin, dass sich Großunternehmen – wie in anderen europäischen Ländern – zunehmend über Anleihen direkt auf dem Kapitalmarkt finanzieren; für mittelständische hat dies allerdings bislang keine praktische Bedeutung. Mit Blick auf die Diskussion über den Bankenstrukturwandel stellt sich die Frage, ob sich hier eine Disintermediation[11] in der Unternehmensfinanzierung andeutet. Angesichts der nach wie vor dominierenden Position der Banken und des vergleichsweise geringen Anteils der Kapitalmarktfinanzierung ist dies hierzulande – im Unterschied zu den USA und Frankreich – nicht festzustellen (Schmidt at al. 1999; Hackethal 2000).

Vor diesem Hintergrund kann es keineswegs als ausgemacht gelten, dass sich die Finanzierungsbedingungen für KMU in Deutschland im Zuge der strukturellen Wandlungen auf den Finanzmärkten zwangsläufig verschlechtern. Die wahrscheinlichen Folgen sind vielmehr ambivalent zu beurteilen, und die vorliegende empirische Evidenz ist bislang spärlich[12]. Den teilweise berichteten negativen Erscheinungen stehen auch positive wie der verbesserte Kapitalmarktzugang für expandierende KMU gegenüber.

4. Der Einfluss von Basel II auf die Mittelstandsfinanzierung

Die an die Neufassung des Basler Akkords geknüpften Erwartungen sind sehr heterogen. Die einen sehen in der geforderten risikoadäquaten Eigenkapitalunterlegung der Bankkredite den Auslöser für einen „Systembruch" in der Mittelstandsfinanzierung. Die Rating-Verfahren führten zur Aushöhlung des Hausbankprinzips, zur Kreditrationierung insbesondere für die kleineren KMU und letztlich zur Durchsetzung angelsächsischer Verhältnisse bei der Finanzierung der KMU. Andere – wohl die Mehrzahl der Experten – sehen in Basel II nicht den Auslöser, sondern einen Katalysator des Wandels im Bankensektor, der sich auch unabhängig von der Neufassung früher oder später Bahn bräche. Für eine dritte Gruppe han-

[10] VC-Engagements großer Unternehmen in eigenen Tochtergründungen oder in unabhängigen technologieorientierten Unternehmen.

[11] Verdrängung herkömmlicher Bankfinanzierung durch Kapitalmarktfinanzierungen, die auf eine Bedeutungsabnahme der Banken hinausläuft. Der Begriff ist insofern missverständlich, als bei Kapitalmarktfinanzierungen die Beziehungen zwischen Kapitalgeber und -nehmer fast nie direkt zustande kommen, sondern ebenfalls Intermediäre eingeschaltet werden, bei denen es sich in Deutschland meist um Banken oder VC-Gesellschaften handelt. Die Banken bleiben also im Geschäft, allerdings weniger intensiv als bei herkömmlichen Bankkrediten.

[12] Dies trifft übrigens auch auf die amerikanische Kreditwirtschaft zu, in der viele der angesprochenen Wandlungen weiter fortgeschritten sind als in Deutschland. Ein Symposium der *Small Business Administration* über die Auswirkungen der neuen Technologien auf die KMU-Finanzierung vermittelte jüngst jedenfalls ein äußerst vielschichtiges Bild mit sich teilweise widersprechenden empirischen Befunden (SBA 2000).

delt es sich bei der Diskussion um Basel II um eine Alibidiskussion, welche die Finanzierungsschwächen des Mittelstandes ignoriere, die Wandlungen auf den Finanzmärkten nicht zur Kenntnis nehme und sich der Durchsetzung leicht einsehbarer Grundanforderungen an ein zeitgemäßes, rationales Kreditmanagement widersetze. Basel II wird aus dieser Perspektive zum Sündenbock eigener Versäumnisse des Mittelstands und eines schlecht verstandenen Wandels des Finanzsystems.

Bei Diskussion der Einflüsse von Basel II auf die Mittelstandsfinanzierung sind mehrere Wirkungsebenen zu unterscheiden:

- Erstens geht es um die wahrscheinlichen Auswirkungen auf die Zinskonditionen für KMU-Kredite ab 2007. Hierbei wird die Frage beantwortet, inwieweit sich die Risikoaufschläge bei höheren Ausfallrisiken und die Kosten der hierfür geforderten Eigenkapitalunterlegung auf die Kreditzinsen auswirken dürften.
- Zweitens sind die Auswirkungen der Regelungen zur risikoadäquaten Eigenkapitalunterlegung auf das Kreditverhalten der Banken zu untersuchen, insbesondere die Frage, ob es für bestimmte Marktsegmente zu einer Kreditrationierung kommen könnte.
- Drittens geht es um jene zunächst psychologischen, dann aber immer mehr unternehmensstrategischen, organisatorischen und technischen Auswirkungen, die Basel II bereits lange vor Inkrafttreten auf Banken und die Kunden hat.

Die Neufassung des Basler Akkords wird nach dem derzeitigen Verhandlungsstand im Jahre 2007 in Kraft treten. Endgültige Vereinbarungen über die künftigen Regelungen zur risikoadäquaten Eigenkapitalunterlegung sind also noch nicht getroffen. Immerhin stehen aber die Eckpunkte weitgehend fest (BIS 2002: 2). Danach dürfen die Banken KMU – nach derzeitigem Verhandlungsstand Unternehmen mit weniger als 50 Mill. € Umsatz – Kredite zu Vorzugskonditionen einräumen. Die Anforderungen zur Eigenkapitalunterlegung werden für sie generell abgesenkt und liegen somit unter denen für Kredite an große Unternehmen. Das Ausmaß der Absenkung hängt von der Größe des Unternehmens ab; sie kann maximal 20 vH erreichen und soll bezogen auf das gesamte Portfolio der KMU-Kredite 10 vH betragen. Des Weiteren dürfen die Banken KMU-Kredite dem Retailbereich (günstigere Unterlegungsvorschriften für Kleinkundenkredite) zuordnen, wenn die gesamte Kreditlinie an das betreffende Unternehmen unter 1 Mill. € liegt; faktisch gilt dies für einen erheblichen Teil aller Unternehmenskredite.

Über die grundsätzliche Zweckmäßigkeit einer risikoadäquaten Eigenkapitalunterlegung besteht unter Bankenvertretern wie Wissenschaftlern weitgehender Konsens. Die Bewertung des Regelwerks von Basel II fällt allerdings keineswegs uneingeschränkt positiv aus. Kritik wird an der Verlässlichkeit der empfohlenen Kreditrisikomodelle geübt (Danielsson 2001). Manche Autoren sehen in Basel II eine aus der amerikanischen Finanztradition übernommene Neigung zu einer übertrieben kleinlichen Regulierung des Bankwesen, die schlecht zu den Verhältnissen in den europäischen Ländern passe (Priewasser, Fuhrmeister 2002). Von Interesse dürfte auch die Infragestellung der stabilisierenden Wirkungen von Basel II auf die Finanzmärkte sein. Die eingeforderte risikobezogene Eigenkapitalunterlegung wird sich z.B. nach Auffassung von Stiglitz (2002) im Gegensatz zu den Intentionen der Initiatoren gerade destabilisierend auf die Finanzmärkte auswirken, da die Banken hierdurch zu verstärkten kurzfristigen Kreditengagements und zum Rückzug aus langfristigen Kreditbeziehungen animiert würden.

Zu den direkten Auswirkungen von Basel II auf die Zinsen für Mittelstandskredite liegen verschiedene Untersuchungen vor, die ein vielschichtiges Bild zeichnen. Grunert et al. (2002) analysieren anhand der Kreditdaten dreier deutscher Großbanken, wie sich die Kalkulation der Kreditzinsen für die KMU bei Einführung der neuen Regelungen in einem *worst case*-Szenario (Nichtberücksichtigung der nunmehr geplanten erweiterten Anerkennung von Absicherungstechniken und des Retailansatzes) gestalten würde. Ergebnis ist, dass sich für die KMU insgesamt eine durchschnittliche Erhöhung der Kreditzinsen von 245 Basispunkten ergeben würde. Die Ratings für kleinere KMU würden signifikant schlechter ausfallen als für größere; ein erheblicher Teil von ihnen aufgrund schlechter Bonität überhaupt keinen Kredit mehr erhalten. Ein deutlich positiveres Bild ergibt sich, wenn die angesprochene Besserstellung der KMU-Kredite berücksichtigt wird. Eine Untersuchung der Auswirkungen auf die Zinskonditionen durch die Deutsche Bundesbank (Hofmann 2002: 10) kommt denn auch zu günstigeren Einschätzungen; zwar sei eine größere Spreizung der Zinsen zu erwarten, aber keineswegs eine generelle Anhebung des Zinsniveaus für KMU-Kredite.

Aussagen über das künftige Kreditverhalten der Banken unter dem Regime von Basel II stellen sich naturgemäß schwieriger dar als zur Frage nach der künftigen Kreditzinsstruktur. Dies gilt nicht zuletzt deswegen, weil eine Fülle von Faktoren Einfluss auf die Kreditvergabe ausübt, die nichts oder nur wenig mit Basel II zu tun haben, z.B. Transmissionmechanismen der geldpolitischen Instrumente, Wettbewerb und Konzentration im Bankensektor, die künftige Präferenz der Banken für bestimmte Geschäftsmodelle, die Verbreitung von Finanzmarktinnovationen, das Auftreten alternativer Kreditanbieter und Wandlungen in den Hausbankbeziehungen. Es hieße, die Neufassung der Kapitalunterlegungsvorschriften stark zu überschätzen, wollte man Basel II zum alleinigen Bestimmungsfaktor künftiger Geschäftsstrategien der Banken im KMU-Segment erheben.

Immerhin liegen Aussagen zu wahrscheinlichen Auswirkungen der veränderten Eigenkapitalunterlegung auf KMU-Kredite vor. Paul/Stein (2002: 44–65; auch Paul et al. 2002) kommen zu dem Ergebnis, dass infolge von Basel II weder eine allgemeine Verteuerung der Kredite zu erwarten sei noch eine Verdrängung kleiner Mittelstandsunternehmen; die aus Basel II resultierenden Chancen überwiegen gegenüber den Risiken. Bös/Paffenholz (2002: 390ff.) wollen Basel II ebenfalls eher als Chance für den Mittelstand verstanden wissen, die konstruktiv anzunehmen ist; sie erkennen keine existenzbedrohende Gefährdung. Skeptischer äußerst sich hingegen Eggert (2002: 386), eindeutig positiv hingegen Hofmann (2002) und verhaltener Krämer-Eis/Taistra (2002) sowie Heidorn (2002), ohne auf deren Ergebnisse hier einzugehen. Aus Sicht des Verfassers sind die ursprünglich für den Mittelstand problematischen Regelungen im Zuge der Verhandlungen inzwischen soweit entschärft worden, dass von Basel II kaum ein nachhaltiger negativer Einfluss auf die KMU-Finanzierung ausgehen kann. Ein zahlenmäßig begrenzter, volkswirtschaftlich aber bedeutsamer Teil des Mittelstands wird von den geplanten Neuregelungen profitieren.

Eine Einschränkung zu den mutmaßlichen Auswirkungen auf die Mittelstandsfinanzierung ist indessen angebracht. Die Diskussion konzentriert sich oftmals auf die finanziellen Gegebenheiten größerer mittelständischer Unternehmen[13]. Das Bild eines dynamischen Mittelständlers, der durch ein ausgezeichnetes Rating seine künftigen Finanzierungsoptionen zu optimieren versucht, geht aber grundlegend an den wirtschaftlichen Realitäten kleiner und kleinster Unternehmen vorbei, die nur über marginale Eigenmittel oder Sicherheiten verfügen und statistisch eine überaus bescheidene Überlebensperspektive haben. Schließlich dürften in Deutschland wie in anderen Industrieländern fast 50 vH aller Neugründungen die ersten fünf Jahre nach der amtlichen Registrierung nicht überleben[14]. Diese zahlenmäßig bedeutenden Unternehmen hatten es auch in Deutschland von jeher schwer, in den Genuss auch nur kurzfristiger Bankkredite zu kommen (Wallau 2001: 55). Die sporadische Inanspruchnahme von Kontokorrent- und Überziehungskrediten auf das private Girokonto, zunehmend auch die Ausschöpfung der (bescheidenen) Kreditierungsmöglichkeiten über die private Kreditkarte beschreiben die Realität der meisten Mikrounternehmen eher als die in der Diskussion um Basel II im Mittelpunkt stehenden Kredite. Die Einordnung der Kreditbeziehungen zu kleinen Unternehmen ins Retailgeschäft schafft zumindest die Voraussetzung dafür, dass diesen Kunden der künftige Zugang zu Bankkrediten nicht verbaut wird. Ob sich indessen im Zuge der Umsetzung des Basler Akkords die Kreditchancen für sie verschlechtern, hängt wesentlich auch von der allgemeinen Entwicklung des Bankensektors ab – insbesondere von den künftig dominierenden Geschäftsmodellen, Konzentration, Wettbewerb, Präsenz der Banken in der Fläche und der Entwicklung des Hausbankprinzips.

Es bleibt die eingangs gestellte Frage nach den bereits heute wirksamen psychologischen Auswirkungen von Basel II auf Banken und Mittelstand. In diesem Punkt besteht weitgehende Übereinstimmung: Basel II hat die Einführung standardisierter Ratingverfahren wesentlich beschleunigt, diese hätten sich in den deutschen Banken – wie zuvor schon in den amerikanischen – allerdings wohl auch früher oder später ohne den externen Anstoß verbreitet. Die deutschen Unternehmen wurden durch die öffentliche Diskussion um Basel II in hohem Maße für Finanzierungsfragen sensibilisiert, und es ist anzunehmen, dass dies langfristig auch Auswirkungen auf ihre Finanzierungsstrategien haben wird. Ein Systembruch in der deutschen Mittelstandsfinanzierung, d.h. ein Ende des starken Gewichts der Fremdfinanzierung und der Hausbankbeziehungen, ist allerdings weder in Basel II zwingend angelegt, noch aus heutiger Sicht in absehbarer Zeit wahrscheinlich.

[13] Hier drängt sich eine Parallele zur Globalisierungsdiskussion auf, in der – entgegen der Realität – der Mittelstand oft so behandelt wird, als ob es sich bei diesem ausschließlich um potenzielle *global player* handele.

[14] Genaue Zahlen sind hierzu nicht verfügbar. Stark unterschiedliche Angaben resultieren oft aus der bei der Erfassung der Gründungen gewählten Bezugsbasis – z.B. alle amtlichen Registrierungen versus Gründungen, die sechs Monate nach Eintragung wirtschaftsaktiv sind.

5. Konvergenzen und Divergenzen der KMU-Finanzierung im internationalen Vergleich

Der Strukturwandel der Finanzsysteme der entwickelten Volkswirtschaften wird vor allem durch vier Antriebskräfte gespeist: die Verbreitung der modernen IuK-Technologien, Fortschritte in der Finanztheorie und auf diesen fußende Finanzinnovationen, die Globalisierung der Finanzmärkte sowie Bemühungen der nationalen Regierungen um Deregulierung. Die Vermutung liegt nahe, dass diese Faktoren letztlich zu einer Vereinheitlichung der institutionellen Strukturen und Prozesse auf den Finanzmärkten führen und damit auch zu ähnlichen Finanzierungsstrukturen in den Unternehmen. Dafür spricht z.B., dass die Globalisierung der Finanzmärkte zu einem intensiveren Wettbewerb führt, in dessen Rahmen Finanzmarktinnovationen in kürzester Zeit weltweite Verbreitung finden, große Banken sich zunehmend als *global player* begreifen und versuchen, über Fusionen eine entsprechende Marktposition zu erringen. Auch die Digitalisierung der Geschäftsprozesse bei den Finanzintermediären (Banken, Versicherungen, Investmentgesellschaften u.a.) und die Verbreitung von Finanzmarktinnovationen begünstigt die Vereinheitlichung der bislang sehr unterschiedlichen Finanzierungssysteme.

Wesentliche Antriebskräfte dieses strukturellen Wandels in allen entwickelten Volkswirtschaften wirken somit in gleicher Richtung. Dem stehen allerdings andere Einflüsse entgegen, die weniger auf eine Konvergenz der Systeme hinzuwirken scheinen als auf eine Festschreibung oder gar eine Vertiefung bestehender Divergenzen. Hinter der „Deregulierung" der Finanzsysteme verbergen sich von Land zu Land Prozesse, die durch recht unterschiedliche Ordnungsvorstellungen und Ambitionen der politischen Entscheidungsträger gespeist werden. Bei der Deregulierung der Bankensysteme geht es nicht einfach darum, bestehende Regelwerke ersatzlos zu streichen. Vielmehr werden, wie sich in den vergangenen beiden Jahrzehnten in den Vereinigten Staaten beobachten ließ, als unzeitgemäß oder als dysfunktional empfundene Regulierungen durch neue ersetzt. Der neue Basler Akkord ist – auf internationaler Ebene – ein solches neues Regelwerk, welches zumindest im Entwurf des ersten Konsultationspapiers den Handlungsspielraum der Banken deutlich rigider begrenzte als das nunmehr als unzureichend empfundene Basel I. Die zumeist in den neunziger Jahren eingeleiteten Maßnahmen sind als Reflex auf Defizite der nationalen Finanzinstitutionen zu verstehen, sie streben nicht die Übernahme eines wie immer gearteten Einheitssystems an. Der Strukturwandel im Banken- und Finanzsektor trägt daher ein stark nationales Gesicht.

Die strukturellen Wandlungen der Finanzsysteme dürften in den nächsten Jahrzehnten vor diesem Hintergrund kaum auf eine Konvergenz hin zu einem sich weltweit durchsetzenden „Hybridsystem" hinauslaufen. Selbst für die EU ist die andauernde Koexistenz unterschiedlicher Systeme auf lange Sicht absehbar. Pfadabhängigkeiten schränken die Menge wahrscheinlicher Fortentwicklungen stark ein, machen aber, wie sich jüngst im französischen Finanzsystem zeigte, Brüche nicht unmöglich. Im Übrigen sind Finanzordnungen hoch komplexe, durch Komplementaritäten zwischen den tragenden Elementen gekennzeichnete Systeme, die durch Eingriffe in die bestehenden Regulierungen auch Effizienzverluste erfahren können (Hackethal, Schmidt 2000; Schmidt, Spindler 2000; Hackethal 2001). Die in einem System als sinnvoll erkannten institutionellen Regelungen können in einem anderen zu suboptimalen Ergebnissen führen. Die Grenzen der Übertragbarkeit institutioneller Lösungen von einem System auf das andere sind in der Diskussion um Basel II kaum explizit angesprochen worden, haben indessen die Diskussion vordergründig banktechnischer Fragen stark geprägt. Am Ende der Diskussion um die Neufassung des Baseler Akkords stehen nunmehr Lösungen, die auch im Bezug auf die kontinentaleuropäischen Finanzsysteme kompatibel sind.

6. „Zukunftsfähigkeit" des deutschen Finanzierungsmodells

Die Besonderheiten der Finanzierung der KMU in Deutschland rechtfertigen es, (wertneutral) von einem „deutschen Modell" zu sprechen. Das System der Unternehmensfinanzierung, mit dem KMU in den vergangenen Jahrzehnten überwiegend gut gefahren sind, zeigt sich gegenüber anderen Finanzsystemen keineswegs durchgehend über- oder unterlegen, sondern weist spezifische Stärken und Schwächen auf. Es ist zu beobachten, dass die volkswirtschaftliche Beurteilung von Finanzsystemen stark von Zyklen wachsender und sinkender Faszination abhängig ist. Galten in den achtziger Jahren noch das kapitalmarktorientierte amerikanische und britische System bei vielen Experten als mangelhaft, hingegen das japanische und deutsche bankorientierte System als vorbildlich, so genossen in den neunziger Jahren vor allem die Systeme der angelsächsischen Länder die Gunst der meisten Experten[15]. Nach dem Ende der *new economy*-Euphorie scheint sich das Meinungsklima wieder zu wenden.

Konzentration, die wachsende Orientierung der Banken auf Effizienzkriterien im Zuge eines intensiveren Wettbewerbs und der Verbreitung des *shareholder-value*-Denkens, die Nutzung der Rationalisierungspotenziale der neuen IuK-Technologien, die Abschaffung von Anstaltslast und Gewährträgerhaftung für die Sparkassen und die Einführung standardisierter Ratingverfahren werden auf mittlere und lange Sicht die deutsche Bankenszene stark verändern. Die Neufassung des Basler Akkords ist nicht die Ursache dieser Wandlungen, sondern spielt die Rolle eines Katalysators. Sie hat bereits wesentlich dazu beigetragen, psychologisch den Boden für eine Neuorientierung der Banken im Unternehmenskreditgeschäft zu bereiten. Zugleich hat sie eine breite Öffentlichkeit für diese Wandlungen sensibilisiert.

Der Mittelstand, insbesondere seine stärker auf regionale und Außenmärkte orientierten „gehobenen" Segmente, sind gezwungen, sich auf die veränderte Finanzmarktsituation einzustellen. Dies bedeutet unter anderem, dass die Eigenmittelquoten künftig steigen müssen, das Finanzregime zu verbessern ist und ein höheres Maß an Transparenz der Firmenangelegenheiten für Außenstehende gewährt werden muss. Es ist aber davon auszugehen, dass die Banken auch künftig eine zentrale Rolle bei der Finanzierung der KMU spielen werden. Eine Finanzierung auf

[15] Wie das Beispiel von Hutton (1996: 136-168) zeigt, gab es auch in den neunziger Jahren sehr nachdenkliche Stimmen zu Schwächen der kapitalmarktorientierten Systeme, hier insbesondere zu dem „short termism" des Managements großer Unternehmen, der aus einer einseitigen Fixierung auf den Shareholder Value erwachse.

dem Kapitalmarkt, z.B. in Gestalt der Einwerbung von Venture Capital, wird auch in der Zukunft nur für ein kleines, volkswirtschaftlich und innovationsökonomisch aber sehr wichtiges Segment des Mittelstands von Interesse sein. Ein grundsätzlicher Abschied vom deutschen Modell der Mittelstandsfinanzierung erscheint heute weder wünschenswert, noch ist er durch die Strukturwandlungen der Finanzmärkte und des Bankensektors vorprogrammiert. Partielle Korrekturen wie die Förderung des Venture-Capital-Marktes oder die Erhöhung der Eigenmittelquoten über eine stärkere steuerliche Förderung der Innenfinanzierung sind dagegen sinnvoll. Es ist angesichts von Pfadabhängigkeiten und der begrenzten Übertragbarkeit wesentlicher Elemente eines Finanzierungssystems in ein anderes wenig wahrscheinlich, dass die Systeme der entwickelten Länder sich in den nächsten Jahrzehnten in Richtung auf ein sich weltweit durchsetzendes „Hybridsystem" entwickeln werden. Was auf die Finanzierungssysteme im Ganzen zutrifft, hat auch für das Segment der Mittelstandsfinanzierung Gültigkeit.

Literatur

Allen, F. (2001), Do Financial Institutions Matter? Working Paper 01–04. Financial Institutions Center, The Wharton School, University of Pensylvania. Internet: http://fic.wharton.upenn.edu/fic/papers/01/0104.pdf.

Allen, F. and D. Gale (2001), Comparative Financial Systems: A Survey. Working Paper 01–15. Financial Institutions Center, The Wharton School, University of Pensylvania. Internet: http://fic.wharton.upenn.edu/fic/papers/01/0115.pdf.

Aoki, M. and S. Dinc (1997), Relational Financing as an Institution and its Viability under Competition. Discussion CPR Paper Series 488. Center for Economic Policy Research, Stanford University, Stanford, CA.

Audretsch, D.B. and J.A. Elston (1997), Financing the German Mittelstand. *Small Business Economics* 9: 97–110.

Basel Committtee on Banking Supervision (ed.) (1999), *A New Capital Adequacy Framework.* Consultative paper issued by the Basel Committtee on Banking Supervision. Issued for comment by 31 March 2000. Basel.

Basler Ausschuss für Bankenaufsicht (Hrsg.) (2001), *Die Neue Basler Eigenkapitalvereinbarung.* Konsultationspapier. Zur Stellungnahme bis 31. Mai 2001. Deutsche Bundesbank, Frankfurt a.M.

BdB – Bundesverband deutscher Banken (Hrsg.) (2002), *Banken 2002 – den Wandel erfolgreich gestalten*: Fakten – Meinungen – Perspektiven. Berlin.

Berger, A.N. and G.F. Udell (1995), Relationship Lending and Lines of Credit in Small Firm Finance. *Journal of Business* 68 (3): 351–381.

Berger, A.N. and G.F. Udell (2002), Small Business Credit Availability and Relationship Lending: The Importance of Bank Organisational Structure. *Economic Journal* 112 (477): F32–F53.

BIS – Bank for International Settlements (ed.) (2002), *Basel Committtee reaches agreement on New Capital Accord.* Press Release 10 July 2002. Basel.

Bös, D. und G. Paffenholz (2002), Mittelstandsfinanzierung unter neuen Vorzeichen – Strukturwandel statt Gefährdung. *Wirtschaftsdienst* 82 (7): 386–389.

Böttcher, B. (1997), Eigenkapitalausstattung und Rechnungslegung: US-amerikanische und deutsche Unternehmen im Vergleich. Betriebswirtschaftliche Studien Rechnungs- und Finanzwesen, Organisation und Institution 36. Frankfurt a.M.: Lang.

Danielsson, J. (2001), *The Emperor has no Clothes*: Limits to Risk Modelling. Financial Markets Group, London School of Economics, London. Internet: www. RiskResearch.org.

Demirguc-Kunt, A. and R. Levine (2001), Bank-Based and Marked-Based Financial Systems: Cross-Country Comparisons. Policy Research Working Paper 2143. World Bank, Washington, DC.

Deutsche Bundesbank (Hrsg.) (1999), Jahresabschlüsse westdeutscher Unternehmen 1971 bis 1996. Statistische Sonderveröffentlichung 5. Frankfurt a.M.

Deutsche Bundesbank (Hrsg.) (2001), Verhältniszahlen aus Jahresabschlüssen west- und ostdeutscher Unternehmen für 1998. Statistische Sonderveröffentlichung 6. Frankfurt a.M.

Deutsche Bundesbank (Hrsg.) (2002a), Das Eigenkapital der Kreditinstitute aus bankinterner und regulatorischer Sicht. *Monatsberichte* (54) 3: 53–66.

Deutsche Bundesbank (Hrsg.) (2002b), Zum Zusammenhang zwischen Kreditzinsen deutscher Banken und Marktzinsen. *Monatsberichte* 54 (1): 41–60.

Eggert, R. (2002), Basel II und neue Rechnungslegungsvorschriften – der Mittelstand vor neuen Herausforderungen. *Wirtschaftsdienst* 82(7): 383–386.

Elsas, R. (2001), Die Bedeutung der Hausbank. Eine ökonomische Analyse. Gabler Edition Wissenschaft: Empirische Finanzmarktforschung. Wiesbaden: Deutscher Universitäts-Verlag.

Fischer, C. und B. Rudoplh (2000), Grundformen von Finanzsystemen. In J. von Hagen und J.H. von Stein (Hrsg.), 371–446.

Fridrichs, H. and B. Paranque (2001), Structures of Corporate finance in Germany and France. A Comparative Analysis for West German and French Incorporated Enterprises. *Jahrbücher für Nationalökonomie und Statistik* 221 (5+6): 648–671.

Grunert, J., V. Kleff, L. Norden und M. Weber (2002), Mittelstand und Basel II: der Einfluss der neuen Eigenkapitalverordnung auf die Kalkulation von Kreditzinsen. Arbeitsbericht 01–07. Lehrstuhl für ABWL, Finanzwirtschaft, insb. Bankbetriebslehre, Universität Mannheim.

Hackethal, A. (2000), Banken, Unternehmensfinanzierung und Finanzsysteme. Entwicklung und Finanzierung 6. Frankfurt a.M. et al.: Peter Lang.

Hackethal, A. (2001), How Unique are US-Banks? *Jahrbücher für Nationalökonomie und Statistik* 221 (5+6): 592–619.

Hackethal, A. und R.H. Schmidt (2000), Finanzsystem und Komplementarität. In Finanzmärkte im Umbruch. Beihefte zu *Kredit und Kapital* 15: 53–102.

Hagen, J. von und J.H. von Stein (Hrsg.) (2000), *Obst/Hintner: Geld-, Bank- und Börsenwesen.* Handbuch des Finanzsystems. Hrsg. von J. von Hagen und J.H. von Stein. 40., völlig überarb. Aufl., Stuttgart: Schäffer-Poeschel.

Heidorn, T. (2002), Keine grundsätzliche Veränderung durch Basel II. *Ifo-Schnelldienst* (55) 3: 12–14.

Hellwig, M. (2000). Die volkswirtschaftliche Bedeutung des Finanzsystems. In J. von Hagen und J.H. von Stein (Hrsg.), 3–37.

Hempell, H.S. (2002), Testing for Competition Among German Banks. Discussion Paper 4/02. Deutsche Bundesbank, Frankfurt a.M.

Hofmann, G. (2002); Basel II ist unverzichtbar. *Ifo-Schnelldienst* (55) 3: 9–11.

Huertas, T.F. (2000), Das Finanzsystem in den USA. In J. von Hagen und J.H. von Stein (Hrsg.), 470–505.

Hutton, W. (1996), *The State We're In.* London: Vintage.

KfW – Kreditanstalt für Wiederaufbau (Hrsg.) (2002), *Unternehmensfinanzierung im Umbruch*: Die Finanzierungsperspektiven deutscher Unternehmen im Zeichen von Finanzmarktwandel und Basel II. Auswertung der Unternehmensbefragung 2001. Frankfurt a.M.

Krämer-Eis, H. und G. Taistra (2002), Viel Wirbel um das Zweite Konsultationspapier. *Ifo-Schnelldienst* (55) 3: 5–8.

Lange, K. (Hrsg.) (2001), Mittelstandsfinanzierung im Umbruch. Intensivierter Wettbewerb, Basel II, Rating und die Auswirkungen auf kleine und mittlere Unternehmen. Loccumer Protokolle 68/01. Evangelische Akademie Loccum, Rehburg-Loccum.

Langer, T. und M. Weber (2000), Banken als Finanzintermediäre. In J. von Hagen und J.H. von Stein (Hrsg.), 201–230.

Lichtblau, K. und S. Utzig (2002), Die Finanzierung des Mittelstandes in der New Economy. Beiträge zur Wirtschafts- und Sozialpolitik 272. Institut der Deutschen Wirtschaft, Köln.

Machauer, A. (1999), Bankverhalten in Kreditbeziehungen. Gabler Edition Wissenschaft: Empirische Finanzmarktforschung. Wiesbaden: Deutscher Universitäts-Verlag.

Mind Finance (Hrsg.) (2000), *MIND – Mittelstand in Deutschland.* Finance. Köln: Gruner & Jahr.

Nick, A. (1996), Die Eigenkapitalausstattung der Unternehmen in West- und Ostdeutschland. *Sparkasse* 113 (6): 263–267.

Paul, S. und S. Stein (2002), *Rating, Basel II und die Unternehmensfinanzierung.* Köln: Bank-Verlag.

Paul, S., M. Paul und S. Stein (2002), Basel II und Rating – Aktion statt Agonie. *Ifo-Schnelldienst* (55)3: 14–19.

Priewasser, E. und U.T. Fuhrmeister (2002), Bankenregulierung: quo vadis? *Zeitschrift für das gesamte Kreditwesen* 55 (17): 849–856.

Rajan, R.G. and L. Zingales (1995), What Do we Know about Capital structure? Some Evidence from International Data. *Journal of Finance* 50 (5): 1421–1460.

Sauvé, A. and M. Scheuer (eds.) (1999), *Corporate Finance in Germany and France.* A Joint Research Project of the Deutsche Bundesbank and the Banque de France. Deutsche Bundesbank, Frankfurt a.M., und Banque de France, Paris.

SBA – U.S. Small Business Administration (ed.) (2000), *The Changing Banking Structure and Its Impact on Small Business*: A Conference Report. Proceedings of a conference held June 15, 2000. SBA, Office of Advocacy, Washington, DC.

Schmidt. R.H., A. Hackethal and M. Tyrell (1999), Disintermediation and the Role of Banks in Europe: An International Comparison. *Journal of Financial Intermediation* 8: 36–67.

Schmidt, R.H. and G. Spindler (2000), Path Dependence, Corporate Governance and Complementarity. Finance & Accounting Working Paper Series 2777. Fachbereich Wirtschaftswissenschaften, Johann Wolfgang Goethe-Universität, Frankfurt a.M.

Schrumpf, H. und B. Müller (2001), Sparkassen und Regionalentwicklung. Eine empirische Studie für die Bundesrepublik Deutschland. Wissenschaft für die Praxis, Abteilung 1: Forschung 16. Stuttgart: Deutscher Sparkassen-Verlag.

Stiglitz, J.E. (2002), *Die Schatten der Globalisierung.* München: Siedler.

Tilly, R.H. (1989), Banking Institutions in Historical and Comparative Perspective: Germany, Great Britain and the United States in the Nineteenth and Early Twentieth Century. *Journal of Institutional and Theoretical Economics* 145: 189–209.

Vitols, S. (2002), The Origins of Bank-Bases and Market-Based Financial Systems: Germany, Japan, and the United States. Discussion Paper FS I 01–02. WZB, Berlin.

Wallau, F. (2001), KMU-Finanzierung im Wandel: Gesamtwirtschaftliche Konsequenzen? In K. Lange (Hrsg.), 15–62.

World Bank (ed.) (2002), *Building Institutions for Markets.* World Development Report 2002. Oxford: Oxford University Press (for The World Bank).

Zusammenfassung

Die Diskussion um Basel II hat die Öffentlichkeit darauf aufmerksam gemacht, dass sich das Banken- und Finanzsystem in Deutschland – wie in allen anderen entwickelten Ländern – derzeit in einem Wandel befindet, der auf lange Sicht starke Auswirkungen auf die Unternehmensfinanzierung haben dürfte. Bei kleinen und mittleren Unternehmen wird eine vermehrt risikodiversifizierte und auf Ertragskriterien orientierte Kreditfinanzierung künftig stärker selektiv wirken als bislang. Die Dominanz der Fremdfinanzierung mit einer engen Vertrauensbasis zwischen „Hausbank" und Unternehmen scheint dadurch in Frage gestellt. Zugleich eröffnete die Bedeutungszunahme des Venture-Capital-Markts einem volkswirtschaftlich wichtigen, zahlenmäßig aber sehr kleinen Kreis von KMU gänzlich neue Finanzierungsmöglichkeiten. Eher unwahrscheinlich ist indessen, dass die KMU-Finanzierung in Deutschland in absehbarer Zeit angelsächsischen Mustern folgen könnte; entsprechende Befürchtungen basieren auf einer Unterschätzung der Stärke von Pfadabhängigkeiten auch bei Finanzinstitutionen.

Résumé

La discussion concernant Basel II a stipulé l'attention du public, que le système bancaire et financier en Allemagne – ainsi que dans d'autres pays industrialisés - se trouve dans une situation de mutation. A la longue celle-ci pourrait avoir un effet considérable sur le financement des entreprises. Chez les petites et moyennes entreprises un financement par crédit, qui s'oriente plus qu'auparavant vers la diversification des risques et aussi vers les critères du rendement auront comme effet une sélection plus stricte. La domination du financement extérieur basée sur une relation de confiance entre la banque habituelle et ses clients parait par conséquent être mises en question. Entre-temps, l'importance croissante du marché du capital risque a ouvert à certaines entreprises des possibilités du financement tout à fait nouvelles.

RWI-Mitteilungen 2002, Jg. 53 (1-4): 89–106

Entrepreneurship-Förderung an Hochschulen

von Friederike Welter

The article discusses recent measures to support entrepreneurship of students and university graduates. Firstly, it sets out to discuss the role of entrepreneurs in economic theory and entrepreneurship research. Drawing on entrepreneurship and organization theories the article discusses possible ways universities could foster entrepreneurial know-how and capabilities of students and graduates. It also analyses adequate institutional and teaching conditions. Whilst successful entrepreneurship support at universities requires innovative teaching concepts, and creative thinking, any support measures have to be embedded into an economic and social environment geared towards entrepreneurship. In this context, primary and secondary schools could assist in fostering entrepreneurial capabilities. (JEL: A29; I20; M13)

Deutsche Hochschulabsolventen scheinen im internationalen Vergleich immer noch wenig geneigt, selbständig zu werden, trotz der in neueren empirischen Untersuchungen ermittelten hohen Gründungsbereitschaft. Angesichts rückläufiger abhängiger Beschäftigung und steigender Arbeitslosigkeit bei Akademikern suchen deutsche Politiker nach Mitteln und Wegen, die Kluft zwischen gründungswilligen Absolventen und tatsächlichen Unternehmensgründern aus Hochschulen zu verengen. Die Förderung von Entrepreneurship[1] an Hochschulen und von Gründungen aus Hochschule bzw. Studium heraus erscheint als ein erfolgversprechender Weg, neue Beschäftigungen zu stimulieren. Entsprechende Seminare oder Kurse sind in den USA seit über einem Jahrzehnt, in europäischen Staaten wie Frankreich oder Schweden seit etlichen Jahren vielfach fester Bestandteil der Lehre, in Deutschland haben vergleichbare Anstrengungen an vielen Universitäten und Fachhochschulen seit Mitte der neunziger Jahre an Bedeutung gewonnen. Mit Blick auf das – oftmals als inflexibel charakterisierte – deutsche Hochschulsystem stellen sich jedoch grundlegende Fragen:

- die Frage nach dem Lehrinhalt: Was ist Entrepreneurship?
- die Frage nach den Ansatzpunkten: Wo kann Entrepreneurship gelehrt werden?
- die Frage nach den Lehrenden: Wer kann Entrepreneurship lehren?
- die Frage nach den geeigneten Methoden: Wie unterrichtet man Entrepreneurship?

[1] Der englische Begriff *entrepreneurship* ist im Gegensatz zur deutschen Übersetzung „Unternehmertum" facettenreicher und vielfältiger und wird deshalb im Folgenden benutzt.

Vor diesem Hintergrund analysiert der vorliegende Beitrag jüngste Anstrengungen, Entrepreneurship auch an deutschen Hochschulen zu unterstützen und das studentische wie wissenschaftliche Gründungspotenzial zu mobilisieren. Der erste Abschnitt diskutiert Versuche, den Begriff „Entrepreneurship" – auch theoretisch – abzugrenzen. Im zweiten Abschnitt werden aktuelle Ergebnisse zur Gründungsbereitschaft deutscher Studenten vorgestellt. Mit grundlegenden Kriterien der Vermittlung von Entrepreneurship befasst sich der dritte Abschnitt, während der vierte ausländische und deutsche Ansätze kritisch hinterfragt. Den Abschluss bildet ein kurzer Ausblick.

1. Unternehmer und Entrepreneurship – Begriffsbestimmung

1.1. Der Unternehmer in der ökonomischen Theorie

Obgleich die zentrale Bedeutung des Unternehmers für die wirtschaftliche Dynamik kaum umstritten ist, ist die Unternehmerfigur mit dem Siegeszug der neoklassischen Theorie um die Jahrhundertwende weitgehend aus der theoretischen Literatur verschwunden. Der im 18. Jahrhundert lebende französische Bankier *Cantillon* wird gemeinhin als der Schöpfer des Begriffes „Entrepreneur" – Unternehmer – bezeichnet, zumindest war er der erste, der den Begriff mit Inhalt versah: Er sah den Unternehmer als Risikoträger, der nach profitablen Geschäftsmöglichkeiten suchte (Hébert, Link 1988: 19ff.). Der französische Ökonom *Jean-Baptiste Say* ging noch einen Schritt weiter und assoziierte mit seiner Unterscheidung zwischen Kapitalisten und Unternehmer letzteren mit Innovationen (Filion 1997). Spätere Wissenschaftler sahen den Unternehmer weitgehend als Organisator und Manager: Sowohl *Schmoller* als Vertreter der deutschen historischen Schule wie später *Coase* mit seinem Transaktionskostenansatz interpretierten ihn als jemanden, der organisiert und Produktionsfaktoren kombiniert.

Selbst noch die österreichische Schule mit Vertretern wie *Menger* und *Wieser* definierte die unternehmerischen Funktionen als Sammlung, Auswertung und Umsetzung von Informationen sowie als Überwachung des Produktionsprozesses. Erst *Schumpeter* überwand diese – der Ökonomie oftmals innewohnende – Beschränkung von Unternehmer und Entrepreneurship auf eher simple, statische und damit gut zu modellierende Routineaufgaben. Er griff auf *Say* zurück und führte den dynamischen und innovativen Unternehmer in die Diskussion ein als eine Person, die neue wirtschaftliche Chancen – Märkte oder Produktionsverfahren – erkennt und durchsetzt. Es ist sein Verdienst, die Rolle des Unternehmers mit dem Akzent auf der Durchsetzung von Innovationen bzw. neuen Kombinationen von Produktionsfaktoren wieder ins Zentrum der Aufmerksamkeit gerückt zu haben.

Demgegenüber schrieb *Knight* dem Unternehmer insbesondere die Funktion des Risikoträgers zu, der als Eigentümer seiner Firma voll die wirtschaftlichen Folgen seiner unter Ungewissheit getroffenen Entscheidungen trägt. Für die Vertreter der österreichischen Schule ist die Unternehmerrolle der Schlüssel zum Verständnis des Marktprozesses. *Hayek* und *Kirzner* stehen in der Schumpeterschen Tradition, akzentuieren dabei jedoch im Vergleich zu diesem den Wissens- und Informationsaspekt (Kirzner 1997: 67ff.): Die Rolle des Unternehmers besteht vor allem darin, Informationen bezüglich ertragversprechender Handlungsmöglichkeiten zu erwerben und – durch Ausnutzung von Arbitragemöglichkeiten – im Marktprozess umzusetzen. In dieser Sicht erscheint die Funktion des Unternehmers eher reaktiv, wogegen *Schumpeter* primär seine aktive, wirtschaftliche Wandlungen hervorrufende Rolle betonte. Beide Gesichtspunkte ergänzen sich insofern, als unternehmerisches Handeln auf beiden Wegen zustande kommen kann. Einen wesentlichen Beitrag zum Verständnis der Rolle des Unternehmers leistete *Leibenstein*, indem er diesen als Person charakterisierte, welche die andernorts üblichen X-Ineffizienzen vermeidet. In neuerer Zeit hat *Casson* versucht, die unterschiedlichen Ansätze zur Erfassung der Spezifik unternehmerischen Handelns – Koordination, Innovation, Risikoträgerschaft, Arbitrage, Vermeidung von X-Ineffizienzen – durch die Einführung des Begriffs des „unternehmerischen Urteils" zu integrieren. Eigenschaft des Unternehmers ist es danach, Urteile über die Verwendung knapper Ressourcen zu fällen, die keiner eindeutigen im voraus bestimmbaren Entscheidungsregel unterliegen (Casson 1990; Brüderl et al. 1996).

1.2. Beitrag der Entrepreneurship-Forschung

Empirisch ausgerichtete und mikroökonomisch orientierte Forschungsrichtungen haben sich vor allem aus der Perspektive des Unternehmensgründers und der Gründungsentscheidung mit dem Unternehmer befasst, so dass im deutschen Sprachraum weniger von einer Entrepreneurship- denn eher von der Gründungsforschung geredet werden kann (Schmude 2001). Personenzentrierte Ansätze versuchen dabei, die Entscheidung zur Selbständigkeit auf bestimmte Merkmale oder Einstellungen des (potenziellen) Unternehmers zurückzuführen (Szyperski, Nathusius 1977: 38). Rationalität als bestimmendes Moment von Entscheidungen steht im Vordergrund der Rational-Choice-Theorie; sie begreift den Schritt in die Selbständigkeit als rational durchdachtes Kalkül, bei dem die erwarteten Nettoerträge aus der Selbständigkeit gegen diejenigen aus abhängigen beruflichen Tätigkeiten plus mögliche Transferkosten aufgerechnet werden.

Die Motivforschung als eine der hier einzuordnenden Forschungsrichtungen beschäftigt sich dagegen mit den unmittelbaren Gründen für die Selbständigkeit auf der Grundlage von *pull-* oder *push-*Anreizen (z.B. Storey 1991: 171f.; Meager 1992: 88f.). *Pull-*Faktoren deuten tendenziell auf unternehmerisch aktivere Persönlichkeiten, die in einer selbständigen Tätigkeit attraktive Möglichkeiten zur Selbstverwirklichung sehen; *push-*Faktoren sind demgegenüber in erster Linie Ausdruck eines „ungewollten" Unternehmertums. Diese dichotomische Klassifizierung unterliegt aber mit Blick auf ihre empirische Fassbarkeit mittlerweile erheblichen Vorbehalten (Amit, Muller 1996: 93): Die Gründungsmotivation stellt sich stets komplex dar, *push-* und *pull-*Motive sind in den meisten Fällen gleichzeitig präsent.

Die Gründungsforschung hat von den theoretischen Arbeiten über die Unternehmerfunktion profitiert, die Orientierungsmuster und Hypothesen für empirische Untersuchungen lieferten. Allerdings haben hier auch die von *Max Weber* begründete soziologische Forschungstradition und die wirtschaftspsychologische Forschung mit ihren Arbeiten zu den für Unternehmer und Gründer maßgeblichen Persönlichkeitsfaktoren wichtige Beträge geleistet. Die bei den Wirtschaftswissenschaftlern bereits anklingenden Persönlichkeitseigenschaften von Unternehmern wie Risikofreude, Führungs- und Organisationsfähigkeiten, Eigeninitiative wurden seit den fünfziger Jahren im Rahmen psychologisch ausgerichteter Forschungen hauptsächlicher Gegenstand der Entrepreneurshipforschung. *Max Webers* Studie zur protestantischen Ethik, in der er den – möglichen – Einfluss religiöser Erziehung und speziell der calvinistischen Leistungsethik mit ihren vermittelten Werten auf unternehmerisches Verhalten untersucht, kann als Vorläufer dieser Forschungsrichtung gelten. Ein Unternehmer wurde nun mit bestimmten Persönlichkeitsmerkmalen assoziiert, Entrepreneurship mithin als Existenz dieser Charakteristika oder als individuelle Veranlagung bezeichnet.

Die ersten Ansätze, die über die Persönlichkeitsstruktur des Unternehmers und Gründers eine vor allem kulturell geprägte individuelle Disposition zur Selbständigkeit nachzuweisen versuchten, gehen auf McClelland (1961) zurück, der sich mit der Leistungsorientierung (*need of achievement*) als bestimmendem Merkmal von unternehmerisch veranlagten Personen auseinander setzte. Andere Ansätze beschränken sich nicht auf jeweils einen bestimmten Persönlichkeitsfaktor, sondern versuchen, einen Satz von typischen Merkmalen zu bestimmen (z.B. de Vries et al. 1990; Klandt 1984: 192ff.). Zwar ist mittlerweile unbestritten, dass bestimmte Persönlichkeitsmerkmale für den Schritt in die Selbständigkeit eine Rolle spielen, ihr tatsächlicher Beitrag ist aber empirisch nur schwer nachweisbar.

Die Ergebnisse der Persönlichkeitsforschung bleiben somit in ihren Generalisierungsmöglichkeiten eher unscharf: „A startling number of traits and characteristics have been attributed to the entrepreneur, and a 'psychological profile' of the entrepreneur assembled from these studies would portray someone larger than life, full of contradictions and conversely, someone so full of traits that (s)he would have to be a sort of generic 'Everyman' " (Gartner 1988: 21). Zudem sind die Zusammenhänge zwischen der individuellen Disposition eines (potenziellen) Gründers und dem Umfeld recht komplex: Das gesamte Umfeld in seinen makro- und mikrosozialen Ausprägungen wirkt auf die zu beobachtenden Persönlichkeitsorientierungen ein und formt den (potenziellen) Unternehmer. So analysiert eine weitere Richtung von Erklärungsansätzen zu Gründungen und Selbständigkeit das Umfeld der Gründer, allerdings bislang mit der weitgehenden Beschränkung auf das mikrosoziale Umfeld (Klandt 1984), das u.a. durch seine soziale bzw. familiäre Herkunft sowie die persönlichen – informellen wie auch formellen – Beziehungsnetzwerke geprägt wird (Brüderl et al. 1996: 90).

Entrepreneurship ist also kein einfach zu bestimmender Begriff, sondern bezeichnet ein schillerndes und vielfältiges Phänomen. Dahinter verbergen sich Verhaltensweisen, Handlungstechniken, Werthaltungen und Einstellungen, und zwar auf individueller wie gesellschaftlicher Ebene. Wie der kurze Abriss verschiedener Forschungsansätze zudem verdeutlicht, ist Entrepreneurship zugleich ein multidisziplinäres Thema (Morris, Morris 1997).

2. Zum Gründungspotenzial an deutschen Hochschulen

Während in der Öffentlichkeit oftmals eine „gründungsfeindliche" Einstellung junger Leute, insbesondere von Hochschulabsolventen beklagt wird, zeigen empirische Untersuchungen ein davon abweichendes Bild. So lassen Studien des RWI eine überraschend hohe Gründungsbereitschaft bei in Ausbildung befindlichen Personen erkennen; in einer im Frühjahr 1997 durchgeführten telefonischen Befragung erklärten 36 vH Selbständigkeit als berufliches Ziel (Frick et al. 1998: 72f.). Auch erste Ergebnisse des vom BMBFT geförderten *Athene*-Projekts deuten auf rund 30 vH potentielle Gründer unter angehenden Hochschulabsolventen hin.

Hinsichtlich des Gründungspotenzials an deutschen Hochschulen liefert eine Studie aus dem Jahr 1999, die das Gründungspotenzial erstmalig auf Basis einer repräsentativen Bevölkerungsumfrage strukturierte und quantifizierte, zusätzliche Anhaltspunkte (zur Anlage vgl. Welter 2000): Der Anteil potenzieller und werdender Gründer liegt in der Gruppe der Auszubildenden und Studierenden weit über dem Durchschnitt. Insgesamt 34 vH in dieser Gruppe, aber nur rund 11 vH der deutschen Bevölkerung können sich danach eine berufliche Selbständigkeit vorstellen, 17,3 vH (im Vergleich zu 5,7 vH) haben sogar schon konkretere Pläne. Dabei erweisen sich jüngere, in Ausbildung oder dem Studium befindliche bzw. mit einem Hochschulabschluss versehene Personen als die gründungsaktivste Gruppe (Schaubild): Bei ihnen liegt der Anteil der „werdenden" Gründer (*nascent entrepreneurs*) – das sind Personen, die sich in der Umsetzung ihres Vorhabens befinden – fast doppelt so hoch wie bei der gesamten Bevölkerung. Gefragt, ob sie im vergangenen Jahr Schritte zu deren Realisierung unternommen haben, bejahten immerhin noch 3,4 vH der Studenten (gegenüber 1,8 vH). Eine Erklärung für eine hohe Rate an werdenden Gründern auch in Gruppen mit noch geringen beruflichen Erfahrungen dürften die sich verschlechternden – zukünftigen – Chancen auf dem Arbeitsmarkt bieten. Aber ebenso zeigt sich hier möglicherweise der Einfluss entsprechender politischer Maßnahmen auf Bundes- und Länder- ebene wie der EXIST-Initiative zur Mobilisierung von Gründungen aus der Hochschule. Diese Hypothese lässt sich jedoch mit den RWI-Daten so nicht bestätigen: vorwiegend Auszubildende und weniger Studierende befinden sich im Gründungsprozess; der Grund dürfte im stärkeren Praxisbezug einer Lehre zu suchen sein.

Mit Blick auf den Ausbildungsgrad sind werdende Gründer im Vergleich zur Bevölkerung signifikant höher qualifiziert: 42 vH von ihnen, aber nur 27 vH der Gesamtstichprobe verfügen über Abitur oder Fachhochschulreife bzw. einen Hochschulabschluss. Die höchste Rate werdender Gründer haben dabei – nicht überraschend – die am höchsten Qualifizierten zu verzeichnen. Damit verfügen die werdenden Gründer offensichtlich über erhebliche Humankapitalressourcen. Allerdings hängt die Realisierung eines Gründungsvorhabens auch von der Berufserfahrung ab, die nur ansatzweise (über die derzeitige berufliche Position) erfragt wurde. Hier bestätigen andere Studien, dass Gründungsbereitschaft und -engagement von Hochschulabsolventen mit den Jahren der Berufstätigkeit wachsen (Pinkwart 2001: 470f.).

Schaubild

Gründungsengagement ausgewählter Gruppen

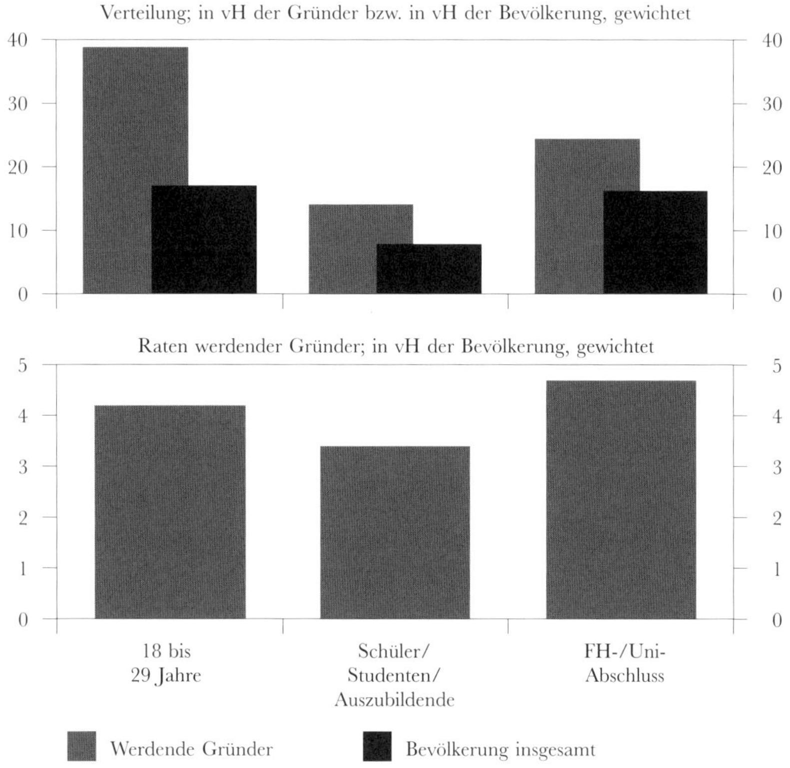

Befragungsergebnisse.

Ein im Vergleich zur Bevölkerung fast viermal so hoher Anteil (12 vH) der Studierenden und Auszubildenden fällt allerdings auch in die Kategorie der „aufgegebenen" Gründer; das sind Personen, die entweder konkrete Vorhaben niemals weiter verfolgt oder sich bereits einmal erfolglos mit der Umsetzung von Gründungsideen beschäftigt haben. Die Gründe dafür dürften zum einen auf (noch) fehlende Ressourcen, vor allem finanzielle, zurückzuführen sein. Zum anderen bestätigt diese Verteilung frühere Ergebnisse, die in jüngeren Altersgruppen, und darunter fallen die in Ausbildung befindlichen Personen, generell eine höhere, aber auch noch mit viel Wunschdenken verbundene Gründungsneigung feststellten (Welter, v. Rosenbladt 1998: 241f.), während mit dem Alter und ersten beruflichen Erfahrungen die Einschätzung der eigenen Person, ihrer Fähigkeiten und Möglichkeiten realistischer werden dürfte. Allein aus diesem Grund dürfte bei Personen in Ausbildung die „Abbruchquote" höher liegen, zumindest lässt dies der überdurchschnittlich hohe Anteil abgebrochener und ruhender Gründer in dieser Gruppe vermuten.

Kaum überraschend ist, dass bestimmte Bevölkerungssegmente (jüngere Jahrgänge, Studenten, Auszubildende) häufiger Gründungsneigungen artikulieren, schon eher überrascht das höhere -engagement dieser Gruppen. Bei den qua Ausbildungsweg „geborenen" Selbstständigen (akademische freie Berufe, Handwerksmeister) ist die Selbstständigkeit eine im Berufsfeld verwurzelte Option und ein Nachdenken über Chancen und Risiken in selbstständiger und abhängiger Position selbstverständlich – zu diesem Ergebnis kamen bereits in den siebziger Jahren Szyperski/Nathusius (1977). Auch Brockhoff/Tscheulin (2001: 348f.) bestätigen in dieser Hinsicht einen generellen Zusammenhang von Studienfach und Einstellung zum Unternehmertum, halten allerdings Aussagen über Kausalitäten für problematisch. Pinkwart et al. (2001: 60f.) schließlich kommen auf Basis einer Untersuchung des Gründungspotenzials an der Universität-Gesamthochschule Siegen zu dem Schluss, dass sich die Studienfachwahl weniger auf die allgemeine Gründungsneigung denn wesentlich stärker auf die konkrete -absicht auswirkt.

Interessant ist, dass der Kreis der potenziellen Gründer und Selbständigen nicht nur bei Studierenden und Hochschulabsolventen – wie die Erhebungen des RWI und andere Studien zeigen – weit über diese berufliche Sphäre hinausgeht. Das Gründungsinteresse ist in den vergangenen Jahren offensichtlich rapide gestiegen. Seit der frühen Studie von Szyperski/Nathusius (1977), die auf die überraschend geringe Gründungsneigung im oberen Management und bei den Absolventen technisch orientierter Studiengänge verweisen, ist beispielsweise der Anteil der Gründungsinteressierten unter den Hochschulabsolventen in den Ingenieurwissenschaften in den neunziger Jahren innerhalb von vier Jahren um 8 vH-Punkte gestiegen (Holtkamp, Imsande 2001: 60). Aber immer noch klafft zwischen Interessierten und tatsächlichen Gründungen von Hochschulabsolventen eine nicht unerhebliche Lücke: Den Sprung in die Selbständigkeit wagten nur zwischen 13 vH und 15 vH aller Absolventen (Holtkamp, Imsande 2001: 71; Pfeiffer, Reize 1999), wobei zwischen Studium und Selbständigkeit nach einer Untersuchung der Deutschen Ausgleichsbank, die sich allerdings auf eine Positivauswahl geförderter Gründungen stützt, durchschnittlich 11,5 Jahre liegen (Richert, Schiller 1994: 7). Zwar ist die auch weiterhin beobachtbare Diskrepanz zwischen individuellem Gründungsinteresse und -engagement ein generelles Phänomen, sie wirft jedoch mit Blick auf die Mobilisierung die Frage nach den prinzipiellen Einflussmöglichkeiten der universitären Lehre auf.

3. Vermittelbarkeit von Entrepreneurship

3.1. Unternehmerische Kompetenzen

Akzeptiert man die disziplinenübergreifende Verortung von Entrepreneurship in Individuum und Gesellschaft, bietet sich zur Untersuchung der Frage nach dessen Unterrichtbarkeit und Trainierbarkeit ein von Johannisson (1991) erstelltes Schema an (Übersicht 1). Danach können fünf Lern- bzw. Kompetenzniveaus als unternehmerische Kompetenzen unterschieden werden: *know why*, *know how*, *know who*, *know when* und *know what*.

Know why-Kompetenzen umfassen auf individueller Ebene bestimmte Persönlichkeitsfaktoren sowie ein anregendes, Entrepreneurship begünstigendes und un-

Übersicht 1

Entrepreneurship in Person und Gesellschaft		
	Individuum	Umfeld
Know why	Ausdauer, Leistungsbereitschaft, Risikobereitschaft, Selbstvertrauen	anregend, unternehmerisch, Mentoren und Rollenmodelle vorhanden
Know how	berufliche Kenntnisse und Fähigkeiten	berufliche und wirtschaftliche Strukturen
Know who	Fähigkeit zum „Networking“	wirtschaftliche und soziale Netzwerke
Know when	Fähigkeit und Intuition	unternehmerische Traditionen
Know what	Allgemeinwissen, Fachwissen	berufliches und gesellschaftliches Leben, Informationsnetzwerke

In Anlehnung an Johannisson 1991.

RWI ESSEN

ternehmerisch ausgerichtetes Umfeld. Ausdauer, Leistungs- und Risikobereitschaft sowie Selbstvertrauen scheinen – bei vorsichtiger Interpretation – hauptsächliche unternehmerische Charakteristika zu sein, während in der Gesellschaft ein positives Image von Unternehmern und Selbständigkeit sowie die Existenz von Rollenmodellen ein günstiges „Klima“ schaffen können. Empirische Studien zeigen z.B. den Einfluss beruflicher und unternehmerischer Traditionen: Gründer bzw. Unternehmer kommen häufig aus Familien, in denen bereits ein Elternteil selbständig war bzw. ist; unternehmerische Tradition (Internalisierung unternehmerisch relevanter Wertorientierungen und Nachahmung vorgelebter Rollenmodelle) spielt mithin bei der Selbstrekrutierung eine Rolle (Cooper, Dunkelberg 1986: 271). Ausschlaggebend sind hier also offensichtlich elterliche Erziehung und vorgelebte Rollen.

Inwieweit allerdings unternehmerische Persönlichkeiten „geboren“ oder „gemacht“ werden, ist seit Jahrzehnten Gegenstand heftiger Debatten (zu den Grundzügen vgl. z.B. Anderseck 2000; Klandt 1999), deren streckenweise äußerst fragwürdiger Verlauf sich mit folgender Aussage charakterisieren lässt: „There is no genetic link to entrepreneurial behaviour“ (Weaver 2000: 16). Einigkeit besteht mittlerweile über den generellen Einfluss kultureller und gesellschaftlicher Normen und Werte auf Persönlichkeitsmerkmale, während die Frage nach deren Trainierbarkeit immer noch kontrovers diskutiert wird[2]. Ein Modell für universitäres Entrepreneurship-Training beispielsweise verweist zwar darauf, dass Verhaltensweisen und Persönlichkeitscharakteristika weitgehend im Kindesalter entwickelt werden, sieht aber gleichzeitig als mögliche Ansatzpunkte für Hochschulen die Suche nach unternehmerisch veranlagten Studenten und spezielle Kurse zur Verstärkung dieser Merkmale (Duchéneaut 1997: 11f.). Ohne auf die Frage nach psychologischen Auswahlverfahren und Tests eingehen zu wollen, mag dieser in sich widersprüchliche Artikel als Beleg dafür dienen, dass nach heutigem Kenntnisstand *know why*-Kompetenzen bei potenziellen Unternehmern offensichtlich nur bedingt trainierbar sind. Ausgebildet werden können in diesem Verständnis weniger unternehmerische Persönlichkeiten, sondern es kann vor allem unternehmerisches Handeln in seiner Situationsgebundenheit trainiert werden (Pinkwart 2001: 473). Lerndidaktisch denkbar wäre die Einbeziehung von „lebenden Vorbildern“.

[2]Vgl. dazu auch die Diskussion um Unternehmerausbildung in Entwicklungsländern bei Harper 1984, Loucks 1988, Oehring 1985.

Know how-Kompetenzen beinhalten die spezifischen beruflichen Kenntnisse und Fähigkeiten sowie das gesamte berufliche und wirtschaftliche Umfeld. Empirische Studien betonen in diesem Zusammenhang die Bedeutung der beruflichen Herkunft des Unternehmers (Cooper, Dunkelberg 1986: 272f.; Evans, Leighton 1990: 326; Goldberg, Sen 1993: 168). Schulbildung, Ausbildung, Berufs- und Branchenerfahrung sind als bestimmende Faktoren einer Gründungsentscheidung bereits analysiert worden. Zwar verfügen zunehmend mehr Studenten über eine abgeschlossene Berufsausbildung, berufliche Erfahrungen dürften sich jedoch bei der Mehrheit auf Ferienjobs und ähnliches beschränken. Hinsichtlich der Frage nach den Konsequenzen für eine universitäre Ausbildung zum Unternehmer sind damit die Kompetenzen bei der Vermittlung praktischer Fähigkeiten und Erfahrungen gefragt. Die an vielen Hochschulen obligatorischen Betriebspraktika, praxisorientierte Diplomarbeiten oder Unternehmen-Studenten-Partnerschaften z.B. in Form von studentischer Consultingarbeit erscheinen hier als mögliche Wege. Offen bleibt allerdings, inwieweit diese zeitlich begrenzten „Felderfahrungen" längere berufliche Tätigkeiten vor einer eigenen Gründung ersetzen können; Erfahrungsberichte aus anderen Ländern verweisen zwar auf deren Bedeutung, können diesen Punkt aber nicht endgültig beantworten (z.B. Andrén, Uudelepp 1996; Morris, Morris 1997; MacCarthy et al. 1997).

Know who-Kompetenzen sprechen als soziale Fähigkeiten die individuelle Fertigkeit an, persönliche – soziale und berufliche – Netzwerke aufzubauen und zu pflegen, wobei ein wirtschaftliches und gesellschaftliches Umfeld, in dem informelle und formelle Netzwerke „an der Tagesordnung" sind, die Entwicklung dieser Fähigkeiten begünstigt. Wiederum konnten empirische Forschungen die Bedeutung von Netzwerken für den Übergang zur Selbständigkeit bestätigen (z.B. Aldrich, Zimmer 1986; Aldrich et al. 1989; Bühler 1997). Darunter fallen familiäre Bindungen wie auch Netze eher formeller – Berufsverbände – und informeller Art – berufliche Kontakte. Netzwerkkompetenzen sind allerdings nur schwer vermittelbar, sie sind eben teilweise ein Ergebnis von bisherigen beruflichen Erfahrungen. Johannisson et al. (1997) bewerteten die diesbezüglichen Erfahrungen als ambivalent; sie hatten versucht, Studenten innerhalb eines praxisorientierten Kurses über Entrepreneurship und die Entwicklung von kleinen und mittleren Unternehmen zu aktivem „Networking" mit Unternehmern und Mitstudenten zu bringen, waren aber vor allem im Hinblick auf den Aufbau von „innerstudentischen" Netzen weitgehend gescheitert. Sicherlich können „runde Tische" (Kennenlernen, Erfahrungsaustausch, gemeinsame Aktivitäten) Kontakte fördern, der letztendliche Aufbau aktiver und nützlicher Netzwerke scheint aber in großem Maße vom Geschick und auch der Persönlichkeit des Einzelnen abzuhängen.

Auch *know when*-Kompetenzen können über eine universitäre Ausbildung nur in Ansätzen vermittelt werden. Sie umfassen im Wesentlichen persönliche und berufliche Erfahrungen, aber auch die Intuition, wann bestimmte Handlungen zu erfolgen haben. Damit sind speziell die bereits skizzierten Berufserfahrungen sowie generell der berufliche und soziale Hintergrund sowie das Umfeld von (potenziellen) Unternehmern angesprochen. Während eine Hochschulausbildung, gerade im wirtschaftswissenschaftlichen Bereich, zumindest die technische Fähigkeit zum wirtschaftlichen Handeln – im Sinne des Erkennens bestimmter Indikatoren für

Handlungsbedarf – vermitteln kann, dürfte Intuition als Persönlichkeitsmerkmal kaum trainierbar sein. Erfahrungsberichte, Fallstudien und Betriebspraktika könnten in diesem Zusammenhang zumindest als Anschauungsmaterial dienen.

Damit bleiben die *know what*-Kompetenzen als Bestandteil von Entrepreneurship, die das allgemeine und spezifische Wissen eines Einzelnen beinhalten und sich im generellen beruflichen und gesellschaftlichen Leben eines Landes widerspiegeln. Diese Kompetenzen können dem potenziellen Gründer die Probleme und Grenzen seines Vorhabens verdeutlichen, aber auch Lösungswege – z.B. über Inanspruchnahme professioneller Unterstützung – aufzeigen. Empirische Studien haben immer wieder die Bedeutung dieser Fähigkeiten zur Wissensaufnahme und -verarbeitung betont, wirtschaftspolitische Maßnahmen zur Gründungsförderung sind eben gerade an der Unterstützung in diesem Punkt ausgerichtet, etwa indem sie Beratung und Information zur Verfügung stellen (Klemmer et al. 1996: 48ff.). Prinzipiell gestaltet sich damit die Ausbildung dieser Kompetenzen als problemlos, gerade im deutschen Zusammenhang ist das breit gefächerte Angebot an entsprechenden Intermediären – Kammern, Technologiezentren – ein Vorteil, den eine Entrepreneur-Ausbildung an Hochschulen nutzen sollte.

Schließlich stellt sich die Frage, wer diese Kompetenzen am besten vermitteln kann. Weniger gefragt ist in der Entrepreneurship-Ausbildung der wissenschaftsorientierte Hochschulprofessor, wünschenswert eher der aufgeschlossene Praktiker. Vorbilder, lebende Modelle und Erfahrungsberichte „aus erster Hand" spielen gerade in der unternehmerischen Ausbildung eine wichtige Rolle, ohne die damit verbundenen Probleme – Fortbildung der Praktiker – verneinen zu wollen. Entrepreneurship als multidisziplinäres und ebenenübergreifendes Phänomen bedingt demnach eine ebenso ausgerichtete Ausbildung, wenngleich nicht alle Kompetenzen fremdvermittelbar zu sein scheinen. Die Bedeutung von generellen wirtschaftlichen Strukturen, von gesellschaftlichen Zusammenhängen und Umfeldern für Selbständigkeit deutet auf die – vorläufige – Schlussfolgerung, dass eine Entrepreneurship-Ausbildung an Hochschulen nicht allein aus dem akademischen Rahmen heraus gestaltet werden kann, sondern nur unter Einbezug des „realen Lebens".

4. Ansätze der Entrepreneurship-Förderung an Hochschulen

4.1. Methoden der Entrepreneurship-Förderung

Die Vermittlung von Entrepreneurship erfordert nicht nur einen ganzheitlichen und umfeldbezogenen Ansatz, sondern auch unkonventionelle Lehrmethoden (Übersicht 2). Traditionelle Ansätze mit ihrer Konzentration auf Vorlesungen, mit ihrem stark strukturierten Verlauf sowie mit der Betonung von Wissensaneignung über Hören und Lesen sind allenfalls für die Vermittlung von *know what*-Kompetenzen – im Sinne spezifischer Kenntnisse – geeignet. Seminare für Existenzgründer an Volkshochschulen, bei Kammern und Verbänden wie auch die klassische Hochschulausbildung folgen in der Regel diesem Ansatz. Darunter fallen an der Hochschule Vorlesungen zu Marketing oder Planung genauso wie bei der Kammer Vorträge zur Rechtsform, zu Steuern und betriebswirtschaftlichen Abläufen.

Übersicht 2

Ansätze zur Wissensvermittlung	
Traditionelles Modell	Unternehmerisches Modell
Konzentration auf Inhalt	Konzentration auf Prozess
Lehrer als Experte	Studenten als Entdecker
Lehrerzentriert	Studentenzentriert
Lernen durch Zuhören	Lernen durch Handeln
Lernen aus Büchern	Lernen über Austausch
Stark strukturierte Umgebung	Flexible Umgebung
Vorgegebene Lernziele	Erarbeitete Lernziele
Furcht vor Fehlern	Fehler als Quelle zum Lernen
Theoretischer und funktioneller Ansatz	Angewandter und interdisziplinärer Ansatz
Notenorientiert	Problemlösungsorientiert

In Anlehnung an Gibb 1992. RWI ESSEN

Auch die im universitären Bereich üblichen Übungen und Seminare erlauben das für einen innovativeren Ansatz notwendige aktive Lernen nur begrenzt.

Eine Förderung bzw. Ausbildung von Entrepreneurship wäre demgegenüber auf das Prinzip des „fremdgesteuerten Selbstlernens" auszurichten, also weg von den gewohnten Pfaden der Wissensvermittlung hin zu partizipativen, experimentellen, problem- und handlungsorientierten Methoden. Dazu kommt der Schritt von der gerade in den Wirtschaftswissenschaften verankerten funktionalen zur ganzheitlichen Sichtweise von Entrepreneurship als Prozess und der damit verbundenen notwendigen Umorientierung der zu vermittelnden Lehrinhalte – von einzelnen unternehmerischen Funktionen wie Marketing, Finanzierung auf den unternehmerischen Lebenszyklus und das relevante wirtschaftliche wie soziale Umfeld (Berquist 1995; Grüner 1993: 503ff.). Ein Entrepreneurship-Ansatz an Hochschulen hat die Studenten folgerichtig dahin gehend zu trainieren, dass sie über das Erleben realer Situationen mit deren spezifischen Wirkungen zum Verständnis der allgemeineren Zusammenhänge kommen und in die Lage versetzt werden, ihre aktiv erarbeiteten Erkenntnisse in anderen Situationen sowie unter anderen Gegebenheiten anzuwenden und einzusetzen (Gibb 1992). *William D. Bygrave* (*Babson College*) charakterisierte „Entrepreneurship" in dieser Hinsicht als „the 'liberal arts' of business education. It challenges students to behave as generalists and as specialists, to be creators and creative problem solvers rather than dreamers, to reason conceptually but to implement pragmatically".

4.2. Ausgewählte Beispiele

Erfahrungen anderer Länder zeigen, dass die Suche nach dem geeigneten Lehransatz – ganz zu schweigen von didaktischen Details wie Videorecorder versus Filmkamera – zeitaufwendig und mit Rückschlägen verbunden ist (für Schweden Johannisson et al. 1997; für die USA Fiet 1997; für Australien Morris, Morris 1997; für Schottland Williams, Turnbull 1997). Zu berücksichtigen ist ebenfalls die Ausbildung der Lehrkräfte – seien es Professoren oder Unternehmer –, die in den ersten Jahren oftmals vernachlässigt wurde. Die nachstehenden Fallstudien geben vor diesem Hintergrund einen – allerdings nicht repräsentativen – Überblick über Lehrmodelle verschiedener Hochschulen und ihre Spezifika.

Eine der renommiertesten Lehr- und Forschungsstätten ist im Bereich Entrepreneurship das *Babson College* in den USA, das auf eine mehr als 75jährige Erfahrung zurückblicken kann (vgl. www.babson.edu.) Der in der Lehre eingesetzte konzeptionelle und methodische Ansatz konzentriert sich nicht auf die Vermittlung unternehmerischen Wissens, sondern deren „Erfahrung" durch die Studenten. Unternehmerisches Lernen ist Bestandteil der Ausbildung auf mehreren Ebenen: Für nicht graduierte Studenten bietet z.B. der zweisemestrige *Freshman Management Experience*-Kurs über gewinnorientierte Übungsfirmen der Studenten einen praxisorientierten Einstieg in die Unternehmensgründung an. Eigenes Erleben und Erfahren stehen auch im Vordergrund der Kurse für nichtgraduierte und graduierte Studenten sowie der verschiedenen MBA-Programme, die vom zweijährigen Vollzeit-MBA bis zu berufsbegleitenden Abendkursen reichen. Das *Entrepreneurial Curriculum* umfasst neben Übungsfirmen den Einsatz von Fallstudien, studentische Feldforschung oder Unternehmensberatung, wobei die Kontakte zur „realen Welt" – den Unternehmern und Managern – eine wichtige Rolle spielen.

An der *Jönköping International Business School* (Jibs; www.jibs.se) in Schweden ist Entrepreneurship integrierter Bestandteil etlicher Kurse für Studenten verschiedener Abschlüsse, wobei aufgrund der Forschungsausrichtung der Jibs auf KMU Entrepreneurship in diesen Betrieben im Vordergrund steht. Prinzipiell wird Entrepreneurship als umfassendes gesellschaftliches und wirtschaftliches Konzept gesehen; so beschäftigt sich ein Kurs mit dem Zusammenhang von Entrepreneurship, Innovation und KMU-Entwicklung, während in anderen Fragen zum *leadership* oder zur gesellschaftlichen und individuellen Einordnung von Entrepreneurship behandelt werden. Zusätzlich bietet die Jibs einen Workshop für potenzielle Existenzgründer (*How to start your own business*) an. Die eingesetzten Lehrmethoden reichen vom traditionellen Frontalunterricht bis zur selbständigen Erarbeitung anhand von Projekten und Fallstudien sowie Gastvorlesungen von Unternehmern.

Einen – zumindest der „Papierform" nach – offensichtlich noch stärker am Erlebnislernen ausgerichteten Ansatz verfolgt die *Växjö Universität* (Johannisson et al. 1997). In einem fünfwöchigen Kurs im Rahmen einer zweijährigen Ausbildung in Management und Unternehmensführung werden (drei) Studenten und (ein) in der Startphase befindlicher Unternehmer zu Teams gekoppelt. Dabei werden den Studenten konkrete Aufgaben – wie Marktforschung – übertragen, die Aufgabenstellung wird gemeinsam von Unternehmern und Studenten entwickelt. Den Studenten sollen so die mit einer Gründung verbundenen Probleme nicht nur theoretisch, sondern auch praktisch bewusst werden.

Fallstudien als Methode unternehmerischen Lernens spielen eine große Rolle bei der *De Vlerick School voor Management* an der *Universität Gent* in Belgien (de Clercq et al. 1997). Entrepreneurship als fächer- und disziplinenübergreifendes Thema wird dabei für alle Fakultäten als so genanntes „Schumpeterprojekt" angeboten mit dem Ziel, Universitätsangehörige und Studenten für Entrepreneurship zu sensibilisieren. Hinzu kommt im Rahmen der *Master of Business Administration*-Ausbildung eine spezielle einwöchige Lehrveranstaltung. Insgesamt konzentriert sich die Schule – ihrem Lehrplan nach zu urteilen – in der Unternehmerausbildung bei den Undergraduates und Graduates auf eher „klassische" funktionelle Inhalte der Selbständigkeit (Finanzmanagement, Marketing), die sie aber über neuere Lehrmethoden – Fallstudien, Erarbeitung von Geschäftsplänen, Simulationsspiele, Gastvorträge – zu vermitteln trachtet.

Wie steht es nun um die Entrepreneurshiplehre und -ausbildung an deutschen Hochschulen? Der noch in den neunziger Jahren bemängelte Rückstand im Vergleich zu den USA und anderen europäischen Ländern ist zwar nicht aufgeholt, aber es sind erhebliche Fortschritte zu verzeichnen. Seit 1998 die erste deutsche Entrepreneurship-Professur an die *European Business School* in Oestrich-Winkel (ww.ebs.de) eingerichtet wurde, existieren im Sommer 2001 mittlerweile 24 entsprechende Lehrstühle, sind weitere 14 geplant und werden an vielen weiteren Hochschulen entsprechende Veranstaltungen angeboten (Klandt, Heil 2001). Schmude (2001: 96) weist in diesem Zusammenhang jedoch auch auf das Problem hin, geeignete akademische Lehrer zu finden, was er mit dem Zitat einer Stellenanzeige für eine C-4-Professur aus dem Jahr 1999 eindrücklich belegt: „Zur Bewerbung seien auch ausdrücklich diejenigen ermuntert, die bisher nicht im Fach Unternehmensgründung/Entrepreneurship einschlägig ausgewiesen, jedoch interessiert sind, sich diesem neuen Forschungsschwerpunkt zu widmen."

Einen entscheidenden Anstoß bei der raschen Entwicklung der deutschen Entrepreneurship-Lehre hat sicherlich die Förderung ausgewählter universitärer Gründungsnetzwerke im Rahmen des vom BMBF eingerichteten EXIST-Programms gegeben, dessen Ziel „in einem ersten Schritt die Sensibilisierung, Motivierung und Qualifizierung von Studierenden, wissenschaftlichen Mitarbeitern und auch Professoren" (Kulicke 2002: 49f.) ist. Ergänzend hinzu traten Fördermaßnahmen auf Landesebene wie das nordrhein-westfälische PFAU-Programm, das Gründungen von Hochschulabsolventen über die auf zwei Jahre begrenzte Finanzierung einer halben wissenschaftlichen Mitarbeiterstelle und über Beratungen unterstützt.

Als ein Beispiel unter vielen sei hier auf die entsprechenden Aktivitäten der Ruhr-Universität Bochum (RUB) verwiesen, die Entrepreneurship-Förderung nicht im Rahmen eines gesondert ausgewiesenen Studienganges oder -fachs anbietet, sondern fakultätsübergreifend für alle Studierenden. Ende der neunziger Jahre wurden von RUB und Fachhochschule Gelsenkirchen das „Go!SPRING"-Projekt (www.go-spring.de) eingerichtet, mit dem Studierende generell für das Thema sensibilisiert werden sollen. Dazu organisiert das Projekt an eher klassischen didaktischen Konzepten ausgerichtete Veranstaltungen wie Seminare, Workshops und Summerschools. Innovativ hingegen ist der Ansatz, über zwei sektorbezogene Kompetenzzirkel zu den Themen *Facility Management* und *Innovative Werkstoffe* an akademische Stärken anzuknüpfen und entsprechende Gründungen zu motivieren. Angeboten werden neben branchenbezogenen Workshops auch Ideen-Screenings durch Experten (Heinze et al. 2002). Grundsätzlich hatte die RUB zunächst auch ein Problem, wie es für Hochschulen typisch ist, an deren kein ausgewiesener Entrepreneurship-Lehrstuhl existiert, nämlich Koordinationsdefizite und eine unzureichende Information potenzieller Gründer unter den Studierenden auch anderer Fakultäten (Lilischkis 2001).

Organisatorisch und inhaltlich sind Entrepreneurship-Lehrstühle bzw. viele Angebote der Entrepreneurship-Förderung an deutschen Hochschulen weitgehend den wirtschafts- oder betriebswirtschaftlichen Fakultäten zugeordnet (Schmude 2001). Eine interdisziplinäre Ausrichtung, wie sie an der RUB anklingt, ist eher selten, wäre allerdings vorzuziehen und würde der inhaltlichen Vielfalt des Fachs eher gerecht werden. Viele der Lehrangebote scheinen zudem noch an eher traditionellen Lehrformen ausgerichtet zu sein, allenfalls Fallstudien oder Simulationsspiele haben größere Bedeutung. Dieser traditionelle funktionelle Ansatz zeigt sich jedoch mehr oder minder deutlich bei allen europäischen Hochschulen, während das *Babson College* noch am weitesten dem ganzheitlichen Ansatz verpflichtet ist – sicherlich auch bedingt durch die langjährige Erfahrung. Die Fragen nach dem richtigen Mix an Inhalten – klassische versus unternehmerische Themen –, der richtigen Lehrmethode – Fallstudien, Projektarbeit, Beratung – und dem richtigen Lehrer – Professor oder Unternehmer –, die sich vor dem Hintergrund der skizzierten Angebote an Hochschulen erneut stellen, vermögen noch einmal die Komplexität des Themas zu verdeutlichen. Ihre Beantwortung im spezifischen Zusammenhang einer deutschen Hochschule bedarf aber auch einer detaillierteren Evaluation internationaler Erfahrungen und der genauen Prüfung auf Übertragbarkeit und Verwendbarkeit.

5. Vom Studenten zum Unternehmer – ein Fazit

Ein chinesisches Sprichwort bringt die notwendigen Voraussetzungen für eine erfolgreiche universitäre Entrepreneurship-Förderung, nämlich ganzheitlicher Ansatz mit handlungsorientierten Methoden zur Wissensvermittlung und mit praxisorientierten Lehrern, auf den Punkt: „Die, die zuhören, vergessen; die, die sehen, erinnern; die, die tun, lernen". Die Vermittlung von Entrepreneurship an Hochschulen ist ein schwieriges Unterfangen: Ist Entrepreneurship erlerntes Verhalten, ist *learning-by-doing* gefragt, das wiederum Lehrende voraussetzt, die neue didaktische Wege einschlagen bzw. eigene unternehmerische Erfahrungen mitbringen (Weaver 2000).

So wie Entrepreneurship-Förderung an Hochschulen innovative Konzepte und unkonventionelles Denken – das Verlassen eingefahrener Wege – erfordert, genauso wird ein rein auf Hochschulen beschränkter Versuch, Entrepreneurship, Gründungen und Selbständigkeit zu unterstützen, erfolglos bleiben. Versteht man Entrepreneurship nicht nur als die Fähigkeit zur beruflichen Selbständigkeit, sondern als generelle Fähigkeit zum selbständigen Handeln mit den oben skizzierten einzelnen Kompetenzen, wäre auch die Frage zu erörtern, inwieweit bereits im Schulsystem derartige Fertigkeiten besser gefördert bzw. unterstützt werden müssten.

Zudem sollten Gründungen aus Hochschulen heraus auch längerfristig Bestand haben. Empirische Untersuchungen verweisen in diesem Zusammenhang immer wieder auf den Einfluss beruflicher Abschlüsse und Erfahrungen. Die Münchner Gründerstudie beispielsweise konnte deutliche positive Selektionseffekte der jeweiligen Humankapitalausstattung auf die Überlebenswahrscheinlichkeit der Unternehmen nachweisen (Brüderl et al. 1996: 122ff.): Prinzipiell verbessern ein höherer allgemeinbildender Abschluss in Kombination mit Berufserfahrungen die Überlebenswahrscheinlichkeit der Betriebe signifikant. Damit stellt sich aber die kritische Frage, ob Gründungen unmittelbar nach dem Studium – und deshalb in der Regel ohne nennenswerte Berufs- und Lebenserfahrungen – überhaupt wünschenswert sind und gefördert werden sollten. Gleichzeitig wäre in diesem Zusammenhang zu diskutieren, wie die Hochschulen „Altabsolventen" mit entsprechender Berufserfahrung erreichen und eventuell auf eine Gründung vorbereiten können (IfM 1998: 156). Offen bleibt letzten Endes, ob Hochschulen tatsächlich zur Gründung motivieren oder nur auf eine Gründung vorbereiten können. Entrepreneurship-Förderung an deutschen Hochschulen, Gründungen aus Hochschulen, Absolventen als Unternehmer – der Weg dürfte, wie die vorstehenden Ausführungen zeigen, langwierig sein und nicht einfach.

Literatur

Aldrich, H.E. P. Reese and P. Dubini (1989), Women on the Verge of a Breakthrough: Networking among Entrepreneurs in the United States and Italy. *Entrepreneurship & Regional Development* vol. 1: 339–356.

Aldrich, H.E. and C. Zimmer (1986), Entrepreneurship through social networks. In D.L. Sexton and R. Smilor (eds.), *The Art and Science of Entrepreneurship*. New York: Ballinger, 3–23.

Amit, R. und E. Muller (1996), „Push-" und „Pull"-Unternehmertum. *Internationales Gewerbearchiv* 44: 90–103.

Anderseck, K. (2000), „born or made" – Der Weg zum Unternehmensgründer. Diskussionsbeitrag 281. Fachbereich Wirtschaftswissenschaften, Fernuniversität Hagen.

Andrén, L. and U. Uudelepp (1996), Search for an entrepreneurial education. In H. Klandt, J. Mugler und D. Müller-Böling (Hrsg.), 219–228.

Berquist, T. (1995), *Training Entrepreneurship: An empirical model in Sweden*. Paper to Int-Ent95 in Bunbury 1995. Internet: www.intent-conference.de/downloads/95/berqui.pdf.

Brockhoff, K. und D. Tscheulin (2001), Studentische Einstellung zum Unternehmertum. *Zeitschrift für Betriebswirtschaft* 71 (3): 345–350.

Brüderl, J., P. Preisendörfer und R. Ziegler (1996), Der Erfolg neugegründeter Betriebe. Eine empirische Studie zu den Chancen und Risiken von Unternehmensgründungen. Betriebswirtschaftliche Schriften 140. Berlin: Duncker & Humblot.

Bühler, C. (1997), *Die Erhebung egozentrierter Netzwerke von Gründungspersonen im Rahmen der Leipziger Gründerstudie*. München, Manuskript.

Casson, M. (1990), Entrepreneur. In J. Eatwell, M. Milgate and P. Newman (Hrsg.), *The New Palgrave*. A Dictionary of Economics. Cambridge: Macmillan, vol. 2, 151–153.

Cooper, A. und W.C. Dunkelberg (1986), Unternehmertypen: Ergebnisse einer empirischen Studie. *Internationales Gewerbearchiv* 34: 269–277.

de Clercq, D., H. Crijns and H. Ooghe (1997), *How a Management School Deals with Innovation in Entrepreneurship Education.* Paper to IntEnt97 in Monterey Bay. Internet: www.intent-conference.de/97/declerqu.pdf (Abruf 10. September 2002).

de Vries, K. et al. (1990), Locus of Control and Entrepreneurship: A Three-Country Comparative Study. INSEAD Working Paper. INSEAD, Paris.

Duchéneaut, B. (1997), *Entrepreneurship and higher education*: From real-life context to pedagogical challenge. Paper to IntEnt97 in Monterey Bay 1997. Internet: www.intent-conference.de/97/duchener.pdf (Abruf 10. September 2002).

Evans, D.S. and L.S. Leighton (1990), Small Business Formation by Unemployed and Employed Workers. *Small Business Economics* 2: 319–330.

Fiet, J. (1997), *Education for Entrepreneurship Competency*: A Theory-based Activity Approach. Paper to IntEnt97 in Monterey Bay 1997. Internet: www.intent-conference.de/97/fiet.pdf (Abruf 10. September 2002).

Filion, L.J. (1997), *From Entrepreneurship to Entreprenology.* Paper to 42nd ICSB Conference in San Francisco, June 1997. www.usasbe.org/conferences/1997/proceedings/papers/p207Filion.pdf.

Frick, S. et al. (1998), Möglichkeiten zur Verbesserung des Umfeldes für Existenzgründer und Selbständige – Wege zu einer neuen Kultur der Selbständigkeit. Untersuchungen des RWI 25. RWI, Essen.

Gartner W.B. (1988), 'Who is an Entrepreneur?' is the wrong question. *American Journal of Small Business* 12 (4): 11–32.

Gibb, A. (1992), Do we really teach (approach) small business in the way we should? In H. Klandt, J. Mugler und D. Müller-Böling (Hrsg.), 3–20.

Goldberg, A. und F. Sen (1993), Ein neuer Mittelstand? – Unternehmensgründungen von ehemaligen türkischen Arbeitnehmern in der Bundesrepublik Deutschland. *WSI-Mitteilungen* 46 (3): 163–173.

Grüner, H. (1993), Entrepreneurship Learning – Ist eine Ausbildung zum Unternehmertum möglich? *Zeitschrift für Berufs- und Wirtschaftspädagogik* 89 (5): 485–509.

Harper, M. (1984), *Entrepreneurship for the Poor.* London and Eschborn: GTZ.

Hébert, R. and A. Link (1988), *The Entrepreneur: mainstream views and radical critiques.* New York et al.: Praeger.

Heinze, R.G., F. Schulte und M. Neitzel (2002), Neue Gründerzeiten an Hochschulen? Eine empirische angebotsseitige Analyse im Ruhrgebiet. InWis-Berichte 29. Ruhr-Universität Bochum.

Holtkamp, R. und J. Imsande (2001), Selbständigkeit von Hochschulabsolventen – Entwicklungen, Situation und Potential. Kurzinformation Hochschul-Informations-System A2/2001. Hannover.

IfM – Institut für Mittelstandsforschung (Hrsg.) (1998), Wissenschaftliche Begleitforschung 1997 zur Gründungsoffensive Nordrhein-Westfalen. IfM Materialien 132. Bonn.

Johannisson, B. (1991), University Training for Entrepreneurship: Swedish Approaches. *Entrepreneurship & Regional Development* 3: 67–82.

Johannisson, B., D. Halvarsson and E. Lörstal (1997), *Stimulating and Fostering Entrepreneurship through University Training* – Learning within an Organizing Context. Paper to IntEnt97 in Monterey Bay 1997. Internet: www.intent-conference.de/97/johannis.pdf (Abruf 10. September 2002).

Kirzner, I.M. (1997), Entrepreneurial Discovery and the Competitive Market Process: An Austrian Approach. *Journal of Economic Literature* 35: 60–85.

Klandt, H. (1984), *Aktivität und Erfolg des Unternehmensgründers.* Eine empirische Analyse unter Einbeziehung des mikrosozialen Umfeldes. Bergisch-Gladbach: Eul.

Klandt, H. (1999), Entrepreneurship: Unternehmerausbildung an deutschen Hochschulen. *Betriebswirtschaftliche Forschung und Praxis* 51 (3): 241–255.

Klandt, H. und A.H. Heil (2001), *FGF-Report: Gründungslehrstühle 2001.* Eine Studie zum Stand der Gründungsprofessuren. Förderkreis Gründungs-Forschung e.V./Entrepreneurship Research. O.O.

Klandt, H., J. Mugler und D. Müller-Böling (Hrsg.) (1996), Internationalizing entrepreneurship education and training: Proceedings of the IntEnt93 Conference in Vienna. FGF Entrepreneurship Research Monographien 6. Köln und Dortmund: Eul.

Klemmer, P. et al. (1996), Mittelstandsförderung in Deutschland – Konsistenz, Transparenz und Ansatzpunkte für Verbesserungen. Untersuchungen des RWI 21. RWI, Essen.

Kulicke, M. (2002), Multi-Akteurs-/Multi-Maßnahmen-Wettbewerbe und ihre Anforderungen an die wissenschaftliche Evaluation – Das Beispiel EXIST. In K. Koschatzky und M. Kulicke (Hrsg.), *Wissenschaft und Wirtschaft im regionalen Gründungskontext.* Stuttgart: Fraunhofer IRB-Verlag, 45–65.

Lilischkis, St. (2001), Förderung von Unternehmensgründungen aus Hochschulen: eine Fallstudie der University of Washington (Seattle) und der Ruhr-Universität Bochum. FGF-Entrepreneurship-Research-Monographien 27. Lohmar und Köln: Eul.

Loucks, K. (1988), Training Entrepreneurs for Small Business Creation: Lessons from Experience. Management Development Series 26. ILO, Geneva.

McCarthy, A., P.J. Morris and J. Winn (1997), *A new Look at Undergraduate Entrepreneurship Education.* Paper to the 42nd ICSB Conference in San Francisco. June 1997. Internet: www.usasbe.org/conferences/1997/Proceedings/papers/p171McCarthy.pdf.

McClelland, D.C. (1961), *The Achieving Society.* New York: Van Nostrand.

Meager, N. (1992), Does Unemployment Lead to Self Employment? *Small Business Economics* 4: 87–103.

Morris, R. and S. Morris (1997), *Enterprise Education.* An Important Lesson to Learn. Paper to IntEnt97 in Monterey Bay 1997. Internet: www.intent-conference.de/97/morris.pdf.

Oehring, E. (1985), *Action Learning.* A Methodology for Entrepreneurial Development in Small Enterprises in Costa Rica. San Jose, Manuscript.

Pfeiffer, F. und F. Reize (1999), Berufliche Weiterbildung und Existenzgründung. Discussion Paper 12. ZEW, Mannheim.

Pinkwart, A. (2001), Gründungsqualifizierung an Hochschulen: Potenziale, Einflussfaktoren und Gestaltungselemente. *WiSt – Wirtschaftswissenschaftliches Studium* 30 (9): 470–476.

Pinkwart, A. et al. (2001), Unternehmensgründungen aus der Hochschule: Eine empirische Untersuchung zu den Einflussbedingungen des Gründungsverhaltens von Studierenden an der Siegener Hochschule. Materialien zur Mittelstandsökonomie 4. Universität-GH Siegen.

Richert, J. und R. Schiller (1994), Hochschulabsolventen als Existenzgründer. DtA-Studie für das Bundesministerium für Bildung und Wissenschaft. Wissenschaftliche Reihe 1. DtA, Bonn.

Schmude, J. (2001), Gründungsforschung und Unternehmerausbildung an Hochschulen. *Internationales Gewerbearchiv* 49 (2): 89–103.

Storey, D.J. (1991), The Birth of New Firm – Does Unemployment Matter? A Review of the Evidence. *Small Business Economics* 3: 167–178

Szyperski, N. und K. Nathusius (1977), Gründungsmotive und Gründungsvorbehalte – Ergebnisse einer empirischen Studie über potentielle und tatsächliche Unternehmensgründer. *Betriebswirtschaft* 37 (2): 299–309.

Weaver, R. (2000), Society, Educational Systems and Entrepreneurship. In BMBF (Hrsg.), *Ausbildung zu unternehmerischer Selbständigkeit.* Erfolgreiche Ansätze zur Integrierung unternehmerischer Selbständigkeit in unterschiedlichen Ausbildungssystemen in Europa und den Vereinigten Staaten – ein Erfahrungsaustausch. Bonn, Band 1, 14–18.

Welter, F. (2000), Gründungspotenzial und Gründungsprozess in Deutschland – Eine konzeptionelle und empirische Betrachtung. Schriften und Materialien zu Handwerk und Mittelstand 4. RWI, Essen.

Welter, F. und B. von Rosenbladt (1998), Der Schritt in die Selbständigkeit: Gründungsneigung und Gründungsfähigkeit in Deutschland. *Internationales Gewerbearchiv* 46: 234–248.

Williams, S. and A. Turnbull (1997), *First Moves into Entrepreneurship Teaching in Scottish Universities*: A Consortium Approach. Paper to 42nd ICSB Conference in San Francisco. Internet: www.usasbe.org/conferences/1997/P101williams.pdf.

Zusammenfassung

Ausgehend von der Behandlung der Rolle von Unternehmer und Entrepreneurship in der ökonomischen Theorie, fragt der Beitrag nach Möglichkeiten und Grenzen der Vermittlung gründungsrelevanter Kenntnisse und Fertigkeiten an Studenten. Auf Basis des aktuellen Erkenntnisstandes der Entrepreneurship-, der organisationstheoretischen und betriebswirtschaftlichen Forschung wird erörtert, welche Kenntnisse und Fähigkeiten im Rahmen solcher Ausbildungsangebote prinzipiell vermittelt werden können und welche institutionellen, personellen und didaktischen Voraussetzungen zu schaffen sind. Eine Schlussfolgerung aus der Analyse lautet, dass eine erfolgreiche Entrepreneurshipförderung an Hochschulen nicht nur innovativer Konzepte und unkonventionellen Denkens bedarf, sondern auch der Einbettung dieser Anstrengungen in ein Entrepreneurship-freundliches wirtschaftliches und soziales Umfeld. Hierzu können nicht zuletzt die allgemeinbildenden Schulen durch Stärkung der zum selbständigen Handeln und zur beruflichen Selbständigkeit notwendigen Fähigkeiten einen wesentlichen Beitrag leisten.

Résumé

Partant de la conception du rôle de l'entrepreneur et de l'esprit entrepreneur (*entrepreneurship*) dans la théorie économique, cette étude pose la question, comment et dans quelle mesure des connaissances et des habilités concernant la création d'une entreprise peuvent être transmises aux étudiants. L'auteur analyse la question, quelles sont les connaissances et les habilités qui peuvent être offertes dans le cadre de cette formation et les conditions institutionnelles, personnelles et didactiques qui doivent être constituées. Le succès de la promotion des jeunes entrepreneurs dans le cadre universitaire ne dépend pas seulement d'une conception innovatrice et non-conventionnelle mais aussi de l'implantation de cet effort dans un milieu économique et sociale propices aux entrepreneurs.

RWI-Mitteilungen 2002, Jg. 53 (1-4): 107–126

Wandel des Berufsbildes des selbständigen Handwerksmeisters in der wissensbasierten Ökonomie

von Wolfgang Dürig

In Germany crafts industry (Handwerk) has an exceptional legal position. There is a special law ("Handwerksordnung") which defines crafts by a list of certain professions and regulates the conditions of market entry. The article shows, that the economic and technological development seem to efface the borders between crafts and non-crafts-industries. The legal criteria as well as the instructions for the apprenticeship give no exact hints to identify characteristic features of "Handwerk". This may seriously threaten the exceptional legal position of the crafts industry in the future. (JEL: L50; M13; M14)

In der öffentlichen Debatte wird das Handwerk häufig als Verlierer des strukturellen Wandels angesehen. Dabei wird unter anderem auf die zunehmende Industrialisierung handwerklicher Produktionsweisen sowie auf anhaltende Marktanteilsverluste in vormals handwerklich dominierten Wirtschaftsbereichen verwiesen. Diese Beurteilung hat Tradition: Schon 1902 hat *Werner Sombart* gemeinsam mit anderen prominenten Ökonomen die bevorstehende Verdrängung der kleinen und mittleren Unternehmen des Handwerks vorhergesagt (Sombart 1902) – der Untergang ist nicht eingetreten. Einzelne handwerkliche Tätigkeitsbereiche haben zwar an Bedeutung verloren, einige werden auch gar nicht mehr ausgeübt. Andere hingegen haben sich behauptet, konnten ihr Tätigkeitsprofil erfolgreich der veränderten Nachfrage anpassen und haben technologische Neuerungen adaptiert. Die Bewertung des Handwerks im Strukturwandel hängt maßgeblich davon ab, wie sehr man die Veränderungen als Wandlungen oder als Fortentwicklung des Handwerks selbst interpretiert oder in den Neuerungen eine grundlegende Veränderung seiner Wesensform und damit eine Verdrängung der handwerklichen Produktionsweise sieht. Letzteres wäre dann der Fall, wenn das Handwerk keine Besonderheit oder keine eigene Identität mehr im Vergleich zu anderen Wirtschaftsbereichen aufwiese oder diese nicht mehr wahrgenommen würden.

Sehr vielschichtig ist in der Literatur und im Sprachgebrauch der Begriff „Handwerk"; er findet für bestimmte Teile der Volkswirtschaft im Abgrenzung zu Handel und Industrie oder zu einzelnen Gewerbezweigen Verwendung. Aber auch für die Summe aller Handwerksbetriebe, für eine bestimmte soziale Schicht des Mittelstands oder für Gewerbe, in denen die Handfertigkeit überwiegt, ist der Begriff gebräuchlich (Bücher 1911: 1042ff., Ebert 1980: 511). Eine zufriedenstellende und anerkannte Definition des Handwerks liegt nicht vor. Die Heterogenität und wirtschaftszweig-übergreifende Betätigung machen es schwierig, gemeinsame Merkmale zu identifizieren. Dies ist jedoch kein Phänomen, welches das Handwerk erst seit dem Aufkommen der Wissensgesellschaft beschäftigt. Die Abgrenzung zwischen Industrie und Handwerk[1] – „die Handwerkerfrage" – war schon im 19. Jahrhundert Gegenstand wissenschaftlicher und politischer Auseinandersetzungen und dauert bis in die heutige Zeit an (z.B. Grothe 1884; Droste 1887; Wernet 1965, 1967; Deregulierungskommission 1991).

Das Handwerk und die Handwerksordnung werden in der Öffentlichkeit und von Experten auf sehr unterschiedliche Weise wahrgenommen. Während die einen das Handwerk vorwiegend mit historisch überlebten Formen vorindustriellen Wirtschaftens identifizieren, sehen andere es als eine auch unabhängig von der Handwerksordnung gegebene ökonomische Einheit an und wieder andere orientieren sich ausschließlich an der juristischen Definition. Weitere sehen die Rolle des Handwerks primär in der Berufsbildung oder nehmen es aus der Perspektive der berufsständischen Organisation und Verbände wahr. Die Besonderheit in Deutschland liegt darin begründet, dass

- sich hier in bestimmten Berufsgruppen stärker als in anderen europäischen Ländern ein traditionell vermitteltes Verständnis und ein Zusammengehörigkeitsgefühl erhalten haben, das sich unter anderem in einem relativ hohen Organisationsgrad in Fachverbänden und Innungen ausdrückt;
- es neben dem allgemeinen Gewerbe- ein eigenständiges Handwerksrecht gibt und das Handwerk hierdurch von anderen Gewerbezweigen abgehoben wird.

Eine rechtliche Hervorhebung eines Wirtschaftsbereichs – so sollte man annehmen – setzt eine möglichst präzise Definition des Ausnahmebereichs voraus. Der Gesetzgeber verzichtete jedoch bei Erlass der Handwerksordnung und den anschließenden Novellierungen auf klare Definitionen und Abgrenzungskriterien wie die Zahl der Beschäftigten, den Umsatz oder die Bilanzsumme. Das Handwerksrecht, so wird argumentiert, geht nicht von einem statischen, sondern von einem dynamischen Handwerksbegriff aus. Dieser wird normiert durch die Anlage A, die in der heute gültigen Novellierung 94 Handwerkszweige enthält, die als Handwerk betrieben werden können. Aber wann Handwerk vorliegt, wird nur allgemein umschrieben, eine Abgrenzung zur Industrie muss im Einzelfall festgelegt werden, damit es sich der dynamischen Wirtschaftsentwicklung anpassen kann.

Bei der Bestimmung dessen, was als handwerkliche Tätigkeit zu verstehen ist, gilt es, ein „Bild des jeweiligen Handwerks" zu entwerfen. Es müssen Merkmale identifiziert werden, die in der aktuellen Zeit als typisch mit dem Beruf und seiner handwerklichen Ausübung verbunden werden. In diesem Zusammenhang sind ungleiche Interpretationsebenen zu unterscheiden, die auf das jeweils aktuelle Verständnis einwirken:

[1] Zunächst war es die Gegenüberstellung „Handwerk – Fabrik", die dann durch die Konfrontation „Handwerk – Industrie" ersetzt wurde; Wernet 1965: 11.

- die Berufsbildfixierung, wie sie durch Tätigkeitsbeschreibungen vorgenommen wird, um Orientierungsleitlinien für die Berufsausbildung zur Verfügung zu stellen (Berufsausbildungsmerkmale);
- das Berufsbild des Handwerks in der öffentlichen Meinung; gemeint sind Vorstellungen über Handwerk in der Bevölkerung sowie sein Ansehen bzw. Image, wie es sich in Befragungen und in Berichten der Medien widerspiegelt (öffentliche Meinung);
- das Berufsbild, wie es sich in empirischen arbeits-, sozial-, ingenieurwissenschaftlichen sowie volks- und betriebs- und sozialwissenschaftlichen Untersuchungen darstellt.

Die genannten Ebenen sind die Quellen, aus denen das „Bild des Handwerks" oder einzelner Berufe zusammengesetzt wird. Keine Berufsbildinterpretation kommt ohne Verkürzung der Komplexität des Handwerks aus. Naturgemäß treten daher zwischen den Interpretationsebenen Widersprüche und Spannungsverhältnisse auf. Da keine übergreifende Definition verfügbar ist und der „dynamische Handwerksbegriff" implizit zu einer zeitbezogenen Bestimmung aufruft, wird das jeweils aktuelle Verständnis von einer Vielzahl unterschiedlicher Positionen und Perspektiven beeinflusst. Dieses kann auf das Handwerk hemmend oder fördernd wirken. Diese Zusammenhänge sind Gegenstand des vorliegenden Beitrags.

Nach einem Überblick über die Dimensionen und Betrachtungsweisen des Begriffs Handwerk werden im ersten Abschnitt wesentliche Bestimmungen der Handwerksordnung beschrieben. Die enge Verbindung des Handwerks- mit dem Berufsbildungsrecht legt es nahe, für die nähere Bestimmung der Betätigungsfelder der Handwerkswirtschaft die Berufsbilder heranzuziehen, auch wenn diese Vorgehensweise nicht unumstritten ist. Der zweite Abschnitt geht auf die Vorstellungen über das Handwerk in der Öffentlichkeit ein. Im dritten Abschnitt wird versucht, an Fallbespielen die Bandbreite handwerklicher Betätigungen aufzuzeigen. Im Gefolge der IuK-Technologien haben sich die Möglichkeiten neuer Kombinationen von Leistungsangeboten erhöht; für das Handwerk hat dies weitreichende Konsequenzen, und auch seine Abgrenzung und Identifizierung werden schwieriger. Im letzten Abschnitt werden Folgen für die Zukunftsperspektiven beschrieben. Wenn Merkmale des Handwerks immer uneindeutiger zu bestimmen sind, so hat dies auch Einfluss auf seine Wettbewerbsposition, mit entsprechenden Rückwirkungen auf seine rechtliche Sonderstellung: Ein wesentlicher Punkt der Deregulierungsdiskussion bezog sich gerade darauf, dass es sich immer weniger von anderen Unternehmen unterscheide. Daher sind Vorschläge zu prüfen, die im Umwelt- und Dienstleistungsbereich neue Tätigkeitsbereiche sehen (Ax 1997).

1. Zum Begriff des Handwerks

1.1. Die sprachliche, kulturelle, soziologische und historische Sicht

Im allgemeinen Sprachgebrauch wird Handwerk mit den von Handwerksmeistern geführten Betrieben gleichgesetzt. Damit ist allerdings in der Regel keine konkrete

Vorstellung verbunden, wie es sich von anderen Wirtschaftsbereichen abhebt. In der Literatur sind unzählige Definitionen zu finden. Sprachlich lässt sich der Begriff auf die Kombination von „Handarbeit" und „Werken" zurückführen (Hamer 1979: 11). Ein Abgrenzungskriterium gegenüber der Industrie wird durch diese Beschreibung der Leistungserstellung (Werkerstellung durch Handarbeit) auch nicht geboten, denn im heutigen Handwerk ist der Einsatz von Maschinen zur Unterstützung und Ergänzung der Arbeitsprozesse üblich.

Aus kultureller Perspektive wird Handwerk stark unter ästhetischen Aspekten gesehen; Kriterien wie Gestaltung und Kreativität stehen hier im Vordergrund. Handwerk wird in diesem Kontext – wie in einigen europäischen Ländern üblich – als Kunsthandwerk verstanden.

In der soziologischen Betrachtungsweise wird Handwerk über Familienbezogenheit, Personalität und Mentalität bestimmt (Hamer 1979: 12). Vom Handwerker wird ein bestimmtes Berufsethos erwartet, das durch die berufliche Sozialisation erworben wurde. Hieraus wird auch das Zusammengehörigkeitsgefühl und im Weiteren der beachtliche Organisationsgrad abgeleitet und begründet.

Wirtschaftshistoriker sehen das Handwerk als Vorstufe der industriellen Produktionsweise. In diesem Zusammenhang wird vor allem eine Entwicklungslinie des Handwerks über Zünfte im Mittelalter bis zur heutigen Zeit gezogen. Damit einher geht die Einteilung der Betriebsformen von Handwerk, Verlag, Manufaktur zur Fabrik (Lütge 1966).

Alle Versuche, das Handwerk zu definieren, enthalten Elemente, die zutreffend und mit seiner Entwicklung verbunden sind. Sie sind allerdings nicht in der Lage, der Heterogenität der Erscheinungsformen gerecht zu werden. Selbst das Handwerksrecht verzichtet wie erwähnt auf eine nähere Bestimmung seiner Wesensmerkmale; die Erfassung erfolgt vielmehr anhand einer Aufzählung von derzeit 94 Berufen in der Anlage A der Handwerksordnung. Die Entscheidung, ob ein Handwerk vorliegt oder nicht, soll durch Prüfung des Einzelfalls bestimmt werden, wobei Handwerksfähigkeit und -mäßigkeit der Leistungserstellung Ausschlag gebende Kriterien sein sollen.

1.2. Die rechtliche Perspektive

Dem Handwerk werden gemäß Anlage A der Handwerksordnung 94 Berufe zugeordnet. Die Zahl hat sich nicht zuletzt bei der jüngsten Novellierung durch Zusammenlegungen mehrerer Handwerke zwar verringert, die volkswirtschaftliche Bedeutung dieses Wirtschaftsbereich ist jedoch unbestritten. Dies lässt sich anhand folgender Daten ablesen: Das Handwerk[2] erwirtschaftete im Jahre 2001 ca. 8 vH der Bruttowertschöpfung, knapp 14 vH aller Beschäftigten arbeiten hier, der Anteil an allen Unternehmen beträgt rund 23 vH, und ungefähr ein Drittel aller Lehrlin-

[2]Bei statistischen Angaben bezieht sich der Begriff „Handwerk" hier immer auf selbständige Unternehmen des Vollhandwerks gemäß Anlage A der Handwerksordnung. Nicht enthalten sind die ebenfalls in den Geltungsbereich der Anlage A fallenden Nebenbetriebe des Vollhandwerks und die handwerksähnlichen Gewerbe (Anlage B).

ge wird im Handwerk ausgebildet. Da eine vergleichbare juristische Abgrenzung nur in Österreich vorliegt, gibt es für andere EU-Länder keine direkt vergleichbaren Statistiken; soweit dort von „Handwerk" gesprochen wird, verbirgt sich dahinter eine gänzlich andere Abgrenzung, z.B. nach Betriebsgröße oder Produktionstechnologie. Auf dieser Basis gewonnenen Statistiken sind in keiner Weise mit der deutschen Handwerksstatistik vergleichbar.

In Deutschland lassen sich entsprechende gesetzliche Regelungen bis in das Zunftwesen des Mittelalters zurückverfolgen. Grundlage der heutigen Gesetzgebung ist das „Gesetz zur Ordnung des Handwerks" von 1953, novelliert durch das Gesetz zur Änderung der Handwerksordnung (HwO) von 1965, 1993 und 1998. Nach Übergangsregelungen gilt die Handwerksordnung seit dem 3. Oktober 1990 auch in den neuen Bundesländern. Sie enthält Regelungen über die Ausübung eines Handwerks, die Berufsbildung im Handwerk, Meisterprüfung und Meistertitel, Organisation und sonstige Bestimmungen.

Nach § 1 HwO ist der selbständige Betrieb eines Handwerks als stehendes Gewerbe nur den in der Handwerksrolle eingetragenen natürlichen und juristischen Personen und Personengesellschaften erlaubt (Handwerk i.S. der HwO ist die Summe aller Handwerksbetriebe; Hagebölling 1983: 73.). Eintragungsfähig sind die in der Anlage A aufgeführten Gewerbe. § 1 Abs. 3 ermächtigt den Bundesminister für Wirtschaft durch Rechtsverordnung mit Zustimmung des Bundesrates die Anlage A zu ändern, wenn die technische und wirtschaftliche Entwicklung dies rechtfertigt. Die Ermächtigung erstreckt sich darauf, Gewerbe zu streichen, ganz oder teilweise zusammenzufassen oder zu trennen, Bezeichnungen festzusetzen oder Gewerbegruppen aufzuteilen. Die Entwicklung der Anlage A zeigt, dass die Politik von dieser Ermächtigung regen Gebrauch machte. 1953 enthielt sie 93 Handwerkszweige, 1993 waren es 127, aktuell 94. Grundsätzliche Voraussetzung für die Eintragung in die Handwerksrolle ist – abgesehen vom Witwen- und Waisenprivileg des § 4 HwO und der Ausnahmebewilligung – die bestandene Meisterprüfung (der Große Befähigungsnachweis[3]) im auszuübenden Handwerk.

Eine fachliche Voraussetzung, also eine Meisterprüfung, wird dann gefordert, wenn es sich um ein *handwerksfähiges* Gewerbe handelt. Die Handwerksordnung bestimmt mit der Anlage A positiv, welche Gewerbe Handwerk sein können. Demzufolge können Gewerbe, die nicht in der Anlage A aufgeführt sind, aber handwerklichen Charakter aufweisen, nicht zum Handwerk gehören (ein Tätowier-Studio ist z.B. im Gegensatz zu einem Friseurbetrieb kein Handwerk). Selbst wenn ein Betrieb vollständig oder in wesentlichen Tätigkeiten ein Gewerbe der Anlage A umfasst, kann er sowohl Handwerksbetrieb als auch Industriebetrieb sein. Handwerksbetrieb und Industriebetrieb bilden die Gegenpole auf einer Skala, auf der eine Vielzahl von Grenzfällen liegt (Küffner 1977: 136). Neben den Kriterien „stehender selbständiger Gewerbebetrieb" und „Handwerksfähigkeit" ist weitere Voraussetzung, dass das Unternehmen *handwerksmäßig* betrieben wird; nur dann ist eine

[3]Von einem Großen Befähigungsnachweis wird gesprochen, wenn für den Marktzugang eine Meisterprüfung erforderlich ist. Ein Kleiner Befähigungsnachweis liegt vor, wenn lediglich zur Ausbildung von Lehrlingen eine Meisterprüfung verlangt wird, der Marktzugang aber frei ist.

Meisterprüfung oder Ausnahmebewilligung erforderlich. Zudem entscheidet die Handwerksmäßigkeit mit darüber, ob der Betrieb zur Industrie- und Handelskammer oder Handwerkskammer gehört[4].

Die Zuordnung von Tätigkeiten zu einem Handwerkszweig erfolgt in der Regel anhand bestehender Berufsbilder (Siegert, Musielak 1984, § 1, Rn 35: 89f.). Grundlage für die einheitliche Berufsausbildung sind durch Rechtsverordnung für jeden Handwerkszweig erlassene Ausbildungsordnungen. Darin sind Ausbildungsdauer, -berufsbild, -rahmenplan und Anforderungen der Gesellenprüfung geregelt. Im Gegensatz zu Berufsbildern der Industrie, die sich auf eine Festlegung von Kenntnissen und Fertigkeiten während der Lehrzeit beschränken, sind die handwerklichen Berufsbilder von vornherein auf die Erfordernisse der Meisterprüfung ausgerichtet (Fröhler, Mörtel 1979: 47). Sie sind stichwortartig zusammengefasste Darstellungen von Tätigkeiten, Kenntnissen und Fertigkeiten, die einem Handwerk zuzurechnen sind. Daneben kennt die Handwerksordnung das Berufsausbildungsbild (§ 25 HwO), das maßgeblich für die Gesellenausbildung ist. Das Berufsbild umfasst nach § 45 auch das Berufsausbildungsbild. Für die Zuordnung einer Tätigkeit zu einem handwerksmäßig betriebenen Gewerbe können die betreffenden Ausbildungsberufsbilder sowie die fachlichen Ausbildungs- und Prüfungsvorschriften herangezogen werden, da sie erläuternde Einzelheiten über das Arbeitgebiet und die zu seiner Bewältigung notwendigen fachlichen Fertigkeiten und Kenntnisse enthalten.

Die ausschließliche Heranziehung von Berufsbildern ist jedoch problematisch, da sie allenfalls Anhaltspunkte zur Bestimmung der Handwerksmäßigkeit liefern. In der Realität der Betriebe besteht nicht nur eine beachtliche Spannweite verschiedener Leistungsangebote, sondern sie sind auch mit entsprechend vielen unterschiedlichen Produktions- und Betriebstypen verbunden. Je nach Organisationsform sowie technischer und maschineller Ausstattung sind damit auch sehr differenzierte Qualifikationsanforderungen erforderlich, von denen in der Regel nur die in den Berufsbildern verzeichnet sind, die in einem Durchschnittsbetrieb gefordert werden. Dies gilt auch, wenn die betrieblichen Unterschiede durch die überbetriebliche Ausbildung ausgeglichen werden sollen.

Die mit erheblichem Aufwand kodifizierten Berufsbilder veralten erfahrungsgemäß im Zuge des technischen Fortschritts und des Wandels des Einsatzfeldes des betreffenden Berufs. Der technische Fortschritt führt mit einer solch beachtlichen Geschwindigkeit zu veränderten Tätigkeitsprofilen in den Unternehmen, dass vor allem angesichts der Vielzahl der beteiligten Institutionen (Bundesinstitut für berufliche Bildung, Fachverbände, Zentralverbände usw.) eine rasche Anpassung kaum erreicht werden kann. Bei einer Entscheidung darüber, ob ein Unternehmen als Handwerk oder Industrieunternehmen bzw. Handelsunternehmen zu werten ist, könnten durch veraltete Berufsbildbeschreibungen durchaus Fehlentscheidungen möglich sein.

[4] Die Zahl der „Mischeintragungen“ (Zuordnung zu beiden Kammern) hat in den letzen Jahren deutlich zugenommen.

Zur Abgrenzung von Handwerk und Industrie haben die Gerichte über die Merkmale in den Berufsbildern hinaus zusätzliche Kriterien entwickelt, u.a. die Bedeutung von Maschinen im Betrieb, die Fachkenntnisse der Mitarbeiter, die Art und Weise der Arbeitsteilung sowie die Überschaubarkeit des Betriebs und die Möglichkeiten des Inhabers, auf den Betrieb einzuwirken. Eine Zuordnung lässt sich nur unter Berücksichtigung der Besonderheiten des jeweiligen Gewerbezweiges und mit annähernder Sicherheit nur für den konkreten Betrieb anhand dessen Gesamtstruktur beurteilen. Erst nach Abwägen aller Kriterien kann festgestellt werden, ob das Gesamtbild des Betriebes mehr auf eine handwerkliche oder mehr auf eine industrielle Betriebsweise schließen lässt.

Daneben wird das Handwerksverständnis jeder Epoche in starkem Maße vom allgemeinen Meinungsbild in der Öffentlichkeit geprägt. Diese Dimension des Handwerksverständnisses ist Gegenstand des folgenden Abschnitts.

2. Ansehen und Image des Handwerks in der Öffentlichkeit

In den siebziger Jahren hat Habermas (1974) die strukturprägende Kraft der öffentlichen Meinung analysiert. In dem Bemühen, ihr komplexes Umfeld zu ordnen und zu bewerten, entwickeln Menschen Werthaltungen, die sich sowohl auf objektiven Erfahrungen als auch auf subjektiven Empfindungen gründen. Werthaltungen und Einschätzungen basieren nicht allein auf selbst Erlebtem, sondern auch auf – etwa über Gespräche oder über Medien – vermittelten Werturteilen. Auch wenn an dieser Stelle die Komplexität der Bestimmungsgründe und der Zusammenhänge der Entstehung und Durchsetzung öffentlicher Meinungen nicht erörtert werden kann, so ist ohne Weiteres verständlich, dass vom Bild des Handwerks in der Öffentlichkeit starker Einfluss auf seine Akzeptanz ausgeht.

Ruf und Image des Handwerks in der Öffentlichkeit sind widersprüchlich. Eine solche Feststellung verwundert nicht, weil nahezu jeder auf seine Weise – sei es als Beschäftigter, sei es als Konsument und Nachfrager handwerklicher Güter – Erfahrungen gesammelt hat. Übersicht 1 zeigt ausgewählte Meinungsäußerungen, wie sie in Gesprächen, Leserbriefen und Publikationen immer wieder vorkommen. Die Zusammenstellung ist zwar willkürlich, da sie nur Beispiele für Einschätzungen und Meinungen auflistet, die in der Öffentlichkeit häufig anzutreffen sind. Abgesehen von den nicht Informierten können die Personen nach der von ihnen gegenüber dem Meinungsgegenstand eingenommenen Grundhaltung als Anhänger, Ablehner und Indifferente klassifiziert werden. Die Grundhaltung selbst ist eine Funktion der Bedürfnisstruktur und der Vorstellungen (*images*) des Individuums bezüglich der interessierenden Meinungsgegenstände: Je mehr das Image eines Gegenstands den jeweiligen Bedürfnissen entspricht, umso eher wird die Person zum Anhänger. Diejenigen Personen, denen der Meinungsgegenstand erlebnismäßig „wie auf den Leib geschneidert" ist, d.h. bei denen Bedürfnismatrix und Imagematrix lückenlos ineinander greifen, sind die stärksten Anhänger des Meinungsgegenstandes (spontane Anhänger). „Nicht die objektive Beschaffenheit (...) ist die Realität in der Marktpsychologie, sondern einzig die Verbrauchervorstellung" (Spiegel 1961: 29).

Übersicht 1

Ausgewählte Meinungsäußerungen zum Handwerk			
Aus der Perspektive des Beschäftigten		Aus der Perspektive des Konsumenten	
positiv	negativ	positiv	negativ
Abwechslungsreich	Körperlich anstrengend	Solide	Teuer
Bietet Aufstiegsmöglichkeiten über Geselle zum Meister	Schlechte Bezahlung	Traditionsbewusst, Bewahrung handwerklicher Techniken und Fertigkeiten	Unzuverlässig, nicht termintreu
Kleinbetriebliche Struktur bietet angenehme Arbeitsatmosphäre	Arbeitsatmosphäre von der Person des Meisters abhängig	Verwendung qualitativ hochwertiger Materialien	Sinkendes Qualitätsniveau
Arbeitstätigkeit ermöglicht und fördert selbständiges Arbeiten	Häufig autokratischer Führungsstil	Reparaturhandwerk hilft Lebensdauer von Produkten zu verlängern	Beratung nicht auf angemessene, sondern teurere Lösungen ausgerichtet
Das Arbeitsergebnis ist unmittelbar sichtbar	Häufig ungeregelte Arbeitszeiten (Überstunden)	Hilfsbereit, auch außerhalb der gewöhnlichen Geschäftsöffnungszeiten	Überheblichkeit bei der Erläuterung von Handwerksleistungen
Relativ stabile Beschäftigungsverhältnisse aufgrund persönlicher Nähe und Bekanntschaft	Kaum Unterstützung zur Fort- und Weiterbildung der Beschäftigten	Zeigt Lösungsmöglichkeiten auf, die dem Konsumenten im allgemeinen verschlossen sind	

Der Einstellungsbegriff wird häufig als Schlüsselbegriff moderner Sozialpsychologie angesehen. Einstellungen können als gegenstandsbezogene, erfahrungsbedingte und systemabhängige Verhaltensdeterminanten gekennzeichnet werden (Roth 1967: 43 und 52ff.):

- *Objektbezug*: Wie jedes Erleben das Erleben von *etwas* ist und jedes Verhalten in Bezug auf *etwas* erfolgt, ist jede Einstellung als Determinante von Erleben und Verhalten auf einen Gegenstand gerichtet. Bezugsobjekt von Einstellungen kann alles sein, was psychologisch existiert, z.B. Personen, Gruppen, konkrete Gegenstände oder das eigne Selbst.
- *Erworbenheit*: Einstellungen entwickeln und wandeln sich in einer individuellen Lerngeschichte nach allgemeinen Lerngesetzen. Sie sind das Ergebnis der Auseinandersetzung des einzelnen mit der Umwelt; ihr gegenwärtiger Ausdruck spiegelt Anteile früherer Erfahrungen wider.
- *Systemcharakter*: Krech et al. (1962: 140ff.) bezeichnen Einstellungen als ein dauerhaftes System dreier Komponenten: der kognitiven (das Wissen über den Einstellungsgegenstand), der affektiven (das mit dem Gegenstand verbundene Gefühl) und der Handlungskomponente (Tendenzen, sich in Bezug auf den Gegenstand zu verhalten). Man geht davon aus, dass diese Komponenten durch ein System von Abhängigkeiten (Interdependenzen) gekennzeichnet sind.

Als weitere Determinanten einer Einstellung werden häufig deren relative Konstanz und Dauerhaftigkeit angesehen, wobei ihre Beeinflussung nicht grundsätzlich

Übersicht 2

Elemente, Beziehungen und Umfeldkriterien für das Handwerksimage

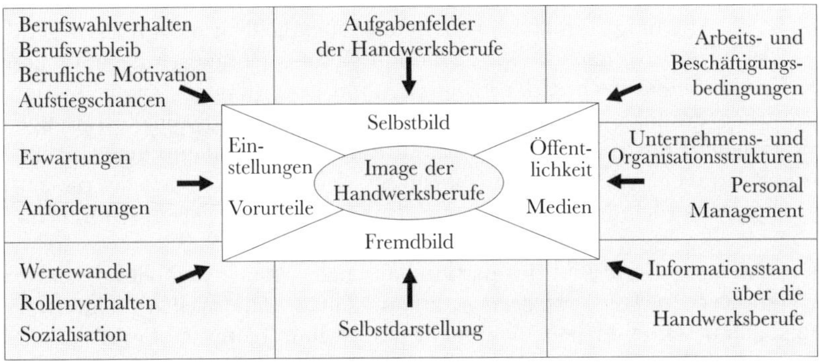

Quelle: Dürig 1998: 84.

ausgeschlossen wird. Jedoch wird der Erfolg solcher Bemühungen wesentlich von der Zentralität der Einstellung für das Individuum (*ego-involvement*) bestimmt. Die Zentralität einer Einstellung ist abhängig vom Charakter der Bedürfnisse, die befriedigt werden sollen (Krech u.a. 1962). Die Variabilität bzw. Konstanz einer Einstellung hängt außerdem von kommunikativen Stimuli (Sender, Botschaft und Kanal) sowie den demographischen und psychographischen Persönlichkeitsmerkmalen ab. Die wahrgenommene Glaubwürdigkeit der Quelle (z.B. hohes Ansehen des Mitteilenden) und Attraktivität des Kommunikators begünstigen einen Einstellungswandel. Die Überredungsabsicht, die vom Empfänger durchschaut wird, steigert seine Abwehr gegen den Versuch der Manipulation (Reaktanz).

Bei dem Image eines Wirtschaftsbereiches oder eines Berufes handelt es sich um ein komplexes Phänomen, bei dem viele Elemente, Beziehungen und Umfeldkriterien eine Rolle spielen (Übersicht 2). Zu beachten ist, dass das Image der Handwerksberufe u. A. von der Beziehung zwischen Selbst- und Fremdbild bestimmt wird. Das heißt, je positiver das Bild des Handwerks von sich selbst ist, desto selbstbewusster und auch motivierter präsentiert es sich in der Öffentlichkeit und umgekehrt. Das Fremdbild wirkt auf das Selbstbild zurück. Ist die Fremdbewertung negativ, wird dies auch im Handwerk und bei den dort Beschäftigten Minderwertigkeitsgefühle oder Rechtfertigungszwänge auslösen.

Das Image des Wirtschaftsbereichs Handwerk hat ökonomische Konsequenzen. Ein negatives Meinungsbild in der Öffentlichkeit wirkt auf die Bereitschaft zurück, dort eine berufliche Zukunft anzustreben. Schulabgänger sind dann nur schwer für eine Berufsausbildung zu gewinnen. Beschäftigte im Handwerk werden bestrebt sein, in andere Arbeitsplätze zu wechseln. Auch die Konsumenten reagieren auf eine negative Bewertung – unabhängig davon, ob sie auf selbst gemachten Erfahrungen oder Fremdurteilen beruht – mit Kaufzurückhaltung. Wird die kritische Haltung zudem durch die Medien verstärkt und setzt sich ein überwiegend missbilligendes Verständnis in der Öffentlichkeit durch, dann wird auch die Bereitschaft der Politik gering sein, die Sonderstellung des Handwerks aufrecht zu erhalten.

Doch ist die Meinung zum Handwerk in der Öffentlichkeit nicht überwiegend negativ. Der Meister ist nach dem Verständnis vieler der praktisch begabte, kompetente Könner seines Faches, der Fachwissen mit Erfahrung gekoppelt einsetzt, um hochwertige Produkte herzustellen, zu reparieren oder individuelle Lösungen zu entwickeln und umzusetzen. Dem Handwerk wird Vertrauen entgegengebracht. Dies hat sich nicht zuletzt in den Nahrungsmittelhandwerken gezeigt, die zur Zeit der Lebensmittelskandale an Zuspruch der Konsumenten gewonnen haben.

Das traditionelle Berufsbild des patriarchalischen, einem Kleinbetrieb vorstehenden Handwerksmeisters mit gering ausgeprägten kommerziellen Neigungen und Fähigkeiten beschreibt längst nicht mehr die Realität. Längst gibt es eine Pluralität der Stile und Mentalitäten; sie reicht vom archetypischen traditionellen Handwerksmeister bis zum handwerklichen „Industriellen", der über modernste Ausrüstungen verfügt und sich moderner Managementmethoden bedient. Gleichwohl besteht in der Bevölkerung die Neigung, ein mitunter nostalgisch verklärtes Verständnis des Handwerks als Hüter von Qualität, Solidität und Umweltbewusstsein aufrechtzuerhalten. Das Image des Handwerks besteht aus einer merkwürdig anmutenden Mischung aus Ablehnung von veralteter und unmoderner Produktionsweise einerseits und dem Wunsch, Traditionelles zu erhalten und zu bewahren.

3. Herausforderung an das Handwerk in der Wissensgesellschaft

Die zunehmende Unsicherheit bei der Bestimmung der Berufstätigkeiten und Betriebsformen, die dem Handwerk zuzurechnen sind, ist auf den wirtschaftlichen und gesellschaftlichen Wandel zurückzuführen. Der amerikanische Soziologe Robert E. Lane (1966) prägte den Begriff der *knowledge society*, der „Wissensgesellschaft". Wenn man sich an der wörtlichen Übersetzung dieses Terminus orientiert, so handelt es sich um eine Gesellschaft, die erstrangig durch ihr Wissen bestimmt wird. Das ist freilich nicht neu; Wissen war schon immer wesentliches Merkmal menschlicher Lebensformen. In jeder Gesellschaftsform gab und gibt es Personen oder Berufsgruppen, z.B. Mönche, Gelehrte, Handwerker, Mediziner, Juristen, die über spezifisches Wissen verfügten und es an bestimmte Personen weitergaben. Wenn man allerdings dem gegenwärtigen Tenor des Begriffes folgt, dann löst die Wissensgesellschaft im 21. Jahrhundert die Industriegesellschaft ab. Das Wissen, das immer für die gesellschaftliche Entwicklung relevant war, muss also in jüngster Vergangenheit einen Bedeutungswandel vollzogen haben, wenn es in den Rang eines dominanten gesellschaftlichen Merkmals aufrückt.

Der Begriff Wissensgesellschaft taucht als Gegentypus zur Industriegesellschaft zu Beginn der sechziger Jahre auf; Gegentypus deshalb, weil – wenn auch nicht immer mit aller Deutlichkeit – in der Verwendung des Begriffs ein Gegensatz zur materiellen Produktion der Industrie herauszuhören oder herauszulesen ist. Seine heutige Verwendung geht daher weniger von der Interpretation von Wissen, Glauben, Meinen (Wissensgesellschaft als Gesellschaft der Weisen im Sinne Platons oder die Ablösung der kirchlich bestimmten Glaubensgesellschaft) aus, sondern von der Funktion des Wissens, also der Ökonomie des Wissens. Die These der Wissensgesellschaft besagt nun, dass „Wissen" als ein weiterer Produktionsfaktor an Bedeutung gewinnt und die Gesellschaft in einem Ausmaß verändert, dass es sich lohnt, die Analyse auf diesen Aspekt zu fokussieren. Die Wissensgesellschaft wird häufig auch als Informationsgesellschaft bezeichnet oder mit ihr gleichgesetzt. Dies ist insoweit zutreffend, als beide Konzepte die Technologien der mikroelektronischen Revolution zur Grundlage haben und in sozioökonomischer Hinsicht auf differenzierten Typen von Industrie- und Dienstleistungssystemen beruhen.

Wissen ist nicht mehr bloß eine gesellschaftliche Voraussetzung, sondern ein strategisches Thema der Ökonomie selbst. Wissen ist wegen seines raschen Wandels und seines extremen Wachstums ein kritischer Faktor des unternehmerischen Erfolgs. Das Wissen, welches die Wissensgesellschaft einfordert, ist nicht das Orientierungs- und Bildungswissen, welches die humanistisch-bürgerliche Gesellschaft bis in die Neuzeit prägte, sondern es ist *ökonomisch relevantes Anwendungswissen.* Der rasche Wandel und die damit einhergehende Veralterung von Wissen machen beständige Bildungsprozesse erforderlich. Die wissensintensiven Sektoren hängen daher sowohl von gut ausgebildeten Spezialisten wie von einer kontinuierlichen Weiterbildung ihres Personals und von dauernden Forschungs- und Entwicklungsleistungen ab. Die Popularität der beiden Schlagworte „lernende Organisationen" und *life-long-learning* ist hierdurch begründet[5].

Grundlage dieser Entwicklung ist die rasche Verbreitung der IuK-Technologien. Sie sind als Querschnittstechnologien geeignet, bislang getrennt nebeneinander existierende Strukturen zu verbinden. Konkret: Die Unternehmen werden diese Instrumente nutzen, um neue Marktchancen durch Kombination unterschiedlicher Leistungsangebote zu realisieren. Ein Beispiel ist die zunehmenden Vermittlung von Gebrauchtwagen über das Internet; diese neue Angebotsform entwickeln sich teilweise in Kooperation mit dem Gebrauchtwagenhandel, ist aber auch geeignet, Geschäftsfelder von Privat zu Privat am Gewerbe vorbei abzudecken.

Der Übergang zur wissensbasierten Ökonomie führt dazu, dass herkömmliche Markt- und Branchengrenzen in Frage gestellt werden. Dies eröffnet für das Handwerk Risiken und Chancen zugleich. Die rasche Übertragungsmöglichkeit von Daten kann dazu beitragen, Individualfertigungen zu beschleunigen und damit wieder attraktiver zu machen. Ax (1997: 103ff.) berichtet über Versuche im Handwerk, nachhaltiges Wirtschaften mit Hilfe neuer Technologien zu realisieren[6]. Verstärkt wird es in der Informationsgesellschaft darauf ankommen, über die herkömmlichen Handwerksgrenzen hinauszudenken, zunächst durch Ausübung dem eigenen Handwerkszweig nahe stehender Gewerke – die durch die Novelle der

[5]Hier setzt ein Argumentationsstrang der Kritik an der Handwerksordnung an, die davon ausgeht, mit einer einmaligen Meisterprüfung Qualitätsstandards dauerhaft sichern zu können.

[6]So versuchen einige Betriebe im Textilhandwerk, die Maßanfertigung wieder zu beleben. Der Kunde sucht den Stoff aus, die Körpermaße werden online der Fabrik bzw. der Werkstatt übermittelt.

Handwerksordnung eröffneten Möglichkeiten sind wohl längst nicht ausgeschöpft. In einem weiteren Sinne ist auch an die Zusammenarbeit der Gewerke des Vollhandwerks mit den handwerksähnlichen und des Handwerks mit Industrie und Dienstleistungswirtschaft zu denken. Es gilt, Chancen jenseits der etablierten Betätigungsfelder zu nutzen und dabei verstärkt nicht-handwerkliche Wertschöpfungsfelder zu erschließen. Die Aufnahme von unkonventionellen Serviceleistungen in die Angebotspalette einiger Handwerke (Kfz-Handwerk: Autovermietung; Nahrungsmittelhandwerke: Partyservice) ist ein Beispiel für derartige „Öffnungsstrategien" (Lageman 2001: 21). Die Marktchancen des Handwerks in der wissensbasierten Gesellschaft werden stark davon abhängen, ob die privaten und gewerblichen Nachfrager dort wieder verstärkt planende, konstruktive und gestalterische Kompetenzen suchen und vorfinden. Denkbar ist hier das Entstehen neuer Kooperationsformen und die Herausbildung von Produktionsnetzwerken (Ax 1997:118).

4. Perspektiven des Handwerks in der wissensbasierten Ökonomie

Die Perspektiven des Handwerk werden u.A. davon geprägt sein, welche Erwartungen in unserer Gesellschaft an es gestellt werden. Diese Erwartungen wiederum hängen vom Bild des Handwerks in den Köpfen den Menschen ab. In den Wirtschaftszweigen, in denen in Deutschland Handwerksunternehmen eine wichtige Rolle spielen, sind in allen hoch entwickelten Volkswirtschaften meist kleine und mittlere Unternehmen stark präsent, die hinsichtlich der dominierenden Gesellschaftsformen, der betrieblichen Organisation und der eingesetzten Technologien den deutschen Handwerksunternehmen sehr ähnlich sind. Sie haben in diesen Bereichen überall in der industrialisierten Welt ihre wirtschaftliche Existenzberechtigung im 20. Jahrhundert vielfach unter Beweis gestellt. Das Kleinunternehmen hat sich hier aufgrund sehr begrenzter positiver Skalen- und Verbundeffekte dem großen gegenüber als überlegen erwiesen. Unterschiedliche Konzentration und Wettbewerbsverhältnisse auf einzelnen der angesprochenen Märkte zwischen den entwickelten Volkswirtschaft ändern an dieser Feststellung ebenso wenig wie die Tatsache, dass *economies of scale and scope* im Zeitablauf veränderlich sind. An der grundsätzliche Stärke kleinerer Unternehmen auf lokalen Märkten, in denen individuelle Produktlösungen und Dienstleistungsangebote gefragt sind, wird sich auch in der wissensbasierten Ökonomie des 21. Jahrhunderts nur wenig ändern.

Zugleich ist festzustellen, dass die eigentlichen Domänen einer vorindustriell geprägten handwerklichen Produktion – überall in der industrialisierten Welt – heute auf ein volkswirtschaftlich unbedeutendes Segment geschrumpft sind. Ihm sind z.B. die Musikinstrumentenhersteller (soweit es sich tatsächlich um handwerklich tätige und nicht um Einzelhandelsbetriebe handelt) zuzurechnen, die bis zur Novellierung von 1998 separat geführten Glockengießer oder die Wachszieher. Faktisch entfällt auf diese bereits vor Einsetzen der Industrialisierung ausgeübten handwerklichen Betätigungen nur ein Bruchteil (weniger als 5 vH) der Produktion und Beschäftigung des per Legaldefinition abgegrenzten Handwerks. Ansonsten bedient es sich entweder durchgängig der Technologien, Produktionsformen und Arbeitsweisen des Industriezeitalters – wie in der Bauwirtschaft – oder ist selbst industriellen Ursprungs wie das Kfz-Technikerhandwerk, die Vulkaniseure oder die Informationstechniker.

Ein zentrales Spezifikum des deutschen Handwerks, das dieses vom den KMU-dominierten Wirtschaftsbereichen der meisten EU-Länder unterscheidet – Ausnahmen sind Österreich und Luxemburg –, liegt im einheitlichen und vergleichsweise strikten Regulierungsmodus. Dennoch ist es nicht so, dass in Deutschland in diesen Sektoren die Regulierung dominiert. Die meisten der in Deutschland durch die Handwerksordnung erfassten Wirtschaftsbereiche unterliegen auch in anderen Industrieländern diversen Formen staatlicher Regulierung. Insbesondere trifft dies auf die Bauwirtschaft zu, die in Deutschland zudem nicht nur durch die Handwerksordnung, sondern mit einem Geflecht staatlicher Regelungen überzogen ist. Die Besonderheit des deutschen Handwerks sind folgende Merkmale:

- Es genießt gegenüber dem übrigen Gewerbe eine rechtliche Sonderstellung, indem es neben dem allgemeinen Gewerbe- ein eigenständiges Handwerksrecht gibt.
- Voraussetzung für die Eröffnung eines selbständigen Handwerksunternehmens oder eines handwerklichen Nebenbetriebs ist der Nachweis der Meisterprüfung im betreffenden Gewerk („Meisterzwang"). Nur im Fall des Vorliegens bestimmter Ausnahmetatbestände kann auf das Ablegen des Großen Befähigungsnachweises verzichtet werden.
- Die Ausnahmestellung kommt auch in der Existenz öffentlich-rechtlicher Handwerkskammern und diverser mit diesen verbundener Organisationen zum Ausdruck.
- Die heutige Organisationsform und -kultur schreibt nicht einfach handwerkliche Traditionen der frühen Neuzeit nahtlos fort. Sie verkörpern vielmehr eine mit staatlicher Unterstützung im 20. Jahrhundert reaktivierte und modernisierte Tradition. Nicht zu übersehen ist allerdings, dass sich das deutsche Handwerk durch ein in anderen deutschen Berufsgruppen oder in den Kleingewerben anderer europäischer Länder so kaum zu findendes Zusammengehörigkeitsgefühl auszeichnet.
- Mittels der institutionellen Regelungen der deutschen Handwerkswirtschaft werden Normen, Werte, Orientierungen und Handlungsmuster gefördert und tradiert, welche den Industrialisierungsprozess nachhaltig gefördert haben und sich günstig auf das Wirtschaftsleben in der Gegenwart auswirken. Mit der Handwerksordnung ist ein Stück „Sozialkapital" verbunden – was in der Regulierungsdiskussion um die Handwerksordnung fast stets vernachlässigt wurde.
- Zu den positiven Aspekten der Handwerksregulierung gehört unübersehbar die wichtige Rolle, welche das Handwerk nach wie vor in der beruflichen Erstausbildung im Rahmen des dualen Systems der Berufsausbildung spielt. In anderen europäischen Staaten findet die Ausbildung in handwerklichen Berufen überwiegend schulisch statt. Die duale Berufsausbildung, an deren Herausbildung das Handwerk maßgeblich beteiligt war, hat wegen ihrer Praxisnähe und der damit verbundenen Rückmeldung veränderter Qualifikationsbedarfe beachtliche Vorteile.

Die Sonderstellung des Handwerk ist eine politische Vorgabe und fällt somit in den Bereich der Rahmensetzungskompetenz des Gesetzgebers. Für die Sonderstellung werden im Wesentlichen folgende Punkte angeführt:

- Viele Handwerksberufe weisen einen Schwierigkeitsgrad auf, der eine besondere Qualifizierung erfordert. Um Gefährdungspotenziale für die Nachfrager zu minimieren, werden hier Befähigungsnachweise als notwendig erachtet (Vorabqualifizierung versus rigides Schadenshaftungsrecht).
- Das Handwerk wird als Repräsentant einer historisch gewachsenen, volkswirtschaftlich bedeutsamen Gruppe kleiner und mittlerer Unternehmen betrachtet, die es auch aus wettbewerbspolitischer Sicht[7] (ausgewogene Betriebsgrößenstruktur) zu fördern gilt, um einer Vermachtung der Märkte entgegenzuwirken.
- Das Handwerk trägt wesentlich zum Humankapitalaufbau bei. Die Ausbildung Jugendlicher in handwerklichen Berufen ist nicht nur für das Handwerk selbst, sondern auch für andere Bereiche der Volkswirtschaft vorteilhaft.

Die Handwerksordnung war in der deutschen wirtschaftspolitischen Diskussion stets umstritten. Die Befürworter wiesen unter anderem darauf hin, dass die Meisterprüfung Qualitätsstandards gerade auch in den „Gefahrenhandwerken" sicherstelle und die Handwerksordnung somit einen unter volkswirtschaftlichen Effizienzgesichtspunkten positiv zu bewertenden „Risikobewältigungsmechanismus" bereitstelle. Sie betonten auch, dass das Handwerk praktisch auf allen von ihm bedienten Märkten in einem intensiven Wettbewerb zu nicht-handwerklichen Anbietern stehe und somit die von manchen diagnostizierten monopolartigen Strukturen nicht bestünden. Des Weiteren verweisen sie darauf, dass die empirische Evidenz gegen die von Kritikern behauptete Steuerung des Marktzugangs in den Handwerksberufen über die Meisterprüfung spricht.

Gegner der Handwerksordnung sehen in ihr dagegen ein Instrument, das den Marktzugang engagierter Fachkräfte verhindere, den Wettbewerb auf den „Handwerksmärkten" einschränke, zu überhöhten Preisen, Qualitätsdefiziten und mangelhafter Kundenfreundlichkeit führe, Unternehmensgründungen und Beschäftigung hemme und Schwarzarbeit fördere (Mirbach 1986). Diese Argumente sind in der Literatur über Jahrzehnte hinweg ausführlich dargelegt worden und sollen hier nicht erneut analysiert werden[8]. Generell ist anzumerken, dass die ordnungspolitische Diskussion stark durch theoretische Argumente geprägt und kaum der Versuch einer empirischen Überprüfung der Hypothesen unternommen wurde. In jüngster Zeit wird die Debatte allerdings um Argumente ergänzt, die sich kritisch mit dem Wandel der Handwerkstätigkeiten selbst befassen und hier eine Entwicklung glauben feststellen zu können, die auf eine Konvergenz zu anderen Wirtschaftsbereichen hinausläuft. Die wichtigsten Punkte aus dieser Diskussion sind:

- Die technologische Entwicklung hat dazu beigetragen, dass vormals nur mit besonderer handwerklicher Ausbildung durchführbare Tätigkeiten immer häufi-

[7] Allerdings ist diese vor allem in der älteren Literatur zur Wettbewerbstheorie vorgetragene Position umstritten.
[8] Eine ausführliche Diskussion findet sich in Klemmer, Schrumpf 1998.

ger von halbwegs geschickten Menschen unter Zuhilfenahme von neuen Werkstoffen, einfachen Hilfsmitteln und bedienungsleichten Maschinen auch ohne umfassende Qualifikation ausführbar sind. Der Produktivitätsfortschritt im Handwerk hat dazu beigetragen, dass viele Arbeiten im Do-it-yourself oder von Nicht-Handwerkern ausgeführt werden können. Es sei hier nur auf die Angebote und die steigenden Umsätze der Baumärkte zu verweisen. Die technologische Entwicklung hat nicht nur zur Vereinfachung bestimmter Tätigkeiten beigetragen, sondern auch zu einer Veränderung der Qualifikationsanforderungen. Im Profil vieler Handwerksberufe haben Kenntnisse der EDV und des sozialen Umgangs (Schlüsselkompetenzen) einen höheren Stellenwert erlangt als traditionelle handwerklich-technische Fertigkeiten. So machen Prüfgeräte sowie der Austausch ganzer Module bei Reparaturen häufig das Wissen um die technischen Zusammenhänge im Detail entbehrlich.

– Werkstoffbeherrschung, Eigentumsverbundenheit, Familienverwurzelung und die Möglichkeit, Betrieb und Produktionsergebnis individuell zu formen, sind nicht mehr unbedingt die stärksten prägenden Kräfte eines Handwerksbetriebs (Voigt 1956). Vielmehr ist eine große Bandbreite von traditionell handwerklich, meisterzentriert arbeitenden Betrieben bis hin zu modernen, mehrgliederig organisierten und in der Rechtsform von Kapitalgesellschaften arbeitenden Handwerksunternehmen anzutreffen.

– Mit der Forderung der Meisterprüfung werden Qualitätsstandards festgelegt, die unzureichend mit den Markterfordernissen abgestimmt sind. So gibt es im technischen Bereich Lehrinhalte, die entbehrlich sind, weil der Markt sie nicht honoriert, und im betriebswirtschaftlichen Teil bestehen Defizite, die durch subventionierte Betriebsberatung der Kammern ausgeglichen werden müssen.

Der Preis der Modernisierung des Handwerks ist offenbar ein Verlust an handwerkstypischen Merkmalen. Doch was sind heute handwerkstypische Merkmale? Akzeptiert man das Denkmodell eines dynamischen Handwerksbegriffs, dann muss jede Epoche neu bestimmen, welche Berufstätigkeit als handwerklich zu bezeichnen ist. Es kann nicht ausreichen, das Handwerk mit Merkmalen zu definieren, die früher einmal zutreffend waren, in der Praxis heute aber nicht mehr oder immer seltener anzutreffen sind.

Das Handwerksverständnis unterlag stets historischen Wandlungen, die sich in der Auseinandersetzung mit anderen Berufsgruppen, mit den Rahmensetzungen politischer Mächte und den Wettbewerbskräften der Märkte vollzogen. Das Handwerk hat sich so von der Landwirtschaft abgekoppelt. Es hat seine Stellung bei der Herausbildung von Verlag, Manufaktur und Fabrik behauptet. Die Industrialisierung hat den Charakter des Handwerks entscheidend verändert, dennoch hat es sich mit verändertem Profil bis in die Neuzeit erhalten können. Kennzeichnend für die Handwerksentwicklung war und ist, dass institutionelle Barrieren dauerhaft den Marktkräften nicht widerstehen können. Das moderne Handwerksrecht hat bis hin zur letzten Novellierung 1998 Prozesse nachvollzogen, die sich bereits auf den Märkten durchgesetzt hatten. Schon vor den diesbezüglichen Gesetzesänderungen wurden von Handwerksbetrieben „Leistungen aus einer Hand“ angeboten.

Auch moderne Betriebsformen (Filialisierung, Franchising) haben sich im Handwerk durchsetzen können, obwohl sie mit seinem landläufigen Verständnis wenig Berührungspunkte haben. Die Zusammenlegung mehrer Handwerke im Rahmen der letzten Neuordnung der Anlage A folgte der Entwicklung, wie sie die Märkte vorgezeichnet hatten. Nicht nur im Handwerk, sondern auch in anderen Wirtschaftszweigen sind Branchengrenzen durchlässiger geworden. Der Wettbewerb zwingt zu neuen Kombinationen von Leistungsangeboten, die gesichert geglaubte Marktgrenzen überschreiten. Die IuK-Technologien haben in den letzten Jahren dazu beigetragen, die Realisierung „grenzüberschreitender Querschnittsangebote" zu erleichtern. Im Handwerk wurden lange Zeit Marktgrenzen durch Berufe und Berufsbilder zementiert und ihre Auslegung in Rechtsstreitigkeiten zwischen Handwerkszweigen ausgefochten. Dies lässt der Wettbewerb heute nicht mehr zu. Die Nachfrager tolerieren immer weniger Abstimmungsprobleme zwischen verschiedenen Handwerken. Der Wunsch nach fachlich kompetenten Leistungen bezieht sich immer stärker auf den Gesamtauftrag, auch wenn eingesehen wird, dass die Teilleistungen in der Regel nur von spezialisierten Handwerksbetrieben verschiedener Fachrichtung zufriedenstellend erbracht werden können. Seit Jahrzehnten ist dieses Problem bekannt und ebenso lange wird darüber diskutiert, dass die Lösung in einer stärkeren Kooperation liege. Heute muss festgestellt werden, dass der Weg der Kooperation von zu wenigen Handwerksbetrieben gewählt wurde. Die Kooperationsunwilligkeit, deren Gründe vielfach untersucht und dargestellt wurden, hat dazu geführt, dass sich zunehmend Nicht-Handwerker in die Rolle des Vermittlers drängen. Im Baugewerbe ist dies sehr ausgeprägt zu beobachten, wo Bauträger inzwischen das Marktgeschehen in großem Umfang bestimmen. Ähnliches ist beim *Facility Management* festzustellen, auch hier gehen dem Handwerk Marktanteile verloren. Für das Handwerk ist dies deshalb bedrohlich, weil die „vermittelnden Dienstleister" sich zwischen Handwerksunternehmen und Nachfrager (Kunden) schieben. Damit droht dem Handwerk die Kundennähe und der -kontakt in wichtigen Bereichen verloren zu gehen. Ein Handwerksunternehmer, der vollständig oder überwiegend für einen *Facility Manager* arbeitet, kann in wirtschaftliche Abhängigkeit geraten und letztlich seine Selbständigkeit bei Aufrechterhaltung des vollen unternehmerischen Risikos verlieren.

Welche Perspektiven für das Handwerk sind sichtbar? Dies lässt sich vielleicht mit zwei Trends erfassen, die einerseits durch eine Differenzierung und Spezialisierung der Leistungen und andererseits durch die wechselseitige Durchdringung und Überschneidung mit Arbeitsweisen und Produktionsverfahren anderer Wirtschaftszweige gekennzeichnet sind. Differenzierungs- und Spezialisierungsstrategien verfolgen jene Unternehmen im Handwerk, die sich erfolgreich als Nischenanbieter (im weiteren Sinne) im Markt platzieren können. Dies ist immer schon eine beliebte Form der Profilierung gewesen, man denke nur an Nahrungsmittelhandwerker, die regionale Spezialitäten anbieten, oder auch handwerksähnliche Gewerbe, die nur einen Teilausschnitt eines Vollhandwerks zu ihrem Betätigungsfeld machen. Zunehmend mehr Unternehmen sehen in der ökologischen Ausrichtung eine Möglichkeit, sich im Wettbewerb zu behaupten. Niedrigenergiehäuser im Baugewerbe, Maßanfertigung im Textilgewerbe oder Nahrungsmittelhandwerker mit Rohstoffen aus der Region sind Beispiele dafür, die auch dazu beitragen können, dem Handwerk eine neue Identität zu verschaffen. Freilich muss sich erst erweisen, wie viele Handwerksbetriebe in diesen spezialisierten und differenzierten Marktfeldern eine auskömmliche Existenz etablieren können.

Das Handwerk ist zu Produktivitätssteigerungen gezwungen, die es z.B. durch Technisierung, stärker arbeitsteilige Betriebsformen und den Einsatz von handwerksuntypischen Führungsformen durchzusetzen versucht. Diese Strategie orientiert sich an dem, was in anderen Wirtschaftsbereichen erfolgreich war. Dieser Weg muss nicht immer die geeignete Lösung für das Handwerk sein, da hierdurch auch die Wettbewerbsbeziehungen, beispielsweise zur Industrie, intensiviert werden. Diese hat nämlich inzwischen erkannt, dass die Massenproduktion an Grenzen stößt, und daher technologische Möglichkeiten erschlossen, ihre Produkte zu individualisieren. War früher die Herstellung eines Produktes nach den Vorgaben des Kunden ein Privileg des Handwerks, so hat inzwischen auch die Industrie durch die Mikrotechnisierung und Flexibilisierung der Produktionstechnik die Voraussetzungen geschaffen, bis zu einem hohen Grad Standardisierung und Individualisierung (*customizing*) miteinander zu verbinden[9].

Die gezeigten Beispiele legen den Schluss nahe, dass vor allem in der Differenzierung, Spezialisierung und konsequenten Dienstleistungsorientierung die Chancen des Handwerks liegen. Doch sind dies keineswegs ausschließlich vom Handwerk angestrebte Orientierungen. Die Vermischung der Wirtschaftsbereiche wird andauern und auch jene traditionellen, regionalen Märkte erfassen, auf denen das Handwerk bislang eine dominierende Position behauptet hat. Seine Definition über ein gesondertes Recht oder durch Interpretation von Berufsbildern wird künftig in einem zusammen wachsenden Europa, in dem das deutsche Handwerksrecht eine Ausnahmestellung einnimmt, zunehmend kritisch hinterfragt werden. Wo die Sonderstellung aufrecht erhalten bleiben kann und soll, bedarf der Untersuchung der realen Situation in den Einzelhandwerken. Orientierungspunkte könnten z.B. darin liegen, bei welchen Handwerksberufen

- nachvollziehbare Gefahren für die Nachfrager bestehen, wenn die Leistungsausführung ohne besonderen Qualifikationsnachweise durchgeführt wird. Für einen großen Teil der Handwerke könnte die Sicherheit, wie das Beispiel anderer europäischer Staaten zeigt, auch über das Haftungsrecht durchgesetzt werden;
- es nicht gewährleistet werden kann, dass Mindeststandards in Hinblick auf Arbeitsbedingungen und sorgfältige Leistungserstellung eingehalten werden. Hier greifen inzwischen allerdings auch Zertifizierungen und Qualitätssicherungssysteme;
- ein besonderer Schutz sinnvoll ist, weil sie eine kulturelle Bereicherung darstellen (z.B. Musikhandwerke, Kunsthandwerke).

[9] Ein Beispiel: Im Metallgewerbe sind Durchdringung und Überschneidung mit Arbeitsweisen und Produktionsverfahren der Industrie üblich. Dies ist keine gänzlich neue Erscheinungsform, sondern begleitet diese Handwerke schon seit vielen Jahrzehnten. Jedoch hat sich der Grad der Überschneidung in den letzten Jahren durch die Elektronisierung der Produktionsprozesse verstärkt. Mit der Technisierung und „Industrialisierung" der handwerklichen Produktion steigt die Kapitalintensität und damit der Druck zur Erhöhung des Umsatzes und der Vergrößerung des Betriebs. In diesen Bereichen scheinen Industrie und Handwerk miteinander zu verwachsen.

Das deutsche Handwerksrecht wurde, wie die mehrfachen Novellierungen zeigen, in den zurückliegenden Jahrzehnten immer wieder angepasst, und dies wird auch in Zukunft der Fall sein. Bei stärkeren Korrekturen sind stets auch die Opportunitätskosten in Rechnung zu stellen – z.B. Einbußen an Sozialkapital, Minderung der Qualitätsstandards in der Bauwirtschaft, Beschädigung des dualen Systems der Berufsausbildung. Das Handwerk ist im Übrigen in den von ihm in Konkurrenz zu nicht-handwerklichern Anbietern bedienten Marktfeldern in der Regel stark genug, seine Position mit Fachkompetenz, attraktiven Angeboten und Kundenähe zu behaupten. Einen Schutz vor Wettbewerbern, der Monopolgewinne ermöglicht hätte, hat das Handwerksrecht auch bisher nicht unbedingt geboten und sollte dies auch nicht tun. Nicht-handwerkliche „Billiganbieter" sind trotz Handwerksordnung auf dem Markt. Das Handwerk sieht sich auch heute dem Wettbewerb auf „seinen" Märkten aus dem Industrie- und Handelsbereich ausgesetzt. Zudem sind die restriktiven Bestimmungen der Handwerksordnung in den vergangenen Jahren immer weiter liberalisiert worden. Die Leipziger Beschlüsse der Bund-Länder-Kommission haben nicht nur in Richtung auf eine einheitliche Auslegung der Ausnahmebestimmungen gewirkt, sondern wohl auch schon den Weg einer zukünftigen weiteren Öffnung der Handwerksordnung vorgezeichnet. Das Handwerk ist also zunehmend gefordert, eine zeitgemäße Identität über sein Leistungspotenzial zu definieren.

Die Ausbildung in Handwerksberufen ist weiterhin ein gewichtiges Argument, das begründet, das Handwerk bei dieser Aufgabe zu unterstützen und zu fördern. Das duale Berufsbildungssystem hat sich bewährt und sollte aufrecht erhalten bleiben. Hierzu sind Modelle zu untersuchen, die für Handwerksbetriebe eine Ausbildung unanhängig von Marktzutrittsbarrieren attraktiv machen. Ein solcher Weg erscheint auch deshalb angezeigt, weil zunehmend die Unternehmen erkennen, dass mit der Berufsausbildung Humankapital aufgebaut wird, das im Wettbewerb Vorteile bringt. Dies gilt insbesondere dann, wenn das Handwerk sein Leistungsangebot weiter spezialisiert.

Literatur

Ax, C. (1997), *Das Handwerk der Zukunft.* Leitbilder für nachhaltiges Wirtschaften. Basel et al.: Birkhäuser.

Bücher, K. (1911), Handwerk. In L. Elster (Hrsg.), *Wörterbuch der Volkswirtschaft*, 1. Band. Jena: Fischer.

Deregulierungskommission (Hrsg.) (1991), *Marktöffnung und Wettbewerb.* Zweiter Bericht: Die Stromwirtschaft, Das technische Prüfungs- und Sachverständigenwesen, Das Handwerk, Der Arbeitsmarkt. Bonn.

Droste, F. (1887), *Die Handwerkerfrage.* Bonn: Hanstein.

Dürig, W. (1998), Nachwuchssicherung und Imageverbesserung für das Handwerk. Evaluierung einer vom Ministerium für Wirtschaft und Mittelstand, Technologie und Verkehr des Landes Nordrhein-Westfalen geförderten und vom Westdeutschen Handwerkskammertag durchgeführten Maßnahme zur Nachwuchssicherung und Imageverbesserung für das Handwerk. Schriftenreihe des Westdeutschen Handwerkskammertages. WHKT, Düsseldorf.

Ebert, G. (1980), Handwerkspolitik. In W. Glastetter et al. (Hrsg.), *Handwörterbuch der Volkswirtschaft.* Wiesbaden: Gabler, 511–516.

Fröhler, L. und G. Mörtel (1979), *Die Berufsbildfixierung im Handwerksrecht und die Frage ihrer verfassungsrechtlichen Problematik.* Teil II: Das System der Berufsbilder nach der Handwerksordnung. Institut für Handwerksrecht, München.

Grothe, H. (1884), *Der Einfluss des Manchesterthums auf Handwerk und Heimindustrie.* Berlin: Luckhardt.

Habermas, J. (1974), *Strukturwandel der Öffentlichkeit.* Untersuchungen zu einer Kategorie der bürgerlichen Gesellschaft. 6. Aufl., Neuwied und Berlin: Suhrkamp.

Hageböllng, L. (1983), *Die rechtliche Sonderstellung des Handwerks in Abgrenzung zur Industrie.* Diss. TU Braunschweig.

Hamer, E. (1979), *Das Handwerk und sein Markt.* Probleme mit Industrie, Heimwerk, Schwarzarbeit. Hannover: Schlütersche Verlagsanstalt.

Klemmer, P. und H. Schrumpf (1998), Der Große Befähigungsnachweis im deutschen Handwerk: Relikt einer Ständegesellschaft oder Instrument moderner Wirtschaftspolitik? Schriften und Materialien zu Handwerk und Mittelstand 1. RWI, Essen.

Krech, D., R.S. Crutchfield and E.L. Ballachey (1962), *Individual in Society.* New York: McGraw-Hill.

Küffner, G. (1977), *Das Gewerbezulassungsrecht der Handwerksordnung.* Diss., Universität Erlangen und Nürnberg.

Lageman, B. (2001), Marktstrukturen im Wandel – künftige Unternehmensstrategien im Handwerk. In Kreditanstalt für Wiederaufbau (Hrsg.), Expertenworkshop zur Situation im Handwerk. Mittelstands- und Strukturpolitik 20. Frankfurt a.M., 15–24.

Lane, R.E. (1966), The Decline of Politics and Ideology in a Knowledge Society. *American Sociological Review* 3: 649–662.

Lütge, F. (1966), *Deutsche Sozial- und Wirtschaftsgeschichte.* 3. Aufl., Berlin et al.: Springer.

Mirbach, H. (1986), *Ihr Recht auf selbständige Arbeit.* Unternehmensgründungen und Handwerksrecht. Bonn Bad Godesberg: Norman Rentropp.

Roth, E. (1967), *Einstellungen als Determinanten individuellen Verhaltens.* Die Analyse eines Begriffs und seine Bedeutung für die Persönlichkeitspsychologie. Göttingen: Hogrefe.

Siegert, A. und H.-J. Musielak (1984), *Das Recht des Handwerks.* Kommentar zur Handwerksordnung nebst anderen für das Handwerksrecht bedeutsamen Rechtsvorschriften und Bestimmungen. 2. Aufl., München: Vahlen.

Sombart, W. (1902), *Der moderne Kapitalismus.* 1. Aufl., Berlin: Duncker & Humblot.

Spiegel, B. (1961), *Die Struktur der Meinungsverteilung im sozialen Feld.* Stuttgart und Bern: Hans Huber.

Voigt, F. (1956), Handwerk. In E.v. Beckerrath et al. (Hrsg.), Handwörterbuch der Sozialwissenschaften. Fünfter Band. Stuttgart et al.: Fischer et al., 24–35.

Wernet, W. (1965), Zur Abgrenzung von Handwerk und Industrie. Forschungsberichte aus dem Handwerk 11. Münster: Handwerkswissenschaftliches Institut.

Wernet, W. (1967), Handwerk im Wettbewerb. Forschungsberichte aus dem Handwerk 15. Münster: Handwerkswissenschaftliches Institut.

Zentralverband des Deutschen Handwerks (Hrsg.) (1992), *Die Handwerksordnung und ergänzende Vorschriften.* Bergisch Gladbach: Verlagsanstalt Handwerk.

Zusammenfassung

In Deutschland erfährt das Handwerk durch ein eigenständiges Recht eine Sonderbehandlung. Über eine Aufzählung von Berufen in der Handwerksordnung wird bestimmt, welche Tätigkeiten zum Handwerk gehören und welche nicht. Der sektorale und betriebliche Strukturwandel hat allerdings dazu beigetragen, dass sich Betriebsformen, Arbeitsfelder und Produktionsweisen stark verändern. Es wird immer weniger deutlich, was noch eine „typisch" handwerkliche Betätigung ist. Ausgehend von den Merkmalen, die sich über das Handwerksrecht und die Rechtsprechung durchgesetzt haben, analysiert der Beitrag drei Facetten des in der Öffentlichkeit anzutreffenden Handwerksbildes: Zunächst wird dargestellt, wie anhand von Tätigkeitsbeschreibungen und Ausbildungsordnungen Abgrenzungen vorgenommen werden. Diese Sicht wird ergänzt durch das Berufsbild, wie es sich in der öffentlichen Meinung widerspiegelt. In empirischer Sicht wird deutlich, dass die breite Palette der Betätigungen sich zunehmend einem allgemeingültigen Handwerksbegriff entzieht. Damit wird nicht nur die juristische Sonderstellung immer fragwürdiger, sondern auch das vielfach positiv besetzte Profil des Handwerks als Produktions- und Vertriebsform gerät zunehmend in Gefahr. Die Zukunft des Handwerks in der wissensbasierten Ökonomie wird stark davon abhängen, inwieweit es gelingt, eine eigene Profilierung gegenüber den Kunden zu bewahren und Innovationen in kreative Produkte umzusetzen.

Résumé

Dans le cadre juridique, l'artisanat occupe en Allemagne une place spéciale. Cependant, le changement structurel sectoriel et dans les entreprises ont eu pour effet, que la forme des entreprises, les champs d'action et la forme de production ont considérablement changé. Ainsi, il apparaît de plus en plus moins évident de définir exactement le champ d'action « typiquement » artisanal. Le travail analyse trois facettes d'image de l'artisanat. L'auteur présente tout d'abord la délimitation de l'artisanat selon la spécification du travail et le règlement de l'apprentissage. Ce point de vue est complété par l'image de la profession tel quelle est conçue par l'opinion publique. D'un point de vue empirique, il devient évident, que la multitude des spécifications du travail a pour effet, qu'une définition exacte de l'artisanat s'échappe de plus en plus . L'avenir de l'artisanat dans l'économie de la connaissance dépendra considérablement de la question, dans quelle mesure il sera possible de conserver le profil artisanal.

RWI-Mitteilungen 2002, Jg. 53 (1-4): 127–147

Unternehmensfunktionen, Standortwahl und sektoraler Strukturwandel

von Rainer Graskamp und Klaus Löbbe

In the last ten years, the overall economic regulatory framework for enterprises has changed considerably. The enterprises have reacted to this with a change of strategies, organisation concepts and choice of location. This article presents some of these organisation models and derives central questions and hypotheses from those for the empirical analysis. Entrepreneurial behaviour patterns become more and more differentiated and, alongside trade and direct foreign investment, other types of international co-operation gain in importance. This leads to a disintegration of traditional forms of organisation, particularly to a decentralisation of hitherto central functions, to the reduction in the vertical range of manufacture as well as the removal of peripheral activities to legally and economically independent and/or geographically separated units. (JEL: L22)

Offensichtlich haben sich die Bedingungen, unter denen sich die Unternehmen auf den in- und ausländischen Märkten bewegen und behaupten müssen, in den letzten Jahren nachhaltig verändert: Hierzu gehören aus europäischer Perspektive zunächst die Erweiterung und Vertiefung der Gemeinschaft und die Vollendung des Binnenmarktes; auf diese Weise ist ein weitgehend offener, europäischer Gesamtmarkt entstanden, der sich nun, gleichfalls politisch bedingt, nach Osten zu erweitern beginnt. Die damit verbundene Neubewertung der Standorte wird dadurch akzentuiert, dass die Wirtschaftsgemeinschaft inzwischen durch eine Währungsunion ergänzt wird, werden doch nun Unterschiede in den relativen Faktorpreisen deutlicher denn je sichtbar und – vor allem – dem Einfluss der nationalen Währungspolitik entzogen.

Tiefgreifende Veränderungen sind aber auch im weltwirtschaftlichen Umfeld zu konstatieren – wobei freilich darauf hinzuweisen ist, dass die in diesem Zusammenhang gern gebrauchten Schlagworte von der „Globalisierung der Wirtschaft" oder der „Internationalisierung der Produktion" recht unterschiedliche Sachverhalte zusammenfassen. Zweifellos begünstigt die rasche Ausbreitung der Informations- und Kommunikationstechnik (IuK) das Zusammenwachsen der Märkte für Waren und Dienstleistungen, erhält der Wettbewerb der Standorte, der Regionen und Nationen eine weltweite Perspektive – mit dem Ergebnis, dass die Löhne und Renditen in den hoch entwickelten Industriestaaten unter Druck geraten. Zu den Triebkräften der Globalisierung gehört aber auch, dass einige Schwellen- und Entwicklungsländer vornehmlich aus dem asiatisch-pazifischen Raum bis zur Mitte der neunziger Jahre Anschluss an das Einkommensniveau und die Konsumstrukturen der Industrieländer gefunden hatten, und es ist anzunehmen, dass sie diese wirtschaftliche Expansion früher oder später fortsetzen werden. All dies trägt zu der – verglichen mit der Weltproduktion – überproportionalen Ausweitung des Welthandels bei und ermöglicht es multinationalen Unternehmen, globale Markterschließungs- und Absatzstrategien zu entwerfen und umzusetzen. Dass zur gleichen Zeit viele Staaten mehr und mehr verarmen – namentlich auf dem afrikanischen Kontinent –, gehört ohne Zweifel zu den beklagenswerten Entwicklungen und zu den drängenden Herausforderungen der Gegenwart.

Neben diesen von der Nachfrage ausgehenden Impulsen sind auch einige eher angebotsseitige zu konstatieren: Nach einer weit verbreiteten, aber empirisch schwer belegbaren Einschätzung sind die Märkte selbst unstabiler und risikoreicher geworden. Gestützt auf zahlreiche Einzelerfahrungen, wird darauf verwiesen, dass sich die Produktlebenszyklen in den letzten Jahren immer mehr verkürzt, die Aufwendungen für die Entwicklung und Markteinführung neuer Produkte hingegen deutlich erhöht hätten. Generell habe sich der technische Wandel beschleunigt; es seien neue Produktionstechniken in immer rascherer Folge einzuführen, wobei die Bedeutung der Schlüsseltechnologien (IuK, Mikrostrukturtechnik, neue Energiesysteme und Werkstoffe u.a.) erkennbar zunehme.

Schließlich ist auf binnenwirtschaftliche Faktoren zu verweisen, denen die deutschen Unternehmen Rechnung tragen müssen. Hierzu gehören die nach wie vor unbewältigten Anpassungslasten als Folge der deutschen Vereinigung, aber auch die Veränderungen im marktwirtschaftlichen Ordnungsrahmen: Wie in vielen anderen Ländern wurden und werden Märkte dereguliert, d.h. Marktzugangsbeschränkungen und Preis- bzw. Gebührenordnungen aufgehoben, und der Einfluss staatlicher Unternehmen zurückgedrängt. Hier ist u.a. auf die Liberalisierung der Verkehrsmärkte (die zumindest teilweise Privatisierung von Bahn und Post, Abschaffung der Tarife und Aufhebung des Kabotageverbots im Güterverkehr sowie die begrenzte Zulassung von Wettbewerb auf den Telekommunikationsmärkten) hinzuweisen.

Die Vermutung liegt nahe, dass all dies die langfristigen Strategien, die betrieblichen Organisationskonzepte und nicht zuletzt die Standortwahl der Unternehmen zunehmend beeinflusst. Zweifellos wird die internationale, -sektorale und -regionale Verflechtung der Wirtschaft in allen Bereichen weiter steigen, ihre wechselseitige Abhängigkeit zunehmen. Es erscheint aber auch vorstellbar, dass sich bestimmte Aktivitäten oder Funktionen regional konzentrieren, nicht nur, indem vorwiegend arbeitsintensive Produktionen in die Niedriglohnregionen Ost- und Mitteleuropas abwandern, sondern auch in der Weise, dass die (rechtlich verselbständigten) Beteiligungs- und Finanzierungsabteilungen großer Konzerne ihren Standort mehr und mehr in den großen europäischen Finanzzentren suchen, die Logistikzentren sich an bestimmten Verkehrsachsen bzw. -kreuzen ballen und technologieintensive Produktionen und/oder Forschungszentren sich mit entsprechend ausgerichteten Universitäten an deren Standorten zu neuen Technologiekomplexen verbinden. Ursächlich für eine solche funktionale Arbeitsteilung der Regionen und der (Welt-)

Wirtschaft könnten, gewissermaßen im Schnittpunkt von regionalem und sektoralem Strukturwandel, vermutete oder tatsächliche Agglomerationsvorteile und Skaleneffekte bei der Erstellung und Vermarktung dieser Leistungen sein.

Der vorliegende Beitrag geht einigen dieser Fragen nach, auch wenn sowohl die theoretische Begründung als auch die empirische Evidenz noch ausgesprochen schwach sind. Die relevanten Entwicklungen werden im ersten Abschnitt grob skizziert. Von hier aus werden einige Leitfragen und Hypothesen formuliert, deren Relevanz empirisch geprüft wird. Zum Abschluss wird versucht, die Ergebnisse in wenigen Kernaussagen zusammenzufassen und Schlussfolgerungen für die Wirtschafts-, Bildungs- und Tarifpolitik zu ziehen.

1. Definitionen und Ausgangshypothesen

1.1. Unternehmensfunktionen und -organisation

Als funktionale Gliederung eines Unternehmens wird hier in Übereinstimmung mit der traditionellen betriebswirtschaftlichen Literatur jene Form der Aufbauorganisation verstanden[1], die sich an den verschiedenen, logisch aufeinander folgenden Stufen der betrieblichen Leistungserstellung orientiert. Dabei bilden Beschaffung und Lagerhaltung, Produktion und Logistik, Marketing und Vertrieb, Controlling und Finanzierung sowie allgemeine Verwaltung den Kern bzw. das Rückgrat der betrieblichen Wertschöpfungskette; ihnen zugeordnet sind – etwa in Form von Stab/Linien- oder Matrixstrukturen – die zentrale Forschung und Entwicklung (F&E), die Aus- und Fortbildung der Mitarbeiter, die Bildung und Überwachung der Sach- und Finanzanlagen sowie das innerbetriebliche Informationswesen und die Öffentlichkeitsarbeit. In vielen Großunternehmen der Industrie, vor allem soweit sie international tätig sind, tritt als weitere Gliederungsebene die Aufspaltung in Geschäftsbereiche (Produkt- oder Kundengruppen, Absatzregionen) hinzu.

Mit der Bildung funktionaler Einheiten verknüpft die traditionelle mikroökonomische Unternehmenstheorie die Erwartung steigender Größen- und Spezialisierungsvorteile, da auf diese Weise „bei gleichbleibendem Leistungsprogramm und Tätigkeitsspektrum

- die Beschaffung rationeller einkaufen und günstigere Konditionen aushandeln (könne),
- die Produktion Losgrößenvorteile und Fixkostendegression bei spezialisiertem Maschineneinsatz nutzen (könne),
- der Absatz seine Vertriebswege rationalisieren und seine Marketinginstrumente gezielt einsetzen (könne),
- die Entwicklung sich auf eine laufende Produktverbesserung einrichten (könne), ohne mit neuen, wenig vertrauten Anwendungen befasst zu sein" (Bühner 1991: 111.).

[1] Zur Unterscheidung zwischen Aufbau- und Ablauforganisation und zur wachsenden Bedeutung der letzteren in modernen Managementkonzepten vgl. Bühner 1999: 65ff. bzw. 249ff,; Braun 1996a: 2, 1996b: 7.

Es wird zwar eingeräumt, dass die streng funktionale Gliederung eines Unternehmens die Entstehung von Gruppenegoismen und Partikularinteressen begünstigt und eine verursachergerechte Kostenzurechnung erschwert. Dies hat zu den bereits erwähnten Mischformen funktionaler und divisionaler Aufbauorganisation beigetragen (Bühner 1991: 116ff.), so dass auch von „unechter Funktionalisierung“ gesprochen wird (Hill et al. 1994: 196). Gleichwohl scheint die Orientierung an Funktionen in der Praxis nach wie vor das dominierende Prinzip zu sein.

Die betriebswirtschaftliche Literatur macht aber darauf aufmerksam, dass sich die Angebots- und Nachfragebedingungen teilweise drastisch verändert haben und dass dies u.U. veränderte Organisationsmuster nahe lege. So wird daran erinnert, dass die klassische Begründung für Losgrößenvorteile und Fixkostendegression – das Büchner'sche Gesetz der Massenfertigung – auf weitreichenden Voraussetzungen beruht, die so heute nicht mehr gegeben sind. Hierzu gehört u.a. die Annahme konstanter Präferenzen der Konsumenten, homogener Güter und unbegrenzt aufnahmefähiger (weil unterversorgter) Märkte; nur unter diesen Bedingungen lässt sich durch Massenfertigung, Standardisierung und Prozessautomatisierung eine Kostensenkung bzw. eine Steigerung der Wettbewerbsfähigkeit erreichen. Mit der zunehmenden Sättigung vieler traditioneller Märkte und der Differenzierung der Kundenwünsche ist die klassische Begründung für *economies of scale* in vielen Bereichen brüchig geworden: Nicht Massenproduktion, sondern kundenbezogene Produktindividualisierung und flexibles Reagieren auf veränderte Präferenzen ist notwendig. Mehr Eigenverantwortlichkeit und Ergebnisverantwortung aller Mitarbeiter sind geboten, um attraktive Produkte in hoher Qualität bei vergleichsweise niedrigen Kosten liefern zu können.

Einen ersten Versuch, diesen Herausforderungen Rechnung zu tragen, stellen die sog. maßgeschneiderten Massenfertigungskonzepte (*mass customization*) dar: Durch die parallele Produktion von Varianten bzw. modularisierten Produkten sollen Verbundvorteile (*economies of scope*) genutzt werden, ohne auf *economies of scale* verzichten zu müssen[2]. Voraussetzung hierfür ist zum einen die Integration neuer technischer Lösungen in die Fertigung (Plattformdesign), zum anderen die Verknüpfung von Produktentwicklung, Fertigung und Vertrieb zu einem neuen, einheitlichen Unternehmenskonzept (Zahn 1996: 282f.).

Zu den neu gestellten Aufgaben wird weiterhin die Nutzung des Zeitfaktors gerechnet: In Zeiten schnellen Wandels ist Geschwindigkeit wichtiger als Größe (Zahn 1996: 284). Durch kürzere Produktentwicklungszeiten können und sollen *economies of speed* genutzt bzw. durch optimale Abstimmung der Unternehmensstrategien auf absehbare Marktentwicklungen *economies of timing* realisiert werden. Weitere Wettbewerbsvorteile ließen sich durch die Nutzung von *economies of competence* erschließen. Hinter diesen Wissens- und Erfahrungswerten steht die Fähigkeit eines Unternehmens, d.h. seiner Organe bzw. Organisationen, seiner Führungskräfte und Mitarbeiter, in geeigneter Weise sachbezogene Kompetenzen – insbesondere technisches, ökonomisches und soziales Wissen – zu bündeln, zu Kernkompeten-

[2]Das Prinzip der *mass customization* entstand bereits in den siebziger Jahren als amerikanische Antwort auf die „japanische Herausforderung“; Zahn 1996: 282.

zen zu verschmelzen und in die spezifischen Produkte einzubringen. Dies setzt wiederum die Öffnung gegenüber der Umwelt voraus, d.h. die Bereitschaft, von anderen Unternehmen oder Organisationen (Beratern, Hochschulen) zu lernen. Damit sind bereits Übergänge zu einem letzten Komplex von möglichen Wettbewerbsvorteilen, den *economies of learning* beschrieben. Hier geht es darum, am Wissen anderer zu partizipieren, es zu akquirieren und für die zukünftigen Strategien nutzbar zu machen.

Diese Erkenntnisse bzw. Vermutungen, aber auch die eingangs beschriebenen Veränderungen im gesamtwirtschaftlichen Umfeld[3] haben dazu beigetragen, dass in den letzten Jahren in immer rascherer Folge neue Unternehmenskonzepte angeboten werden, die diesen Veränderungen Rechnung tragen und die „neuen" Wettbewerbsvorteile nutzen wollen:

- das schon als klassisch zu apostrophierende Konzept des *lean management*: Im Mittelpunkt steht die Erhöhung der Wertschöpfung des Unternehmens; dazu sollen der Einsatz von Ressourcen (Arbeit, Kapital, Rohstoffe, Lagerbestände) minimiert, die Innovationskraft gestärkt, die organisatorischen Strukturen flexibilisiert und die Zusammenarbeit mit Kunden und Lieferanten optimiert werden (Betzl 1996: 43; Graf 1996);

- das radikale Redesign der Unternehmensprozesse im Rahmen des *business re-engineering*: Im Unterschied zum weithin bekannt gewordenen Konzept des „kontinuierlichen Verbesserungsprozesses" werden hier die gewachsenen Unternehmensstrukturen grundsätzlich in Frage gestellt und völlig neue Wege zur Leistungs- und Qualitätssteigerung gesucht. Zu den typischen Merkmalen gehört die Reduktion der Unternehmensziele und -prozesse auf einige wenige Kernelemente; zur Abbildung der Vorgänge in den Unternehmen werden computergestützte Simulationen verwendet (Betzl 1996: 48; Krallmann 1995: 355ff.);

- das auf Mobilisierung von individuellen Leistungspotenzialen abzielende Konzept des „fraktalen Unternehmens". Die einzelnen Fraktale, also Bruchstücke spiegeln, jedes für sich, die Ziele des Unternehmens, seine Motivation und seine Kultur wider. Ziel des Konzepts ist die Optimierung der Abläufe und Beziehungen zwischen den Fraktalen (Betzl, 1996: 50; Warnecke 1995);

- der zeitlich begrenzte Verbund von Unternehmen im Rahmen eines „virtuellen Unternehmens": Ausgangspunkt ist die – im vorliegenden Zusammenhang besonders interessante – Feststellung, dass der durch die Globalisierung der Märkte verschärfte Preis- und Zeitwettbewerb die Fähigkeiten herkömmlicher Strukturen überfordert. Dies gilt namentlich für Klein- und Mittelbetriebe, aber auch – mit gewissen Abstrichen – für multinationale Unternehmen. Nur durch „zeitlich begrenzte Kooperations- und Leistungsverbünde, die in den schnelllebigen Märkten ebenso schnell entstehen, wie sie auch wieder verfallen können", wären

[3]Angesprochen ist hier vor allem die wachsende internationale Verflechtung der Unternehmen, die z.B. von der Liberalisierung des Waren- und Kapitalverkehrs, sinkenden Kosten der Raum- und Zeitüberwindung (Einsatz von IuK, exponentielles Wachstum der Speicher- und Datenverarbeitungskapazitäten) sowie der Verkürzung der Produktlebenszyklen bei gleichzeitig erhöhten Aufwendungen für die Produktentwicklung angetrieben wurde.

die Unternehmen in der Lage, den Herausforderungen der globalen Märkte zu begegnen (Betzl 1996: 52ff.);

- der zeitlich oder sachlich begrenzte Verbund im Rahmen von „strategischen Allianzen". Obwohl im Grundgedanken dem Konzept des virtuellen Unternehmens verwandt, unterscheiden sich strategische Allianzen von jenen grundlegend: Sie berühren die interne Unternehmensstruktur (zunächst) nicht, virtuelle Unternehmen setzten aber eben dies voraus (und binden möglicherweise nur Teilbereiche eines realen Unternehmens ein) (Moerman et al. 1996: 453ff.).

Gemeinsam ist all diesen Konzepten, dass sie eine Verbesserung der einzelwirtschaftlichen Effizienz bewirken wollen, d.h. auf höhere Erträge und/oder niedrigere Aufwendungen abzielen: Die Kundenorientierung soll verstärkt, die Arbeitsabläufe rationalisiert, die Flexibilität der Leistungserstellung erhöht und Anpassungswiderstände abgebaut werden. Nahezu ausnahmslos wird ein höheres Maß an Verantwortung und Risikobereitschaft der Mitarbeiter, die Fähigkeit zu Teamarbeit, zu kollektivem Lernen und zu offener Kommunikation vorausgesetzt. Tendenziell führen sie zur Desintegration traditioneller Organisationsformen, namentlich zur Dezentralisierung bisher zentraler Funktionen, zur Verminderung der Fertigungstiefe bzw. zum Rückzug auf Kernkompetenzen sowie zur Auslagerung von Randaktivitäten auf rechtlich oder wirtschaftlich selbständige und/oder räumlich getrennte Einheiten. In dem Maße, in dem innerbetriebliche Hierarchien an Einfluss verlieren, steigt die Bedeutung externer Netzwerke.

Aus alledem lässt sich als Ausgangshypothese für die nachfolgenden Überlegungen ableiten, dass die Bildung funktionaler Einheiten zwar nach wie vor ein bedeutsames Prinzip unternehmerischer Aufbauorganisation ist. Unter dem Einfluss neuer Konzepte könnte es jedoch zu einer Lockerung des klassischen Unternehmensverbundes kommen, der zu einer Ausgliederung bestimmter Funktionen führt; sei es, dass diese in eigener Ergebnisverantwortung (als fraktales Unternehmen) geführt werden, sei es, dass sie von rechtlich oder wirtschaftlich selbständigen Unternehmen übernommen werden. Dabei scheinen auch Kooperationen ehemals konkurrierender Unternehmen (virtuelle Unternehmen) möglich, etwa im gemeinsamen Einkauf oder in der Forschung und Produktentwicklung – eine Entwicklung, der freilich die Kartellgesetze in Deutschland recht enge Grenzen setzen. In vielen Fällen wird diese Neupositionierung der Unternehmensfunktionen mit einer Veränderung des Standortes verbunden sein.

1.2. Standortfaktoren und unternehmerische Standortwahl

Die traditionelle (industrielle) Standortlehre versucht, den optimalen Standort für eine neu zu errichtende gewerbliche Anlage aus einer Bewertung der gegebenen, ökonomisch relevanten Eigenschaften eines Ortes bzw. einer Region abzuleiten. Zu diesen Standorteigenschaften gehören die geographische Lage und die Ausstattung der Region mit Standortfaktoren. Sie sind ablesbar an den dort herrschenden Produktions- und Vermarktungskosten, also vor allem den Grundstückspreisen, den Lohn- und Kapitalkosten sowie den Transportkosten für Rohstoffe und Fertigprodukte (so etwa die von *J.H. v. Thünen*, *W. Launhardt* und *A. Weber* entwickelten Modelle; von Böventer 1981: 410ff.).

Diesem einfachen, statischen Ansatz kommt auch heute noch eine gewisse Bedeutung zu, wenn der Begriff der Standortfaktoren nur weit genug definiert wird und auch z.B. eher qualitative Komponenten wie die allgemeine Lagegunst oder das Wirtschaftsklima einbezogen werden (Klemmer 1996: 466f.). So hat das RWI im Rahmen der sektoralen Strukturberichterstattung als positiv wirkende Standortfaktoren definiert (RWI 1989: 158ff, Löbbe et al. 1997: 27f., 2002: 67ff.):

- die geographische Lage in einem großen, dynamisch sich entwickelnden europäischen und transatlantischen Markt;
- eine gute, den raschen Austausch von Waren und Dienstleistungen sichernde Verkehrs- und Kommunikationsinfrastruktur;
- eine qualifizierte, leistungsbereite Arbeitnehmerschaft und ein reich differenziertes System der schulischen und beruflichen Bildung;
- die kontinuierliche Fortentwicklung des technologischen Wissens in allen Lebensbereichen;
- ein stabiler, Wachstum und Strukturwandel sichernder gesetzlicher Ordnungsrahmen mit einer im Prinzip liberalen Wettbewerbsordnung und einem ausgebauten Steuer- und Transfersystem und schließlich
- ein hohes Maß an wirtschaftlichem und sozialem Konsens in Wirtschaft und Gesellschaft.

Als Ergebnis einer vergleichenden Bewertung von Industrieländern wird betont, dass diese Standortfaktoren in engen Wechselbeziehungen zueinander stehen: Nicht eine Spitzenposition bei einem oder wenigen Faktoren, sondern eine optimale Mischung aus möglichst vielen guten Standortbedingungen bestimmt die Qualität eines Produktionsstandortes. Eine hohe Qualifikation der Erwerbstätigen und ein moderner Sachkapitalbestand machen entsprechende Aufwendungen notwendig, die sich in den geforderten Güter- und Faktorpreisen niederschlagen werden. Eine gute Infrastrukturausstattung und ein ausgebautes soziales Sicherungssystem setzen zwangsläufig eine gewisse Steuer- und Abgabenlast voraus; und eine liberale Ordnung ist ohne sozialen Konsens nicht denkbar (RWI 1989: 158f.).

Dieser statische Ansatz ist allerdings in mehrfacher Weise zu ergänzen. Zum einen ist darauf zu verweisen, dass nicht nur die gegebene Faktorausstattung, sondern auch das daraus resultierende Wachstumspotenzial für Entscheidungen über Neuansiedlung oder Verbleib am gegebenen Standort von Bedeutung ist. Dieses wird maßgeblich von Agglomerationseffekten und externen Ersparnissen am jeweiligen Standort bestimmt; ihre Existenz bzw. Abwesenheit ist dafür verantwortlich, dass wirtschaftliches Wachstum nicht in allen Regionen mit gleicher Breite oder Intensität stattfindet[4]. Als Folge endogener Wachstumsprozesse können sich regionale

[4]Die Regionaltheorie unterscheidet in diesem Zusammenhang Lokalisationsvorteile (die auf räumlichen Clustern gleicher Branchen beruhen) und Urbanisationseffekte, die aus der räumlichen Ballung unterschiedlicher Branchen resultieren.

Wachstumspole (etwa in zentralen Orten) und Entwicklungsachsen bilden, die eine gewisse Eigendynamik entfalten und zur Differenzierung der räumlichen Entwicklung beitragen (z.B. Kaldor 1970; Myrdal 1959; von Böventer 1975; zu diesen Ansätzen vgl. auch Krieger et al. 1985: 10ff.). Ein konkurrierendes Modell stellt die Theorie der sektoral orientierten Entwicklungsnetze dar: Empirische Untersuchungen zeigen, dass die Standorte bestimmter Branchen zwar im (europäischen) Raum stark verteilt, aber dennoch in ein internes Netz gegenseitiger Liefer- und Bezugsverflechtungen eingebunden sind (Kunzmann 1993; Klemmer 1996: 450ff.) Einige dieser Grundgedanken der Raumwirtschaftstheorie finden sich in der „neuen" Außenhandels- bzw. Wachstumstheorie wieder, verbinden sich mit jener zu einer „neuen Raumwirtschaftstheorie" (Stahl 1997: 56ff.). Ausgangspunkt ist die Hypothese, dass die Entdeckung, Ausbreitung und Diffusion neuen Wissens und technisch-ökonomische Innovationen zu steigenden Skalenerträgen sowohl auf der Unternehmens- als auch auf der Regionenebene führen kann. Dabei bestehen zwischen der Akkumulation neuen Wissens in Form von Humankapital, Sachkapital oder von Forschung und Entwicklung einerseits, den endogenen Wachstumsprozessen in den Regionen anderseits enge, wechselseitige Beziehungen (Lucas 1988; Grossman, Helpman 1994; Romer 1994).

Zum anderen ist zu berücksichtigen, dass Unternehmen, um ihre Wertschöpfungsfähigkeit zu steigern und Kunden an sich zu binden, über die physischen Produkte hinaus zunehmend weitere Leistungen anbieten, etwa in Form von Beratung, Wartung, Garantie oder Service. Besonders augenscheinlich ist dies bei großen Investitionsvorhaben, wo neben der „eigentlichen Investition" in der Regel vielfältige Nebenleistungen – von der Konzeption der Anlage über das Projektmanagement bis hin zur Finanzierung und zum Probebetrieb – erbracht werden. Beispiele für eine solche „Dematerialisierung" finden sich auch im Konsumgüterbereich: Um sich in bestimmten Marktsegmenten zu positionieren und sich selbst oder ihren Produkten ein unverwechselbares Image zu verleihen, investieren Unternehmen in die Öffentlichkeitsarbeit bzw. die Werbung und die Qualitätskontrolle, bis hin zu aufwendigen Qualitätsmanagement-Strategien. Im Zuge dieser Diversifizierung und Differenzierung verlieren produktbezogene Standortfaktoren mehr und mehr an Bedeutung, werden „weiche" wie die Ausstattung mit Humankapital bzw. Bildungs- und Forschungseinrichtungen, eine gute allgemeine Verkehrsinfrastruktur, Freizeit- und Naherholungsmöglichkeiten oder eine intakte Umwelt immer wichtiger (Commission of the European Communities 1993: 45ff.).

Ähnliches gilt, wenn Unternehmen versuchen, in neue Geschäftsfelder einzudringen, um Stagnation in den traditionellen Bereichen zu begegnen oder um die konjunkturellen Risiken eines zu schmalen Produkt-Portfolios zu mildern. Dies kann durch Aufkauf bestehender Unternehmen oder durch Gründung von Tochtergesellschaften geschehen. Häufig wurden zu diesem Zweck aber auch Tätigkeiten oder Funktionen (z.B. Rohstoff- oder Produkthandel, Projektierung und Engineering, Datenverarbeitung) auf rechtlich selbständige Unternehmen übertragen, denen im Laufe der Zeit mehr wirtschaftliche Selbständigkeit zugestanden wurde.

All dies lässt die Vermutung zu, dass Standortfragen mehr und mehr funktionsspezifisch betrachtet und entschieden werden, d.h. dass die an einem Ort vorgefundenen Bedingungen nicht auf das Gesamtunternehmen bezogen, sondern vordringlich in Bezug auf einzelne Funktionen oder Motive bewertet werden (Pieper 1994: 100ff.). Bislang stand dabei vor allem die Produktion im Mittelpunkt: Um Lohnkosten einzusparen, haben Unternehmen arbeitsintensive Fertigungsschritte an Niedriglohnstandorte verlagert; um den Kontakt zu den Kunden nicht zu verlieren, sind sie diesen an neu gewählte Standorte im In- und Ausland gefolgt[5]. In diesem Zusammenhang wurden auch produktionsnahe Aktivitäten wie Montage, Wartung und Service verlagert. Es mehren sich freilich auch die Beispiele, in denen weitere Funktionen betroffen sind: Unternehmen der Chemischen Industrie haben ihre F&E-Aktivitäten in die USA und nach China, Banken bestimmte Geschäftsbereiche nach Großbritannien verlagert.

1.3. Unternehmensorganisation und Standortwahl

Es dürfte deutlich geworden sein, dass unternehmerische Standortwahl und Unternehmensorganisation wechselseitig verflochtene Problemfelder sind: Mit der Frage nach dem richtigen Standort wird zugleich die Frage nach der angemessenen Organisation gestellt (et vice versa). Dabei spielt die Tatsache eine wichtige Rolle, dass die Unternehmen sich von den tradierten Organisationsmustern gelöst haben. Dies hat zu einem (neuerlichen) Wechsel in der Prioritätenfolge von Ablauf- und Aufbauorganisation geführt (Bühner 1991: 63ff., 225ff.; Braun 1996b: 7f.). Fragen des Ortes und des Raumes waren in der Organisationsgestaltung bisher ein eher sekundär behandeltes Feld praktischer Gestaltung; der Standort wurde als gegeben hingenommen. Mit der zunehmenden Kunden- und Marktorientierung und der verstärkten Priorisierung prozessorientierter Organisationsformen ist jedoch in der Praxis inzwischen ein Wandel erkennbar, setzt sich die Prozessorientierung immer mehr auch im Bereich der Raumorganisation durch (Braun 1996b: 80). Dabei differenzieren Unternehmen zunehmend zwischen den verschiedenen Ebenen und Arten der Wertschöpfung und bemühen sich, für jede dieser Einheiten der betrieblichen Wertschöpfung ein klares und schlüssiges Konzept zu erarbeiten, wobei jeweils auch eine Standortwahl im Ausland erwogen wird (Emmrich 1996: 442). All dies führt zu der Vermutung, dass

- die unternehmerische Standortwahl heute von einer Vielzahl statischer und dynamischer Standortfaktoren, teils harter, teils weicher Natur abhängt;
- die Unternehmen bei ihrer Standortwahl in wachsendem Maße auch Fragen der Organisation ins Kalkül ziehen (müssen),
- als Resultat eine Verlagerung des Gesamtunternehmens ebenso wenig auszuschließen ist wie die selektive Standortwahl, bei der nur bestimmte Geschäftsbereiche (Produktgruppen) oder Funktionen verlagert werden.

Letzteres kann zur räumlichen Konzentration funktionaler Einheiten aus unterschiedlichen Unternehmen an bestimmten Standorten führen; sei es, weil Systemlieferanten ihre Produktionsaktivitäten (und nur diese) in die Nähe eines Großab-

[5]So sind Kfz-Zulieferer der Automobilindustrie, Textilmaschinenhersteller der Textil- und Bekleidungsindustrie und Packmittelhersteller der Ernährungsindustrie ins Ausland gefolgt.

nehmers verlagern; sei es, dass Unternehmen der gleichen oder verwandter Branchen an bestimmten Standorten gemeinsam forschen, entwickeln, einkaufen und/oder Einrichtungen zur Markterkundung oder -erschließung unterhalten.

2. Ergebnisse

2.1. Welthandel und Globalisierung der Wirtschaft

Die vorgetragenen Hypothesen und Vermutungen lassen sich (bisher) empirisch nur bedingt verifizieren. Relativ gesicherte Befunde liegen für die Intensität des internationalen Leistungsaustauschs vor. Hier zeigen die vorliegenden Daten – und nicht zuletzt die diesbezüglichen Auswertungen in den Strukturberichten der Wirtschaftsforschungsinstitute –, dass das Welthandelsvolumen und die internationalen Kapitaltransaktionen, verglichen mit der Weltproduktion, seit vielen Jahren überproportional wachsen (Hummel et al. 1995; Klodt et al. 1994; RWI 1989: 14ff.; Löbbe et al. 1997: 23, 2002: 27f.). Deutliche Defizite bestehen freilich, was aktuelle Daten oder Analysen der „neuen" Formen internationaler Unternehmenszusammenarbeit angeht, also über Lohnveredelung, *joint ventures*, strategische Allianzen u.ä. (Wagner 1991: 165ff.; vgl. zu ausländischen Erfahrungen Hagedoorn, Schakenraad 1993: 60ff.; Freeman, Hagedoorn 1994: 771ff.). Darüber hinaus fehlen in der Regel nähere Angaben darüber, welche Ziele mit Direktinvestitionen oder Kooperationen verfolgt werden und ob sie sich auf das ganze Unternehmen oder nur auf einzelne Funktionen bzw. Stufen der Wertschöpfungskette (F&E, Einkauf und Materialwirtschaft, Produktion, Logistik und Vertrieb usw.) beziehen. In den Strukturberichten des RWI wurde daher versucht, auf zwei unterschiedlichen Wegen weitere Daten zur Internationalisierung der Unternehmen, d.h. zu deren Ausmaß, Formen, Motiven und geographischer Ausrichtung, zusammenzutragen. Der erste Ansatz ist eine Auswertung der „Unternehmensdatenbank Globalisierung", die im RWI in den letzten Jahren aufgebaut wurde und sich auf Geschäftsberichte und Pressemeldungen von gegenwärtig etwa 250 der größten deutschen Unternehmen stützt (Döhrn, Radmacher-Nottelmann 2000, Radmacher-Nottelmann 2001). Der zweite ist eine Unternehmensbefragung (Löbbe et al. 1997: 139ff.; Graskamp, Löbbe 1996: 6ff.); ihre Ergebnisse werden hier zusammengefasst.

2.2. Differenzierung nach Aktivitätsformen und -motiven

Zur Jahreswende 1995/96 hatte das RWI etwa 2 500 deutsche Unternehmen angeschrieben und um Auskunft über ihre Auslandsaktivitäten im Jahre 1995 gebeten. Die Erhebung war als geschichtete Zufallsstichprobe konzipiert; ausgesondert wurden zum einen – wie bei der Auswertung der Unternehmensdatenbank – die Tochtergesellschaften ausländischer Konzerne, zum anderen die Unternehmen mit weniger als zehn Beschäftigten. Auf diese Weise sollte zum einen vermieden werden, dass die Aktivitäten der ausländischen Muttergesellschaften als Auslandsaktivitäten erfasst werden, zum anderen wurde angenommen, dass kleine Unternehmen nur in Ausnahmefällen im Ausland engagiert sind. Insgesamt kamen 350 verwertbare Fragebögen zurück; dies entspricht einer Rücklaufquote von knapp 14 vH.

Die Ergebnisse lassen die deutschen Unternehmen zumindest auf den ersten Blick als ausgesprochen auslandsaktiv erscheinen: Mehr als 44 vH gaben an, in einer oder mehrerer der vorgegebenen Formen Auslandsaktivitäten entwickelt zu haben. Sicherlich ist eine vorsichtige Bewertung angebracht, da Referenzgrößen – aus anderen Ländern oder zumindest aus früheren Jahren – nicht vorliegen; auch kann nicht ausgeschlossen werden, dass die Ergebnisse dadurch nach oben verzerrt sind, dass die Antwortbereitschaft der auslandsaktiven Unternehmen höher ist als die der rein nationalen. Für die Realitätsnähe der Befragungsergebnisse spricht allerdings, dass die Aktivitätsrate in den höheren Beschäftigtengrößenklassen (etwa für die Unternehmen mit mehr als 1 000 Beschäftigten) durchaus kompatibel mit der für die Großunternehmen ist, die in der „Unternehmensdatenbank Globalisierung" enthalten sind: Hier wie dort unterhalten gut zwei Drittel mehr oder weniger ausgeprägte, über die reinen Handelsbeziehungen hinausgehende, Auslandskontakte. Vereinfacht ausgedrückt, verfügen nach den vorliegenden Ergebnissen kleinere Unternehmen (unter 50 Beschäftigten) zu einem Fünftel, mittelgroße Unternehmen (50 bis 200 Beschäftigte) zu knapp zwei Fünfteln und größere zu mehr als zwei Dritteln über Auslandsaktivitäten der hier beschriebenen Art.

Eine tendenzielle Übereinstimmung mit den Ergebnissen der Unternehmensdatenbank gibt es auch, was den Anteil der Beschäftigten der deutschen Unternehmen in ausländischen Betriebsstätten und den Anteil des Umsatzes, der von dort geleistet wird, angeht: Im Durchschnitt aller antwortenden Betriebe lagen diese Anteile bei jeweils einem Viertel der Beschäftigten bzw. Umsätze des Unternehmen insgesamt, wobei die Werte wiederum mit der Betriebsgröße steigen.

Die Auslandsaktivitäten sind nicht auf die eine oder andere Form beschränkt (Tabelle 1). Die auslandsaktiven Unternehmen (der Befragung) haben sich vielmehr in aller Regel mehrfach engagiert: Sie haben Zweigniederlassungen im Ausland errichtet oder erweitert (144 Nennungen, d.h. 32 vH aller Nennungen), längerfristige Liefer- oder Bezugsverträge abgeschlossen (84; 19 vH), eine wesentliche Beteiligung erworben oder erhöht (83; 19 vH), Gemeinschaftsunternehmen gegründet (73; 16 vH) und/oder Kooperationsverträge bzw. strategische Allianzen angeschlossen (54; 12 vH). Nimmt man zehn Fälle sonstiger Formen internationaler Kooperation hinzu, so ergeben sich 448 Nennungen, d.h. jedes auslandsaktive Unternehmen unterhält im Durchschnitt drei Kontakte der beschriebenen Art.

Unter den betroffenen Funktionen dominiert, wie nicht anders zu erwarten, die Produktion (Tabelle 2): 166 Unternehmen (37 vH) haben Teile der Produktion ins Ausland verlagert, 123 den Vertrieb und weitere 51 den Service (27 bzw. 11 vH). Relativ bedeutsam ist auch das Engagement im Ausland, wenn es gilt, den Einkauf abzuwickeln und abzusichern (78; 17 vH). Demgegenüber fällt bislang die Verlagerung ins Ausland bislang kaum ins Gewicht, wenn es um Finanzierungsvorgänge bzw. F&E-Aktivitäten geht: Bei ersteren meldeten nur 12 Unternehmen (knapp 3 vH), bei letzteren 16 (knapp 4 vH) konkrete Schritte[6].

[6]Zu ähnlichen Ergebnissen kam eine Unternehmensbefragung des ifo-Instituts; Alecke et al. 1999.

Tabelle 1

Auslandsaktivitäten deutscher Unternehmen nach Funktionen sowie Formen, Regionen und Motiven

Anteil an allen Nennungen in vH

	Einkauf	Produktion	Vertrieb	Service	Finanzierung	F&E	Insgesamt[1]
Form							
Zweigniederlassung	16,7	33,1	39,0	41,2	25,0	18,8	32,1
Wesentliche Beteiligung	12,8	18,1	18,7	19,6	33,3	37,5	18,5
Gemeinschaftsunternehmen	9,0	17,5	16,3	23,5	25,0	12,5	16,3
Kooperationsvertrag	2,6	12,0	16,3	11,8	16,7	25,0	12,1
Liefer- bzw. Bezugsvertrag	57,7	16,9	8,1	2,0	0,0	0,0	18,8
Sonstige Formen	1,3	2,4	1,6	2,0	0,0	6,3	2,2
Insgesamt	100,0	100,0	100,0	100,0	100,0	100,0	100,0
Region							
Nord-/Westeuropa	16,1	14,5	18,8	22,6	27,3	35,0	18,3
Südeuropa	11,5	13,8	10,9	6,5	9,1	15,0	11,4
Osteuropa	35,6	40,8	24,2	21,0	27,3	10,0	30,3
USA/Kanada	8,0	9,9	13,3	19,4	18,2	25,0	12,9
Mittel-/Südamerika	2,3	1,3	4,2	6,5	9,1	5,0	3,4
VR China/Hongkong	13,8	9,9	10,3	8,1	9,1	5,0	10,2
Japan	2,3	1,3	3,0	1,6	0,0	5,0	2,2
Sonstiges Asien	8,0	7,9	10,3	8,1	0,0	0,0	8,2
Afrika/Australien	2,3	0,7	4,8	6,5	0,0	0,0	3,0
Insgesamt	100,0	100,0	100,0	100,0	100,0	100,0	100,0
Motiv							
Rohstoffsicherung	20,0	5,1	3,3	2,1	11,1	5,9	7,0
Markterschließung	11,3	21,3	63,4	58,3	22,2	23,5	34,2
Kapazitätserweiterung	11,3	15,7	11,4	8,3	16,7	5,9	12,8
Diversifikation	7,5	7,1	7,3	8,3	11,1	5,9	7,5
Zugang zu Know-How	3,8	6,6	4,9	4,2	16,7	23,5	6,4
Kostensenkung	46,3	43,1	9,8	18,8	22,2	29,4	31,5
Arbeitskosten	25,0	41,6	9,8	14,6	5,6	11,8	25,7
Umweltschutz	8,8	14,2	5,7	2,1	5,6	5,9	9,3
Verwaltungsaufwand	11,3	16,2	4,9	4,2	11,1	17,6	11,2
Insgesamt	100,0	100,0	100,0	100,0	100,0	100,0	100,0

Ergebnisse einer Unternehmensbefragung. – [1]Einschließlich Sonstige.

RWI ESSEN

2.3. Formen, bevorzugte Regionen und Motive nach Unternehmensfunktionen

Bedeutsamer als diese Gesamtergebnisse dürften die der Kreuztabellierung sein, in der gefragt wird, welche Unterschiede zwischen den Funktionen, also im Hinblick auf die verschiedenen Stufen der betrieblichen Wertschöpfungskette einerseits, den Formen, Regionen und Motiven andererseits bestehen. Konkret heißt dies z.B.:

– welches sind die bevorzugten Formen, wenn es um die Verlagerung von Produktion oder die Wahl von Forschungsstandorten geht;

Tabelle 2

Auslandsaktivitäten deutscher Unternehmen nach Formen bzw. Funktionen und Wirtschaftsbereichen

Anteil an allen Nennungen in vH

	Zweig-niederlassung	Wesentliche Beteiligung	Gemeinschafts-unternehmen	Kooperations-Vertrag	Liefer-, Bezugsvertrag	Insgesamt[1]
Chemie und Mineralölverarbeitung	45,0	15,0	5,0	15,0	12,5	100,0
Kunststoff- und Gummiverarbeitung	35,7	31,0	19,0	7,1	7,1	100,0
Steine und Erden, Feinkeramik, Glas	55,6	22,2	0,0	11,1	11,1	100,0
Eisen- und NE-Metalle	66,7	11,1	11,1	11,1	0,0	100,0
Gießereien, Ziehereien usw.	35,0	40,0	5,0	15,0	5,0	100,0
Stahl- und Maschinenbau	31,9	17,6	19,8	9,9	20,9	100,0
Straßen- und Luftfahrzeugbau	23,7	21,1	39,5	10,5	5,3	100,0
Elektrotechnik, ADV-Geräte	35,4	20,7	17,1	13,4	11,0	100,0
Feinmechanik, Optik	23,5	5,9	29,4	17,6	23,5	100,0
EBM- und MSSS-Warenherstellung	29,4	5,9	0,0	23,5	41,2	100,0
Holzbe- und -verarbeitung	6,7	6,7	0,0	13,3	53,3	100,0
Papier- und Druckgewerbe	17,4	17,4	13,0	17,4	34,8	100,0
Textil-, Leder- und Bekleidungsgewerbe	26,9	3,8	7,7	7,7	46,2	100,0
Nahrungs- und Genussmittelgewerbe	25,0	25,0	18,8	6,3	25,0	100,0
Baugewerbe, sonstiges Gewerbe	33,3	0,0	33,3	0,0	33,3	100,0
Insgesamt	32,1	18,5	16,3	12,1	18,8	100,0
	Einkauf	Produktion	Vertrieb	Service	F&E u.a.	Insgesamt[1]
Chemie und Mineralölverarbeitung	15,0	35,0	27,5	12,5	10,0	100,0
Kunststoff- und Gummiverarbeitung	14,3	26,2	23,8	19,0	16,7	100,0
Steine und Erden, Feinkeramik, Glas	0,0	55,6	44,4	0,0	0,0	100,0
Eisen- und NE-Metalle	22,2	22,2	22,2	22,2	11,1	100,0
Gießereien, Ziehereien usw.	20,0	35,0	30,0	5,0	10,0	100,0
Stahl- und Maschinenbau	16,5	34,1	27,5	17,6	4,4	100,0
Straßen- und Luftfahrzeugbau	18,4	36,8	15,8	13,2	15,8	100,0
Elektrotechnik, ADV-Geräte	11,0	43,9	29,3	9,8	6,1	100,0
Feinmechanik, Optik	23,5	41,2	23,5	11,8	0,0	100,0
EBM- und MSSS-Warenherstellung	23,5	47,1	23,5	5,9	0,0	100,0
Holzbe- und -verarbeitung	33,3	33,3	33,3	0,0	0,0	100,0
Papier- und Druckgewerbe	26,1	30,4	39,1	4,3	0,0	100,0
Textil-, Leder- und Bekleidungsgewerbe	34,6	42,3	11,5	7,7	3,8	100,0
Nahrungs- und Genussmittelgewerbe	6,3	31,3	62,5	0,0	0,0	100,0
Baugewerbe, sonstiges Gewerbe	0,0	100,0	0,0	0,0	0,0	100,0
Insgesamt	17,4	37,1	27,5	11,4	6,7	100,0

Ergebnisse einer Unternehmensbefragung. – [1]Einschließlich Sonstige.

RWI ESSEN

– welche Regionen stehen im Mittelpunkt des Interesses, wenn strategische Entscheidungen über Einkauf und Materialwirtschaft einerseits, Logistik und Vertrieb andererseits zu treffen sind;

– welche Motive werden genannt, um die Wahl bestimmter Produktions- oder Forschungsstandorte zu begründen?

Tabelle 1 und 2 zeigen, getrennt nach Unternehmensfunktionen, die relative Verteilung der gemeldeten Aktivitäten auf die verschiedenen Formen, Regionen und Motive. Bei der Interpretation ist sicherlich zu beachten, dass in einzelnen Feldern die absolute Zahl der Nennungen vergleichsweise gering ist. In den meisten Fällen sind die Ergebnisse gleichwohl als plausibel einzuschätzen. Dies gilt zweifellos im Hinblick auf die Formen bzw. Strategien, die bevorzugt gewählt werden, um den Einkauf langfristig abzusichern: Hier dominieren naturgemäß mit weitem Abstand langfristige vertragliche Vereinbarungen. Demgegenüber wird ein vergleichsweise breites Spektrum von Formen genutzt, wenn Produktionsstandorte im Ausland gesucht werden: Zwar geschieht dies in den meisten Fällen durch die Errichtung von Zweigniederlassungen, doch werden relativ häufig auch Beteiligungen erworben oder Gemeinschaftsunternehmen gegründet.

Besondere Bedeutung hat die Gründung oder Erweiterung von Zweigniederlassungen für Vertriebs- bzw. Serviceeinrichtungen. Offensichtlich halten es die Unternehmen für wichtig, auf den ausländischen Märkten selbst präsent zu sein, um auf diese Weise die Produkte und das Unternehmen bekannt zu machen. Für international orientierte Finanzierungsvorgänge wird relativ oft die Beteiligung oder das Gemeinschaftsunternehmen, für F&E neben der Beteiligung auch der Kooperationsvertrag gewählt. Gerade im letztgenannten Fall spielen strategische Allianzen offensichtlich eine vergleichsweise große Rolle.

Unter den Zielländern spielte Osteuropa bislang eine eher bescheidene Rolle. Dies scheint sich nach den Ergebnissen der Befragung in jüngster Zeit geändert zu haben: Für nahezu alle Funktionen stand diese Region als bevorzugte an der Spitze; gefolgt i.A. von Nord-/Westeuropa sowie den südeuropäischen Ländern. Auffällig – und durchaus nachvollziehbar – ist daneben die hohe Bedeutung der Volksrepublik China und der (damals noch unter britischer Verwaltung stehenden) Kronkolonie Hongkong für den Wareneinkauf sowie der relativ groß erscheinende Anteil der Finanzierungs- und Forschungsaktivitäten, der auf den US-amerikanischen und kanadischen Wirtschaftsraum entfällt.

In diesem Zusammenhang ist nochmals an die genannten Grenzen der Aussagekraft der Unternehmensbefragung zu erinnern (Fallzahlen). Darüber hinaus ist zu fragen, ob die hohe Präferenz, die dem osteuropäischen Raum entgegengebracht wird, bereits in allen Fällen ihren Niederschlag in konkreten Maßnahmen gefunden hat. Der Verdacht, dass es sich hier lediglich um Absichtserklärungen – oder gar nur um die Vermutung der Notwendigkeit – handelt, ist nicht von der Hand zu weisen. Immerhin beherrschen die Chancen und Risiken des Umschwungs in Osteuropa seit geraumer Zeit die öffentliche und die wirtschaftspolitische Diskussion.

Ähnliches könnte auch für die bekundeten Motive gelten: Zwar rangiert unter den Nennungen nach wie vor das der Markterschließung an erster Stelle, was durchaus in Einklang mit dem bekannten Befund steht, dass der ganz überwiegende Teil der deutschen Direktinvestitionen im Ausland absatzorientiert ist. An zweiter Stelle wird – mit bemerkenswert knappem Abstand – das Motiv der Kostensenkung genannt; namentlich der Arbeits-, aber auch der Verwaltungskosten (einschließlich der der Genehmigungsverfahren), was einen beachtlichen Wandel im Vergleich zu früheren Befragungen darstellt. Demgegenüber scheint der Wunsch, technologisch Anschluss zu halten und Zugang zu ausländischem Know-how zu erlangen, nicht sehr ausgeprägt zu sein.

Es ist allerdings zu fragen, ob diese Rangfolge der Motive die tatsächliche Problemlage der deutschen Wirtschaft zur Mitte der neunziger Jahre zutreffend wiedergibt. Makroökonomische und branchenbezogene Analysen kommen in der Regel zu differenzierteren Befunden: Danach waren es neben den hohen und zuletzt beschleunigt steigenden Lohn(stück)kosten auch und vor allem deutliche Positionsverluste im internationalen Technologiewettlauf und – last but not least – die Veränderungen der Währungsparitäten, die die internationale Wettbewerbsfähigkeit der deutschen Unternehmen beeinträchtigt haben. Derartige Differenzierungen lassen sich mit dem Instrument der Unternehmensbefragung offensichtlich nur bedingt bzw. mit erheblicher zeitlicher Verzögerung erfassen.

Im Übrigen bestätigen die Ergebnisse tendenziell den Befund, dass die Verlagerung von F&E-Aktivitäten ins Ausland in vielen Fällen der Produktion folgt (Casson 1991: 68ff.; von Boehmer 1995; DIW 1997). Ausschlag gebendes Motiv ist – wiederum neben dem allgemeinen Wunsch nach Kostensenkung und dem Zugang zu speziellem Know-how – die Markterschließung. Rechnet man Rohstoffsicherung und Kapazitätserweiterung hinzu, dann rücken produktionsbegleitende F&E-Aktivitäten sogar an die erste Stelle. Offensichtlich werden „vor Ort" Forschungskapazitäten benötigt, um Produkte und Prozesse den Marktgegebenheiten anzupassen. Ähnliche Schlussfolgerungen lassen sich aus einer Faktorenanalyse auf der Basis einer Befragung multinationaler Unternehmen über die Standortwahl von F&E-Einrichtungen ziehen (von Boehmer 1995: 101ff.): Wichtigstes Motiv war die Verfügbarkeit hinreichend qualifizierten Personals, gefolgt von Marktattraktivität, Managementattraktivität der Auslandstochter und – wie auch immer definierten – Marktbesonderheiten. Erst danach folgten Attraktivität des wissenschaftlich-technologischen Umfelds, am Ort gegebene rechtliche und finanzielle Freiräume, relative Faktorkosten und Orientierung auf relevante Marktteilnehmer.

2.4. Wirtschaftszweige und Unternehmensfunktionen

Zu den Erhebungsmerkmalen der Befragung gehörte der Wirtschaftszweig, dem die Unternehmen schwerpunktmäßig zuzurechnen sind. Hier lassen sich die Ergebnisse wie folgt zusammenfassen (Tabelle 2):

– In den Grundstoff- und Produktionsgüterbereichen, z.B. in der Chemie und Mineralölverarbeitung, der Industrie der Steine und Erden (hier einschließlich Feinkeramik und Glasgewerbe) sowie in der Eisen- und Stahlindustrie spielen die Gründung oder Ausweitung einer Zweigniederlassung bzw. einer wesentlichen Beteiligung offensichtlich eine große Rolle. Bevorzugtes Motiv ist – wie weitere Ergebnisse der Befragung zeigen – die Markterschließung und Kapazitätserweiterung, häufig auch die Diversifikation; als betroffene Funktionen werden Produktion und Vertrieb, aber auch Beschaffung (Einkauf) genannt. Besondere regionale Schwerpunkte sind – von einer leichten Tendenz zu Gunsten europäischer Standorte abgesehen – nicht zu erkennen.

- Unternehmen des Investitionsgütersektors sind überdurchschnittlich oft an Gemeinschaftsunternehmen beteiligt. Sie lagern vor allem Produktion (Elektrotechnik, ADV-Geräte), Service (Stahl- und Maschinenbau) und F&E-Aktivitäten aus. Bevorzugte Regionen sind die USA/Kanada, der asiatische Raum und (im Fall des Straßen- und Luftfahrzeugbaus Südeuropa), häufig genannte Motive sind die Markterschließung und der Zugang zu ausländischem Know-how[7].

- Aus den Verbrauchsgüterbereichen (Textil-, Leder- und Bekleidungs-, Nahrungsmittelgewerbe, Kunststoff- und Holzverarbeitung sowie EBM-Warenherstellung) werden vor allem Abschlüsse von langfristigen Liefer- und Bezugsverträgen gemeldet, kapitalmäßige Beteiligungen sind – wie auch die Statistik der Direktinvestitionen belegt – eher selten. Betroffen sind vor allem die Funktionen Einkauf und Produktion. Als Motive werden relativ häufig Rohstoffsicherung, Markterschließung und Kostensenkung genannt; als Zielregionen vor allem Süd- und Osteuropa und die sog. sonstigen asiatischen Länder.

Dies bestätigt tendenziell die Ergebnisse einer OECD-Studie (1996: 46ff.), nach der Art, Ausmaß und Motive der funktionalen Spezialisierung der Unternehmen zwischen den einzelnen Branchen beträchtlich differieren. In wissensorientierten Bereichen (Pharmazeutische Industrie, Halbleiterfertigung, Computer) sind die Unternehmen sowohl im Vorleistungsbereich als im Vertrieb mit jeweils eigenen Tochtergesellschaften aktiv (Direktinvestitionen); zur Produktentwicklung werden strategische Allianzen genutzt. Losgrößenabhängige Branchen wie der Straßenfahrzeugbau oder die Unterhaltungselektronik bevorzugen handelsorientierte Expansionsstrategien, sie kaufen in hohem Maße Komponenten bei externen Anbietern zu; die internationale Zusammenarbeit ist im Wesentlichen auf den Produktionsbereich beschränkt. Ressourcenintensive Branchen wie die Stahlindustrie sind durch hohe firmeninterne, downstream-orientierte Lieferverflechtungen gekennzeichnet, die arbeitsintensive Textilindustrie durch einen lebhaften Handel mit zugekauften Fertigprodukten und gelegentliche gemeinsame Beschaffungsaktivitäten.

2.5. Auslandsengagement und Unternehmensgröße

Die vorliegenden Informationen und die Konzeption der Stichprobe erlauben darüber hinaus eine Auswertung nach Unternehmensgrößenklassen (IKB 1997; Fieten et al. 1997). Allerdings hat sich gezeigt, dass ein statistisch gesicherter Zusammenhang zwischen Unternehmensgröße einerseits, den betroffenen Funktionen, den Motiven oder regionalen Schwerpunkten nicht besteht. Die vorliegenden Daten lassen allenfalls den Schluss zu, dass

[7] Dies bestätigt Ergebnisse der „Unternehmensdatenbank Globalisierung", wonach Unternehmen der Elektrotechnik und der Chemischen Industrie besonders häufig ihre F&E-Aktivitäten ins Ausland verlagern: Erstere tätigen etwa 20 vH ihrer gesamten F&E-Aufwendungen im Ausland, letztere sogar 35 bis 40 vH. Im Durchschnitt aller in der Datenbank enthaltenen Unternehmen liegt der entsprechende Anteil bei 15 vH.

– Großbetriebe die Gründung von Zweigniederlassungen oder den Erwerb von Beteiligungen bevorzugen. Sie lagern vor allem Produktion, Vertrieb und Finanzierungsaktivitäten aus, operieren dabei weltweit und verfolgen neben der Kostensenkung auch marktstrategische Ziele;

– Kleinbetriebe vor allem das Instrument langfristiger Liefer- und Bezugsverträge nutzen, um die Rohstoffzufuhr zu sichern oder Kapazitätsengpässe zu überwinden; davon ist naturgemäß vor allem der Einkauf betroffen. Daneben geben gerade in kleinen und mittleren Unternehmen oft Kostenerwägungen (Arbeitskosten, Umweltschutz und Bürokratiekosten) den Ausschlag für ein Auslandsengagement. Regionale Schwerpunkte sind Ost- und Südeuropa sowie – etwas überraschend – der asiatische Raum.

3. Schlussfolgerungen und wirtschaftspolitische Empfehlungen

Die Intensivierung des nationalen und internationalen Wettbewerbs beschleunigt offensichtlich die Auflösung traditioneller Organisationsmodelle der Unternehmen: Um die Anpassungsfähigkeit an Marktschwankungen zu verbessern und die Kosten- und Leistungskontrolle zu erhöhen, wird eine Verminderung der Fertigungstiefe angestrebt. An die Stelle hierarchisch geordneter Großsysteme sollen flachere, überschaubare Unternehmenseinheiten mit eigenständiger Produkt- und Verfahrensverantwortung treten; die Unternehmen bzw. Betriebe sollen sich im Konzernverbund auf ihre jeweiligen Kernkompetenzen zurückziehen, die sonstigen Aktivitäten auslagern. Hierbei stehen auch „klassische" Funktionen wie F&E, Materialwirtschaft und Beschaffung, Logistik und Vertrieb, Marketing und Werbung zur Disposition.

Im Zuge der Globalisierung der Wirtschaft bzw. der Internationalisierung der Produktion verlieren nationale Grenzen für die Standortwahl zunehmend an Bedeutung. Der interne Handel der multinationalen Unternehmen und die Direktinvestitionen wachsen rascher als der Welthandel; Unternehmensnetzwerke und strategische Allianzen gewinnen an Bedeutung. Dies gilt auch im Hinblick auf die genannten Funktionen. Ziel der unternehmerischen Disposition ist es,

– die Kosten der Materialbeschaffung und des physischen Warentransports zu senken und die Materialströme zu optimieren;

– Güter und Dienstleistungen dort zu produzieren, wo die durchschnittlichen Lohn- und Kapitalkosten am niedrigsten sind;

– die Unternehmensfinanzierung von den globalen Finanzplätzen aus zu steuern;

– dort zu forschen, wo wissenschaftliche Erkenntnisse gewonnen und umfassend erprobt werden können.

Ökonomischer Hintergrund sind sinkende Kosten der Kommunikation und des physischen Warentransports einerseits, wachsende für die Entwicklung und Markteinführung neuer Produkte bei gleichzeitig verkürzten Produktlebenszyklen andererseits. Durch räumliche Konzentration der Funktionen bzw. durch Unternehmenskooperation und strategische Allianzen sollen diese Risiken gemindert und zugleich Skalen- und Verbundvorteile bzw. Synergieeffekte genutzt werden.

Die Auswertung der „RWI-Unternehmensdatenbank Globalisierung" und die Ergebnisse einer eigenen Unternehmensbefragung bestätigen übereinstimmend, dass sich die unternehmerischen Verhaltensmuster mehr und mehr differenzieren: Neben Handel und Direktinvestitionen werden zunehmend andere Formen der internationalen Zusammenarbeit genutzt. Unter den betrieblichen Funktionsbereichen überwiegen freilich nach wie vor mit weitem Abstand die Produktions-, gefolgt von den (überwiegend absatzorientierten) Vertriebsaktivitäten. Wachsende Anteile entfallen aber auch auf F&E und Beschaffung/Einkauf.

Wie die erwähnte OECD-Studie zeigt, differieren Art, Ausmaß und Motive der funktionalen Spezialisierung zwischen den Branchen beträchtlich. In wissensorientierten Bereichen sind Unternehmen sowohl im Vorleistungsbereich als auch im Vertrieb mit jeweils eigenen Tochtergesellschaften aktiv (Direktinvestitionen); zur Produktentwicklung werden strategische Allianzen genutzt. Losgrößenabhängige Branchen wie der Straßenfahrzeugbau oder die Unterhaltungselektronik bevorzugen handelsorientierte Expansionsstrategien, sie kaufen in hohem Maße Komponenten bei externen Anbietern zu; die internationale Zusammenarbeit ist im Wesentlichen auf den Produktionsbereich beschränkt. Ressourcenintensive Branchen wie die Stahlindustrie sind durch hohe firmeninterne, downstream-orientierte Lieferverflechtungen gekennzeichnet, die arbeitsintensive Textilindustrie durch einen lebhaften Handel mit zugekauften Fertigprodukten und gelegentliche gemeinsame Beschaffungsaktivitäten.

Für die Klein- und Mittelbetriebe in Deutschland ist ein deutlicher Rückstand im Globalisierungsprozess zu konstatieren: Sprachdefizite, kulturelle Berührungsängste und eine unzureichende Unternehmensorganisation führen dazu, dass die gegebenen Möglichkeiten bei weitem nicht ausgeschöpft werden. Diese Betriebe sind in der Regel nur indirekt in die Globalisierung einbezogen, und zwar zum einen als Vorleistungslieferant von Großbetrieben, zum anderen über Preis- und Einkommenseffekte. Hier bestehen freilich, was Ausmaß und Wirkungsrichtung angeht, noch beträchtliche Forschungsdefizite (Lageman et al. 1999).

Auch wenn die empirische Evidenz derzeit noch schwach ausgeprägt ist, sollten sich die Bildungspolitik, aber auch die Tarifpartner auf eine wachsende funktionale Spezialisierung der deutschen Volkswirtschaft einstellen. Der ohnehin spürbare Trend zur Dematerialisierung der Produktion und zur Tertiarisierung der Wirtschaft dürfte sich beschleunigen, die Intensität des internationalen Leistungsaustauschs zunehmen. Dies sollte nicht ohne Einfluss auf die Lehr- und Unterrichtsinhalte und das Angebot im Bereich der Aus- und Fortbildung haben. Vor neuen Aufgaben könnte aber auch die Mittelstandspolitik stehen.

Literatur

Alecke, B., B. Schaden, G. Untiedt und M. Wilhelm (1999), Globalisierung und neue Informations- und Kommunikationstechnologien. *ifo-Schnelldienst* 52 (25): 7–14.

Betzl, K. (1996), Entwicklungsansätze in der Arbeitsorganisation und aktuelle Unternehmenskonzepte – Visionen und Leitbilder. In H.-J. Bullinger und H.J. Warnecke (Hrsg.), 29–64.

Boehmer, A. von (1995), Internationalisierung industrieller Forschung und Entwicklung. Typen, Bestimmungsgründe und Erfolgsbeurteilung. Betriebswirtschaftslehre für Technologie und Innovation 13 Wiesbaden: Deutscher Universitäts-Verlag.

Böventer, E. von (1975), Regional Growth Theory. *Urban Studies* 12 (1): 1–29.

Böventer, E. von (1981), Raumwirtschaft. I: Theorie. In W. Albers et al. (Hrsg.), *Handwörterbuch der Wirtschaftswissenschaften.* Band 6. Tübingen et al.: Gustav Fischer et al., 407–429.

Braun, J. (1996a), Aufgaben und Ziele der Organisationsgestaltung. In H.-J. Bullinger und H.-J. Warnecke (Hrsg.), 7-28.

Braun, J. (1996b), Dimensionen der Organisationsgestaltung. In H.-J. Bullinger und H.J. Warnecke (Hrsg.), 65–86.

Bühner, R. (1991), *Betriebswirtschaftliche Organisationslehre.* 5., überarb. Aufl., München et al.: Oldenbourg.

Bühner, R. (1999), *Betriebswirtschaftliche Organisationslehre.* 9. Aufl., München et al.: Oldenbourg.

Bullinger, H.-J. und H.J. Warnecke (Hrsg.) (1996), *Neue Organisationsformen im Unternehmen.* Ein Handbuch für das moderne Management. Berlin et al.: Springer

Casson, M. (1991), International Comparative Advantage and the Location of R&D. In M. Casson (ed.), *Global Research Strategy and International Competitiveness.* Oxford and Cambridge, MA: Blackwell, 68–103.

Commission of the European Communities (ed.) (1993), New Location Factors for Mobile Investment in Europe – Final Report. Regional Development Studies 6. Luxembourg.

DIW – Deutsches Institut für Wirtschaftsforschung (Hrsg.) (1997), Forschung und Entwicklung in multinationalen Unternehmen aus der Sicht der Bundesrepublik. (Bearb.: H. Belitz.) *DIW-Wochenbericht* 64 (26): 449–456.

Döhrn, R. und N.A. Radmacher-Nottelmann (2000), A Database on the Globalization of German Manufacturing Companies: Conception and some Results. RWI-Papiere 69. RWI, Essen.

Emmrich, V. (1996), Produzieren im Ausland. In H.-J. Bullinger und H.J. Warnecke (Hrsg.), 442–452.

Fieten, R., W. Friedrich und B. Lageman (1997), Globalisierung der Märkte – Herausforderungen und Optionen für kleinere und mittlere Unternehmen, insbesondere für Zulieferer. Schriften zur Mittelstandsforschung N.F. 73. Stuttgart: Schäffer-Poeschel.

Freeman, C. and J. Hagedoorn (1994), Catching Up or Falling Behind: Patterns in International Interfirm Technology Partnering. *World Development* 22 (5): 771–780.

Graf, G. (1996), *Das Phänomen Lean Management*: Eine kritische Analyse. Wiesbaden: Deutscher Universitäts-Verlag.

Graskamp, R. und K. Löbbe (1996), Formen, Ziele und Motive der Auslandsaktivitäten der deutschen Unternehmen – Ergebnisse einer Unternehmensbefragung. RWI-Papiere 44. RWI, Essen.

Grossman, G.M. and E. Helpman (1994), Endogeneous Innovation in the Theory of Growth. *Journal of Economic Perspectives* 8 (1): 23–44.

Hagedoorn, J. and J. Schakenraad (1993), Strategic technology Partnering and International Corporate Strategies. In K.S. Hughes (ed.), *European Competitiveness.* Cambridge: Cambridge University Press, 60–86.

Hill, W., R. Fehlbaum und P. Ulrich (1994), Organisationslehre 1. Ziele, Instrumente und Bedingungen der Organisation sozialer Systeme. UTB 259. 5. Aufl., Bern et al.: Paul Haupt-Verlag.

Hummel, M. et al. (1996), Stärken und Schwächen Deutschlands im internationalen Wettbewerb um Einkommen und Arbeitsplätze – Strukturberichterstattung 1995. Schriftenreihe des ifo-Instituts für Wirtschaftsforschung 143. Berlin und München: Duncker & Humblot.

IKB Deutsche Industriekreditbank AG (Hrsg.) (1997), Zur internationalen Ausrichtung mittelständischer Unternehmen – Ergebnisse einer IKB-Umfrage. *IKB-Mitteilungen* 1997 (2): 11ff..

Kaldor, N. (1970), The Case for Regional Policies. *Journal of Political Economy* 17: 337–348.

Klemmer, P. (1996), Entwicklungsrisiken ländlicher Räume. In H.W. Jenkis (Hrsg.), *Raumordnung und Raumordnungspolitik*. München et al.: Oldenbourg, 450–480.

Klodt, H., J. Stehn et al. (1994), Standort Deutschland: Strukturelle Herausforderungen im neuen Europa. Kieler Studien 265. Tübingen: Mohr Siebeck.

Krallmann, H. (1995), Business Process Reengineering – Nutzung und Erfahrungspotentiale. In R. Reichwald und H. Wildemann (Hrsg.), 355–369.

Kramer, F. und M. Kramer (1994), *Modulare Unternehmensführung*. Berlin et al.: Springer.

Krieger, C., C.S. Thoroe und W. Weskamp (1985), Regionales Wirtschaftswachstum und sektoraler Strukturwandel in der Europäischen Gemeinschaft. Kieler Studien 194. Tübingen: Mohr Siebeck.

Kunzmann, K.R. (1993), Ein Leitbild für die Stadtregion Rhein-Ruhr? Arbeitspapiere des Instituts für Raumplanung der Universität Dortmund 131. IRPUD, Dortmund.

Lageman, K. Löbbe et al. (1999), Kleine und mittlere Unternehmen im sektoralen Strukturwandel. Untersuchungen des RWI 27. RWI, Essen.

Löbbe, K. et al. (1997), Der Wirtschaftsstandort Deutschland vor dem Hintergrund regionaler Entwicklungen in Europa. Untersuchungen des RWI 22. RWI, Essen.

Löbbe, K. et al. (2002), Der Standort Deutschland im internationalen Vergleich: Zur Lage der Wettbewerbsfähigkeit. Untersuchungen des RWI 39. RWI, Essen.

Lucas, R.E. (1988), On the Mechanics of Economic Development. *Journal of Monetary Economics* 22 (1): 3–42.

Moerman, P.A., H.R. Commandeur und F. Langerak (1996), Strategische Zusammenarbeit mit industriellen Zulieferern. In H.-J. Bullinger und H.J. Warnecke (Hrsg.), 453–465.

Myrdal, G. (1959), *Ökonomische Theorie und unterentwickelte Regionen*. Stuttgart: Fischer.

OECD – Organisation of Economic Co-Operation and Development (ed.) (1996), *Globalisation of Industry*. Overview and Sector Reports. Paris.

Pieper, M. (1994), *Das interregionale Standortverhalten der Industrie in Deutschland* – Konsequenzen für das kommunale Standortmarketing. Göttingen: Schwartz.

Radmacher-Nottelmann, N.A. (2001), Wachsende Globalisierung deutscher Dienstleistungsunternehmen – Evidenzen mikroökonomischer Daten. *RWI-Mitteilungen* 52 (2): 73–93.

Reichwald, R. und H. Wildemann (Hrsg.) (1995), *Kreative Unternehmen*. Spitzenleistungen durch Produkt- und Prozessinnovationen. Stuttgart: Schäffer-Poeschel.

RWI – Rheinisch-Westfälisches Institut für Wirtschaftsforschung (Hrsg.) (1989), Standortqualität der Bundesrepublik Deutschland und Veränderungen der Standortfaktoren im sektoralen Strukturwandel. Schwerpunktthema 1988 zur sektoralen Strukturberichterstattung. (Bearb.: K. Löbbe et al.) Gutachten im Auftrag des Bundesministeriums für Wirtschaft. Essen.

Romer, P.M. (1994), The Origins of Endogeneous Growth. *Journal of Economic Perspectives* 8 (1): 3–22.

Stahl, K. (1997), Divergenz und Konvergenz der regionalen Wirtschaftsentwicklung aus der Sicht der Raumwirtschaftstheorie. In H.-J. Vosgerau (Hrsg.), Zentrum und Peripherie – Zur Entwicklung der Arbeitsteilung in Europa. Schriften des Vereins für Socialpolitik N.F. 250. Berlin: Duncker & Humblot, 53–72.

Wagner, J. (1990), Die bundesrepublikanische Industrie auf dem Weltmarkt. Ökonometrische Untersuchungen zu Bestimmungsgründen von Außenhandel und internationaler Produktion. Beitäge zur angewandten Wirtschaftsforschung 22. Berlin: Duncker & Humblot.

Warnecke, H.-J. (1995), *Aufbruch zum fraktalen Unternehmen.* Berlin et al.: Springer.

Zahn, E. (1996), Führungskonzepte im Wandel. In H.-J. Bullinger und H.J. Warnecke (Hrsg.), 279–296.

Zusammenfassung

In den letzten zehn Jahren haben sich die gesamtwirtschaftlichen Rahmenbedingungen, unter denen sich Unternehmen auf den in- und ausländischen Märkten behaupten müssen, nachhaltig verändert. Beispiele belegen, dass sie hierauf mit einer Veränderung der langfristigen Strategien, Organisationskonzepte und nicht zuletzt der Standortwahl reagiert haben. Der Beitrag stellt einige der Organisationsmodelle vor und leitet hieraus Leitfragen und Hypothesen für die empirische Analyse ab; Datenbasis ist eine Unternehmensbefragung aus dem Jahr 1996. Dabei zeigt sich, dass sich die unternehmerischen Verhaltensmuster mehr und mehr differenzieren und dass neben Handel und Direktinvestitionen andere Formen der internationalen Zusammenarbeit an Bedeutung gewinnen. Tendenziell kommt es zur Dezentralisierung bisher zentraler Funktionen, zur Verminderung der Fertigungstiefe sowie zur Auslagerung von Randaktivitäten auf rechtlich oder wirtschaftlich selbständige und/oder räumlich getrennte Einheiten. Bei Klein- und Mittelbetrieben in Deutschland ist ein deutlicher Rückstand im Globalisierungsprozess zu konstatieren.

Résumé

Durant les dix dernières années, les cadres économiques généraux ont changé d'une manière fondamentale et durable pour les entreprises. Celles-ci ont réagi d'un côté par un changement des stratégies à long terme et des conceptions d'organisation et de l'autre côté par une modification des choix de location. En se comportant de cette manière, les entreprises se distinguent de plus en plus. D'autres formes de la division internationale du travail gagnent de l'importance à côté du commerce et des investissements directs. Il est à constater une tendance à la décentralisation de certaines fonctions qui jusqu'ici ont été plutôt centralisées, à la réduction d'échelon vertical de la production, à la transposition des activités marginales à des unités juridiquement ou économiquement indépendantes et ou localement séparées.

RWI-Mitteilungen 2002, Jg. 53 (1-4): 149–160

Handelsmatrizen als Instrument zur Erfassung von Veränderungen im internationalen Warenhandel

von Helmut Wienert[1]

The international trade is recorded twice: once in the export statistics of the countries of origin, and again in the importing statistics of the countries of destination. On the basis of both of these sources the following paper calculates trade matrixes for the years 1992 and 2000 and shows the trade flows between six regions of the world. These solid, regional, interconnected tables hitherto unavailable have the benefit of being able to clearly present the complex trade relationships between countries. The results show that globalisation has hardly touched a few regions (Africa, mid-east and Latin America). In Asiam on the other hand, new trade centres were created which stepped into the ever-growing intensive exchange with traditional trade regions. By far the most important international trade flows are, as before, within Western Europe and NAFTA, as well as between these regions. (JEL: F14; F15; C8)

Die Weltproduktion ist nach Angaben des Internationalen Währungsfonds (IWF) im Durchschnitt der letzten zehn Jahre um 2,7 vH gewachsen[2]. Der grenzüberschreitende Handel mit Waren (Gütern) hat im gleichen Zeitraum um 6,7 vH p.a. zugenommen. Die sich darin ausdrückende Erweiterung der internationalen Arbeitsteilung ist eine Erscheinungsform der „Globalisierung". Die einzelnen Staaten bzw. Staatengruppen sind allerdings in unterschiedlicher Weise in den Welthandel einbezogen, in manchen Ländern wachsen die Ex- und Importe mit zweistelligen Raten, in anderen ist das Tempo dagegen wesentlich langsamer. Damit ist das Thema der nachfolgenden Ausarbeitung umrissen: Es geht um eine empirische Bestandsaufnahme der Veränderungen im Güteraustausch zwischen den Regionen der Welt[3]. Zu diesem Zweck sind aus der Sicht des Liefer- und Empfangslandes übereinstimmende, d.h. konsistente Handelsmatrizen für die Jahre 1992 und 2000 erstellt worden, und zwar mit Hilfe von Angaben des IWF über den Außenhandel der Mitgliedsstaaten. 1992 wurde als Basisjahr gewählt, weil für dieses Jahr erstmals Außenhandelsangaben für die Nachfolgestaaten der ehemaligen Sowjetunion vorliegen. Das Jahr 2000 wurde als Vergleichsjahr herangezogen, weil zum Zeit-

[1] Prof. Dr. Helmut Wienert, Hochschule Pforzheim, war von 1975 bis 1996 Mitarbeiter des RWI, zuletzt als Leiter der Forschungsgruppe „Eisen und Stahl" und in der Schriftleitung der „RWI-Mitteilungen".

[2] Da die Weltbevölkerung mit einer Jahresrate von ungefähr 1,4 vH zunahm, wuchs die Produktion je Kopf nur um rund 1,3 vH.

[3] In gewisser Weise handelt es sich bei der Themenstellung also um eine regionalwirtschaftliche Frage. Warum einige Regionen rasch wachsen, andere dagegen nicht, und was die Politik tun kann, um Wachstum anzuregen, ist eine der zentralen Fragen, mit denen sich der mit dieser Festschrift Geehrte über viele Jahre hinweg beschäftigt hat. Aus der Fülle der Arbeiten seien nur erwähnt Klemmer 1978, 1986 und 1998.

punkt der Erstellung der Arbeit keine verlässlichen aktuelleren Zahlen verfügbar waren[4]. Zunächst werden die Probleme, die bei der Erstellung dieser Matrizen auftreten, erläutert, dann die empirischen Ergebnisse vorgestellt und interpretiert.

1. Probleme bei der Erstellung konsistenter Handelsmatrizen

1.1. Gründe für die Abweichung der Export- und Importstatistiken

In allen hoch entwickelten Ländern werden Aus- und Einfuhr von Waren statistisch recht zuverlässig erfasst, allerdings tauchen beim Abgleich der Angaben aus verschiedenen Ländern nicht selten beachtliche Diskrepanzen auf. In der Regel werden die Exporte im Exportland in fob-Werten (*free on board*) gebucht, die Importe im Importland dagegen in cif-Werten (*cost, insurance, freight*). Da der Fracht- und Versicherungsaufwand im Export überschlägig mit rund 10 vH des Warenwerts zu beziffern ist, müssten sich dann Exporte im Wert von 1 000 $ nach Land Y in der Exportstatistik von Land X mit 1 000 $ und in der Importstatistik von Land Y mit 1 100 $ niederschlagen. In der Praxis wird sich der Importwert jedoch mehr oder weniger stark von diesem „Erwartungswert" unterscheiden, denn neben Fracht- und Versicherungskosten gibt es weitere Gründe dafür, dass die Exportangaben des Versandlandes (*country of origin*) von den Importangaben des Empfängerlandes (*country of destination*) abweichen. Die wichtigsten sind (nach IMF 2001: xii):

- *Klassifizierungsprobleme*: Ein erheblicher Teil des Handels in der Welt erreicht das Zielland nicht direkt, sondern über Zwischenstationen, für den deutschen Export könnten das z.B. holländische Häfen sein. In diesem Fall ist es möglich, dass in der Statistik des Exportlandes das Zwischenzielland als Empfänger deklariert worden ist, während die Importstatistik des Empfängerlandes das ursprüngliche Liefer- und nicht das Zwischenzielland als Lieferland ausweist. Selbstverständlich kann umgekehrt auch das Ursprungsland das Zielland „korrekt" angeben, während das Importland „fälschlicherweise" das Zwischenzielland als Ursprung benennt. Ausschlaggebend für die Erfassung sind die jeweiligen nationalen Zoll- und Statistikbestimmungen. Aber selbst wenn alle Länder das gleiche Abgrenzungskonzept verwenden, ist eine exakte Unterscheidung zwischen Transit- und Ziellandhandel in der Praxis wohl kaum möglich.

- *Fehlende Angaben über Zielländer*: Insbesondere bei Militärgütern und anderen politisch „sensiblen" Waren lassen die Exportstatistiken keine Aufgliederung nach Zielländern zu; sie werden nur als Summe ausgewiesen. Verschiedentlich ist bei anderen Waren das endgültige Zielland zum Zeitpunkt des Grenzübergangs in das Transitland nicht bekannt, so dass entsprechende Angaben fehlen.

- *Erfassung zu unterschiedlichen Zeitpunkten*: Zwischen der Erfassung des Exports im Versandland und der des Imports im Zielland vergeht gelegentlich relativ viel Zeit. Zwar gibt es internationale Empfehlungen, Export und Import jeweils zum Zeitpunkt des Eigentumsübergangs zu erfassen, in der Praxis werden die Zollbe-

[4] Das Jahr 2000 ist in konjunktureller Sicht als Boomjahr zu klassifizieren; der Welthandel stieg gegenüber dem Vorjahr mit zweistelliger Rate. 1992 ist dagegen als konjunkturelles „Normaljahr" anzusehen; der Vergleich überzeichnet den Anstieg also etwas.

hörden aber dennoch die Erfassung zum Zeitpunkt der Bearbeitung der Papiere vornehmen, zumal sich der Eigentumsübergang nicht immer zweifelsfrei feststellen lässt.

- *Bewertungsdifferenzen*: Unterschiedliche Werte können sich aus unterschiedlichen Währungsumrechnungen, Berücksichtigungen von Steuern, Transaktionskosten usw. ergeben.

- *Erfassungsdifferenzen*: In den verschiedenen Ländern ist die Erfassung von Lieferungen von und nach Freihandelszonen, Zolllagern usw. nicht einheitlich. Auch die Buchung von Retouren und unterschiedliche Mindestwertgrenzen für die Zollerfassung können zu Erfassungsunterschieden führen.

- *Vorläufige Erfassungen und Schätzungen*: Die Zollbehörden unterliegen periodischen Berichtspflichten. Verschiedentlich werden Daten weitergegeben, die vorläufige Angaben oder auch Schätzungen enthalten. Nicht immer werden diese nachträglich korrigiert.

In der Summe können Angaben der verschieden Länder über Ex- und korrespondierende Importe also beachtliche Abweichungen aufweisen, ohne dass es möglich wäre, die Gründe dafür im Einzelnen zu benennen. Wenn man konsistente Handelsmatrizen für Länder bzw. Regionen der Welt erstellen will, sind also mehr oder weniger große „Manipulationen" am veröffentlichten Primärmaterial unvermeidlich. Wie im Folgenden gezeigt wird, sind die Abweichungen bei geeigneter Regionsaggregation allerdings nicht so gravierend, dass die Erstellung von Matrizen zur übersichtlichen Erfassung der Welthandelsströme als unvertretbar zu klassifizieren wäre.

1.2. Datenbasis und Vorgehensweise

Die Mitgliedsländer des IWF melden die Ergebnisse der nationalen statistischen Institutionen über den Außenhandel an den Fonds. Dieser rechnet die Angaben aus nationaler Währung mit Jahresdurchschnittskursen in US-Dollar um, ergänzt sie teilweise durch Korrekturen (einheitliche cif- bzw. fob-Erfassung der Import- bzw. Exportwerte) und schätzt auf Basis der gemeldeten Daten die Angaben für die nicht oder nicht vollständig berichtenden Länder[5].

Um die Übersichtlichkeit zu gewährleisten, werden vom IWF neben den Angaben zu den berichtenden Ländern regionale Zusammenfassungen publiziert. Dazu werden die nach Ziel- und Lieferländern gegliederten Ex- bzw. Importdaten der Länder zu Regionen aggregiert. Aus den Exporten z.B. der USA nach Kanada, Deutschland, Italien, Australien usw. werden so zunächst die Exporte der USA in die Region „Industrieländer", entsprechend wird für die Importe verfahren. An-

[5] Für das Jahr 2000 nahm der IWF zum Außenhandel von 92 Staaten, die allerdings nur rund 6,5 vH des Welthandels ausmachen, Schätzungen vor. Zu einem beachtlichen Teil waren diese wegen noch nicht vorliegender Werte für dieses Jahr erforderlich; für die weiter zurück liegenden Jahre liegt die Zahl der nicht meldenden Länder nur bei rund 50 (2 vH des Welthandels). Der mangels Anhaltspunkten nicht geschätzte Handel betrifft vor allem den kleiner Entwicklungsländer untereinander sowie den zwischen Kuba und Nordkorea; insgesamt dürfte es sich dabei um einen sehr kleinen Wert handeln. Vgl. IMF 2001: x. Die Schätzmethoden sind in IMF 1993 erläutert.

schließend werden aus den so ermittelten Länderwerten Regionsdaten erstellt, so dass z.B. die Lieferungen der Industrieländer an die Industrieländer ausgewiesen werden, und zwar auf Basis zweier (in der Regel unterschiedlicher) Angaben: der Exportangaben der einzelnen Länder und der Importangaben der einzelnen Länder – dieses Material ist die Ausgangsbasis zur Schätzung von Handelsmatrizen.

Die regionale Gliederung der Welt in die Ländergruppen des IWF ist insofern unbefriedigend, als der Währungsfonds nur drei Regionen unterscheidet: Industrie-, Entwicklungs- sowie andere Länder (dabei handelt es sich um Kuba und Nord-Korea). Eine solch grobe Gliederung ist zur Erfassung der Welthandelsströme naturgemäß ungeeignet. Zwar unterteilt der Fonds die Entwicklungsländer in die Regionen Afrika, Asien, Europa, Mittlerer Osten sowie Lateinamerika, die rein geographischen Kriterien sind indes allein für eine ökonomische Untersuchung ebenso wenig überzeugend wie die summarische Zusammenfassung der hoch entwickelten Länder[6]. Für eine aussagekräftige Handelsmatrix erscheint daher eine tiefere Untergliederung nach den wichtigsten am Welthandel beteiligten Ländergruppen unerlässlich.

Für Matrix-Darstellungen des Außenhandels von Ländergruppen ist das Spannungsfeld „Übersichtlichkeit ↔ Detailliertheit“ zu beachten. Sinnvolle Kriterien zur Bildung der Regionen sind z.B. der Entwicklungsstand (je höher entwickelt Regionen sind, umso mehr Handel ist c.p. zu erwarten), die geographische Lage (die wegen der Transportkosten Einfluss auf die Intensität der Handelsbeziehungen hat) und die Existenz von Freihandelszonen/Zollunionen. Teilweise müssen jedoch mit Blick auf die Übersichtlichkeit Kompromisse gemacht werden (z.B. die Zuordnung des hoch entwickelten, aber kleinen Israel zur Region Mittlerer Osten). Zudem ist bei der Aggregation der Länder zu Regionen zu beachten, dass die Unterschiede in den Angaben der Import- und der Exportstatistik nicht zu stark sein sollten, weil sonst nicht zu lösende Konsistenzprobleme auftauchen (z.B. verringern sich die Zahlendiskrepanzen erheblich, wenn man China und Hongkong zu einer Region zusammenfasst, obwohl der Entwicklungsstand sehr unterschiedlich ist).

In dieser Arbeit werden aus den knapp 200 Ländern der Welt mit Hilfe der Kriterien „Entwicklungsstand“ und „geographische Lage“ sechs Regionen gebildet, so dass sich 36 Matrixfelder (Lieferungen von ... an ...) ergeben[7]. Die Regionen sind (in geographischer Gliederung):

- Westeuropa,
- Osteuropa,
- Mittlerer Osten/Afrika,
- NAFTA (Nordamerikanische Freihandelszone),

[6] Die Industrieländer umfassen die entwickelten Länder Westeuropas sowie Kanada, USA, Japan, Australien und Neuseeland. Unter den europäischen Entwicklungsländern versteht der IWF die europäischen Staaten des ehemaligen Ostblocks (einschließlich der Nachfolgestaaten Jugoslawiens) sowie die Türkei. Der Mittlere Osten reicht vom Iran bis zu Ägypten und Libyen und schließt Israel mit ein.

[7] Eine Untergliederung in 12 Regionen findet sich in Wienert 2002. Dort sind auch alle Daten dokumentiert.

- Übriges Amerika,
- Japan,
- China/Hongkong,
- Übriges Asien/Ozeanien.

Datentechnisch ergibt sich Westeuropa als „Restregion“ wenn man von der IWF-Region „Industrieländer“ die Länderangaben für USA, Kanada, Japan, Australien und Neuseeland abzieht. Osteuropa setzt sich aus der IWF-Entwicklungsländerregion „Europa“ zusammen abzüglich der Türkei, die hier aus geographischen Gründen der Region „Afrika/Mittlerer Osten“ zugeordnet wird. Die NAFTA besteht aus USA, Kanada und Mexiko; das übrige Amerika aus der IWF-Region Lateinamerika abzüglich Mexiko. Die asiatischen Regionen erklären sich aus den Bezeichnungen weitgehend selbst: China und Hongkong bilden inzwischen wirtschaftlich immer engere Beziehungen heraus, Hongkong fungiert zudem in erheblichem Umfang als Exporttransitland für China (Voon, Kueh 2000). Die Region „Übriges Asien/Ozeanien“ ergibt sich aus der IWF-Region „Asien“ abzüglich China/Hongkong plus Ozeanien (Australien und Neuseeland werden der Einfachheit halber aus geographischen Gründen mit der Region Übriges Asien zusammengefasst).

Für die so abgegrenzten Regionen wurden aus den Angaben des IWF die gegenseitigen Lieferbeziehungen ermittelt und zwar gleich doppelt: Zum einen aus der Exportstatistik der Lieferländer (*fob-Werte*) und zum anderen aus der Importstatistik der Empfangsländer (*cif-Werte*). Die Ergebnisse werden in Form einer Matrix der regionalen Exporte und einer analogen der Importe dargestellt. Beide Datensätze drücken – da der Export der einen Region notwendigerweise der Import der anderen Region ist – den gleichen Sachverhalt aus, wenn man davon absieht, dass die Importwerte wegen des Einschlusses von Fracht und Versicherungskosten strukturell höher sein sollten als die Exportwerte. Tabelle 1 weist die Relation der regionalen Lieferwerte nach der Import- und der Exportstatistik aus.

Für die Randsummen (also der gesamte erfasste Import bzw. Export in der Welt) ergibt sich eine Relation von 1,04; die Werte in der Randzeile bzw. -spalte (also der gesamte Export bzw. Import der jeweiligen Region gegliedert nach Empfangs- bzw. Lieferregion) streuen etwas, wenngleich – von einigen Ausnahmen abgesehen – nicht sehr stark. Auf die einzelnen Matrixfelder trifft dies naturgemäß in deutlich stärkerem Maße zu; die absoluten Differenzen zwischen den Import- und Exportwerten sind in fast allen Fällen relativ gering, da die starken relativen Abweichungen vor allem gering entwickelte Regionen betreffen. Da die Ursachen der Abweichungen von Export- und Importstatistiken nicht zu ermitteln sind und es nur sehr schwache Anhaltspunkte für eine unterschiedliche „Qualität“ der Daten in der Import- und Exportstatistik gibt, wird für die weitere Untersuchung vereinfachend davon ausgegangen, dass die „tatsächlichen“ regionalen Handelsströme den *Mittelwerten* der Angaben aus der Liefer- und Empfangsstatistik entsprechen. Auf die wichtigsten Ergebnisse der so entstandenen Matrizen für die Jahre 2000 und 1992 wird nachfolgend eingegangen.

Tabelle 1

Relation der Außenhandelsangaben aus der Import- und der Exportstatistik

2000

An / Von	West-europa	Ost-europa	Afrika/ Mitt-lerer Osten	NAFTA	Übriges Ame-rika	Japan	China/ Hong-kong	Übriges Asien/ Ozea-nien	Ins-gesamt
Westeuropa	0,94	0,92	1,08	1,07	1,00	1,12	1,13	1,12	0,98
Osteuropa	1,06	1,00	1,04	1,21	1,00	1,67	1,13	1,07	1,06
Afrika/Mittlerer Osten	1,12	1,16	1,07	1,14	0,86	1,14	1,10	1,10	1,11
NAFTA	1,23	1,45	1,05	0,97	1,26	1,17	1,18	1,12	1,07
Übriges Amerika	1,20	1,32	1,05	1,14	1,06	0,88	1,37	1,11	1,12
Japan	1,07	1,74	1,12	1,07	0,78		1,09	1,08	1,07
China/Hongkong	1,13	0,86	1,06	1,20	0,89	1,08	0,89	0,94	1,04
Übriges Asien/Ozeanien	1,12	1,18	1,19	1,16	0,82	1,04	1,16	0,96	1,07
Insgesamt	1,01	1,00	1,09	1,06	1,06	1,10	1,07	1,04	1,04

Eigene Berechnungen nach Angaben des IWF.

2. Empirische Auswertung der Handelsmatrizen für die Jahre 1992 und 2000

2.1. Handelsströme

Schaubild 1 zeigt die intra- und interregionalen Warenhandelsströme in der Welt im Jahr 2000. Auffällig ist zunächst die überragende Bedeutung des intraregionalen Handels in Westeuropa und der NAFTA: Der innerhalb Westeuropas (17 Länder) erreichte 24 vH des gesamten Volumens, der innerhalb der NAFTA (die aus nur drei Ländern besteht) reichlich 10 vH.

Auch beim interregionalen Austausch sind die Kreuzfelder dieser beiden Regionen am wichtigsten: Die Exporte Westeuropas in die NAFTA erreichten 4,3 vH des Welthandels mit Waren, die der NAFTA nach Westeuropa 3,4 vH[8]. Weitere bedeutende Lieferfelder im Jahr 2000 waren die Exporte Japans in die NAFTA (2,5 vH), die Lieferungen von West- an Osteuropa (2,7 vH), die Exporte von China/Hongkong in die NAFTA (1,8 vH), die Exporte von Übriges Asien/Ozeanien in die NAFTA (3,3 vH) sowie die von Ost- nach Westeuropa (2,6 vH).

Welch überragende Bedeutung die Regionen Westeuropa und NAFTA für den Welthandel mit Waren haben, wird daran deutlich, dass sie 37 vH (Westeuropa) bzw. 19,5 vH (NAFTA) aller Exporte der Welt auf sich vereinigen und 37,5 vH bzw. 24,9 vH aller Importe. Alle asiatischen Regionen zusammen erreichen dagegen nur einen Anteil von 27,9 vH an den Exporten bzw. 18,3 vH an den Importen der Welt. Bei Einbeziehung des Dienstleistungshandels würden diese Unterschiede

[8] Die Bedeutung der gegenseitigen Lieferungen wird deutlicher, wenn man vom intraregionalen Handel absieht. 33 vH der Gesamtexporte Westeuropas werden in die NAFTA geliefert, die Exporte der NAFTA nach Westeuropa erreichten sogar einen Anteil am Gesamtexport der NAFTA von 37 vH.

Schaubild 1

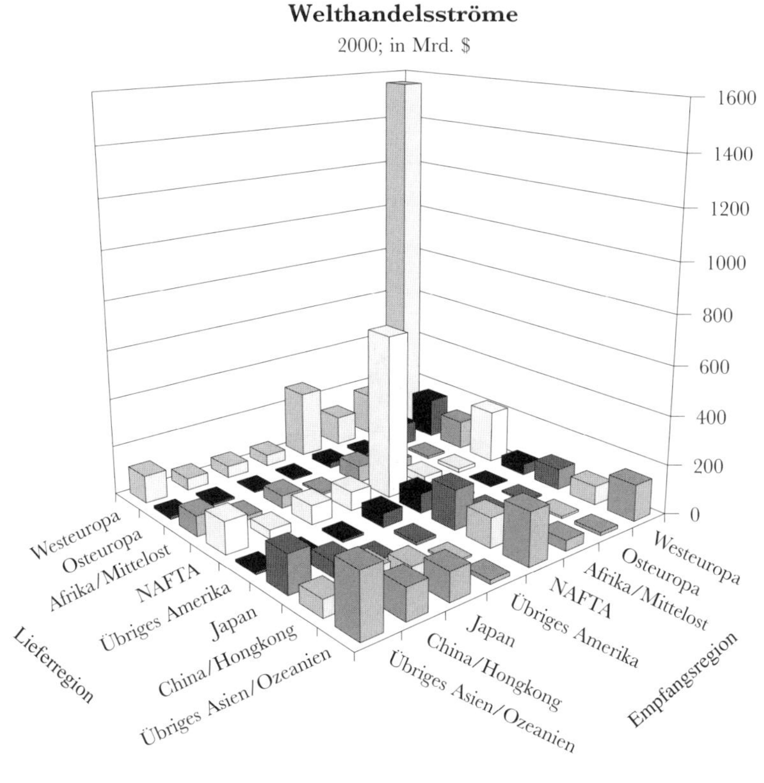

Eigene Berechnungen nach Angaben des IWF.

noch stärker ausfallen. Die viel diskutierte Globalisierung schlägt sich in den Handelszahlen bislang offensichtlich nur eingeschränkt nieder, große Teile der Welt (v.a. Afrika/Mittlerer Osten sowie Lateinamerika) spielen im Welthandel mit Waren immer noch keine bedeutende Rolle.

Zum gleichen Ergebnis gelangt man, wenn man die *Veränderungen* im Zeitraum 1992 bis 2000 betrachtet (Schaubild 2). Der stärkste Zuwachs erfolgte im Handel innerhalb der NAFTA, die Gründung der Freihandelszone erweist sich nach diesen Zahlen als ein großer handelspolitischer Erfolg; auch bei relativer Betrachtung ist der Zuwachs von rund 150 vH im Warenaustausch zwischen den USA, Kanada und Mexiko innerhalb von nur acht Jahren beeindruckend. Die Expansion des Handels zwischen den Ländern Westeuropas, die schon viel länger handelspolitisch integriert sind, fiel mit rund 30 vH demgegenüber relativ bescheiden aus; der absolute Zuwachs ist mit rund 350 Mrd. $ dennoch beachtlich.

Auffällig sind die starken Zuwächse auf den asiatischen Handelsfeldern (ohne Japan): Die Exporte dieser Ländergruppe nahmen in der Summe um rund 125 vH

Schaubild 2

Veränderung der Welthandelsströme

1992 bis 2000; in Mrd. $

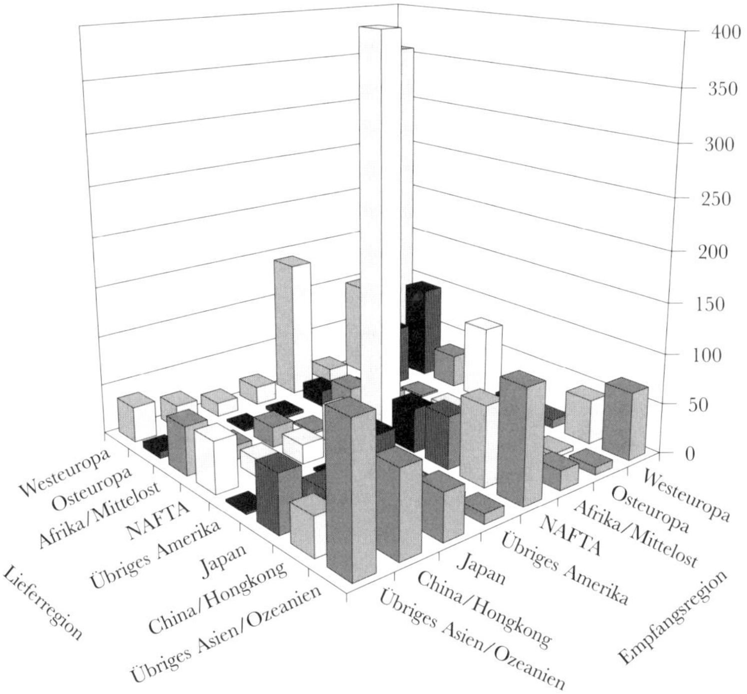

Eigene Berechnungen nach Angaben des IWF.

zu, die Importe um rund 100 vH. Die stärkste Dynamik zeigten dabei die Lieferungen der Region Übriges Asien/Ozeanien nach China/Hongkong (rund 200 vH); absolut gesehen ragen die Zuwächse innerhalb der Region Übriges Asien/Ozeanien mit einem Plus von fast 140 Mrd. $ heraus. Hohe Dynamik bei noch niedrigem Niveau ist für Osteuropa kennzeichnend. Das Ausgangsniveau (1992) dieser Region war sehr gering, so dass Zuwachsraten von mehr als 100 vH nicht überraschen können. Absolut war der Exportzuwachs der ehemaligen Zentralverwaltungswirtschaften Europas dagegen eher bescheiden, er konzentrierte sich zudem sehr stark auf Lieferungen nach Westeuropa.

Bei der Interpretation der Veränderungen von Handelswerten stellt sich naturgemäß die Frage der Aufteilung des Werts in eine Mengen- und eine Preiskomponente. Die Preise im Welthandel sind zwischen 1992 und 2000 um knapp 10 vH gesunken (SVR 2001: 383), das Handelsvolumen ist bei einem Wertzuwachs von insgesamt 70 vH also um rund 80 vH gestiegen. In grober Näherung kann man die bisher erwähnten Wertveränderungen also als Mengenveränderungen betrachten.

2.2. Außenhandelssalden

Wenn Länder oder Regionen aus anderen Ländern oder Regionen mehr Waren beziehen, als sie selbst dorthin liefern, so müssen sie das Handelsbilanzdefizit durch Dienstleistungsbilanzüberschüsse ausgleichen oder durch Kapitalimporte „finanzieren"[9]. Umgekehrt erwerben Länder mit Handelsbilanzüberschüssen Forderungen an den Rest der Welt, mit denen sie z.B. Dienstleistungsimporte bezahlen oder Kapital im Ausland erwerben können.

Das mit Abstand größte Warenhandelsdefizit ergab sich im Jahr 2000 mit 350 Mrd. $ in der NAFTA (Tabelle 2), acht Jahre zuvor hatte es erst reichlich 82 Mrd. $ betragen. Neben der NAFTA hatten praktisch nur noch Westeuropa (30 Mrd. $) und die Region Übriges Amerika (14 Mrd. $) ein Defizit, auf der Überschussseite ragt Japan (134 Mrd. $) hervor, aber auch die übrigen asiatischen Länder (zusammengefasst 150 Mrd. $) sowie Afrika/Mittlerer Osten. Beim Mittleren Osten spielen naturgemäß die Ölexporte die entscheidende Rolle für den Überschuss, in Japan die in den letzten Jahren chronische Nachfrageschwäche im Inland, bei den übrigen asiatischen Ländern wirkten sich die Verbesserung der Wettbewerbsfähigkeit als Folge der Abwertung ihrer Währungen gegenüber dem Dollar ebenso aus wie die Schwäche der Binnennachfrage als Folge der Währungskrisen 1997/1998.

Betrachtet man die einzelnen Regionalfelder der Handelsmatrix, so weist der Warenhandel zwischen Japan und der NAFTA das größte Ungleichgewicht auf (Japan exportierte für 85 Mrd. $ mehr, als es importierte), dicht gefolgt von China/Hongkong bzw. Übriges Asien/Ozeanien und der NAFTA (Exportüberschuss jeweils von 82 Mrd. $). Nimmt man alle Lieferüberschüsse der asiatischen Länder in die NAFTA zusammen, so ergab sich im Jahr 2000 die Schwindel erregende Summe von 250 Mrd. $. Dieser Wert hängt mit der Sonderkonjunktur der Computerindustrie in den USA in diesem Jahr zusammen, doch sollte dies nicht darüber hinwegtäuschen, dass sich offenbar eine rasch zunehmende *transpazifische* Arbeitsteilung herausgebildet hat, die der Dynamik der *transatlantischen* in den sechziger Jahren des vorigen Jahrhunderts in nichts nachsteht (Milton 1990).

Die Überschüsse Westeuropas aus dem Handel mit der NAFTA werden durch tief greifende Defizite im Handel mit den asiatischen Ländern mehr als kompensiert. Interessant ist, dass Japan ausschließlich gegenüber dem Mittleren Osten ein (erhebliches) Handelsbilanzdefizit hat, und zwar wegen der Ölbezüge, denn Japan importiert diesen wichtigen Energieträger praktisch ausschließlich aus dieser Region, während Westeuropa einen erheblichen Teil seines Ölbedarfs aus eigener Förderung oder durch Bezüge aus Russland deckt. Aus diesem Grund kann der Handelsbilanzüberschuss Westeuropas mit dem Mittleren Osten nur auf den ersten Blick überraschen. Eine weitere Auffälligkeit bei Japan ist, dass es als einziges Land *Überschüsse* gegenüber den übrigen asiatischen Ländern hat – wohl als Folge der von Japan durch Investitionen angestoßenen innerasiatischen Arbeitsteilung. Ins-

[9] Sieht man von der Vermögensübertragungsbilanz und den Veränderungen der Devisenreserven ab, so entspricht der Leistungsbilanzüberschuss dem Nettokapitalexport.

Tabelle 2

Handelsbilanzsalden nach Weltregionen

2000; in Mrd. $

An Von	West-europa	Ost-europa	Afrika/ Mitt-lerer Osten	NAFTA	Übriges Ame-rika	Japan	China/ Hong-kong	Übriges Asien/ Ozea-nien	Ins-gesamt
Westeuropa	0,0	7,6	3,1	57,2	2,0	-36,3	-28,1	-35,6	-30,1
Osteuropa	-7,6	0,0	3,5	6,7	1,7	-1,0	0,0	-2,2	1,1
Afrika/Mittlerer Osten	-3,1	-3,5	0,0	33,8	1,4	35,4	1,2	39,3	104,4
NAFTA	-57,2	-6,7	-33,8	0,0	-3,5	-84,5	-81,7	-81,7	-349,0
Übriges Amerika	-2,0	-1,7	-1,4	3,5	0,0	-3,0	-1,8	-7,4	-13,7
Japan	36,3	1,0	-35,4	84,5	3,0	0,0	5,1	39,9	134,4
China/Hongkong	28,1	0,0	-1,2	81,7	1,8	-5,1	0,0	-56,4	48,9
Übriges Asien/Ozeanien	35,6	2,2	-39,3	81,7	7,4	-39,9	56,4	0,0	103,9
Insgesamt	30,1	-1,1	-104,4	349,0	13,7	-134,4	-48,9	-103,9	0,0

Eigene Berechnungen nach Angaben des IWF.

besondere der Überschuss im Handel mit Übriges Asien/Ozeanien ist beachtlich (40 Mrd. $), diese Ländergruppe „refinanziert“ sich wiederum durch hohe Handelsbilanzüberschüsse mit China/Hongkong (56 Mrd. $).

2.3. Außenhandelsquoten

Der Wert der Handelsströme und -salden zeigt die absolute Bedeutung verschiedenen Regionen für den Weltexport bzw. -import. Will man die relative Bedeutung des Außenhandels für die einzelnen Länder und Regionen erfassen, so ist es sinnvoll, den Außenhandel auf das regionale Bruttonationaleinkommen (GNI) zu beziehen. Entsprechende Daten für alle Länder der Welt werden von der Weltbank veröffentlicht: sie ermittelt das GNI in US-Dollar zu laufenden Wechselkursen (Marktkursen) und zu rechnerisch ermittelten Kaufkraftparitäten-Kursen (PPP; *Purchasing Power Parity*). Für hoch entwickelte Länder ist der Unterschied zwischen beiden in der Regel recht gering, für wenig entwickelte Länder wird die Höhe der Produktion bei Verwendung von laufenden Wechselkursen dagegen vielfach stark unterzeichnet, weil die Marktkurse wegen der geringen Bedeutung des Außenhandels und des Kapitalverkehrs die innere Kaufkraft der heimischen Währung völlig unzureichend erfassen[10]. Als Indikator für die Höhe der Produktion wird daher das GNI ausgedrückt in PPP verwendet. Da die Regionsabgrenzung der Weltbank von der in dieser Arbeit verwendeten abweicht, wurden entsprechende Umgruppierungen vorgenommen. Das Ergebnis der Berechnungen zeigt Schaubild 3. Die größte Bedeutung hat der Außenhandel für die Länder Westeuropas, was angesichts der weit fortgeschrittenen Integration der Länder nicht verwundern kann. Noch relativ wenig in die internationale Arbeitsteilung eingebunden sind China/Hongkong und die Region Übriges Amerika.

[10]Als Beispiel für die Stärke der Abweichung sei China erwähnt: Zum herrschenden Wechselkurs ergab sich für das Jahr 2000 ein GNI von 1,1 Bill. $, nach Kaufkraftparität der Währung eines von 5 Bill. $.

Schaubild 3

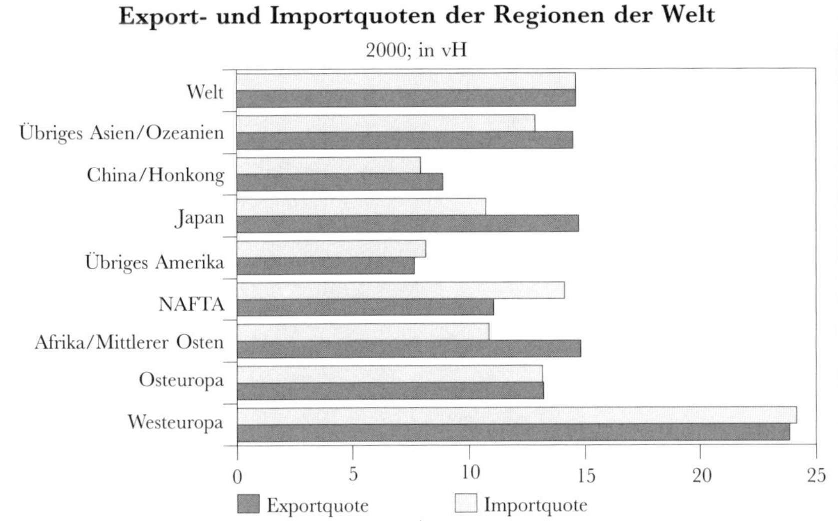

Eigene Berechnungen nach Angaben des IWF.

3. Schlussfolgerungen und Ausblick

Die Handelsmatrix des Jahres 2000 zeigt, dass die Regionen der Welt nach wie vor sehr unterschiedlich in die internationale Arbeitsteilung eingebunden sind. Die mit Abstand bedeutendsten Regionen für den Warenhandel sind Westeuropa und Nordamerika (NAFTA). Im Vergleich zu 1992 hat sich im asiatischen Raum ein neuer „Handelspol" herausgebildet. Der gemessen am GNI überproportionale Zuwachs des Welthandels ist auch auf die Gründung der NAFTA und die Ausweitung der Handelsbeziehungen der Länder des ehemaligen Ostblocks zurückzuführen. Afrika, der Mittlere Osten und Lateinamerika (ohne Mexiko) sind bislang Regionen, die vom Niveau und von der Dynamik her als weltwirtschaftlich noch kaum integriert eingestuft werden können. Die Globalisierung hat bislang also keineswegs alle Regionen durchdrungen.

Handelsmatrizen sind ein geeignetes Mittel, um den aktuellen Stand und die Veränderungen im internationalen Warenaustausch zu dokumentieren. Zwar erfordert ihre Erstellung „Mut" zur Bereinigung von Zahleninkonsistenzen, der Vorteil einer übersichtlichen Gesamtschau der Handelsbeziehungen in der Welt überwiegt jedoch diese Bedenken. Wegen des Erfassungs- und Umgruppierungsaufwands ist es zwar nicht sinnvoll, Handelsmatrizen für jedes Jahr zu ermitteln, ein kontinuierlicher Blick auf die Veränderungen im Welthandel mit Hilfe dieses Instruments z.B. in – wie hier vorgenommen – Achtjahresetappen oder sogar kürzeren Abschnitten scheint dagegen für die empirische Erfassung der Veränderungen im regionalen Warenhandel hilfreich zu sein. Wünschenswert wäre zugleich eine Erweiterung um regional disaggregierte Zahlen des Dienstleistungshandels, da dieser Teil des internationalen Handels rasch an Bedeutung gewinnt.

Literatur

IMF – International Monetary Fund (ed.) (1993), A Guide to Direction of Trade Statistics. Washington, DC.

IMF – International Monetary Fund (ed.) (2001), *Direction of Trade Statistics Yearbook 2001*. Washington, DC.

Klemmer, P. (1978), Anspruch und Wirklichkeit der regionalen Strukturpolitik. In H. Besters (Hrsg.), Strukturpolitik – wozu? Technokratischer Interventionismus versus marktwirtschaftliche Ordnungspolitik. Gespräche der List-Gesellschaft N.F. 3. Baden-Baden: Nomos, 25–40.

Klemmer, P. (1986), Regionalpolitik auf dem Prüfstand. BDI-Drucksache 190. Bundesverband der Deutschen Industrie, Köln.

Klemmer, P. (1998), Regionalpolitik. In P. Klemmer (Hrsg.), *Handbuch Europäische Wirtschaftspolitik*. München: Vahlen, 457–517.

Milton, A.-R. (1990), Der asiatisch-pazifische Raum – ein neues Gravitationszentrum des Welthandels? Zum Einfluß neuer industrialisierter Länder Asiens auf die Verlagerung der Welthandelsströme. *RWI-Mitteilungen* 41 (3): 231–264.

Voon, J.P. and Y.Y. Kueh (2000), Country of Origin, Value-added Exports, and Sino-US Trade Balance Reconciliation. *Journal of World Trade* 34: 123–136.

SVR – Sachverständigenrat zur Begutachtung der gesamtwirtschaftlichen Entwicklung (2001), Für Stetigkeit – gegen Aktionismus. Jahresgutachten 2001/2002. Stuttgart: Metzler-Poeschel.

Wienert, H. (2002), Der internationale Warenhandel im Spiegel von Handelsmatrizen. Beiträge der Hochschule Pforzheim 105. Pforzheim.

World Bank (ed.) (2001), *World Development Report 2002*. Building Institutions for Markets. Washington, DC.

Zusammenfassung

Der internationale Warenhandel wird doppelt erfasst: einerseits in der Exportstatistik des Lieferlandes, andererseits in der Importstatistik des Empfangslandes. Auf Basis dieser beiden Quellen werden in der vorliegenden Arbeit für die Jahre 1992 und 2000 Handelsmatrizen berechnet, in denen die Lieferströme zwischen sechs Regionen der Welt abgebildet werden. Diese bislang nicht verfügbaren konsistenten regionalen Verflechtungstabellen haben den Vorzug, die komplexen Lieferbeziehungen der Länder untereinander übersichtlich darzustellen. Ihre Auswertung ergibt, dass die Globalisierung einige Regionen (Afrika, Mittleren Osten und Lateinamerika) bislang kaum erfasst hat. In Asien hat sich in den letzten Jahren dagegen ein neuer Handelspol herausgebildet, der in intensiver werdenden Austausch mit den traditionellen Handelsregionen tritt. Die mit großem Abstand wichtigsten internationalen Handelsströme fließen nach wie vor innerhalb Westeuropas und der NAFTA sowie zwischen diesen Regionen.

Résumé

Le commerce international est enregistré à deux reprises : d'un côté dans les statistiques des exportations du pays livrant les biens, de l'autre côté dans les statistiques des importations du pays recevant ces biens. Se basant sur ces deux sources, l'auteur calcule les matrices du commerce extérieur des livraisons entre six régions du monde pour les années 1992 et 2000. L'analyse donne comme résultat, que jusqu'à ce jour la globalisation n'a atteint qu'à peine certaines régions (Afrique, Moyen Orient et l'Amérique latine). Cependant, un nouveau pôle du commerce extérieur s'est constitué en Asie. Celui-ci est caractérisé par un échange tendanciellement intensif avec les régions traditionnelles des échanges extérieurs. La partie de loin la plus importante des échanges extérieurs s'effectue encore entre les pays de l'Europe de l'Ouest et entre ceux de NAFTA et entre ces deux régions.

RWI-Mitteilungen 2002, Jg. 53 (1-4): 161–176

Winnetou in the 21st Century: A Look at American Indians in Today's Labor Market

by Robert J. Gitter and Markus Scheuer[1]

American Indians are a poly-cultural group that has typically fared worse in the labor market than other racial groups. The situation is even more severe for those living on or near reservations. This paper paints a detailed portrait of the employment, unemployment and earnings of Indians. A brief history of American Indians is presented to enable the reader to better understand the institutional factors that affect the labor market. The legal framework of reservations is also explored. The level of human capital is reviewed and the education system and federal government training programs are examined as well. The paper closes with a brief look at the Indian gaming industry, one of the fastest growing sources of income and employment. (JEL: J00; J48)

Germans have long been fascinated with American Indians. Most Germans are familiar with the character of *Winnetou*, the fictional Apache chief created by author *Karl May* at the end of the nineteenth century. An American journalist noted, "Ask any German today to name one American and he or she will instinctively say 'Winnetou' or 'Old Shatterhand', not Lincoln or Washington". *May* wrote over 80 books and their appeal actually extended beyond Germany as they were translated into 28 languages. Even today, popular journalists such as *Rudolf Augstein* write essays about the ideology of *May* and argue that not only *Adolf Hitler* but also people like *Albert Einstein* loved him (Augstein n.d.). As Hollick (1992) said "It's impossible to exaggerate the importance of May's Western creations and their hold on the German mind. Even in an age where reading has taken a back seat to the VCR and the computer Winnetou lives on as a living myth, in the person of a French actor called Pierre Brice, who for the past thirty years has played Winnetou in films and on stage and looks how every European imagines a 'Noble Savage' should look".

The Germany love affair with the American Indians was not just restricted to the American NATO-ally, the Federal Republic of Germany. In the 1960s and 1970s, a movie genre known as "Indianerfilme" grew in East Germany where the Indians were the heroes, not the cowboys. And the most successful German picture of the year 2001 was a parody on the old Karl May movies of the sixties called "Der Schuh des Manitu".

[1]Robert J. Gitter, Joseph A. Meek Professor of Economics, Ohio Wesleyan University.

The fascination goes beyond books and movies. There are more than 300 Indian clubs in Germany with an estimated 85,000 members. Club members dress up in native regalia, make up names and have weekend get-togethers. A pow-wow in Essen a few years ago drew 6,000 of the "Indianers". In short, as German cultural historian Eckehard Koch (n.d.) wrote "There are few other peoples which have developed as much sympathy for Indians as the Germans." Even though there is this great interest, there is little in the German literature about the state of American Indians today. Extensive research in the German scientific libraries did not find any German publication about the current conditions of living of the Native Americans. Although there is some material that may be found on the history and culture of American Indians in American literature, there is precious little to be found about the experience of American Indians in the labor market. This article is an attempt to follow up on the romantic German fascination with nineteenth century American Indians with a realistic analysis of the economic situation of American Indians today.

The reality is that Indians today represent a poly-cultural group that has typically faired worse in the labor market than other racial groups. The situation is even more severe for those living on and near reservations. This paper attempts to paint a detailed portrait of the employment, unemployment and earnings of Indians. A brief history of American Indians is presented to enable the reader to better understand the institutional factors that affect the labor market. The legal framework of reservations is also explored. Detailed information on employment and unemployment is presented both for Indians living on reservations as well as elsewhere. Data on earnings as well as occupations and industry of employment are presented. The level of human capital is reviewed and the education system and federal government training programs are examined. The paper closes with a brief review of one of the fastest growing sources of income and employment: gaming.

1. A Brief History

The earliest policy of the U.S. federal government was to treat Indian tribes as sovereign foreign nations. In the period beginning with American independence from England through 1830 treaties were negotiated with individual tribes. The *War Department* was charged with the responsibility for Indian affairs. Commitments made by the federal government were frequently not honored and the resulting disputes settled with force (Levitan, Miller 1993: 11.) The *Indian Removal Act* of 1830 provided for the systematic removal of all Indians in the Southeastern United States to lands west of the Mississippi River (Ainsworth 1993: 3.) The legal status of Indians further declined in 1831 when the *U.S. Supreme Court* ruled that Indian tribes were domestic dependent nations subject to Congressional authority (Clinton 1994).

In the decade following the passage of the *Indian Removal Act* many Eastern tribes were relocated to Indian Territory which comprised much of present-day Nebraska, Kansas and Oklahoma. Since these tribes were the wards of the federal government, the government exercised its power to relocate Indians again and the area used for reservations was confined to only part of Oklahoma. Much of the land lacked adequate natural resources and was not easily accessible to the commerce of a growing nation. In order to attempt to change reservations from "confined areas of neglect and despair" as well as open even more land for white settlement, the *General Allotment Act* (*Dawes Act*) was passed in 1887. Communal tribal land was broken up into individual holdings of up to 160 acres (64.75 hectares). Tribal holdings fell by over two thirds 1887 until 1934 when the allotment policy was ended (Carlson 1994; Marino 1994; Clinton 1994).

The *Indian Reorganization Act* (1934) formally ended the policy of allotment and enabled tribes to increase their land holdings, although only marginally. The act also established the mechanism for a formal tribal government separate from traditional tribal leadership. The federal government reversed its policy again in 1953 when Congress passed legislation that attempted to terminate reservations. The federal government gave up its supervision over some tribes and authorized the *Bureau of Indian Affairs* (BIA) to assist Indians to relocate to urban areas where jobs and educational opportunities were more plentiful. These programs were generally opposed by Indians and not surprisingly few people relocated and the amount of land affected was small. The idea of termination was abandoned in the mid-1960s (Hauptmann 1994; Marino 1994).

The dominant policy of the last thirty years has been one of self-determination. The 1975 *Indian Self-Determination and Educational Assistance Act* enabled tribes to contract out for services that were previously provided by the federal government. Although there has been some movement towards tribal self-determination, progress has been limited due to the fact that the BIA in Washington, DC still maintains control over policy formulation and funding. Further, in light of the decades of dependance, not all tribes are ready to provide for or contract out for services on their own (Danzinger 1994; Levitan, Miller 1993).

Although the *Allotment Act* of 1887 coupled the awarding of land with citizenship, as recently as 75 years ago a large number of Indians residing in the United States were not citizens. Citizenship was not formally granted to all resident Indians born within the United States until 1924. As citizens Indians are free to live on reservations or elsewhere. Many Indians chose to live on reservations to better retain their cultural heritage. The federal government retains the right to prosecute both Indians and non-Indians who commit serious criminal acts on reservations. Federal law permits Indian tribes to adjudicate civil cases on their lands (Burgess 1994).

2. The American Indian Population

The discussion of the American Indian population is couched in terms of the definition of who is counted as an American Indian. The Census counts 1.8 million American Indians using a self-reported race question[2]. The BIA reports data for

[2]In a broader context of Native American, or the aboriginal population, the Census Bureau reports that in 1990 approximately 90 per cent of the Native American population is American Indian with the remainder Eskimos and Aleu-

Table 1

Tribal Rank by Population 1990			
Rank	Tribe	Population	Percent of TotalNative American, in %
1	Cherokee	308,132	16.4
2	Navajo	219,198	11.7
3	Chippewa	103,826	5.5
4	Sioux	103,255	6.6
5	Choctaw	82,299	4.4

Source: Native American Tribes Population Rankings, United States Census, 1990, http://www.americanwest.com/pages/indrank.htm.

Indians living in their service area, i.e., reservations and adjacent areas. The BIA considers a person an American Indian if they are formally a member of federally recognized Indian tribe or are at least one fourth degree or more American Indian descent. The BIA counts 1.26 million Indians on and adjacent to reservations in 1995[3]. Tribal enrollment, which counts those members enrolled as members of federally enrolled tribes according to each tribe's own criteria, was at 1.43 million in 1995 (U.S. Department of the Interior n.d.). Hence, there will be some variation in the number and characteristics of the Indian population depending on which source of data is used.

The Census data provide the most detailed demographic background and reveal that 47 percent of American Indians live in the West compared to only 18.7 percent of the white population. Only 6.2 percent live in the Northeast compared to over a fifth of the white population[4]. The largest tribes in 1990 using the Census's self-reported criteria are shown in Table 1. The American Indian Population tended to be young, with 39 percent under the age of 20 compared to only 29 % of the total population.

3. Labor Force Participation, Employment and Unemployment

There are several data sets that can be used to measure the labor force status of American Indians. These data sets will vary in their definitions of who is an Indian, the degree with which we can identify residence on or near a reservation as well as the time period. The most current of the data sets is the March, 1997 Current Population Survey (CPS). It provides data on individuals who have identified their race as American Indian, but not information as to whether the individuals live on

tian Islanders. Further, approximately one quarter of the Indian population resides on reservations. It is also interesting to note that under their definition of American Indian, the population has more than tripled since 1960. This is most likely due to an increase in the number of people choosing to report themselves as Indian as opposed to white, black, Asian or other (Thornton 1994).

[3]These figures count both Indians living on or near reservations as well as elsewhere (U.S. Department of the Interior n.d.).

[4]Harrison, Bennett 1995. The states with the largest Indian population were Oklahoma, California, Arizona and New Mexico (Thornton 1994).

Table 2

Labor Force Participation Rates – Age 16 and Over

in %

Race	Percent in Labor Force
White	67.2
Black	63.8
Asian	68.3
Indian (Total)	62.1
Indians on Reservations	51.1

Data for White, Black, Asian and Indian (Total) from the 1997 Current Population Survey. Data for Indians on reservations taken from 1990 Census of Population.

Table 3

Labor Force Participation Rates by Race

in %

Age	Indian	Black	White	Asian
16 – 19	42.5	37.1	52.2	34.0
20 – 24	73.6	73.3	78.0	61.7
25 – 34	78.9	80.6	85.0	78.5
35 – 44	73.6	79.4	85.6	82.6
45 – 54	62.6	75.3	83.9	84.0
55 – 64	49.3	49.6	60.6	58.8
65 – 74	14.2	13.8	18.3	26.6
75 and up	3.6	5.1	4.6	12.0
Total	62.1	63.8	67.2	68.3

Data were calculated by the authors and taken from the March, 1997 Current Population Survey. The data were weighted by each individual's relative frequency in the general population. Racial identification, including Indian, is based upon the respondant's answer to a question on race.

or near reservations. A second data set is from the BIA. These data has employment and population information for Indians who live on and near reservations (U.S. Department of Interior, n.d.). The data are for 1995 and standard unemployment and hence labor force participation figures are not available. Indians in BIA data are defined as individuals who are members of tribes or who are one fourth or more of Indian descent. The other data set used here is published statistics from the 1990 U.S. Census of Population. Detailed labor force data are available for Indians who live on reservations (U.S. Department of Commerce 1993a). A self-reported definition is used here as well.

Detailed 1997 CPS labor force participation rates for Indians by age may be found in Table 3 along with a comparison with other races. The figures are summarized along with the 1990 data for Indians living on reservations in Table 2. We see that the labor force participation for Indians is the lowest of the four racial groups, 62.1 percent, and five percentage points below the figure for whites. The labor force participation of Indians residing on reservations is even lower at only 51.1 percent. Adult Indians who reside on reservations are only three quarters as likely to be in the labor force as whites in the general population.

Table 4

Percent of Population Employed – Age 16 and Over

in %

Race	Employment/Population
White	63.9
Black	56.7
Asian	65.0
Indian (Total)	55.2
Indians on or near Reservations	38.6
Indians on Reservations	38.0

Employed includes those working as well as those with a job but not at work. Data for White, Black, Asian and Indian (Total) from the 1997 Current Population Survey. Data for Indians on or near reservations taken from 1995 Bureau of Indian Affairs data. Data for Indians on reservations taken from 1990 Census of Population.

Table 5

Employment/Population Ratio by Race

in %

Age	Indian	Black	White	Asian
16 – 19	29.4	25.0	44.5	28.7
20 – 24	56.8	57.2	72.5	57.5
25 – 34	70.9	71.0	81.0	75.7
35 – 44	66.8	73.3	82.2	78.1
45 – 54	62.4	71.7	81.2	82.0
55 – 64	44.6	47.8	58.5	56.7
65 – 74	14.2	12.7	17.8	24.6
75 and up	3.6	5.1	4.5	10.8
Total	55.2	56.7	63.9	65.0
Unemployment Rate	11.1	11.3	4.8	4.7

Data were calculated by the authors and taken from the March, 1997 Current Population Survey. The data were weighted by each individual's relative frequency in the general population. Racial identification, including Indian, is based upon the respondant's answer to a question on race.

Members of the labor force are either employed or unemployed, i.e., actively searching for employment. Table 5 presents detailed data on the employment to population ratio by age and race. The results are summarized in Table 4 along with the data for Indians on and near reservations. Among the four racial groups, this ratio is lowest for all Indians (Total), only 55.2 percent compared to 56.7 percent for blacks, 63.9 percent for whites and 65.0 percent for Asians. The gap in the employment-population ratio between Indians and whites is almost nine percentage points, a gap roughly double that for the labor force participation rate. The level of employment of 38 percent for Indians residing on or near reservations is roughly two-thirds that of the total Indian population. There is a difference in levels of employment between Indians and others, and the gap is even wider for Indians in the vicinity of a reservation.

As is shown below, low levels of labor force participation with even lower levels of employment for Indians result in higher unemployment levels (Table 6). Despite

Table 6

Unemployment Rates – Age 16 and Over

in %

Race	Percent in Labor Force
White	4.8
Black	11.3
Asian	4.7
Indian (Total)	11.1
Indians on Reservations	25.6

Data for White, Black, Asian and Indian (Total) from the 1997 Current Population Survey. Data for Indians on reservations taken from 1990 Census of Population.

the low employment and high unemployment rate of Indians, the figures presented might underestimate the labor market problems of those Indians on and near reservations as there is reason to doubt the applicability and hence the accuracy of traditional unemployment figures for Indians on reservations. According to standard methodology, an individual is classified as unemployed if they are without work and are actively seeking a job. Economists have long known that rational individuals might cease their search for work if they believe that there are no jobs to be found, i.e., so-called discouraged workers rationally end their relatively fruitless search for employment and as a result are classified as out of the labor force rather than unemployed. The problem can be even greater on or near a reservation. Many reservations have relatively few people compared to major metropolitan areas. Reservation Indians also possess family, kin and tribal ties that are relatively close on an isolated reservation. As a result, if any job opening existed, many people would know it and would tell friends and relatives who were seeking work. If this is the case, an individual living on a reservation with few job prospects might not actively seek work, knowing that others would inform him/her if a job became available. The unemployment rate would not accurately measure the true labor market picture as a substantial number of people who desire employment would not search (an excellent discussion of this is found in Kleinfeld, Kruse 1982).

The BIA attempts to correct for this by calculating an unemployment rate in its service area using a different methodology. The potential labor force is defined as all individuals over the age of 16 excluding students or those not able to work for other reasons such as health. Any individual in the potential labor force who is not employed is counted as unemployed. Under this methodology, the unemployment rate for Indians on and near reservations is 35 percent (U.S. Department of the Interior, n.d.). In short, the level of employment is low and the degree of unemployment is high for American Indians compared to other races. The problems are substantially worse for those Indians living in proximity to reservations.

4. Economic Activity of Individuals

The data presented above raise two questions of particular interest: What are the jobs of the employed Indians? What activities do the non-employed Indians engage

Table 7

Industry of Employed Individuals by Race

in %

Industry	Indian on Res.	Indian (Total)	Black	White	Asian
Agriculture & Fisheries	5.2	4.0	0.8	3.0	1.1
Mining	2.1	0.2	0.2	0.5	0.1
Construction	8.7	8.1	4.6	7.0	2.5
Manufacturing	9.7	15.2	16.2	16.1	18.9
Transportation	2.4	3.3	6.4	4.2	4.1
Communication and Utilities	2.9	1.6	2.7	2.3	1.6
Wholesale Trade	2.0	2.5	1.9	4.0	3.7
Retail Trade	11.3	18.3	16.3	17.5	22.0
Finance, Insurance & Real Estate	2.1	5.5	5.5	6.4	5.5
Business, Auto & Repair Services	2.5	5.5	7.8	6.6	7.0
Private Household Services	0.7	1.3	1.2	0.7	0.6
Other Personal Services	2.7	3.0	3.2	2.6	5.3
Entertainment & Recreational Services	2.4	2.8	1.8	2.0	2.1
Professional & Related Services, except Educational	16.9	15.2	17.6	15.4	15.4
Educational Services	13.0	7.2	8.5	7.9	6.1
Public Administration	15.5	6.5	5.5	3.8	3.9

Data for Indians on reservations were taken from the 1990 Census of Population. The remaining figures were calculated by the author from data taken from the March, 1997 Current Population Survey.

in? Table 7 presents detailed data on the industry of employments for Indians, both on the reservation and in total, as well as other races. The share of employment on the reservation in certain industries is particularly high. Over one in eight employed Indians on reservations, 13.0 percent, is employed in educational services, a figure almost twice that for all Indians, and more than five percentage points greater than that of any of the other racial groups. The high rate of educational service employment on the reservation may be due to a number of factors, including the fact that the reservation population is quite young with a median age of 22.1 (U.S. Department of Commerce 1993, Table 6) and there is a higher level of the total population enrolled in school. Further, with many of the reservations being isolated and located in sparsely populated areas, there is less of an opportunity for economies of scale in employment that might occur in more densely populated areas, e.g., ten schools of 100 students might employ ten principals, ten janitors and ten cooks while one school of 1,000 students might employ one principal, three janitors and three cooks.

Another area with a substantially larger share of employment on the reservation is Public Administration. The figure is 15.5 percent, much greater than the 6.5 percent for all Indians and under six percent for non-Indians. Although the Census data do not break down the employment by level of government, tribal government is a level of public administration that would account for a large share of employment only for Indians living on a reservation because the aid and development programs are frequently administered by tribal governments. The share of employ-

Table 8

Household Non-wage Subsistence Activities of Choctaws
in vH

Activity	Percent of Households
Woodcutting	72
Gardening	70
Fishing/Hunting	64
Raising Chickens	56
Gathering wild food	52
Quilt making	50
Canning/Freezing	44
Sewing	30
Hogs/cattle	22

Survey of 50 Choctaw households conducted by Faiman-Silva 1997, Chapter 10.

ment engaged in serving the reservation population through educational services and public administration is quite high, a combined 28.5 percent compared to only 13.7 percent for all Indians and no more than 14.0 percent for other races. Given the rural nature of reservation, it is not surprising that the share of employment in agriculture, fisheries and mining for Indians, both on the reservation and in total, is higher than for other groups. A smaller share of employed reservation Indians work in manufacturing and retailing. These two industries account for only 21.0 percent of employment for Indians on reservations compared to approximately one third of total employment for all Indians and other races. In short, employment on the reservation which is at a low level, tends to be concentrated in educational services and public administration and less common in manufacturing and retailing. The employed population tends to provide services to the community, but jobs which create goods and services for the others outside of the reservation are not abundant[5]. The lower level of employment in these areas is consistent with a low demand for labor and therefore low wages.

In light of the relatively low levels of employment in the formal wage sector of Indians residing on reservations, there is a high degree of non-wage subsistence production. Faiman-Silva (1997: Chapter 10) surveyed 50 Choctaw households on the Choctaw Reservation in Oklahoma. The unemployment rate on the reservation is 13.3 percent, a figure low relative to other reservations (Tiller 1996). Faiman-Silva found that each of the households surveyed engaged in some form of non-wage subsistence activities a majority of the households engaged in woodcutting, gardening, raising chickens, and gathering wild food (Table 8). Families with elderly or disabled members, or those where both spouses worked were less likely to engage in these activities, but this non-market work was an important source of resources for non-employed Indians on reservations.

[5]Employment is also high in primary industries (agriculture, fisheries and mining). Employment on the reservation tends to be more concentrated in the public sector, with 45.6 percent of employment by government in one form or another (U.S. Department of Commerce 1993, Table 4).

Table 9

Household Earnings and Poverty by Race

	Indian on Res.	Indian (Total)	Black	White	Asian
Adults 16–64 who earned $ 9,048 or more, 1995[1], in %	29.0	51.2	49.4	60.1	55.7
Households with Earnings, 1989[2], in %	73.7	81.4	77.3	80.2	89.1
Mean Earnings for Households with Earnings, 1989[2], in $	19,085	27,324	28,754	40,659	47,021
Households with Wage or Salary-Income, 1989[2], in %	71.7	79.0	76.2	77.0	86.0
Mean Wage and Salary Income for Households with Wage and Salary Income, 1989[2], in $	18,505	26,777	28,307	38,633	44,129
Median Household Income, 1995[2], in $	12,459	20,025	19,758	31,425	36,784
Persons below poverty level[2], in %	50.7	30.9	29.5	9.8	14.1

[1]Data for Indians on reservation taken from U.S. Department of Interior (n.d.) and other figures based on author's calculations from data in 1995 Current Population Survey. – [2]Taken from U.S. Department of Commerce 1993.

5. Earnings, Income and Poverty Rates

The BIA collected data on the proportion of Indians age 16 to 64 residing on or near reservations who earned $ 9,048 per year or more in 1995. (This figure represents the product of $ 4.35 per hour, the minimum wage in 1995, times 40 hours per week times 52 weeks per year, i.e., the amount of money one could earn working year round at the minimum wage.) Only 29.0 percent of Indians on or near reservations earned this amount, compared to over half of all Indians taken together and over 60 percent of whites. Data on the share of households with earnings as well as the median level of earnings for these households are presented in Table 9[6]. Based on 1990 Census data, we see that the median level of earnings for Indian households residing on reservations and with earnings, $ 19,085, is only about 70 percent of the figure for Indians in total and less than half of the median for whites. We saw above that the level of employment was low on the reservation, but the figures presented here show that the level of earnings for those Indians residing on and near reservations who do find employment are substantially less than Indians residing off of reservations as well as other races.

Given the importance of earnings as a source of income, it is not surprising that the median level of income of all Indian households residing on reservations is less than two-thirds that of the total for all Indians and approximately forty percent for that of white households. The poverty rate is calculated as the amount of money necessary to purchase a certain standard of living and is not calculated as a percentage of median income, i.e., it is an absolute, rather than relative standard. The amount of money is adjusted for household size. Given the extremely low levels of earnings of Indians residing on reservations, we find that the poverty rate is over one half, compared to 30.7 percent for Indians as a whole and under ten percent for whites.

[6]The U.S. Census Bureau defines a household to include all of the individuals who occupy a housing unit, e.g., a house, apartment, groups of rooms or a single room that constitutes a separate living quarters. The occupants can be a single family, one persons living alone, multiple families or unrelated individuals who share living quarters.

Table 10

Education and Ability to Speak English Very Well by Race
1990; in %

	At least High School Graduates[1]	At least Bachelor's Degree[2]	Low abilities to speak English[2]
White	77.9	21.5	3.7
Black	63.1	11.4	2.4
Asian	77.5	36.6	38.4
Indian (Total)	65.5	9.3	9.2
Indians on Reservations	53.8	3.9	23.3

[1]Age 25 years and over. All figures except Indians on reservations taken from U.S. Department of Commerce 1993b, Table 42. Data for Indians on reservations from U.S. Department of Commerce 1993a, Table 3. – [2]Age five years and over. All figures except Indians on reservations taken from U.S. Department of Commerce 1993b, Table 40. Data for Indians on reservations from U.S. Department of Commerce 1993a, Table 3.

6. The Causes of Low Levels of Earnings

The causes of the low levels of earnings experienced by Indians can be broken up into three general categories; differences in human capital (the labor market productivity of a person based on such characteristics as education, training, heath, etc.), differences in the labor markets in which they reside and labor market discrimination. To be sure, discrimination can lead to lower levels of human capital accumulation and the choice of which geographic labor market one participates in. These broader types of discrimination, however, are beyond the scope of this paper, and discrimination will not be viewed in terms of reducing the amount of educational attainment or the choice of residence, but rather discrimination will be viewed as lower returns for given levels of education and other forms of human capital or where a person lives.

The most commonly viewed form of human capital is education. The level of education is lower for Indians in general and particularly low for those Indians residing on reservations.

Further, an inability to effectively communicate in English can be viewed as a hindrance to one's ability to acquire a higher paying job. Indians in general have a higher share of people who do not speak English very well, but the rate for Indians on reservations, 23.3 percent, is much higher than the 3.7 percent for whites. This can limit the possibilities for moving high-tech, high-wage jobs, with their need to receive and transmit information in a commonly spoken tongue to a reservation if much of the work force can only speak an Indian language used by a few thousand people.

The local labor market can also have an impact on earnings capacity. Snipp/Sandefur (1988) found that American Indians and Alaskan Native members age 25–54 who lived in metropolitan areas earned 23.2 percent more than those who resided in non-metropolitan areas. Hurst (1997) found that "single-ancestry American Indians", i.e., individuals who reported only American Indian ancestry, who resided in rural areas but not on farms earned 13.2 percent less than those who resided in non-rural areas. He controlled for a number of other factors and the effect was statistically significant.

The Hurst (1997) and Snipp/Sandefur (1988) studies both conclude that a large share of the difference in earnings between Indians and non-Indians is due to differences in human capital and residence. Hurst found that single-ancestry Indians in his sample earned 38.5 percent less than individuals with no Indian ancestor. When he controlled for such human capital factors as education, experience, marital status and the ability to speak English, as well as rural residence (location) and the number of weeks worked, and employment in farming or fishing, the gap in earnings fell to 19.4 percent. Using a statistical decomposition procedure, Hurst found that 87 percent of the difference in earnings between single-ancestory Indians and non-Indians was due to personal characteristics (the amount of human capital and residence) and only 13 percent to the different impact of these variables on earnings, i.e., discrimination[7].

The evidence seems to indicate that the primary reasons that Indians earn less than non-Indians is the lower levels of human capital such as the level of education and ability to speak English, and their residence in low wage non-metropolitan areas such as isolated reservations. The effects of discrimination, in terms of lower returns to given amounts of human capital or dissimilar experiences in a given local labor markets, account for a small share of the earnings difference.

7. Education and Training Programs

Over the last century there has been an evolution in Indian education programs. In earlier times BAI schools were the primary focus of formal education. These schools were located off of reservations, away from Indian culture. Their aim was to aid in the assimilation of Indian youth (Szasz 1994). The situation is different today, with only ten percent of Indian youth enrolled in BIA schools and 85 percent attending local public schools and another five percent in church related schools. The nature of BIA schools has also changed as in many cases they are tribally run (Szasz 1994). Despite the different role of BIA schools, as well as the federal 1972 *Indian Education Act* which provided funds for integrating Indian culture and history into Indian schools (Levitan, Miller, 1993), substantial problems still remain.

Over ten percent of Indian youth ages 15–17 were not enrolled in school in 1990. This is true of both the population residing on reservations as well as for non-reservation Indian youth. This stands in contrast to a figure of only 7.7 percent for all youth 15–17 in the United States[8]. The lower levels of formal schooling experien-

[7] The statistical technique used decomposes differences in earnings between groups into differences in characteristics of the groups and the impact of the characteristics of the groups on earnings. The latter term is thought of as discrimination as it is showing the lower return to a given amount of education suffered by the discriminated group. (See Oaxaca 1973; Blinder 1987.) Hurst found that a majority of the difference between the earnings of Indians who reported non-Indian ancestry and non-Indians was also due to differences in their characteristics.

[8] Authors calculations based on data taken from 1990 Census.

ced by adult Indians (see above) are likely to persist into the future in light of the greater tendency of Indian youth to leave school before receiving their high school diploma. Not only is the level of schooling lower, often it does not result in the same degree of learning on standardized measures of achievement. The mean scores of Indian youth taking the Scholastic Aptitude Tests were substantially below that of the general population; 388 on the verbal and 437 on the quantitative parts compared to 424 and 476 for the total population[9]. The share of Indian eighth grade students scoring below the basic level in mathematics was 32.3 percent, a figure twice that of whites. Students in grades 2–12 enrolled in tribal and BIA scored in the lowest quarter (16th to 22nd percentile) on standardized achievement tests[10]. Once again, firms are less likely to bring high wage jobs to an area with low education and achievement levels. Despite these problems, the federal government has reduced its real expenditures on BIA education programs even as overall enrollment levels have remained steady (Campbell 1997). It is not likely that Indians themselves can make up for reduced federal support in light of their low levels of income as shown above.

The realization that mainstream colleges were not serving the needs of many Indians led to the formation of tribal colleges starting in the early 1970s. These schools are run by individual tribes with financial assistance from the federal government. Current total enrollment is at about 20,000 across 29 schools and is increasing (Young 1998). Most of the schools are two-year, although some have expanded to offer bachelors and masters degree programs. The schools have been set-up to ease fears that higher education is intimidating and foreign to native culture (Young 1998). Despite the promise of these schools as a vehicle to increase college enrollment among the Indian population, federal funding also fell from $ 3,178 per student in 1994 to $ 2,860 in 1997 (Guernsey1997).

Job-training funds for Indians come from a variety of federal programs including the *Job Training Partnership Act*, the *Jobs Opportunity and Basic Skills* (JOBS) program and the *BIA Employment Assistance and Tribal Work Experience Program*. Tribes were authorized under the *Indian Employment, Training and Related Services Demonstration Act* of 1992 to consolidate funds from different programs into a single program under tribal control. The ability to consolidate programs has not moved as quickly as all had hoped, but the level of funding is still a problem (Levitan, Miller 1993; Campbell 1997). Levitan, Miller (1993) estimate that current federal funding levels are not adequate to serve even one in ten young Indian adults in need of training.

8. Indian Gaming

There has been a great deal of interest of late in the rapidly expanding role of Indian gaming. Legalized gaming began with a few tribal operations thirty years ago.

[9] Taken from U.S. Department of Education (Indian Nations at Risk: An Educational Strategy for Action) as discussed in Levitan, Miller 1993.

[10] Taken from BIA (Report on BIA Education, Excellence in Indian Education Through the Effective School Process) as discsussed in Levitan, Miller 1993.

The 1988 *Indian Gaming Regulatory Act* (IGRA) allowed tribes to run social games as well as bingo and similar games without government interference. Tribes are allowed to operate Class III gaming, card games, slot machines, craps, lotteries, dog and horse racing, after negotiating an agreement with the state government[11]. As a result Indian gaming has expanded to over 280 casinos and bingo halls in 24 states operated by 142 Indian tribes or communities (Winchell et al. 1997).

There is a potential for gaming to serve as a means of improving the economic situation of tribes. Profits from gaming operations have been used to build homes, roads and sewers; operate day-care centers, clinics and hospitals; and fund college scholarships and retirement programs (Anders 1998)[12]. Gaming also creates additional employment opportunities as 42,000 individuals are employed in tribal run gaming operations with many of the employees coming off of welfare or the unemployment insurance (Anders 1998). There are, however, limits to tribal run gaming operations as a means of economic development. In general, such operations are limited to geographic areas that are either relatively close to population centers or resort areas. Given the isolated nature of some reservations, this will limit possibilities for tribes residing there.

The majority of gaming jobs are low-wage, high turnover positions. To be sure some income is better than none, but the opportunity to earn a high wage will not be present for many. Also, the higher paying jobs usually require a college education, and less than four percent of adult Indians on reservations have a college degree. There are also concerns that gaming can undermine tribal culture. This is also the potential for conflict when individuals attempt to claim tribal membership to obtain a share of the gaming profits (Anders 1998). The ability of tribes to run gaming operations with less government regulation makes them an attractive option for some tribes, but due to a lack of education and location issues this is not the universal cure for low levels of wages and income for Indians on reservations.

9. Summary and Conclusion

The portrait that emerges is a lower degree of success in the labor market for American Indians with the differences from the general population even more acute for Indians residing on reservations. The level of employment and labor force participation is lower for American Indians and the level of unemployment much higher. The 25 percent unemployment on the reservation using standard definitions may even underestimate the problem as individuals might not meet the government's criterion for actively searching for work, instead believing that family and kin on the reservation will inform them of any job openings. Employment is more concentrated in public administration and educational services and less likely

[11] The IGRA requires states to make a good-faith bargaining effort to reach an agreement with the state and the federal government can impose a solution should the two sides not agree (see Anders 1998).

[12] Not all of the employees at tribal casinos, however, are Indians. Approximately half of the employees at tribal casinos in Michigan are tribe members. Anders also noted that in Washington State tribal gambling was estimated to have created 1,200 jobs with a reduction in the unemployment rate on the Tulalips reservation falling from 65 percent to less than 10 percent.

to be found in the higher paying manufacturing sector. Education, schooling and achievement levels are lower and job training programs do not serve many of those in need. Gaming has served as an economic panacea for some tribes, but is a limited option for tribes who are geographically isolated from population centers or resort areas. Further, some fear that gaming might erode traditional tribal culture.

Currently, the United States economy is arguably at full-employment with an overall unemployment rate of under five percent. Yet, the unemployment rate for Indians is twice that of the rest of the population and for Indians on the reservations five times as great, with even this level potentially an underestimate. Efforts to fight structural unemployment due to a lack of skills and jobs are in order. Given the positive returns to education, efforts to increase education levels on the reservation might raise income levels. Clearly, there is a need to generate more jobs that go beyond serving the reservation community in public administration and education. Such programs are more likely to succeed, especially those that generate higher wage levels, if the level of education, achievement and job-training can be raised. Given that the poverty rate among Indians is almost one third and is over one half for those residing on reservations, the United States must decide to what extent it will intervene to improve the employment and earnings picture for American Indians.

Bibliography

Ainsworth, R.G. (1989), *An Overview of the Labor Market Problems of Indians and Native Americans.* National Commission for Employment Policy, Washington, DC.

Anders, G. (1998), Indian Gaming: Financial and Regulatory Issues. *Annals of the American Academy of Political and Social Science* 556 (March): 98–108.

Augstein, R. (no date), *Weiter Weg zu Winnetou* – Rudolf Augstein über den nach Radebeul zurückgekehrten Schriftsteller Karl May. Internet: www.hfac.uh.edu/mcl/faculty/Glass/GERM3330.T-AUGSTEIN.html, last visited 23 July 2002.

Blinder, A.S. (1987), Wage Discrimination: Reduced Form and Structural Estimates. *Journal of Human Resources* 8 (4): 436–455.

Burgess, H.C. (1994), Citizenship and Enfranchisement. In M.B. Davis (ed.), 116–117.

Campbell, B.N. (1997), Budget Numbers Mask Quiet Decline in Federal Spending for Indians, Press release of Senator Ben Nighthorse Campbell, February 26, 1997.

Carlson, L. (1994), Allotment. In M.B. Davis (ed.), 27–29.

Clinton. R.N. (1994), Sovereignty and Jurisdiction. In M.B. Davis (ed.), 605–611.

Danzinger, E.J. (1994), Government Policy: Self Determination. In M.B. Davis (ed.), 223–225.

Davis, M.B. (ed.) (1994), *Native America in the Twentieth Century.* New York: Garland Publishing Company.

Faiman-Silva, S. (1997), *Choctaws at the Crossroads.* Lincoln, NE: University of Nebraska Press.

Guernsey, L. (1997), Report Urges Significant Increase in Federal Support for Tribal Colleges. *Chronicle of Higher Education* 1997 (May 30).

Harrison, R.J. and C.E. Bennett (1995), Racial and Ethnic Diversity. In R. Farley (ed.), *State of the Union: American in the 1990s.* Volume Two: Social Trends. Russell Sage Foundation, New York.

Hauptman, L.M. (1994), Indian Reorganization Act. In M.B. Davis (ed.), 262–264.

Hollick (1992), *The American West in the European Imagination*. Reprinted from the Montana Magazine. Internet: www.ibaradio.org/programs/winnetou/ia4.htm, last visited 23 July 2002.

Hurst, M. (1997), The Determinants of Earnings Differentials for Indigenous Americans: Human Capital, Location, or Discrimination. *Quarterly Review of Economics and Finance* 37 (4): 787–807.

Kleinfeld, J. and J.A. Kruse (1982), Native Americans in the Labor Force: Hunting for an Accurate Measure. *Monthly Labor Review* 105 (July): 47–51.

Koch, E. (no date), Die Geschichte der Deutschen im Wilden Westen. Karl Mays Väter. Internet: www.karl-may-stiftung.de/koch/, last visited 23 July 2002.

Levitan, S.A. and E.I. Miller (1993), *The Equivocal Prospects for Indian Reservations*. Center for Social Policy Studies, The George Washington University. Washington, DC.

Marino, C. (1994), Reservations. In M.B. Davis (ed.), 544–557.

Oaxaca, R.I. (1973), Male-Female Wage Differentials in Urban Labor Market. *International Economic Review* 14 (3): 693–709.

Snipp, C.M. and G.D. Sandefur (1988), Earnings of American Indians and Alaskan Natives: The Effects of Residence and Migration. *Social Forces* 66 (4): 155–175.

Szasz, M.C. (1994), Educational Policy. In M.B. Davis (ed.), 182–185.

Thornton, R. (1994), Population. In M.B. Davis (ed.), 461–463.

Tiller, V.E.V. (1996). *Tiller's Guide to Indian Country*. Albuquerque, NM: BowArrow Publishing.

United States Department of Commerce, Bureau of the Census (ed.) (1993a), 1990 Census of Population, Social and Economic Characteristics, American Indian and Alaska Native Areas. Washington, DC.

United States Department of Commerce, Bureau of the Census (ed.) (1993b), 1990 Census of Population, Social and Economic Characteristics, United States. Washington, DC.

United States Department of the Interior, Bureau of Indian Affairs (ed.) (no date), Indian Service Population and Labor Force Estimates, 1995. Washington, DC.

Winchell, D.G., J.F. Lounsbury and L.M. Sommers (1997), Indian Gaming in the U.S. *Focus* 44 (Winter): 1–10.

Young, A.L. (1998), New Land-Grant Institutions Grow and Thrive in America. *Resource* 5 (May): 6–7.

Zusammenfassung

Der Beitrag befasst sich mit den heutigen Lebensbedingungen der Indianer Nordamerikas.. Die Indianer Nordamerikas sind eine poly-kulturelle Bevölkerungsgruppe, die auf dem Arbeitsmarkt weit weniger erfolgreich war als andere Minderheiten in den Vereinigten Staaten. Das gilt insbesondere für jene, die in oder in der Nähe von Reservaten leben. Neben den historischen Zusammenhängen und den heutigen gesetzlichen und institutionellen Rahmenbedingungen werden vor allem die Beschäftigungssituation bzw. Arbeitslosigkeit von Indianern in Abhängigkeit davon, ob sie in Reservaten oder anderswo leben beleuchtet. Ferner werden Informationen geliefert über die sektorale Verteilung der Beschäftigung und den Bildungsgrad dieser Bevölkerungsgruppe. Der Beitrag schließt mit einer kurzen Betrachtung des derzeit erfolgreichsten von Indianern betriebenen Gewerbes, des Glücksspiels.

Résumé

L'étude analyse les conditions actuelles de vie des indiens de l'Amérique du Nord. Ils constituent un groupe poly-culturel, qui présente moins de succès sur le marché d'emplois en comparaison des autres minorités. Ceci est manifeste surtout pour ceux qui vivent dans ou auprès des réservations. C'est surtout la situation de l'emploi et le chômage mais aussi la situation de la formation des indiens qui sont traitées dans cette étude. En outre, le contexte historique et juridique ainsi que le cadre institutionnel sont discutés. Pour conclure, l'étude analyse brièvement l'activité exercée actuellement avec le plus grand succès par des indiens, notamment les jeux du hasard organisés sur les territoires de réservation.

Regionalpolitik und räumliches Wirtschaften

RWI-Mitteilungen 2002, Jg. 53 (1-4): 179–200

Die Zukunft der Regionalpolitik in einer erweiterten Europäischen Union

von Heinz Schrumpf

The expansion of the European Market is linked with problems, which have hardly been discussed before, regarding policies on regional structure of the union and the member countries. Regional policies will require more means than before as from 2007. Furthermore, the concept of the structural funds will become obsolete. In addition, it is to be expected that the fixed upper limit will be exceeded if there are no restraints on behalf of the national development areas. A revision of the development concepts should incorporate, in particular, a restraint on the structural policy of an appropriated revenue sharing, which hands the responsibility for the regional programmes back to the member states. (JEL: O18; O19; R12)

Die Erweiterung der Europäischen Union ist für die regionale Strukturpolitik der Gemeinschaft und die der Mitgliedsländer mit bisher noch kaum hinreichend diskutierten Problemen verbunden. Es ist absehbar, dass durch die explizite Weigerung der südeuropäischen Staaten, Kürzungen der Strukturfonds-Förderung hinzunehmen, die Finanzierung der Regionalpolitik ab 2007 weitaus mehr Mittel beanspruchen wird. Darüber hinaus werden die bisherigen Konzepte der Strukturfonds obsolet. Eine flächendeckende Förderung der Beitrittsländer mit „Regionalprogrammen" würde nicht nur die administrativen Kapazitäten überfordern, sondern auch gegen die Ratio einer Regionalpolitik verstoßen, da sich zum Beispiel flächendeckende Ansiedlungshilfen gegenseitig nivellieren würden. Zusätzlich ist davon auszugehen, dass ohne eine weitergehende Beschränkung der nationalen Fördergebiete die bereits großzügig bemessene Obergrenze von 42,4 vH der Bevölkerung in Fördergebieten deutlich überschritten wird. Nach Polen würde insbesondere ein Beitritt der Türkei die Regionalpolitik vor schwerwiegende Probleme stellen, die eine Revision der Konzepte unausweichlich macht.

1. Die Regionalpolitik in der Europäischen Union der 15

Der Hauptteil der Regionalförderung[1] der EU wird für Regionen mit „Entwicklungsrückstand" verwendet. Dabei handelt es sich um die Gebiete, deren Bruttoinlandsprodukt je Einwohner gemessen in Kaufkraftparitäten (KKP) 75 vH des

[1] Die Strukturfonds der EU sind für die Periode von 2000 bis 2006 mit ca. 240 Mrd. € dotiert.

Karte 1

Ziel 1-Gebiete in der EU15[1]

1999

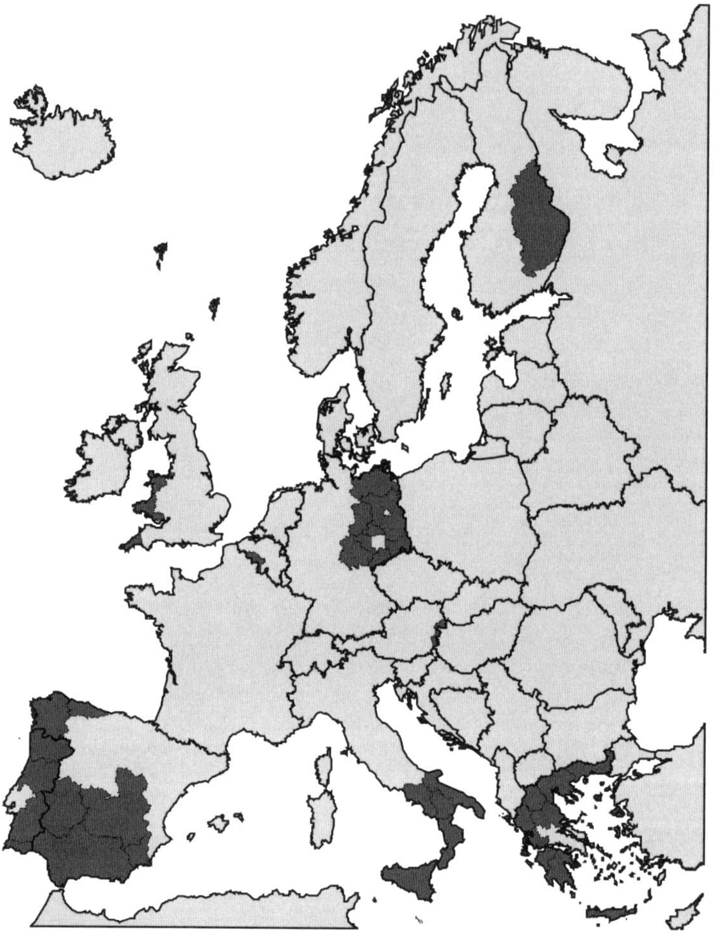

Eigene Berechnungen nach Angaben von EUROSTAT. – [1]Ohne ehemalige Ziel 6-Gebiete.

EU-Durchschnitts nicht erreicht. Karte 1[2] zeigt, dass es sich ausschließlich um Regionen in peripherer Lage[3] handelt. Deren Pro Kopf-Einkommen wird zudem, sieht man von den Sonderfällen Ostdeutschland und Süditalien[4] ab, stark vom na-

[2]In Karte 1 sind die Fördergebiete nach dem Berechnungsstand 1999 ausgewiesen. Von der für 2000 bis 2006 gültigen Karte der EU unterscheidet sie sich insofern, als Gebiete, die 1999 bereits die 75 vH-Schwelle überschritten haben, nicht mehr einbezogen werden. Weiterhin werden Gebiete, die eine Auslaufförderung erhalten, nicht berücksichtigt.

tionalen Einkommensdurchschnitt geprägt: In Ländern mit einem relativ großen Anteil an Ziel 1-Gebieten weisen die Regionen ohne Förderung ebenfalls ein unterdurchschnittliches BIP auf. Ausnahmen bilden häufig die Hauptstadtregionen, die den EU-Durchschnitt erreichen oder übertreffen.

Die Ziel 1-Förderung versucht also, einerseits Lagenachteile von Regionen zu kompensieren und andererseits die schwächeren Staaten auf den EU-Durchschnitt anzuheben. Deutlich wird dies an der doppelten Begünstigung der ökonomisch schwachen Mitgliedstaaten: Erstens weisen diese einen erheblich höheren Anteil an Ziel 1-Gebieten auf, zweitens sieht die Kommission für die Förderregionen, abgestuft nach dem nationalen Einkommensgefälle, unterschiedliche Fördersätze[5] vor. Außerdem zeigt das Erfolgsbeispiel Irland, dass Förderstrategien von ordnungspolitischen Reformen begleitet sein müssen, wenn der Aufholprozess dauerhaft abgesichert werden soll[6]. So deutet der Rat der Europäischen Union in den Empfehlungen zu den Grundzügen der Wirtschaftspolitik bei den länderspezifischen Leitlinien gravierende ordnungspolitische Defizite an, die gerade in den Kohäsionsländern die Effizienz der Strukturfonds vermindern dürften (für Griechenland z.B. EU-Rat 2001: 35).

Die Ziel 2-Förderung der EU wird „Gebieten im wirtschaftlichen Strukturwandel" gewährt. Gemeint sind damit vor allem altindustrialisierte Gebiete, in denen der Strukturwandel zu hohen Arbeitsplatzverlusten führt, zugleich aber nur wenig neue Arbeitsplätze geschaffen werden. Die Kommission begründet diese Förderung mit den „... *schwerwiegenden Folgen für die lokale und regionale Wirtschaft*" (EU-Kommission 2001: XXVIII) einer derartigen Entwicklung, die eine Intervention zur Schaffung neuer Arbeitsplätze erforderlich mache. Die Betonung der lokalen und regionalen Aspekte weist aber darauf hin, dass es sich um Aufgaben handelt, die nach dem Subsidiaritätsprinzip in die Zuständigkeit der Mitgliedsländer fallen. Unter diesen Gesichtspunkten sollte die Ziel 2-Förderung in nationale Kompetenzen überführt werden, was allerdings eine entsprechende Anpassung der Beihilfenkontrolle[7] voraussetzt. Mit den horizontalen Anliegen der EU und der Ziel 1-För-

[3]Diese liegen peripher zu den primären Aktivitätszentren der EU, die sich an einer Linie von London entlang der Rheinschiene bis in den oberitalienischen Raum befinden. Paris und Hamburg bilden „Inseln" neben dieser Hauptachse. Inwieweit der Wegfall des Eisernen Vorhangs zu neuen Entwicklungsachsen, z.B. „Ruhrgebiet–Hannover–Berlin–Warschau" bzw. „Ruhrgebiet–Kassel–Leipzig–Dresden" führt, ist noch nicht abzusehen.

[4]Ostdeutschland ist bislang das einzige Fördergebiet in der EU, dessen Entwicklungsrückstand vornehmlich durch Transformationsprobleme verursacht ist. Bei den süditalienischen Gebieten zeigt sich eine bemerkenswerte Divergenz bei den Fördererfolgen. So sind die Ergebnisse in den Provinzen schwach, in denen die Mafia traditionell stark ist. Somit handelt es sich um ein Problem des nationalen Staatsversagens, nämlich die Unfähigkeit, den Rechtsstaat auf der regionalen Ebene durchzusetzen. Dies ist aber durch eine Strukturpolitik nicht zu beseitigen; häufig ist sogar das Gegenteil der Fall.

[5]Umgekehrt führt diese Praxis dazu, dass eine Reihe von Mitgliedstaaten jedes Jahr nicht in der Lage ist, die notwendige Kofinanzierung für die Programme aufzubringen (s.u.).

[6]Zwar wird Irland vorgeworfen, mit den Fördermitteln eigene Haushaltsausgaben zu substituieren und damit eine Niedrigsteuerpolitik zu betreiben. Dies spricht jedoch eher für die Wirksamkeit einer angebotsorientierten Politik. Gleichzeitig läge aber ein Verstoß gegen das Additionalitätsprinzip der Strukturfonds (EU-Mittel dürfen nur zusätzlich zu Maßnahmen der Mitgliedstaaten eingesetzt werden) vor. Ein solcher müsste die Kommission, wenn er nachgewiesen wird, zu einer Intervention veranlassen.

[7]So wäre die Beurteilung von Beihilfen unter Ausgleichsgesichtspunkten (durch den Vergleich des regionalen BIP mit dem EU-Durchschnitt) zu Gunsten einer ausschließlich an der Verhinderung größerer Wettbewerbsverzerrungen auf den europäischen Märkten ausgerichteten Wettbewerbskontrolle zu ersetzen. Vgl. Holtzmann 1998: 666f.

derung hat die Kommission genügend Möglichkeiten einer aktiven Integrationspolitik. Zwar wären auch die horizontalen Politiken einer kritischen Überprüfung zu unterziehen, so die Technologie- und die Arbeitsmarktpolitik. Eine stärkere Forcierung zum Beispiel des Projekts „Europäische Verkehrsnetze" ist aber eine Aufgabe, die weder gegen das Subsidiaritätsprinzip verstößt noch ordnungspolitische Konflikte provoziert: Die bisherige nationale Planung der Verkehrswege führt zu einer Optimierung nationaler Netze, die aber vor dem Hintergrund eines europäischen Binnenmarktes suboptimal sind.

Neben diesen Schwächen, die durch die heutige institutionelle Ausgestaltung der EU bedingt sind, weist die Regionalpolitik der EU eine Reihe handwerklicher Fehler auf: So ist die Frage, wie eine Region definiert werden soll, für jede Regionalpolitik von entscheidender Bedeutung. Je nach Zuschnitt einer Region kann diese statistisch als „krank" oder „gesund" erscheinen, ergeben sich Nivellierungseffekte oder bleiben ökonomische Abhängigkeiten unberücksichtigt. Sowohl auf der NUTS 2- als auch auf der NUTS 3-Ebene werden jedoch von der Kommission Disparitäten zwischen völlig heterogenen Regionen ermittelt. So ist das mit 168 vH des EU-Durchschnitts sehr hohe BIP je Einwohner des Stadtstaates Hamburg darauf zurückzuführen, dass die Umlandbereiche statistisch abgeschnitten werden.

Auch wird der Einfluss gesamtwirtschaftlicher Faktoren auf die Konvergenz kaum berücksichtigt. Konvergenzprozesse sind regelmäßig dann zu beobachten, wenn die europäische Wirtschaft relativ stark wächst. Umgekehrt gehen diese Erfolge in konjunkturellen Schwächeperioden zum Teil wieder verloren. Zwar versucht die Kommission, Determinanten des regionalen Wachstums wie Basisinfrastrukturen und die Ausstattung mit Humankapital zu identifizieren; der viel gravierendere Einfluss der nationalen Rahmenbedingungen wird jedoch ausgeblendet. Insbesondere die geringen Erfolge der Strukturpolitik in Griechenland und die hohen Wachstumsraten in Irland weisen darauf hin, dass eine periphere Lage und eine geringe Infrastrukturausstattung allein regionale Divergenzen nicht erklären können. Ebenfalls ist der – enge – Zusammenhang zwischen der gesamtwirtschaftlichen und der regionalen Entwicklung zu berücksichtigen. Zwar existieren verstärkte Anstrengungen auf der Ebene der EU, im Rahmen des Stabilitäts- und Wachstumspaktes zu einer Harmonisierung der Institutionen der nationalen Arbeitsmärkte und der ökonomisch relevanten Rechtsbereiche zu kommen. Insbesondere sollen auf der nationalen Ebene Wachstumshemmnisse identifiziert und beseitigt werden. Da die Kommission und der Rat der Europäischen Union jedoch nur Empfehlungen aussprechen können, waren die bisherigen Erfolge dieses Ansatzes relativ gering.

Ein besonderes Problem stellt die starke Stellung der Kommission sowohl bei der Erarbeitung der Programme als auch bei der laufenden Überwachung ihrer Durchführung dar (Axt 2000). Die in den Strukturfonds-Verordnungen verankerte prinzipielle Flexibilität bei der Programmerstellung durch die Regionen wird damit teilweise wieder zurückgenommen, da die Kommission einerseits ihre „besonderen Anliegen" durchsetzt, andererseits auf einer Verzahnung der verschiedenen Fonds besteht. Zudem ist das Verfahren mit hohen Überwachungskosten verbunden, da die Kommission parallel zu den Mitgliedstaaten eigene Überwachungssysteme mit sehr weitgehenden Anforderungen an die Zahl der bereitzustellenden Indikatoren aufgebaut hat.

Im Gegensatz zur Regionsabgrenzung bemüht sich die Kommission bei ihren Förderkonzepten durchaus um eine theoretische Fundierung. Ihr Instrumentarium, wie es in den Strukturfonds-Verordnungen niedergelegt ist, lässt folgende Hypothesen erkennen: Kleinen und mittleren Unternehmen (KMU) wird beim Strukturwandel eine besondere Bedeutung für die Schaffung von Arbeitsplätzen, den Technischen Fortschritt und insbesondere für die Aufholprozesse der benachteiligten Regionen beigemessen. Vertreten wird also die Mittelstandshypothese, die auch regional anzuwenden ist.

Ein weiterer Schwerpunkt wird im Hinblick auf die „Innovationsorientierte Regionalpolitik“[8] gesetzt. Dem liegt die Hypothese zugrunde, dass regionale Entwicklung Innovationen voraussetzt, die die Wettbewerbsfähigkeit der Regionen erhöhen: Innovationen stellen die Anwendung neuen Wissens dar, das unter anderem aus allgemein zugänglichen Informationen gewonnen wird, aber nicht beliebig in anderen Regionen reproduzierbar ist. Neben einer Erschließung der benachteiligten Regionen mit modernen Telekommunikationseinrichtungen ist also ein Übergang zur Wissensökonomie notwendig, die von regionalen Unternehmensnetzwerken vorzugsweise kleiner und mittlerer Betriebe getragen wird. Die Wissensökonomie ist über den Humankapitalbestand abzusichern. Ein besonderer Schwerpunkt ist daher auf die regionale Aus- und Weiterbildung zu legen. Dies führt dazu, dass in Förderprogrammen in der Regel neben dem Regionalfonds auch Mittel aus dem Sozialfonds zu integrieren sind.[9]

Grundsätzlich ist der Anpassungsprozess auf der regionalen Ebene zu organisieren. Er sollte von einem möglichst breiten Teil der regionalen Bevölkerung mit getragen werden (Partnerschaftsprinzip, in der soziologischen Theorie: *social embeddedness*). Daneben sollen die Programme zu einer nachhaltigen Wirtschaftsentwicklung[10] und zur Gleichstellung von Mann und Frau beitragen. Diese Hypothesen verweisen darauf, dass es der Kommission insbesondere um die Erschließung des endogenen Potenzials einer Region geht.

Allerdings wird auf folgende Fragen nicht eingegangen: Forschung und Entwicklungsleistungen werden, wie jedes andere Gut, arbeitsteilig produziert und sind zudem an die Verfügbarkeit wichtiger Inputs – zB. hochqualifizierte Arbeitskräfte und eine gute Infrastruktur – gebunden. Die Kommission (1994) stellt selbst fest, dass sich 75 vH aller öffentlichen Forschungsaufträge auf zehn Regionen in Europa konzentrieren. Sie bleibt aber den Beweis schuldig, dass Innovationsprozesse in

[8] Diese wurde zunächst von der OECD auf der Basis angelsächsischer Arbeiten diskutiert, dann aber sehr schnell von der Kommission aufgegriffen.

[9] Damit wird die Programmüberwachung und -abwicklung zum Problem, da die Fonds unterschiedliche Kontrollsysteme kennen.

[10] Darunter wird nicht der Übergang zu einer Kreislaufwirtschaft verstanden, sondern eine verbindliche Umweltverträglichkeitsprüfung bei allen Programmen, die mit EU-Mitteln gefördert werden.

den Förderregionen unabhängig von den jeweiligen Rahmenbedingungen initiiert werden können. Zwar hat sie seit 1994 regionale Innovationsstrategien durch die Förderung des Technologietransfers anzuregen versucht. Abgezielt wird auf einen „bottom up"-Ansatz, *„der von den Bedürfnissen der Unternehmen in der Region hinsichtlich Innovationsunterstützung, technischer und geschäftlicher Beratung ausgeht und auf die Schaffung dauerhafter regionaler Strukturen und Prozesse abzielt. Es ist ferner darauf ausgerichtet, die Kooperation zwischen allen relevanten Akteuren (einschließlich der Förderung von öffentlich-privaten Partnerschaften) zu stärken, Konsens zu schaffen, die strategischen regionalen Prioritäten zu identifizieren und die Mittel entsprechend zu verteilen*" (EU-Kommission 1999: 111).

Auch die von der Kommission vertretene Mittelstandshypothese ist nicht unwidersprochen geblieben. Wenngleich auf diesem Gebiet noch ein großer Forschungsbedarf besteht, so weisen empirische Untersuchungen (z.B. Lageman, Löbbe 1999 und die dort angegebene Literatur) doch auf Probleme hin. So waren die hohen Wachstumsraten der KMU in Deutschland in den neunziger Jahren vor allem auf den Tertiären Sektor und hier insbesondere der unternehmensbezogenen Dienstleitungen zurückzuführen. Hinzu kamen Auslagerungen aus den Großunternehmen (Verselbständigung von Betrieben in eigener Rechtsform nach dem *profit center*-Prinzip) sowie Existenzgründungen in jungen High Tech-Branchen und im Handwerk und Einzelhandel. Die optimale Betriebsgrößenstruktur wird immer noch weitgehend von der Produktionstechnologie bestimmt, wobei der Branchen-Mix durch die Nachfrage determiniert wird. Zusätzlich sind es insbesondere die von der institutionellen Ausgestaltung des Wettbewerbs und Steuerrechts, der Kapitalmarktverfassung und des Arbeitsrechts ausgehenden Impulse, die die Chancen von KMU bestimmen. Als ein wesentliches Anliegen jeder Mittelstandspolitik wird daher die kritische Überprüfung aller politischen Entscheidungen auf die Einhaltung des Kriteriums der Betriebsgrößenneutralität angesehen. Die Ergebnisse der Existenzgründungsforschung zeigen zudem, dass demographische[11] und soziologische[12] Einflussfaktoren, die durch eine Regionalpolitik kaum beeinflussbar sind, für das Gründungsgeschehen eine wichtige Rolle spielen.

Die Schwerpunkte der Strukturfonds-Richtlinien weisen zwar auf einen angebotsorientierten Ansatz hin, gleichzeitig aber auch auf eine eher kritische Haltung gegenüber der Anreizfunktion des Wettbewerbs. Insbesondere die Betonung eines kooperativen und konsensorientierten Konzepts ist an dieser Stelle kritisch zu sehen, da es leicht zu reinen Abwehrkoalitionen bzw. zu einer besonderen Berücksichtigung politisch wichtiger Interessengruppen führen kann.

Sieht man von den gesellschaftspolitischen Anliegen ab, so ist insbesondere die pauschale Herangehensweise zu kritisieren. So wird beim Partnerschaftsprinzip keine Rücksicht auf die unterschiedlichen administrativen Kulturen der Mitgliedsländer genommen. Die Standortvoraussetzungen für KMU in den Regionen wer-

[11]Existenzgründer weisen bereits Berufserfahrungen auf, sind aber beruflich und familiär noch nicht fest gebunden. Personen, die diesen Kriterien entsprechen, sind vor allem im Alter zwischen 25 und 35 Jahren zu finden; Lageman, Löbbe et al. 1999: 49.

[12]Diese Aspekte wurden bereits 1905 von *Max Weber* (1973) betont. Diese Arbeiten werden heute im Rahmen der Milieu-Forschung fortgeführt.

den ebensowenig hinterfragt wie die für Forschung und Entwicklung. Diese Schwäche wird von der Kommission mit dem Hinweis auf die von verschiedenen Regierungskonferenzen verabschiedeten „besonderen Anliegen" der Union gerechtfertigt. Hier stellt sich allerdings die Frage, inwieweit diese nicht ausschließlich horizontale Ziele[13] darstellen, also auf der regionalen Ebene nicht explizit verfolgt werden sollten.

Die tatsächlich verfolgte Konzeption der Kommission ergibt sich allerdings weniger aus den veröffentlichten Papieren, sondern aus den Ausgabenschwerpunkten innerhalb der Strukturfondsförderung. So werden die Strukturfonds im Zeitraum 2000 bis 2006 nach der Finanzplanung der Kommission jeweils mehr als ein Drittel für einen Ausbau der Infrastruktur und unternehmensbezogene Beihilfen aufwenden. Ein knappes Viertel fließt in die Verbesserung des Humankapitals. Für die Förderung von Forschung und Entwicklung werden 3,5 vH, für die Informations- und Kommunikationstechnologien 1,6 vH reserviert. Im Gegensatz zum Leitbild der Strukturfonds realisiert die Kommission also eine traditionelle Regionalpolitik, die über öffentliche Investitionen indirekt die Arbeitsproduktivität anzuheben versucht. Zumindest durch die regionalen Multiplikatoreffekte dieser Investitionen sind damit auch positive Einkommenseffekte[14] in den Förderregionen verbunden, weniger dagegen Beschäftigungseffekte. Zwar wird ihr Entwicklungspotenzial verbessert; ob es aber ausgeschöpft wird, bleibt offen. So gesteht die Kommission im 2. Kohäsionsbericht zu, dass zwar Erfolge im Hinblick auf das Einkommensziel zu verzeichnen seien, nicht aber im Hinblick auf das Beschäftigungsziel (EU-Kommission 2001: 15). Die in den Mitgliedstaaten stark divergierende Wachstumselastizität der Beschäftigung spricht dafür, dass dieses Ergebnis eher auf die nationalen Arbeitsmarktverfassungen und weniger auf regionale Strukturdefizite zurückzuführen ist.

Somit lässt sich festhalten, dass ein Reformbedarf der Regionalpolitik auch ohne die besondere Problematik der Erweiterung besteht. Inwieweit die anstehende Halbzeitbewertung der Förderprogramme für die laufende Periode zu Schritten in dieser Richtung führt, wird sich in der zweiten Jahreshälfte 2002 entscheiden. Reformen würden allerdings erheblich erschwert, wenn sich die Kommission mit ihrer Vorstellung durchsetzen sollte, die Regionalpolitik um eine „Territoriale Dimension" anzureichern (z.B. Europäische Union 2001). Damit ist einerseits eine besondere Regionalpolitik für ländliche Räume gemeint, andererseits aber auch für Gebirgsregionen und Inseln. Hier ist darauf hinzuweisen, dass nicht zu bezweifelnde Probleme der genannten Regionen sich bereits im Einkommensindikator niederschlagen, im Fall der nordischen Länder es aber wiederum zu einem Verstoß gegen das Subsidiaritätsprinzip kommen würde. Ebenso sollte allen Bemühungen der Kommission, über die Raumordnungspolitik Einfluss auf die Koordination der

[13]Horizontale Zielsetzungen sind für die EU als Einheit zu verfolgen. Ihre Berücksichtigung bei der Regionalentwicklung vernachlässigt die für marktwirtschaftliche Systeme typische Arbeitsteilung und Abhängigkeit von Standortbesonderheiten.

[14]Trotzdem können diese Investitionen unter Wachstumsgesichtspunkten eine Kapitalfehlleitung darstellen, wenn sie nicht in die Regionen, in denen der höchste Wachstumsbeitrag zu erwarten ist, fließen. Theoretisch kommt es nur dann zu einer Deckungsgleichheit von Regionen mit niedrigem Einkommen und solchen mit dem höchsten Wachstumsbeitrag, wenn eine Produktionsfunktion mit abnehmenden Grenzerträgen und exogen vorgegebenem technischen Fortschritt unterstellt wird.

im nationalen Zuständigkeitsbereich angesiedelten raumwirksamen Politiken zu erlangen, widersprochen werden. Dies gilt nicht für grenzüberschreitende Bandinfrastrukturen, wohl aber z.B. für eine räumliche Steuerung der Aufwendungen der nationalen Forschungspolitik.

2. Auswirkungen der Erweiterung auf die Fördergebiete in der EU 15

Im Folgenden wird unterstellt, dass die EU in einem ersten Schritt[15] auf 25, in einem zweiten auf 28 Mitgliedsländer erweitert wird. Sehr langfristig ist sogar an eine Erweiterung auf mehr als 35 Staaten[16] gedacht. Unabhängig von den Auswirkungen auf die Institutionen der EU, die in der Regierungskonferenz von Nizza[17] geklärt werden sollten, hat die Reform Implikationen für die Strukturfonds. Durch seinen hohen Anteil am Gesamthaushalt steht zwar der Agrarfonds bisher im Mittelpunkt des politischen Interesses; erhebliche Rückwirkungen sind aber auch bei den anderen Fonds zu erwarten.

Der Kohäsionsfonds[18] wäre auf die Beitrittsländer zu übertragen. Von diesem Fonds haben bisher Irland, Spanien, Portugal und Griechenland profitiert. Da alle Beitrittsländer die Kriterien des Fonds – BIP unterhalb von 90 vH des EU-Durchschnitts – erfüllen, wären diese einzubeziehen. Bei einer Erweiterung auf 28 Mitglieder würden nur noch Portugal und Griechenland Mittel erhalten. Die 3 Mrd. € des Fonds wären aber nunmehr auf 15 Staaten zu verteilen. Somit würden auch diese beiden Länder erhebliche Einbußen hinzunehmen haben, selbst wenn sie nach der ersten Erweiterungsrunde das Förderkriterium noch erfüllen. Eine Alternative wäre, den Fonds entsprechend aufzustocken. Da Spanien und Irland aus dem Kreis der begünstigten Staaten ausscheiden würden, wäre er bei gleicher Förderintensität je Einwohner wie in der Periode 2000 bis 2006 auf 6 Mrd. € zu verdoppeln. Da die Mittel aber bei der Kappungsgrenze[19] angerechnet werden, könnten die Beitrittsländer diese zusätzlichen Mittel nicht in Anspruch nehmen. Der

[15] Das *screening*-Verfahren der EU lässt theoretisch abgestufte Beitritte zu, wobei die Fortschritte jedes Kandidaten bei der Erreichung der „Kopenhagener Kriterien" den Ausschlag geben sollen. Umgekehrt gilt eine Erweiterung ohne Polen als politisch nicht möglich. Würden die Kriterien in diesem Fall aufgeweicht, könnten aber bei anderen Kandidaten kaum strengere Maßstäbe angelegt werden. Die letztendliche Verhandelbarkeit der Kriterien hat sich bereits bei der Europäischen Währungsunion gezeigt. Der für die Erweiterung zuständige EU-Kommissar *Verheugen* geht nunmehr von 10 Beitritten in der ersten Runde aus (Verheugen 2001).

[16] Neben der Türkei hat die EU auch den Nachfolgestaaten des ehemaligen Jugoslawiens (außer Slowenien, das bereits zu den Kandidaten gehört) und Albanien eine „Beitrittsperspektive" eröffnet. Einen offiziellen Kandidatenstatus hat allerdings bisher nur die Türkei. Allerdings hat gerade der Beitrittsantrag der Türkei eine Debatte um die Identität der EU ausgelöst, die insbesondere in den politischen Wissenschaften sehr kontrovers geführt wird (z.B. Buhbe 1998).

[17] Konkret geht es um die Zahl der Kommissare, Größe und Befugnisse des Europäischen Parlaments, den Übergang zu Mehrheitsentscheidungen und die Neuregelung der Stimmengewichte im Ministerrat. Inwieweit das Europäische Parlament und alle nationalen Parlamente dem erzielten Kompromiss, der auf dem Gebiet der Mehrheitsentscheidungen kaum Fortschritte gebracht hat, zustimmen, ist ungewiss. Der Europäische Rat von Laeken hat daher die Einrichtung eines Konvents beschlossen, der Vorschläge zur Lösung der institutionellen Probleme erarbeiten soll.

[18] Dieser sollte ursprünglich den schwächeren Mitgliedstaaten die Möglichkeit geben, sich schneller an die Beitrittskriterien der Währungsunion anzunähern. Dafür stellte die EU jährlich 3 Mrd. € Investitionszuschüsse für die Bereiche Infrastruktur, Umwelt und Humankapitalverbesserung zur Verfügung, die nur zu 20 vH kozufinanzieren waren. Da nunmehr alle davon begünstigten Länder Mitglied der Währungsunion sind, ist seine Geschäftsgrundlage entfallen. Die betroffenen Länder setzten aber eine Fortführung bis 2006 auf der Berliner Regierungskonferenz mit Unterstützung der Kommission durch.

[19] Nach den Beschlüssen des Berliner Gipfels dürfen Strukturhilfen an ein Mitgliedsland die Obergrenze von 4 vH des nationalen BIP nicht übersteigen.

Karte 2

Ziel 1-Gebiete in der EU25

1999

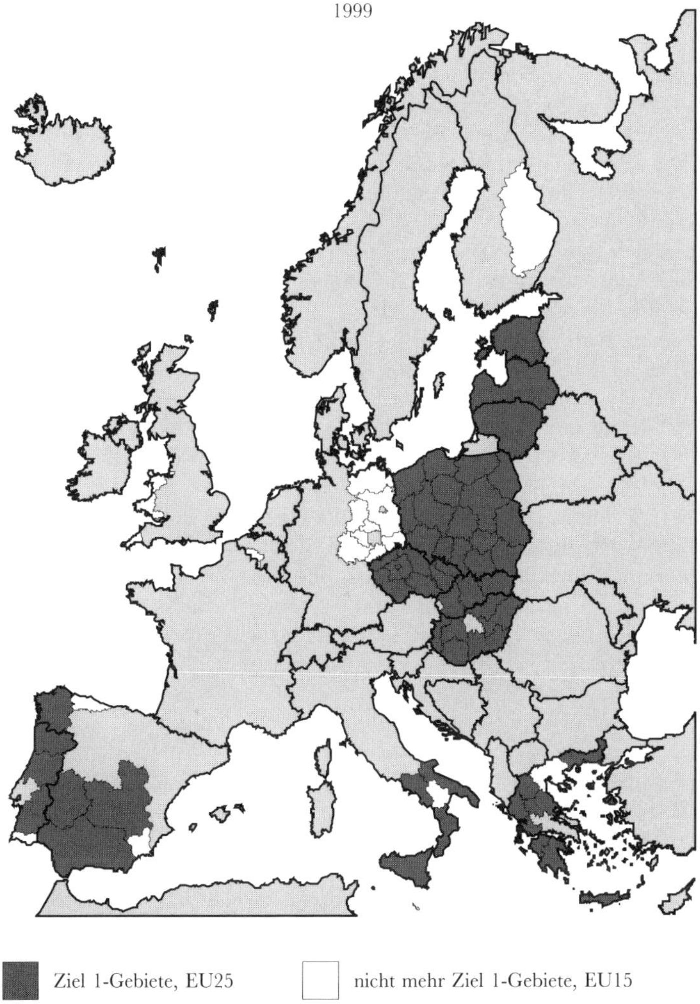

Eigene Berechnungen nach Angaben von EUROSTAT.

RWI ESSEN

einzige Anspruchsberechtigte Mitgliedstaat wäre also Griechenland. Da nunmehr auch dieses Land Mitglied der Währungsunion ist, spricht demnach alles dafür, den Kohäsionsfonds in seiner heutigen Form ersatzlos zu streichen.

Bei der Ziel 1-Förderung überschreitet eine Reihe von Regionen in der EU 15 nach einer Erweiterung die Fördergrenze (BIP geringer als 75 vH des EU-Durchschnitts. Demnach haben insbesondere die südeuropäischen Staaten, aber auch

Ostdeutschland starke Einbußen hinzunehmen (Karte 1 und 2). Damit wird aber auch die bisherige Ziel 2-Förderung obsolet. Deren Mittelzuweisungen wurden bisher nach Länderquoten vorgenommen, während die Festlegung der Fördergebiete durch die Nationalstaaten im Einvernehmen mit der Kommission erfolgte. Die südeuropäischen Staaten werden kaum akzeptieren, dass sie Verluste bei der Ziel 1-Förderung erleiden, die insbesondere die westeuropäischen Staaten begünstigende Ziel 2-Förderung aber uneingeschränkt fortgesetzt wird. Auch die horizontalen[20] Maßnahmen des Europäischen Sozialfonds (ESF) müssten in der EU 15 zugunsten der Beitrittsländer zurückgenommen werden, wenn die Mitgliedstaaten nicht einer erheblichen Aufstockung der Mittel zustimmen.

Somit zeigt sich, dass die Osterweiterung erhebliche Verteilungskonflikte hervorruft. Insbesondere die südeuropäischen Staaten werden versuchen, den Umfang der ihnen bisher gewährten Fördergebiete und -summen zu verteidigen. So ist es nicht verwunderlich, dass Spanien in Nizza auf dem Einstimmigkeitsprinzip bei Veränderungen der Strukturfonds bis 2007 bestanden hat. Zunächst versuchte Spanien zudem, diese Frage mit dem Freizügigkeitsproblem der Arbeitskräfte und der Dienstleistungsunternehmen aus den Beitrittsländern zu verknüpfen, um so ein Faustpfand im Hinblick auf die Verteilungsdiskussion zu erhalten.

Außer bei Griechenland – und bis 1999[21] bei Portugal – stellt die Ziel 1-Förderung tatsächlich eine Regionalförderung dar. Mit der Erweiterung entwickelt sich aber ein geschlossener Block aus Transformationsländern, die die Förderung flächendeckend in Anspruch nehmen können. Dagegen würde nur noch eine verminderte Anzahl an Gebieten in Südeuropa und Ostdeutschland den Kriterien genügen. Der Schwerpunkt der Förderung verschiebt sich damit zu Ländern, die sich im Transformationsprozess befinden und ebenso wie Ostdeutschland keine der für die jetzigen Mitgliedstaaten typischen regionalen Problemmerkmale aufweisen.

Eine solche flächendeckende Förderung hat aber erhebliche Rückwirkungen: So können die regionalen Divergenzen in den Beitrittsländern, die bereits heute relativ stark ausgeprägt sind, noch verschärft werden. Ob dem durch eine Differenzierung der Fördersätze begegnet werden kann, erscheint zweifelhaft, da die Ausstattung der Zentren mit Infrastruktur und Humankapital dies kompensieren dürfte. Auch würde die Vielzahl der Förderprogramme die Verwaltungskapazitäten der Kommission und vor allem die der Beitrittsländer überfordern. In der sozialistischen Periode wurden die Beitrittsländer durch zentralistische Verwaltungsstrukturen geprägt. Den bisherigen Regionalisierungsbemühungen zum Beispiel in Tschechien und Polen haftet daher immer noch etwas Künstliches an und spiegeln keinen funktionsfähigen Föderalismus wider. Einer Mitwirkung politischer Entscheidungsträger in den Regionen, wie sie von der Kommission gefordert wird, sind demnach enge Grenzen gesetzt.

[20] Horizontale Maßnahmen werden nicht nach Regionen differenziert, sondern können auch außerhalb der Fördergebiete in Anspruch genommen werden.

[21] Diese Aussage stellt insofern eine Vereinfachung dar, als auf der Berliner Regierungskonferenz beschlossen wurde, dass ausscheidenden Fördergebieten eine degressive Auslaufförderung über sechs Jahre gewährt wird. Weitere Ausnahmen wurden zum Beispiel für Nordirland beschlossen. In der Folge der Berliner Beschlüsse wurde die Förderkulisse also nicht zurückgebaut, sondern für sechs Jahre geradezu inflationiert.

Die Erfahrungen in Ostdeutschland zeigen, dass die wesentlichen Wachstumshemmnisse in Transformationsländern zunächst in den gravierenden Infrastruktur- und Humankapitaldefiziten bestehen. Dieser Problematik entspricht die EU-Konzeption zwar mit der faktisch betriebenen, nicht aber mit dem verkündeten Ansatz einer wissensorientierten, am technischen Fortschritt ausgerichteten Regionalpolitik.

Für Deutschland stellt der Wegfall der Förderung insbesondere in den Grenzregionen zu Polen eine besondere Problematik dar. Das bestehende Faktorgefälle würde durch die Strukturfonds noch verschärft. Da die EU, wie die Gemeinschaftsaufgabe „Verbesserung der regionalen Wirtschaftsstruktur", auch Investitionen subventioniert, werden somit Verlagerungen auch kapitalintensiver Betriebe reizvoll.

3. Auswirkungen auf die Mittelzuweisungen

3.1. Vorbemerkung

Die folgenden Berechnungen beziehen sich ausschließlich auf Ziel 1-Regionen, wobei das BIP des Jahres 1999 herangezogen wurde. Die Kommission hatte bei ihrer Abgrenzung der Fördergebiete 2000 bis 2006 zuerst die Zahlen von 1994, zuletzt für 1994 bis 1996 zugrunde gelegt. Um insbesondere die Regionen, die bereits heute die Fördergrenze überschritten haben, auszugrenzen, wurden hier die letzten verfügbaren Angaben verwendet. Die Ergebnisse für die Mittelzuweisungen unterscheiden sich daher auch für die EU 15 von den von der EU ausgewiesenen.

3.2. Berechnung unter Status quo-Bedingungen

Die Strukturfonds wenden pro Jahr etwa 18 Mrd. € für die Ziel 1-Regionen auf, die jedoch nicht gleichmäßig auf die Regionen verteilt werden. Vielmehr wird nach einem komplexen Berechnungsschlüssel vorgegangen, der das Wohlstandsgefälle zwischen den Förderregionen, das Gefälle zwischen der Förderregion und dem nationalen Durchschnitt sowie die Arbeitslosigkeit berücksichtigt:

- *Regionen*, deren BIP je Einwohner (KKP) weniger als (mehr als) 64 vH (67 vH) des EU-Durchschnitts beträgt, erhalten einen Zuschlag (Abschlag) von 5 vH. Berechnungsgrundlage ist eine Gleichverteilung der Förderung je Einwohner.
- Förderregionen in *Mitgliedstaaten*, die ein BIP von weniger als 75 vH (zwischen 75 und 90 vH, über 90 vH) des EU-Durchschnitts aufweisen, erhalten einen Zuschlag von 5 vH (4 vH, 3 vH).
- Für Regionen, deren Arbeitslosigkeit höher als im Durchschnitt der Ziel 1-Regionen ist, wird je abhängig Beschäftigten ein Zuschlag um 100 € gewährt.
- Die insgesamt gewährten Subventionen dürfen 4 vH des BIP[22] nicht überschreiten, um Preiseffekte als Folge von Absorptionsproblemen zu vermeiden.

[22] In der AGENDA 2000 hatte die Kommission 3 vH vorgeschlagen. Die Kappungsgrenze wurde auf dem Berliner Gipfel jedoch auf Druck Griechenlands angehoben. Zu beachten ist, dass darin auch die Mittel des Kohäsionsfonds und die der Ziel 2-Förderung einbezogen werden.

Tabelle 1

Subventionen pro Jahr in Ziel 1-Gebieten der EU 15

1999; in Mill. € (KKP)

	Subventionsanspruch			Kappungsgrenze	Subventionen	Einwohner in Ziel 1-Gebieten	Subventionen je Einwohner[1]	
	Wohlstandslücke	Arbeitslosigkeit	insgesamt				in €	EU 15 = 100
Österreich	48	0,0	48,1	7 866	48,1	277,8	173,1	62,6
Belgien	237	0,0	236,9	9 422	236,9	1 281,4	184,9	66,9
Deutschland	2 412	3,4	2 415,5	78 968	2 415,5	12 884,2	187,5	67,8
Dänemark	0	0,0	0,0	6 529	0,0	0,0	0,0	0,0
Spanien	4 952	27,2	4 979,5	22 619	4 979,5	15 103,1	329,7	119,3
Finnland	106	0,0	106,4	4 819	106,4	688,7	154,5	55,9
Frankreich	494	8,3	501,9	54 006	501,9	1 647,5	304,7	110,2
Griechenland	2 560	0,0	2 559,6	4 713	2 559,6	6 143,8	416,6	150,7
Irland	0	0,0	0,0	3 561	0,0	0,0	0,0	0,0
Italien	3 772	33,5	3 805,2	44 311	3 805,2	17 630,3	215,8	78,1
Luxemburg	0	0,0	0,0	738	0,0	0,0	0,0	0,0
Niederlande	0	0,0	0,0	14 947	0,0	0,0	0,0	0,0
Portugal	2 925	0,0	2 925,2	4 329	2 925,2	6 640,5	440,5	159,3
Schweden	0	0,0	0,0	9 104	0,0	0,0	0,0	0,0
Großbritannien	686	0,0	685,5	54 727	685,5	3 761,4	182,3	65,9
EU15					18 263,8	66 058,5	276,5	

Eigene Berechnungen nach Angaben von Eurostat. – [1]In Ziel 1-Gebieten.

RWI ESSEN

Das Ergebnis dieser Berechnungen für 1999 zeigt Tabelle 1[23]. Die höchsten Subventionen je Einwohner in Fördergebieten würde Griechenland mit 417 €, die niedrigsten Finnland mit 154 € erhalten. Für dieses Referenzjahres werden für Dänemark, Irland, Luxemburg, die Niederlande und Schweden[24] keine Gebiete mehr ausgewiesen, deren Einkommensrückstand eine EU-Förderung rechtfertigen könnte. Tabelle 2 gibt die Auswirkungen einer Erweiterung auf bis zu 28 Mitgliedstaaten wieder, wobei die Arbeitslosigkeit mangels Angaben für alle Beitrittsländer nicht in die Berechnung einbezogen wurde.

Bei einer Erweiterung auf 25 Mitgliedstaaten kommt es zu einem Umverteilungseffekt zu Lasten der EU 15 von etwa 9,6 Mrd. €, während der Mittelbedarf für die Ziel 1-Förderung insgesamt 18,5 Mrd. € beträgt. Die Strukturfonds würden folglich nur etwa 300 Mill. € pro Jahr zusätzlich benötigen. Wird der Kreis auf 28 Staaten ausgedehnt, so kommt es nochmals zu einer Umverteilung zu Lasten

[23]Im Gegensatz zu den bis 2006 festgelegten Fördergebieten sind hier bereits die Gebiete, die die Grenze von 75 vH des EU-BIP überschritten haben, nicht ausgewiesen. Damit wird unterstellt, dass es nicht zu einer weiteren Auslaufregelung kommt.

[24]Schweden und Finnland profitieren allerdings bisher von der Förderung von Gebieten mit einer extrem geringen Einwohnerdichte. Dies stellt einen Verstoß gegen das Subsidiaritätsprinzip dar und ist in Anbetracht der Einkommens- und Arbeitsmarktindikatoren dieser Regionen nicht zu rechtfertigen. Es spiegelt eher das Bemühen wider, auch den skandinavischen Staaten Rückflüsse aus den Strukturfonds zu garantieren.

Tabelle 2

Indikative Mittelzuweisungen pro Jahr in Ziel-1 Gebieten[1]
1999; in Mill. €

	Mittelzuweisungen			Veränderungen		
	EU 15	EU 25	EU 28	EU 25 zu EU 15	EU 28 zu EU 25	EU 28 zu EU 15
Österreich	48	0	0	−48	0	−48
Belgien	237	0	0	−237	0	−237
Deutschland	2 412	327	0	−2 085	−327	−2 412
Dänemark	0	0	0	0	0	0
Spanien	4 952	2 418	192	−2 534	−2 226	−4 760
Finnland	106	0	0	−106	0	−106
Frankreich	494	385	212	−109	−173	−282
Griechenland	2 560	1 227	496	−1 333	−731	−2 064
Irland	0	0	0	0	0	0
Italien	3 772	2 559	0	−1 213	−2 559	−3 772
Luxemburg	0	0	0	0	0	0
Niederlande	0	0	0	0	0	0
Portugal	2 925	1 606	339	−1 319	−1 267	−2 586
Schweden	0	0	0	0	0	0
Großbitannien	686	76	0	−609	−76	−686
Zypern		0	0	0	0	0
Tschechische Republik		*2 047*	*2 047*	2 047	0	2 047
Estland		*195*	*195*	195	0	195
Ungarn		*1 803*	*1 803*	1 803	0	1 803
Litauen		*400*	*400*	400	0	400
Lettland		*250*	*250*	250	0	250
Malta		*137*	*95*	137	−42	95
Polen		*5 820*	*5 820*	5 820	0	5 820
Slovenien		0	0	0	0	0
Slowakei		*739*	739	739	0	739
Bulgarien			*466*		466	466
Rumänien			*1 320*		1 320	1 320
Türkei			*6 918*		6 918	6 918
EU15	18 191	8 599	1 238	−9 592	−7 361	−16 953
Dotierung der Fonds		18 476	17 278	285	−1 198	−913

Eigene Berechnungen nach Angaben von Eurostat. Kursiv: Kappungsregel wurde angewendet. – [1]Ohne Berücksichtigung der Arbeitslosigkeit.

RWI ESSEN

der EU 15 in Höhe von 7,3 Mrd. €. Allerdings werden auch die Mitgliedsländer der ersten Erweiterungsrunde mit 1,2 Mrd. € belastet. Die Dotierung der Strukturfonds würde sich sogar um 1,2 Mrd. € verringern, da die Umverteilungseffekte die Belastungen durch die drei neuen Mitgliedstaaten überkompensieren. Würde der Umverteilungseffekt politisch nicht akzeptiert, steigt der Mittelbedarf der Strukturfonds von etwa 18,2 auf 26,8 Mrd. € bei einer Erweiterung auf 25 Mitgliedstaaten bzw. auf 35,5 Mrd. € bei 28 Mitgliedsländern.

Diese Berechnungen – unter der Annahme einer strikten Anwendung der Kriterien für die Strukturfondsförderung 2000 bis 2006 einerseits, einer Addition der bisherigen Förderung und des Zusatzbedarfs der Beitrittsländer andererseits – stellen die Bandbreite dar, in der politische Lösungen möglich sind. Dabei wird der Konflikt zwischen der Bereitschaft der Nettozahler, die Erweiterung durch höhere Haushaltsbelastungen zu finanzieren, und der Bereitschaft der bisher begünstigten Staaten, für die Erweiterung auf Finanzmittel zu verzichten, deutlich.

3.3. Vorschläge der Kommission zu Modifikationen bei der Festlegung der Fördergebiete

Die aus der Erweiterung resultierende Verteilungsproblematik für die EU 15 wird auch von der Kommission gesehen. Im 2. Kohäsionsbericht argumentiert sie, dass aus ihrer Sicht eine Einschränkung der Zahl der bisher begünstigten Regionen in der EU 15 nicht gerechtfertigt sei, da sich an deren materieller Situation durch die Erweiterung nichts ändern würde. Vor diesem Hintergrund werden von der Kommission vier Alternativen diskutiert[25]:

- Die bisherigen Kriterien werden strikt angewendet.
- Wie im ersten Vorschlag werden die Kriterien strikt angewendet, aber den ausscheidenden Regionen eine degressiv gestaltete Auslaufphase gewährt.
- Der Grenzwert für die Förderung wird so angehoben, dass die Regionen der EU 15 ohne die, die bereits jetzt knapp unter der Grenze liegen, in der Förderung verbleiben können.
- Die Fördergebiete werden nach unterschiedlichen Grenzwerten für die EU 15 und für die Beitrittsländer abgegrenzt.

Diesen Vorschlägen kommt eine besondere Bedeutung zu, da die Kommission für Änderungen der geltenden Rechtslage das Initiativrecht[26] besitzt. Die erste Alternative, die den Berechnungen in Tabelle 2 zugrunde liegt, ist politisch nicht durchsetzbar; sie würde am Widerstand der bisher von den Strukturfonds begünstigten Länder scheitern und damit die Erweiterung in Frage stellen. Dies wird besonders deutlich, wenn die Veränderungen durch eine Ausweitung auf 28 Mitgliedstaaten betrachtet werden. Die für Süditalien bereitgestellten Fördermittel würden entfallen, für Spanien eine Verringerung um 79 vH, für Griechenland um 80 vH und für Portugal um 97 vH bedeuten. Ostdeutschland würde den Fördergebietsstatus verlieren. Absolut hätte Spanien (4,1 Mrd. €) vor Italien (3,6 Mrd. €) und Griechenland (2,6 Mrd. €) die stärksten Rückgänge zu verzeichnen. Das Gleiche gilt für die zweite Alternative, die nur eine abrupte Kürzung vermeidet. Die vierte Alternative führt zu einer Addition der Aufwendungen für die bisherigen und die neuen För-

[25] Eine von der Kommission nicht diskutierte Variante besteht darin, die Mittelzuweisung an die Strukturfonds zu begrenzen. Damit würde die Fördersumme je Einwohner in Fördergebieten entsprechend absinken. Die Kommission lässt dagegen eine Präferenz dafür erkennen, dass für die Strukturfonds eine Dotierung von 0,45 vH des BIP der erweiterten EU festgeschrieben werden soll. Damit stünden für die EU 15 etwa 5,3 Mrd. € weniger gegenüber derzeit zur Verfügung. Der Zusatzbedarf für die Erweiterung (ohne Türkei) würde sich dann auf 10 Mrd. € pro Jahr belaufen.

[26] Dieses Initiativrecht gilt nur für den Bereich der Europäischen Gemeinschaften, nicht für die Gemeinsame Außen- und Sicherheitspolitik und die Zusammenarbeit in den Bereichen Justiz und Polizei.

Tabelle 3

Auswirkungen einer Erhöhung der Förderschwellen auf den Mittelbedarf der Strukturfonds

1999; Abschneidegrenze in vH

	EU 15	EU 25		EU 28		EU 25	EU 28
Förderschwelle	75 vH	75 vH	82,3 vH	75 vH	94 vH	82,3 vH zu 75 vH	94 vH zu 75 vH
Österreich	48	0	32,5	0	13,5	33	14
Belgien	237	0	165,2	0	77,5	165	77
Deutschland	2 412	327	1 677,8	0	796,3	1350	796
Dänemark	0	0	0,0	0	0,0	0	0
Spanien	4 952	2 418	2 697,9	192	1 575,9	279	1384
Finnland	106	0	67,9	0	20,8	68	21
Frankreich	494	385	384,9	212	249,2	0	38
Griechenland	2 560	1 227	1 543,6	496	910,0	317	414
Irland	0	0	0,0	0	0,0	0	0
Italien	3 772	2 559	2 618,3	0	1 412,1	59	1412
Luxemburg	0	0	0,0	0	0,0	0	0
Niederlande	0	0	0,0	0	0,0	0	0
Portugal	2 925	1 606	1 706,8	339	774,5	101	436
Schweden	0	0	0,0	0	0,0	0	0
Großbritannien	686	76	469,6	0	212,2	393	212
Zypern		0	0,0	0	0,0	0	0
Tschechische Republik		*2 047*	*2 046,6*	*2 047*	*2 046,6*	0	0
Estland		*195*	*195,1*	*195*	*195,1*	0	0
Ungarn		*1 803*	*1 803,0*	*1 803*	*1 803,0*	0	0
Litauen		*400*	*400,2*	*400*	*400,2*	0	0
Lettland		*250*	*249,9*	*250*	*249,9*	0	0
Malta		*137*	*136,8*	95	95,0	0	0
Polen		*5 820*	*5 820,2*	*5 820*	*5 820,2*	0	0
Slovenien		0	360,6	0	179,4	361	179
Slowakei		*739*	*739,2*	*739*	*739,2*	0	0
Bulgarien				*466*	*465,8*	0	0
Rumänien				*1 320*	*1 319,9*	0	0
Türkei				*6 918*	*6 918,2*	0	0
EU15	18 191	8 599	11 364	1 238	6 042	2 765	4 803
Zusatzbedarf für EU 25		11 391	11 752	11 349	11 529	361	179
Zusatzbedarf für EU 28				8 704	8 704		0
Insgesamt	18 191	19 990	23 116	21 292	26 275	3 126	4 983

Eigene Berechnungen nach Angaben von Eurostat. Kursiv: Kappungsregel wurde angewendet.

RWI ESSEN

dergebiete und würde damit, wenn nicht in anderen Haushaltsbereichen massive Einsparungen erfolgen, die Haushaltsplanung sprengen. Zudem wird damit faktisch ein neues Zielgebiet („Transformationsregionen") eingeführt. Gegen eine unterschiedliche Behandlung von alten und neuen Mitgliedstaaten wurde bereits von den Beitrittsländern Kritik vorgebracht, was darauf schließen lässt, dass dieser Ansatz nur gegen erheblichen Widerstand durchzusetzen wäre.

Die dritte Alternative stellt gewissermaßen einen Kompromiss dar. Der Umfang der Fördergebiete in der EU 15 bleibt zwar erhalten[27], durch die Berücksichtigung der nationalen Niveaus sinken aber die Mittelzuweisungen. Dies hat zur Folge, dass abweichend vom den bisherigen Berechnungen der Mittelbedarf bei einer Erweiterung auf 25 Mitgliedstaaten um 3,1 auf 23,1 Mrd. € steigt, bei einer Erweiterung auf 28 Mitgliedstaaten nochmals um weitere 5 auf 26,3 Mrd. €. Diese Zahlen sind ebenfalls unter Status quo-Bedingungen errechnet. Von Seiten der EU wird darauf verwiesen, dass zusätzlich das Wachstum in den alten Mitgliedsländern und in den Beitrittsländern zu berücksichtigen ist. Ergänzend könnte unterstellt werden, dass die Beitrittsländer bei einer strengen Anwendung des Prinzips der Additionalität kaum in der Lage sind, die Kofinanzierung der Programme aufzubringen.

Die Annahme, die Erweiterung durch höhere Wachstumsraten als in den neunziger Jahren zu finanzieren, erscheint allerdings problematisch. So ist die in der AGENDA 2000 unterstellte Wachstumsrate von 2,5 vH bis 2006 im EU-Raum mit hohen Unsicherheiten behaftet. Zugleich steigert ein überproportionales Wachstum in den Beitrittsländern deren Absorptionsfähigkeit. Dem sind zwar erhöhte Abführungen an den EU-Haushalt gegenüberzustellen. Diese dürften jedoch nicht ausreichen, die Mehrbelastungen zu kompensieren. Auch sieht sich die EU einer alternden und schrumpfenden Bevölkerung gegenüber, was in den nächsten Jahren Rückwirkungen auf alle öffentlichen Haushalte – verhaltener wachsende Steuereinnahmen, steigende Ausgaben für die sozialen Sicherungssysteme – haben wird. Die Verteilungsspielräume werden also zunehmend enger, wenn es nicht gelingt, diese negativen Einflussfaktoren durch ein höheres gesamtwirtschaftliches Wachstum zu kompensieren.

3.4. Diskriminiert die Kappungsgrenze die Beitrittsländer?

Im Rahmen des „Zweiten Kohäsionsforums" vom 21. bis 22. Mai 2001 wurde insbesondere von den Beitrittsländern erhebliche Kritik an der Festlegung einer Absorptionsquote geäußert, die ausschließlich diese Ländergruppe diskriminiere (Second Cohesion Forum 2001). So argumentierte zum Beispiel der polnische Premierminister, dass vor dem Hintergrund der Defizite im Bereich der Infrastruktur, des Investitionsbedarfs der Unternehmen und der Notwendigkeit von Investitionen in das Humankapital die Absorption hoher Fördermittel garantiert sei (Buzek 2001). Zudem wies er darauf hin, dass bisher jede Erweiterung der EU von einer erheblichen Aufstockung der Fonds begleitet worden sei. – Bei der letzteren Aussage ist allerdings darauf zu verweisen, dass sich aus derartigen Erfahrungen der Vergangenheit kein politisches Gewohnheitsrecht ableiten lässt.

Der Hinweis, dass allein der Nachholbedarf der Beitrittsländer die Absorption garantiere, vernachlässigt jedoch die theoretischen Grundlagen, die dieser Vorstellung zugrunde liegen. So hängt es von der Nachfrageelastizität der betroffenen Sektoren ab, inwieweit es durch den Zufluss von Mitteln aus den Strukturfonds zu

[27] Die Fördergrenzen von 81 bzw. 86 vH ergeben sich rechnerisch aus dieser Vorgabe.

einer (erwünschten) Ausdehnung des Angebots bzw. zu (unerwünschten) Preiseffekten kommt. Dabei ist zu bedenken, dass diese Mittel in einer ersten Phase vornehmlich in die Bauindustrie, in importierte Kapitalgüter und in den Bildungssektor fließen. Da aufgrund der hohen – offenen und verdeckten – Arbeitslosigkeit in den Beitrittsländern Arbeitskräfte reichlich zur Verfügung stehen, würde sich zusätzlich ein Einkommenseffekt bei steigender Beschäftigung ergeben, der auch die Nachfrage nach Konsumgütern erhöht. Diese könnte zwar wiederum zu einem Teil durch Importe gedeckt werden. Damit würde der Gesamteffekt der Strukturinterventionen jedoch vermindert. Würden 50 vH der Fördermittel – wie in Südeuropa – in Infrastrukturmaßnahmen fließen, impliziert dies eine Erhöhung der Nachfrage vornehmlich nach Bauleistungen von 2 vH des BIP zuzüglich des Kofinanzierungsanteils der Beitrittsstaaten. Mittelfristige Folge wäre eine Überdimensionierung dieses Sektors, die – wie die Entwicklung in Ostdeutschland zeigt – zu einem späteren Zeitpunkt nur mit erheblichen Wachstumsrückschritten zu bereinigen wäre.

An dieser Stelle ist daran zu erinnern, dass die Beitrittsländer auch den Stabilitäts- und Wachstumspakt übernehmen müssen. So würde ein Abweichen von der Absorptionsquote die Beitrittsländer vor erhebliche Kofinanzierungsprobleme stellen, die entweder zu Steuererhöhungen, zu einem weiteren Anstieg der Staatsverschuldung oder zu einer Umverteilung innerhalb der öffentlichen Haushalte führen müssten. Gerade die Staatsverschuldung stellt für die meisten Beitrittsländer das größte Problem dar. Da die Strukturfonds-Richtlinien zudem das Prinzip der Zusätzlichkeit festschreiben[28], sind die bisherigen Maßnahmen der Beitrittsstaaten national finanziert weiter durchzuführen. Jedes Beitrittsland hätte also ein Drittel der von der EU gezahlten Mittel zusätzlich aufzubringen. Die Probleme der Mitgliedstaaten werden insbesondere dann deutlich, wenn man die *Mittelbewilligungen* im Rahmen der Strukturfonds-Interventionen mit den *Zahlungen* für den Zeitraum 1994 bis 1997 vergleicht. Geht man von den Haushaltsplänen der Kommission aus, wurden Bewilligungen in Höhe von 97,7 vH der Plangrößen ausgesprochen, die aber nur zu Zahlungen von 72,6 vH[29] führten. Den höchsten Satz erreichte Portugal mit 90,7 vH, den niedrigsten Italien mit 51,8 vH. Neben Verwaltungsschwierigkeiten wurden auch zu optimistische Finanzierungspläne für dieses Ergebnis verantwortlich gemacht. Dabei ist zu beachten, dass es sich um Mitgliedstaaten handelt, die seit Jahren, zum größten Teil seit Jahrzehnten, Erfahrungen mit der Abwicklung von Strukturfonds-Interventionen haben.

Berücksichtigt man diese gesamtwirtschaftlichen Restriktionen, aber auch die Schwierigkeiten sehr vieler südeuropäischer Länder, die ihnen zustehenden Mittel mangels Kofinanzierungsfähigkeit überhaupt abzurufen, so ist für eine Beibehaltung der Absorptionsquote zu plädieren. Eher ist daran zu denken, diese auf 3 vH des BIP abzusenken. Allerdings sollte im Gegenzug eine Dynamisierung der Zuweisungen erfolgen. Bisher werden die Strukturfonds-Mittel für einen Zeitraum

[28]Vgl. Artikel 11 Abs.1 Verordnung (EG) Nr. 1260/1999 des Rates vom 21. Juni 1999. Amtsblatt der Europäischen Gemeinschaften L161/1 vom 26.6.1999.

[29]Franzmeyer 2001: 288, unter Berufung auf Europäischer Rechnungshof (2001) zusammen mit den Antworten der Kommission.

von sechs Jahren festgelegt. Insbesondere das zeitweise hohe Wachstum[30] in Ländern wie Polen spricht dafür, die Quote jährlich neu festzulegen. Damit würde gleichzeitig ein Anreiz für die Beitrittsländer geschaffen, eine wachstumsfreundliche Wirtschaftspolitik fortzusetzen.

Als Problem bleibt zwar bestehen, dass die Pro-Kopf-Förderung degressiv ausgestaltet wäre, d.h. ein niedriges Pro-Kopf-Einkommen auch relativ niedrige Zuweisungen je Einwohner impliziert. Dies stellt jedoch keine Diskriminierung der Beitrittsländer dar, sondern ist in der unterschiedlichen Absorptionsfähigkeit der Volkswirtschaften begründet. So dürfte ein Abweichen von der Absorptionsquote nur zu unrealistisch hohen Plangrößen führen, die letztlich an die Geberländer – verbunden mit entsprechenden Effizienzverlusten[31] – zurückfließen.

4. Alternativen der europäischen Regionalpolitik

4.1. Zusammenfassung der bisherigen Ergebnisse

Für die Regionalpolitik der Kommission würde eine Anwendung der geltenden Strukturfonds-Verordnungen bedeuten:

- Die Kommission sieht sich mit einer Explosion in der Zahl der Programme konfrontiert, die sie zu prüfen, abzustimmen und zu überwachen hat.
- Da die Beitrittsländer flächendeckend gefördert werden, nimmt die Förderung den Charakter eines investitionsgebundenen vertikalen Finanzausgleichs an. Die gleiche Förderung sowohl der relativ starken als auch der relativ schwachen Regionen der Beitrittsländer führt zu einer Zunahme der regionalen Diskrepanzen in den Beitrittsländern selbst.
- Das theoretische Konzept der Strukturfonds geht von der Prämisse aus, dass in den Mitgliedsländern eine gefestigte Marktwirtschaft und funktionsfähige regionale Verwaltungen vorhanden sind. Zumindest Letztere ist in den Beitrittsländern weitgehend noch nicht erfüllt.
- Die Schwerpunktsetzungen der Strukturfonds entsprechen nicht den Engpässen, wie sie für Transformationsländer typisch sind.
- Die Kappungsgrenze von 4 vH des BIP führt trotz eines explizit verteilungsorientierten Ansatzes zu dem Ergebnis, dass die schwächsten Beitrittsländer die niedrigste Förderung je Einwohner erhalten. Dies ist allerdings akzeptabel und stellt keine Diskriminierung dar, wenn man die begrenzte und nach Beitrittsland unterschiedliche Absorptionsfähigkeit in Rechnung stellt.

[30] Bei einer Wachstumsrate von 5 vH in laufenden Preisen würde sich das BIP in sechs Jahren um 34 vH erhöhen. Da die Absorptionsquote zu Beginn der Förderperiode festgelegt wird, würde sie effektiv von 4 vH auf knapp 3 vH am Ende des Planungszeitraums sinken.

[31] Die Zahlungen stellen zunächst einen zinslosen Kredit an die Kommission dar, der den Haushalt des Mitgliedstaates belastet. Der Rückfluss führt zu ungeplanten Mehreinnahmen in späteren Haushalten. Beide Vorgänge sind mit erheblichen Verwaltungsaufwendungen sowohl bei der Kommission als auch beim Mitgliedstaat verbunden.

Diese Kritikpunkte zeigen, dass die Berliner Beschlüsse zur AGENDA 2000 die Regionalpolitik nicht „erweiterungsfähig" gemacht haben. Spätestens wenn für die ersten Beitritte konkrete Termine vorliegen, wird die Kommission erneute Reformanstrengungen unternehmen müssen. Es ist nochmals zu betonen, dass sich die EU am Beginn eines noch ergebnisoffenen Verhandlungsprozesses befindet. Trotz der grundsätzlichen Zustimmung aller 15 Mitgliedstaaten zur Erweiterung ist der Verteilungskonflikt mit den südeuropäischen Staaten noch nicht gelöst. Außerdem verhandelt die Kommission zum Beispiel im Bereich der Agrarpolitik über ein Konzept, dass allgemein als nicht mehr zukunftsfähig angesehen wird. Der von der Kommission selbst im Hinblick auf die Ziel 1-Förderung unterbreitete Kompromiss wäre zwar ein Weg, das Verteilungsproblem zu lösen. Dies gilt insbesondere dann, wenn die Absorptionsquote konsequent angewendet wird. Es ist jedoch davon auszugehen, dass die südeuropäischen Staaten diesen Vorschlag eher als Untergrenze ansehen und ihre Verhandlungsziele weitaus höher ansetzen werden. Aber auch mit den Geberländern sind, unabhängig von den zusätzlich aufzubringenden Mitteln, besonders auf dem Gebiet der Beihilfenkontrolle weitere Konflikte programmiert. Insbesondere würde es in Westdeutschland zu einer weiteren erheblichen Kürzung des Fördergebietsumfangs kommen. Die Gemeinschaftaufgabe „Verbesserung der regionalen Wirtschaftsstruktur" würde zu einem auf Ostdeutschland und auf die unter Umständen noch verbleibenden Ziel 2-Gebiete beschränkten Kofinanzierungsinstrument degenerieren.

Aus finanzpolitischer Sicht wäre die Erweiterung im Hinblick auf die Regionalförderung zwar finanzierbar, wenn es nicht zu einer Addition der Fördergebiete kommt[32]. In Anbetracht der möglichen Zusatzbelastungen in den Bereichen Agrarpolitik, Umweltpolitik und bei der Durchführung des Programms „Europäische Netzwerke" sowie der horizontal ausgerichteten Anliegen der EU dürfte ab 2007 selbst bei einer Ausschöpfung der Eigenmittelobergrenze der EU von 1,25 vH des BIP die Finanzierung nicht mehr gewährleistet sein, wenn es nicht zu einer Neukonzipierung der gesamten ausgabenintensiven Gemeinschaftspolitiken kommt.

4.2. Ansatzpunkte für eine Reform

Eine Kompromisslinie könnte zwar darin bestehen, Mittel aus dem Agrarhaushalt in die Regionalförderung umzuschichten. Hier ist jedoch zu vermuten, dass insbesondere Frankreich, nach den Erfahrungen der Vergangenheit aber auch Deutschland, wenig Kompromissbereitschaft zeigen werden. Die endgültige Lösung wird wahrscheinlich in einem „Paket" bestehen, das sich aus Kompromissen bei der Agrar-, Struktur- und Sozialpolitik zusammensetzt[33]. Ein solcher Kompromiss entzieht sich jedoch allen Prognosen. Dies trifft auch auf die Frage zu, um wie viele Staaten die EU letztlich erweitert wird.

Unabhängig davon ist das Problem zu sehen, dass die von den Strukturfonds betriebene Regionalpolitik in ihrer bis 2006 gültigen Form spätestens nach einem

[32] Diese würde den Finanzbedarf der Regionalpolitik mit etwa 18 Mrd. € pro Jahr verdoppeln.

[33] Zur Bedeutung derartiger Paketlösungen für alle Fortschritte, die bisher in der EU erzielt wurden; vgl. Weidenfeld 2000.

Beitritt Polens nicht mehr fortzusetzen ist. Da eine Zweiteilung in eine Regionalpolitik „Ost“ und „West“ kaum sinnvoll ist, wird hier eine Ausrichtung am Konzept des Kohäsionsfonds, der in diesem Zusammenhang in die Strukturfonds zu überführen[34] wäre, vorgeschlagen: Die den einzelnen Ländern zuzuweisenden Mittel werden nach dem von der Kommission vorgeschlagenen Kompromissmodell errechnet. Die Absorptionsquote wird aber auf 3 vH, wie vor dem Gipfel von Berlin von der Bundesregierung und der Kommission vorgeschlagen, abgesenkt.

Die Zuwendungen werden von der Kommission an die nationalen Regierungen der Beitrittsländer gezahlt und für ein nationales Anpassungsprogramm verwendet. Die Mittel sind für Infrastrukturinvestitionen, Maßnahmen des Umweltschutzes und zur Verbesserung des Humankapitals zu verwenden. Länder, deren Regionen mit einem Bevölkerungsanteil von über 40 vH über der Fördergrenze liegen, werden nach dem bisherigen Verfahren der EU 15 behandelt.

Die Ziel 2-Förderung wird in die nationale Zuständigkeit überführt. Die Beihilfenkontrolle wird so angepasst, dass die Mitgliedstaaten Spielräume zur Förderung der Regionen erhalten, die sich durch besonders hohe negative Abweichungen bei den Einkommens- oder bei den Arbeitsmarktindikatoren vom nationalen Durchschnitt auszeichnen. – Bei den Gemeinschaftsinitiativen erfolgt eine Beschränkung auf *Interreg*; *Leader*, *Equal* und *Urban* werden gestrichen.

Die Förderschwelle wird in den Folgejahren abweichend vom Modell der Kommission alle drei Jahre um 2 vH-Punkte gesenkt, bis die Förderschwelle von 75 vH des durchschnittlichen BIP je Einwohner in (KKP) wieder erreicht ist.

5. Abschließende Bemerkungen

Der Verhandlungsprozess mit den Bewerberländern ist bisher als Erfolg der Kommission zu werten. Durch die Kopenhagener Kriterien[35], die im Rahmen des Beitrittsprozesses nicht verhandelbar sind, wurden wesentliche ordnungspolitische Reformen angestoßen. Entsprechende Anstrengungen sind dagegen in den Ländern, denen die EU keine Beitrittsperspektive eröffnet hat, bisher nicht zu beobachten. Dies hatte zur Folge, dass das Wachstum in den Beitrittsländern deutlich höher lag als in anderen Transformationsländern[36].

Unter den jetzigen Bedingungen ist eine erste Erweiterungsrunde der EU frühestens 2005 zu erwarten. Die Zahl der entsprechenden Staaten wird zwischen fünf und zehn liegen, wobei dies nur gelingen kann, wenn die Kriterien von Kopenha-

[34] Alle bisherigen Mitglieder, die an der Währungsunion teilnehmen wollen, sind nach dem Beitritt Griechenlands Mitglied der Eurozone. Die mitteleuropäischen Staaten werden die Kriterien für einen Beitritt noch sehr lange nicht erfüllen können. Da sie aber alle bereits mit der Ziel 1-Förderung die Abschneidegrenze überschreiten, bleibt für Zahlungen des Kohäsionsfonds kein Raum mehr.

[35] Sie sehen vor, dass ein Land erst dann der EU beitreten kann, wenn die Stabilität der politischen Institutionen gesichert und eine funktionsfähige Marktwirtschaft vorhanden ist, die dem internationalen Wettbewerbsdruck widerstehen kann, und der gemeinschaftliche Besitzstand der EU in nationales Recht umgesetzt wurde.

[36] Ob sich dieser Erfolg bei den südosteuropäischen Staaten und den Ländern der zweiten Beitrittsrunde wiederholen lässt, wird sich zeigen müssen.

gen relativ weit[37] interpretiert werden. Selbst dieser Termin setzt die Lösung gravierender Probleme im Bereich der Agrarpolitik[38], der Übergangsfristen[39] im Hinblick auf die Freiheiten des Binnenmarkts und der Bereinigung von außenpolitischen Konfliktfeldern[40] der Beitrittsländer voraus. Die ökonomischen und finanziellen Auswirkungen der Beitritte sind zwar gravierend. Letztlich geht es jedoch um eine Integrationsstrategie, die unter außen- und sicherheitspolitischen Gesichtspunkten einer Kooperation, bei der ein Ausscheren Einzelner viel leichter möglich ist, als überlegen angesehen wird. Ökonomisch führt diese Integration mittelfristig zu Vorteilen bei allen beteiligten Volkswirtschaften, wenn von einem einfachen neoklassischen Modell ausgegangen wird. Zwar verzichten die Befürworter der Integrationsstrategie regelmäßig darauf, die aus einer Handelsumlenkung resultierenden Wohlfahrtsverluste der Erweiterung und die Tatsache, dass die Ausweitung der Gemeinsamen Agrarpolitik auf die Beitrittsländer ebenfalls zu Lasten der Verbraucher in der erweiterten EU gehen wird, zu erwähnen. Auch nach neueren theoretischen Ansätzen ist einer verteilungsorientierten Regionalpolitik vorzuwerfen, dass sie letztlich zu Wachstumseinbußen für den Gesamtraum führt. Allerdings ist die Entscheidung über die Erweiterung letztlich eine politische und nur in zweiter Linie eine ökonomische. Trotzdem zeigt sich bereits jetzt eine Reihe von Konsequenzen: Ohne eine Beschränkung der Strukturpolitik auf einen zweckgebundenen Finanzausgleich, der gleichzeitig die Verantwortung für die regionalen Programme an die Mitgliedstaaten zurückgibt, wäre bereits eine Erweiterung auf 28 Mitgliedstaaten langfristig kaum möglich. Die Beeinflussung regionaler Anpassungsprozesse würde damit wieder eine Aufgabe der Regionen selbst, aber unter Beachtung der Regeln, die auf der supranationalen Ebene vereinbart worden sind. Es käme also wieder zu einer Annäherung an die ökonomische Theorie des Föderalismus, die insbesondere Klemmer immer vertreten hat.

Literatur

Axt, H.-J. (2000), *Solidarität und Wettbewerb – die Reform der EU-Strukturpolitik*. Strategien für Europa. Gütersloh: Verlag Bertelsmann-Stiftung.

Buhbe, M. (1998), Die Türkei und die Grenzen der europäischen Union. *Internationale Politik und Gesellschaft* 1998 (2): 157–172.

Buzek, J. (2001), Speech by the Prime Minister of the Republic of Poland, Mr. Jerzy Buzek, During a forum on Economic and Social Cohesion. Brussels, 22 May 2001.

Europäische Kommission (Hrsg.) (1994), *Wettbewerbsfähigkeit und Kohäsion: Tendenzen in den Regionen*. 5. Periodischer Bericht über die sozioökonomische Lage und Entwicklung der Regionen der Gemeinschaft. Brüssel und Luxemburg.

Europäische Kommission (Hrsg.) (1999), *Sechster Periodischer Bericht über die sozio-ökonomische Lage und Entwicklung der Regionen der Europäischen Union*. Luxemburg.

[37] Übergangsfristen sind insbesondere bei der Übernahme des Gemeinschaftlichen Besitzstandes denkbar, nicht hingegen bei den politischen und ökonomischen Kriterien.

[38] Der von den westeuropäischen Staaten geforderte Verzicht der Beitrittsländer auf direkte Einkommensbeihilfen für Landwirte der Beitrittsländer könnte zwar unter Umständen auch gegen den Widerstand Polens durchgesetzt werden. Letztlich würde er aber, da sich die Beitrittsländer diskriminiert fühlen würden, in Zukunft bis zu einer Korrektur alle Verhandlungen zur Agrarpolitik belasten.

[39] Diese Übergangsfristen sind im Hinblick auf die Niederlassungsfreiheit, die Freizügigkeit der Arbeitnehmer sowie den Bodenerwerb umstritten.

[40] Das gravierenste Problem stellen der Zypernkonflikt und die teilweise ungelösten Minderheitenprobleme in den baltischen Staaten, die einen Konflikt mit Russland provozieren könnten, dar.

Europäische Kommission (Hrsg.) (2001), *Einheit Europas, Solidarität der Völker, Vielfalt der Regionen.* Zweiter Bericht über den wirtschaftlichen und sozialen Zusammenhalt. Luxemburg.

EU-Rat – Rat der Europäischen Union (Hrsg.) (2001), *Empfehlung des Rates vom 15. Juni 2001 zu den Grundzügen der Wirtschaftspolitik der Mitgliedstaaten und der Gemeinschaft.* DG G 9326/01, Göteborg.

Europäische Union (Hrsg.) (2001), *Die Strukturpolitik und der Europäische Raum, Inseln und Küstengebiete.* Luxemburg.

Europäischer Rechnungshof (Hrsg.), *Sonderbericht Nr. 16 über die Ausführung der Mittel für Strukturmaßnahmen im Programmplanungszeitraum 1994–1999.* Brüssel.

Franzmeyer, F. (2001), Europäische Regionalpolitik. In R. Ohr und Th. Theurl (Hrsg.), 271–307.

Holtzmann, H.-D., Regionalpolitik der Europäischen Union – eine Erfolgskontrolle in theoretischer und empirischer Sicht. Abhandlungen zur Nationalökonomie 7. Berlin: Duncker & Humblot. 716–745.

Koester, U. (2001), Europäische Agrarpolitik – ein Spannungsfeld divergierender Interessen. In R. Ohr und Th. Theurl (Hrsg.), 308–362.

Lageman, B., K. Löbbe et al. (1999), Kleine und mittlere Unternehmen im sektoralen Strukturwandel. Untersuchungen des RWI 27. RWI, Essen.

Ohr, R. und Th. Theurl (Hrsg.) (2001), *Kompendium Europäische Wirtschaftspolitik.* München: Vahlen.

Verheugen, G. (2001), Debatte über die EU-Erweiterung im Europäischen Parlament. SPEECH/01/363. Strasburg.

Weber, M. (1973), Die protestantische Ethik. Asketischer Protestantismus und kapitalistische Sicht? In M. Weber, *Soziologie – universalgeschichtliche Analysen.* Herausgegeben und erläutert von Johannes Winckelmann. 5., überarb. Auflage, Stuttgart: Alfred Krämer Verlag, 357–381 (Orig. 1905).

Weidenfeld, W. (2000), Europäische Einigung im historischen Überblick. In W. Weidenfeld (Hrsg.), *Europa von A bis Z* – Taschenbuch der europäischen Integration. 7. Aufl., Bonn: Europa-Union-Verlag, 10-50.

Zusammenfassung

Die Erweiterung der Europäischen Union ist für die regionale Strukturpolitik der Gemeinschaft und die der Mitgliedsländer mit bisher noch kaum hinreichend diskutierten Problemen verbunden. Es ist absehbar, dass durch die explizite Weigerung der südeuropäischen Staaten, Kürzungen der Strukturfonds-Förderung hinzunehmen, die Finanzierung der Regionalpolitik ab 2007 weitaus mehr Mittel beanspruchen wird. Darüber hinaus werden die bisherigen Konzepte der Strukturfonds obsolet. Zusätzlich ist davon auszugehen, dass ohne eine weitergehende Beschränkung der nationalen Fördergebiete die festgelegte Obergrenze deutlich überschritten wird. Nach Polen würde insbesondere ein Beitritt der Türkei die Regionalpolitik vor schwerwiegende Probleme stellen, die eine Revision der Konzepte unausweichlich macht. Hiebei ist insbesondere eine Beschränkung der Strukturpolitik auf einen zweckgebundenen Finanzausgleich erforderlich, der gleichzeitig die Verantwortung für die regionalen Programme an die Mitgliedstaaten zurückgibt.

Résumé

Les problèmes d'élargissement de l'Union Européenne n'ont jamais été discutés à fond concernant ses liens avec la politique structurelle régionale de la communauté et de ses membres. A partir de l'an 2007, le financement de la politique régionale exigera de loin beaucoup plus des ressources que jusqu'à présent. Aussi la conception des fonds structurels sera obsolète. En plus, il est à considérer, que sans une limite nationale des régions à promouvoir, la marge supérieure des fonds fixée en rapport à un pourcentage du PIB de l'Union sera manifestement dépassée. Une révision des conceptions de la promotion régionale doit particulièrement tenir compte de limiter la politique structurelle aux péréquations financières liées aux buts fixes. Ceci pourrait avoir pour effet de retransmettre la responsabilité des programmes régionaux aux pays membres.

RWI-Mitteilungen 2002, Jg. 53 (1-4): 201–222

Regionale und strukturelle Aspekte der Arbeitslosigkeit in Nordrhein-Westfalen: Suchverhalten und Eigeninitiative von Arbeitslosen

von Beate Müller

The paper analyses structural differences of unemployment in North-Rhine-Westphalia in comparison with the remaining part of West-Germany using a survey of 7,400 unemployed in 2000. Thus the typical characteristics of this most highly populated "Bundesland" of Germany are disclosed. The main focus is on the employment search activities of the unemployed themselves. Structural attributes of the unemployed, as well as their search-activities are shown to vary considerably between the regions within North-Rhine-Westphalia. (JEL: R12; R23; J64)

Die öffentliche Diskussion um das Thema „Arbeitslosigkeit" und um wirkungsvolle Instrumente zur Wiedereingliederung von Arbeitslosen in das Erwerbsleben gewinnt mit zunehmendem Problemdruck an Schärfe. Die Feststellung, dass die gesamtwirtschaftliche Beschäftigungsproblematik mit der Anpassung an den ökonomischen Strukturwandel verbunden ist, der sich in Form von Rationalisierungen und Spezialisierung auf die Nachfrage nach Arbeitskräften auswirkt, spiegelt nur eine Seite des Problems. Darüber hinaus hat sich in der Vergangenheit ein „Sockel" an Arbeitslosigkeit herausgebildet, der auch bei günstiger Konjunktur nur langsam abgebaut wird (zu Nordrhein-Westfalen vgl. Enquête-Kommission 1998). Gleichzeitig zeigt sich ein *mismatch*, beim dem Ungleichgewichte zwischen nachgefragten und angebotenen Arbeitskräften zugenommen haben[1].

Von den Problemen auf dem Arbeitsmarkt sind die einzelnen Regionen Nordrhein-Westfalens unterschiedlich berührt. Diese regionalen Disparitäten relativieren makroökonomische Entwicklungen und weisen auf strukturelle Besonderheiten hin[2]. Dies betrifft insbesondere die Niveau- und Entwicklungsunterschiede der Arbeitslosigkeit im Vergleich zwischen ländlichen Räumen und Verdichtungsräumen. Aber ebenso weisen altindustrialisierte Räume und moderne Dienstleistungszentren deutliche Unterschiede auf (zum Ruhrgebiet vgl. Klemmer 1989).

[1] So ist gegenwärtig ein Paradigmen-Wechsel auf der Bundesebene zu beobachten: Die lange Zeit dominierende Auffassung, dass zu viele Arbeitskräfte für zu wenig Arbeit zur Verfügung stehen, weicht den Meldungen, dass zunehmend Arbeitskräfte fehlen. Klemmer (2001a, 2001b) weist auf diese Probleme im Zusammenhang mit zu erwartenden demographischen Veränderungen hin.

[2] Eine Übersicht über theoretische Erklärungsansätze von regionaler Arbeitslosigkeit findet sich in Blien et al. 2001.

Eine Problemanalyse kann folglich nur im engen Kontext der regionalen Beziehungen und unter Berücksichtigung der Engpässe und Potenziale der jeweiligen Region vorgenommen werden. Die amtlichen Statistiken der Bundesanstalt für Arbeit, die Informationen über die regionale Struktur der Arbeitslosigkeit bereitstellen, erfassen derartige Aspekte nur unvollständig. Deshalb ist es Aufgabe der vorliegenden Arbeit, zunächst für Nordrhein-Westfalen als Ganzes und anschließend für die Teilregionen zusammenfassende Ergebnisse über die Strukturmerkmale der Arbeitslosen und deren soziale Situation zu liefern[3].

Zentrales Thema sind das Suchverhalten und – eng damit verbunden – die Eingliederungschancen der Arbeitslosen zu Beginn des Jahres 2000[4]. Die Analysen stützen sich auf die Befragungsergebnisse der Basisstichprobe, die von Infas (Institut für angewandte Sozialwissenschaft Bonn) im Auftrag des IAB erhoben wurde, und auf eine länderspezifische Aufstockung. Insgesamt wurden ca. 7 400 Personen (je zur Hälfte aus dem Bestand an Arbeitslosen und von Abgängern aus der Arbeitslosigkeit) im Frühjahr 2000 in Nordrhein-Westfalen befragt.

1. Strukturmerkmale der Arbeitslosigkeit in Nordrhein-Westfalen

Die für Nordrhein-Westfalen zur Verfügung stehenden Befragungsergebnisse setzen sich aus Querschnitts- und Langschnittsangaben zusammen[5]. Diese Kombination erlaubt nicht nur eine schlaglichtartige Bestandsaufnahme, sondern eröffnet auch die Möglichkeit, unterschiedliche Phasen der Erwerbsbiographie chronologisch abzugrenzen. Um die Besonderheiten der Arbeitslosigkeit in Nordrhein-Westfalen herauszuarbeiten, bietet sich ein Vergleich ausgewählter Strukturmerkmale mit dem übrigen Bundesgebiet (Westdeutschland) an (Tabelle 1). Dabei weist Nordrhein-Westfalen folgende Merkmale auf:

- Die Altersstruktur der Arbeitslosen in Nordrhein-Westfalen zeigt nur geringe Abweichungen vom übrigen Bundesgebiet.
- Die Anteile der Arbeitslosen mit niedrigem (Volks/Hauptschulabschluss) und mittlerem Schulabschluss (10. Klasse, mittlere Reife) sind in Nordrhein-Westfalen schwächer vertreten; Arbeitslose ohne wie auch mit hohem Schulabschluss erzielen hierzulande höhere Anteilswerte als im übrigen Bundesgebiet.
- Arbeitslose ohne Berufsausbildung bzw. noch andauernder Ausbildung stellen für Nordrhein-Westfalen ein gravierenderes Problem dar.
- Langzeitarbeitslosigkeit ist in Nordrhein-Westfalen wesentlich ausgeprägter, wie sich an der längeren Dauer der letzten Arbeitslosigkeitsphasen ablesen lässt. Auch deren kumulierte Dauer ist hierzulande größer.

[3] Eine ausführliche Darstellung der Untersuchungsergebnisse ist in Vorbereitung.

[4] Ausgehend von der Feststellung, dass für Arbeitsmarktchancen und Lebensperspektiven des einzelnen Arbeitslosen die Arbeitsmarktsituation vor Ort entscheidend ist, erfolgt die Betrachtung der Bemühungen zur Aufnahme einer Beschäftigung für regionale Analyseeinheiten.

[5] Zu den Angaben der Querschnittsfragen gehören der aktuelle Beschäftigungsstatus, Alter, Geschlecht und Höhe des Haushaltseinkommens. Die Längsschnitterhebung erfasst die unterschiedlichen Erwerbs- und Arbeitslosigkeitsphasen in der Biographie des Arbeitslosen. Zu Stichprobenauswahl und Untersuchungsdesign vgl. Gilberg et al. 2002.

- Der Anteil der Arbeitslosen, die entweder nie erwerbstätig waren oder eine relativ geringe Erwerbsdauer erreichen (bis unter 7 Jahre), ist in Nordrhein-Westfalen höher.
- Die mittleren Klassen der Haushaltseinkommen von Arbeitslosen sind in Nordrhein-Westfalen stärker besetzt, während die niedrigsten, aber auch die ab 4 000 DM, im übrigen Bundesgebiet höhere Anteilswerte aufweisen.
- Bei den Einkommensquellen des Haushalts haben die Bezüge, die über das Arbeitsamt ausgezahlt werden (insb. Arbeitslosengeld, Arbeitslosenhilfe) in Nordrhein-Westfalen eine höhere Bedeutung.

An diesen Merkmalen lassen sich für Nordrhein-Westfalen insbesondere eine Verfestigung von Arbeitslosigkeit, fehlende berufliche Qualifikation und – anhand der Erwerbsbiographie – eine nicht gelungene Integration in das Erwerbsleben als Problembereiche erkennen. Als Einkommensquellen der Haushalte spielen Bezüge, die über das Arbeitsamt ausgezahlt werden, hier eine größere Rolle als im übrigen Bundesgebiet. Die im Rahmen der arbeitsmarktpolitischen Reformen diskutierten Kürzungen dürften sich hier besonders einschneidend auswirken.

Bei der Untersuchung der Suchintensität müssen diese Merkmale berücksichtigt werden, da sie Aufschluss über Abweichungen von den Ergebnissen auf der Bundesebene geben können.

2. Suchintensität und Eigeninitiative während der Arbeitslosigkeit

Die Intensität der Stellensuche während der aktuellen oder der letzten Arbeitslosigkeit und der Grad der Eigeninitiative werden im Folgenden anhand einer Aktivitätsklassifizierung dargestellt (zur nationalen Ebene vgl. Brixy et al. 2002). Ziel ist es, zu einer Einschätzung des Anteils von Arbeitslosen zu gelangen, die dem Arbeitsmarkt mehr oder weniger fern sind. Anhand der Bestandsstichprobe werden die Arbeitslosen zunächst fünf verschiedenen Suchaktivitätskategorien zugeordnet. Dieses Maß bildet den Grad der Eigeninitiative ab und berücksichtigt folgende Bereiche:

- Arbeitssuche während der Arbeitslosigkeit: Hier wird nach der persönlichen Einschätzung des Arbeitslosen gefragt, d.h. ob dieser im Zeitraum der letzten bzw. der aktuellen Arbeitslosigkeitsphase Arbeit gesucht hat.
- Art der Stellensuche und Grad der Eigeninitiative: Die Art der Stellensuche fragt nach konkreten Strategien, die verfolgt wurden, um eine Stelle zu finden. Hier wird unterschieden, wie hoch der Grad der gezeigten Eigeninitiative ist. Als eher niedriger Grad werden die Aktivitäten: „Stellenanzeigen in der Zeitung angeschaut“, „Bekannte, Verwandte gefragt“, „Nachfrage beim Arbeitsamt“ und „Vermittlung über das Arbeitsamt abgewartet“ eingestuft, als hoher „Auf Stellenanzeigen geantwortet“, „Selbst eine Anzeige aufgegeben“, „Eigene Suche im SIS des Arbeitsamtes“ und „Eigene Bewerbung bei Betrieben“.

Tabelle 1

Merkmale von Arbeitslosen in Nordrhein-Westfalen und im übrigen Westdeutschland

Anteil in vH

Merkmal	Ausprägung	NRW	übr. Westdeutschland
Geschlecht	Männer	56,4	58,0
	Frauen	43,6	42,0
Alter	bis 24 Jahre	14,7	14,3
	25 bis 34 Jahre	24,3	25,4
	35 bis 44 Jahre	24,9	24,6
	45 bis 49 Jahre	10,5	9,8
	50 bis 54 Jahre	9,0	8,9
	55 bis 59 Jahre	10,9	10,7
	60 Jahre und älter	5,7	6,3
Staatsangehörigkeit	Deutsche	84,2	83,3
	andere	14,2	14,6
	Deutsche und eine andere	1,7	2,1
Höchster allgemeiner Schulabschluss	Volks-, Hauptschule (8.Kl.)	49,0	50,6
	Mittlere Reife (10.Kl.)	23,2	25,3
	Fachabitur, Hochschulreife, Abitur	17,3	14,5
	keinen Schulabschluss	10,5	9,5
Qualifikation, Berufsausbildung	keine/ noch andauernde Berufsausbildung	29,0	24,2
	Betriebliche Anlernzeit, Praktikum	0,7	0,7
	Betriebliche Lehre	41,1	42,3
	Berufsfachabschluss	6,9	9,0
	Fach- Hochschulabschluss	8,2	7,7
	anderer Ausbildungsabschluss	14,1	16,1
Derzeitiger beruflicher Status (laut QS)	erwerbstätig[1]	32,3	39,1
	ABM	1,2	1,3
	arbeitslos gemeldet	55,8	49,7
	Ausbildung, Umschulung, Weiterbildung	4,0	3,4
	Vorruhestand, Rente, Pension	3,1	3,5
	sonstige Nicht-Erwerbstätige	3,6	3,0
Status vor letzter / derzeitiger Alo-Phase	erwerbstätig	60,4	60,7
	ABM	3,1	2,3
	arbeitslos gemeldet	2,7	2,9
	Ausbildung, Umschulung, Weiterbildung	9,6	9,6
	nicht erwerbstätig	24,1	24,5
Dauer der letzten / derzeitigen Arbeitslosigkeit	unter 1 Jahr	41,9	48,2
	1 bis unter 2 Jahre	24,4	24,1
	2 Jahre und länger	33,7	27,7
Leistungsbezug während der letzten / derzeitigen Arbeitslosigkeit	ja	83,7	86,3
	nein	16,3	13,7
Anzahl der Arbeitslosigkeitsphasen	1 Phase	49,3	48,9
	2 Phase	24,4	24,0
	3 Phase und mehr	26,3	27,1
Kumulierte Arbeitslosigkeitsdauer (zum Befragungszeitpunkt, d.h. inkl. andauernder Ereignisse)	unter einem halben Jahr	18,0	19,2
	ein halbes bis unter 1 Jahr	17,8	17,2
	1 Jahr bis unter 2 Jahren	22,3	23,8
	2 bis unter 3 Jahren	12,8	13,3
	3 bis unter 4 Jahren	7,9	7,3
	4 bis unter 5 Jahren	5,7	5,4
	5 Jahre und länger	15,5	13,8
Anzahl der Erwerbsphasen vor der letzten / derzeitigen Arbeitslosigkeit	keine	9,5	9,4
	1 Phase	18,5	15,4
	2 bis 4 Phasen	48,4	48,6
	5 und mehr Phasen	23,6	26,5

noch Tabelle 1

Merkmale von Arbeitslosen in Nordrhein-Westfalen und im übrigen Westdeutschland

Anteil in vH

Merkmal	Ausprägung	NRW	übr. Westdeutschland
Kumulierte Erwerbsdauer insgesamt (zum Befragungszeitraum, d.h. inkl. andauernder Ereignisse)	noch nie erwerbstätig	4,2	3,7
	bis unter 7 Jahre	31,8	30,4
	7 bis unter 15 Jahre	22,8	22,9
	15 bis unter 25 Jahre	18,7	19,1
	25 Jahre und länger	22,5	23,8
Anzahl der ABM-Phasen vor der letzten / derzeitigen Arbeitslosigkeit	keine	93,7	95,1
	1 Phase	5,0	3,9
	2 bis 4 Phasen	1,2	0,9
	5 und mehr Phasen	0,1	0,1
Familienstand	verheiratet und lebt mit Ehepartner	50,1	50,5
	verheiratet und lebt ohne Ehepartner	2,8	2,9
	geschieden	9,4	9,4
	verwitwet	1,6	1,7
	ledig	36,1	36,1
Haushaltszusammensetzung	lebt allein	17,9	18,3
	lebt nur mit Partner(in)	25,6	24,8
	lebt nur mit Partner(in) und 1 Kind	13,6	14,3
	lebt nur mit Partner(in) und Kindern	19,4	19,4
	lebt nur mit Kind(ern)	4,8	4,4
	sonstige Haushaltszusammensetzungen	18,7	18,8
Haushalts-Netto-Einkommen	unter 1000 DM	3,3	3,9
	1 000 bis 1 999 DM	15,5	14,9
	2 000 bis 2 999 DM	18,0	17,3
	3 000 bis 3 999 DM	16,6	15,7
	4 000 bis 4 999 DM	9,7	11,7
	5 000 bis 5 999 DM	5,3	5,6
	6 000 DM und mehr	5,4	5,6
	k.A.	26,1	25,4
Einkommensquellen des Haushalts	Arbeitslosengeld, -hilfe und andere Einkommen	43,1	39,1
	nur Transfers	3,1	2,5
	nur andere Einkommen	29,5	30,7
	unterschiedliche Einkommenskombinationen	24,4	27,8

Eigene Berechnungen nach einer Erhebung von Infas. – [1]Hohe Werte erklären sich durch die Abgangsstichprobe.

RWI ESSEN

– Intensität der Stellensuche in den letzten drei Monaten: Neben der Art der Stellensuche wird auch die Intensität berücksichtigt, wobei der Arbeitslose das Maß der Aktivität in den letzten 3 Monaten selbst angibt.

– Die Anzahl der Bewerbungen in den letzten 3 Monaten soll die Angaben zum aktiven Suchverhalten konkretisieren. Da diese Zahl im Zusammenhang mit der Dauer der Arbeitslosigkeit steht, werden die Befragten in zwei Gruppen (keine bzw. mindestens eine Bewerbung) eingeteilt.

Zusammenfassend wird für die Befragten, die auf Stellensuche waren, eine Klassifizierung der Aktivität der Stellensuche gebildet, die die genannten Komponenten integriert. Dabei wird zwischen den Stufen 1 („auf Stellensuche, aber selber nicht aktiv") bis 5 („sehr aktive Stellensuche") differenziert. Die Ergebnisse des Aktivi-

Tabelle 2

Aktivität bei der Stellensuche während der aktuellen bzw. letzten Arbeitslosigkeit in Nordrhein-Westfalen

Bestandsstichprobe (gewichtet); Anteil in vH

Aktivitätsmaß		Anteil
0	suche keine Arbeitsstelle	7,3
1	suche Arbeitsstelle, selber nicht aktiv	3,3
2	+	8,8
3	++	15,2
4	+++	21,7
5	sehr aktive Arbeitssuche	23,4
6	keine Aktivität/Suche wegen „Übergangsarbeitslosigkeit"	20,3
	davon:	
	neue Stelle in Aussicht	5,8
	Überbrückung bis zur Rente	14,6

Eigene Berechnungen nach einer Erhebung von Infas. n = 3 742.

tätsmaßes werden in einem weiteren Schritt zu den drei Typen „Suche mit geringer, mittlerer und hoher Aktivität" zusammengefasst. Eine weitere Gruppe bilden Personen, die angaben, keine Stelle zu suchen. Zunächst zu den Ergebnissen der Suchenden (*Bestandsstichprobe*; Tabelle 2):

- mit hoher Aktivität suchten 45,1 vH (Aktivitätsmaß 4 und 5);
- mit mittlerer Aktivität 24 vH (Aktivitätsmaß 2 und 3);
- mit geringer Aktivität 3,3 vH (Aktivitätsmaß 1);
- 27,6 vH der Arbeitslosen gaben an, während der Arbeitslosigkeit nicht gesucht zu haben (Aktivitätsmaß 0 und 6).

Für diejenigen, die für die Zeit ihrer Arbeitslosigkeit selbst keine Stellensuche angaben, kann es Gründe für dieses Verhalten aufgrund von „Überbrückungen" geben. So ist es durchaus möglich, dass die Befragten bereits zu Beginn der Arbeitslosigkeit eine neue Stelle fest in Aussicht haben bzw. hatten; auf diese Gruppe entfallen 5,8 vH der Arbeitslosen. Ein anderer Grund ist, dass die aktuelle bzw. letzte Arbeitslosigkeit nur als Überbrückung bis zur Rente gesehen wird (14,6 vH). Diese beiden Fälle werden in den Tabellen zusammen unter „Übergangsarbeitslosigkeit" ausgewiesen. Die verbleibenden 7,3 vH der Arbeitslosen, die angaben, keine Stelle zu suchen, nannten als Gründe z.B. familiäre Situation, gesundheitliche Probleme, Wehr- oder Zivildienst, Erziehungsurlaub.

Wird hingegen die *Abgangsstichprobe* auf die Aktivitätsmaße bei der Stellensuche untersucht, so zeigen sich Abweichungen. Die Zuordnung ergibt (Tabelle 3):

- mit hoher Aktivität suchten 50,6 vH;
- mit mittlerer Aktivität 20,3 vH;

Tabelle 3

Aktivität bei der Stellensuche während der aktuellen bzw. letzten Arbeitslosigkeit in Nordrhein-Westfalen
Abgangsstichprobe (gewichtet); Anteil in vH

Aktivitätsmaß		Anteil
0	suche keine Arbeitsstelle	9,8
1	suche Arbeitsstelle, selber nicht aktiv	2,1
2	+	6,4
3	++	13,9
4	+++	23,3
5	sehr aktive Arbeitssuche	27,3
6	keine Aktivität/Suche, wegen „Übergangsarbeitslosigkeit"	17,3
	davon:	
	neue Stelle in Aussicht	11,1
	Überbrückung bis zur Rente	6,2

Eigene Berechnungen nach einer Erhebung von Infas. n = 3 568.

RWI ESSEN

- mit geringer Aktivität 2,1 vH;
- 27,1 vH der Arbeitslosen gaben an, während der Arbeitslosigkeit nicht gesucht zu haben.

Die Gruppe derer, die keine Arbeitsstelle suchten, aber zur Überbrückung bis zum Antritt einer neuen Stelle bzw. der Rente arbeitslos gemeldet waren, umfasst 17,3 vH. Bei der Abgangsstichprobe liegt die Übergangsarbeitslosigkeit beim Stellenwechsel mit 11,1 vH deutlich über der zur Rente (6,2 vH); insgesamt lässt sich hier ein höheres Engagement als in der Bestandsstichprobe feststellen.

Die Analyse des Suchverhaltens wird in einem weiteren Schritt im Hinblick auf einzelne Merkmale der Personengruppen, z.B. Geschlecht, Alter und Qualifikation, erweitert. Hier können sich erste Ansatzpunkte zeigen, die für das arbeitsmarktpolitische Instrumentarium von Bedeutung sind. Bei der Betrachtung des Alters zeigt sich erwartungsgemäß, dass Arbeitslose, die bereits eine neue Stelle in Aussicht haben, das geringste Durchschnittsalter aufweisen (35 Jahre; Tabelle 4); beim Übergang zur Rente sind es 58 Jahre. Insgesamt sind die engagiert suchenden Arbeitslosen jünger als die mit mittlerer bis niedriger Aktivität. Hier scheint ein Zusammenhang zwischen den Arbeitsmarktchancen, die mit zunehmendem Alter sinken, und dem Engagement der Stellensuchen zu bestehen. Auch psychologische Faktoren wirken sich längerfristig, insbesondere bei geringen Arbeitsmarktchancen, auf die Suchintensität aus[6].

In geschlechtsspezifischer Untergliederung ist der Anteil der männlichen Arbeitslosen in der Bestandsstichprobe mit 55,1 vH deutlich höher als der der Frauen (Ta-

[6] Ein Überblick über die bisherigen Forschungsarbeiten, die die wechselseitigen Kausalitäten zwischen Arbeitslosigkeit und psychischem Befinden untersuchen, findet sich in Karsten, Moser 2001.

Tabelle 4

Aktivität bei der Stellensuche während der Arbeitslosigkeit nach Alter der Arbeitslosen in Nordrhein-Westfalen

Bestandsstichprobe (gewichtet); in Jahren

Aktivitätsmaß		Duchschnittsalter
0	suche keine Arbeitsstelle	41
1	suche Arbeitsstelle, selber nicht aktiv	43
2	+	43
3	++	40
4	+++	39
5	sehr aktive Arbeitssuche	38
6	keine Aktivität/keine Suche wegen „Übergangsarbeitslosigkeit"	
	davon:	
	neue Stelle in Aussicht	35
	Überbrückung bis zur Rente	58
	Insgesamt	42

Eigene Berechnungen nach einer Erhebung von Infas.

Tabelle 5

Aktivität bei der Stellensuche während der Arbeitslosigkeit nach Geschlecht der Arbeitslosen in Nordrhein-Westfalen

Bestandsstichprobe (gewichtet); Anteil in vH

Aktivitätsmaß		Männer	Frauen
0	suche keine Arbeitsstelle	49,6	50,4
1	suche Arbeitsstelle, selber nicht aktiv	49,6	50,4
2	+	41,8	58,2
3	++	52,5	47,5
4	+++	57,2	42,8
5	Sehr aktive Arbeitssuche	60,2	39,8
6	keine Aktivität/ keine Suche wegen „Übergangsarbeitslosigkeit"	57,6	42,4
	davon:		
	Neue Stelle in Aussicht	55,6	44,4
	Überbrückung bis zur Rente	58,5	41,5
	Insgesamt	55,1	44,9

Eigene Berechnungen nach einer Erhebung von Infas.

belle 5). Auffällig ist, dass bei den engagiert Suchenden (Aktivitätsmaß 3 bis 5) der Anteil der Männer deutlich über dem der Frauen liegt. Extrem ist dieser Unterschied beim Aktivitätsmaß „sehr aktive Arbeitssuche". Der Anteil der männlichen Arbeitslosen, die bereits eine neue Stelle fest in Aussicht haben, liegt ebenfalls über dem der weiblichen. Diese geschlechtsspezifischen Unterschiede können mit den unterschiedlichen Arbeitsmarktchancen zusammenhängen und wirken längerfristig auch psychologisch auf das Suchverhalten.

Tabelle 6

Aktivität bei der Stellensuche während der Arbeitslosigkeit von Arbeitslosen unter 25 Jahren in Nordrhein-Westfalen

Bestandsstichprobe (gewichtet); Anteil in vH

Aktivitätsmaß		Männer	Frauen	Insgesamt
0	suche keine Arbeitsstelle	10,0	12,4	10,9
1	suche Arbeitsstelle, selber nicht aktiv	2,0	1,5	1,8
2	+	5,7	7,7	6,5
3	++	18,2	14,2	16,7
4	+++	26,0	20,0	23,7
5	Sehr aktive Arbeitssuche	24,3	34,0	28,0
6	keine Aktivität/ keine Suche wegen „Übergangsarbeitslosigkeit"	13,8	10,2	12,4
	davon			
	Neue Stelle in Aussicht	13,8	8,8	11,9
	Überbrückung bis zur Rente	–	1,4	0,5
	Insgesamt	100,0	100,0	100,0

Eigene Berechnungen nach einer Erhebung von Infas.

RWI ESSEN

Das Thema Jugendarbeitslosigkeit hat in der Arbeitsmarktpolitik besondere Bedeutung, und sie wird mit unterschiedlichen Maßnahmen auf europäischer, Bundes-, vor allem aber auf Landesebene bekämpft[7]. Für deren Zielgruppe, die Arbeitslosen unter 25 Jahren, wird daher im Folgenden das differenzierte Aktivitätsmaß gesondert ausgewiesen. Insgesamt besteht bei arbeitslosen Jugendlichen ein stärkeres Engagement bei der Stellensuche als bei den Arbeitslosen insgesamt:

- mit hoher Aktivität suchten 51,7 vH;
- mit mittlerer Aktivität 23,2 vH;
- mit geringer Aktivität 1,8 vH;
- 23,3 vH gaben an, nicht gesucht zu haben.

Geschlechtsspezifisch differenziert liegt der Anteil der jungen Frauen, die sehr aktiv suchen, über dem der Männer, während der Anteil der Frauen, die mit geringer Aktivität suchen bzw. während der Zeit der Arbeitslosigkeit nicht gesucht haben, schwächer ausgeprägt ist (Tabelle 6).

Neben der Eingliederung von Jugendlichen spielt auch die Reintegration von älteren Arbeitslosen in der Arbeitsmarktpolitik eine besondere Rolle (Kalina, Knuth 2002). Die Verbesserung ihrer Beschäftigungschancen, insbesondere vor dem Hintergrund der absehbaren demographischen Entwicklung, wird in Zukunft einen zentralen Bereich auch in der Arbeitsmarktforschung darstellen (Kistler 2001; Bullinger 2001). Im Hinblick auf das Engagement bei der Stellensuche von Arbeitslo-

[7] Zu den entsprechenden Programmen des Landes Nordrhein-Westfalen zählen beispielsweise „Jugend in Arbeit" und „Betrieb und Arbeit".

Tabelle 7

Aktivität bei der Stellensuche während der Arbeitslosigkeit von Arbeitslosen über 50 Jahren in Nordrhein-Westfalen

Bestandsstichprobe (gewichtet); Anteil in vH

Aktivitätsmaß		Männer	Frauen	Insgesamt
0	suche keine Arbeitsstelle	5,5	9,3	7,2
1	suche Arbeitsstelle, selber nicht aktiv	3,7	3,9	3,8
2	+	5,2	11,9	8,2
3	++	12,1	11,4	11,8
4	+++	13,5	14,3	13,8
5	Sehr aktive Arbeitssuche	14,2	8,4	11,6
6	keine Aktivität/ keine Suche wegen „Übergangsarbeitslosigkeit"	45,8	40,9	43,6
	davon:			
	Neue Stelle in Aussicht	1,7	2,8	2,3
	Überbrückung bis zur Rente	44,1	38,1	41,3
	Insgesamt	100,0	100,0	100,0

Eigene Berechnungen nach einer Erhebung von Infas. RWI ESSEN

sen, die das 50. Lebensjahr überschritten haben, zeigt das Aktivitätsmaß folgende Ausprägung (Tabelle 7):

- mit hoher Aktivität suchten 25,4 vH;
- mit mittlerer Aktivität 20 vH;
- mit geringer Aktivität 3,8 vH;
- 50,8 vH gaben an, während der Arbeitslosigkeit nicht gesucht zu haben.

Die geschlechtsspezifische Untergliederung zeigt bei der Suche mit hoher Aktivität einen geringeren Anteil der Frauen, während entsprechend bei mittlerer und geringer Aktivität Frauen höhere Anteile als Männer erzielen. Die hohen Anteile von insbesondere männlichen Arbeitslosen, die diesen Status als Überbrückung bis zur Rente betrachten, legt folgende Hypothesen nahe:

- Diese Arbeitslosen betrachten sich als chancenlos auf dem Arbeitsmarkt.
- Bei den Betrieben bestehen Vorbehalte gegenüber dieser Altersgruppe, die Auswirkungen auf eine Wieder- oder Weiterbeschäftigung haben.
- Die Arbeitslosigkeit und die Suche nach einer adäquaten Beschäftigung hat auf die Betroffenen demotivierend gewirkt. Die Verrentung wird daher vorgezogen.

Die ökonomischen Anreizsysteme durch Arbeitsmarkt- und Sozialpolitik senden für diesen Gruppe offenbar keine eindeutigen Impulse. Hier wäre zu prüfen, ob beispielsweise die Regelungen der frühzeitigen Verrentung die Bemühungen der Arbeitsmarktpolitik, ältere Arbeitslose in Beschäftigungsverhältnisse zu vermitteln, konterkarieren.

3. Struktur der Arbeitslosigkeit in den Regionen

3.1. Räumliche Analyseeinheiten in Nordrhein-Westfalen

Im Folgenden werden die dargestellten Ergebnisse für Teilregionen Nordrhein-Westfalens analysiert. Damit können die Binnenstrukturen auf der räumlichen Grundlage von oberzentralen Verflechtungsbereichen differenziert betrachtet werden. Als Analyseeinheiten dienen 10 Funktionalregionen, bei deren Abgrenzung folgenden Vorgaben Rechnung getragen wurde:

- eine für NRW flächendeckende Gliederung aufzuzeigen;
- Arbeitsamtsbezirke nicht zu zerschneiden;
- die Zahl von 10 regionalen Einheiten nicht zu überschreiten.

Methodisch wird ein gravitationstheoretischer Ansatz verwendet, der auf einer Abgrenzung auf der Grundlage von Kreisen als kleinster räumlicher Einheit basiert[8]. Die Zuordnung erfolgt mit Hilfe eines Distanz- und eines Einkommensfaktors[9]. Der Distanzfaktor bestimmt für jeden Kreis die Erreichbarkeit des nächstliegenden Oberzentrums in Minuten, der Einkommensfaktor als BIP/Einwohner des Zentrums definiert. Die Verknüpfung dieser beiden Variablen folgt der Überlegung, dass die Anbindung an ein Zentrum umso schwächer ist, je größer die Entfernung zu ihm ist, und dass der Einzugsbereich mit der Höhe des Einkommens im Zentrum zunimmt. Die so ermittelten Abgrenzungen liefern 10 Teilregionen für Nordrhein-Westfalen, die als einheitliche Versorgungsräume mit oberzentraler Infrastruktur zu interpretieren sind. Gleichzeitig decken sie auch weitgehend die empirisch feststellbaren Berufspendlerbeziehungen ab.

Neben einer Problemanalyse der Struktur der Arbeitslosigkeit auf Landesebene ist eine regional differenzierende Betrachtung Voraussetzung für die Ableitung arbeitsmarktpolitischer Instrumente. Dieser Ansatz gewährleistet, dass unterschiedliche Gegebenheiten innerhalb des Landes berücksichtigt werden können.

3.2. Merkmale der Arbeitslosen in den Regionen

Für die Untersuchung der regionalen Besonderheiten der Arbeitslosigkeit bietet sich wiederum ein Vergleich der Merkmale der Arbeitslosen an. Dazu wurden für die Angaben der befragten Personen zum Alter, zur Dauer der Arbeitslosigkeit und der Erwerbszeiten sowie zum Haushaltseinkommen Durchschnittswerte berechnet, um eine direkte Vergleichbarkeit der Regionen herzustellen. Die regionalen Merkmalsausprägungen der Bestandsstichprobe zeigen für die Regionen Nordrhein-Westfalens eine Vielzahl von Besonderheiten.

Der Anteil der arbeitslosen Frauen liegt im Bundesland in etwa so hoch wie der der arbeitslosen Männer. Regional weist die Frauenquote deutliche Unterschiede auf,

[8] Der gravitationstheoretische Ansatz wurde in der Regionalforschung in Analogie zum Gravitationsgesetz der mechanischen Physik entwickelt und wird hauptsächlich für die empirische Analyse von Beziehungen zwischen sozialen Gruppen eingesetzt; Lauschmann 1976.

[9] Der zugrunde gelegte Ansatz zur Abgrenzung von Teilräumen wurde im RWI entwickelt und berücksichtigt die Kriterien „Erwerbsbevölkerung“ und „Zentralität“ bzw. „Ausstattung mit Infrastruktur“.

Karte 1

zwischen 46,1 vH in der Region nördliche Rheinschiene/westliches Ruhrgebiet und 57,9 vH im Münsterland bzw. 57,5 vH im Siegerland.

Der Anteil der jugendlichen Arbeitslosen (unter 25 Jahre) erreicht in der Region Aachen ein Maximum von 18,3 vH, der niedrigste Anteil ist im Sauerland mit 7,4 vH festzuestellen. Die Arbeitslosigkeit älterer Personen (über 50 Jahren) ist im Sauerland und in der Region nördliche Rheinschiene/westliches Ruhrgebiet mit über 42 vH besonders ausgeprägt, den mit Abstand geringsten Anteil erzielt mit 27 vH das Münsterland. – Die Anteile ausländischer Staatsangehöriger streuen zwischen 7,7 vH im Münsterland und 14,9 vH in der südlichen Rheinschiene/Region Köln/Bonn bzw. 14,6 vH in der Grenzregion Aachen.

Arbeitslose ohne Schulabschluss haben in den Regionen Aachen und nördliche Rheinschiene (jeweils 14 vH) besonderes Gewicht; der niedrigste Abschluss

(Hauptschulabschluss) ist mit über 60 vH im Sauerland am stärksten vertreten, hohe Schulabschlüsse (Fachabitur; Hochschulreife, Abitur) an der Rheinschiene, Region Köln/Bonn (über 20 vH). Hinsichtlich der beruflichen Qualifikation ragt das Merkmal „betriebliche Lehre" in allen Regionen heraus: Der Spitzenwert wird im Sauerland mit 52 vH der Arbeitslosen erzielt, die Region Aachen und die südliche Rheinschiene bilden mit über 35 vH das Schlusslicht. Arbeitslose ohne formale berufliche Qualifikation (keine bzw. noch andauernde Berufsausbildung) bilden einen weiteren Schwerpunkt; hier nehmen die Regionen Aachen, östliches Ruhrgebiet und auch die südliche Rheinschiene die ersten Ränge ein. Von Akademikerarbeitslosigkeit ist insbesondere die südliche Rheinschiene betroffen (11,5 vH), während im Siegerland lediglich 5,1 vH erzielt werden.

Die Frage nach dem beruflichen Status zeigt erwartungsgemäß bei 72 bis 81 vH der Befragten das Merkmal „arbeitslos gemeldet". Der Anteil der (geringfügig) Erwerbstätigen sind im Lipper/Teutoburgerland mit 21,2 vH besonders hoch, sonst werden zwischen 17,8 vH (Aachen) und 11 vH (östliches Ruhrgebiet) erzielt. Arbeitslose in Arbeitsplatz-Beschaffungs-Maßnahmen (ABM) nehmen zwischen 1,5 vH (Lipper-/Teutoburgerland) und 0,2 vH (Siegerland) ein. Im Merkmal „Vorruhestand, Rente, Pension" spiegelt sich auch die unterschiedlich ausgeprägte „Sozialplanarbeitslosigkeit": Spitzenwerte dieser „Überbrückung" werden an der nördlichen Rheinschiene/westliches Ruhrgebiet (3,7 vH) bzw. im Sauerland (3,6 vH) und an der südlichen Rheinschiene/Region Köln/Bonn (3,3 vH) erreicht.

Als Status vor der derzeitigen Arbeitslosigkeit gab in allen Regionen die weit überwiegende Zahl der Befragten „Erwerbstätigkeit" an (zwischen 55,5 vH im östlichen Ruhrgebiet und 65,4 vH an der nördlichen Rheinschiene/westliches Ruhrgebiet). „Nicht erwerbstätig" zeigt Anteile zwischen 29 vH (Sauerland) und 20,5 vH (nördliche Rheinschiene/westliches Ruhrgebiet). Eine eingetretene Arbeitslosigkeit nach vorhergehender Ausbildung, Umschulung oder Weiterbildung ist im Siegerland (12,7 vH) und in der Region Aachen (10,1 vH) vergleichsweise häufig feststellbar. Ein Übergang von diesem Status in die Arbeitslosigkeit gaben im Sauerland hingegen lediglich 2,6 vH der Arbeitslosen an. Nach einer ABM wurden in mittleren Ruhrgebiet 6,7 vH arbeitslos, an der mittleren Rheinschiene lediglich 1,5 vH.

Wird die Dauer der derzeitigen Arbeitslosigkeit betrachtet, so zeigt lediglich die Region Lipper/Teutoburger Land sehr hohe Anteile an Arbeitslosen, die weniger als ein Jahr arbeitslos sind. In den übrigen Regionen dominieren die Anteile der Arbeitslosen, die zwei Jahre und länger arbeitslos sind. Ein einheitliches Bild zeigt sich auch für die Phasen der Arbeitslosigkeit: In allen Regionen überwiegt die Angabe (zwischen 47,1 und 56,4 vH), dass bisher eine Phase der Arbeitslosigkeit bestand. Dies deutet auf eine Verfestigung der Arbeitslosigkeit hin. Bei der kumulierten Dauer der Arbeitslosigkeit nimmt das mittlere Ruhrgebiet bei der Antwort „5 Jahre und länger" eine Spitzenposition (25 vH) ein; aber auch das Siegerland, die nördliche Rheinschiene/westliches Ruhrgebiet, östliches Ruhrgebiet und die Region Aachen erreichen Anteile von über 20 vH. Eindeutiger lassen die Durchschnittswerte der kumulierten Arbeitslosigkeitsdauer erkennen, dass insbesondere die Regionen des Ruhrgebietes mit 3,8 (mittleres Ruhrgebiet), 3,5 (östliches Ruhrgebiet) und 3,4 Jahren die Spitzenpositionen einnehmen. Der geringste Anteil an Arbeitslosen die insgesamt „5 Jahre und länger" arbeitslos waren, wird im Münsterland (14 vH) erzielt. An der südlichen Rheinschiene werden die höchsten Anteile an geringer Dauer (unter einem halben Jahr / 1 bis unter 2 Jahre) erzielt.

Die Angaben zur Anzahl an Erwerbsphasen vor der Arbeitslosigkeit geben Aufschluss über die Fluktuation zwischen Erwerbstätigkeit und Arbeitslosigkeit. In allen betrachteten Regionen werden die höchsten Anteile in der Klasse „2 bis 4 Phasen" erzielt. Fünf und mehr Phasen nehmen in der überwiegenden Zahl der Regionen den zweiten Rang ein; lediglich im östlichen Ruhrgebiet und im Siegerland liegen die Anteile der Arbeitslosen, die nur eine Phase der Erwerbstätigkeit zu verzeichnen haben, darüber. In den beiden letztgenannten Regionen ist in der Biographie der Arbeitslosen ein Wechsel aus der Erwerbstätigkeit in einen anderen Status somit seltener. Die Anteile von Personen, die bisher keine Erwerbstätigkeit zu verzeichnen haben, liegen in den Regionen östliches Ruhrgebiet und Aachen mit 10,5 vH am höchsten. Dies deutet auf damit verbundene Integrations- und Sozialisationsprobleme hin. Das Siegerland belegt hingegen mit nur 5 vH der Arbeitslosen, die noch nie erwerbstätig waren, die letzte Position.

Die kumulierte Erwerbsdauer ergibt bei „noch nie erwerbstätig" erwartungsgemäß Spitzenwerte in den Regionen östliches Ruhrgebiet und Aachen. In diesen Regionen zeigen sich entsprechend niedrige Anteile der Erwerbsdauer von 25 Jahren und länger, und der Durchschnitt der kumulierten Erwerbsdauer ist gering. Das Umgekehrte ist im Sauerland und im Siegerland zu beobachten; somit deutet sich hier das Phänomen an, dass die Arbeitslosen sehr langfristige Beschäftigungsverhältnisse hatten und mit tendenziell höherem Lebensalter in Arbeitslosigkeit entlassen wurden. Diese Annahme scheint sich auch durch das vergleichsweise hohe Durchschnittsalter der Arbeitslosen (44 Jahre) im Sauerland zu bestätigen.

Beim durchschnittlichen Nettoeinkommens der Haushalte bildet die Region Aachen mit 2 724 DM das Schlusslicht, während das Münsterland und die mittlere Rheinschiene/Düsseldorf mit 3 153 DM bzw. 3 146 DM die Spitzenpositionen einnehmen. In den beiden letztgenannten Regionen tragen die Leistungen des Arbeitsamtes (Arbeitslosenhilfe, -geld) vergleichsweise wenig zum Haushaltseinkommen bei. Hohe Bedeutung (über 60 vH an allen Haushaltseinkommen) haben diese Leistungen in den Regionen des Ruhrgebiets und im Siegerland. Die Haushaltszusammensetzung zeigt für die Regionen Aachen und auch die mittlere Rheinschiene/Düsseldorf höchste Anteilswerte beim Merkmal „lebt nur mit Partner(in)", während im Münsterland „lebt nur mit Partner(in) und Kindern" dominieren. Hinsichtlich des Familienstandes weist die weit überwiegende Zahl der Arbeitslosen in allen Regionen das Merkmal „verheiratet und lebt mit Ehepartner(in)" auf.

Diese regional differenzierten Befragungsergebnisse lassen zwar einen Vergleich zwischen den einzelnen Regionen zu, ihre Interpretation setzt aber die Betrachtung der regionalen Arbeitsmarktsituation voraus. Daher werden im Folgenden Kennziffern der Arbeitsmarkt-, Wirtschafts- und Sozialstruktur aufgezeigt.

Tabelle 8

Sozialversicherungspflichtig Beschäftigte in den Regionen Nordrhein-Westfalens

1980 bis 2000

Region	Dynamik[1]	Beschäftigtensaldo							Veränderung in vH
		Energie, Bergbau	Verarb. Gewerbe	Baugewerbe	Handel	Dienstleistungen	Staat	insgesamt	
mittl. Rheinschiene/ Region Düsseldorf	81,20	-2 218	-164 864	-12 597	21 478	180 105	-4 213	18 742	1,69
Region Aachen	74,80	-14 150	-16 643	-4 406	3 352	61 280	-2 706	27 140	9,67
südl. Rheinschiene/ Region Köln/Bonn	81,45	-4 996	-108 434	-9 543	31 758	224 108	-712	133 837	13,67
Münsterland	75,57	-3 593	-1 708	-3 593	21 637	85 719	1 339	101 403	25,91
Lipper-/Teutoburgerland	70,86	167	-17 914	-6 267	14 423	115 949	-4 173	103 606	17,05
Sauerland	59,63	-845	-47 757	-5 226	976	45 604	-831	-7 882	-1,84
mittleres Ruhrgebiet	78,98	-49 534	-89 593	-24 055	-9 507	110 152	2 201	-59 890	-8,26
nördl. Rheinschiene/ westl. Ruhrgebiet	86,84	-24 202	-92 522	-7 387	2 691	64 474	1 789	-53 723	-10,26
östliches Ruhrgebiet	77,42	-31 746	-43 024	-14 306	3 518	79 681	-2 006	-14 085	-3,06
Siegerland	62,49	-953	-7 819	-1 791	3 077	17 849	-690	9 378	6,68

Eigene Berechnungen nach Angaben der Bundesanstalt für Arbeit. – [1]In vH; zur Berechnung vgl. Text. RWI ESSEN

3.3. Zahl der Beschäftigten in den Regionen

Von besonderer Bedeutung für die Beschreibung der Regionen ist im vorliegenden Zusammenhang die Nachfrage nach Arbeitskräften; Indikatoren, die auch die Wirtschaftsstruktur berücksichtigen, sind z.B. die Zahl der Arbeitsplätze im Verarbeitenden Gewerbe und im Dienstleistungssektor (Bade 1996; Velsinger, Schönebeck 1998; Möller 2000). Zur Berechnung der Dynamik wird hier die (absolute) Veränderung der Zahl der sozialversicherungspflichtig Beschäftigten im Zeitraum von 1980 bis 2000 herangezogen, die über die Wirtschaftsbereiche summiert und zum Ausgangswert in Beziehung gesetzt wird[10]. Erste Hinweise auf die sektorale Struktur der Beschäftigungsveränderung liefert die Untergliederung in Verarbeitendes, Bau- und Dienstungsgewerbe (Tabelle 8).

Die Beschäftigung weist insbesondere an der Rheinschiene und in den Regionen des Ruhrgebietes ein hohe Dynamik auf; vergleichsweise wenig Bewegung ist im Sauerland und Siegerland festzustellen. Insbesondere in den Regionen des Ruhrgebietes war die Beschäftigungsdynamik mit einem Abbau der Zahl der Beschäftigten verbunden, im mittleren Ruhrgebiet um etwa 60 000, an der nördlichen Rheinschiene/westliches Ruhrgebiet um 54 000, im östlichen Ruhrgebiet um 14 000. Auch das Sauerland weist – als einzige Region außerhalb des Ruhrgebiets – einen Abbau der Beschäftigungsverhältnisse auf; dieser fällt mit 8 000 aber vergleichsweise gering aus.

[10]Die Frage des Arbeitsvolumens und der unterschiedlichen Formen der Arbeitsverhältnisse (z.B. Teilzeit oder befristete Arbeitsverträge) kann mit diesem Indikator nicht untersucht werden. Da aber in erster Linie die relativen Unterschiede der Beschäftigungsentwicklung in den Regionen von Interesse ist, bietet sich die Betrachtung der sozialversicherungspflichtig Beschäftigten als geeigneter Indikator an.

Tabelle 9

Beschäftigungsgewichte in den Regionen Nordrhein-Westfalens

1980 und 2000; Anteil in vH

	Regionaler Beschäftigungsanteil	Energie und Bergbau	Verarbeitendes Gewerbe	Baugewerbe	Handel	Dienstleistungssektor	Staat
mittlerer Rheinschiene/Region Düsseldorf							
1980	19,7	7,1	20,9	14,7	22,2	18,7	20,0
2000	19,1	12,5	18,6	14,9	22,5	18,8	19,3
Region Aachen							
1980	5,0	8,2	4,6	5,2	4,8	5,3	5,6
2000	5,2	5,7	5,2	5,3	4,7	5,9	4,9
südliche Rheinschiene/Region Köln/Bonn							
1980	17,3	7,7	16,1	15,9	16,8	19,9	21,2
2000	18,8	11,7	15,3	17,3	18,7	21,0	21,7
Münsterland							
1980	6,9	4,2	6,7	8,9	6,4	6,8	8,7
2000	8,3	6,3	8,8	10,2	8,2	7,5	9,3
Lipper-/Teutoburgerland							
1980	10,8	2,3	12,4	11,2	10,9	10,5	10,0
2000	12,0	4,7	15,5	12,3	11,4	11,0	9,0
Sauerland							
1980	7,6	2,0	10,2	6,5	5,9	5,9	6,5
2000	7,1	3,4	11,0	6,7	5,5	5,4	6,5
mittleres Ruhrgebiet							
1980	12,8	32,5	9,9	16,1	13,5	14,5	10,9
2000	11,3	27,2	8,1	13,2	11,1	13,1	12,0
nördliche Rheinschiene/westliches Ruhrgebiet							
1980	9,3	17,3	9,2	9,6	8,8	8,1	7,3
2000	8,0	16,2	7,1	10,0	8,3	7,6	8,1
östliches Ruhrgebiet							
1980	8,2	17,9	6,9	9,5	8,5	8,4	7,4
2000	7,6	11,6	6,7	7,8	7,3	7,8	7,0
Siegerland							
1980	2,5	0,8	3,3	2,4	2,2	1,8	2,4
2000	2,5	0,8	3,9	2,4	2,3	1,8	2,3

Eigene Berechnungen nach Angaben der Bundesanstalt für Arbeit.

RWI ESSEN

Tabelle 9 zeigt die Verschiebungen der Beschäftigungsschwerpunkte. In allen Regionen ist die Zahl der Beschäftigungsverhältnisse im Verarbeitenden Gewerbe und im Baugewerbe rückläufig. Gleiches gilt für den Bereich Energie/Bergbau mit Ausnahme der Region Lipper/Teutoburgerland, die einen leichten Beschäftigungszuwachs zu verzeichnen hat. Ein Strukturwandel zu Gunsten des tertiären Sektors scheint sich somit in allen Regionen abzuzeichnen. Das Ausmaß, in dem der Beschäftigungsabbau durch einen Aufbau im Dienstleistungssektor kompensiert wird, zeigt allerdings regional deutliche Unterschiede. Auch innerhalb des

Verarbeitenden Gewerbes zeichnen sich Unterschiede im Rückgang der Zahl der Beschäftigten und der betroffenen Wirtschaftszweige ab.

Eine deutlich positive Bilanz beim Vergleich der Jahre 1980 und 2000 weist die südliche Rheinschiene/Region Köln/Bonn mit etwa 134 000 zusätzlich Beschäftigten auf. Auch im Lipper/Teutoburgerland (104 000) und im Münsterland (101 000) konnte sich per saldo die Anzahl der Beschäftigungsverhältnisse deutlich erhöhen. Auf die Verluste wurde bereits eingegangen. Die relative Veränderung der Zahl der Beschäftigten lässt eine regionale Verschiebung der Beschäftigungsschwerpunkte aufgrund der Verluste im Ruhrgebiet und der mittleren Rheinschiene sowie im Sauerland erkennen. Davon konnten insbesondere das Münsterland, aber auch die südliche Rheinschiene/Region Köln/Bonn und das Lipper-/Teutoburgerland profitieren (Tabelle 9).

3.4. Suchintensität und Eigeninitiative während der Arbeitslosigkeit in den Teilregionen

Die Ausprägungen des Aktivitätsmaßes weisen auf erhebliche Unterschiede im Suchverhalten zwischen den Regionen hin. Wählt man als Kennziffer der Arbeitsmarktlage die „regionale Arbeitslosenquote“[11], lassen sich diese Unterschiede nur eingeschränkt erklären. So ist die regionale Arbeitslosenquote im Münsterland beispielsweise mit 6,0 vH sehr niedrig, der Anteil der sehr aktiv Suchenden aber mit 45,5 vH der Arbeitslosen sehr hoch. Das Siegerland weist ebenfalls eine niedrige Arbeitslosenquote auf, jedoch lediglich 41,2 vH bei den sehr aktiv Suchenden. Hier scheinen komplexere Zusammenhänge zu bestehen, die in den einzelnen Regionen detailliert untersucht werden müssen. Als Zwischenergebnis bleibt festzuhalten, dass die auf Bundes- und Landesebene vorzufindenden Strukturen die auf der regionalen Ebene stark verwischen. Für die Beurteilung der Struktur der Arbeitslosigkeit wie auch für die Entwicklung eines wirkungsvollen arbeitsmarktpolitischen Instrumentariums spielen die ökonomischen und sozialen Rahmenbedingungen in den einzelnen Regionen eine entscheidende Rolle. Hier können nur unter Berücksichtigung der regionalen Stärken und Schwächen Potenziale ausgemacht werden, die sich an den Bedürfnissen des jeweiligen Arbeitsmarktes orientieren. Derartige regionsspezifische Maßnahmen, beispielsweise der Qualifizierung und Weiterbildung, subsumiert unter dem Begriff der regionalen Arbeitsmarktpolitik, könnten ein besseres Ergebnis bei geringeren Aufwand versprechen als Maßnahmen, deren Ausgestaltung nach dem Gießkannenprinzip erfolgt.

3.5. Merkmale und Suchaktivität der Arbeitslosen nach Regionen

Die Merkmale der Arbeitslosen deuten auf einen Zusammenhang zwischen wirtschaftsstrukturellen und sozialen Merkmalen und der Struktur der Arbeitslosigkeit bzw. dem unterschiedlichen Engagement der Arbeitslosen in Regionen hin. Allerdings sind die unterschiedlichen Aktivitätsmuster nicht monokausal erklärbar. Folgende Zusammenhänge scheinen sich aber abzuzeichnen:

[11] Errechnet wurde für jede der Untersuchungsregionen die Arbeitslosenquote (bezogen auf die zivilen Erwerbspersonen) nach Angaben der Bundesanstalt für Arbeit.

Karte 2

Regionale Unterschiede im Suchverhalten in Nordrhein-Westfalen

Anteil in vH

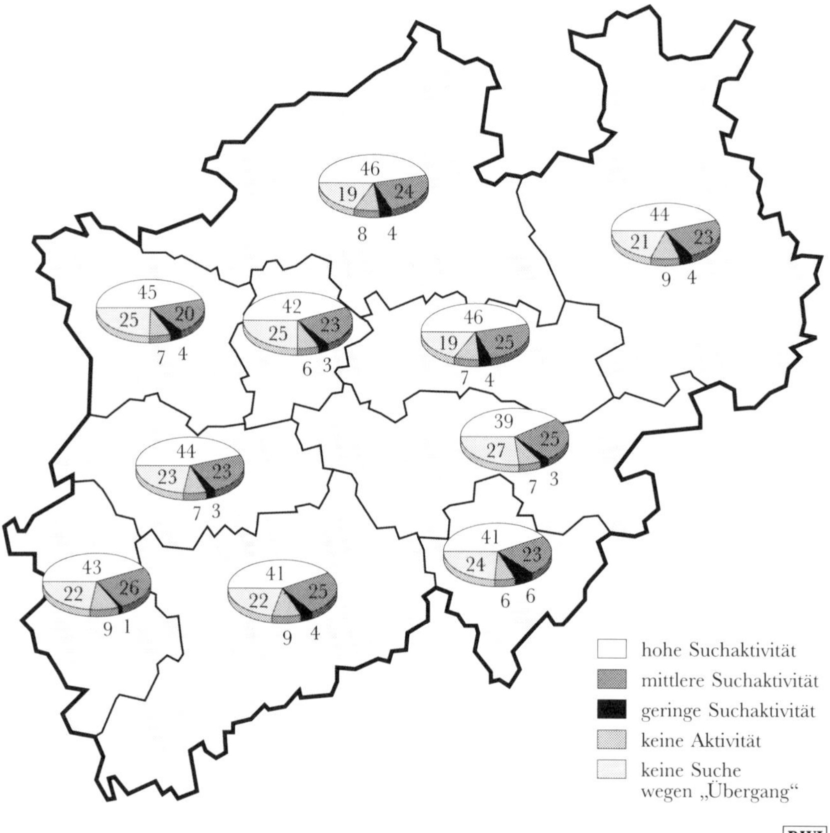

Ergebnisse einer Befragung (Bestandsstichprobe).

Bei der Arbeitslosigkeit zeigen sich in den Regionen Siegerland und Münsterland die höchsten Werte. Gemessen am Anteil der sozialversicherungspflichtig beschäftigten Frauen ist die Beschäftigtenquote von Frauen hier im regionalen Vergleich gering. Es lässt sich somit schließen, dass in diesen Regionen Frauen in besonderem Maß von Arbeitslosigkeit bedroht sind. Wird davon ausgegangen, dass Frauen überwiegend im Dienstleistungsbereich beschäftigt sind, kann die sektorale Beschäftigtenstruktur einen Erklärungsansatz liefern: Beide Regionen weisen einen niedrigen Anteil von Beschäftigten im tertiären Sektor auf[12]. Auch in der Region

[12]Ein Zusammenhang zwischen geschlechtsspezifischer Arbeitslosenquote und sektoralem Strukturwandel zeigt sich insbesondere im Abbau von Arbeitsplätzen im Produktionssektor. Davon waren in Nordrhein-Westfalen Männer besonders betroffen, während Frauen alles in allem vom tertiären Beschäftigungswachstum profitieren konnten (Landesarbeitsamt NRW 2002).

Sauerland ist diese Konstellation festzustellen. Insbesondere für das Sauerland und das Siegerland zeigen sich geringe Anteile von Beschäftigten in Dienstleistungsberufen. Beim Aktivitätsmaß für Frauen zeigen die Regionen Siegerland, Sauerland und Münsterland die höchsten Anteile an arbeitslosen Frauen, die geringe Aktivitäten für die Stellensuche aufbringen. Frauen, die vor dem Übergang in die Rente arbeitslos sind, erreichen im Sauerland und Siegerland Spitzenwerte.

Auch zeichnet sich ein Zusammenhang zwischen Alterstruktur und Engagement bei der Stellensuche bei der regionalen Betrachtung ab: Regionen mit niedrigem Durchschnittsalter der Arbeitslosen zeigen tendenziell höhere Anteile an sehr aktiv Suchenden. Das Münsterland und das östliche Ruhrgebiet weisen ein niedriges Durchschnittsalter (41 Jahre) bei gleichzeitig hohen Anteilen (45,5 vH bzw. 45,6 vH) sehr aktiv suchender Arbeitsloser auf. Die regionale Differenzierung des Aktivitätsmaßes für jugendliche (unter 25 Jahre) und ältere Arbeitslose (über 50 Jahre) bestätigt ebenfalls diese Annahme: Bei den Jugendlichen liegt der Anteil der sehr aktiv Suchenden zwischen 66,4 vH (Nördliche Rheinschiene/westliches Ruhrgebiet) und 32,4 vH (Siegerland). Sehr aktiv suchende ältere Arbeitslose erreichen hingegen geringere Anteile, zwischen 32,1 vH (Mittlere Rheinschiene/Region Düsseldorf) und 16,9 vH (Sauerland). Eine Erklärung ist in den geringeren Chancen älterer Arbeitsloser am Arbeitsmarkt zu sehen, die sich auch als psychologischer Faktor auf die Motivation bei der Stellensuche niederschlägt. Bei der Arbeitslosigkeit von Personen über 50 Jahren spielt erwartungsgemäß die Überbrückung bis zur Rente eine entscheidende Rolle. In regionaler Betrachtung streuen die Anteile zwischen 40,1 vH im östlichen Ruhrgebiet und 50,5 vH an der nördlichen Rheinschiene/westliches Ruhrgebiet. Die Möglichkeit, von Vorruhestandsregelungen Gebrauch zu machen, dürfte sich in den einzelnen Regionen in Abhängigkeit vom Besatz mit Großbetrieben und der Branchenstruktur unterscheiden.

Unterschiedliche Suchaktivitäten zeichnen sich auch bei einer Differenzierung nach der Haushaltszusammensetzung ab. Ledige Arbeitslose (mit und ohne Kinder) scheinen tendenziell aktiver bei der Stellensuche zu agieren als Arbeitslose, die mit dem (Ehe-) Partner zusammen leben. So streuen die Anteile der Alleinlebenden mit sehr aktiver Arbeitssuche regional zwischen 44,1 vH (Sauerland) und 67,6 vH (Siegerland). Sehr aktiv suchende Arbeitslose mit einem Partner erreichen Werte zwischen 24,2 vH (Siegerland) und 41,4 vH (mittlere Rheinschiene/Region Düsseldorf). Eine Erklärung könnte darin gesehen werden, dass Alleinlebende ohne Rückhalt in einer „Familie“ aus Gründen der Existenzsicherung intensiver die Stellensuche betreiben. Allerdings kann davon ausgegangen werden, dass auch bei der Betrachtung des Suchverhaltens im Hinblick auf die Haushaltszusammensetzung regionale Arbeitsmarktchancen und das Stellenangebot einen deutlichen Einfluss haben.

4. Zusammenfassung und Schlussfolgerungen

Die in dieser Arbeit gewonnenen Ergebnisse lassen sich auf zwei Ebenen zusammenfassen. Zunächst lassen sich für Nordrhein-Westfalen im Vergleich mit dem übrigen Westdeutschland als Besonderheiten feststellen, dass Langzeitarbeitslosigkeit bzw. die Verfestigung von Arbeitslosigkeit hier stärker ausgeprägt ist, so dass Arbeitslose, die noch nie erwerbstätig waren oder eine relativ geringe Erwerbsdauer erreichen, stärker vertreten sind und dass Arbeitslose ohne Berufsausbildung eine besondere Problemgruppe darstellen. Hingegen weist das durchschnittliche Haushaltseinkommen von Arbeitslosen kaum Abweichungen vom übrigen Westdeutschland auf, jedoch spielen die Leistungen des Arbeitsamtes (Arbeitslosengeld/-hilfe) eine größere Rolle.

Beim Suchverhalten (Bestandsstichprobe) gehen in Nordrhein-Westfalen über 45,1 vH der Arbeitslosen mit hoher Aktivität vor, 24 vH mit mittlerer und 3,3 vH mit geringer. Der Anteil an Arbeitslosen, die angaben, während der Arbeitslosigkeit nicht gesucht zu haben, liegt bei 27,6 vH; davon hatten aber 5,8 vH bereits eine Stelle in Aussicht, 14,6 vH „überbrückten" die Zeit bis zur Rente. Ein Vergleich mit der Abgangsstichprobe belegt, dass Arbeitslose, die in ein Beschäftigungsverhältnis wechseln konnten, eine engagiertere Stellensuche betrieben haben. Bei der Diskussion um die Bedeutung der Eigeninitiative muss allerdings beachtet werden, dass ein wechselseitiger Einfluss zwischen (antizipierten) Chancen am Arbeitsmarkt und der Intensität des Suchverhaltens besteht.

Die Analyse dieser Suchintensitäten differiert nach Alter und Geschlecht: Mit zunehmendem Alter lässt die Suchintensität nach, und männliche Arbeitslose weisen höhere Anteile an mittlerer und hoher Aktivität auf als weibliche.

Für 10 Analyseregionen Nordrhein-Westfalens ergibt sich ein sehr heterogenes Bild: Es lassen sich Verfestigungstendenzen der Arbeitslosigkeit in den Regionen des Ruhrgebiets erkennen (lange Phasen, hohe kumulierte Dauer an Arbeitslosigkeit, niedrige kumulierte Dauer der Erwerbstätigkeit und eine hohe Bedeutung der Leistungen, die über das Arbeitsamt ausgezahlt werden, als Einkommensquellen). Die Verlagerung der Beschäftigungsschwerpunkte in Nordrhein-Westfalen von den Regionen des Ruhrgebiets/der mittleren Rheinschiene zu Gunsten z.B. des benachbarten Münsterlandes scheinen für diese Strukturmerkmale einen Erklärungsbeitrag zu leisten. Auch die regionalen Suchaktivitäten weisen deutliche Unterschiede auf. Allerdings scheinen keine einfachen Zusammenhänge zwischen den Merkmalen der Arbeitslosen und der (erfassbaren) Arbeitsmarktsituation in der Region zu bestehen. Gleichwohl lassen sich einige Tendenzen festhalten:

- Die Suchintensität von Frauen wird vom Grad der Tertiarisierung der Region mit bestimmt; in Regionen mit geringem Beschäftigtenbesatz im Dienstleistungsbereich ist die Suchaktivität von Frauen schwächer.

- In Regionen, die ein niedriges Durchschnittsalter der Arbeitslosen aufweisen, zeichnen sich höhere Anteile sehr aktiv Suchender ab.

- Die Haushaltszusammensetzung und somit die Notwendigkeit der Existenzsicherung scheint einen Einfluss auf die Suchaktivität zu haben: Alleinlebende und -erziehende Arbeitslose scheinen tendenziell aktiver bei der Stellensuche zu agieren als Arbeitslose, die mit dem (Ehe-) Partner zusammen leben.

Sollten sich diese Ergebnisse erhärten, wäre vor diesem Hintergrund zu diskutieren, ob nicht eine Konzentration der arbeitsmarktpolitischen Maßnahmen auf jüngere Arbeitslose erfolgen sollte. Bei dieser Gruppe, die sich durch hohe Suchaktivität auszeichnet, sind Probleme der Eingliederung ins Erwerbsleben besonders gravierend, da hiermit auch Integrationsprozesse verbunden sind. Die Suchaktivität älterer Arbeitsloser ist dadurch eingeschränkt, dass die Arbeitslosmeldung der „Überbrückung bis zur Rente" dient. Hier muss geprüft werden, ob diese Personengruppe aufgrund von Vorruhestandsregelungen dem Arbeitsmarkt tatsächlich zur Verfügung steht. Entsprechend stellt sich die Frage, ob die Programme zur Wiedereingliederung von älteren Arbeitslosen nicht durch diese sozialpolitischen Verrentungsmaßnahmen konterkariert werden.

Die Ergebnisse belegen, dass die untersuchten Merkmale der Arbeitslosen in Nordrhein-Westfalen erhebliche regionale Disparitäten aufweisen. Unter der Voraussetzung, dass die Rahmenbedingungen auf gesamtwirtschaftlicher Ebene für eine Integration in den Arbeitsmarkt stimmen, belegt dies die Bedeutung der regionalen Arbeitsmarktpolitik. Die vielfältigen Einflussfaktoren, die sich auf die regionale Arbeitsmarktsituation auswirken, lassen sich auf der übergeordneten Ebene nur schwer fassen und regulieren. Die Implementierung von Instrumenten aktiver Arbeitsmarktpolitik vor Ort kann sich hingegen an den Potenzialen und Erfordernissen orientieren und somit konkrete Erfolge bei der Vermittlung von Arbeitslosen erzielen. Dies bedingt eine stärkere Ausrichtung an der Rolle der regionalen Akteure bei der Umsetzung arbeitsmarktpolitischer Maßnahmen, um die Effizienz zu erhöhen und neue Impulse durch Anreizmechanismen für die Bewältigung der Beschäftigungsprobleme zu gewinnen. Eine Verlagerung von Entscheidungskompetenzen von der zentralen staatlichen Ebene in Richtung lokale und regionale Einheiten wurde bereits mit der „Regionalisierung der Arbeitsmarktpolitik" nach SGB III bewirkt. Die Übertragung zusätzlicher Entscheidungsbefugnisse auf die einzelnen Arbeitsämter ist mit der Annahme verbunden, dass zur Lösung der unterschiedlichen Problemlagen der lokale Sachverstand nützlich sein kann. Hinsichtlich der eingesetzten Maßnahmen, deren Koordinierung und deren Erfolg für die Verbesserung der Beschäftigungssituation besteht weiterer Forschungsbedarf im Rahmen der regionalen Arbeitsmarktforschung.

Literatur

Bade, F.-J. (1996), Qualitative Aspekte des räumlichen Strukturwandels. Zur regionalen Entwicklung der Qualität von Arbeitsplätzen. Arbeitspapiere des Instituts für Raumplanung 146. Institut für Raumplanung, Dortmund.

Blien, U. et al. (2001), Regionale Arbeitsmarktforschung im IAB. *Mitteilungen aus der Arbeitsmarkt- und Berufsforschung* 34 (1): 45–73.

Brixy, U., R. Gilberg, D. Hess und H. Schröder (2002), Arbeitslosenuntersuchung: Wie nah am Arbeitsmarkt sind Arbeitslose. IAB-Kurzbericht 2/2002. IAB, Nürnberg.

Bullinger, H.-J. (2001), *Zukunft der Arbeit in einer alternden Gesellschaft.* Stuttgart: Fraunhofer-VIRB-Verlag.

Enquête-Kommission „Zukunft der Erwerbsarbeit" in Nordrhein-Westfalen (Hrsg.) (1998), Bestandsanalyse. Landtag Nordrhein-Westfalen, Düsseldorf.

Gilberg, R., D. Hess, H. Schröder (2002), Struktur der Arbeitslosigkeit im Frühjahr 2000: Suchverhalten und Eingliederungschancen. *Mitteilungen aus der Arbeitsmarkt- und Berufsforschung* 34 (4): 376–401.

Kalina, Th. und M. Knuth (2002), Arbeitslosigkeit als Übergang zwischen Beschäftigung und Rente in Westdeutschland. Graue Reihe des Institits Arbeit und Technik 2002-04. IAT, Gelsenkirc.hen

Karsten, P. und K. Moser (2001), Negatives psychisches Befinden als Wirkung und als Ursache von Arbeitslosigkeit. In J. Zempel, J. Bacher und K. Moser (Hrsg.), *Erwerbslosigkeit.* Opladen: Leske + Budrich, 83–110.

Kistler, E. (2001), Auswirkungen des demographischen Wandels auf Arbeit und Arbeitslosigkeit. *Aus Politik und Zeitgeschichte* 51 (3/4): 5–13.

Klemmer, P. (1989), Arbeitslosigkeit im Ruhrgebiet. In B. Hermans (Hrsg.), Neue Arbeitsplätze für das Ruhrgebiet – Chancen – Risiken. Berichte und Beiträge 32. Bistum Essen, 25–45.

Klemmer, P. (2001a), Drohender Einwohnerschwund schafft wirtschaftliche und soziale Probleme. In Kommunalverband Ruhrgebiet (Hrsg.), *Standorte.* Jahrbuch Ruhrgebiet 2001/2002. Essen, 263–270.

Klemmer, P. (2001b), Steht das Ruhrgebiet vor einer demographischen Herausforderung? Schriften und Materialien zur Regionalforschung 7. RWI, Essen.

Landesarbeitsamt NRW (Hrsg.) (lfd. Jahre), *Analysen zum Arbeitsmarkt.* Düsseldorf.

Lauschmann, E. (1976), Grundlagen einer Theorie der Regionalpolitik. 3. Aufl., Hannover: Schroedel.

Möller, J. (2000), Spezialisierung und räumliche Konzentration der Wirtschaft in einem Europa der Regionen. *Raumordnung und Raumforschung* 58 (5): 363–372.

Velsinger, P. und C. Schönebeck (1998), Globalisierung und regionale Beschäftigungsentwicklung. Empirische Befunde für die Bundesrepublik 1985–1995. *Mitteilungen aus der Arbeitsmarkt- und Berufsforschung* 31 (4): 726–747.

Zusammenfassung

Der vorliegende Beitrag untersucht Strukturmerkmale der Arbeitslosigkeit in Nordrhein-Westfalen. Durch den Vergleich mit dem übrigen westlichen Bundesgebiet werden Besonderheiten deutlich, die in einem weiteren Schritt hinsichtlich ihrer regionalen Ausprägung analysiert werden. Im Mittelpunkt stehen dabei Unterschiede im Suchverhalten von Arbeitslosen. Mit Hilfe eines Aktivitätsmaßes, das den Grad der Eigeninitiative abbildet, werden die Arbeitslosen fünf Suchaktivitätskategorien zugeordnet. Sowohl die strukturellen Merkmale von Arbeitslosen als auch ihre Suchaktivitäten weichen zwischen den Regionen deutlich voneinander ab, wobei sich ein Zusammenhang zwischen Suchverhalten und wirtschaftsstrukturellen Merkmalen der Regionen abzeichnet. Damit wird zugleich die Bedeutung der regionalen Arbeitsmarktpolitik belegt: Sie kann sich gezielter an den Potenzialen und Erfordernissen einzelner Regionen orientieren, als dies etwa auf Landes- oder Bundesebene möglich ist.

Résumé

La présente étude analyse les caractéristiques du chômage en Rhénanie du Nord-Westphalie. En comparaison avec le reste de la région Ouest de l'Allemagne, les particularités de cette région deviennent évidentes. Ensuite, leurs distinctions régionales sont étudiées concernant le comportement des chômeurs à propos de leurs modalités de recherche du travail. Les résultats montrent une nette différence régionale entre les caractéristiques des chômeurs et leurs activités de recherche du travail. Ainsi, l'importance d'une politique régionale du marché d'emploi est démontrée.

RWI-Mitteilungen 2002, Jg. 53 (1-4): 223–234

Beschäftigung, Dienstleistungen und Industriebasis – Zwei nordrhein-westfälische Regionen im Vergleich

von Thomas Siebe[1]

This paper analyses the structural change in employment of two largely different, but neighbouring North Rhine-Westphalian regions: Emscher-Lippe in the northern part of Ruhrgebiet is faced with most of the "rust belt" problems – including lagging employment of service industries. On the other hand, Münsterland is a more rural landscape with considerable employment successes in manufacturing as well as in services. These facts obviously conflict with a substitution pattern favouring services and burdening manufacturing. This requires a closer examination by means of an input-output approach. The results suggest that a competitive industrial base is one of the key factors of employment growth in service industries. (JEL: L8; R3)

In der öffentlichen Debatte wird den Dienstleistungen eine bedeutsame Rolle bei der Bewältigung bestehender und künftiger Arbeitsmarktprobleme zugewiesen. Tatsächlich stiegen Produktion und Beschäftigung ausgewählter Dienste zuletzt deutlich – mit einer Fortsetzung dieses Trends u.a. zu Gunsten der Beratungs-, Wartungs- und Schulungsdienste sowie des IT-Bereichs ist zu rechnen. Daraus wird vielfach geschlossen, dass der Dienstleistungsbereich die gesamte Beschäftigung schon dominiert oder dies in absehbarer Zeit tun wird (*service led growth*). Entsprechend werden vermehrt spezielle Förderprogramme zu Gunsten dieses Bereichs gefordert (Bullinger 1997; Hild et al. 1999).

Dabei wird übersehen, dass einige der stärksten Antriebskräfte der Tertiarisierung von der Industrie selbst ausgehen: Zum einen zeigen Kostenstrukturen, dass der Anteil der Dienstleistungen an der Industrieproduktion zunimmt; zum anderen wurden einige Servicepotenziale erst durch Outsourcing offenbar. Dies ist immer dann der Fall, wenn zuvor intern erstellte Dienstleistungen vermehrt eingekauft werden. Beides hat seinen Ursprung im Verarbeitenden Gewerbe. Es ist also kein Zufall, dass gerade die unternehmensnahen Dienstleistungen stark expandieren, während von konsumnahen schwächere Impulse ausgehen.

[1]Prof. Dr. Thomas Siebe, Fachhochschule Gelsenkirchen, war von 1992 bis 1996 Mitarbeiter des RWI in der Forschungsgruppe „Sektorale Strukturanalysen". – Der vorliegende Beitrag schließt sich an Arbeiten im Auftrag der IHK Münster und der IHK Siegen an, die der Autor gemeinsam mit Bernd Meyer und Georg Ewerhart (Universität Osnabrück) durchgeführt hat. Beiden bin ich zu Dank verpflichtet. Frühere Versionen des Beitrags wurden anlässlich der ERSA-Jahrestagung 1999 in Dublin und der internationalen Input-Output-Konferenz 2000 in Macerata präsentiert. Für die dort gegebenen Anregungen zahlreicher Kollegen bedanke ich mich ebenfalls.

Input-Output-Tabellen und darauf aufsetzende Modelle geben die Veränderungen der Vorleistungsverflechtung zwischen einzelnen Branchen im Zeitablauf wieder. Diese Datenbasis zeigt, dass die bedeutendsten Industriezweige in Deutschland als Kunde der besonders expansiven Dienstleistungssparten immer wichtiger werden (Siebe 1996). Eine Studie für das Vereinigte Königreich führt zu vergleichbaren Ergebnissen (Driver 1994). Daran anknüpfend sollte eine Analyse des Strukturwandels die Lieferungen zwischen Industrie und Dienstleistungsgewerbe nicht aus dem Auge verlieren. Ein angemessener Ansatz sollte ferner nach Sektoren disaggregiert sein.

Strukturwandel ist zudem vermehrt im Zusammenhang mit dem Europäischen Binnenmarkt zu sehen. Insbesondere in einen Prozess der regionalen Reallokation von Funktionen weisen gerade nicht-zentrale Regionen Beschäftigungszuwächse bei industriellen Tätigkeiten auf (Molle 1997). Dies scheint gängigen Vorstellungen über den Strukturwandel nur teilweise zu entsprechen. Aus Sicht von Regionen abseits der Zentren könnte es sein, dass Förderungsprogramme zu Gunsten ausgewählter Dienstleistungsbranchen den Strukturwandel vor Ort nicht nur nicht voranbringen, sondern die regionale Industrie sogar unter Anpassungsdruck setzen.

Um diese Zusammenhänge näher zu beleuchten, werden hier die strukturellen Anpassungen der Beschäftigung am Beispiel von zwei benachbarten nordrhein-westfälischen Regionen untersucht. Das Münsterland ist durch eine leistungsfähige mittelständische Industrie gekennzeichnet. Die Region steigerte die Industriebeschäftigung bis zuletzt gegen den Trend in Westdeutschland und war in den Dienstleistungsbereichen ebenfalls erfolgreich. Insgesamt stieg die Zahl der sozialversicherungspflichtig Beschäftigten in den letzten zehn Jahren um 18 vH auf knapp 470 000. Emscher-Lippe als nördlicher Teil des Ruhrgebiets ist eine typische altindustrielle Region. 1997 wurden hier 270 000 sozialversicherungspflichtig Beschäftigte gezählt – etwa 6 000 weniger als 1987.

Die Analyse geht von der Frage aus, ob das Schlagwort vom *service led growth* für diese beiden Typen von Industrieregionen gelten kann. Konkreter formuliert werden die Erfolgsaussichten einer Strategie untersucht, die die Regionen durch die Förderung von Dienstleistungen im Strukturwandel voranbringen will. Dazu werden zunächst die regionalen Beschäftigungspfade mit Hilfe von statistischen Zeitreihenverfahren analysiert (Abschnitt 1). Dabei stellt sich die Frage, ob eine wettbewerbsfähige Industrie Voraussetzung für expandierende Dienstleistungen ist (*industry push*) oder ob umgekehrt ein leistungsfähiges Dienstleistungsgewerbe eher die Industrie anzieht (*service pull*). Eine Interpretation der dabei durchgeführten Tests auf Basis von Input-Output-Modellen ist Gegenstand des zweiten Abschnitts. Im dritten Abschnitt wird dies aus der Sicht der beiden nordrhein-westfälischen Regionen beleuchtet. Schließlich werden die wichtigsten Ergebnisse zusammengefasst.

1. Der Befund

Die sektoralen Beschäftigungsänderungen im Münsterland sowie in Emscher-Lippe werfen die Frage auf, ob es signifikante Beziehungen der Entwicklung im Verarbeitenden Gewerbe und im Dienstleistungsbereich gibt. Aus Sicht des Ökonomen ist die Antwort eindeutig: Jeder Wirtschaftszweig ist in die intersektorale Arbeitsteilung eingebunden. Vorleistungsbeziehungen zwischen den Branchen funktionieren nicht wie Einbahnstraßen. Sogar auf der regionalen Ebene ist das Dienstleistungsgewerbe Kunde und gleichzeitig Lieferant der Industrie. Dies begründet die wechselseitigen Beziehungen zwischen der Beschäftigung beider Wirtschaftszweige. Aus formaler Sicht begründen diese Verbindungen ein simultanes Modell.

Dennoch kann gefragt werden, ob die Industriebeschäftigung eher Beschäftigung im Dienstleistungsbereich verursacht (*industry push*-Hypothese) oder ob umgekehrt ein konkurrenzfähiger Dienstleistungssektor Voraussetzung für eine erfolgreiche Industrie ist (*service pull*). Beide Hypothesen werden mit Hilfe des Granger-Kausalitätstests gegeneinander getestet (Pindyck, Rubinfeld 1991: 216ff.). Im ersten Schritt wird die Bedeutung der industriellen Beschäftigungsentwicklung ($_{G}Ind$) in der Autoregression für das Beschäftigungswachstum im Dienstleistungsbereich gemessen (das vorangestellte *G* deutet eine Transformation in Wachstumsraten an). Erweist sich $_{G}Ind$ einschließlich der Verzögerungen t–1, t–2 usw. als hinzukommende Variable als signifikant, wird die Nullhypothese „kein *industry push*" abgelehnt. Anschließend macht eine zweite Schätzung genau das Umgekehrte: Mit ihr kann ein signifikanter Einfluss der Beschäftigungsentwicklung im Dienstleistungsgewerbe auf die in der Industrie ausgeschlossen werden (Nullhypothese: „kein *service pull*"). Tabelle 1 zeigt die Testergebnisse. Die F-Statistiken erlauben es, die Signifikanz der gegenseitigen Einflüsse zu prüfen: Für das Münsterland kann „kein *industry push*" verworfen werden, da die gemessene F-Statistik den kritischen Wert von 3,12 (Signifikanzniveau: 0,05) überschreitet. Für den Einfluss des Dienstleistungsgewerbes auf die regionale Industrie ist dies bei unverändertem Signifikanzniveau nicht möglich. Aus beiden Befunden ist zu schließen, dass die Industriebeschäftigung im Münsterland während der letzten 20 Jahre Dienstleistungsarbeitsplätze geschaffen hat. Für Emscher-Lippe werden beide Nullhypothesen nicht verworfen.

Dieses für Emscher-Lippe unbefriedigende Resultat verlangt nach weiteren Analysen. Das Schaubild zeigt eine Gegenüberstellung der Beschäftigungsänderungen beider Regionen in der Industrie (Abszisse) und im Dienstleistungsgewerbe (Ordinate). Jeder Punkt gibt ein Quartal wieder. Beschäftigungszuwächse im Dienstleistungsgewerbe bei gleichzeitig deutlichen Arbeitsplatzverlusten in der Industrie sind ebenso selten anzutreffen wie der umgekehrte Fall – die Bereiche „links/oben" und „rechts/unten" sind im Schaubild schwach besetzt. Eine substitutive Beziehung zwischen der Beschäftigung im sekundären und im tertiären Sektor ist daher für beide Regionen zweifelhaft. Vielmehr deuten die Korrelationskoeffizienten von jeweils etwa 0,80 auf Komplementarität hin. Dieser Befund legt eine Untersuchung der *industry push*-Regressionen nahe:

$$(1) \qquad {}_{G}Serv_{t} = c_{0} + c_{1} * {}_{G}Ind_{t} + c_{2} * {}_{G}Serv_{t-1} + c_{3} * {}_{G}Serv_{t-2}$$

mit:

$_{G}Serv$: Veränderung der Beschäftigung im Dienstleistungsgewerbe gegenüber dem Vorjahresquartal, in vH;

$_{G}Ind$: Veränderung der Beschäftigung in der Industrie gegenüber dem Vorjahresquartal, in vH;

Tabelle 1

Ergebnisse von Kausalitätstests zur regionalen Beschäftigung

Partielle F-Statistiken[1]

Null-Hypothese	Münsterland	Emscher-Lippe
Kein *service pull*	5,2	2,8
Kein *industry push*	2,1	2,7

Eigene Berechnungen. – [1]Bei 76 Beobachtungen (1979:1 bis 1997:4); 2 Verzögerungen wurden berücksichtigt; kritischer F-Wert (0,05; 2; 74) = 3,12.

Die anhand des korrigierten Bestimmtheitsmaßes $\overline{R}^2$ gemessenen Zusammenhänge sind sowohl für das Münsterland als auch für Emscher-Lippe relativ eng: Es werden je nach Gleichung zwischen 80 und 90 vH der Varianz der zu erklärenden Variablen „erklärt“ (zum Konzept des korrigierten Bestimmtheitsmaßes vgl. z.B.Pindyck, Rubinfeld 1991: 76f.).

Die geschätzten Koeffizienten geben an, um wieviel Prozent sich die Beschäftigung im Dienstleistungsbereich als Reaktion auf einen relativen Beschäftigungsanstieg um 1 vH in der Industrie ändert. Kurzfristig liegen diese durch die Koeffizienten c_1 gemessenen Elastizitäten bei etwa 0,2. Im (langfristigen) Gleichgewicht gilt ${}_GServ_t = {}_GServ_{t-1} = {}_GServ_{t-2}$. Setzt man dies in die obige Gleichung ein, dann erhält man als Berechnungsvorschrift für die langfristige Elastizität $c_1/(1 - c_2 - c_3)$. Somit verändert sich die Beschäftigung im Dienstleistungsbereich langfristig um etwa 0,5 vH (0,47 vH für das Münsterland und 0,55 vH für Emscher-Lippe). Die entsprechende Maßzahl für Westdeutschland liegt ebenfalls in dieser Größenordnung, der statistische Zusammenhang ist aber weniger eng.

Die Anpassungseigenschaften der *service pull*-Regressionen

$$(2) \qquad {}_G Ind_t = d_0 + d_1 *_G Serv_t + d_2 *_G Ind_{t-1} + d_3 *_G Ind_{t-2}$$

entsprechen überwiegend denen der Gleichungen vom Typ (1). Allerdings sind die anhand der t-Statistiken von d_1 zu messenden Kreuzeinflüsse in beiden Fällen schwächer – sie liegen jeweils knapp über der Signifikanzschwelle. Der Student-Verteilung folgend liegt der kritische Wert für eine große Zahl von Beobachtungen und ein Signifikanzniveau von 0,05 bei 1,96. Um nicht signifikante Einflüsse auszuschließen, sollten die t-Statistiken daher generell größer als 2 sein.

Noch kritischer sind die ökonomischen Implikationen zu bewerten: Die Langfristparameter $d_1/(1 - d_2 - d_3)$ überschreiten jeweils den Wert Eins – 1 vH mehr Beschäftigung im Dienstleistungsgewerbe würde demnach mehr als 1 vH mehr Beschäftigung in der Industrie induzieren. Auch wenn sich das autonome Wachstum d_0 jeweils als signifikant negativ erweist, ist dieses Ergebnis schwer zu erklären.

Schaubild

Regionale Beschäftigungsänderungen

1979 bis 1997; in vH

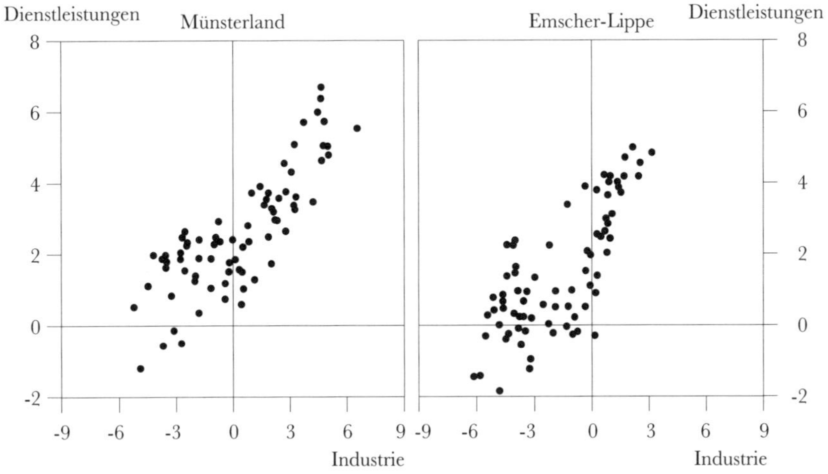

Koeffizient		t-Statistik	Koeffizient		t-Statistik
		Gleichung (2)			
c_0	0,0087	4,3	c_0	0,0083	4,0
c_1	0,1711	3,9	c_1	0,1988	4,3
c_2	0,8002	6,6	c_2	0,8603	7,6
c_3	−0,1625	−1,5	c_3	−0,2211	−2,2
R_{ber}^2	0,84		R_{ber}^2	0,82	
		Gleichung (3)			
d_0	−0,0059	−2,2	d_0	−0,0058	−2,7
d_1	0,2310	2,2	d_1	0,1818	2,3
d_2	1,0735	8,8	d_2	0,9916	7,9
d_3	−0,2595	−2,4	d_3	−0,1512	−1,3
R_{ber}^2	0,91		R_{ber}^2	0,90	

Eigene Berechnungen. – 76 Beobachtungen (1979:1 bis 1997:4).

2. Ein Modell der Vorleistungsverflechtung

Um die Ergebnisse dieser reduzierten Formen inhaltlich interpretieren zu können, müssen die Beziehungen zwischen Industrie und Dienstleistungsgewerbe näher betrachtet werden. Input-Output Tabellen geben ein detailliertes Bild von den Lieferbeziehungen. Sie spiegeln die sektorale Arbeitsteilung wider und liefern einen Eindruck von Ursachen des strukturellen Wandels. Das einfachste derartige Modell ist das statisch-offene Input-Output-Modell. Danach setzt sich die Produktion y_j einer

Branche j aus der Endnachfrage f_j und aus den Lieferungen an andere Branchen x_{ij} zusammen:

(3) $$y_j = f_j + \sum_i x_{ij}.$$

Für die Lieferbeziehungen gelte $x_{ij} = a_{ij} y_i$, d.h. die Lieferungen x_{ij} des Sektors j an den Sektor i hängen proportional von dessen Produktion y_i ab. Unter der Hypothese, dass sich die Inputkoeffizienten a_{ij} zudem kurzfristig nicht ändern (Leontief-Produktionsfunktion), folgt

(4) $$y_j - \sum_i a_{ij} y_{ij} = f_j.$$

In Matrixschreibweise wird dies zu $(I-A)y = f$ mit $A = [a_{ij}]$. Die Lösung des linearen Gleichungssystems ist schließlich

(5) $$y = (I - A)^{-1} f.$$

Demnach hängt die Produktion nach Branchen y_j bei unveränderlichen Inputkoeffizienten ausschließlich von der Endnachfrage ab. Die Matrix $(I-A)^{-1}$ erfasst die so genannten Leontief-Multiplikatoren. Gleichung (5) zeigt für gegebene Werte des Endnachfragevektors f die notwendige Produktion aller Branchen an.

Verändert sich die Endnachfrage nach einem Gut i, dann bedingt dies im vorliegenden System eine Anpassung der Produktion aller Branchen j. Die Zerlegung $(I-A)^{-1} = I + A + A^2 + \ldots + A^n$ verdeutlicht dies (Fleissner et al. 1993: 75): Der direkte Effekt umfasst allein die zusätzliche Endnachfrage: $\Delta y^{(1)} = I\,\Delta f$. Zur Produktion der zusätzlichen Endnachfrage benötigen alle Branchen zusätzliche Vorleistungen im Umfang $\Delta y^{(2)} = A\,\Delta f$ („zweite Runde"). Aber auch zur Produktion dieser Vorleistungen werden Zulieferungen benötigt: $\Delta y^{(3)} = A\,[A\,\Delta f] = A^2\,\Delta f$ usw. Es wird ein interindustrieller Multiplikatorprozess in Gang gesetzt, bei dem die Zuwächse $\Delta y^{(k)}$ aufgrund der Eigenschaften der Matrix A mit jeder Runde k kleiner werden.

Mit Hilfe dieses Modells kann nun die Frage beantwortet werden, welche Effekte von einer zusätzlichen Endnachfrage zu Gunsten der Industrie ausgehen. Die entsprechenden Berechnungen basieren auf der letzten westdeutschen Input-Output Tabelle für das Jahr 1990 (Statistisches Bundesamt 1994) und unterstellen eine zusätzliche Nachfrage nach Waren von 1 vH. Insgesamt werden 58 Sektoren unterschieden; die Matrixalgebra wurde in dieser Gliederungstiefe durchgeführt. Zur besseren Übersicht werden die Branchen im Folgenden zusammengefasst.

Da in die Produktion von Industriegütern zunehmend Dienstleistungen als „Vorprodukte" eingehen, wird die unterstellte Zusatznachfrage ab der zweiten Runde die Produktion des Dienstleistungsgewerbes beeinflussen. Besonders hohe Kostenanteile bei Produktion und Absatz von Waren weisen die Übrigen privaten Dienste (u.a. Gesundheitsdienste, Wissenschaft, Wirtschafts- und Rechtsberatung, Schulung usw.) und der Handel auf. Insbesondere in diesem Bereichen sind deshalb fühlbare Effekte einer anziehenden Industrieproduktion zu erwarten. Verkehrs-, Kommunikations- und Finanzdienstleistungen sind (relativ) unbedeutender – ihre

Tabelle 2

Produktionsänderung bei einer um 1 vH höheren Warennnachfrage
in vH

	Statisch-offenes IO-Modell	Teilendogenisiertes IO-Modell
Energie, Bergbau, Grundstoffe	0,69	0,92
Ausrüstungen	0,90	1,02
Konsumgüter (incl. Nahrungsgüter)	0,81	1,20
Groß- und Einzelhandel	0,22	0,60
Verkehr, Kommunikation	0,23	0,54
Finanzdienstleistungen	0,10	0,59
Übrige private Dienste	0,36	0,66

Eigene Berechnungen nach Angaben des Statistischen Bundesamtes.

Bedeutung für die Industrieproduktion nimmt am aktuellen Rand allerdings deutlich zu. Öffentliche Dienstleistungen werden im Folgenden ausgeklammert – ihre Produktion hängt überwiegend von politischen Entscheidungen ab.

Den skizzierten Zusammenhängen zufolge fallen die Produktionszuwächse schwerpunktmäßig im Verarbeitenden Gewerbe an (Tabelle 2) – dies folgt nicht zuletzt aus der Stabilitätsbedingung, nach der die Multiplikatoreffekte von Runde zu Runde abnehmen. Insofern dominieren hier die unterstellten direkten Effekte. Dennoch ist die Bedeutung des simulierten „Industriebooms" auf den Dienstleistungssektor nicht zu vernachlässigen. Die Zuwächse liegen zwischen 0,10 vH bei den Finanzdienstleistungen und 0,36 vH bei den Übrigen privaten Dienstleistungen.

Das statisch offene Modell betrachtet entstehende Einkommen und deren Verwendung explizit nicht. Wenn aber die induzierte Zwischennachfrage berücksichtigt ist und entstehende Wertschöpfung nicht, dann könnte dies zu schwer interpretierbaren Ergebnissen führen[2]. Aus diesem Grund wird in einem weiteren Schritt ein teilendogenisiertes Input-Output-Modell herangezogen. Es erweitert das Ausgangsmodell um einen Keynesianischen Multiplikator und berücksichtigt so die entstehenden Einkommen und deren komsumptive Verwendung. Entsprechend verursacht die zusätzliche Produktion über die Einkommensentstehung und die private Konsumnachfrage einen weiteren Impuls auf die Endnachfrage. Aus diesem Grund sind die sich ergebenden Produktionszuwächse durchweg größer als im Ausgangsmodell (Tabelle 2).

Die Differenz zwischen beiden Ergebnissen deutet die Mobilisierung konsumbezogener Dienstleistungen an. Die Übrigen privaten Dienste profitieren stärker als andere Dienstleistungsbereiche von den induzierten Vorleistungen. Durch Einkommenseffekte kommen Produktionszuwächse von 0,3 vH hinzu. Im Großhandel do-

[2]Die Produktion ergibt sich nachfrageseitig aus gelieferten Vorleistungen plus Endnachfrage. Die Kostenseite der Input-Output-Tabellen bestimmt die sektorale Produktion als Summe aus Wertschöpfung und empfangenen Vorleistungen. Insofern müssen sich die Veränderungen der Endnachfrage und der Wertschöpfung gesamtwirtschaftlich ausgleichen.

minieren die Vorleistungseffekte in ganz ähnlicher Weise. Da dieser Bereich aber gemeinsam dem stärker konsumabhängigen Einzelhandel ausgewiesen wird, machen die auf zusätzlichen Vorleistungen an die Industrie beruhenden Effekte mit 0,22 vH nur gut ein Drittel des Gesamteffektes von 0,6 vH aus. Diese Relation gilt auch für Verkehrs- und Kommunikationsdienste. Lediglich die Finanzdienstleistungen hängen fast ausschließlich von den Veränderungen der Konsumnachfrage ab und sind daher als am stärksten konsumbezogen anzusehen.

Unter cetris paribus-Bedingungen – d.h. bei gegebenen Reallöhnen und unveränderten Produktivitäten – entsprechen die Beschäftigungsänderungen denen der Produktion. Unter dieser Bedingung reproduziert das teilendogenisierte Input-Output-Modell die Ergebnisse der Zeitreihenanalyse im ersten Abschnitt recht gut: Wenn die industrielle Beschäftigung um 1 vH steigt, dann zieht dies einen Beschäftigungsimpuls im Dienstleistungssektor von etwa 0,5 vH nach sich. Die bisher dargestellten Modellergebnisse beziehen sich auf Westdeutschland. Originäre Daten zur Verflechtung von Industrie und Dienstleistungsgewerbe für einzelne Regionen liegen nicht vor. Dennoch lässt sich mit Hilfe weiterer Analysen abschätzen, ob Vergleichbares auch für das Münsterland und Emscher-Lippe zu erwarten ist.

3. Eine regionale Sicht

Eine einfache Methode zum Vergleich der gesamtwirtschaftlichen Beschäftigungsentwicklung mit der in den beiden Regionen ist die ökonometrische Schätzung von Elastizitäten. Zu diesem Zweck werden die (relativen) Beschäftigungsänderungen beider Regionen in acht Branchen mit den ebenfalls nach Branchen unterschiedenen Veränderungen in Westdeutschland korreliert (Meyer et al. 1999):

(6) $$_{G}E_{i,r} = \beta_{G}E_{i} + \alpha$$

mit

$_{G}E_{i,r}$: Veränderung der Beschäftigung in Branche i (=1, ..., 8) und Region r (= 1, 2), in vH;
$_{G}E_{i}$: Veränderung der Beschäftigung in Branche i (=1, ..., 8) in Westdeutschland, in vH.

Der Parameter β misst die regionale Beschäftigungselastizität einer Branche und gibt ihre Abhängigkeit vom zugehörigen Markt wieder. Wenn die sektorale Beschäftigung in der Region stärker schwankt als im nationalen Kontext, ist die Elastizität größer als Eins und umgekehrt. Der Parameter α erfasst autonome Beschäftigungsänderungen in der Region, zeigt also, in welchem Ausmaß die regionale Beschäftigung einer Branche unabhängig vom Gesamtmarkt variiert. Die autonome Beschäftigungsveränderung kann in Abhängigkeit lokaler Standortvorteile positiv oder negativ sein. Die Ergebnisse liefern einige Ursachen für die bemerkenswerte Beschäftigungszunahme im Münsterland und die aktuellen Arbeitsmarktprobleme in Emscher-Lippe (Tabelle 3).

Im Allgemeinen weichen die gemessenen Beschäftigungselastizitäten nicht allzu deutlich von Eins ab. Als Ausnahmen im sekundären Sektor des Münsterlands erweisen sich die Konsumgüterindustrie und vor allem das Baugewerbe. Diese Bran-

Tabelle 3

Sektorale Beschäftigung im Münsterland und in Emscher-Lippe

Ergebnisse von Regressionsrechnungen[1]

	Region	Beschäftigungs-elastizität β	Autonomes Wachstum α	$\bar{R}^2$	DW
Energie, Bergbau, Grundstoffe	Münsterland	0,79 (4,4)	1,7	0,51	1,42
	Emscher-Lippe	1,11[a] (4,1)	-1,1[b]	0,49	1,92
Ausrüstungen	Münsterland	0,79 (4,9)	2,0	0,56	1,35
	Emscher-Lippe	0,83 (5,9)	–0,9	0,66	1,58
Konsumgüter (incl. Nahrungsmittel)	Münsterland	1,22 (7,2)	1,0	0,74	1,11
	Emscher-Lippe	0,77 (2,8)	–0,5[b]	0,27	1,28
Bauten	Münsterland	1,26 (10,6)	–0,3[b]	0,86	1,44
	Emscher-Lippe	0,85 (7,8)	–0,7	0,77	1,42
Groß- und Einzelhandel	Münsterland	0,98 (7,4)	0,9	0,75	1,89
	Emscher-Lippe	0,96 (6,4)	–0,9	0,69	2,11
Verkehrsleistungen, Kommunikation	Münsterland	1,32 (4,5)	2,1	0,51	1,09
	Emscher-Lippe	1,53 (3,9)	0,4[b]	0,44	1,53
Finanzdienstleistungen	Münsterland	0,67[a] (3,3)	0,8[b]	0,49	2,41
	Emscher-Lippe	0,62 (2,6)	–0,4[b]	0,58	1,43
Übrige private Dienste	Münsterland	0,61 (6,3)	1,5	0,76	2,02
	Emscher-Lippe	0,67 (3,7)	0,2[b]	0,45	0,98

Eigene Berechnungen, vgl. Text. – [1]Bei 19 Beobachtungen (1979 bis 1997). Unter den Koeffizienten sind die t-Werte ausgewiesen. Es bedeuten: $\bar{R}^2$: Bereinigtes Bestimmtheitsmaß; DW: Durbin-Watson Testgröße auf Autokorrelation 1. Ordnung. – [a]Einschließlich Verzögerungen. – [b]Einfluss nicht signifikant von Null verschieden.

chen überzeichnen gesamtwirtschaftlich auftretende Branchenzyklen. In Emscher-Lippe sind für den zusammengefassten Schwerindustriebereich Energie, Bergbau, Grundstoffe überdurchschnittliche Elastizitäten zu konstatieren. Vor dem Hintergrund des dort bewältigten Beschäftigungsabbaus erweist sich dies als erhebliches Problem – die Beschäftigungsverluste dieses Bereichs sind stärker als im Bund. In allen übrigen Industriebereichen beider Regionen ist die Abhängigkeit durchweg leicht unterdurchschnittlich.

Auffälligere Muster ergeben sich innerhalb des Dienstleistungsgewerbes. Während die regionalen Beschäftigungsänderungen im Handel weitgehend mit denen im Bundesgebiet kongruent sind, wurden die gesamtwirtschaftlichen bei den Verkehrs- und Kommunikationsleistungen deutlich übertroffen (1,32 bzw. 1,53). Die

Finanz- und die Übrigen privaten Dienste wuchsen nur relativ verhalten; gerade in diesen besonders dynamischen Bereichen wurden die Beschäftigungszuwächse in der Region nur zu zwei Dritteln mitgemacht. Auch wenn für die Finanzierung und die Beratung deutliche Verlagerungen zu Gunsten regionaler Zentren zu beobachten sind, liegen hier offenbar noch erhebliche Potenziale brach.

Mit Blick auf die autonomen Beschäftigungsänderungen (α) fällt auf, dass im Münsterland die Standortvorteile insbesondere zu Gunsten der Industrie und der distributiven Dienstleistungen überwiegen. Dort wächst die Beschäftigung um 1 bis 2 vH-Punkte pro Jahr stärker als in Westdeutschland. Insgesamt weist das Münsterland unabhängig von der betrachteten Branche ausgeprägte Standortvorteile auf, während Emscher-Lippe mit nicht signifikanten Beiträgen oder gar mit autonomen Beschäftigungsverlusten konfrontiert war. Offensichtlich sind nicht ausschließlich anfängliche Beschäftigungsstrukturen für die divergierende wirtschaftliche Entwicklung verantwortlich. Die industrielle Ausgangsstruktur des Münsterlands war zu Beginn des Beobachtungszeitraums nicht so viel günstiger als die des nördlichen Ruhrgebiets.

Zur ursprünglichen Fragestellung zurückkommend führen die geschätzten Elastizitäten von überwiegend Eins zu einer parallelen Beschäftigungsveränderung der Branchen in Westdeutschland und in beiden Regionen. Durch Multiplikation der Elastizitäten (Tabelle 3) mit den Ergebnissen des Input-Output-Modells (Tabelle 2) ergeben sich fiktive Effekte eines Industriebooms in den regionalen Dienstleistungssektoren. Für das Münsterland (Tabelle 4) sind als Reaktion auf einen Produktions- und Beschäftigungsanstieg im Verarbeitenden Gewerbe um 1 vH je nach Dienstleistungsbranche Beschäftigungseffekte zwischen 0,4 und 0,7 vH zu erwarten. Das (gewichtete) Mittel über den privaten Dienstleistungssektor liegt bei 0,52 vH. Damit wird die im ersten Abschnitt geschätzte langfristige Beschäftigungselastizität recht genau wiedergegeben. Für Emscher-Lippe führen entsprechende Berechnungen zu relativen Beschäftigungseffekten im Dienstleistungsgewerbe von 0,54 vH, womit das Ergebnis des Zeitreihenmodells noch besser nachvollzogen wird. Offensichtlich erlaubt der Input-Output-Ansatz eine plausible Interpretation der jüngsten strukturellen Veränderung in den untersuchten Regionen.

Tabelle 4

Sektorale Beschäftigungsimpulse der Industrie bei privaten Diensten im Münsterland

	Teilendogenisiertes Modell (Tabelle 2)	Beschäftigungs-elastizität (Tabelle 3)	Impuls (Spalte 2) * (Spalte 3)
Groß- und Einzelhandel	0,60	0,98	0,59
Verkehr, Kommunikation	0,54	1,32	0,71
Finanzdienste	0,59	0,67	0,40
Übrige private Dienste	0,66	0,61	0,40
Insgesamt			0,52

Eigene Berechnungen. Zur Vorgehensweise vgl. Text.

4. Schlussfolgerungen

Der Strukturwandel in Münsterland und Emscher-Lippe wird durch Entwicklungen im Dienstleistungsgewerbe eher schwach beeinflusst. Mit Hilfe eines Modells zur intersektoralen Arbeitsteilung lässt sich zeigen, dass sich dieser aus einem Geflecht wechselseitiger Beziehungen zwischen der Industrie und dem Dienstleistungsgewerbe ergibt. Neben weiteren angebots- und nachfrageseitigen Einflüssen wird die starke Zunahme der Beschäftigung im Dienstleistungsgewerbe durch steigende Serviceanteile der Waren einerseits und durch die Auslagerung zuvor unternehmensintern erstellter Dienste andererseits bestimmt. Insgesamt erweisen sich Industrie- und Dienstleistungsbranchen als komplementär und nicht – wie aufgrund der zunehmenden Beschäftigung im Dienstleistungsgewerbe und abnehmenden Industrieanteilen möglicherweise zu vermuten – als substitutiv. Vor diesem Hintergrund ging der vorliegende Beitrag der Frage nach, ob eine wettbewerbsfähige Industrie eine Voraussetzung für Beschäftigungserfolge im Dienstleistungssektor ist (*industry push*) oder ob umgekehrt die wachsenden Dienstleistungen die Warenproduktion antreiben (*service pull*). Aufgrund der Interdependenz der Zusammenhänge lässt sich dies nicht auf den ersten Blick bestimmen.

Die exemplarische Analyse zweier nordrhein-westfälischer Regionen zeigt, dass ein vergleichsweise kleiner Dienstleistungssektor die regionalen Wachstumsaussichten nicht notwendigerweise beeinträchtigt. Einzelne Branchen können sich auf regionaler Ebene zumindest teilweise von ihren gesamtwirtschaftlichen Markttrends lösen. Die jeweilige Beschäftigung wird demnach nicht durch den regionalen Branchenmix vorgegeben, sondern hängt nicht zuletzt von einer Reihe von Standortvor- und -nachteilen ab. Schließlich führt die regionale Betrachtung dazu, dass neben bekannten strukturellen Aspekten die räumliche Reallokation von Funktionen mit ins Bild zu nehmen ist. Demnach werden Industrietätigkeiten zunehmend in nicht-zentrale Regionen verlagert. Offenbar wird dies durch den Europäischen Binnenmarkt verstärkt.

Gerade für Regionen, die durch das Verarbeitende Gewerbe geprägt sind, erscheint die These vom dienstleistungsbestimmten Wachstum (*service led growth*) zweifelhaft. Zumindest für das Münsterland erlauben statistische Tests, fühlbare Einflüsse der Dienstleistungen auf die Industrie abzulehnen. Dagegen scheint der Erfolg der regionalen Industrie das Dienstleistungsgewerbe sehr wohl „anzutreiben". Dies lässt sich mit Hilfe der Vorleistungsbeziehungen erklären: Die Industrie wurde in den letzten zwei Dekaden zum wichtigsten Kunden des Dienstleistungsgewerbes. Zudem kauft es zunehmend Waren als Vorleistungen ein – die Intensität der gegenseitigen Verflechtung nimmt zu. Änderungen von Produktion und Beschäftigung in Industrie und Dienstleistungsgewerbe hängen wechselseitig voneinander ab. Deshalb ist eine spürbare Verringerung regionaler Arbeitsmarktprobleme ohne eine wettbewerbsfähige Industrie kaum zu erwarten. Dies gilt vor allem für Regionen, die ohnehin durch Industrie geprägt sind.

In Regionen mit industriellen Standortvorteilen erscheint eine einseitige Förderung der Dienstleistungen durch die regionale Wirtschaftspolitik danach als verfehlt. Die Einsicht, dass die Regionen Nordrhein-Westfalens unterschiedliche wirtschaftspolitische Förderkonzepte benötigen, hatte in den achtziger Jahren die regionalisierte Strukturpolitik begründet. Dieser Konsens scheint in der letzten Zeit zu Unrecht ins Wanken geraten zu sein. Tatsächlich wird die institutionelle Unterscheidung zwischen Industrie und Dienstleistungen mehr und mehr willkürlich, da typische Aktivitäten und sektorale Besonderheiten künftig weiter verwischt werden. Als Konsequenz sollte die regionale Wirtschaftspolitik sicherstellen, dass beide – Industrie und Dienstleistungsgewerbe – auf vorteilhafte Rahmenbedingungen treffen.

Literatur

Bullinger, H.J. (1997), *Dienstleistungen für das 21. Jahrhundert.* Gestaltung des Wandels und Aufbruch in die Zukunft. Stuttgart: Schaeffer-Poeschel.

Driver, C. (1994), Structural Change in the UK 1974-1984: an input-output analysis. *Applied Economics* 26: 153–158.

Fleissner, P., W. Böhme, H.U. Brautzsch, J. Höhne, J. Siassi und K. Stark (1993), *Input-Output-Analyse.* Eine Einführung in Theorie und Anwendungen. Wien und New York: Springer.

Meyer, B., G. Ewerhart und T. Siebe (1999), Tertiarisierung ohne wettbewerbsfähige Industriebasis? *Raumforschung und Raumordnung* 1999 (5/6): 386–397.

Molle, W. (1997), The Regional Economic Structure of the EU – an Analysis of Long-term Developments. In H.J. Vosgerau (ed.), Zentrum und Peripherie – Zur Entwicklung der Arbeitsteilung in Europa. Schriften des Vereins für Socialpolitik N.F. 250. Berlin: Duncker & Humblot, 13–32.

Hild, R., H. Hofmann, W. Ochel und M. Wilhelm (1999), Unternehmensbezogene Dienstleistungen: Deutschlands Position im internationalen Wettbewerb. *Ifo-Schnelldienst* 52 (10-11): 3–19.

Pindyck, R.S. and D.L. Rubinfeld (1991), *Econometric Models and Economic Forecasts.* 3rd ed., New York et al.: McGraw-Hill.

Siebe, T. (1996), Important Intermediate Transactions and Multi-Sectoral Modelling. *Economic Systems Research* 8: 183–193.

Statistisches Bundesamt (Hrsg.) (1994), Input-Output-Rechnung 1986, 1988, 1990. Fachserie 18: Volkswirtschaftliche Gesamtrechnungen, Reihe 2. Stuttgart: Metzler-Poeschel.

Zusammenfassung

Die vereinfachende Vorstellung, dass Arbeitsplätze nur im Dienstleistungsgewerbe entstehen, während sie in der Industrie wegfallen, erscheint auf den ersten Blick plausibel. Für eher industriell geprägte Regionen gilt sie allerdings nur bedingt: Die Emscher-Lippe-Region als altindustrieller Standort ist durch unterdurchschnittliche Beschäftigungserfolge im Dienstleistungsgewerbe gekennzeichnet. Das Münsterland weist Beschäftigungszuwächse in der Industrie und noch stärker im Dienstleistungsgewerbe auf. Beides deutet eher auf komplementäre Beziehungen. Vor diesem Hintergrund analysiert die vorliegende Arbeit langfristige Strukturänderungen beider Regionen. Die Substitutionsthese vernachlässigt die sich ändernde Arbeitsteilung zwischen den Wirtschaftszweigen. Um ihre Rolle zu untersuchen, muss die Vorleistungsverflechtung zwischen den Wirtschaftszweigen einbezogen werden. Die Ergebnisse deuten darauf hin, dass eine wettbewerbsfähige Industriebasis in beiden Regionen nach wie vor eine Voraussetzung für Beschäftigungserfolge im Dienstleistungsgewerbe ist.

Résumé

La conception simplificatrice, selon laquelle des nouveaux emplois ne peuvent se créer que dans le secteur tertiaire tandis que ceux-ci se perdent dans le secteur industriel paraît plausible à première vue. Ceci se relative cependant en considérant les régions dominées par l'industrie. La région de Emscher-Lippe qui est une vieille région industrielle est caractérisée par un progrès moins proportionnel du succès d'emploi dans le secteur tertiaire. En revanche, la région de Münsterland présente des croissances dans le secteur industriel et plus fortes encore dans le tertiaire. Ceci démontre plutôt une complémentarité entre les deux secteurs. En prenant ceci en considération, la présente étude analyse les changements structurels à long terme de ces deux régions. Les résultats montrent, qu'une base industrielle concurrentielle dans les deux régions représente encore une condition nécessaire de la création d'emploi couronnée du succès dans le tertiaire.

RWI-Mitteilungen 2002, Jg. 53 (1-4): 235–254

Differenzierungsmuster – eine kleinräumige Bestandsaufnahme am Beispiel des Ruhrgebiets

von Uwe Neumann

Urban regions are characterized by spatial expansion, on the one hand. On the other, internal inequalities are becoming an increasingly apparent feature of cities. Dispersion and inner differentiation are interlinked, yet empirically corroborated knowledge about the interrelation between these processes is still scarce. This paper presents an approach to the analysis of intra-communal disparities within urban regions, based on municipal statistics. Taking the Ruhr Agglomeration as an example, the determinants and patterns of spatial segmentation are examined. In conclusion, a high degree of demographic and socio-economic segregation is identified, which highlights the effects of intra-regional sub-division. Further research will determine if the internal structure of urban areas can affect their overall "competitiveness". (JEL: J11; O18; R23)

Die Stadt ist der Hauptschauplatz des wirtschaftlichen Geschehens und der Lebensraum der weit überwiegenden Bevölkerungsmehrheit der Industrienationen. Aufgrund der großen Variationsbreite der städtischen Wirtschafts- und Sozialstruktur sind Heterogenität und innere Differenzierung charakteristische Merkmale städtischer Siedlungen. Typisch für Städte ist die Gliederung in Subareale, die zwar nach sozioökonomischen und demographischen Kriterien relativ homogen sind, sich aber voneinander sehr deutlich unterscheiden, z.B. Industrie- und Arbeiterviertel, Villenviertel, Geschäftszentren.

Durch die Ausweitung städtischer Siedlungsformen in das Umland der Städte sind in den vergangenen Jahrzehnten großflächige Stadtregionen entstanden. Da vor allem junge, einkommensstarke Familien in das Umland abwandern, verstärken sich im Zuge des städtischen Flächenwachstums die stadtinternen Ungleichheiten. Insbesondere in ihren inneren Bereichen gehören ökonomischer Niedergang, soziale Belastungen und Überalterung zu den Problemen vieler Stadtteile. In anderen Vierteln finden baulich-soziale Aufwertungen statt, denn unter jüngeren Erwerbstätigen ist seit einiger Zeit wieder ein „urbaner" Lebensstil beliebt. Städtebauliche Großprojekte werden durchgeführt, um die Position von Städten im interurbanen Wettbewerb zu verbessern. Auf revitalisierten Industriebrachen und Hafenstandorten entstehen neue Einkaufs- und Freizeitzentren, Gewerbeparks und Wohngebiete. Dies führt jedoch in der Regel nicht zur Reaktivierung problembelasteter Stadtteile. Vielmehr scheint sich eine dauerhafte Trennung von „Armuts-"

und „Wohlstandsinseln", „urbanen Erlebniswelten" und „vergreisenden" Wohngebieten abzuzeichnen.

Städte sind also durch kleinräumige Segmentierungen gekennzeichnet, die eng mit räumlichen Trennungsmechanismen auf regionaler Ebene verknüpft sind. Greifen diese Segregationsprozesse so tief, dass sie die „Wettbewerbsfähigkeit" städtischer Gebiete beeinträchtigen und völlig neue Anforderungen an die Stadtpolitik stellen?

1. Ziele der Untersuchung

Die Ungleichheiten innerhalb von Stadtgebieten finden inzwischen nicht mehr allein auf kommunaler Ebene eine starke Beachtung. Zum Ausgleich der als problematisch angesehenen innerregionalen und stadtinternen Disparitäten werden auf Landes-, Bundes- und EU-Ebene neue Förderkonzepte zur Revitalisierung städtischer Teilgebiete umgesetzt[1]. Voraussetzung einer effektiven Steuerung dieser Programme sind Kenntnisse der Bedingungsfaktoren, Ausprägungen und Auswirkungen stadträumlicher Differenzierungen auf kleinräumiger und regionaler Ebene. Bisher mangelt es auch an Wissen über die Verknüpfungen zwischen Regional- und Stadtstruktur. Analysen dieser Zusammenhänge bewegen sich im Grenzbereich zwischen Regional- und Stadtforschung, der noch eine „Grauzone" darstellt, in Zukunft aber zu den für die Raumentwicklungspolitik besonders relevanten Forschungsbereichen gehören wird (Trutzel 2001: 121–122; zu den Zielen der Raumentwicklungspolitik vgl. Klemmer 1998: 460ff.).

Der folgende Beitrag untersucht, welche kleinräumigen Differenzierungsmuster sich innerhalb des Kernraums des Ruhrgebiets (Ballungskern nach MURL NRW 1995: Kartenbeilage) herausgebildet haben. Dabei wird beleuchtet,

- welchen Bestimmungsgrößen die kleinräumige Differenzierung innerhalb des Kernraums folgt,
- welche Teilräume sich gebildet haben und
- welcher Grad an stadträumlicher Differenzierung bzw. Heterogenität innerhalb des Ballungskerns feststellbar ist.

Diese Analyse ist als erste Bestandsaufnahme zu verstehen, die durch erneute Untersuchungen zu späteren Zeitpunkten zu einer stadtteilbezogenen Raumbeobachtung führen soll. Am Beispiel des Ruhrgebiets wird aufgezeigt, welche Ansatzmöglichkeiten amtliche und kommunalstatistische Datenquellen hierfür bieten. Durch Übertragung des Ansatzes auf andere Regionen kann untersucht werden, in welchem Umfang Stadtregionen generell von räumlicher Segmentierung betroffen sind. Auf dieser Grundlage ist eine genauere Beurteilung des Handlungsbedarfs bezüglich der Überwindung kleinräumiger Probleme möglich.

[1] Z.B. das nordrhein-westfälische Programm für „Stadtteile mit besonderem Erneuerungsbedarf", das Bundesprogramm „Die soziale Stadt" und die Gemeinschaftsinitiative URBAN.

2. Forschungsstand und methodischer Ansatz

Boustedt (1970) entwickelte als Raumordnungsinstrument ein Konzept zur Abgrenzung und Gliederung von Stadtregionen. Basierend auf methodischen Überarbeitungen seines Ansatzes werden heute bundesweit Verdichtungsräume in gemeindescharfer Abgrenzung festgelegt (BBR 2000: 49). Innerhalb der Verdichtungsräume beschränkt sich die räumliche Gliederung jedoch auf die Trennung von Kernstädten und Umland. Präziseren Raumtypisierungen steht vor allem die mangelnde Verfügbarkeit kleinräumiger Informationen im Wege. Klemmer zeigte in einer Studie der Verstädterung aller deutschen Stadtregionen im Einzelnen auf, welche funktionale Abhängigkeit der Umlandgebiete von den Kernbereichen besteht (Klemmer 1971). Mit dieser Arbeit legte er den Grundstein für eine analytische Betrachtung der Zusammenhänge zwischen inter- und intraregionalem Raumgefüge.

Bisher durchgeführte kleinräumige Studien beruhen weitgehend auf den Grundannahmen der nordamerikanischen Stadtforschung (Park, Burgess 1925; Shevky, Bell 1955). Diese Überlegungen wurden in zahlreichen empirischen Studien – auch am Beispiel europäischer Städte – überprüft und im Wesentlichen bestätigt. Die Analysen des deutschen Sprachraums beschränkten sich allerdings überwiegend auf die Gebiete einzelner Städte (O'Loughlin, Glebe 1980). Methodisch bilden die Ansätze der empirischen Stadtforschung den Ausgangspunkt für kleinräumige Analysen auf regionaler Ebene. Diesen Untersuchungen zu Folge sind stark „verstädterte" Innenstadtbezirke mit Kleinhaushalten von weniger verstädterten Außenbezirken mit größeren Haushalten und höherer Kinderzahl zu trennen, d.h. der „demographische Status" ist ein Hauptmerkmal der stadträumlichen Gliederung. Er beschreibt eine Abfolge mehrerer, vom Zentrum zur Peripherie angeordneter „Siedlungsringe", die sich in ihrer Familien- und Altersstruktur voneinander unterscheiden. Die Differenzierung nach den Einkommensverhältnissen der Wohnbevölkerung (ökonomischer Status) zerteilt das Stadtgebiet in Siedlungsachsen, die z.B. durch Verkehrslinien oder größere Gewerbegebiete getrennt sind. Hinzu kommt als dritte Haupteigenschaft zumindest der nordamerikanischen Städte die räumliche Trennung der ethnischen Gruppen; in Europa hingegen ist diese ethnische Segregation in der Regel keine unabhängige Raumdimension. So verläuft die Verteilung der Gastarbeiterbevölkerung im Ruhrgebiet parallel zur sozioökonomischen Differenzierung (Abschnitt 3).

Nach der Theorie des städtischen Bodenmarktes (Alonso 1964) ist die innere Gliederung der Stadt – von Thünens (1875) Landnutzungsmodell folgend – durch den Gradienten des Lageertrags zu erklären. Die Grundrentenkurve verläuft parallel zum Grad der Verstädterung, sie bildet die bauliche Dimension der demographischen Differenzierung ab. Auch der ökonomische Status der Wohnbevölkerung bzw. die sozioökonomische Gliederung der Wohngebiete lässt sich über die Messvariable „Bodenpreis" darstellen. Andererseits kann über demographische Kennziffern auf die stadtökonomische Binnendifferenzierung rückgeschlossen werden. Aufgrund der Reduzierbarkeit stadträumlicher Variablen auf wenige unabhängige Dimensionen kann mit Hilfe eines begrenzten Spektrums entsprechender Indikatoren ein aussagekräftiger stadtanalytischer Erklärungsrahmen gebildet werden.

In den achtziger und neunziger Jahren rückten Fragen der Wahrnehmung und Identität der Stadtbevölkerung ins Blickfeld der Stadtforschung. Jüngere Studien verknüpfen räumlich-statistische Analysen mit wahrnehmungs- und milieubezogenen Forschungen (Glebe, Schneider 1998; Neumann et al. 1999). Schon Anfang der achtziger Jahre legte Wehling eine umfassende Analyse der kleinräumigen Differenzierung und wohnumfeldbezogenen Meinungsbilder im Kernraum des Ruhrgebiets vor (Wehling 1984), wobei er auf kommunale Daten, Volkszählungsergebnisse und eigene Repräsentativbefragungen zurückgriff. Darin zeigt er u.a. die Bedeutung des Wohnumfelds für die Wohnstandortwahl und die Wohnzufriedenheit auf.

Die aussagekräftigen, aber nur in großen Zeitabständen erhobenen Volkszählungsdaten eignen sich nicht als Grundlage eines stadträumlichen Monitorings. Die vorliegende Untersuchung basiert deshalb auf Kommunaldaten, die für alle kreisfreien und einzelne kreisangehörige Städte des Rhein-Ruhr-Ballungsraums sowie für ausgewählte weitere nordrhein-westfälische Städte vorliegen[2]. Das verfügbare Variablenspektrum erfasst die demographische und ethnische Segregation und ermöglicht Rückschlüsse auf die ökonomische Differenzierung. Unter Bezugnahme auf die Ergebnisse der empirischen Stadtforschung werden diese Daten im Folgenden als Grundlage einer Typisierung der Ruhrgebietsstadtteile herangezogen. Vergleichsanalysen, denen alle Städte Nordrhein-Westfalens bzw. der Rhein-Ruhr-Region zugrunde gelegt wurden, führten zu weniger aussagekräftigen Ergebnissen als die auf das Ruhrgebiet (den Raum des *Kommunalverbandes Ruhrgebiet*) bezogenen. Das Ruhrgebiet wurde deshalb als Fallbeispiel der folgenden Analyse ausgewählt.

In Bezug auf die Humankapitalausstattung sind jüngere Prognosen Besorgnis erregend, denen zufolge das Ruhrgebiet (hier und im Folgenden: Raum des Kommunalverbands Ruhrgebiet) in näherer Zukunft mit erheblichen Bevölkerungsverlusten zu rechnen hat (Klemmer 2001); bis 2015 wird ein Rückgang um fast 400 000 Einwohner bzw. 7 vH gegenüber 1998 prognostiziert. Ursache für den überdurchschnittlichen Einwohnerschwund des Ruhrgebiets sind Wanderungsverluste und eine in Folge bereits lang anhaltender Abwanderungen ungünstige Altersstruktur. Das Erwerbsfähigenvolumen (Altersgruppe von 19 bis unter 60 Jahren) wird hier von 1998 bis 2015 insgesamt um über 230 000 abnehmen, d.h. die Humankapitalbasis wird deutlich zurückgehen. Zu erwarten ist, dass diese Verluste mit räumlich divergierenden Effekten verbunden sein werden. Schon heute sind in Bezug auf das Altersniveau der Wohngebiete wie erwähnt erhebliche Unterschiede festzustellen (Karte 1).

[2]Die Bemühungen zum Aufbau einer Datenbasis in innerstädtischer Gliederung reichen bis in die Zwischenkriegszeit zurück, führten jedoch bis heute zu keiner verbindlichen Regelung. Gebietsgliederung und Erhebung kleinräumiger Daten werden von den Städten in Eigenverantwortung durchgeführt; entsprechend heterogen sind ihre Art und ihr Umfang. Zum Vertrieb innerstädtisch gegliederter Sachdaten wurde die „Kommunalstatistik Deutscher Städtetag GmbH" (KOSTAT DST) gegründet. In Nordrhein-Westfalen liefern z.Zt. folgende Städte Daten an sie (in alphabetischer Reihenfolge): Aachen, Bergisch-Gladbach, Bielefeld, Bocholt, Bochum, Bonn, Dortmund, Duisburg, Düsseldorf, Essen, Gelsenkirchen, Gladbeck, Hagen, Hamm, Herne, Köln, Krefeld, Leverkusen, Lüdenscheid, Moers, Mönchengladbach, Mülheim/Ruhr, Münster, Neuss, Oberhausen, Paderborn, Recklinghausen, Remscheid, Siegen, Solingen, Wuppertal. Die Datenlieferung umfasst folgende Merkmale (wobei nicht für alle Städte der komplette Variablensatz vorliegt): Einwohner am Ort der Hauptwohnung, weibliche Einwohner, Ausländer, Altersgruppen (unter 18, 18–29, Zehnerschritte bis 59, 60 und älter), wohnberechtigte Bevölkerung (Haupt- und Nebenwohnsitz), Zahl der Haushalte.

Karte 1

Altersstruktur in Essen

Dezember 2000; Anteil der über 60-Jährigen in vH

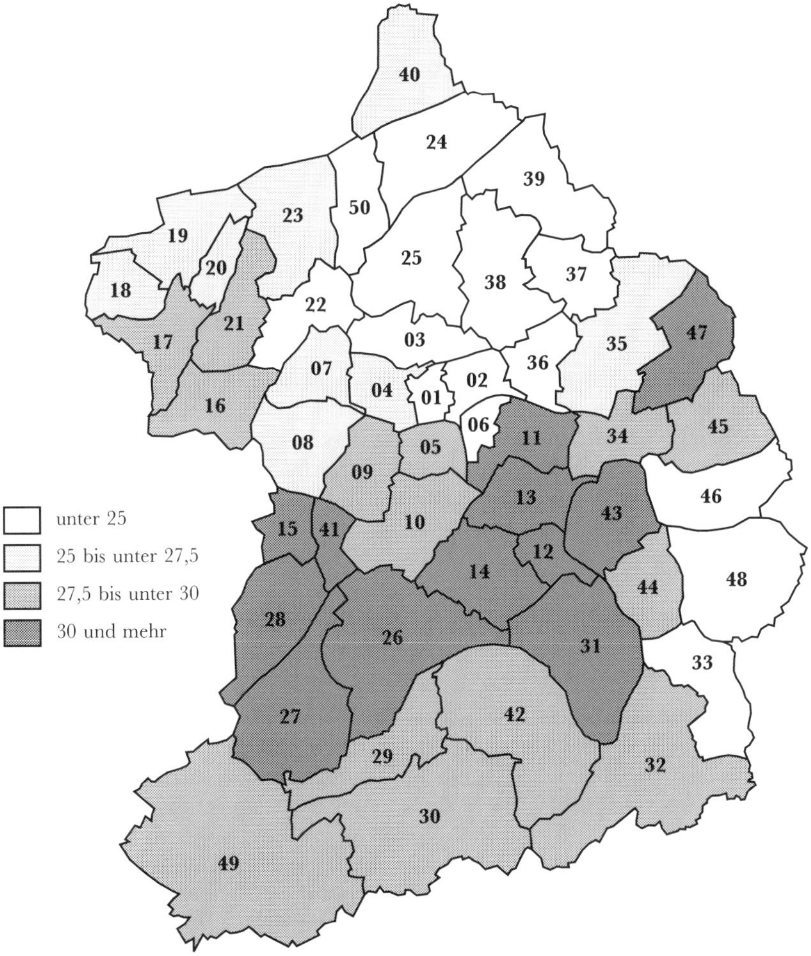

Stadtteile:
01 Stadtkern
02 Ostviertel
03 Nordviertel
04 Westviertel
05 Südviertel
06 Südostviertel
07 Altendorf
08 Frohnhausen
09 Holsterhausen
10 Rüttenscheid
11 Huttrop
12 Rellinghausen
13 Bergerhausen
14 Stadtwald
15 Fulerum
16 Schönebeck
17 Bedingrade
18 Frintrop
19 Dellwig
20 Gerschede
21 Borbeck-Mitte
22 Bochold
23 Bergeborbeck
24 Altenessen-Nord
25 Altenessen-Süd
26 Bredeney
27 Schuir
28 Haarzopf
29 Werden
30 Heidhausen
31 Heisingen
32 Kupferdreh
33 Byfang
34 Steele
35 Kray
36 Frillendorf
37 Schonnebeck
38 Stoppenberg
39 Katernberg
40 Karnap
41 Margarethenhöhe
42 Fischlaken
43 Überruhr-Hinsel
44 Überruhr-Holthausen
45 Freisenbruch
46 Horst
47 Leithe
48 Burgaltendorf
49 Kettwig
50 Vogelheim

RWI ESSEN

Unter den Kennzeichen der räumlichen Differenzierung gewinnt die demographische Segregation an Bedeutung (Glebe, Dehling 1998). So bildet die Streuung der Altersgruppe über 60 Jahre innerhalb des Stadtgebiets von Essen die bipolar verteilte Altersstruktur des Ruhrgebiets ab: Vereinfacht gesagt steht ein „vergreisender" Süden einem „jüngeren" Norden gegenüber (Karte 1). Nur südlich des Stadtzentrums zeigt sich eine zentral-peripher geordnete Differenzierung der Altersstruktur: Zunächst erfolgt ein hoher Anstieg, am südlichen Stadtrand – dem bevorzugten Wohngebiet jüngerer Familien –, dann wieder ein leichteres Absinken des Alters. Die folgende Untersuchung soll aufzeigen, mit welchen räumlichen Segmentierungen die Trennung der Altersgruppen im Ruhrgebiet insgesamt verbunden ist.

3. Differenzierungsmuster – eine kleinräumige Analyse

3.1. Dimensionen der Raumdifferenzierung

Zur Objektivierung der stadtteilbezogenen Analyse wurden die Ausgangsvariablen mit Hilfe einer Faktorenanalyse (Bahrenberg et al. 1992) zu unabhängigen Raumdimensionen reduziert. Um einen möglichst aussagekräftigen Erklärungsansatz[3] zu erhalten, wurden unterschiedliche statistische Verfahren mit verschiedenen Variablensätzen „getestet"[4]. Folgende Indikatorenauswahl kommt den Differenzierungsmustern des Ruhrgebiets am nächsten:

- Ausländeranteil;
- Altersgruppen: bis 18, 18 bis 30, 30 bis 40, ab 60 Jahre;
- Haushaltsgröße.

Die räumlich-statistische Analyse auf der Basis dieser Variablen führt zu dem Ergebnis, dass die in der Stadtforschung dargestellten Gliederungsmuster – mit regionalspezifischer Ausprägung – wesentliche Determinanten auch der Differenzierung des Ruhrgebiets sind (Tabelle 1). Sozioökonomische Segregation (Faktor 1), demographische Segregation/Urbanismus (Faktor 2) und Lebensstil-Differenzierung (Faktor 3) sind die wichtigsten Merkmale des räumlichen Gefüges, wobei die Bedeutung der beiden – aus anderen Analysen bekannten – ersten Dimensionen etwa gleich hoch, die des dritten Faktors im Vergleich dazu etwas geringer ist[5]. Das Merkmal „sozioökonomische Segregation" wäre ohne Kenntnis der Rhein-Ruhr-Agglomeration als „ethnische Segregation" zu bezeichnen. Jedoch wurde festgestellt, dass die ethnische im Ruhrgebiet ein Kennzeichen der ökonomischen Diffe-

[3] D.h. ein gut interpretierbares Faktorenmodell, das einen möglichst hohen Anteil der Gesamtvarianz erklärt.

[4] In der vorliegenden Untersuchung wurde auf das „robuste" Verfahren der Hauptkomponentenanalyse zurückgegriffen, das keine Gewichtung der Ausgangsvariablen vornimmt. Bei der Auswahl der Variablen wurde daher auf eine möglichst gleichmäßige Verteilung des Erklärungsgehalts geachtet. Das Merkmal „Anteil der Frauen an der Gesamtbevölkerung" wurde aufgrund seines zu geringen Erklärungsgehalts ausgeschlossen. Die Orthogonalisierung der Variablen ermöglicht die Berechnung der euklidischen Distanz im Rahmen einer nachgeschalteten Clusteranalyse. Zur Vermeidung eines *closed set* wurde eine Auswahl aus den durch das Datenmaterial erfassten Altersgruppen vorgenommen. Die Städte Lüdenscheid, Münster, Solingen, Paderborn und Recklinghausen, für die nicht das komplette Merkmalsspektrum vorliegt, konnten nicht berücksichtigt werden. Datenstand ist der 31. Dezember 2000.

[5] Die beiden ersten Faktoren erklären jeweils über 30 vH, der dritte Faktor 24 vH der Gesamtvarianz.

Tabelle 1

Dimensionen der kleinräumigen Differenzierung des Ruhrgebiets[1]
Datenstand: 31. Dezember 2000

Messvariable	Bedeutung insgesamt[2]	Bedeutung[3] für die Raumdimensionen		
		Sozio-ökonomische Segregation	Demo-graphische Segregation	Lebensstil-Differenzierung
Ausländeranteil	0,83	0,90	0,12	–0,03
Altersgruppe unter 18 Jahre	0,86	0,30	0,85	0,22
Altersgruppe 18 bis 29 Jahre	0,81	0,87	–0,03	0,23
Altersgruppe 30 bis 39 Jahre	0,92	0,03	–0,06	0,96
Altersgruppe ab 60 Jahre	0,90	–0,45	–0,53	–0,64
Einwohner pro Haushalt	0,83	–0,16	0,88	–0,15
erklärter Varianzanteil in vH, insgesamt 85,6 vH		31,4	30,1	24,2

Eigene Berechnungen nach Angaben der KOSTAT DST GmbH. – [1]Varimaxrotierte Hauptkomponentenanalyse. – [2]Kommunalität: durch das Faktorenmodell erklärter Varianzanteil, Werte zwischen 0 und 1 möglich. – [3]Faktorladung: Korrelation der Variablen mit den Raumdimensionen, Werte zwischen –1 und 1 möglich, Werte über 0,4 bzw. unter –0,4 signifikant.

RWI ESSEN

renzierung ist. So weist Faktor 1 in seiner räumlichen Verteilung eine hohe Korrelation (r = 0,87) mit einem für das Duisburger Stadtgebiet ermittelten „Belastungsindex"[6] auf (Neumann 2002: 15–26). Faktor 2 entspricht der aus der Stadtforschung bekannten Dimension „demographischer Status" bzw. Familienstatus.

Zu den beiden Grunddimensionen tritt im Ruhrgebiet die „Lebensstil-Differenzierung" – erkennbar an der Verteilung der 30 bis 40-jährigen (Erwerbs-) Bevölkerung – als drittes raumprägendes Merkmal hinzu (Faktor 3). Die steigende Bedeutung individuell orientierter Wohnstandortentscheidungen führt zum Zuzug einkommensstarker, junger Erwerbstätiger in bestimmte Innenstadtgebiete. Dieser als *gentrification* (Smith, Williams 1986) bezeichnete Reurbanisierungsprozess ist auf einzelne Stadtviertel beschränkt. Die *gentrifier* gehören schwerpunktmäßig der Altersgruppe von 18 bis 40 Jahre an. Kleinräumige Untersuchungen haben z.B. in Düsseldorf und in einzelnen zentralen Altbauquartieren Duisburgs eine Bestandszunahme dieser Altersgruppe festgestellt (Glebe, Dehling 1998: 156–158; Neumann, Schatz-Bergfeld 1998: 31). Wie die räumliche Verteilung der 30- bis 40-Jährigen innerhalb des Stadtgebiets von Duisburg veranschaulicht (Karte 2), ist diese „demographische Klasse" in bestimmten zentralen Vierteln – das Duisburger Stadtzentrum liegt in den Ortsteilen Altstadt und Dellviertel – und am Stadtrand überrepräsentiert. In dieser Altersgruppe gehört die Bevorzugung bestimmter – innerstädtischer – Wohnviertel, z.B. aus Gründen des Freizeit- und Kulturangebots, neben dem ökonomischen Status und dem Familienstand zu den Determinanten der Wohnortwahl. Ebenfalls stark vertreten sind die 30 bis 40-Jährigen in attraktiven Wohngebieten des Stadtrands, wo sie die Familie als „Lebensstil" gewählt haben. Statistische Analysen ermöglichen somit, über demographische Variablen auf

[6]Die Korrelation ist auf dem Niveau von 0,01 signifikant.

Karte 2

Altersstruktur in Duisburg

Dezember 2000; Anteil der 30- bis 40-jährigen in vH

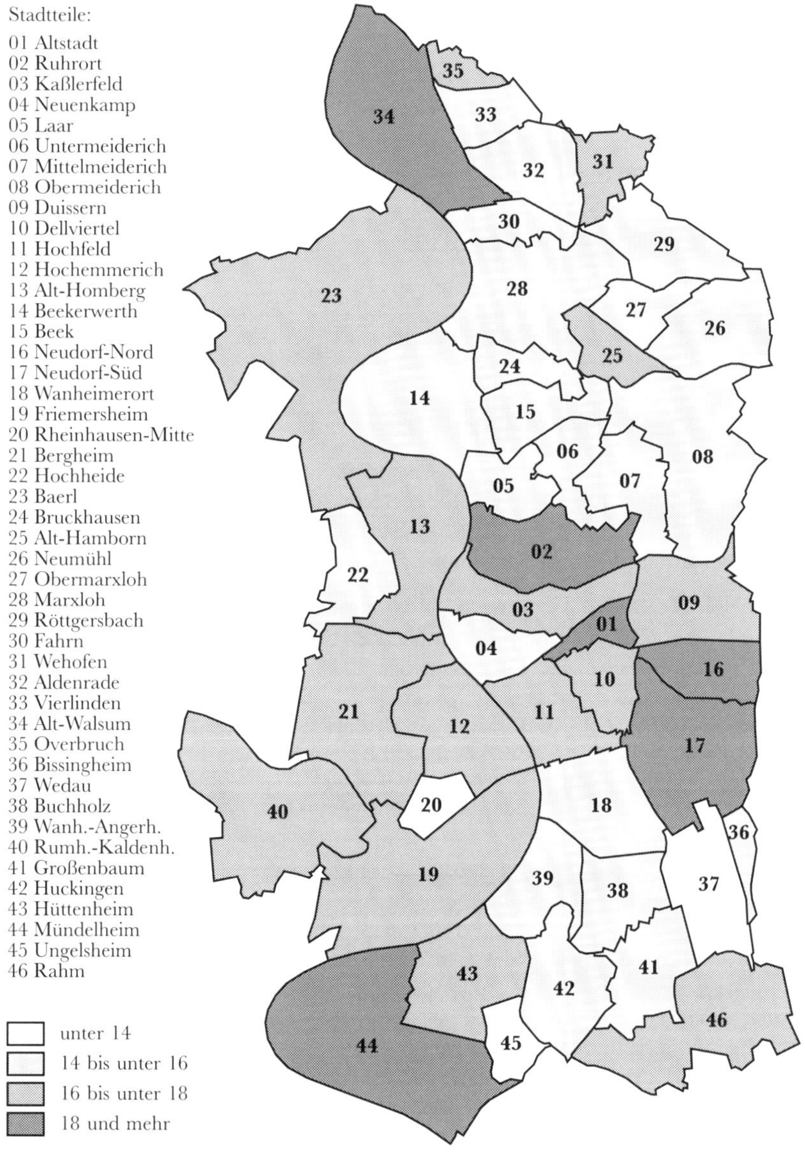

Nach Angaben der KOSTAT DST GmbH.

die Raumwirksamkeit bestimmter Merkmale des „Lebensstils" zu schließen. Es bedarf jedoch tiefergehender Forschungen, um die Ursachen dafür zu erklären.

Alle drei Raumdimensionen sind (negative) „Altenfaktoren": In Bezirken mit hohen Ausländeranteilen, vielen Familien mit Kindern oder hohem Anteil kinderloser Erwerbspersonen sind Einwohner im Seniorenalter unterdurchschnittlich vertreten. Wie erläutert gewinnt die demographische Segregation an Bedeutung. Die vor allem nach „demographischen Klassen" differenzierte kleinräumige Kommunalstatistik ist daher durchaus als Grundlage stadträumlicher Forschungen geeignet.

3.2. Differenzierungsmuster

Die so abgeleiteten Dimensionen wurden als Indexwerte einer Clusteranalyse (Eckey, Klemmer 1975: 145–155) unterzogen, die zu einer Klassifizierung von Gebietstypen führt[7]. Diese Gruppierung wurde nachfolgend in zwei Kontrollschritten – Clusterzentrenanalyse und anschließende Diskriminanzanalyse – auf ihre Plausibilität überprüft und gegebenenfalls korrigiert[8]. Den Ergebnissen dieser mehrstufigen Gebietskategorisierung folgend sind im Ruhrgebiet aktuell sechs Stadtteiltypen voneinander zu unterscheiden (Tabelle 2, 3 und 4):

I. sozialstrukturell belastete Stadtteile;

II. Wohngebiete mit „Alterungserscheinungen";

III. Wohngebiete ausländischer und deutscher Familien;

IV. Wohngebiete einkommensstarker deutscher Familien;

V. demographisch überalterte „deutsche" Wohngebiete;

VI. „urbane" Innenstadtgebiete.

Stadtteiltyp I wird durch die „sozioökonomische Segregation" definiert. Es handelt sich um sozialstrukturell „belastete" Stadtgebiete mit hohem Ausländeranteil, einer (in Stadtteilen mit hohem Ausländeranteil generell) stark vertretenen Altersgruppe von 18 bis 30 Jahren und leicht überdurchschnittlichem Anteil von Haushalten mit Kindern. Neben Migrantenfamilien sind in diesen Stadtteilen auch Alleinerziehen-

[7]Die Clusteranalyse ist ein objektiveres Verfahren als z.B. ein Ranking nach den Faktorenwerten. Bei der Wahl der Gruppierungsmethode hat sich in der Raumforschung das Ward-Verfahren bewährt, das im Gegensatz zu anderen Extremwerte nicht überbetont. Die Clusterbildung wurde nach 1 339 von 1 345 möglichen Schritten beendet. Bei Schritt 1 340 – der mit einer Fünf-Cluster-Lösung gleichzusetzen ist – würden die Cluster 1 und 6 zusammengeführt. Eine Überprüfung der Fünf-Cluster-Lösung am Beispiel des Stadtgebiets von Duisburg führte zu deutlich schlechter interpretierbaren Ergebnissen als die gewählte Sechs-Cluster-Lösung.

[8]Bei der Clusterzentrenanalyse werden die Indexwerte der Stadtteile dem jeweils nächstgelegenen Clusterzentrum der ursprünglichen Clusteranalyse zugeordnet. Dieser Algorithmus korrigiert mögliche Fehlzuweisungen, die durch das hierarchische Klassifizierungsverfahren auftreten können. Eine nachfolgende Diskriminanzanalyse bestätigte 97 vH der Gruppenzuordnungen der optimierten Clusteranalyse. Die ursprüngliche Clusterbildung nach dem Ward-Verfahren wurde dagegen nur zu 86 vH bestätigt. Die Plausibilität der Typisierung konnte demnach durch das nachträgliche Optimierungsverfahren gesteigert werden. Für jeden der nicht bestätigten 38 Grenzfälle wurde überprüft, ob die jeweiligen Faktorenwerte eine zweite – den Ergebnissen der Diskriminanzanalyse entsprechende – Korrektur der ursprünglichen Analyse nahe legen. Dabei wurde die Zuordnung von 16 Stadtteilen korrigiert, für 22 erwies sich die clusteranalytische Gruppierung als plausibler.

Tabelle 2

Differenzierungsmuster des Ruhrgebiets: Stadtteiltypen[1]
Datenstand: 31. Dezember 2000

	Stadtteiltyp	Bedeutung[2] der Raumdimensionen		
		Sozio-ökonomische Segregation	Demo-graphische Segregation	Lebensstil-Differenzierung
I.	sozialstrukturell belastete Stadtteile	1,29	0,25	–0,21
II.	Stadtteile mit „Alterungserscheinungen"	–0,23	–0,25	–0,04
III.	Wohngebiete ausländischer und deutscher Familien	0,28	1,88	–0,11
IV.	Wohngebiete einkommensstarker deutscher Familien	–1,04	0,42	1,12
V.	demographisch überalterte „deutsche" Wohngebiete	–0,70	–0,30	–1,41
VI.	„urbane" Innenstadtgebiete	0,66	–1,36	0,85

Eigene Berechnungen nach Angaben der KOSTAT DST GmbH. – [1]Raumtypisierung, basierend auf einer Clusteranalyse nach dem Ward-Verfahren und anschließender Clusterzentrenanalyse. – [2]Clusterzentren der optimierten Clusteranalyse.

RWI ESSEN

de und Ein-Personen-Haushalte überrepräsentiert. Fast ein Viertel der durch die kleinräumige Analyse erfassten Bevölkerung des Ruhrgebiets lebt in diesem als „sozial belastet" einzustufenden Bereich, der von den negativen Auswirkungen des sektoralen Wandels – Arbeitslosigkeit, Armut, Kaufkraftverlust, Rückgang des Einkaufs- und Dienstleistungsangebots, Schwäche des Immobilienmarkts – betroffen ist.[9]

Cluster II ist der „Durchschnittstyp" der Ruhrgebietsstadtteile, in dem weit mehr als ein Drittel der Bevölkerung (38 vH) der untersuchten Städte lebt. Es handelt sich um einen Bereich mit mittlerem Einkommen, der erste „Alterungserscheinungen" erkennen lässt: Relativ schwach vertretene junge Altersgruppen (unter 30) stehen stärkeren mittleren (30 bis 40) bis älteren Gruppen (ab 60) gegenüber. Mittelfristig wird sich die Altersstruktur hier aufgrund mangelnden Nachwuchses und steigender Lebenserwartung – wie im Ruhrgebiet insgesamt – immer mehr zu den höheren Altersgruppen verlagern. Das „normale" Ruhr-Wohngebiet zeichnet sich somit durch beginnende demographische „Alterserscheinungen" aus.

Demgegenüber weist das dritte Stadtteil-Cluster die höchsten Nachwuchsquoten auf: Nur in diesen Gebieten ist die Altersgruppe unter 18 Jahre stärker vertreten als die über 60 (24 gegenüber 19,2 vH). Noch weit mehr als in den „sozial belasteten" Bereichen wird die Haushaltsstruktur von deutschen und ausländischen Familien mit Kindern geprägt. Mit 14,5 vH liegt der Ausländeranteil über dem Durchschnitt der Ruhrgebietsstadtteile (11,6 vH). Die Haushalte sind in diesem Bereich sehr viel größer als in allen anderen Teilen (2,5 Einwohner pro Haushalt gegenüber 2,0). Nur 5 vH der Ruhrgebietsbevölkerung leben in diesen Stadtteilen.

[9]Wie in Abschnitt 2 erwähnt weist die räumliche Variation demographischer Kennziffern in städtischen Gebieten Parallelen zur ökonomischen Differenzierung auf.

Tabelle 3

Demographische Struktur der Stadtteiltypen des Ruhrgebiets[1]

Datenstand: 31. Dezember 2000

	Stadtteiltyp						Ins-gesamt
	I	II	III	IV	V	VI	
Einwohner insgesamt	827 764	1 337 886	182 513	300 803	342 537	436 643	3 484 619
davon (in vH)							
Ausländer	22,4	7,5	14,5	5,0	4,9	12,4	11,6
unter 18	20,2	16,9	24,0	18,6	14,8	13,8	17,6
18 bis 29	15,9	12,2	14,0	10,2	10,2	15,7	13,3
30 bis 39	15,9	16,1	15,7	18,1	13,5	18,6	16,2
60 und älter	23,0	27,3	19,2	24,0	34,5	26,2	26,2
Einwohner pro Haushalt	2,1	2,0	2,5	2,2	2,1	1,8	2,0

Eigene Berechnungen nach Angaben der KOSTAT DST GmbH. – [1]Raumtypisierung, basierend auf einer Clusteranalyse nach dem Ward-Verfahren, optimiert durch Clusterzentrenanalyse und anschließende Diskriminanzanalyse. RWI ESSEN

Ein ebenfalls von Familien mit Kindern geprägter Gebietstyp befindet sich am Rand der Städte (Typ IV). Diese bevorzugten Gebiete mit einkommensstarker Wohnbevölkerung sind weitgehend deutschen Familien vorbehalten: Nur 5 vH der Einwohner sind Ausländer. Stark vertreten sind die 30- bis 40-Jährigen (vielfach als Eltern in Haushalten mit Kindern), d.h. das Altersniveau liegt eher im mittleren Bereich. Allerdings ist ein größerer Anteil der Bevölkerung über 60 Jahre alt (24 vH) als unter 18 (18,6 vH). Nach dem Auszug aus dem Elternhaus verlassen viele jüngere Deutsche im Alter von 18 bis 30 Jahren diese dem Ballungskern der Rhein-Ruhr-Region zugehörigen, vom Charakter her aber eher suburbanen Wohnviertel.

Die jungen und mittleren Altersgruppen sind in einem weiteren Wohngebietstyp der einkommensstärkeren deutschen Bevölkerung unterrepräsentiert (Typ V). Diese Stadtteile sind schon heute „vergreist“: Mehr als ein Drittel der Einwohner (34,5 vH) ist über 60 Jahre alt. Aufgrund des „Absterbens“ der Älteren und des Nachwuchsmangels wird der Bevölkerungsstand dieser Stadtteile weiter zurückgehen, der Anteil alter Einwohner dagegen in der näheren Zukunft nicht.

Eine sechste Gruppe von Stadtteilen ist durch die Lage im Kernbereich der Innenstädte geprägt. Familien mit Kindern sind hier schwach vertreten, die Haushaltsgröße ist mit durchschnittlich 1,8 Personen deutlich geringer als in den anderen Teilen der Ruhrgebietsstädte. Überrepräsentiert sind kinderlose Erwerbstätige im Alter von 30 bis 40 Jahren. Wie bereits festgestellt, gehören bestimmte Innenstadtgebiete zu den bevorzugten Wohngegenden dieser Altersgruppe. Die jungen Erwachsenen im Alter von 18 bis 30 Jahren sind ebenfalls stark besetzt, sie bevorzugen offensichtlich eher urbane Wohnstandorte. Die „urbanen“ Bezirke unterscheiden sich auch dadurch von den anderen, dass die Wohnfunktion hier z.T. gegenüber anderen Nutzungen zurücktritt. Analog zur funktionalen Mischung ist die sozial-ethnische Zusammensetzung dieser Innenstadtgebiete stärker gemischt als die am Innenstadtrand und am Stadtrand. Die Standortverteilung des Tertiärsek-

Tabelle 4

Raumstruktur der Ruhrgebietsstädte

Datenstand: 31. Dezember 2000

Stadt	Einwohner insgesamt	davon in Stadtteiltyp (Anteil in vH)					
		I	II	III	IV	V	VI
Duisburg	513 550	38,8	25,9	6,7	8,4	6,4	13,7
Essen	596 270	13,5	31,0	9,4	6,0	16,4	23,7
Mülheim/Ruhr	173 597	6,4	59,9	0,2	12,6	13,2	7,7
Oberhausen	221 654	13,7	40,1	12,6	12,8	6,9	12,9
Gelsenkirchen	279 798	39,4	48,4	–	7,5	1,4	3,3
Gladbeck	78 565	34,7	22,0	16,6	10,1	16,6	–
Bochum	377 800	9,2	56,0	–	4,8	7,6	22,3
Dortmund	585 153	27,7	40,6	0,3	9,3	8,4	13,8
Hagen	205 307	38,1	36,8	4,8	4,4	15,8	–
Hamm	181 197	20,0	17,4	30,7	16,4	9,6	5,7
Herne	169 569	34,1	36,3	1,4	8,2	17,7	2,3
Witten	103 806	12,8	57,9	–	20,8	8,2	–
Insgesamt	3 486 266	23,7	38,4	5,2	8,6	9,8	12,5

Eigene Berechnungen nach Angaben der KOSTAT DST GmbH. RWI ESSEN

tors prägt somit nicht nur das interkommunale Beziehungsgeflecht, sondern auch das städtische Nachbarschaftsgefüge. Im Nahbereich der Zentren der städtischen Dienstleistungsaktivität entsteht ein „urbanes" Stadtteilmilieu, das sich deutlich von dem der anderen Stadtbereiche unterscheidet.

Die Verteilung der Stadtteiltypen über das Duisburger Stadtgebiet (Karte 3) zeigt – beispielhaft für das Ruhrgebiet – auf, dass die Stadtzentren darüber hinaus nicht nur ihre unmittelbare Umgebung beeinflussen, sondern für den nachbarschaftlichen Strukturaufbau des gesamten Stadtgebiets verantwortlich sind. Allerdings liegt eine eindeutig zentral-peripher angeordnete Gliederung heute nur noch in Bezug auf drei große städtische Teilräume vor: Innenstadt-Kerngebiet (Typ VI), Stadtrand (Typ IV) und Bereich zwischen Kern und Rand[10]. Mit Ausnahme der Randzone handelt es sich dabei keineswegs um homogene Stadtgebiete. Für die „urbanen" Innenstadtzonen ist Heterogenität wie gesagt ein Definitionskriterium. Im Bereich zwischen Kern und Randzone, in dem fast 80 vH der Einwohner des Ruhrgebiets leben (Tabelle 4) findet eine Differenzierung in sozioökonomische und demographische Stadtteilcluster statt. So trennt sich im südlichen Teil Duisburgs ein „sozial belasteter" von einem „vergreisenden" Bereich mit mittlerem bis überdurchschnittlichem Einkommen. Ein großer Teil des Duisburger Nordens wird dagegen – mit Ausnahme des nördlichen Randbereichs – von sozialstrukturell belasteten Stadtteilen dominiert. Räumlich tiefergehende Analysen haben allerdings aufgezeigt, dass innerhalb einiger Duisburger Stadtteile, sowohl im südlichen als

[10]Die Randzone der geschlossenen Bebauung beschränkt sich in Duisburg auf den südlichen und nordwestlichen Rand des Stadtgebiets.

Karte 3

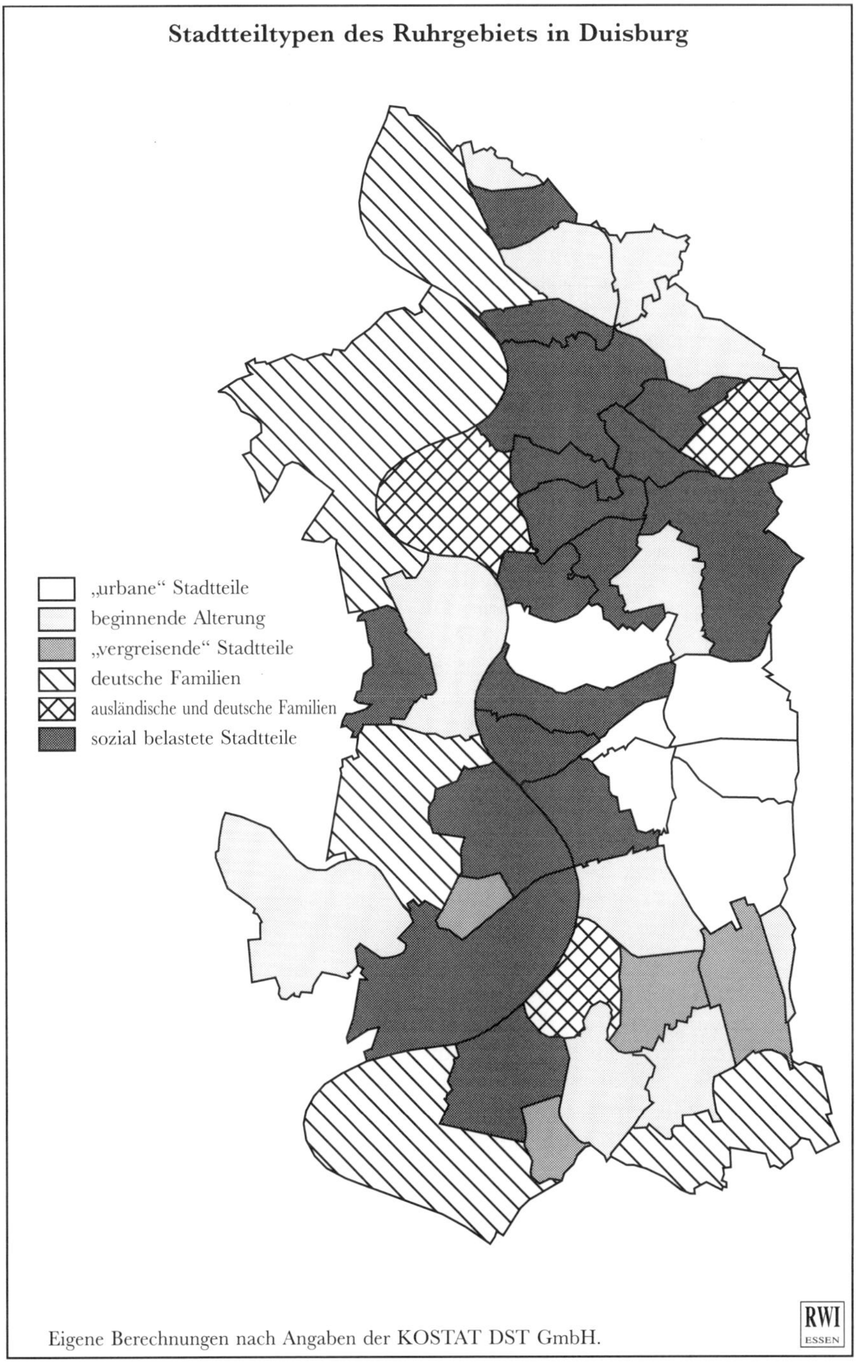

Eigene Berechnungen nach Angaben der KOSTAT DST GmbH.

auch im nördlichen Stadtgebiet, erhebliche Ungleichheiten bestehen (Neumann, Schatz-Bergfeld 1998: VIII, 19). Um nicht zu Fehlschlüssen zu gelangen, ist bei der Interpretation kommunalstatistischer Analysen darauf zu achten, welche räumliche Aggregatsebene die Daten abbilden. Das Fallbeispiel Duisburg wurde genauer betrachtet, da für Duisburg umfangreiche Voruntersuchungen vorliegen, die die Interpretation der abgebildeten räumlichen Muster erleichtern. Weitere Analysen werden der Verteilung der Stadtteiltypen in anderen Städten des Ruhrgebiets nachgehen.

Die stadträumliche Gliederung des Ruhrgebiets lässt noch Grundzüge der Muster erkennen, die bereits die nordamerikanischen Städte der Zwischenkriegszeit prägten. Die Lage des Stadtzentrums ist bis heute prägend für die städtische „Grobstruktur", innerhalb der größeren Teilzonen bilden sich aber kleinräumig differenziertere Muster heraus. Sozioökonomische und demographische Segregation sind die Hauptdeterminanten der städtischen Raumdifferenzierung. Die durch diese Grunddimensionen geprägten Raumstrukturen unterscheiden sich allerdings deutlich von denen expandierender Industriestädte.

Die sozioökonomische Segregation trennt zwei Gruppen städtischer Teilräume, die verschiedenen Entwicklungspfaden folgen. Mehr als ein Viertel der Ruhrgebietsbevölkerung (28,9 vH) lebt in Wohngebieten mit unterdurchschnittlichem Einkommen (Stadtteiltypen I und III; Tabelle 3 und 4). Diese Gebiete sind in ihrem demographischen Aufbau sehr heterogen: Hier sind größere Familien sowie – häufig von Armut betroffene – Klein- und Kleinsthaushalte vertreten. Ein Kern-Peripherie-Gradient der Haushaltsstruktur oder des Bodenpreises liegt innerhalb dieses Teilraums nicht vor. Eine Gliederung mit nach außen zunehmender Haushaltsgröße ist dagegen noch unter den Stadtteilen mit durchschnittlichem bis überdurchschnittlichem Einkommen zu beobachten, die insgesamt 57 vH der Einwohner des Ruhrgebiets umfassen (Typen II, IV, V; Tabelle 3). Sie unterscheiden sich in einem wesentlichen Punkt von den Städten der Zwischenkriegszeit: Ihre Perspektive ist nicht Bevölkerungswachstum, sondern Schrumpfung und „Vergreisung". In den Wohngebieten mit einkommensstärkerer Bevölkerung findet eine Trennung zwischen mehr und weniger „gealterten" Nachbarschaften statt.

Der von Stadtzentrum und angrenzenden „urbanen" Bezirken geprägte Stadtteiltyp ist in den meisten Ruhrgebietsstädten (mit Ausnahme von Hagen, Witten und Gladbeck) vertreten (Tabelle 4). Der Anteil der Wohnbevölkerung in den Innenstadt-Kerngebieten variiert aber sehr stark (Karte 4). In Essen und Bochum sind die Nachbarschaftsstrukturen „großstädtischer" als in den anderen Städten: Jeweils knapp ein Viertel der Bevölkerung wohnt hier in „urbanen" Innenstadtgebieten. Beide bilden eine „verstädterte" Zone, die sich scharf von den sozial belasteten nördlichen Nachbarstädten Gelsenkirchen und Herne abgrenzt.

Im Vergleich der kreisfreien Städte des Ruhrgebiets weist Essen einen überdurchschnittlichen Beschäftigtenbesatz im Tertiärbereich[11] auf (73 vH gegenüber 66 vH).

[11] Sozialversicherungspflichtig Beschäftigte, Stand 30. Juni 1999

Karte 4

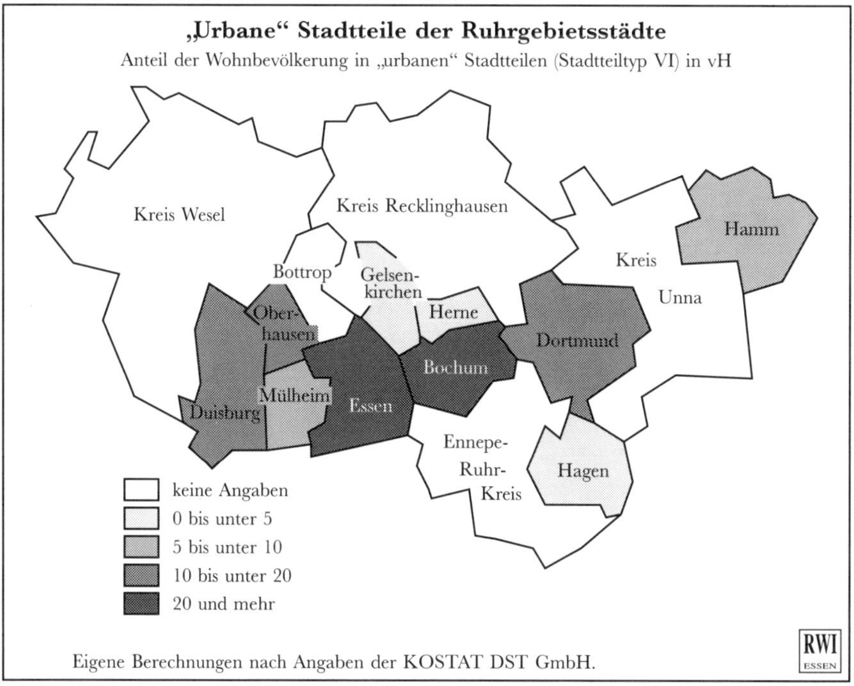

Der höhere „Urbanisierungsgrad" und das stärkere stadtteilbezogene Ungleichgewicht sind offenbar Kennzeichen der weiter fortgeschrittenen Tertiärisierung des mittleren Ruhrgebiets (Abschnitt 4). Die Urbanität des Stadtteilgefüges ist jedoch nicht als Merkmal der „Zentralität" von Essen und Bochum zu interpretieren. Schrumpf et al. (2001) weisen nach, dass die „Außenbeziehungen" der Teilregionen des Ruhrgebiets gegenüber den Binnenverknüpfungen an Bedeutung gewinnen. Das Ruhrgebiet ist eher durch Diversifizierungs- als durch Zentralisierungstendenzen gekennzeichnet.

4. Beeinträchtigen kleinräumige Segmentierungen die „Wettbewerbsfähigkeit" von Städten?

Der großstädtische Kernbereich des Ruhrgebiets ist der vorliegenden Untersuchung zufolge alles andere als ein homogener „Siedlungsbrei", sondern ein äußerst heterogener urbaner Siedlungsraum mit deutlichen Segregationserscheinungen. In Bezug auf die regional- und kommunalpolitische Bedeutung stellt sich die Frage, ob ein Zusammenhang zwischen der wirtschaftlichen Position und dem internen Differenzierungsgrad von Stadtgebieten nachweisbar ist. Zu diesem Zweck kann überprüft werden, ob sich innerhalb des Ruhrgebiets die wirtschaftliche Position relativ homogener von der heterogener Stadtgebiete unterscheidet. Die stadtinternen Spannweiten der sozioökonomischen und der demographischen Segregation

(Faktoren 1 und 2) sind Ausprägungen der „stadträumlichen Heterogenität“: Je stärker die sozioökonomischen Ungleichheiten innerhalb einer Ruhrgebietsstadt, desto höher ist dort auch die Spannweite der demographischen Segregation (r = 0,67). Das Ausmaß der stadtinternen Differenzierung lässt Rückschlüsse auf die soziale Belastung zu: In Städten mit hoher interner Spannweite der „sozioökonomischen Segregation“ (Faktor 1), ist tendenziell auch die Arbeitslosenquote überdurchschnittlich hoch (r = 0,56). Damit ist aber nicht gesagt, dass die homogeneren Städte den Strukturwandel insgesamt besser bewältigen. Nordamerikanische Studien wiesen schon in den siebziger Jahren nach, dass innere Homogenität ein Kennzeichen stagnierender Städte ist (Bähr 1997: 120–121).

Im Ruhrgebiet besteht ein Zusammenhang zwischen den Indikatoren „Anteil der Beschäftigten im Dienstleistungssektor“[12] und „Spannweite der sozioökonomischen Segregation“ (r = 0,76[13]). Je höher der Anteil der Beschäftigten im Tertiärbereich, desto stärker sind in einer Ruhrgebietsstadt die sozioökonomischen Ungleichgewichte. Parallel zur Tertiärisierung findet im Ruhrgebiet zumindest vorübergehend eine Verstärkung der innerregionalen Ungleichgewichte statt. Wie erläutert ist diese Entwicklung im mittleren Ruhrgebiet weiter fortgeschritten als im westlichen und östlichen. Da zu erwarten ist, dass sich die Teilregionen eines Verdichtungsraums in Phasen des wirtschaftlichen Umbruchs unterschiedlich schnell an veränderte Rahmenbedingungen anpassen, ist dies an sich noch nicht problematisch. Abdel-Rahman (2002) stellt sogar fest, dass ein – sicher zu befürwortender – Anstieg der Haushaltseinkommen in einem Städtesystem unter Umständen (Produktivitätsfortschritt) mit einer zunehmend ungleichen Verteilung der Einkommen verknüpft sein kann. Zu beobachten wird sein, ob innerregionale Divergenz ein generelles Merkmal der nachindustriellen Raumdynamik ist und ob bestimmte Stadtgebiete dadurch ihre „Wettbewerbsfähigkeit“ verlieren. Festzuhalten ist, dass Homogenität allein kein Kennzeichen der stadträumlichen „Zukunftsfähigkeit“ ist. Weitere Forschungen müssen darlegen, bis zu welchem Grad räumliche Heterogenität innerhalb von Stadtregionen tolerierbar und sogar wünschenswert ist.

5. Schlussfolgerungen

Im Zuge der siedlungsräumlichen Entwicklung des Ruhrgebiets sind kleinräumige Differenzierungsmuster entstanden, vergleichbar denen in vielen anderen Städten der hochindustrialisierten Länder. Während sich ältere Studien aber hauptsächlich mit monozentrischen Stadtregionen befassten, zeigt die vorliegende Untersuchung auf, dass der polyzentrische Aufbau des Ruhrgebiets auch anhand des Stadtteilgefüges zu beobachten ist. Für die Verteilung der Altersgruppen und Haushaltstypen unter den Stadtteilen spielt die Entfernung zum jeweiligen Stadtzentrum eine wesentliche Rolle. Bereits in der industriellen Entwicklungsphase war die Dynamik des Tertiärsektors, von dessen räumlicher Verteilung die Bedeutung der Stadtzen-

[12] Wirtschaftsabteilungen 50 und aufwärts der WZ93.

[13] Mit Ausnahme der Korrelation zwischen der „Spannweite der sozioökonomischen Segregation“ und dem Anteil der Beschäftigten im Dienstleistungssektor (Signifikanzniveau von 0,10) sind die hier angeführten Korrelationen auf dem Niveau von 0,05 signifikant.

tren abhängt, somit von maßgeblicher Bedeutung für den Aufbau des über- und innerregionalen Raumgefüges.

Nur in den Wohnbereichen der durchschnittlich bis überdurchschnittlich wohlhabenden Bevölkerung sind zentral-peripher gegliederte demographische Segregationsmuster entstanden. Dieser „Lebensraum“ ist im Bereich zwischen Zentrum und Stadtrand am stärksten von „Vergreisung“ betroffen. Hier ist inzwischen weniger die Familiengröße als der „Vergreisungsgrad“ das wichtigste raumprägende Element. Insgesamt nimmt die räumliche Trennung der Altersgruppen zu: Kinderreiche Familien sind fast nur noch in Wohngebieten mit unterdurchschnittlichem Einkommensniveau und in einigen Vierteln der wohlhabenderen Bevölkerung anzutreffen. Junge Erwerbstätige verwirklichen ihren „Lebensstil“ in der Innenstadt. In großen Teilen des Stadtgebiets dominiert die „demographische Klasse“ der alten Menschen.

Die innerstädtische Segregation erschwert die Anstrengungen zur Verbesserung des Wissenszugangs. Durch die von der OECD in Auftrag gegebene „Pisa-Studie“ (*Programme for International Student Assessment*) ist das Bildungswesen in Deutschland erneut in die politische Diskussion geraten. Nicht nur das schlechte Abschneiden der deutschen Schüler im internationalen Vergleich hat Aufsehen erregt. Mit Bestürzung wurde auch zur Kenntnis genommen, dass der Bildungserfolg in keiner anderen Industrienation so von der sozialen Herkunft abhängt wie hierzulande (Artelt 2001: 40). Kleinräumige Auswertungen der Schulstatistik belegen, dass das Bildungsniveau in sozial belasteten Nachbarschaften besonders niedrig ist (Kersting, Kunze 2001; Neumann 2002: 43). Schon heute wächst ein großer Teil der Kinder und Jugendlichen (34 vH) in diesen Stadtteilen auf. Man kann im Ruhrgebiet von einer „Zwei-Drittel-Gesellschaft“ der unter 18-Jährigen sprechen.

Wie Strohmeier/Kersting (1998) betonen, wird die Familie mit Kindern immer mehr zur Lebensform der armen Viertel, während sie in den großen Städten insgesamt auf dem Rückzug ist. Da die anderen Stadtteile „vergreisen“, wird sich der Anteil der Kinder in „sozial belasteten“ Bereichen noch erhöhen. Um die herkunftsbedingten Bildungsunterschiede abzubauen, gilt es, diese stärker zu berücksichtigen. Zu diesem Zweck werden Kenntnisse der milieubedingten Einflüsse auf den Bildungszugang benötigt. Die Pisa-Ergebnisse belegen, dass frühe und früheste Sprachförderung ausschlaggebend für den Bildungserfolg von Schülern mit Migrationshintergrund ist. In Stadtteilen mit hohem Ausländeranteil ist bereits im Elementarbereich, d.h. in den Kindergärten, eine intensive Förderung der Sprachkompetenz erforderlich.

Die feststellbare sozioökonomische und demographische Segregation stellt zweifellos hohe Anforderungen an die kommunale Handlungsfähigkeit. Inwieweit die kleinräumigen Ungleichgewichte aus regionaler Perspektive ein Entwicklungshemmnis darstellen, kann aufgrund der vorliegenden ersten Bestandsanalyse noch nicht beurteilt werden. Erst mittel- bis längerfristige Raumbeobachtungen werden Aussagen über die Zusammenhänge zwischen kleinräumiger und regionaler Entwicklung ermöglichen. Eindeutig ist, dass man sich auf kommunaler Ebene auf vielfältige Problemlagen in sehr unterschiedlichen, z.T. sozial belasteten, z.T. aber auch „vergreisenden" Stadtteilen einstellen muss. So sind die Verbesserung der Bildungs- und Erwerbschancen der Wohnbevölkerung sowie die Integration der Zuwanderer dringende Aufgaben, die in den sozial belasteten Nachbarschaften zu bewältigen sind. Jedoch wird die Revitalisierung ganzer Stadtbezirke nicht durch „Armenpolitik" allein gelingen. In den „vergreisenden" Gebieten wird die Nachfrage nach wohnungsnaher altengerechter Infrastruktur stärker ansteigen als in anderen Stadtteilen. Allerdings ist in diesen wie in allen Ortsteilen des Ruhrgebiets die „Nachwuchspflege", d.h. die Schaffung und Sicherung kindgerechter Lebensbedingungen, eine wesentliche Aufgabe. Neue Ansätze wie die Gemeinschaftsinitiative URBAN und das nordrhein-westfälische Programm für „Stadtteile mit besonderem Erneuerungsbedarf" sind Beispiele für ausgewogene Strategien, die auf andere Stadtteile übertragen werden können.

Eine völlige Nivellierung stadträumlicher Disparitäten wird nicht möglich und kaum erstrebenswert sein. Um die Leistungsfähigkeit städtischer Gebiete, auch als Orte des Wissenszugangs und der Wissensnutzung, zu erhalten, wird es aber immer wichtiger, räumliche Differenzierungsmuster verstehen und ihre gesellschaftliche Bedeutung bewerten zu können.

Literatur

Abdel-Rahman, H.M. (2002), Does the Structure of an Urban System affect Income Disparities? *Journal of Regional Science* 42: 389–410.

Alonso, W. (1964), *Location and land use*. Towards a general theory of land rent. Cambridge, MA: Harvard University Press.

Artelt, C. et al. (Hrsg.) (2001), PISA 2000. Zusammenfassung zentraler Befunde. OECD PISA – Programme for International Student Assessment. Max-Planck-Institut für Bildungsforschung, Berlin.

Bähr, J. (1997), Bevölkerungsgeographie. Uni-Taschenbücher 1249. 3. Aufl., Stuttgart: Ulmer.

Bahrenberg, G., E. Giese und J. Nipper (1992), Statistische Methoden in der Geographie 2. Multivariate Statistik. Teubner Studienbücher Geographie. Stuttgart: Teubner.

Bensch, G. (1987), Zur Arbeitsplatzbasis der Großstädte. Strukturwandel und Hierarchisierung des deutschen Großstädtesystems 1970–1983. *Statistischer Monatsbericht der Stadt Duisburg* 1987 (1): 6–29.

Boustedt, O. (1970), Stadtregionen. In Akademie für Raumforschung und Landesplanung (Hrsg.), Handwörterbuch der Raumforschung und Landesordnung. 2. Aufl., Hannover, Jänecke, 3207-3237.

BBR – Bundesamt für Bauwesen und Raumordnung (Hrsg.) (2000), Raumordnungsbericht 2000. Berichte 7. Bonn.

Eckey, H.-F. und P. Klemmer (1975), Die Clusteranalyse und ihre Anwendungsmöglichkeiten im Rahmen der Regionalforschung. Methoden der empirischen Regionalforschung 2. Hannover: Jänecke.

Glebe, G. und C. Dehling (1998), Postindustrielle Transformationsprozesse in Oberbilk. Sozialer Wandel, sozialräumliche Dynamik und Heterogenisierung in einem innerstädtischen Industrie- und Arbeiterviertel. In G. Glebe und H. Schneider (Hrsg.), 129–174.

Glebe, G. und H. Schneider (Hrsg.) (1998), Lokale Transformationsprozesse in der Gobal City. Düsseldorf-Oberbilk – Strukturwandel eines citynahen Stadtteils. Düsseldorfer Geographische Schriften 37. Geographisches Institut, Düsseldorf.

Kersting, V. und A. Kunze (2001), Handeln gegen Kinderarmut und für Chancengleichheit. *Neue deutsche Schule* 53 (1–2): 15–17.

Klemmer, P. (1971), Der Metropolisierungsgrad der Stadtregionen. Abhandlungen der Akademie für Raumforschung und Landesplanung 62. Hannover: Jänecke.

Klemmer, P. (1998), Regionalpolitik. In P. Klemmer (Hrsg.), *Handbuch Europäische Wirtschaftspolitik*. München: Vahlen, 457–517.

Klemmer, P. (2001), Steht das Ruhrgebiet vor einer demographischen Herausforderung? Schriften und Materialien zur Regionalforschung 7. RWI, Essen.

MURL – Ministerium für Umwelt, Raumordnung und Landwirtschaft des Landes Nordrhein-Westfalen (Hrsg.) (1995), Landesentwicklungsplan Nordrhein-Westfalen (LEP NRW 1995). Düsseldorf.

Neumann, U. (2002), Urban Competition and Urban Sub-Division. Position of Europolis N.U.R.E.C. Working Papers 7. N.U.R.E.C. und RWI, Duisburg et al.

Neumann, U. und M. Schatz-Bergfeld (Bearb.) (1998), Strukturen und Strukturentwicklung sanierungsbetroffener Stadtteile. Monitoring kleinräumiger Entwicklungsprozesse 4. N.U.R.E.C.-Institute, Duisburg.

Neumann, U. et al. (Bearb.) (1999), Sozio-ökonomischer Strukturwandel und Lebensbedingungen in Duisburg-Marxloh. Stadtteilentwicklung und Umsetzung des Operationellen Programms URBAN. Monitoring kleinräumiger Entwicklungsprozesse. Projektergebnisse 1996 bis 1999. N.U.R.E.C.-Institute, Duisburg.

O'Loughlin, J.V. und G. Glebe (1980), Faktorökologie der Stadt Düsseldorf. Ein Beitrag zur urbanen Sozialraumanalyse. Düsseldorfer Geographische Schriften 16. Geographisches Institut, Düsseldorf.

Park, R.E. and E.W. Burgess (eds.) (1925), *The City*. Chicago: University of Chicago Press.

Schrumpf, H., R. Budde und G. Urfei (2001), Gibt es noch ein Ruhrgebiet? Schriften und Materialien zur Regionalforschung 6. RWI, Essen.

Shevky, E. and W. Bell (1955), *Social Area Analysis*: Theory, Illustrative Applications and Computational Procedure. Stanford: Stanford University Press.

Smith, N. and P. Williams (eds.) (1986), *Gentrification of the City*. Boston et al.: Allen & Unwin.

Strohmeier, K.P. und V. Kersting (1998), Immer weniger Kinder, aber immer mehr arme Kinder. Armutsbekämpfung in den Großstädten – eine gesellschaftspolitische Herausforderung ersten Ranges. In Kommunalverband Ruhrgebiet (Hrsg.), *Standorte*. Jahrbuch Ruhrgebiet 1997/98. Essen: Klartext, 292–301.

Thünen, J.H. von (1875), *Der isolierte Staat in Beziehung auf Landwirtschaft und Nationalökonomie*. 3. Aufl., Berlin: Wiegandt, Hempele & Parey.

Trutzel, K. (2001), Die Region als städtischer Lebensraum in der Politik und deren statistische Informationsgrundlagen. Einführung. In Verband Deutscher Städtestatistiker (Hrsg.), *Statistische Woche 2001 in Dortmund*. Tagungsbericht. VDSt, Oberhausen, 121–122.

Wehling, H.-W. (1984), Wohnstandorte und Wohnumfeldprobleme in der Kernzone des Ruhrgebiets. Essener Geographische Arbeiten 9. Paderborn: Schöningh.

Zusammenfassung

Stadtregionen sind einerseits durch Flächenexpansion, andererseits durch kleinräumige Ungleichgewichte gekennzeichnet, die im Erscheinungsbild der Städte immer deutlicher werden. Ausbreitung und innere Differenzierung sind miteinander verknüpft; bisher mangelt es jedoch an empirisch fundiertem Wissen über die Zusammenhänge zwischen diesen Vorgängen. Im vorliegenden Beitrag wird ein auf kommunalen Daten basierender Ansatz zur Analyse der stadtteilbezogenen Disparitäten innerhalb von Stadtregionen vorgestellt. Am Beispiel des Ruhrgebiets werden die Bedingungsfaktoren und Ausprägungen der stadträumlichen Segmentierung untersucht. Im Ergebnis wird ein hoher Grad an demographischer und sozioökonomischer Segregation festgestellt, der auf kleinräumig stark divergierende Wirkungen der regionsinternen Trennungsmechanismen schließen lässt. Weitere Forschungen müssen darlegen, ob der innere Aufbau städtischer Gebiete ihre „Wettbewerbsfähigkeit" beeinflussen kann.

Résumé

Les régions urbaines sont caractérisées d'une part par l'expansion de l'agglomération et d'autre part par des déséquilibres de petites espaces; cependant il manque jusqu'en ce jour des connaissances empiriques fondées concernant les causes de cet effet. Dans cette étude, l'auteur présente à l'aide des données communales une approche d'analyse des disparités entre quartiers de l'agglomération urbaine. En prenant comme exemple la région de Ruhr, l'auteur analyse les conditions et les traces de la segmentation de l'agglomération urbaine. Les résultats mettent en évidence, les facteurs démographiques et socio-économiques qui s'avèrent être le mobile principal de cette disparité.

RWI-Mitteilungen 2002, Jg. 53 (1-4): 255–276

Stand und Perspektiven der Zusammenarbeit zwischen Hochschule und regionaler Wirtschaft – das Beispiel der Hochschule Niederrhein[1]

von Martin Wenke

This contribution summarises the results of a survey on the status and perspectives of the co-operation between entrepreneurs in the middle of Niederrhein and the Hochschule Niederrhein. After a short introduction on the changed tasks of the Hochschule the potential channels of co-operation are highlighted. Finally, the content of the survey and an overview of the most important results are presented. The fact remains that the Hochschule has hardly been regarded as a vocational institution by entrepreneurs even though it has been in existence for the last 30 years. The various opportunities for co-operation were only rarely taken up. The entrepreneurs, however, which have already worked closely with the Hochschule, confirm its high problem-solving competency. (JEL: O18; R58)

Hochschulen wird eine zentrale Bedeutung bei der Generierung von Humankapital einer Volkswirtschaft beigemessen. Darüber hinaus sollen sie ihren Beitrag zum Transfer von Forschung in praxisbezogene Prozess- und Produktlösungen leisten. Vor diesem Hintergrund galt in Deutschland häufig eine klare Aufgabenteilung: Während sich die klassischen Universitäten neben der stark theorieorientierten Lehre vor allem auch der Forschung widmen sollten, wurde den Fachhochschulen (FH) seit ihrer Einführung Ende der sechziger Jahre die Aufgabe der praxisbezogenen Lehre zugeteilt. Diese Verteilung hat sich allerdings in den letzten gut 30 Jahren – wenngleich weitgehend unbemerkt von der Öffentlichkeit – deutlich gewandelt: In den Universitäten wurde die *science for science*-Philosophie zunehmend durch eine stärkere Praxisorientierung von Lehre und Forschung ersetzt. Die FH, die nicht selten aus ehemaligen höheren Wirtschafts- bzw. Ingenieurfachschulen hervorgegangen waren, entwickelten vermehrt eine fundierte wissenschaftliche Basis ihrer Lehraktivitäten, ohne zunächst auch die Forschung als eigenständiges Aufgabengebiet zu thematisieren. Letztgenannter Aspekt wurde erst im Laufe der neunziger Jahre umfassend diskutiert, erkannte man doch, dass die stark praxisorientierte Ausrichtung der Lehre erhebliches Potenzial für eine ebenfalls praxisbezogene Forschung in sich birgt. Diese Einschätzung hatte unter anderem zur Folge, dass

[1]Prof. Dr. Martin Wenke, Hochschule Niederrhein, war von 1988 bis 1995 Mitarbeiter des RWI in der Forschungsgruppe „Sektorale Strukturanalysen". – Der vorliegende Beitrag stellt die überarbeitete Fassung der entsprechenden Ausführungen in Hamm, Wenke (2001a) dar; eine Zusammenfassung der wichtigsten Ergebnisse findet sich in Hamm, Wenke (2002).

einerseits die Berufungsanforderungen für eine FH-Professur um Erfahrungen bei der Umsetzung wissenschaftlicher Erkenntnisse in praxisrelevante Problemlösungen erweitert wurden, andererseits wurden die Dienstpflichten auf die Forschung ausgeweitet. Vor diesem Hintergrund haben sich die entsprechenden Kompetenzen in Forschung und Lehre von Universitäten und FH gerade in den letzten Jahren tendenziell angeglichen. Mit Blick auf die Lehre zeigt sich dies auch darin, dass beide Institutionen in Anlehnung an die angelsächsischen Strukturen neuerdings sowohl Bachelor- als auch Masterabschlüsse anbieten[2]. In diesem Zusammenhang sollte allerdings nicht unerwähnt bleiben, dass Angleichungen auf anderen Gebieten mit Bezug zur Lehre bisher ausgeblieben sind. Dies gilt für die Professorenbesoldung (die höchste Besoldungsgruppe C4[3] existiert nur an Universitäten), das Lehrdeputat (18 Semesterwochenstunden gegenüber 8 bzw. 10) sowie den so genannten Mittelbau (wissenschaftliche Assistenten), der zumindest hinsichtlich der regelmäßigen Zuordnung zu einzelnen Professoren an FH nicht existiert.

Trotz des fehlenden Mittelbaus und des erheblich höheren Lehrdeputats haben sich die FH in den letzten Jahren ihren Platz in der praxisorientierten Forschung erarbeitet und gesichert. Gestützt wurde dies durch entsprechende Mittel des Bundes und der Länder, etwa im Rahmen der Vergabe von Fördergeldern für Forschungsgruppen und -schwerpunkte, Kompetenzzentren und -plattformen an FH. Neben der Praxisorientierung werden regelmäßig die Kriterien Innovationsgehalt, Nachhaltigkeit, Bedeutung für den regionalen Arbeitsmarkt und den Strukturwandel sowie die hiervon mutmaßlich ausgehenden Impulse für interdisziplinäre Problemlösungen bei der Vergabe der Gelder berücksichtigt. Viele FH entwickelten hieraus eine mehr oder weniger intensive Zusammenarbeit mit der regionalen Wirtschaft und anderen Institutionen im Umfeld (Kammern, Wirtschaftsfördergesellschaften, Verbänden usw.).

Vor dem Hintergrund dieser allgemeinen Tendenzen wird nachfolgend die Situation der Hochschule Niederrhein[4] beschrieben werden. Nach einer kurzen Vorstellung der Hochschule im ersten Abschnitt werden zunächst die potenziellen Kanäle der Zusammenarbeit zwischen Hochschule und regionaler Wirtschaft sowie die hiervon mutmaßlich ausgehenden Wirkungen diskutiert (zweiter Abschnitt). Im dritten Abschnitt werden die Ergebnisse einer Unternehmensbefragung zu Stand und Perspektiven der Zusammenarbeit vorgestellt. Der Beitrag schließt mit einem Fazit und Vorschlägen zu einer weiteren Intensivierung der Kooperation.

1. Die Hochschule Niederrhein

Die Hochschule Niederrhein (HN) ist mit ihren Abteilungen in den Städten Krefeld und Mönchengladbach die einzige staatliche Hochschule am Mittleren Nie-

[2] Auf die derzeit geführte Diskussion um die Gleichwertigkeit insbesondere der Masterabschlüsse an FH mit denen an Universitäten soll an dieser Stelle nicht eingegangen werden.

[3] Nach der Reform der Professorenbesoldung, die voraussichtlich zu Beginn des Jahres 2004 mit einer angestrebten stärkeren Leistungsorientierung in Kraft tritt, entspricht dies der neuen Besoldungsgruppe W3. Die niedrigere Besoldung nach W2 ist demgegenüber für FH-Professoren vorgesehen.

[4] Im Verlaufe der unter der Fußnote 1 erwähnten Veröffentlichungen hat die Fachhochschule Niederrhein ihren Namen in Hochschule Niederrhein geändert, es handelt sich allerdings weiterhin um eine FH.

derrhein. In Krefeld sind die Verwaltung sowie die Fachbereiche Maschinenbau und Verfahrenstechnik, Elektrotechnik und Informatik, Chemie sowie Design untergebracht, in Mönchengladbach Oecotrophologie, Sozialwesen, Textil- und Bekleidungstechnik, Wirtschaftswissenschaften und Wirtschaftsingenieurwesen. In den verschiedenen Studiengängen studierten im Jahr 2001 gut 8 000 Personen, wobei auf den Fachbereich Wirtschaftswissenschaften mit etwa 2 500 der größte Anteil entfiel. Die Hochschule beschäftigte gut 600 Personen, davon etwa 240 hauptamtliche Professorinnen und Professoren. Wenngleich die detaillierte Situation von Fachbereich zu Fachbereich unterschiedlich aussehen mag, können die Aktivitäten doch über alle Fachbereiche hinweg wie folgt beschrieben werden:

- starke Praxisorientierung der Lehre, die sich unter anderem an einer großen Zahl von Gastvorträgen von Praktikern bzw. ständigen Lehrbeauftragten aus der Wirtschaft oder an der Tatsache, dass über 90 vH der Diplomarbeiten in Zusammenarbeit mit Unternehmen bearbeitet werden, festmachen lässt;
- intensive und erfolgreiche Beteiligung an nationalen und internationalen Ausschreibungen von Forschungsprojekten im Rahmen der „Drittmittelforschung" auf Landes-, Bundes- oder europäischer Ebene (z.B. INTERREG-Programme);
- Kooperation mit der regionalen und überregionalen Wirtschaft im Rahmen von Praxisprojekten;
- Entwicklung innovativer Studiengänge und Programme; zu nennen wäre das „Krefelder Modell" einer integrierten beruflichen Ausbildung im Zuge des Grundstudiums im Fachbereich Maschinenbau und Verfahrenstechnik, die Studienangebote zur Mechatronik (Mechanik und Elektrotechnik) und zum Wirtschaftsingenieurwesen als grundständiger Studiengang (kein Aufbaustudium);
- Einführung von Bachelor- und Masterstudiengängen, z.B. im Fachbereich Textil- und Bekleidungstechnik;
- internationale Kooperation insbesondere im Rahmen der europäischen Austauschprogramme ERASMUS (Studierendenaustausch) und SOKRATES (Dozentenmobilität), aber auch über den europäischen Rahmen hinaus.

Darüber hinaus wird die Forschung in Forschungsschwerpunkten (Umweltschutzanalytik und Umweltschutztechnologie; Kunststoffrecycling; Kompetenz im Alter; Prozesssimulation in der Textilveredlung; Wirtschaftlichkeit in kleinen und mittleren Unternehmen; Virtuelle Textilveredlung; Umweltgerechte Oberflächengestaltung; Sozio-ökonomisches Montitoring für den Mittleren Niederrhein) und Kompetenzzentren *European Center for Coatings and Surface Technology* (ECCS), *Euregional Knowledge-Center Logistics* (EKL) konzentriert. Schließlich bündelt die HN ihre Weiterbildungsangebote für Beschäftigte der regionalen Wirtschaft in Kooperation mit einem externen Engineering-Institut seit Ende des Jahres 1999 im Institut für Weiterbildung an der Hochschule Niederrhein (IWHN).

Aus alledem ergibt sich eine breite Palette von Möglichkeiten der Zusammenarbeit mit der regionalen Wirtschaft. Bevor auf deren Realisierung eingegangen wird, sollen die Kanäle der Zusammenarbeit zwischen Hochschule und Unternehmen systematisiert werden.

Übersicht

Kanäle der Zusammenarbeit und potenzielle Effekte		
K A N Ä L E	Qualifikation Weiterbildung Wissenstransfer Absolventen Forschung der Professoren Praktika/Diplomarbeiten	Nachfrage nach Personal Nutzung von F&E der HS Imagespillovers Nutzung hochschultypischer Strukturen
	↓	↓
E F F E K T E	Steigerung der Produktivität	Einfluss auf die unternehmerischen Standortentscheidungen
	↓	↓
	Erleichterung des Strukturwandels Steigerung des Innovationspotenzials Mobilisierung der Begabungsreserven	

2. Kanäle der Zusammenarbeit und potenzielle Effekte

Die Kanäle der Zusammenarbeit zwischen den Unternehmen in der Region und der HN lassen sich hinsichtlich der potenziellen Effekte in zwei Gruppen einteilen (Übersicht; vgl. auch Brackmann 1993: 182f.; Gloede et al. 1999): In einer ersten Gruppe sind zum einen die traditionellen Kanäle der Ausbildung der Studierenden sowie der Weiterbildung der Beschäftigten in der Region zu nennen. Darüber hinaus ergibt sich der Wissenstransfer über die Rekrutierung von Absolventen der Hochschule, über die Kooperation mit Professoren im Rahmen von Forschungsprojekten sowie die Nutzung des studentischen Know-how im Zusammenhang mit Praktika und Diplomarbeiten. Alle diese Aktivitäten zielen insbesondere auf eine Steigerung der Produktivität in den Unternehmen der Region (Schulte 1993: 174).

Die zweite Gruppe bezieht sich darauf, inwieweit die Angebote der Hochschule Standortentscheidungen von Unternehmen beeinflussen (Nikula et al. o.J.). Dies bezieht sich auf die Möglichkeit, qualifiziertes Personal nachzufragen, ebenso wie auf die Nutzung von F&E-Resultaten aus der Hochschule. Weiterhin kann die Existenz einer Hochschule am Unternehmensstandort zu positiven Image-Spillovers führen, und schließlich sind positive Impulse aus der Nutzung hochschultypischer Strukturen am Standort denkbar.

Die beiden (direkten) Kooperationseffekte beeinflussen in einer weiteren Phase die Anpassungsflexibilität der Region an sich wandelnde Rahmenbedingungen. So kann davon ausgegangen werden, dass der Strukturwandel im Umfeld der Hochschule erleichtert wird, es zu einer Steigerung des Innovationspotenzials kommt und – was insbesondere für die Zukunftsfähigkeit der Region von Bedeutung ist – eine Mobilisierung der regionalen Begabungsreserven erreicht wird.

3. Empirischer Befund – Ergebnisse einer Unternehmensbefragung

3.1. Befragungsinhalte und Rücklauf

Wie ausgeführt können sich die Effekte einer Hochschule sowohl direkt die Produktivität in den Unternehmen widerspiegeln als auch eher indirekt über eine Verbesserung der regionalen Anpassungsflexibilität. Da sie in der Regel kaum anhand konkreter Indikatoren gemessen werden können, bedient man sich häufig des Instruments der Unternehmensbefragung, das zumindest indirekt Hinweise auf die entsprechenden Einflüsse geben kann. In Anlehnung an eine ähnliche Befragung für die FH Gelsenkirchen (Walter et al. 1997) wurden die Unternehmen in der Region zu den folgenden Themenbereichen befragt:

- Wahrnehmung, Einschätzung und Kenntnisse der Strukturen an der HN, Erwartungen an die Hochschule;
- Formen und „Kanäle" der Zusammenarbeit mit der HN;
- Innovationsverhalten der Unternehmen und die Rolle der Hochschule;
- Problembereiche der Zusammenarbeit mit der Hochschule und Perspektiven;
- Möglichkeiten der Zusammenarbeit mit Unternehmen, die noch nicht mit der Hochschule kooperieren.

Darüber hinaus wurden Merkmale wie Branchenzugehörigkeit, Umsatz und Beschäftigung sowie Qualifikation der Mitarbeiter erhoben. Als Grundgesamtheit wurden die Unternehmen in der Region Mittlerer Niederrhein ausgewählt, die regelmäßig im Rahmen der Konjunkturumfragen der IHK Mittlerer Niederrhein angeschrieben werden. Mit einer Quote von ca. 15 vH (bzw. 120 Fragebögen) wurde ein üblicher und ausreichender Rücklauf erzielt.

Bevor auf die Ergebnisse eingegangen wird, sollen einige wesentliche Strukturmerkmale der Unternehmen dargestellt werden, die an der Befragung teilgenommen haben. Der größte Teil (29 vH) ist dem Handel zuzurechnen, gefolgt von den Sonstigen (20 vH), der Investitionsgüter- (16 vH) und der Verbrauchsgüterindustrie (14 vH). Sowohl die Umsatz- als auch die Mitarbeiterstruktur der Antworten repräsentieren die mittelständische Unternehmensstruktur der Region: 60 vH der Unternehmen liegen in der Größenklasse von 5 bis 100 Mill. DM Jahresumsatz; 54 vH beschäftigen bis zu 100 Mitarbeiter, 34 vH zwischen 100 und 500. Großunternehmen mit einem Jahresumsatz von über 100 Mill. DM (20 vH) bzw. mit mehr als 500 Mitarbeitern (12 vH) haben nur eine geringe Bedeutung.

Für das angebotsseitige Wirkungspotenzial der Fachhochschule von besonderer Bedeutung ist die Qualifikation der Mitarbeiter; je höher das Qualifikationsniveau in den Unternehmen ist, desto geringer fällt mutmaßlich die Hemmschwelle aus, mit Professoren oder Mitarbeitern einer Hochschule in Kontakt zu treten. Die im Rahmen früherer Untersuchungen (Hamm, Wenke 2001b) identifizierten Qualifizierungsdefizite in der Region werden anhand des Anteils der Hochschulabsolventen an den Mitarbeitern der Unternehmen tendenziell bestätigt. So liegt die „Akademikerquote" nur bei etwa einem Fünftel der Unternehmen bei über 10 vH, und selbst mit Bezug auf die Führungsebene geben nur 46 vH der Befragten einen Hochschulabsolventenanteil von größer als 10 vH an.

Trotz des dramatischen Strukturwandels am Mittleren Niederrhein haben nach wie vor solche Unternehmen die mit Abstand größte Bedeutung, die seit längerem ihren Standort in der Region haben. Dies zeigt sich auch in den Antworten: 94 vH der Unternehmen gab an, seit mehr als 10 Jahren in der Region zu bestehen.

3.2. Wahrnehmung, Einschätzung und Kenntnisse über die Hochschule Niederrhein

Um überhaupt angebotsseitige Impulse entfalten zu können, muss die Hochschule von den Unternehmen in der Region wahrgenommen werden. Nach fast 30 Jahren Existenz müsste davon ausgegangen werden, dass die HN zumindest als Bildungseinrichtung einen großen Bekanntheitsgrad aufweist. Nach den Ergebnissen der Befragung besitzen 60 vH der Unternehmen allgemeine Kenntnisse zu ihrer Existenz, zu den angebotenen Studienfächern waren es lediglich 40 vH (Schaubild 1). Somit weisen bereits mit Blick auf die „traditionelle" Bildungsaufgabe der Hochschule immerhin 40 vH der Unternehmen noch nicht einmal allgemeine Kenntnisse auf und fast zwei Drittel keine Detailkenntnisse zu den Studienfächern. Über weitergehende Informationen zu Kooperations- und Weiterbildungsangeboten, internationalen Kontakten, Technologietransfer oder aber Forschungsaktivitäten verfügen nur noch 15 vH (Kooperationsangebote) bzw. 5 vH (Forschungsaktivitäten) der Unternehmen.

Schaubild 1

Kenntnisse der Unternehmen zu den Angeboten der Hochschule Niederrhein

in vH aller Nennungen[1]

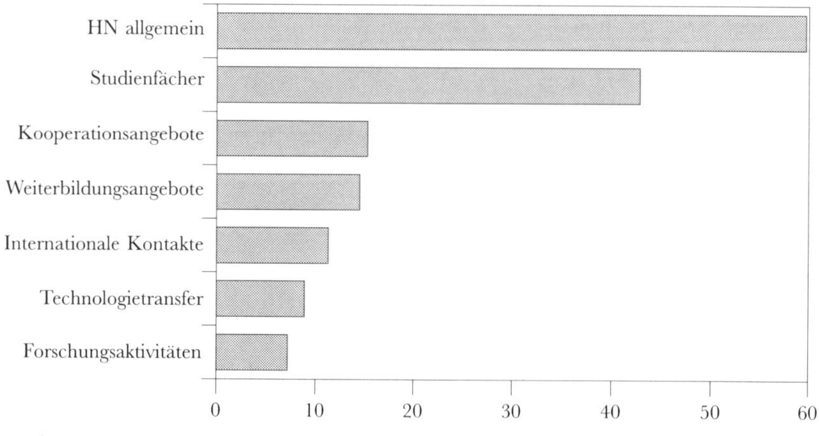

Ergebnisse einer Unternehmensbefragung. – [1]Mehrfachnennungen möglich.

Schaubild 2

Bewertung der Hochschule Niederrhein durch die Unternehmen

in vH aller Nennungen[1]

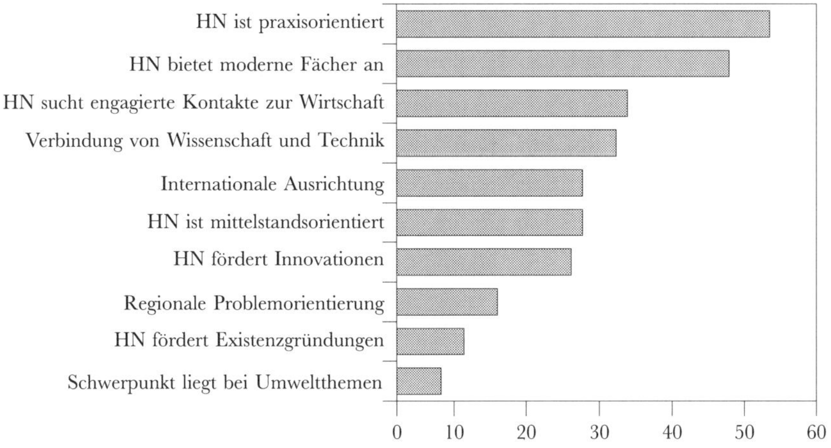

Ergebnisse einer Unternehmensbefragung. – [1]Mehrfachnennungen möglich.

Die meisten Unternehmen (knapp 60 vH) beziehen ihre Informationen über regionale Tageszeitungen oder nehmen die Öffentlichkeitsarbeit der Hochschule wahr (45 vH). Als weitere wesentliche Informationsquellen wurden Kontakte mit Studierenden (40 vH) und Hochschullehrern (30 vH) genannt. Weniger bedeutsam sind Veranstaltungen in der Hochschule (23 vH) sowie die Informationsbeschaffung über Fachzeitschriften (17 vH). Keine nennenswerte Bedeutung haben bisher Informationen auf dem Wege über das Internet, Veranstaltungen außerhalb der Hochschule, Aktivitäten der Fördergesellschaften oder der Transferstelle.

Vor diesem Hintergrund schätzen gut 50 vH der Unternehmen die HN als praxisorientiert ein, knapp 50 vH meinen, sie biete moderne Fächer an (Schaubild 2). Zwischen 25 und gut 30 vH der Unternehmen stimmen den Aussagen zu, dass die FN engagiert Kontakte zur Wirtschaft sucht, die Verbindung von Wissenschaft und Technik erreicht, eine internationale Ausrichtung verfolgt, mittelstandsorientiert ist sowie Innovationen fördert. Eine regionale Problemorientierung des Angebots oder die besondere Förderung von Existenzgründungen können nur etwa 10 vH der Unternehmen erkennen. Die nach Auffassung der Autoren hohe Affinität der Studieninhalte der Hochschule Niederrhein zu den wirtschaftlichen Strukturen der Region ist demzufolge von den Unternehmen noch nicht erkannt worden. Insgesamt schätzt etwa die Hälfte der Unternehmen das Auftreten der Hochschule als glaubwürdig ein, ein Drittel bezeichnet die Aktivitäten als dialogorientiert und aktiv. Allerdings charakterisieren nur 20 vH der Unternehmen sie als wahrnehmbar.

Insbesondere das letztgenannte Ergebnis zeigt, dass, obwohl die HN die einzige staatliche Hochschule am Mittleren Niederrhein ist, ihr Bekanntheitsgrad und die

Schaubild 3

Erwartungen der Unternehmen an die Hochschule Niederrhein

in vH aller Nennungen[1]

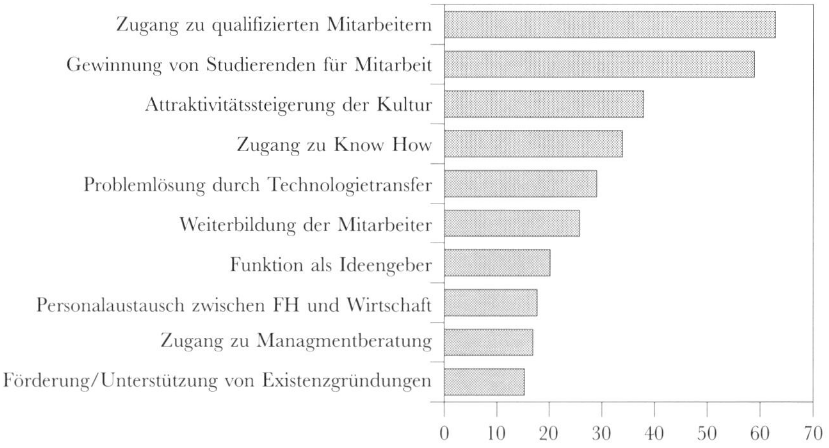

Ergebnisse einer Unternehmensbefragung. – [1]Mehrfachnennungen möglich.

Wahrnehmung ihrer Ausbildungsaktivitäten, vor allem aber aller der über ihre traditionelle Aufgabe hinausgehenden Bemühungen zu wünschen übrig lässt. Dies gilt insbesondere für F&E-Aktivitäten, die regionale Problemorientierung oder die Förderung von Existenzgründungen. Diese nur „partielle" Wahrnehmung der Hochschulaktivitäten wird einerseits von der Intensität und Qualität der Bemühungen der Hochschule beeinflusst, hat aber andererseits wohl auch mit den Erwartungen der Unternehmen an sie zu tun. Diese Vermutung wird dadurch bestätigt, dass diejenigen 60 vH der Unternehmen, die die HN zumindest in ihrer traditionellen Rolle als Bildungseinrichtung wahrnehmen, die Erleichterung des Zugangs zu qualifizierten Mitarbeitern sowie der Gewinnung von Studierenden zur Mitarbeit als ihre Hauptaufgabe ansehen (Schaubild 3). Auf der anderen Seite werden Förderung und Unterstützung von Existenzgründungen, ein erleichterter Zugang zu Managementberatung oder aber die Funktion der Hochschule als Ideengeber im Innovationsprozess erst gar nicht erwartet und – wie zuvor gezeigt – die entsprechenden Aktivitäten gar nicht wahrgenommen.

Die geringe Aufmerksamkeit der Unternehmen hinsichtlich des F&E-Angebots der Hochschule scheint auch ein Mentalitätsproblem zu sein. Denn wie Schaubild 4 zeigt, arbeitet die deutlich überwiegende Mehrheit der Unternehmen auch nicht oder zumindest nicht intensiv mit anderen Hochschulen, Forschungsinstituten oder Technologie-, Gewerbe- oder Gründerzentren zusammen. Inwieweit dies auf ein vergleichsweise geringes Innovationspotenzial bzw. geringe -aktivitäten der Unternehmen in der Region hinweist, wird nachfolgend geprüft.

Schaubild 4

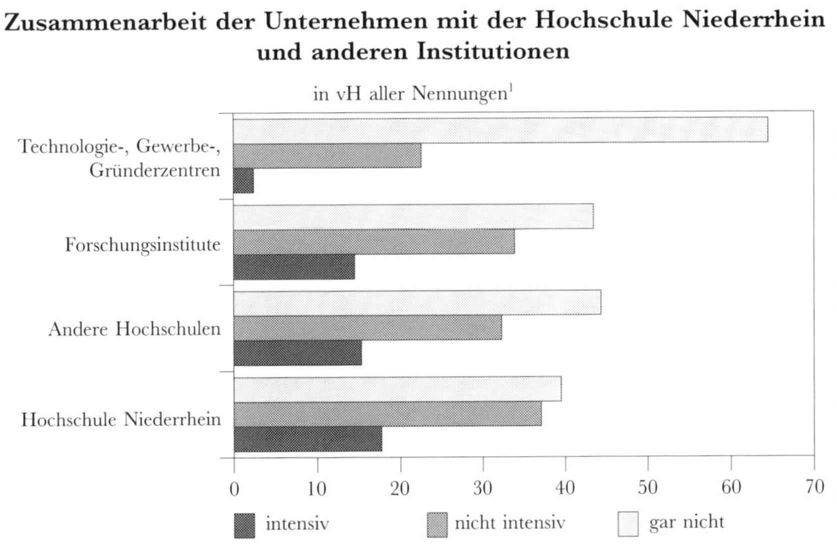

Ergebnisse einer Unternehmensbefragung. – [1]Mehrfachnennungen möglich.

3.3. Innovationsverhalten und -hemmnisse der Unternehmen

Im Zentrum der Innovationen standen neue Produkte (37 vH der Unternehmen), gefolgt von Verbesserungen des betrieblichen Controllings/der Finanzierung (32 vH) sowie der Optimierung von Prozessen und Verfahren (27 vH). Etwa ein Viertel gab Innovationen hinsichtlich neuer Organisationsstrukturen an, gut 20 vH haben prozessbezogene Neuerungen durchgeführt. Weniger relevant waren absatzgerichtete Innovationsaktivitäten wie neue Wege der Kundengewinnung, Marketingkonzepte oder der Aufbau neuer Vertriebsstrukturen. Der Umsatzanteil der Innovationen lag im Durchschnitt der Unternehmen und der letzten vier Jahre bei etwa 20 vH. Die überwiegende Mehrheit hat sowohl keine Patente angemeldet (68 vH) als auch keine Lizenzen verwendet (82 vH). Ein Patent meldeten 5 vH der Unternehmen an, zwei oder drei Patente 8 vH und mehr als drei immerhin 19 vH. Eine Lizenz verwendetet 7 vH, zwei oder drei Lizenzen 4 vH, mehr als drei 7 vH.

Da die Innovationsneigung der Unternehmen am Mittleren Niederrhein als „verhalten" bezeichnet werden kann, ist es auch nicht verwunderlich, dass bis auf eine Ausnahme alle vorgegebenen Hemmnisse als nur „teilweise zutreffend" (Ratingwert 3) bezeichnet wurden (Schaubild 5). Dabei wird der Mangel an qualifiziertem Personal zwar etwas dringlicher bewertet (2,8) als die anderen Hemmnisse, als nennenswert kann dieser Unterschied jedoch nicht gewertet werden. Eine Erleichterung der Innovationen könnten sich die meisten Unternehmen eher durch eine Zusammenarbeit mit Hochschulen und Forschungseinrichtungen sowie mit anderen Unternehmen vorstellen, nur schlecht in Kooperation mit Unternehmensbera-

Schaubild 5

Bedeutung von Innovationshemmnissen für die Unternehmen in der Region

mittlere Ratingwerte[1]

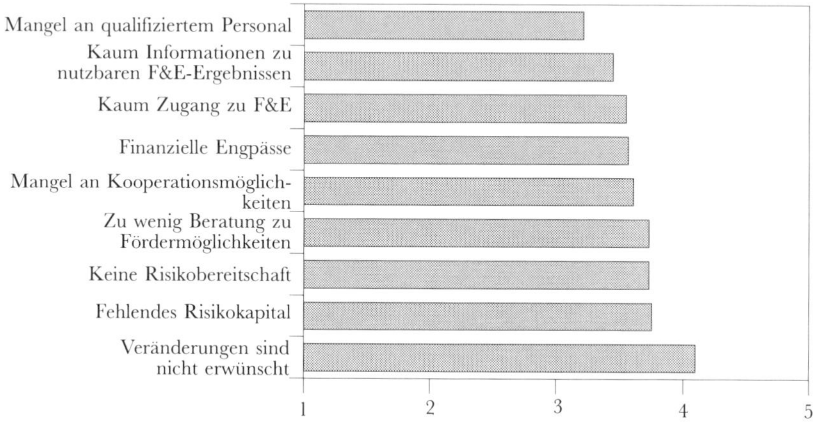

Ergebnisse einer Unternehmensbefragung. – [1]Ratingwerte von: 1: „trifft völlig zu" bis 5: „beeinflusst Verhalten nicht".

tern sowie Kammern o.ä. Zumindest mit Blick auf die tatsächlich zu beobachtende Zusammenarbeit der Unternehmen mit Beratern einerseits (eher intensiv) und Hochschulen andererseits (weniger intensiv) ist dieses Ergebnis überraschend. Dies drückt vielleicht den Wunsch aus, doch deutlich stärker mit Hochschulen und Forschungseinrichtungen zusammenzuarbeiten als bisher.

Bei der Interpretation dieser Ergebnisse ist zu berücksichtigen, dass an der Befragung kein Unternehmen teilgenommen hat, welches seit weniger als drei Jahren in der Region besteht. Somit konnten alle jüngeren und mutmaßlich innovativen „start-up"-Unternehmen nicht einbezogen werden, was durchaus eine systematische Verzerrung der Befragungsergebnisse zum Innovationsverhalten, aber auch zur Zusammenarbeit mit der Hochschule zur Folge gehabt haben könnte.

3.4. Einflussmöglichkeiten der Hochschule auf Innovationen und Strukturwandel

Die Unternehmen sehen den Einfluss der Hochschule auf Innovationsverhalten und Strukturwandel in der Region bisher mehrheitlich als nicht erkennbar (51 vH) oder eher nicht spürbar (18 vH) an. Knapp ein Viertel der Befragten konstatiert einen wenig spürbaren, nur 7 vH einen spürbaren und 1 vH einen sehr großen Einfluss. Allerdings wird das Wirkungspotenzial der Hochschule von gut 56 vH als deutlich stärker eingeschätzt, als es bisher ausgefallen ist.

Als besonders erfolgversprechend schätzen die Unternehmen ein verstärktes Angebot gründungsrelevanter Dienstleistungen ein (Schaubild 6). Als Beispiele hierfür

Schaubild 6

Fördermöglichkeiten von Existenzgründungen durch die Hochschule Niederrhein

in vH aller Nennungen[1]

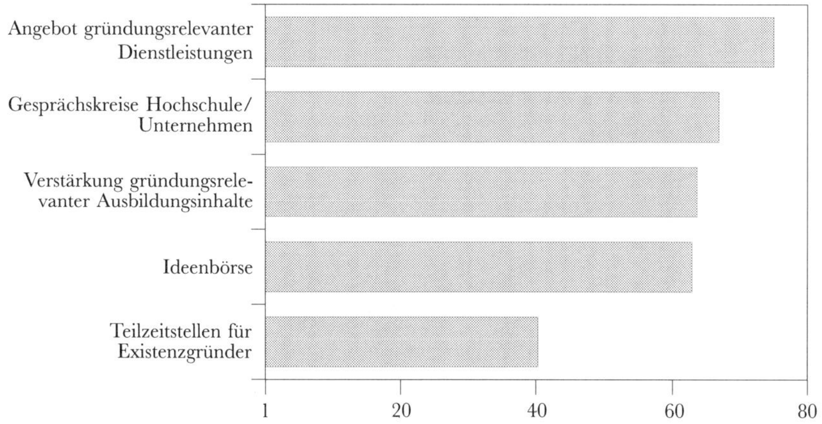

Ergebnisse einer Unternehmensbefragung. – [1]Mehrfachnennungen möglich.

wurden die Erstellung von Businessplänen, Finanzierungsbeschaffung oder die Organisation einer Begleitung der Existenzgründer durch Coaches oder Mentoren genannt. Etwas weniger, aber immer noch mehrheitlich erfolgversprechend werden regelmäßige Gesprächskreise von Wirtschaft und Hochschule, die Verstärkung gründungsrelevanter Ausbildungsinhalte sowie die Initiierung einer Ideenbörse bewertet. Demgegenüber finden Teilzeitstellen für Existenzgründer an der Hochschule weniger Zustimmung.

Für die Hochschule stellt sich häufig die Frage, wie man am besten auf die interessierten, innovationsorientierten Unternehmen zugehen kann. Den Ergebnissen der Befragung entsprechend würden einzelne themen- und oder branchenbezogene Informationsveranstaltungen die stärkste Resonanz erhalten. Mit etwas Abstand folgen die Organisation regelmäßiger Arbeitskreise, das Angebot zielgerichteter Informationen über neue Entwicklungen für Unternehmen oder leichter zugängliche Informationen über die Hochschule. Während die Hälfte der Unternehmen auch in Weiterbildungsveranstaltungen eine Möglichkeit zur Stärkung des Wissenstransfers sehen, werden die Beteiligung der Hochschule an Messen und Ausstellungen sowie die Organisation von Unternehmerstammtischen nur von wenigen als sinnvolle Informationsquelle angesehen.

3.5. Praktizierte Zusammenarbeit und Potenziale

Knapp 38 vH bzw. 45 Unternehmen kooperierten zum Zeitpunkt der Befragung (Jahresmitte 2000) bereits mit der HN. Die Kontaktaufnahme ging zu etwa glei-

Schaubild 7

Art der Kontaktaufnahme

in vH aller Nennungen[1]

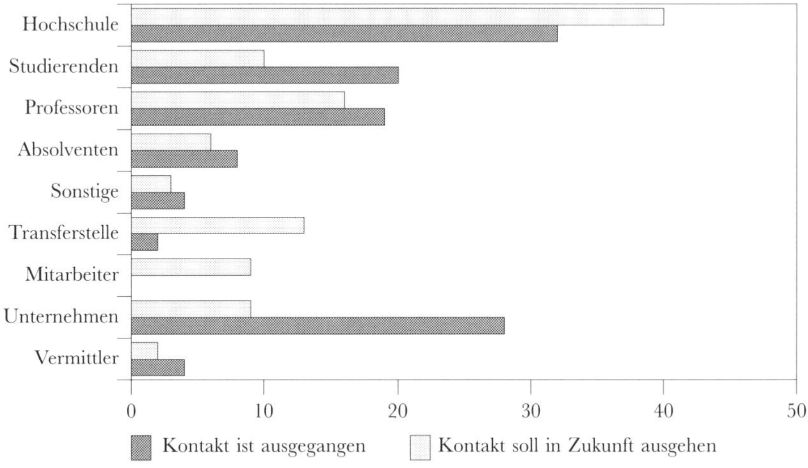

Ergebnisse einer Unternehmensbefragung. – [1]Mehrfachnennungen möglich.

chen Teilen von der Hochschule und von den Unternehmen aus, keine Bedeutung spielten Kontaktmittler (Schaubild 7). In der Hochschule war es vor allem der persönliche Kontakt zu Studierenden und Professoren, der zu einer Kooperation mit Unternehmen in der Region führte. Weit weniger häufig angebahnt als oftmals angenommen wurde der Kontakt durch Absolventen.

Die klassische Zusammenarbeit zwischen Hochschule und Wirtschaft erfolgt nach wie vor auf dem Wege der Erstellung einer Diplomarbeit im Unternehmen durch Studierende oder aber im Rahmen eines Praxissemesters (Schaubild 8). Die Teilnahme von Mitarbeitern an Weiterbildungsveranstaltungen der Hochschule wurde von 18 Unternehmen angegeben. Eine darüber hinausgehende Zusammenarbeit fand deutlich geringere Resonanz, wobei aber immerhin noch 13 Unternehmen sowohl informelle Kontakte gepflegt als auch Forschungsprojekte mit der Hochschule abgewickelt haben. Wenig genutzt wurden darüber hinaus Vorträge und Lehraufträge von Unternehmensmitarbeitern, staatlich geförderte Kooperationen sowie die Beschäftigung von Wissenschaftlern der Hochschule in Unternehmen. Am häufigsten wurden von der Hochschule Messungen, Tests und ähnliches durchgeführt (17 Nennungen), gefolgt von technischer Beratung sowie Erstellung von Gutachten. Nennenswerte Meldungen gab es darüber hinaus zur Beratung in betriebswirtschaftlichen Fragen sowie zu Softwareentwicklung. Kaum Bedeutung hatten zumindest bis zum Sommer 2000 Beratungswünsche zur EDV-Ausstattung oder zur Softwareimplementierung.

Wie sehen nun die Potenziale der Zusammenarbeit im Vergleich zu den bisherigen Kooperationen aus? Die meisten Unternehmen, die bisher noch nicht mit der

Schaubild 8

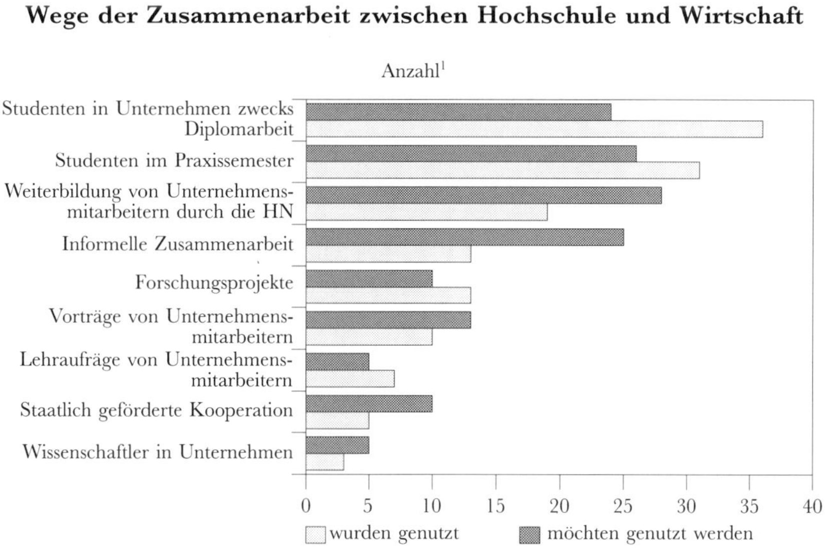

Ergebnisse einer Unternehmensbefragung. – [1]Mehrfachnennungen möglich.

Hochschule zusammengearbeitet haben, erwarten eine noch stärkere Initiative der HN, während sie selbst nur zurückhaltend auf diese zugehen wollen (Schaubild 7 und 8): Nur 9 von gut 70 wollen in Zukunft initiativ werden. Auch mit Blick auf die bisher favorisierten Kooperationskanäle deutet sich ein Wandel an; so steht weniger die Beschäftigung von Studierenden im Rahmen einer Diplomarbeit oder im Praxissemester im Vordergrund des Interesses, sondern die Unternehmen wollen vermehrt die Weiterbildungsmöglichkeiten in der Hochschule nutzen sowie den Austausch im Rahmen einer informellen Zusammenarbeit forcieren. Auch weiterhin ist keine große Präferenz der Unternehmen für Forschungsprojekte und den anderen in der Schaubild 8 aufgeführten Möglichkeiten zu erkennen.

Zunächst erfreulich ist, dass im Vergleich zu der bisherigen Inanspruchnahme von Leistungen der Hochschule in Zukunft deutlich mehr Unternehmen Dienste abfragen wollen. Nicht überraschend ist die starke Zunahme vor allem bezüglich der Beratung zur EDV-Ausstattung sowie zu betriebswirtschaftlichen Fragen. Wenn man diesen Wünschen von 20 und mehr Unternehmen allerdings die Resultate aus Schaubild 8 gegenüberstellt, wonach nur 10 Unternehmen Forschungsprojekte mit der Hochschule durchführen wollen, dann sollen die Beratungsaktivitäten wohl zum großen Teil im informellen Rahmen durchgeführt werden. Dies könnte bedeuten, dass ein formeller Rahmen, mit vertraglichen Vereinbarungen, Zahlungszusagen usw. eher nicht gewünscht wird. Über die Gründe – möglicherweise schlechte Erfahrungen damit – kann hier nichts gesagt werden. Allerdings können Rückschlüsse aus den Erfahrungen derjenigen Unternehmen gewonnen werden, die bereits mit der Hochschule kooperiert haben.

Schaubild 9

Art der mit der Hochschule durchgeführten Innovationen

in vH aller Nennungen[1]

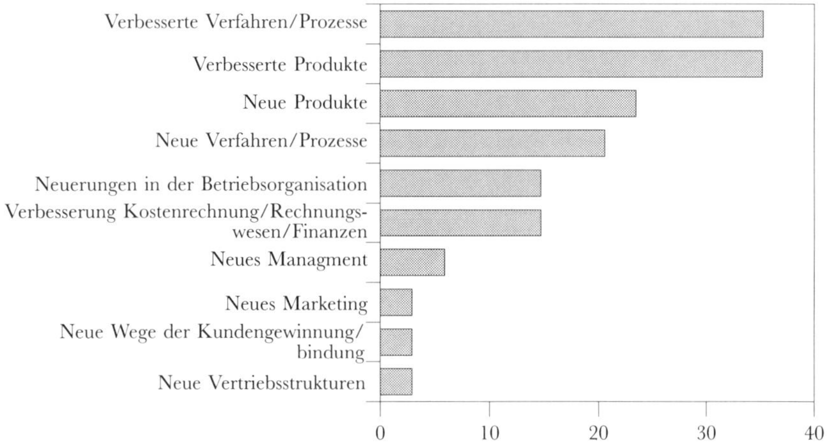

Ergebnisse einer Unternehmensbefragung. – [1]Mehrfachnennungen möglich.

3.6. Erfahrungen und Probleme der Zusammenarbeit

Den bereits kooperierenden Unternehmen wurde zunächst die Frage nach dem Beitrag der Hochschule zu betrieblichen Innovationen gestellt. 11 vH sehen durch die Zusammenarbeit sehr große bzw. spürbare Innovationsbeiträge, 45 vH geringe. Für den Rest der Unternehmen (44 vH) sind Anstöße nicht erkennbar bzw. überhaupt nicht vorhanden. Der größte Teil der mit der Hochschule erarbeiteten Problemlösungen betraf Verbesserungen von Verfahren/Prozessen und Produkten (35 vH; Schaubild 9). Produkt- und Prozessneuerungen wurden von 20 vH der Unternehmen als Kooperationsziel genannt. Mit lediglich 14 vH folgen Neuerungen in der Betriebsorganisation sowie Verbesserungen im Bereich Kostenrechnung/Rechnungswesen/Finanzierung. Keine nennenswerte Bedeutung hatten Aufgabenstellungen zu den Feldern Management, Marketing und Vertrieb.

Ein für die Hochschule sehr erfreuliches Ergebnis ergab die Frage danach, wie sich die Erwartungen der Unternehmen an die Leistungsfähigkeit der HN bestätigt haben: Danach beurteilte die Hälfte der Unternehmen die Zusammenarbeit als reibungslos, gut ein Viertel sah geringfügige Störungen. Für 14 vH wurden die Erwartungen nur teilweise erfüllt, und lediglich 8 vH der Unternehmen sahen spürbare Probleme bei der Kooperation.

Die Befragung ergab keine weiteren Hinweise zu wichtigen Problembereichen in der Zusammenarbeit. Für alle der vorgegebenen Problemfelder wurde tendenziell „teils/teils" oder „trifft eher nicht zu" im Durchschnitt aller Unternehmen angege-

Schaubild 10

Ansätze zur Verbesserung der Zusammenarbeit

in vH aller Nennungen[1]

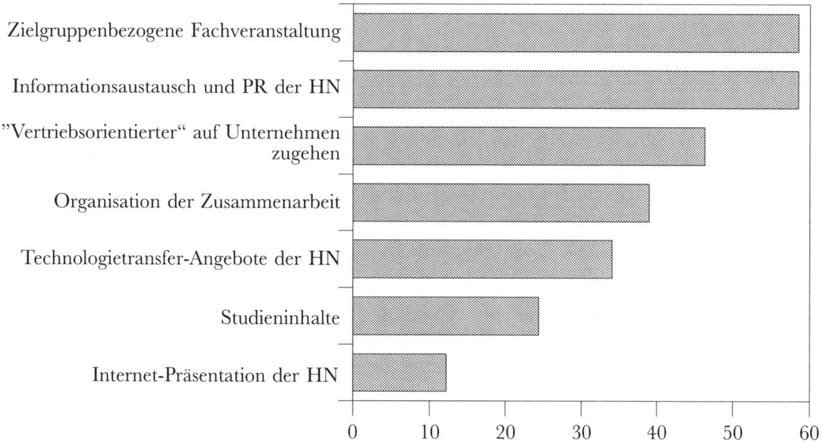

Ergebnisse einer Unternehmensbefragung. – [1]Mehrfachnennungen möglich.

ben. Die Anzahl der Unternehmen, die die Probleme als „völlig zutreffend" bzw. „zutreffend" bezeichneten, schwankt zwischen 0 (Wissenschaftler zu wenig kooperationsbereit) und 6 (Professoren wissen über konkrete Probleme im Unternehmen zu wenig). Vier Nennungen gab es darüber hinaus bezüglich einer zu langsamen Bearbeitung von Anfragen und Aufgaben durch die Hochschule.

Wie kann man zu einer Intensivierung der Zusammenarbeit kommen (Schaubild 10)? Aus Sicht der Unternehmen eignen sich dafür am ehesten zielgruppenspezifische Fachveranstaltungen, ein verstärkter Informationsaustausch mit den in der Region ansässigen Unternehmen sowie eine deutlich offensivere Öffentlichkeitsarbeit. Darüber hinaus sollte die Hochschule – wie die Unternehmen es untereinander auch praktizieren – „vertriebsorientierter" auf die Betriebe zugehen, um das gesamte Leistungsspektrum deutlich zu machen. Als nachrangig wurden Veränderungen in der Organisation der Zusammenarbeit und in den Studieninhalten sowie Technologietransfer angesehen. Dies kann als Bestätigung der oben geäußerten These gewertet werden, dass die Studieninhalte weitgehend den Bedarf und Anforderungen der regionalen Wirtschaft entsprechen. Wiederum ein erfreuliches Ergebnis ergab die Frage nach der zukünftigen Zusammenarbeit: Gut 56 vH wollen diese ausbauen, der Rest die derzeitige Intensität beibehalten. Keines der Unternehmen will somit die Zusammenarbeit einschränken oder gar aufgeben.

3.7. Zusammenhang zwischen Merkmalen der Unternehmen und Bewertung

Nachfolgend wird der Frage nachgegangen, inwieweit die mit der Hochschule kooperierenden Unternehmen wesentliche Unterschiede hinsichtlich der Strukturmerkmale und des Antwortverhaltens im Vergleich zu den nicht zusammenarbeitenden aufweisen.

Vornehmliche Zielgruppe der Kooperationsangebote der Hochschule ist die mittelständische Wirtschaft, die im Befragungsrücklauf in etwa einen ihrer regionalen Bedeutung entsprechenden Anteil aufweist. Allerdings ist der Anteil der kleinen und mittelleren Unternehmen (KMU) in der Gruppe der kooperierenden deutlich unterrepräsentiert. So liegt der Anteil der Unternehmen mit einem Umsatz von 100 Mill. und darüber bei über 36 vH (Gesamtstichprobe: 20 vH), und der der Unternehmen mit mehr als 500 Mitarbeitern ist mit gut 23 vH überproportional (12 vH). Mit Blick auf die Branchenstruktur ist ein deutlicher Schwerpunkt bei der Investitionsgüterindustrie zu erkennen (32 vH im Vergleich zu 16 vH insgesamt). Im Gegensatz dazu ist der Handel unterrepräsentiert (15 vH gegenüber 30 vH).

Bestätigt wird die oben formulierte Hypothese, dass vor allem solche Unternehmen mit Hochschulen kooperieren, die selbst eine hohe Akademikerquote bei den Beschäftigten aufweisen. So liegt der Anteil der Unternehmen mit einer Hochschulabsolventenquote von über 10 vH sowohl hinsichtlich aller Mitarbeiter (37 vH gegenüber 22 vH) als auch auf der Führungsebene (67 vH gegenüber 46 vH) über dem Durchschnitt.

Es überrascht nicht, dass die mit der Hochschule kooperierenden Unternehmen durchweg bessere Kenntnisse zu deren Angeboten aufweisen als die anderen. Die Dringlichkeit einer Informations- und Marketingoffensive durch die Hochschule wird bei der Untergliederung der Befragungsresultate noch deutlicher. Der Bekanntheitsgrad der Hochschule fällt bei den nicht mit ihr kooperierenden Unternehmen (nachfolgend verkürzt als „Ignoranten“ bezeichnet) auf nur noch gut 50 vH zurück, die Studienfächer kennen nur noch knapp ein Viertel, und alle weiteren Angebote sind beim Gros weitestgehend unbekannt. Aber auch die Kooperationspartner besitzen im Wesentlichen nur Kenntnisse zur HN allgemein und zu den Studienfächern. Lediglich knapp ein Drittel ist über die Kooperationsangebote informiert, und auch die Anteilswerte zu den anderen Bereichen fallen angesichts des Bestehens von Kooperationsbeziehungen eindeutig zu niedrig aus. So sind nur 12 vH dieser Unternehmen über die Forschungsaktivitäten der Hochschule informiert; dies deutet darauf hin, dass die Zusammenarbeit – wenn sie stattfindet – in den meisten Fällen wohl nur auf enge Bereiche begrenzt bleibt. Dies könnte dadurch verbessert werden, dass z.B. die Professoren/Projektleiter bei einem Kontakt mit den Unternehmen vermehrte Informationen über das Kooperationsangebot der Hochschule insgesamt bereitstellen.

Auch die Informationsaufnahme über die vorgegebenen Kanäle wird von den Kooperationspartnern i.d.R. intensiver vorgenommen als von den Ignoranten. Allerdings gibt es Ausnahmen: Die HN wird von den Ignoranten über regionale Tageszeitungen und im Rahmen von Veranstaltungen außerhalb der Hochschule häufiger wahrgenommen als von den Kooperationspartnern. Hier bieten sich somit zwei strategische Ansatzpunkte, die Hochschule stärker als bisher insbesondere mit Blick auf gemeinsame Projekte von Wirtschaft und Hochschule zu thematisieren.

Aufgrund der durchweg guten Erfahrungen der Unternehmen im Hinblick auf die Zusammenarbeit mit der Hochschule (s.o.) fällt ihre Zustimmung zu den jeweiligen Eigenschaftskategorien entsprechend höher aus als die der Ignoranten. Die „Zustimmungslücke“ ist besonders ausgeprägt bezüglich der Praxisorientierung, der engagierten Kontaktsuche zur Wirtschaft sowie der internationalen Ausrichtung der Hochschule. Auffällig ist, dass die Zustimmung zur „Mittelstandsorientierung“ der HN auch von ihren Partnern mit nur 38 vH gering ausfällt – eine Einschätzung, die bereits weiter oben belegt wurde.

Zu denken geben muss, dass ein deutlich geringerer Anteil (13 vH) der Kooperationspartner das öffentliche Auftreten der Hochschule als wahrnehmbar bezeichnet, als dies die Ignoranten tun (28 vH). Hier ist nochmals darauf hinzuweisen, dass die Öffentlichkeitsarbeit neue Strategien erarbeiten muss. Darüber hinaus sollten Institutionen wie Stadtverwaltungen, Wirtschaftsförderer, Verbände und Kammern sehr viel intensiver in die PR-Arbeit einbezogen werden. Auch muss die Hochschule von diesen Institutionen deutlich stärker als bisher als positiver Standortfaktor hinsichtlich Lehre und Forschung in der Öffentlichkeit thematisiert werden.

Unternehmen, die mit der Hochschule zusammenarbeiten, kooperieren sehr viel stärker als die Ignoranten auch mit anderen Hochschulen und Forschungsinstituten. Dies zeigt, dass der Zusammenarbeit eine entsprechende Mentalität der Verantwortlichen in den Unternehmen zugrunde liegt, die – verbunden mit der erwähnten höheren Akademikerquote – im Wesentlichen an den deutlich schwächeren Berührungsängsten von Akademikern in bezug auf Forschungseinrichtungen und Hochschulen festzumachen ist.

Mit der Hochschule kooperieren im Wesentlichen innovative Unternehmen. So liegt der Anteil der Unternehmen mit einem Anteil der Innovation am Umsatz von über 25 vH bei 58 vH, im Gegensatz zu 24 vH bei den nicht kooperierenden. Dies gilt auch für die Zahl der angemeldeten Patente und Lizenzen: 35 bzw. 13 vH der Kooperationspartner haben in der Vergangenheit mehr als drei Patente angemeldet bzw. Lizenzen verwendet, bei den Ignoranten waren es nur 9 bzw. 3 vH.

Kaum nennenswerte Unterschiede zwischen den beiden Unternehmensgruppen konnten hinsichtlich der Bedeutung von Innovationshemmnissen sowie von Maßnahmen zur Erleichterung von Innovationen festgestellt werden. Lediglich Zugangsbarrieren zu F&E und zu deren Ergebnissen wurden von den Kooperationspartnern als weniger relevant eingeschätzt als von den Ignoranten. Dass die Partner der HN in der Zusammenarbeit mit Hochschulen und Forschungseinrichtungen eher eine Hilfe zur Erleichterung von Innovationen sehen als der Rest der Unternehmen, ist nicht überraschend und zeigt konsistentes Antwortverhalten.

Wie beurteilen die Kooperationspartner den Einfluss der Hochschule auf Innovationsverhalten und Strukturwandel in der Region? Während die Mehrheit (61 vH) der nicht kooperierenden Unternehmen keinen erkennbaren Einfluss der Hochschule erkennen kann, konstatiert die Mehrzahl der Kooperationspartner (33 vH) zumindest einen geringen Einfluss. Allerdings meinen auch knapp 22 vH dieser Gruppe, dass ein Einfluss eher nicht auszumachen ist. Dieses Ergebnis beruht möglicherweise darauf, dass auch die mit der Hochschule kooperierenden Unternehmen erkennen, dass diese Kooperation nur auf wenige Bereiche bezogen ist und außerdem von nur wenigen Unternehmen in der Region erfolgt. Neben der Erhöhung der Anzahl der Kooperationspartner sollte daher eine deutlich stärkere Verbreiterung der Basis der Zusammenarbeit mit den bereits existierenden Partnern der Hochschule angestrebt werden.

3.8. Hinderungsgründe der Zusammenarbeit und Möglichkeiten zur Verbesserung

Ähnlich wie hinsichtlich der Problembereiche der praktizierten Zusammenarbeit konnten auch mit Blick auf die Hinderungsgründe einer Kooperation aus Sicht der Unternehmen keine wesentlichen Erkenntnisse erzielt werden. Dass im Durchschnitt aller Antworten die jeweiligen Hinderungsgründe als „teil/teils" oder „eher nicht zutreffend" bezeichnet wurden, deutet darauf hin, dass es keine wesentlichen strukturellen Probleme zu geben scheint. Wenn man in der Reihenfolge trotz alledem eine Wertung vornimmt, scheint bei Betrachtung der hochschulspezifischen Gründe lediglich das tendenziell zu wissenschaftlich orientierte Know-how relevant zu sein.

Bei der Interpretation dieser Ergebnisse ist allerdings zu berücksichtigen, dass bei vielen der vorgegebenen Antwortkategorien fast zwei Drittel der Unternehmen mit „weiß ich nicht" geantwortet haben. Hier bestätigt sich die oben diskutierte Problematik, dass vor allem mit Blick auf die F&E-Potenziale der Hochschule eine erhebliche Informationslücke bei den Unternehmen besteht. Bezogen auf die im Fragebogen vorgegebenen Hinderungsgründe bestehen diese Defizite vor allem hinsichtlich der Bereitschaft der Professoren zur Zusammenarbeit, der Praxisrelevanz des Know-How, der technischen Ausstattung sowie der Qualifikation des Fachpersonals. Besonders hierzu besteht somit noch ein erheblicher Aufklärungsbedarf. Da bei den Unternehmen vor allem auch eine große Unsicherheit über die Bereitschaft der Professoren und Professorinnen an einer Zusammenarbeit besteht, sollte die Kooperationsinitiative zuallererst von einem Professor/einer Professorin ausgehen, so die Meinung der befragten Unternehmen (Schaubild 11). Ein großer Teil spricht sich gleichzeitig aber auch dafür aus, dass die Initiative ebenfalls vom Unternehmen ausgehen, beide Seiten somit aufeinander zugehen sollten.

Für die noch nicht mit der Hochschule kooperierenden Unternehmen bieten sich wiederum an erster Stelle traditionelle Kooperationswege an (Schaubild 12). An erster Stelle werden die Wahrnehmung von Weiterbildungsangeboten durch Mitarbeiter und die Beschäftigung von Studierenden im Praxissemester bzw. im Rahmen einer Diplomarbeit als interessant angesehen. Mittleres Interesse wird Projektkooperationen und Vorträgen von Unternehmensmitarbeitern an der Hochschule entgegengebracht. Die Möglichkeiten institutionalisierter Personalaustauschprogramme – Unternehmensmitarbeiter nehmen Lehraufträge an der Hochschule wahr und Professoren arbeiten in Unternehmen – werden mehrheitlich als weniger interessant eingestuft.

Schaubild 11

Von wem sollte die Initiative zur Zusammenarbeit ausgehen?

in vH aller Nennungen[1]

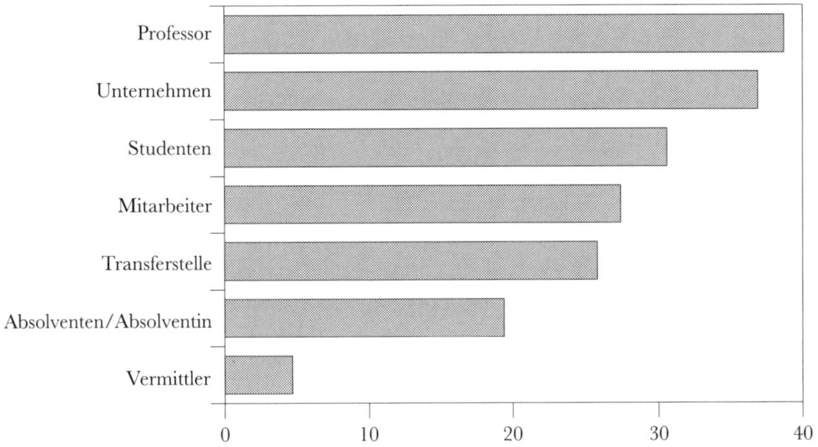

Ergebnisse einer Unternehmensbefragung. – [1]Mehrfachnennungen möglich.

Schaubild 12

Möglichkeiten der Zusammenarbeit mit der Hochschule Niederrhein

mittlere Ratingwerte[1]

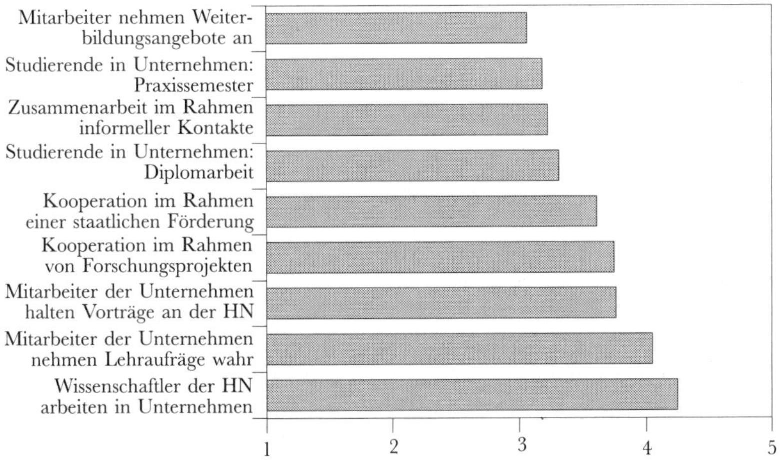

Ergebnisse einer Unternehmensbefragung. – [1]Ratingwerte von 1: „sehr interessant“ bis 5: „uninteressant“.

Diesen Ergebnissen entsprechend stehen Weiterqualifizierung der eingesetzten sowie Gewinnung zukünftiger Mitarbeiter als potenzielle „wichtige" Bereiche für eine Zusammenarbeit im Vordergrund. Von nur mittlerer Bedeutung sind Kooperationen mit dem Ziel von Produkt- und Verfahrensverbesserungen, organisatorische Beratungen, die Installierung neuer Verfahren oder die Entwicklung neuer Produkte. Überraschender Weise war zumindest Mitte des Jahres 2000 eine Zusammenarbeit auf dem Gebiet der EDV-Ausstattung sowie der Softwareentwicklung und -implementierung für die Befragten weniger interessant.

4. Fazit und Vorschläge zur Verbesserung der Zusammenarbeit

Die Hochschule Niederrhein hat eindeutig ein „Imageproblem". Trotz des mittlerweile 30-jährigen Bestehens wird sie von nur etwa zwei Drittel der in der Region Mittlerer Niederrhein ansässigen Unternehmen zumindest allgemein wahrgenommen. Spezifische Kenntnisse zu den Ausbildungsangeboten haben nur gut 40 vH. Forschungsaktivitäten, Weiterbildungsangebote und sonstige Kooperationspotenziale werden von der Wirtschaft kaum wahrgenommen. Somit ist zu konstatieren, dass die lange Tradition der ehemaligen Webschule am Standort Mönchengladbach und der ehemaligen Maschinenbauschule am Standort Krefeld das Bild der Hochschule als Bildungseinrichtung quasi zementiert hat, der Wandel auch in Richtung einer Forschungsstätte nur von wenigen Unternehmen wahrgenommen wurde. Die Tatsache, dass ein geringerer Teil der mit der Hochschule kooperierenden Unternehmen ihr Auftreten als wahrnehmbar bezeichnet als die nicht kooperierenden, spricht für sich.

Vor diesem Hintergrund wird der Einfluss der Hochschule auf Innovationsverhalten und Strukturwandel in der Region von den Unternehmen als eher nicht erkennbar oder als nur gering eingestuft; selbst ein Großteil der Kooperationspartner bestätigt diese Einschätzung. Trotz alledem: fast 40 vH der an der Umfrage beteiligten Unternehmen arbeiten mit der Hochschule Niederrhein zusammen. Allerdings machen die Befragungsergebnisse deutlich, dass diese Kooperation bisher nur begrenzte Bereiche betraf. Da die vorliegende Studie die erste dieser Art für die Hochschule Niederrhein darstellt, kann nicht gesagt werden, inwieweit es im Zeitablauf zu einer Intensivierung der Kooperationen gekommen ist. Es bleibt aber festzuhalten, dass die neu gegründeten FH Gelsenkirchen oder Rhein-Sieg, die zumindest zum Teil als Wettbewerber um Studierende und Wirtschaftskontakte angesehen werden müssen, innerhalb von vier bis fünf Jahren nach ihrer Gründung den Anteil der Kooperationspartner von 15 vH auf immerhin fast 30 vH erhöhen konnten (Christof 2000: 47).

Dass alle Unternehmen, die bisher mit der Hochschule Niederrhein kooperiert haben, die Kooperationen fortsetzen oder sogar intensivieren wollen, spricht für die Leistungsfähigkeit der HN. Kooperiert wird im Wesentlichen mit innovativen Unternehmen, mit solchen, die mehrere Patente anmelden, die Lizenzen verwenden und die eine hohe Akademikerquote ihrer Beschäftigten aufweisen. Dies hat sicherlich positive Auswirkungen auch für die Hochschule, profitieren Professoren und Mitarbeiter doch auch durch die Zusammenarbeit mit leistungsfähigen Unternehmen. Allerdings werden dadurch die Innovationskraft und Leistungsfähigkeit solcher Unternehmen, die möglicherweise Impulse von außen besonders dringend brauchen, nicht gestärkt. Zumindest für die Unternehmen, die an der Befragung teilgenommen haben, besteht ein positiver Zusammenhang zwischen Umsatzstärke und Zahl der Beschäftigten auf der einen und Innovationskraft auf der anderen Seite. Jedoch erreichen die Kooperationsangebote der Hochschule eine weitere Klientel bisher kaum, die kleinen und mittleren Unternehmen. Informations- und Marketingkampagnen müssen deshalb besonders die seit Jahren in der Region ansässigen, traditionell mit dem Mittleren Niederrhein verwurzelten mittelständischen Unternehmen als Zielgruppe definieren, um eine breitere Akzeptanz der Hochschule als Bildungs- und Forschungseinrichtung in der Region zu erlangen.

Neben einer solchen verstärkten Bestandspflege ist die Forcierung der Förderung von Existenzgründungen eine weitere Möglichkeit zur Intensivierung der Kooperationen. Immerhin gut die Hälfte der befragten Unternehmen sieht die Möglichkeit, dass die Hochschule hier einen spürbaren Beitrag leistet. Dabei sollten alle denkbaren Möglichkeiten wie das Angebot gründungsrelevanter Dienstleistungen, die Verstärkung entsprechender Ausbildungsinhalte oder die Einrichtung von Ideenbörsen auf ihre Eignung hin geprüft werden.

Neben diesen die Hochschule direkt betreffenden Maßnahmen sollte auch an die Verbesserung der Rahmenbedingungen gedacht werden. So sollten Institutionen des Mittleren Niederrheins – Kommunen, Verbände und Kammern – die positiven Standorteffekte der einzigen staatlichen Hochschule in ihrer Region deutlich stärker betonen, als dies bisher geschehen ist. Es gab und gibt aus diesem Umfeld immer wieder die Forderung nach Gründung einer „richtigen" Hochschule, sprich Universität. Dies ist in Zeiten der Angleichung sowohl der Ausbildungsinhalte als auch der Forschungsleistungen von Fachhochschulen und Universitäten eine unverständliche Forderung, und diese wird vor dem Hintergrund der jüngsten Entscheidungen zur Zusammenlegung von Universitätsstandorten immer weniger Erfolg versprechend. Die Stärkung und Profilierung der bestehenden Standorte ist somit das Gebot der Stunde, auch für die Hochschule Niederrhein. Der jüngste Bericht der Evaluierungskommission des Landes Nordrhein-Westfalen bescheinigt ihr jedenfalls die angesprochene Leistungsfähigkeit; hierauf sollte nicht nur die Hochschule selbst, sondern auch die Region zumindest ein wenig stolz sein.

Literatur

Brackmann, H.-J. (1993), Wechselwirkungen zwischen Fachhochschule und Wirtschaft in der Region. *Informationen zur Raumentwicklung*, 1993: 179–184.

Christof, K., R. Kampmann, P. Schulte und J. Walter (2000), *Regionale Entwicklungsimpulse von Hochschulen.* Folgestudie. Fachhochschule Gelsenkirchen.

Gloede, K., T. Schirmag und K. Schöler (1999), *Ökonomische Wirkungen der Universität Potsdam auf die Region.* Frankfurt: Lang.

Hamm, R. und M. Wenke (2001a), Regionalwirtschaftliche Effekte der Fachhochschule Niederrhein. Nachfrage- und angebotsseitige Impulse, Perspektiven der Zusammenarbeit zwischen Hochschule und Wirtschaft Schriften und Materialien zur Regionalforschung 10. RWI, Essen.

Hamm, R. und M. Wenke (2001b), Regionale Arbeitsmarktanalyse Mittlerer Niederrhein. Mönchengladbacher Schriften zur wirtschaftswissenschaftlichen Praxis 7. Aachen: Shaker.

Hamm, R. und M. Wenke (2002), Die Bedeutung von Fachhochschulen für die regionale Wirtschaftsentwicklung. *Raumforschung und Raumordnung* 60 (1): 28–36.

Nikula, R., G.M. Heinrich und B. Keller (o.J.), Fachhochschulen als Standortfaktor einer Region – Eine Pilotstudie. Ruhrforschungszentrum, o.O.

Schulte, P. (1993), Fachhochschulen als Infrastruktur von Regionen. *Informationen zur Raumentwicklung* 1993: 171–178.

Walter, J., R. Kampmann, M. Wenke, P. Schulte und S. Buß (1997), Regionale Entwicklungsimpulse von Hochschulen. Beiträge zur Forschung und Entwicklung aus der Fachhochschule Gelsenkirchen 1. Gelsenkirchen.

Zusammenfassung

Der vorliegende Beitrag fasst die Ergebnisse einer Unternehmensbefragung zu Stand und Perspektiven der Zusammenarbeit zwischen den Unternehmen am Mittleren Niederrhein und der Hochschule Niederrhein zusammen. Nach einem kurzen Abriss der veränderten Aufgabenstellung für die Fachhochschulen in Lehre und Forschung werden die potenziellen Kanäle der Kooperation von Hochschule und regionaler Wirtschaft erläutert. Anschließend werden die hieraus abgeleiteten Befragungsinhalte vorgestellt und ein Überblick über die wichtigsten Resultate gegeben. Als Fazit bleibt, dass die Hochschule trotz der 30 Jahre ihrer Existenz wenn überhaupt, dann lediglich als Ausbildungsstätte von den Unternehmen wahrgenommen wird. Die vielfältigen Kooperationsangebote im Bereich der Forschung wurden bisher nur zögerlich genutzt. Die Unternehmen allerdings, die bereits mit der Hochschule zusammengearbeitet haben, attestieren ihr eine hohe Problemlösungskompetenz.

Résumé

Cette étude présente un résumé des résultats sur l'enquête des entrepreneurs concernant le rapport actuel et les perspectives d'un travail commun entre les entrepreneurs de la moyenne Niederrhein et la « Hochschule Niederrhein ». Après une présentation courte des changements des taches survenues aux Fachhochschulen (instituts techniques supérieurs), l'auteur analyse des tuyaux potentiels de coopération. Ensuite, l'auteur présente les composants de l'enquête et un aperçu général des résultats. Comme conclusion, il est à constater que la « Hochschule Niederrhein » est considérée par des entrepreneurs – si du moins - exclusivement comme lieu de formation et ceci malgré ses trente année d'existence. L'offre de la coopération n'a été utilisée jusqu'ici qu'avec hésitation. Cependant, des entrepreneurs qui ont déjà collaborés avec la « Hochschule » lui attestent une forte compétence de résoudre des problèmes.

RWI-Mitteilungen 2002, Jg. 53 (1-4): 277–292

Die Fachhochschule Gelsenkirchen als „Innovationsmotor“ für die Emscher-Lippe-Region

von Johann Walter und Ricarda Kampmann[1]

The Emscher-Lippe-region is hitherto characterized by high unemployment, structural problems and a rather slow rate of innovation. This contribution analyses how the Fachhochschule Gelsenkirchen, University of Applied Sciences, can help in improving the region's ability to cope with structural change. First the economic situation of the region is described. Section two shortly explains the method of the empirical research. Subsequently, some results are presented – especially concerning the impact of the Fachhochschule on regional innovation. The final section gives some remarks on how to improve the regional impact of the Fachhochschule. (JEL: O18; O32; R58)

Die anhaltend überdurchschnittliche Arbeitslosigkeit im Ruhrgebiet – und innerhalb dessen vor allem im nordwestlichen Teil, der Emscher-Lippe-Region – ist immer wieder Anlass dafür, nach Instrumenten zur Verbesserung der regionalen Standortvoraussetzungen und der Wettbewerbsfähigkeit der in der Region ansässigen Unternehmen zu suchen. Im Rahmen dieser Überlegungen erfolgte 1992 die Neugründung der Fachhochschule (FH) Gelsenkirchen mit den Standorten Gelsenkirchen, Recklinghausen und Bocholt, von der nachhaltige Impulse für die Modernisierung der Unternehmen und damit der regionalen Wirtschaftsstruktur erhofft wurden. Solche Impulse können grundsätzlich über zwei „Kanäle“ ausgelöst werden:

- Das regionale Bildungsangebot verbessert die Qualifikation der verfügbaren Arbeitskräfte, vor allem dann, wenn es gelingt, die Fächerstruktur der Hochschule an den Erfordernissen der regionalen Wirtschaftsstruktur auszurichten.
- Die anwendungsbezogene Forschung in Fachhochschulen ermöglicht einen Transfer von technischem und organisatorischem Know-how in die Unternehmen der Region, die mit der Hochschule kooperieren.

Der Aufbau der FH Gelsenkirchen wurde von Anfang an durch ein wissenschaftliches Forschungsprojekt begleitet (Walter et al. 1997; Christof et al. 1999), das die Wirkung der Hochschule in der Region untersucht. Neben den nachfrageseitigen

[1] Prof. Dr. Johann Walter und Prof. Dr. Ricarda Kampmann, Fachhochschule Gelsenkirchen. Johann Walter war von 1991 bis 1995 Mitarbeiter des RWI in der Forschungsgruppe „Sektorale Strukturanalysen“, Ricarda Kampmann von 1983 bis 1993 in der Forschungsgruppe „Regionalwirtschaftliche Analysen“.

Impulsen stand vor allen der Beitrag der Hochschule zur Verbesserung der Innovationsorientierung in den Unternehmen der Region im Blickpunkt. Die Untersuchungen beruhen auf Unternehmensbefragungen zu den Erwartungen an die Hochschule und zu Kooperationen mit ihr sowie auf ergänzenden Leitfadeninterviews. Im Folgenden werden zunächst die Ausgangssituation in der Emscher-Lippe-Region skizziert (Abschnitt 1) und der Untersuchungsansatz zur Erfassung innovativer Impulse erläutert (Abschnitt 2). Im Abschnitt 3 werden einige für die Innovationen in der Emscher-Lippe-Region interessante Ergebnisse der Befragungen dargestellt. Ein Ausblick beschließt die Darstellung.

1. Ausgangslage im nördlichen Ruhrgebiet

Die Emscher-Lippe-Region – bestehend aus den Städten Gelsenkirchen, Recklinghausen und Bottrop sowie aus dem Kreis Recklinghausen (Arbeitsmarktregionen Gelsenkirchen und Recklinghausen) – ist durch eine überdurchschnittliche Arbeitslosenquote gekennzeichnet (Tabelle 1 und Schaubild 1): Während diese in Nordrhein-Westfalen, im Kreis Recklinghausen und in Gelsenkirchen zwischen 1993 und 1997 weitgehend parallel verliefen, vergrößerte sich der Abstand der regionalen Arbeitslosenquote vom Landesdurchschnitt seit 1997, während Bottrop einen unterduchschnittlichen Anstieg zu verzeichnen hatte.

Darüber hinaus weist die Emscher-Lippe-Region eine Reihe von strukturellen Nachteilen auf, die nur kurz skizziert werden können:

- Die Siedlungsdichte ist überdurchschnittlich; dies weist auf Verdichtungsengpässe hin. Sie lag 1997 in Gelsenkirchen mit 2 732 Einwohnern/km*2* deutlich über dem Durchschnitt des KVR-Gebiets (1 221), im Kreis Recklinghausen mit 871 Einwohnern/km^2 deutlich über dem Durchschnitt der Kreise im KVR-Gebiet

Tabelle 1

Arbeitslosenquote im regionalen Vergleich
1993 bis 2001; in vH

	NRW	Gelsenkirchen	Bottrop	Recklinghausen
1993	9,3	13,4	12,0	11,2
1994	10,7	15,0	12,7	12,6
1995	10,3	14,6	12,5	12,2
1996	11,1	15,8	12,9	13,1
1997	12,0	17,6	14,2	14,4
1998	11,5	18,0	14,5	14,1
1999	11,2	18,1	14,1	14,2
2000	9,8	16,4	12,2	13,1
2001	9,3	16,1	11,2	12,7

Nach Angaben des KVR.

Schaubild 1

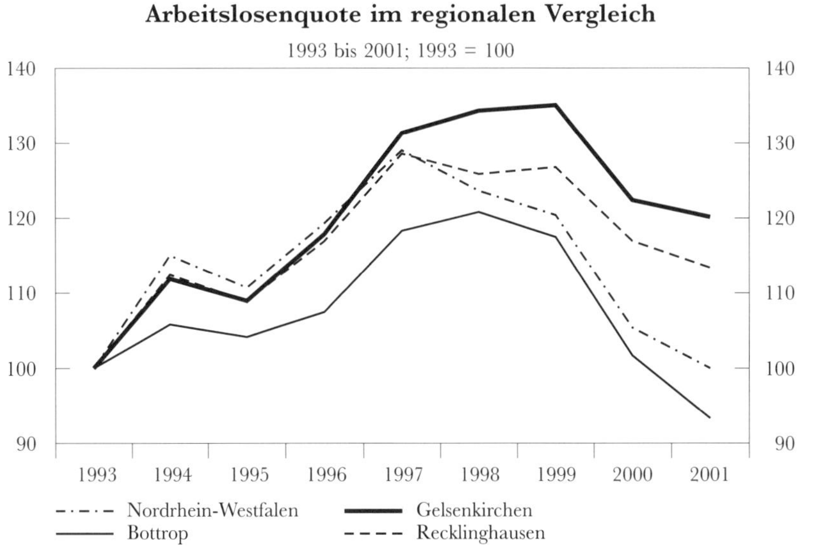

Eigene Berechnungen nach Angaben des KVR.

(694). Der Wert für Bottrop entsprach mit 1208 Einwohnern etwa dem KVR-Durchschnitt, der allerdings den Landesdurchschnitt (527) deutlich übersteigt[2].

- Die sektorale Struktur ist von landesweit schrumpfenden Wirtschaftsbereichen geprägt (z.B. Bergbau, Grundstoffindustrie); insbesondere Dienstleistungsbranchen sind in der Emscher-Lippe-Region gemessen am Landesdurchschnitt nur unterdurchschnittlich vertreten (Tabelle 2). Dies gilt insbesondere für die produktionsorientierten Dienste.

- Darüber hinaus treten in vielen Branchen Wachstumsdefizite gemessen am Landes- bzw. Bundesdurchschnitt auf (Tabelle 3).

- Ungünstig erscheint auch die Innovationsdynamik. Die amtliche Statistik weist hier zwar Lücken auf; es gibt aber indirekte Hinweise, z.B. in Bezug auf Patente. Das deutsche Patentamt hat für den Durchschnitt der Jahre 1992 bis 1994 die Patentdichte (Patentanmeldungen je 100 000 Einwohner) und -intensität (Patentanmeldungen je 100 000 Beschäftigte) in regionaler Gliederung (nach Erfindersitz) erfasst (Greif 1998). Die Patentdichte betrug demnach in Deutschland 38,1, in Nordrhein-Westfalen 38,3 und in der Arbeitsmarktregion Gelsenkirchen 23, die Patentintensität 109,6; 113,7 bzw. 85,4. In benachbarten Hochschulregionen waren die Ergebnisse deutlich besser: So werden für die Arbeitsmarktregion Münster 34 bzw. 100,7, für Essen 32,8 bzw. 95,2 und für Bochum 34,0 bzw. 111,8 ausgewiesen.

[2]Angaben des Landesamtes für Datenverarbeitung und Statistik NRW, des Statistischen Bundesamtes und aus der KVR-Datenbank.

Tabelle 2

Sozialversicherungspflichtig Beschäftigte in ausgewählten Regionen nach Wirtschaftsbereichen

1980 und 1996; Anteil in vH

Sektor	Emscher-Lippe-Region		KVR-Gebiet		Nordrhein-Westfalen	
	1980	1996	1980	1996	1980	1996
Energiewirtschaft	18,4	13,6	10,2	6,5	4,6	3,0
Verarbeitendes Gewerbe	32,2	25,7	37,1	27,3	41,6	32,6
darunter:						
Chemie/Kunststoffverarbeitung	9,2	7,5	3,6	3,2	5,3	4,6
Stahlbau	6,5	5,4	10	7,9	10,7	8,9
Nahrungsmittel	3,3	3,4	2,7	2,2	2,9	2,6
Baugewerbe	8,9	7,1	8,2	6,8	7,3	6,1
Produzierendes Gewerbe	59,5	46,4	55,5	40,6	53,5	41,7
Handel und Verkehr	16,5	17,1	19,3	20,7	18,6	19,8
Kreditinstitute, Versicherungsgewerbe	1,7	2,3	2,4	3,0	3,3	3,8
Dienstleistungen, a.n.g.	15,7	24,9	16,1	26,0	16,2	24,9
Gaststätten	2,3	4,3	1,9	3,7	2,2	3,8
Wissenschaft	3,5	3,5	3,5	4,3	3,7	4,4
Gesundheits- und Veterinärwesen	5,1	8,7	4,8	8,0	4,8	7,4
Rechts- und Wirtschaftsbereich	1,9	3,7	2,9	5,0	2,8	5,0
Sonstige Dienstleistungen	1,4	3,1	1,6	3,0	1,3	2,5
Gebietskörperschaft/Sozialversicherung	4,7	5,7	4,7	5,6	5,8	5,7
Tertiärer Sektor	39,8	52,8	44,1	58,7	45,7	57,5
Distributive Dienstleistungen	16,5	17,1	19,3	20,6	18,5	19,9
Produktionsorientierte Dienstleistungen	8,5	12,6	10,4	15,4	11,1	15,7
Haushaltsorientierte Dienstleistungen	8,9	14,6	8,2	13,7	8,4	13,0
Öffentliche Dienstleistungen einschließlich Organisation o.E.	5,9	8,5	6,3	9,0	7,6	8,9

Eigene Berechnungen nach Angaben des LDS NRW.

Diese Merkmale gelten als regionale Schwächen, die die Wettbewerbsfähigkeit der Region im Standortwettbewerb und die Chancen der in der Region ansässigen Unternehmen belasten. Der gemessen am Landesdurchschnitt geringere Dienstleistungsanteil ist unter zwei Gesichtspunkten als nachteilig zu werten: Zum einen leisten stark expandierende Dienstleistungsbereiche durch ihr Arbeitsplatzangebot einen erheblichen Beitrag zum regionalen Wachstum. Zum anderen erfordert die Erhaltung der Wettbewerbsfähigkeit produktiver Unternehmen in zunehmendem Maße den Einsatz produktionsorientierter Dienste. Insbesondere den „technischen Dienstleistungen kommt dabei die Funktion zu, Produkt- und Prozessinnovationen zu entwickeln, die marktgerechte Produkte bzw. Produktionsumstellungen ermöglichen" (Löbbe et al. 1992: 136). Die Inanspruchnahme produktionsorientierter Dienste setzt – insbesondere bei kleinen und mittleren Unternehmen, die solche Leistungen nicht intern erstellen können –, räumliche Nähe voraus (Pederson 1986: 177). Dies bewirkt, dass „künftig die Wettbewerbsfähigkeit einer Region

Tabelle 3

Veränderung der Zahl der sozialversicherungspflichtig Beschäftigten in ausgewählten Regionen nach Wirtschaftsbereichen

1980 bis 1996

Sektor	Emscher-Lippe-Region		KVR-Gebiet		Nordrhein-Westfalen	
	absolut	in vH	absolut	in vH	absolut	in vH
Energiewirtschaft	−16 789	−30,7	−74 632	−41,6	−89 815	−34,3
Verarbeitendes Gewerbe	−24 172	−25,2	−217 386	−33,2	−462 991	−19,7
Chemische Industrie	−6 636	−25,9	−12 511	−24,8	−53 087	−24,1
Nahrungsmittel	−366	−3,7	−11 727	−24,9	−12 524	−7,6
Baugewerbe	−6 611	−25	−34 906	−24,2	−59 448	−14,3
Handel	−1 403	−3,6	−10 886	−4,3	64 550	8,0
Verkehr und Nachrichten	121	1,2	1 050	1,2	37 052	15,4
Kreditinstitute,Versicherungen	1 167	22,4	5 423	12,6	30 074	15,9
Dienstleistungen, a.n.g.	22 866	49,1	132 465	46,6	530 765	58,1
Gaststätten	5 052	73,5	25 945	76,4	94 641	74,5
Wissenschaft	−459	−4,5	7 122	11,6	46 904	22,7
Gesundheits-/Veterinärwesen	9 094	60,3	43 828	52,1	155 260	57,0
Rechts-/Wirtschaftsbereiche	4 734	84,1	30 179	59,7	132 454	83,2
Sonstige Dienstleistungen	4 274	99,9	20 881	76,0	75 200	106,3
Gebietskörperschaften, Sozialvers.	2 093	15,1	6 494	7,8	6 150	1,9
Insgesamt	−18 394	−6,2	−164 051	−9,3	141 494	2,5

Eigene Berechnungen nach Angaben des LDS NRW.

nicht nur von ihrer Eignung als Produktions-, sondern auch als Dienstleistungsstandort abhängt“ (Löbbe et al. 1992: 138). Gerade in Hinblick auf die Dienstleistungen hatten die Ruhrgebietsstädte und hier insbesondere die Emscher-Lippe-Region aber lange Zeit Nachteile. Dienstleistungen sind hier traditionell unterrepräsentiert, weil wichtige Standortfaktoren – insbesondere die Verfügbarkeit qualifizierter Arbeitskräfte und Urbanisierungsvorteile wie eine hohe Informationsdichte (innovatives Know-how, Technologietransfereinrichtungen, innovationsfreundliches Klima, „weiche“ Standortfaktoren) – aufgrund der Entstehungsgeschichte der Ruhrgebietsstädte mit einer einseitigin Ausrichtung auf die Industrie wenig ausgeprägt waren.

2. Untersuchungsansatz zur Erfassung von Innovationsimpulsen

Bei der Erfassung der mittelbaren Innovationseffekte einer (neu errichteten) Fachhochschule sind mehrere Aspekte zu beachten. Zunächst kann sie die Innovationsfähigkeit, die -bereitschaft und die Realisierung von Innovationen in der Region beeinflussen, und zwar durch unterschiedliche Kooperationsaktivitäten, z.B. durch

- Technologieprojekte in Kooperation mit der regionalen Wirtschaft; ggf. befristete Mitarbeit von Wissenschaftlern in regionalen Unternehmen;

- Produktion von modernem Know-how in Form von Absolventen, die in der Wirtschaft der Region Beschäftigung finden;
- Einsatz von Studenten für Praxisprojekte in regionalen Unternehmen im Rahmen von Praxissemestern oder Diplomarbeiten;
- Weiterbildungsangebote für Unternehmen der Region;
- Gründung von An-Instituten bzw. Technologietransferstellen;
- Förderung von regionalen Existenzgründungen.

Diese Aktivitäten und Facetten sind mit ins Bild zu nehmen. Dabei sind in Bezug auf Innovationen neben technischen Neuerungen auch neue Organisationsformen, Vertriebsstrukturen usw. zu betrachten. Neben den realisierten Innovationsergebnissen sind auch die vorgelagerten Ideenfindungsprozesse (neben „Innovationen zum Anfassen" also auch „Innovationen in den Köpfen"), noch weiter betrachtet die Innovationsmentalität bzw. das Innovationsklima in der Region zu berücksichtigen. Schließlich darf nicht nur ein „Standbild" der Innovationswirkungen zu einem bestimmten Zeitpunkt erhoben werden; sie sind vielmehr wiederholt zu untersuchen und im Zeitverlauf darzustellen.

Die empirische Untersuchung der regionalen Impulswirkung der FH Gelsenkirchen erfordert damit ein Instrumentarium, das auch qualitative Effekte darstellen kann. Die amtliche Statistik liefert hier wie erwähnt kaum Hinweise. Deshalb wurde in dem angesprochenen Forschungsprojekt ein Ansatz gewählt, der allen angesprochenen Punkten Rechnung trägt und der im Wesentlichen auf detaillierten schriftlichen Befragungen und ergänzenden Leitfadeninterviews basiert. 1995 und 1998 wurden ausgewählte Unternehmer der Region befragt; für den Herbst 2002 ist eine weitere Befragung vorgesehen. Die Ergebnisse dieser zwei Untersuchungen sind vergleichbar, denn es wurden weitgehend übereinstimmende Fragebögen und Interviewleitfäden verwendet, die Unternehmen wurden nach gleicher Methode ausgewählt – nach regionaler Branchen- und Größenstruktur, aber auch nach inhaltlicher Nähe zur Fachhochschule (so hatten Unternehmen aus den Bereichen Maschinenbau und Elektrotechnik ein höheres Gewicht) –, und es wurde eine strukturelle Ähnlichkeit der Rückläufe erzielt.

3. Ergebnisse

3.1. Innovationsklima und Innovationserfolge

Das Innovationsklima der Region wurde in mehreren Schritten untersucht. Die Befragten sollten zunächst eine Einschätzung der Standortsituation in Bezug auf 17 Standortfaktoren abgeben. 1998 hielten die Unternehmen – wie 1995 – die Qualität und Verfügbarkeit von Arbeitskräften für den wichtigsten Standortfaktor, die „weichen" Faktoren (Erholungswert, Kulturangebot usw.) für eher unwichtig (Schaubild 2). Hochschulen und Forschungseinrichtungen lagen bei dieser Einschätzung eher im Mittelfeld; allerdings hielten über 90 vH der Unternehmen 1998 deren Ausstattung für „besser als früher" – der hohe Wert von 1995 wurde

Schaubild 2

Bedeutung von Standortfaktoren im nördlichen Ruhrgebiet

Durchschnittliche Bewertung[1]

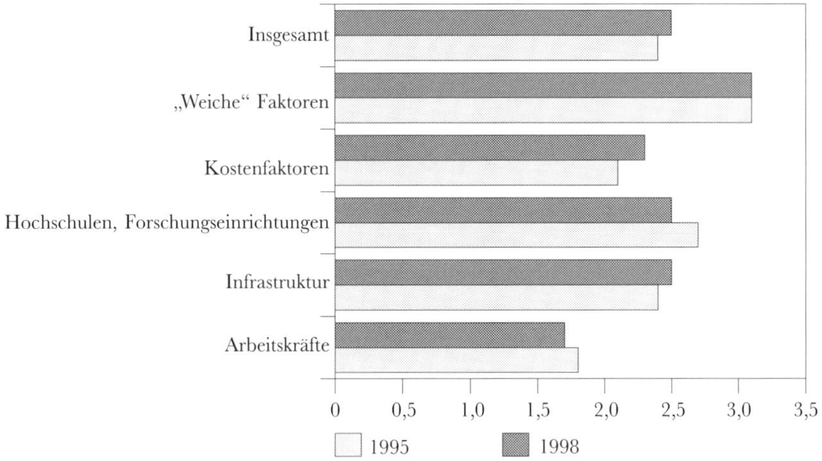

Ergebnisse von Unternehmensbefragungen. – [1]Skala von 1: „sehr wichtig" bis 5: „eher unwichtig".

Schaubild 3

Verbesserung der Standortfaktoren im nördlichen Ruhrgebiet

Anteil der Unternehmen, die eine Verbesserung sehen, in vH

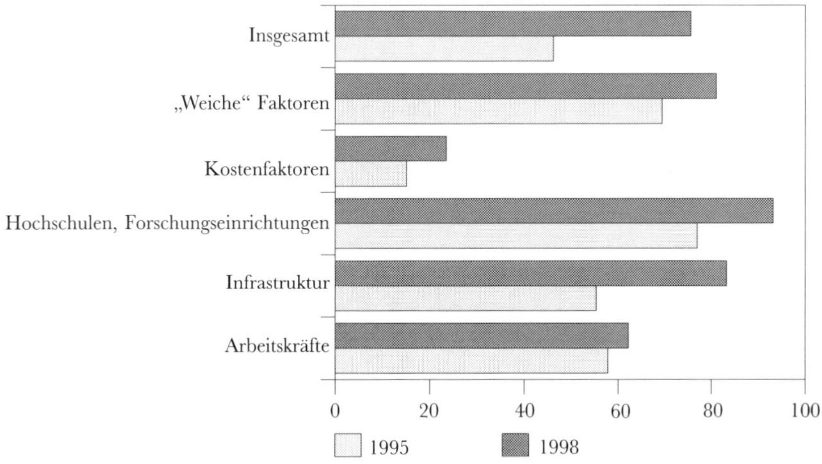

Ergebnisse von Unternehmensbefragungen.

Schaubild 4

Bewertung der Mentalität im nördlichen Ruhrgebiet

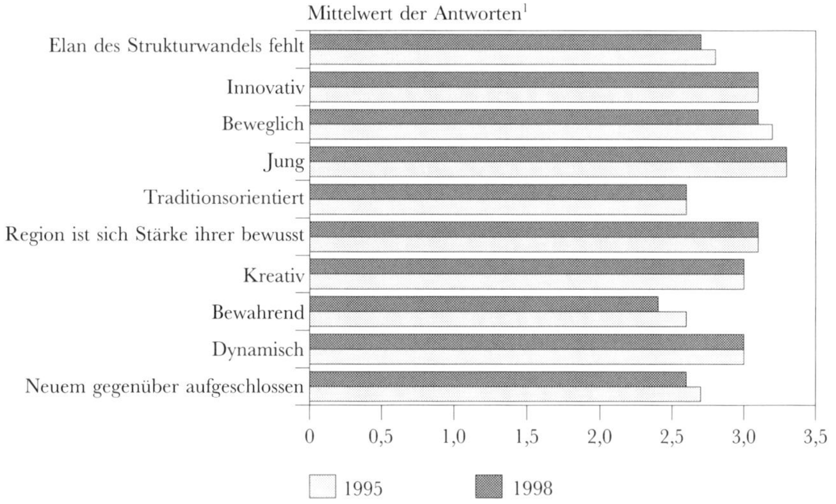

Ergebnisse von Unternehmensbefragungen. – [1]Skala von 1: „trifft völlig zu" bis 5: „trifft überhaupt nicht zu".

noch übertroffen (Schaubild 3). Bei den Kostenfaktoren (Personalkosten, Steuern, Gebühren, Grundstücks- und Entsorgungskosten) wurden demgegenüber eher Verschlechterungen gesehen.

Im zweiten Schritt wurde die Innovationsmentalität untersucht. Die Unternehmer sollten zu vorgegebenen Charakterisierungen der regionalen Mentalität Stellung nehmen. Zu antworten war auf einer Skala von 1 („trifft völlig zu") bis 5 („trifft überhaupt nicht zu"). Die Mentalität der Region wurde 1995 und 1998 fast gleich eingeschätzt (Schaubild 4). Die höchste Zustimmung gab es für die Beurteilungen „bewahrend" und „traditionsorientiert"; hingegen erzielten „innovativ", „jung", „dynamisch", „beweglich" eine deutlich niedrigere Zustimmung. Dies mag mit der für Innovationen zunächst eher ungünstigen regionalen Wirtschaftsstruktur in der Region zu tun haben. Die Ausgangslage für einen „Innovationsmotor Fachhochschule" ist jedenfalls – sollten diese Urteile stimmen – nicht günstig.

Die Unternehmer sollten danach das Führungsverhalten der Unternehmer der Region (und damit indirekt sich selbst) charakterisieren. Auch hier ist das Bild eher unklar (Schaubild 5): Zwar werden „Defensivstatements" wie „ich konzentriere mich auf die Arbeit einer Woche" oder „ich will über den Tag kommen" klar abgelehnt. Allerdings wird den eher auf einen innovationsorientierten Führungsstil passenden Beschreibungen „Visionär", Liebe zum Risiko" und „ich führe bewußt Veränderungen durch" nicht klar zugestimmt. Auch in Bezug auf den regionalen Führungsstil könnten somit die Voraussetzungen für einen „Innovationsmotor Fachhochschule" besser sein.

Schaubild 5

Bewertung des Führungsstils im nördlichen Ruhrgebiet

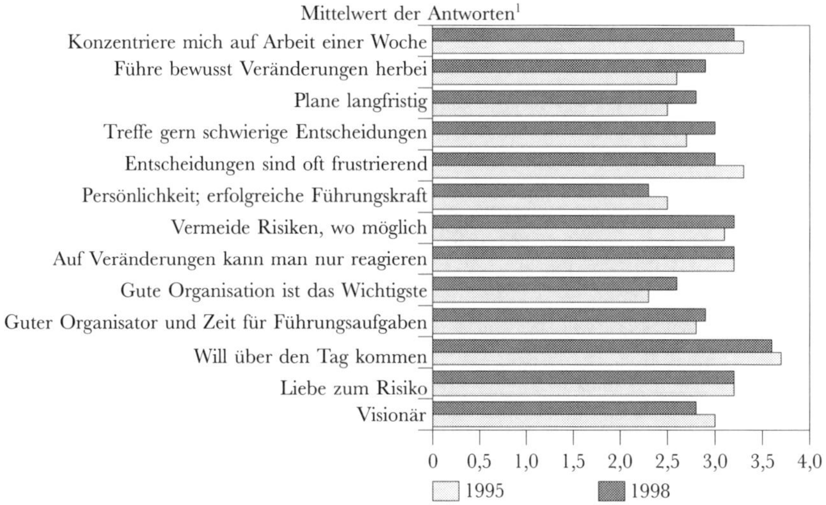

Ergebnisse von Unternehmensbefragungen. – [1]Skala von 1: „trifft völlig zu" bis 5: „trifft überhaupt nicht zu".

Schließlich wurden die Unternehmer zum Innovationserfolg bzw. -verhalten befragt. Letzteres hat sich zwischen 1995 und 1998 zwar nicht grundsätzlich, aber doch in Teilbereichen geändert. Um abschätzen zu können, ob der „Innovationsmotor Fachhochschule" eventuell schon angesprungen ist, sind die Ergebnisse näher zu betrachten. 1998 wie 1995 gaben weniger als 40 vH aller Unternehmen an, in den letzten vier Jahren regelmäßig Innovationen durchgeführt zu haben (Schaubild 6). Hauptfelder sind dabei – ähnlich wie 1995 – die Betriebsorganisation, neue und verbesserte Produkte, verbesserte Verfahren und Neuerungen im Rechnungswesen. Die generelle Neigung zur F&E-Kooperation mit Hochschuleinrichtungen hat sich nicht erhöht, obwohl mehr Unternehmen als 1995 angaben, über eine eigene F&E-Abteilung zu verfügen. In Bezug auf einzelne Innovationsindikatoren ergeben sich folgende Befunde:

Patente und Lizenzen:
Der Anteil der Unternehmen, die in den letzten vier Jahren mindestens ein Patent angemeldet haben, ist im nördlichen Ruhrgebiet – den Befragungsergebnissen zufolge – mit rund 35 vH nahezu unverändert geblieben. Der eingangs erwähnte Rückstand gegenüber anderen Regionen scheint somit noch nicht aufgeholt zu ein. Von 27 auf 39 vH deutlich zugenommen hat dagegen der Anteil der Unternehmen, die Lizenzen nutzen. Eventuell wird hier versucht, bestehende Innovationsrückstände durch Zukauf von Wissen auszugleichen. Wie 1995 sind große Unternehmen „patent- und lizenzaktiver" als der Mittelstand. Dieses – aus der Literatur bekannte – Ergebnis hängt zum einen mit den hohen Patent- und Lizenzkosten zusammen. Zudem haben Mittelständler oft keine F&E-Abteilung und kein wissenschaftlich geschultes Personal, das auch Voraussetzung für die Nutzung ist. Besonders

Schaubild 6

Innovationsindikatoren im nördlichen Ruhrgebiet

Anteil der Antworten in vH[1]

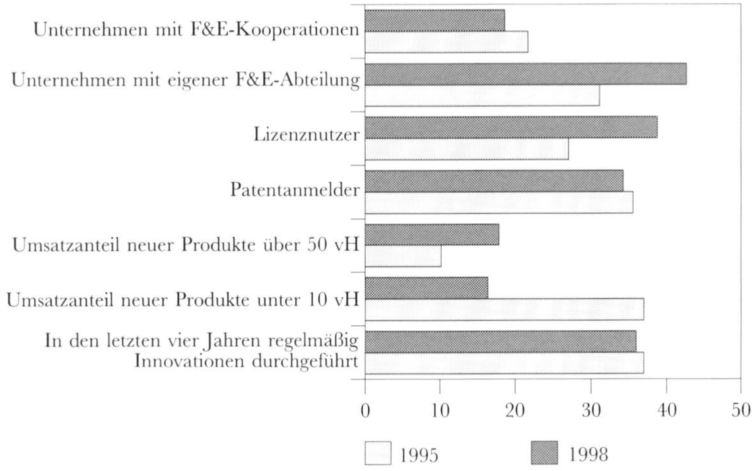

Ergebnisse von Unternehmensbefragungen. – [1]Mehrfachnennungen möglich.

ders die Neigung zur Nutzung von Lizenzen hängt mit der Akademikerquote zusammen; Akademiker verbessern oft die Einbindung in „akademische Netzwerke", wo der Zugang zu verwertbarem (und auch patentrelevantem) Wissen leichter ist. Durch die Einstellung von Fachhochschulabsolventen können Unternehmen somit die Voraussetzung für die Nutzung von Patenten und Lizenzen – und damit für Innovationen – verbessern. Seit einigen Jahren finden immer mehr Absolventen der FH Gelsenkirchen eine Beschäftigung in der Region. Der „Innovationsmotor" der Fachhochschule hat eventuell schon gezündet, ohne dass die Wirkung in der Region schon einen breiten statistischen Niederschlag fand.

Umsatzanteil neuer Produkte:
Der Umsatzanteil neuer Produkte war 1998 – den Angaben der befragten Unternehmer zufolge – deutlich höher als 1995: Der Anteil von Unternehmen mit einem Umsatzanteil neuer Produkte von über 50 vH ist von 10 auf 18 vH gestiegen. Der Anteil von Unternehmen mit einem Umsatzanteil neuer Produkte von unter 10 vH ist dagegen deutlich zurückgegangen. Der diesbezüglich gegenüber anderen Regionen bestehende Rückstand wurde abgebaut. Inwieweit dies bereits dem „Innovationsmotor Fachhochschule" zugeschrieben werden kann, lässt sich erst nach Betrachtung der Kooperationsaktivitäten der Fachhochschule beurteilen. Zuvor wird aber das Erscheinungsbild der FH in der Region betrachtet.

3.2. Image der Fachhochschule in der Region

Obwohl die Region erkennen muss, dass die FH bisher noch nicht alle der z.T. hochgesteckten Erwartungen erfüllen konnte, ist ihr Erscheinungsbild in der Region unverändert gut: Ihr wird überwiegend zugetraut, dass sie Innovationen und den Kontakt zur Wirtschaft fördert und Wirtschaft und Technik verbindet. Mehrheitlich wurde ihr Auftreten auch als „aktiv", „dialogorientiert" und „glaubwürdig" bezeichnet. Insbesondere hat sich das Ansehen der FH als regionaler Impulsgeber für Innovationen verbessert: 1998 hielten zwei Drittel der Befragten (gegenüber 1995 58 vH) die FH für einen guten Kooperationspartner für Innovationen. Bei den Unternehmen, die bereits mit der Fachhochschule kooperieren, sind dies sogar 89 vH. 1998 waren 12 vH der Befragten (1995 erst 4 vH) der Meinung, die FH habe in der Region bereits Einfluss auf Innovationsbereitschaft und -fähigkeit.

Der FH wird offenbar viel zugetraut, obwohl sich das bisher beim Innovationsklima und bei den tatsächlichen Innovationsaktivitäten erst teilweise niedergeschlagen hat. Es stellt sich die Frage, inwieweit dieses positive Image mit der Entwicklung der Kooperationen zwischen Fachhochschule und regionaler Wirtschaft in Zusammenhang zu bringen ist.

3.3. Kooperation zwischen Fachhochschule und regionaler Wirtschaft

Die Kooperationsbeziehungen zwischen der FH und der regionalen Wirtschaft nehmen ständig zu: 1998 kooperierten im nördlichen Ruhrgebiet 27 vH aller Befragten mit der FH, 1995 waren es erst 17 vH gewesen. Die Drittmittelstatistik der FH bestätigt diese Tendenz: 1996 gab es 34 konkrete Projekte mit Unternehmen der Region, 1999 waren es schon 104 – mit einem Gesamtvolumen von 1,6 Mill. DM. Besonders stark gestiegen sind Kooperationen mit den betriebswirtschaftlichen Fachbereichen der FH. Das noch 1995 bestehende „Übergewicht" technisch orientierter Kooperationen bestand 1998 nicht mehr.

1998 waren im nördlichen Ruhrgebiet 33 vH der bis dahin noch nicht kooperierenden Unternehmen an einer Kooperation interessiert; 1995 erst 28 vH. Die kooperierenden Unternehmen sehen die Zusammenarbeit – ähnlich wie 1995 – mehrheitlich positiv und wollen sie zu 62 vH weiter ausbauen; in keinem Fall wird die Einstellung erwogen.

Die Kontaktaufnahme in Bezug auf Kooperationen ging 1998 zu 75 vH von der FH aus. Dagegen waren 1995 in 66 vH aller Fälle die Unternehmen initiativ geworden. Die Fachhochschule kommt damit den Vorstellungen der Unternehmen entgegen, die zu über 80 vH (1998) wünschen, der Kontakt möge von der FH ausgehen, z.B. von der Transferstelle.

Beliebteste Formen der Zusammenarbeit sind – 1998 wie 1995 – der Einsatz von Studenten im Praxissemester und im Rahmen von Diplomarbeitsprojekten. Erst an dritter Stelle stehen kooperative Forschungsprojekte. Die gleiche Rangfolge ergibt sich übrigens, wenn kooperationsinteressierte Unternehmen gefragt werden, an welcher Art der Zusammenarbeit sie interessiert wären. Eine Diskrepanz besteht in Bezug auf Weiterbildungsangebote der FH. Diese werden von den kooperierenden Unternehmen offenbar bisher kaum genutzt, obgleich bei einem Teil ein Interesse zu konstatieren ist.

Gehen aber von den beschriebenen Kooperationen spürbare Innovationsimpulse aus? Zwar geben nur 31 vH der Befragten an, die Kooperation habe zur Realisierung von Innovationen beigetragen, und immerhin 38 vH verneinen dies. Es ist aber auch von indirekten Effekten auszugehen. Bei den von den Unternehmen präferierten Kooperationsformen scheinen Personalaspekte eine dominierende Rolle zu spielen. Dies gilt für die Einstellung von Absolventen, aber auch bei der Beschäftigung von Studenten im Praxissemester bzw. im Rahmen von Diplomprojekten, was oft mit Blick auf spätere Einstellungen erfolgt. Diese Form der Kooperation hat aber mittelbar auch mit Innovationen zu tun. Absolventen bilden die gedankliche Brücke zwischen den Themen „Innovation" und „Kooperation mit der Fachhochschule". Sie tragen – wie erwähnt – neue Ideen in die Unternehmen und dienen zugleich als Kontaktmittler zwischen Unternehmen und FH. Die Absolventen von heute können (etwas überspitzt) die Kooperationsanbahner und Innovationsbeschleuniger von morgen sein. Sollte diese Einschätzung zutreffen, so ist zu erwarten, dass es im Laufe der nächsten Jahre – bei steigender Zahl von Absolventen, die in der Region Beschäftigung finden – zu immer mehr Kooperationen kommen wird. Das Beziehungsgeflecht zwischen FH und regionaler Wirtschaft wird somit, falls die Absolventen nicht mehrheitlich in anderen Regionen oder im Ausland Beschäftigung finden, immer dichter.

Diese Überlegung hilft zugleich, den Widerspruch zwischen gutem Image und bisher (noch) geringer allgemeiner Innovationswirkung der FH zu erklären. Die Unternehmen scheinen zu hoffen, dass die FH mittelbar – durch Bereitstellung gut ausgebildeter Absolventen – in breitem, heute noch nicht absehbarem Maß zu zukünftigen Innovationen in der Region beiträgt. Die Verfügbarkeit qualifizierter Arbeitskräfte, daran sei erinnert, war der von den Befragten als am wichtigsten eingeschätzte Standortfaktor.

Weitere Erkenntnisse über die durch Kooperationen ausgelösten Impulse gewinnt man, wenn man die Unternehmen, die (schon) kooperieren, mit den nicht kooperierenden vergleicht. Schaubild 7 zeigt – gemeinsam für das „nördliche Ruhrgebiet" und das „Westmünsterland" – die entsprechenden Ergebnisse für 1998. Mehrere Punkte fallen auf: Kooperierende Unternehmen sind überdurchschnittlich innovativ; dies zeigt sich in Bezug auf die Regelmäßigkeit von Innovationen, auf den Umsatzanteil neuer Produkte, aber auch z.B. auf die Patentaktivitäten. 44 vH der kooperierenden Unternehmen hat in den letzten vier Jahren mindestens ein Patent angemeldet, aber nur 22 vH der nicht kooperierenden. Innovation und Kooperation mit der FH hängen offenbar zusammen. Umgekehrt erkennen innovative Unternehmen eher die möglichen Impulse einer FH und nutzen sie. Aufgabe der FH muss es vor diesem Hintergrund sein, auch die (noch) nicht innovativen Unternehmen besser zu erreichen. Nur so kann sie in der Region eine breite Innovationswirkung entfalten.

Kooperierende Unternehmen sind insgesamt wissenschafts- bzw. forschungsnah. Im einzelnen haben 59 vH der kooperierenden Unternehmen eine F&E-Abteilung, aber nur 37 vH der nicht kooperierenden. 30 vH der kooperierenden Unternehmen haben eine Akademikerquote von über 10 vH (gegenüber 12 vH). Außer-

Schaubild 7

Charakterisierung von Unternehmen des nördlichen Ruhrgebiets und des Westmünsterlandes

1998; Anteil der Antworten in vH[1]

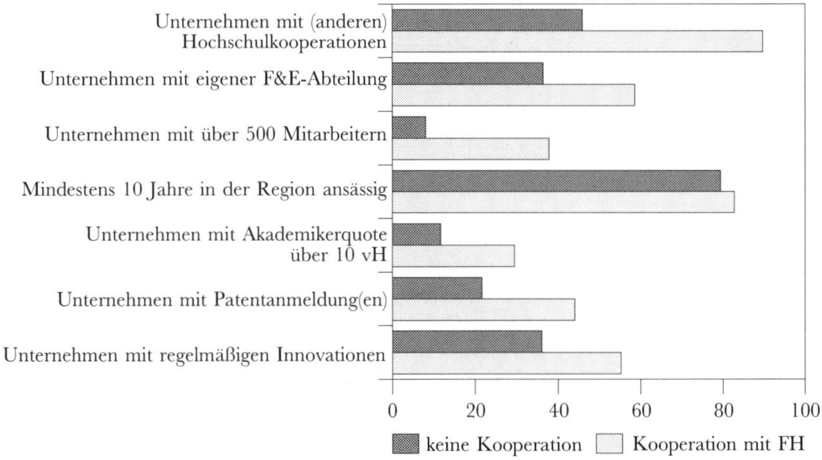

Ergebnisse von Unternehmensbefragungen. – [1]Mehrfachnennungen möglich.

dem sind kooperierende Unternehmen gut in Forschungsnetzwerke eingebunden, 90 vH (gegenüber 46 vH) arbeiten z.B. auch mit anderen Hochschulen zusammen.

Dieses Ergebnis hat möglicherweise etwas mit Größenunterschieden zu tun. Tendenziell sind kooperierende Unternehmen groß. Der Anteil von Unternehmen mit mehr als 500 Mitarbeitern ist bei den kooperierenden Unternehmen mit 38 vH deutlich höher als bei den nicht kooperierenden (8 vH). Möglicherweise besteht aber ein latentes Kooperationsbedürfnis des Mittelstands, denn gerade kleine und mittlere Unternehmen beurteilen die potenzielle Eignung der FH als Innovationspartner besonders gut. Hier ist ein Potenzial für weitere Innovationsimpulse der FH zu erkennen.

Kooperierende Unternehmen kommen oft noch aus traditionellen Branchen (im nördlichen Ruhrgebiet z.B. aus Bergbau, Energieversorgung, Grundstoffindustrie). Die Dienstleistungsbranchen holen aber bei den Kooperationen verglichen mit 1995 auf; die einseitige Branchenorientierung bei den Kooperationen der FH dürfte bald der Vergangenheit angehören. Man könnte vermuten, dass „alt eingesessene" Unternehmen, die mehr Zeit hatten, Kontakte zu knüpfen, überdurchschnittlich oft kooperieren. Dies ist aber nur in geringem Maß der Fall (Schaubild 7). Es gibt auch viele junge bzw. „zugezogene" Unternehmen mit guten Kontakten zu Forschungseinrichtungen – dazu gehören oft auch Existenzgründer. Allerdings müssen sie von der FH noch stärker angesprochen werden.

Insgesamt ist festzustellen, dass sich die Kooperationsbeziehungen zwischen der FH Gelsenkirchen und den Unternehmen im nördlichen Ruhrgebiet zwar gut entwickeln. Bisher konzentrieren sich diese Beziehungen (und damit die von der FH ausgehenden Innovationsimpulse) aber noch auf große, bereits innovative und in Forschungsnetzwerke eingebundene Unternehmen. Ferner sind die Kooperationen bisher noch wenig auf die Ideengewinnung, häufig dagegen auf die Realisierung bzw. Umsetzung vorhandener Ideen gerichtet. Es gibt verschiedene Ansatzpunkte, um die Impulswirkung der FH zu verbreitern und den „Innovationsmotor Fachhochschule" auf noch höheren Touren laufen zu lassen. Einige dieser Ansatzpunkte seien abschließend betrachtet.

4. Ausblick

Die Schaffung eines günstigen regionalen Innovationsklimas kann naturgemäß nicht von einzelnen Akteuren geleistet werden. Verschiedene Impulse sollen zusammen dazu beitragen, das Klima durch die Schaffung eines innovativen bzw. „kreativen Milieus" zu verbessern. Darunter versteht man Kontaktnetze regionaler Akteure aus verschiedenen Unternehmen und Einrichtungen, die durch persönliche Interaktionen Lernprozesse anregen. Unterstützt wird die regionale Wirkung durch die Bindung der Akteure an den gemeinsamen Standort (Fromhold- Eisebith 1999). Zwar ist es schwierig, ein kreatives Milieu zu erzeugen, weil es vom persönlichen Austausch geprägt ist; man kann aber versuchen, die Möglichkeiten eines regionsinternen Informationsaustauschs zu verbessern. Dazu bieten sich Maßnahmen an, die die regionale Kooperation von Betrieben stimulieren und Unternehmensgründungen fördern. In diesem Zusammenhang wird Einrichtungen der Technologieförderung bzw. zur Förderung des Technologietransfers eine große Bedeutung beigemessen (Fromhold- Eisebith 1999: 173f.). Hierzu können vor allem Forschungs- und Bildungseinrichtungen einen Beitrag leisten.

Die Fachhochschule sollte, um in noch stärkerem Maß regionale Innovationsimpulse geben zu können, ihre Kooperationsangebote bzw. -anstrengungen in folgenden Bereichen intensivieren:

- bei jungen Unternehmen und Existenzgründern in der Region;
- bei mittelständischen Unternehmen der Region;
- bei bisher wenig in „akademische Netzwerke" eingebundenen Unternehmen;
- bei Weiterbildungsangeboten für die Unternehmen der Region;
- im Bereich der Ideenfindung. (Die FH wird bislang eher als Partner zur Durchführung von Innovationen, weniger zur Generierung von Ideen gesehen).

Die FH muss dazu stärker auf die Unternehmen der Region zugehen. Unter anderem sind themen- bzw. branchenbezogene Informationsveranstaltungen denkbar, die allerdings in Organisation und Terminierung auf die Bedürfnisse des Mittelstands zugeschnitten sein sollten (z.B. Abendveranstaltungen). Außerdem sollten Informationen über neue Entwicklungen an der Fachhochschule auch für einzelne

Unternehmen zugänglich sein; so könnte Hilfe beim „Innovationsmarketing“ bzw. „Innovationsmanagement“ mittelständischer Unternehmen geleistet werden. Zu denken ist auch an die Einrichtung von „Ideenwerkstätten“ in Kooperation zwischen Fachhochschule und Wirtschaft und an die Förderung von Existenzgründungen (z.B. durch Ideenbörsen, Businessplanwettbewerbe, Gründungsberatung, gründungsrelevante Ausbildung). Die Fachhochschule hat – über die „normalen“ Kontakte zur regionalen Wirtschaft hinaus – in dieser Hinsicht bereits einiges in die Wege geleitet. Mehrere „Innovationsrelevante“ Strukturen wurden geschaffen:

- Institut für Innovation und Existenzgründung, das für die Region eine weit gefächerte Palette von Dienstleistungen zu Innovation und Existenzgründung bietet;
- Kooperation mit dem „Gründer Support Ruhr“ und der Initiative „Go!“Spring (zusammen mit der Ruhr-Universität Bochum und dem RWI);
- Möglichkeit der Teilzeitanstellung an der FH für Existenzgründer (Landesprogramm PFAU);
- Mitarbeit im „Bündnis für Innovationen“ in Marl, wo u.a. gut erschlossene Flächen für junge Chemieunternehmen günstig bereit gestellt werden;
- Zentrum für Handwerk und Wissenschaft, durch welches die Zusammenarbeit mit dem mittelständischen Handwerk der Region besondere Impulse bekommen soll (zusammen mit der Handwerkskammer Münster und der Westfälischen Wilhelms-Universität Münster);
- Institut für mittelstandsorientierte Betriebswirtschaft (zusammen mit Fachhochschule Münster).

Diese Ansätze sollten fortgeführt und intensiviert, d.h. inhaltlich mit vielen konkreten Projekten angereichert werden. Dann ist zu erwarten, dass die FH Gelsenkirchen zum immer stärker wirkenden „Innovationsmotor“ im nördlichen Ruhrgebiet wird.

Literatur

Christof, K., R. Kampmann, P. Schulte und J. Walter (1999), Regionale Entwicklungsimpulse von Hochschulen. Folgestudie. Beiträge zur Forschung und Entwicklung aus der Fachhochschule Gelsenkirchen 2. Gelsenkirchen.

Fromhold-Eisebith, M. (1999), Das „kreative Milieu“ – nur theoretisches Konzept oder Instrument der Regionalentwicklung. *Raumforschung und Raumordnung* 57 (2/3): 168–175.

Greif, S. (1998), *Patentatlas Deutschland.* München: Deutsches Patentamt.

KVR (Hrsg.) (lfd. Jahre), Städte- und Kreisstatistik. Essen.

Löbbe, K., R. Graskamp, R. Kampmann, M. Scheuer und J. Walter (1992), Technische Dienstleistungen, Technologietransfer und Innovation. Untersuchungen des RWI 7. RWI, Essen.

Pederson, P.O. (1986), The Role of Business Services in Regional Development – a New Growth Centre Strategy? *Scandinavian Housing and Planning Research* 3: 167ff.

Walter, J., R. Kampmann, M. Wenke, P. Schulte und S. Buß (1997), Regionale Entwicklungsimpulse von Hochschulen. Beiträge zur Forschung und Entwicklung aus der Fachhochschule Gelsenkirchen 1. Gelsenkirchen.

Zusammenfassung

Der vorliegende Beitrag präsentiert Ergebnisse von zwei empirischen Untersuchungen zu den regionalen Entwicklungsimpulsen der vor zehn Jahren neu errichteten Fachhochschule Gelsenkirchen. Untersucht wurden primär die durch Kooperationen zwischen FH und regionaler Wirtschaft realisierten Effekte auf die regionale Innovationsaktivität. Die Untersuchungen bestätigen die These, dass die Entwicklung der Kooperation zwischen Hochschule und regionaler Wirtschaft Zeit braucht. Zwischen 1995 und 1998 ist die Kooperationsintensität deutlich gestiegen, dies betrifft besonders solche mit großen, bereits innovativen und in Forschungsnetzwerke eingebundenen Unternehmen. Um aber die regionalen Wirkungen künftig weiter zu steigern, muss die FH vermehrt auch auf hochschulfernere und mittelständische Unternehmen zugehen.

Résumé

Dans cette étude, les auteurs présentent les résultats de deux analyses empiriques se basant sur les impulsions régionales de « Fachhochschule » (institut technique supérieur) de Gelsenkirchen nouvellement érigée il y a dix ans. Les effets des innovations régionales qui résultent de la coopération entre l'institut technique supérieur et l'économie régionale sont principalement analysés. L'analyse confirme la thèse selon laquelle l'évolution de la coopération entre la « Fachhochschule » et l'économie régionale a besoin du temps. Entre 1995 et 1998 l'intensité de la coopération a connu une croissance remarquable. Ceci concerne des grandes entreprises innovatrices qui sont déjà liées aux réseaux de recherche. Cependant, pour continuer à augmenter les effets régionaux dans l'avenir, la « Fachhochschule » doit se rapprocher de plus en plus aussi des entreprises moins familières avec elle et aussi des entreprises moyennes.

RWI-Mitteilungen 2002, Jg. 53 (1-4): 293–318

Die Bedeutung des Flughafens Mönchengladbach für die wirtschaftliche Entwicklung am Mittleren Niederrhein

von Rüdiger Hamm[1]

The following paper analyses the regional economic effects of an airport for the case of "Airport Düsseldorf Mönchengladbach" and the Middle Lower Rhine Area. In the first section some theoretical considerations are presented. The total effects of airports are divided into demand side and supply side effects and a further subdivision is used to describe the different chains of effects in detail. The empirical analysis starts with the demand side effects that have been estimated using a simple iterative model of regional multiplier analysis. After that, the supply side effects are dealt with. As it is very difficult to quantify these effects an external survey has been used to get some qualitative information. The main results can be summarized as follows: After an extension of "Airport Düsseldorf Mönchengladbach" remarkable regional demand side effects can be expected. Furthermore, the external survey indicates that the existence of an airport can lead to increasing productivity and to an improvement of location conditions in the region. (JEL: R11; R30)

Die Zahl der Ein- und Aussteiger an deutschen Verkehrsflughäfen ist – nicht zuletzt bedingt durch die Liberalisierung des europäischen Luftverkehrs – zwischen 1990 und 1999 von 80 Mill. auf mehr als 130 Mill., jahresdurchschnittlich also um fast 6 vH gestiegen (Hübl et al. 2001: 11). Ob dieser Trend in Zukunft anhalten wird, ist nach den Terroranschlägen vom 11. September 2001 in New York fraglich. Zunächst haben diese Ereignisse viele Menschen von der Benutzung des Flugzeugs abgehalten, was die Fluggesellschaften zum Teil in schwere Bedrängnis gebracht hat. Die nun gestiegenen Anforderungen an die Sicherheit werden dazu führen, dass Fliegen zukünftig nicht mehr so „selbstverständlich wie Busfahren" (Hübl et al. 2001: 12) sein wird. Die Umsetzung der Erfordernisse dürfte einerseits spürbare Kostensteigerungen nach sich ziehen; bei steigenden Preisen werden die langfristigen Expansionserwartungen sehr rasch gedämpft. Andererseits werden der zusätzliche Zeitbedarf in der Flugabfertigung, bei gleichzeitiger Erhöhung der Reisegeschwindigkeit im Schienenverkehr das Fliegen auf kürzeren Distanzen mehr und mehr unattraktiv machen. Aus den hieraus resultierenden Substitutionen ergibt sich für die langfristigen Erwartungen des Luftverkehrs weiterer Korrekturbedarf nach unten.

[1] Prof. Dr. Rüdiger Hamm, Hochschule Niederrhein, war von 1985 bis 1993 Mitarbeiter des RWI in der Forschungsgruppe „Regionalwirtschaftliche Analysen".

Obwohl sich die Perspektiven somit eingetrübt haben, ist die große ökonomische Bedeutung von Flughäfen nicht von der Hand zu weisen. Die vorliegende Untersuchung befasst sich deshalb mit diesen wirtschaftlichen Facetten, konkret des „Flughafens Düsseldorf Mönchengladbach“[2], dessen Standort die Stadt Mönchengladbach ist. Mit ihm verfügen die Stadt und der linke Niederrhein über eine unmittelbare Anbindung an das nationale und internationale Luftverkehrssystem. Derzeit sind die Kapazitäten jedoch bei weitem nicht ausgelastet. Hauptgrund hierfür ist die Länge der Start- und Landebahn, die mit 1 440 m so kurz ist, dass Düsen-Jets dort kaum starten und landen können. Deshalb gibt es Bemühungen, diesen Standortfaktor im Interesse der regionalen Wirtschaftsentwicklung stärker zur Geltung zu bringen. Insbesondere geht es um die Einleitung eines Planfeststellungsverfahrens für den Ausbau und die Verlängerung der Start- und Landebahn.

Vor diesem Hintergrund hatte der Förderverein des Flughafens die Hochschule Niederrhein beauftragt, die regionalwirtschaftliche Bedeutung des Flughafens detaillierter zu analysieren (Hamm 2002). Der vorliegende Beitrag geht auf wesentliche Ergebnisse dieser Untersuchung ein; dazu werden im ersten Abschnitt theoretische Überlegungen zu der Frage vorgestellt, wie Flughäfen ihre Standortregion beeinflussen können (nachfrage- und angebotsseitige Zusammenhänge). Im zweiten Abschnitt wird auf die nachfrageseitigen Effekte eingegangen: Mit Hilfe einer einfachen regionalen Multiplikatoranalyse werden die Beschäftigungseffekte für die derzeitige sowie für eine visionäre Betriebssituation nach Ausweitung der Kapazitäten abgeschätzt. Inwieweit der Flughafen die Produktions- und Angebotsbedingungen der regionalen Unternehmen verbessert, wird mit Hilfe einer Unternehmensbefragung analysiert (Abschnitt 4). Eine Zusammenfassung beschließt die Arbeit.

1. Theoretische Überlegungen

Zunächst können die regionalwirtschaftlichen Effekte von Flughäfen – ebenso wie die von anderen „Einrichtungen“ (Bildungsstätten, Kultur- und Freizeitstätten, Häfen etc.) oder eines Unternehmens – danach klassifiziert werden, ob sie über nachfrage- oder angebotsseitige Zusammenhänge entstehen (Hamm, Wenke 2001: 92; Hamm 1999)[3]. Im ersten Fall trägt die Existenz des Flughafens zu einer Steigerung der regionalen Nachfrage bei, im zweiten führt sie zu einer Verbesserung der Produktions- und Angebotsbedingungen für die Unternehmen der Region.

1.1. Nachfrageseitige Aspekte

Eine Verbesserung der regionalen Nachfragebedingungen kann sich auf verschiedenen Wegen ergeben:

[2] Um die enge Zusammenarbeit noch deutlicher zu dokumentieren wurde der „Düsseldorf Express Airport Mönchengladbach“ im März 2002 in „Flughafen Düsseldorf Mönchengladbach“ umbenannt.

[3] Eine analoge Unterteilung mit einem vollkommen anderen Begriffspaar wählt im Übrigen Kurte (1999: 2ff.), die die Effekte aus der Leistungserstellung des Flughafens (nachfrageseitig) von den Effekten der Luftverkehrsanbindung (angebotsseitig) trennt.

Personalausgaben: Flughäfen sind personalintensive, komplexe Dienstleistungsproduzenten. Eine Vielzahl von Unternehmen und Behörden mit unterschiedlichen Funktionen erstellen im Zusammenwirken diese Dienstleistung. Dazu werden Mitarbeiter benötigt. Geht man davon aus, dass ein großer Teil von ihnen in der Standortregion des Flughafens wohnt, so erfolgt die Einkommensverausgabung am selben Standort. Dies führt insbesondere in den endverbrauchsnahen Wirtschaftsbereichen der Region zu Umsätzen, Wertschöpfung und Einkommen und zur Absicherung von Arbeitsplätzen.

Vorleistungsnachfrage: Die Unternehmen, die bei der Erstellung der Dienstleistung des Flughafens mitwirken, benötigen Vorleistungen. Ein Teil davon wird durch Lieferungen von Unternehmen aus der Standortregion abgedeckt. Dort führt dies zu Umsätzen, Wertschöpfung und Einkommen und ebenfalls zur Absicherung von regionalen Arbeitsplätzen.

Investitionen: Darüber hinaus sind Flughäfen bedeutsame Nachfrager von Investitionsgütern. Soweit die Aufträge an Unternehmen der Region gehen, erhöht dies die regionalen Umsätze, die Wertschöpfung und die Einkommen; auch über diese Wirkungskette tragen Flughäfen zur Sicherung von Arbeitsplätzen bei.

Der über diese Kanäle induzierte Anstieg der Wertschöpfung ist wiederum mit einer weitergehenden Vorleistungsnachfrage der begünstigten Unternehmen verbunden, die zumindest teilweise in der Region verbleibt und den Prozess verstärkt. Gleiches gilt für die Einkommen, die an die Mitarbeiter gezahlt werden.

1.2. Angebotsseitige Aspekte

Darüber hinaus können Flughäfen als Bestandteil der materiellen Infrastruktur die Angebotsbedingungen für private Unternehmen verbessern. Bei der Diskussion der (regional)wirtschaftlichen Effekte von Infrastruktur unterscheidet Hofmann (1996: 9) drei Aspekte:

Effekte der Leistungserstellung: Man kann davon ausgehen, dass der Infrastrukturausbau einen regionalen Nachfrageimpuls darstellt. Er löst über die Vorleistungsnachfrage und über den Einkommenskreislauf weitere Effekte aus. Notwendigerweise müssen dem im Falle einer Finanzierung durch den Staat entsprechende Einnahmen gegenüber stehen, so dass streng genommen auch von der Art der Finanzierung (Steuern oder Verschuldung) unterschiedliche regionale Effekte ausgehen könnten.

Effekte der Leistungsabgabe: Das eigentliche Interesse der Regionalforschung gilt hier der Phase der Leistungsabgabe. Bei diesen dauerhaften Wirkungen ist zwischen unternehmens- und haushaltsorientierten Infrastrukturelementen zu unterscheiden. Als unternehmensorientiert werden die Einrichtungen angesehen, die im Wesentlichen als Vorleistungen der Produktion eingesetzt werden; haushaltsorientierte Infrastruktur wird hingegen unmittelbar von den Konsumenten genutzt. Flughäfen nehmen bei dieser Systematisierung eine Zwischenstellung ein, weil sich ein Teil ihrer Angebote unmittelbar an die Haushalte, ein anderer Teil unmittelbar an die Unternehmen richtet. Die Wirkungszusammenhänge unterscheiden sich bei beiden. Von der unternehmensorientierten Infrastruktur erwartet man eine Steigerung der Produktivität der eingesetzten privaten Produktionsfaktoren, eine Intensivierung der innovatorischen Aktivitäten der privaten Unternehmen und somit eine Begünstigung technischer Fortschritte und eine positive Beeinflussung unternehmerischer Standortentscheidungen. Von der haushaltsorientierten Infrastruktur können Wirkungen auf die Lebensqualität einer Region ausgehen, weil sie unmittelbar den Nutzen derjenigen Haushalte erhöht, die diese in Anspruch nehmen können.

Effekte aufgrund von Anpassungen der Wirtschaftssubjekte an die Leistungsabgabe: Anpassungsreaktionen der Wirtschaftssubjekte aufgrund von Infrastrukturleistungen sind allenfalls längerfristig zu erwarten. Die agglomerative Kraft von Infrastruktureinrichtungen, die von ihr ausgehenden intersektoralen und intraregionalen Diskriminierungseffekte sowie die durch sie ausgelösten interregionalen Mobilitäts- und Handelseffekte können insbesondere intra- und interregionale sowie intra- und intersektorale Umverteilungen zur Folge haben. Infrastruktur kann damit strukturelle Wandlungen anstoßen, sie kann aber auch die regionale Anpassungsflexibilität erhöhen und so zur Bewältigung des Strukturwandels beitragen.

In Anlehnung an diese generellen Überlegungen werden die angebotsseitigen Effekte eines Flughafens hier in vier zu erläuternden Hypothesen zusammenfasst:

- Ein Flughafen kann die Produktivität der privaten Produktionsfaktoren steigern.
- Ein Flughafen kann Einflussfaktor von unternehmerischen Standortentscheidungen sein.
- Ein Flughafen kann agglomerative Wirkungen entfalten und den regionalen Strukturwandel erleichtern.
- Ein Flughafen beeinflusst über den Nutzen der Haushalte die regionale Lebensqualität.

1.2.1. Steigerung der Produktivität[4]

Flughäfen tragen zur Steigerung der Mobilität von Gütern und Menschen bei. Diese qualitativ hochwertige Mobilitätsverbesserung eröffnet Unternehmen Möglichkeiten, zur Steigerung der Produktivität, zur Senkung der Kosten, zur Erschließung neuer Absatzwege und zur Steigerung ihres Absatzes. So bietet das Vorhandensein eines Flughafens den Unternehmen der Region, die luftfrachtaffine Güter beschaffen oder versenden müssen, eine transportkostengünstige Möglichkeit dazu, und zwar weltweit. Der dadurch mögliche Einkauf von Vorleistungen zu niedrigeren Preisen ist ein Kostensenkungspotenzial; die Belieferung weit entfernter oder anderweitig nicht zugänglicher Absatzmärkte bedeutet die Erschließung neuer Märkte und somit eine Ausweitung des Absatzvolumens.

[4] Die im Folgenden erläuterten Aspekte werden bei Kurte (1999: 95–152) ausführlich behandelt und im Rahmen einer Nutzen-Kosten-Analyse quantifiziert.

Eine zunehmende internationale Arbeitsteilung sowie die Globalisierung der Beschaffungs- und Absatzmärkte führen zu einem Anstieg des weltweiten Kommunikationsbedarfs. Bei der damit ebenfalls steigenden Zahl von Geschäftsreisen über große Entfernungen besitzt der Passagierluftverkehr aufgrund seiner hohen Geschwindigkeit Vorteile gegenüber anderen Verkehrsträgern. Neben Zeit- und Kostenersparnissen eröffnet dies die Möglichkeit zur Erschließung neuer Absatz- und Beschaffungsmärkte. Zugleich dienen Geschäftsreisen der Koordination verschiedener Unternehmensteile oder zur Anbahnung von Kooperationen zwischen verschiedenen Unternehmen an unterschiedlichen Standorten. Auch hier lassen sich Zeit- und Kostensenkungsmöglichkeiten erschließen; außerdem trägt die verbesserte Kooperation zur Steigerung der Produktivität bei. In beiden Fällen ist zu beachten, dass sich nicht nur die eigene Mobilität, sondern auch die eigene Erreichbarkeit durch die Nähe eines Flughafens verbessert.

1.2.2. Determinante von Standortentscheidungen

Standortfaktoren sind alle Bestimmungsgründe der betrieblichen Standortentscheidungen; auf regionaler Ebene gehören dazu auch Flughäfen, wobei man davon ausgehen kann, dass „die Existenz eines Verkehrsflughafens nicht unbedingt als Garant für wirtschaftliche Entwicklungsimpulse zu sehen (ist); im Fehlen ausreichend dimensionierter Verkehrswege liegen aber i.d.R. Ursachen für das Ausbleiben regionaler Impulse" (Hübl et al. 1990: 11). Hübl u.a. (1990: 12ff.) gehen in ihrer Untersuchung der Berliner Flughäfen auf eine Analyse von Peschke und Hacker ein, die das Standortwahlverhalten von Unternehmen unter dem Blickwinkel analysiert hat, weshalb sich Unternehmen in der Nähe eines Flughafens ansiedeln und wie sie davon profitieren können. Danach ist für zwei Gruppen von Unternehmen die Nähe eines Flughafens von hoher Bedeutung. *Ausschlaggebender Standortfaktor* ist diese Nähe etwa für Luftfrachtbetriebe (Speditionen, Kurierdienste, Transportunternehmen). Daneben sind Cateringbetriebe, technische Serviceunternehmen zur Aufrechterhaltung des Flugbetriebs und bestimmte Dienstleistungsangebote, die sich eher an die Endverbraucher wenden, auf eine unmittelbare Nähe angewiesen. Schließlich sind die Unternehmen hinzurechnen, die zeitsensible Güter vertreiben. *Komplementärer Standortfaktor* ist die Flughafennähe für diejenigen Unternehmen, die den Flughafen zwar intensiv nutzen, ihn aber nicht als alleinigen Faktor ihrer Standortentscheidung sehen. In diesem Fall ist zwischen einer personenbezogenen und einer produktbezogenen Flughafennähe zu unterscheiden: Von ersterer spricht man dann, wenn Unternehmen intensive und regelmäßige Geschäftsbeziehungen zu ausländischen Unternehmen haben, von letzterer, wenn Unternehmen hochpreisige, zeit- und transportempfindliche Güter produzieren, lagern oder vertreiben.

1.2.3. Agglomerationsbildende Kraft und regionale Anpassung

Führt der (Aus-) Bau eines Flughafens bei einem Teil der regionalen Wirtschaft zu Produktivitätssteigerungen und Kostensenkungen, so verbessert dies deren nationale und internationale Wettbewerbsfähigkeit. Dies wiederum hat positive Auswirkungen auf die regionale Produktion und die Beschäftigung. Die damit verbundenen Einkommenseffekte führen unter anderem zur Stabilisierung der kommunalen Steuereinnahmen, was wiederum zu Verbesserungen und zur Sicherung der sonstigen regionalen Infrastruktur genutzt werden kann. Dies schließlich erhöht die Standortattraktivität der Region und somit die regionale Wettbewerbsfähigkeit.

Kommt es zur Ansiedlung flughafenaffiner Unternehmen, so gewinnt der Standort auch für diejenigen Unternehmen an Attraktivität, die mit diesen über Bezugs- und Lieferbeziehungen verflochten sind. Weitere Ansiedlungen und das Entstehen intraregionaler Verflechtungen könnten die Folge sein. Wiederum wird hierdurch die regionale Steuerbasis verbessert bzw. stabilisiert. Für die Region ergeben sich Möglichkeiten, Maßnahmen im Bereich der Infrastruktur voranzutreiben. Die steigende Standortattraktivität verstärkt die zuvor beschriebene Wirkungskette.

Dies verdeutlicht, wie und weshalb neben den Teilen der Wirtschaft, die selbst Nutzen aus dem Flughafen ziehen, die Flughafenregion auch für andere Unternehmen an Attraktivität gewinnt und der Flughafen eine agglomerationsbildende Kraft entfalten kann. Diese eher langfristig zu beobachtenden Prozesse führen auch zu einer Verbesserung der regionalen Wachstumsperspektiven, zur Erleichterung des regionalen Strukturwandels und Steigerung der Anpassungsflexibilität.

1.2.4. Nutzeneffekte bei den Haushalten

Flughäfen können in unterschiedlicher Weise zu Nutzenänderungen bei den privaten Haushalten führen. So bedeutet die Nähe zu einem Flughafen eine Mobilitätsverbesserung. Der damit einher gehende Nutzenanstieg wird umso höher ausfallen, je geringer der Zeitaufwand für das Erreichen des Flughafens ist. Auch kann ein Flughafen als eine regionale Besucherattraktion gesehen werden; ein Besuch bietet die Möglichkeit, den Flugbetrieb zu beobachten und die angebotenen Dienstleistungen in Anspruch zu nehmen. Ein Dritter – allerdings negativer – Nutzeneffekt ergibt sich schließlich bei jenen Haushalten, die in so enger räumlicher Nähe zum Flughafen wohnen, dass sich ihre Wohn-, Lebens- und Umweltqualität verschlechtert. Ob mit Blick auf eine Region die positiven oder die negativen Nutzen überwiegen, ist zunächst offen. Die Lebensqualität ist aber ein die Wohnortentscheidungen von Haushalten mit entscheidender Faktor. Dadurch beeinflussen die Haushalte das regionale Arbeitsangebot. Dessen Verfügbarkeit und Qualifikation gehören wiederum zu den entscheidenden Bestimmungsgründen der regionalen Wirtschaftsentwicklung. Flughäfen können somit auch über den Haushaltsnutzen Einfluss auf die Wirtschaft einer Region nehmen.

2. Empirische Analyse der nachfrageseitigen Effekte des Flughafens Mönchengladbach

2.1. Analyseregion und Methodik

Die vorgestellten Überlegungen zu den nachfrageseitigen regionalwirtschaftlichen Effekten eines Flughafens sollen nun am Beispiel des Mönchengladbacher Flughafens empirisch überprüft werden. Dabei stellt sich zunächst die Frage nach der Abgrenzung der Analyseregion. Von den in der regionalökonomischen Analyse gebräuchlichen Kriterien wird das Funktionalkriterium der Aufgabenstellung am besten gerecht: Danach wäre die „Flughafenregion" so abzugrenzen, dass der Flughafen mit den Teilen seines Umlands zusammengefasst wird, mit denen er bezüglich bestimmter Stromgrößen (z.B. Urlaubsreisende, Geschäftsreisende, Herkunft der Luftfracht) intensive Verflechtungen unterhält. In Anlehnung daran wurde die Analyseregion hier „pragmatisch" abgegrenzt: Nach den Ergebnissen einer Fluggastbefragung aus dem Jahre 1998 stammten 98 vH der Originärpassagiere aus Nordrhein-Westfalen; die meisten gaben als Herkunftsorte die Stadt Mönchengladbach (14,4 vH), die Stadt Düsseldorf (13,3 vH), den Kreis Viersen (10,4 vH), den Kreis Neuss (9,9 vH) und die Stadt Krefeld (4,9 vH) an (Düsseldorf Express Airport Mönchengladbach o.J.: 6ff.). Da der Flughafen linksrheinisch gelegen ist und seine ökonomische Bedeutung für den linken Niederrhein im Vordergrund des Interesses steht, wurde Düsseldorf ausgespart und die beiden kreisfreien Städte Krefeld und Mönchengladbach sowie die beiden Kreise Neuss und Viersen zur Flughafenregion zusammengefasst.

Methodisches Instrument zur Abschätzung der nachfrageseitigen Wirkungen ist die (regionale) Multiplikatoranalyse (Hamm 1999; RWI 1987; Kampmann 1988; Holub 1996); sie ist bereits vielfach für die Abschätzung der ökonomischen Effekte von Flughäfen eingesetzt worden (Hübl et al. 1990, 2001; Kurte 1999; Hakfoort et al. 2001; Cerny et al. 1998; Hart, McCann 2000; Batey, Madden 2001). Dabei werden im Rahmen eines komparativ-statischen Vergleichs die Situationen vor und nach Auftreten eines Impulses (bzw. mit und ohne den Impuls) unter *ceteris paribus*-Bedingungen verglichen. Regionale Multiplikatoren setzen die durch einen autonomen Impuls insgesamt ausgelösten Wirkungen zu dem auslösenden Impuls in Relation. Nach den theoretischen Vorüberlegungen kann ein Flughafen seinen Impuls über die Einkommenszahlungen an die auf dem Flughafen Beschäftigten, über die Vorleistungsnachfrage und über die Investitionsgüternachfrage entfalten. Für die Quantifizierung wurde ein iteratives regionales Multiplikatormodell eingesetzt; solche iterativen Verfahren stellen eine praktikable Analyseform dar, weil sie einerseits erheblich mehr Informationen als die Benutzung von Faustformeln liefern, andererseits aber mit weniger Aufwand und Informationsbedarf im Detail auskommen als etwa Verfahren auf Basis von regionalen Input-Output-Tabellen.

2.2. Abschätzung der derzeitigen Nachfrageeffekte

Zu Beginn des Jahres 2001 waren im Bereich des Flughafens Mönchengladbach 310 Vollzeit- und 169 Teilzeitarbeitskräfte beschäftigt. Diese verteilten sich auf knapp 40 am Flughafen tätige Unternehmen und Institutionen – neben der Flughafengesellschaft handelt es sich dabei um Fluggesellschaften, Dienstleistungsunternehmen, Reparatur- und Wartungsunternehmen, staatliche Stellen (Zoll, Polizei, Flugsicherung) und Flugschulen. Da keine Angaben über die Einkommen der Beschäftigten und deren Wohnort sowie über Höhe und Struktur der Vorleistungs- und Investitionsgüternachfrage verfügbar waren, wurde versucht, diese durch Angaben aus der Volkswirtschaftlichen Gesamtrechnung, aus anderen Untersuchun-

Tabelle 1

Sektorale Verteilung der Vorleistungs- und Investitionsnachfrage ausgewählter Flughäfen
Anteil in vH

	Köln-Bonn	Nürnberg	Hannover	Annahme
Land- und Forstwirtschaft	0,9	1,2	0,0	0,0
Bergbau und Energie	2,0	10,2	2,3	5,0
Chemie und Mineralöl	14,1	0,5	3,0	6,0
Eisen-, NE-Metallerzeugung, Gießerei, Stahlverf	1,8	0,0	0,0	0,0
Stahl-, Maschinen- und Fahrzeugbau, ADV	6,2	23,6	17,7	23,0
Elektrotechnik, Feinmechanik, EBM-Waren usw.	3,5	8,7	1,2	–[a]
Holz, Papier, Druck, Leder, Textil, Bekleidung	2,7	4,9	0,7	3,0
Nahrungs- und Genussmittelgewerbe	3,1	4,9	7,0	5,0
Baugewerbe	4,5	6,4	25,8	12,0
Handel und Verkehr	12,6	30,9	3,8	16,0
Private und staatliche Dienstleistungen	48,7	8,8	38,5	33,0
Insgesamt	100,0	100,0	100,0	100,0
nachrichtlich:				
Zahl der Beschäftigten	7 455	2 000	6 209	395
Wirksame Ausgaben je Mitarbeiter, in DM	131 233	112 100	123 691	122 341

Zu den Quellen vgl. Text. – [a]Bei Stahl-, Maschinen-, Fahrzeugbau erfasst.

gen zu den Folgen von Flughäfen und durch Annahmen zu erhalten. Zunächst wurde die Zahl der Teilzeitarbeitskräfte in „Vollzeitäquivalente" umgerechnet; dabei wurde unterstellt, dass die Teilzeitkräfte im Durchschnitt mit der Hälfte der Normalarbeitszeit beschäftigt sind. Man gelangt so zu 395 Vollzeitarbeitskräften (Tabelle 3; direkter Effekt).

Tabelle 1 zeigt die sektorale Verteilung der Vorleistungs- und Investitionsgüternachfrage von drei ausgewählten Flughäfen – Köln-Bonn (Kurte 1999: 67f.), Nürnberg (Untersuchung von Bulwien und Partner, zitiert nach Konopka 2001: 48) und Hannover (Hübl et al. 2001: 77). Die hieraus abgeleiteten Annahmen (letzte Spalte in Tabelle 1) orientieren sich am Mittelwert dieser Analysen[5]; danach fließt das Gros der Vorleistungsnachfrage in die Dienstleistungssektoren, die Investitionsgüterindustrien, den Handel und das Baugewerbe. Die Vorleistungs- und Investitionsausgaben je Beschäftigten erreichen in allen drei Fällen ähnliche Größenordnungen; multipliziert man den Mittelwert mit der unterstellten Beschäftigtenzahl, resultiert hieraus die Vorleistungsnachfrage. Allerdings ist im Rahmen der vorliegenden Multiplikatoranalyse nicht diese gesamte Vorleistungsnachfrage von Interesse, sondern lediglich der Teil, der am Mittleren Niederrhein verbleibt. Angaben darüber liegen nicht vor, so dass Annahmen zu setzen waren, in denen insbesondere Größe und Zentralität der Region zum Ausdruck kommen.

[5]Da die Struktur der im Bereich eines Flughafens tätigen Unternehmen eine Reihe von Gemeinsamkeiten aufweist, scheint dies vertretbar. Gleichwohl sind die deutlichen Unterschiede in der Struktur der Vorleistungsnachfrage durch die Zusammensetzung der auf einem Flughafen agierenden Unternehmen bestimmt.

Tabelle 2

Intraregionale Lieferquoten

Erzeugnisse	Vorleistungen „untere"	Vorleistungen „obere"	Privater Verbrauch „untere"	Privater Verbrauch „obere"	Lokalisationskoeffizient
	Variante				
Land- und Forstwirtschaft, Fischerei	0,4	0,5	0,5	0,85	1,07
Energie, Wasser, Bergbau, Steine, Erden	0,4	0,5	0,5	0,6	1,54
Chemie, Mineralöl, Glas, Keramik	0,2	0,33	0,33	0,5	1,46
Metalle	0,2	0,33	0,33	0,5	1,36
Maschinen, Fahrzeuge, DV-, elektrotech. Geräte	0,2	0,33	0,33	0,5	0,85
Textilien, Bekleidung, Leder, Holz, Papier	0,2	0,33	0,33	0,5	1,23
Nahrungsmittel, Getränke, Tabakwaren	0,4	0,5	0,5	0,7	0,99
Bauarbeiten	0,6	0,7	0,7	0,8	0,87
Handelsleistungen, Verkehr, Nachrichten, Gastst.	0,6	0,7	0,7	0,8	1,24
Kreditinst., Versicherungen, Wohnungswesen, unternehmensbezogene Dienste	0,6	0,7	0,7	0,8	0,75
Gesundheit-, Veterinär-, Sozialwesen, Erziehung, Unterricht, Entsorgung	0,6	0,7	0,7	0,8	0,91
Öffentliche Verwaltung, Sozialversicherung, Kirchen, Kulturdienste	0,6	0,7	0,7	0,8	0,75

Eigene Berechnungen.

Tabelle 2 dokumentiert diese Annahmenkonstellation, wobei eine „obere" und eine „untere" Variante unterschieden werden. Um neben Größe und Zentralität die strukturellen Besonderheiten des Mittleren Niederrheins zu berücksichtigen, wurden die intraregionalen Vorleistungsquoten mit den regionalen Lokalisationsquotienten[6] der Branchen multipliziert. Auf diesem Wege erhält man Schätzungen der regionalen Lieferanteile, die – mit dem Vorleistungsbedarf multipliziert – die aus der Region stammenden Vorleistungslieferungen ergeben. Der damit verbundene, indirekte Beschäftigungseffekt schwankt zwischen 105 und 130 Arbeitsplätzen (Tabelle 3).

Nach der Untersuchung von Kurte (1999: 53 bzw. 66) betrug die Lohn- und Gehaltsumme je Beschäftigten am Flughafen Köln-Bonn 1996 knapp 55 500 DM. Da nicht alle Beschäftigten des Flughafens ihren Wohnsitz am Mittleren Niederrhein haben, wurde unterstellt, dass lediglich 70 vH der Einkommenszahlungen in die Region fließen. Da die bundesdeutschen Haushalte im Durchschnitt rund 77 vH ihrer Primäreinkommen für Konsumzwecke verwenden, lässt sich hieraus der Private Verbrauch bestimmen; seine Verteilung auf die hier unterschiedenen 12 Wirtschaftsbereiche ergibt sich aus dem Anstieg des Privaten Verbrauchs in Verbindung mit dessen Lieferstruktur (Input-Output-Tabellen des Statistischen Bundesamtes 2001: 674ff.). Der Teil der Verbrauchsgüternachfrage, der außerhalb der Region befriedigt wird (regionale Importe), ist für den weiteren Gang der Berech-

[6] Lokalisationsquotienten setzen hier den regionalen Anteil eines Wirtschaftsbereichs an der Gesamtbeschäftigung zum vergleichbaren Sektoralanteil im Bundesgebiet in Relation.

Tabelle 3

Nachfrageseitige Beschäftigungseffekte des Flughafens		
Art des Effekts	Obere Variante	Untere Variante
Direkter Effekt	395	395
Indirekter Effekt	130	107
Einkommensinduzierter Effekt	145	102
Gesamteffekt	670	604
Multiplikator	1,696	1,528

Eigene Berechnungen.

nungen nicht relevant. Für den regionsinternen Teil sind mangels Daten Annahmen zu setzen (Tabelle 2). Hierbei wurde analog zur Vorleistungsnachfrage vorgegangen[7]. Die mit der Produktion dieser Güter entstehende regionale Bruttowertschöpfung und ihre Beschäftigungswirkungen sind Teil der einkommensinduzierten Effekte. Zu diesen ist noch diejenige Konsumgüternachfrage hinzuzurechnen, die daraus resultiert, dass auch die am Mittleren Niederrhein ansässigen Vorleistungs- und Investitionsgüterlieferanten der Flughafenunternehmen Arbeitskräfte beschäftigen. Die Bestimmung erfolgt wiederum analog; dieser Multiplikatorprozess[8] wurde so lange verfolgt, bis die zusätzlichen Wertschöpfungseffekte vernachlässigbar klein waren; dies war hier nach der vierten Runde der Fall. Über den regionalen Einkommenskreislauf werden zwischen 100 und 145 Arbeitsplätze bereit gestellt (Tabelle 3).

Insgesamt sind damit zwischen 600 und 670 Arbeitsplätze am Mittleren Niederrhein mit dem Mönchengladbacher Flughafen verbunden. Die regionalen Beschäftigungsmultiplikatoren erreichen in der „oberen" Variante rund 1,7, in der „unteren" gut 1,5.

2.3. Nachfrageeffekte im Fall eines Ausbaus

Die Fragen, ob der Flughafen Mönchengladbach ausgebaut wird und welche technischen, juristischen, ökonomischen (volks- und betriebswirtschaftlichen) und ökologischen Bedingungen Voraussetzung dafür sind, können hier nicht behandelt werden. Gleiches gilt für die Frage, wie der Flugbetrieb im Falle eines Ausbaus aussehen könnte. Einige Anmerkungen scheinen jedoch angebracht, weil die ökonomischen Berechnungen implizit eine Fülle von Annahmen setzen: Das Projekt muss von der technischen Seite möglich und ökologisch vertretbar sein, es muss von der planerischen Seite her genehmigt werden, es muss betriebswirtschaftlich – und im Fall der Verwendung öffentlicher Gelder auch volkswirtschaftlich – sinnvoll sein; schließlich muss das Passagieraufkommen so verlaufen, wie es die zugrunde gelegte Prognose erwartet. Zudem sind Annahmen zu den Investitionen erford-

[7] Dabei wurde davon ausgegangen, dass die regionalen Lieferanteile mit Blick auf die Vorleistungen der Unternehmen niedriger sein dürften als die regionalen Lieferanteile beim Privaten Verbrauch.

[8] Von der Investitionsgüternachfrage wurde auf den nachgelagerten Stufen abgesehen.

erlich. All dies zeigt, dass es kaum darum gehen kann, eine exakte Vorhersage zu erstellen, sondern um das Aufzeigen von Wirkungszusammenhängen und Tendenzen. Dazu hat die Flughafengesellschaft Mönchengladbach „Business-Pläne" zur Verfügung gestellt, in denen für verschiedene Szenarien die Investitionen und die zu erwartenden Kosten und Erträge dargestellt sind. Für die weiteren Überlegungen wird das – mit Blick auf die Zahl der Passagiere – optimistischste Szenario zugrunde gelegt werden. Es geht davon aus, dass die Start- und Landebahn auf 2 240 m Länge ausgebaut wird. Weiter unterstellt es, dass es am Flughafen Düsseldorf beim „Einbahn-Betrieb" bleibt, mit der Folge, dass die Kapazitäten dort – langfristiges Wachstum des Luftverkehrs unterstellt – rascher ausgelastet wären und der Flughafen Mönchengladbach die „Kapazität suchenden" Verbindungen aufnehmen könnte. Vor diesem Hintergrund ist die Zahl von 3 Mill. Passagieren im Linien- und Charterverkehr für das Jahr 2015 zu sehen.

2.3.1. Effekte der zum Ausbau erforderlichen Investitionen

Zur Realisierung dieser Pläne wären nach den „Business-Plänen" Investitionen von knapp 120 Mill. DM erforderlich, rund die Hälfte davon für die schrittweise Erweiterung der Flughafengebäude, etwa ein weiteres Viertel für die Verlängerung der Startbahn. Der Ausbau von Vorfeldpositionen erfordert rund 20 Mill. DM. Die verbleibenden 10 Mill. DM werden für zusätzliches technisches Gerät und Leitungsverlegungen benötigt. Hiervon wird im Wesentlichen das Baugewerbe begünstigt (Gebäude, Startbahn), aber auch für die Hersteller von Investitionsgütern (Maschinenbau, elektrotechnische Industrie) ist der Impuls erheblich. Schließlich geht ein Teil der Investitionen an unternehmensorientierte Dienstleistungsunternehmen (Architekten, Finanzdienstleister, Consulting). Für die Rechnungen wurde in grober Vereinfachung davon ausgegangen, dass 65 vH der Investitionen dem Baugewerbe, 25 vH dem Bereich „Maschinen, Fahrzeuge, DV-Geräte, elektrotechnische Geräte" und 10 vH den unternehmensnahen Diensten zufließen.

Der Mittlere Niederrhein wird von diesen Impulsen naturgemäß nur dann profitieren, wenn ein Teil der Leistungen von Unternehmen aus der Region erbracht wird. In der oberen Variante ergibt sich unter den getroffenen Annahmen ein regionaler Nachfrageimpuls (direkter Effekt) von 52,5 Mill. DM, in der unteren von fast 34 Mill. DM. Diese finden in das erwähnte iterative Multiplikatormodell Eingang; dabei wurden in der oberen Variante die höheren, in der unteren die niedrigeren intraregionalen Lieferquoten (Tabelle 2) zugrunde gelegt. Bei einem Impuls zwischen etwa 170 und 260 Arbeitsplätzen ergeben sich indirekt zwischen 30 und 60 sowie kreislaufinduziert zwischen knapp 40 und gut 80 Arbeitsplätze. Wegen der Unsicherheit bezüglich der Annahmen fällt die Spannweite relativ hoch aus: Es kann von einem Gesamteffekt von gut 400 in der oberen bzw. 234 Arbeitsplätzen in der unteren Variante ausgegangen werden. Die Beschäftigungsmultiplikatoren sind mit Werten zwischen 1,36 und 1,54 allerdings nicht besonders ausgeprägt. Sie müssen sogar noch weiter relativiert werden: Bei diesen Investitionen handelt es sich nämlich um einen zeitlich gestreckten, einmaligen Impuls, so dass die Beschäftigungseffekte als „Mann-Jahre" aufzufassen sind, die zudem nach Beendigung der Arbeiten wieder wegfallen.

Tabelle 4

Struktur der zum Flughafenausbau erforderlichen Investitionen

	Sektorale Verteilung	Anteil der Region			
		obere Variante		untere Variante	
	in Mill. DM	in vH	in Mill. DM	in vH	in Mill. DM
Investitionsgüter	29,8	0,33	9,8	0,2	6,0
Baugewerbe	77,4	0,5	38,7	0,33	25,6
Unternehmensdienste	11,9	0,33	3,9	0,2	2,4
Insgesamt	119,1		52,5		33,9

Eigene Berechnungen.

Tabelle 5

Beschäftigungsefekte der Investitionen für den Flughafenausbau

	Obere Variante	Untere Variante
Direkter Effekt	264	172
Indirekter Effekt	59	26
Einkommensinduzierter Effekt	84	36
Gesamteffekt	407	234
Multiplikator	1,543	1,364

Eigene Berechnungen.

2.3.2. Effekte im Endausbau

Um die nachfrageseitigen regionalwirtschaftlichen Effekte des laufenden Flughafenbetriebs im Endausbau von ihrer Größenordnung mit den heutigen Wirkungen vergleichen zu können, wurden jeweils die gleichen Werte wie bei der Ist-Analyse zugrunde gelegt. Es wird quasi unterstellt, dass er bereits heute von 3 Mill. Passagieren genutzt wird. Um abzuschätzen, wie viele Arbeitskräfte in diesem Fall am Flughafen tätig wären, wurde auf Angaben von Konopka (2001: 42) zum Passagieraufkommen und zur Zahl der im Flughafenbereich beschäftigten Arbeitskräfte zurückgegriffen (Tabelle 6). Im Durchschnitt der dort aufgeführten Flughäfen sind knapp 100 Beschäftigte für 100 000 Passagiere erforderlich. Dieser Wert wurde für die obere Variante der Berechnungen als erforderlicher Arbeitskräfteeinsatz unterstellt. In der unteren Variante wurde davon ausgegangen, dass so viele Beschäftigte benötigt werden wie bei einem Flughafen vergleichbarer Größe (Leipzig/Halle). Bei den im „Business-Plan“ geschätzten 3 Mill. Passagieren ergibt dies eine Mitarbeiterzahl von 2 994 bzw. 2 730. Daneben wurden die Annahmen aus Abschnitt 2.2. übernommen.

Danach erreichen die jährlichen Einkommenszahlungen für die am Flughafen direkt Beschäftigten zwischen 150 und 165 Mill. DM; davon fließen 70 vH in die Region. Die Vorleistungs- und Investitionsgüternachfrage der am Flughafen tätigen Unternehmen betragen zwischen 334 Mill. DM und 366 Mill. DM, zwischen 150

Tabelle 6

Passagieraufkommen und Beschäftigung ausgewählter Flughäfen

Flughafen	Passagiere	Mitarbeiter für das Passagieraufkommen	Mitarbeiter je 100 000 Passagiere
Frankfurt	42 734 178	46 430	108,6
München	19 321 355	16 185	83,8
Düsseldorf	15 754 914	13 458	85,4
Hamburg	9 126 178	11 588	127,0
Berlin (alle Flughäfen)	11 762 836	11 220	95,4
Stuttgart	7 237 239	6 716	92,8
Köln/Bonn	5 383 902	4 955	92,0
Hannover	4 829 128	5 144	106,5
Nürnberg	2 518 028	2 857	113,5
Leipzig/Halle	2 102 075	1 909	90,8
Bremen	1 714 588	1 943	113,3
Dresden	1 689 195	1 351	80,0
Münster/Osnabrück	1 280 023	1 467	114,6
Saarbrücken	419 680	440	104,8
Insgesamt	125 873 319	125 663	99,8

Nach Angaben in Konopka 2001: 42f.

Tabelle 7

Beschäftigungseffekte des Flughafens im Endausbau

	Obere Variante	Untere Variante
Direkter Effekt	2 994	2 395
Indirekter Effekt	982	737
Einkommensinduzierter Effekt	1 103	705
Gesamteffekt	5 079	4 172
Multiplikator	1,696	1,528

Eigene Berechnungen.

und 200 Mill. DM verbleiben in der Region; hierdurch werden zwischen 740 und 980 Arbeitsplätze gesichert. Daraus ergeben sich als induzierte Effekte in der oberen Variante rund 1 100, in der unteren 700 Beschäftigungsverhältnisse; der gesamte regionale Beschäftigungseffekt liegt danach zwischen 4 172 und 5 079, der regionale Beschäftigungsmultiplikator zwischen 1,53 und 1,70.

3. Angebotsseitige Effekte des Flughafens Ergebnisse einer Unternehmensbefragung

Die Quantifizierung der nachfrageseitigen Effekte war mit einer Fülle von Unsicherheiten behaftet. Noch weitaus schwieriger ist es allerdings, die Effekte zu quantifizieren[9], die über angebotsseitige Zusammenhänge von einem Flughafen ausgehen. Deshalb wird in dieser Arbeit von einer Quantifizierung abgesehen; stattdessen werden aus einer Unternehmensbefragung qualitative Hinweise zu den angebotsseitigen Effekten abgeleitet. Diese wurde zu Beginn des Jahres 2002 durchgeführt, wobei rund 1 500 Unternehmen am Mittleren Niederrhein angeschrieben wurden, von denen 341 geantwortet haben (Rücklaufquote 22,7 vH). In ihnen finden knapp 48 000 Personen einen Arbeitsplatz. Fast die Hälfte der Unternehmen (157 oder 46 vH) gehören zum Produzierenden Gewerbe, 138 (gut 40 vH bzw. 22,5 vH der Beschäftigten) zum Handel und 46 (13,5 vH bzw. 11 vH) zum Dienstleistungsbereich.

3.1. Flughäfen als Standortfaktor

Die Hochschule Niederrhein hat in jüngerer Vergangenheit in einer Reihe kommunaler Struktur- und Standortanalysen[10] Unternehmen zur Bedeutung einzelner Standortfaktoren befragt; darüber hinaus sollten sie die Qualität dieser Standortbedingungen in ihrer Kommune beurteilen. Die Resultate ähneln einander sehr: Die Nähe zu einem Flughafen wird als eher weniger wichtig eingestuft. Die Qualitätsbeurteilungen fallen im Allgemeinen recht gut aus; dies ist sicherlich durch die Nähe zum Flughafen Düsseldorf zu erklären. In der vorliegenden Analyse sollen diese Überlegungen vertieft werden. Dabei ist eine Differenzierung sinnvoll: Viele Unternehmen benötigen einen Verkehrsflughafen für ihre wirtschaftliche Leistungserstellung gar nicht oder nur an nachgeordneter Stelle – sie sind luftverkehrsneutral. Nur luftverkehrs- bzw. flughafenaffine Unternehmen oder oft auch nur Unternehmensteile sind im Rahmen ihrer Tätigkeit auf Verkehrsflughäfen angewiesen und erzielen dadurch Wettbewerbsvorteile. Je nach dem, ob sie diese Vorteile durch den Personenreise- oder den Luftfrachtverkehr erzielen, wird zwischen einer personen- und einer produktbezogenen Affinität unterschieden.

Von besonderem Interesse wäre es zu erfahren, welche Branchen bzw. Unternehmen eine Flughafenaffinität aufweisen. Studien dazu, die auf unterschiedlichen räumlichen Bezugsebenen und Methoden beruhen, kommen zu verschiedenartigen Ergebnissen. So stellt Hilsinger (1976: 98ff.) fest, dass Unternehmen aus dem Dienstleistungssektor die überwältigende Mehrzahl der Betriebe im Flughafenumland stellen. In völligem Gegensatz dazu erzielt Sorgenfrei (1989: 118) das Resultat, dass vor allem das Produzierende Gewerbe luftverkehrsaffin ist, insbesondere die Branchen Elektrotechnik, Feinmechanik, Optik, Büromaschinen/EDV, EBM-Waren sowie der Stahl-, Maschinen-, und Fahrzeugbau. Pagnia (1992: 147ff.) kommt in seiner Analyse zur Bedeutung der Verkehrsflughäfen Düsseldorf und Köln/Bonn wiederum zu dem Ergebnis, dass der Dienstleistungssektor eine höhe-

[9]Es gibt zwar empirische Untersuchungen, die die produktivitätssteigernden Effekte der Infrastruktur zu quantifizieren versuchen; ihre Ergebnisse sind aber uneinheitlich und für die vorliegende Analyse wenig hilfreich (z.B. Hofmann 1996: 76ff; Munnell, Cook 1990; Kunz 1991).

[10]Dies erfolgte in Zusammenarbeit mit der Industrie- und Handelskammer Mittlerer Niederrhein. Untersuchungen liegen – in der Schriftenreihe der IHK veröffentlicht – bislang für die Kommunen Grevenbroich, Kaarst, Dormagen, Kempen, Meerbusch, Nettetal, Viersen, Willich und Neuss vor. Die aktuellste dieser Analysen befasst sich mit der Stadt Neuss (Hamm 2001).

re Luftverkehrsaffinität aufweist, besonders bei den Unternehmensberatungen, aber auch bei Büromaschinen/EDV, im Maschinenbau, der Chemischen Industrie, der Elektrotechnik und im Bekleidungsgewerbe, darüber hinaus bei Handel, Banken/Versicherung, Speditionen u.a. In einer Studie über den Stellenwert der Berliner Verkehrsflughäfen als Wirtschafts- und Standortfaktor kommen Hübl et al. (1990) schließlich zu dem Resultat, dass neben den Branchen Unternehmensberatung, Datenverarbeitung/EDV, Banken/Versicherungen und Werbeagenturen auch Industriebetriebe luftverkehrsaffin sind. In einer Stellungnahme zur Betriebsregelung des Parallelbahnsystems am Flughafen Düsseldorf vertritt die IHK zu Düsseldorf (1995) die Auffassung, dass vor allem Werbeagenturen, Unternehmensberatungen, Banken und Unternehmen des Investitionsgüterhandels auf leistungsfähige Luftverkehrsangebote angewiesen seien.

In der vorliegenden Arbeit wurde die Luftverkehrsaffinität über die Selbsteinschätzung der Unternehmen ermittelt: Sie sollten zunächst angeben, wie wichtig ein Flughafen für ihre unternehmerische Entwicklung ist. Lediglich für drei von 341 Unternehmen ist er ein unabdingbarer Standortfaktor. Eine klare Branchenzuordnung ist bei diesen drei Unternehmen nicht möglich – ein Unternehmen ist der Metallerzeugung, eines dem Großhandel und eines den unternehmensnahen Dienstleistungen zugehörig. Fasst man alle Unternehmen, die den Flughafen als unabdingbar bzw. wichtig beurteilen, zur Gruppe der flughafenaffinen zusammen, gehören 55 der 341 Unternehmen (16,1 vH) dazu. Sie verteilen sich auf die drei Hauptwirtschaftsbereiche in ähnlicher Weise wie in der Stichprobe: Etwa die Hälfte gehört zum Produzierenden Gewerbe, der größte Teil hiervon zum Maschinenbau, 36 vH zum Handel, 14 vH sind – insbesondere unternehmensorientierte – Dienstleister. Der Anteil der flughafenaffinen an allen Unternehmen der Branche bewegt sich zumeist in der Nähe des Durchschnitts; Ausnahme sind neben dem Einzelhandel und dem Kreditgewerbe nur Branchen mit niedrigen Besatzziffern, so dass dort die Aussagekraft eingeschränkt ist. Die Definition klar abgegrenzter flughafenaffiner *Branchen* ist somit nicht möglich. Bei der regionalen Verteilung der flughafenaffinen Unternehmen fällt auf, dass ihr Anteil am Flughafenstandort Mönchengladbach leicht über dem Durchschnitt (21,6 vH gegenüber 16,1 vH) liegt. Dies könnte mit aller Vorsicht als Hinweis darauf gewertet werden, dass dieser Anteil mit der Nähe zum Flughafen zunimmt (Tabelle 8).

Daneben wurden die Unternehmen gefragt, ob sie ihren Standort wechseln würden, falls der von ihnen genutzte Flughafen sein Leistungsangebot drastisch reduzieren würde. Lediglich 16 (4,9 vH) würden in diesem Fall entsprechende Überlegungen anstellen. Demnach ist die Nähe zu einem Flughafen nur für einen sehr kleinen Teil eine zentrale Standortanforderung. Erstaunlich ist, dass lediglich sieben der „potenziellen Standortwechsler" zu den 55 als flughafenaffin identifizierten Unternehmen gehören. Mit einem Anteil von 12,7 vH ist damit zwar der Anteil der „potenziellen Standortwechsler" unter den flughafenaffinen Unternehmen deutlich höher als unter den nicht-flughafenaffinen (3,4 vH). Es ist allerdings überraschend, dass von den Unternehmen, für die der Flughafen ein nebensächlicher oder unbedeutender Standortfaktor ist, immerhin noch neun über einen Standortwechsel nachdenken würden.

Tabelle 8

Regionale Verteilung der flughafenaffinen Unternehmen

	flughafenaffin		nicht flughafenaffin		insgesamt
Mönchengladbach	21	21,6	76	78,4	97
Krefeld	10	12,5	70	87,5	80
Kreis Viersen	15	17,4	71	82,6	86
Kreis Neuss	9	11,5	69	88,5	78
Insgesamt	55	16,1	286	83,9	341

Ergebnisse einer Unternehmensbefragung.

3.2. Beurteilung der derzeitigen Lage des Flughafens Mönchengladbach

Einen ersten Eindruck über die Qualität des Leistungsangebots eines Flughafens vermittelt die jährliche Nutzungshäufigkeit durch regionale Unternehmen. Im Falle des Flughafens Mönchengladbach gab mehr als die Hälfte – etwas mehr im Handels- und Dienstleistungsbereich, etwas weniger im Produzierenden Gewerbe – der befragten Unternehmen an, dass sie den Flughafen überhaupt nicht genutzt haben; weitere 27 vH nutzen ihn nur ein bis drei Mal. Dass damit rund 80 vH der Unternehmen am Mittleren Niederrhein den Flughafen Mönchengladbach gar nicht oder nur relativ selten nutzen, ist sicherlich vor dem Hintergrund einer derzeit stark begrenzten Zahl von erreichbaren Flugzielen zu sehen. Daher ist es eher überraschend, dass knapp 10 vH der Unternehmen ihn im Jahr mehr als zehn Mal nutzen. Von ihnen können knapp zwei Drittel dem Produzierenden Gewerbe zugerechnet werden, 25 vH den Handelsunternehmen und 10 vH den Dienstleistern (Tabelle 9). Bei einem Vergleich der flughafenaffinen und nicht-flughafenaffinen Unternehmen zeigen sich die zu erwartenden Unterschiede: Während fast 60 vH der nicht-affinen Unternehmen den Flughafen gar nicht nutzen, beträgt dieser Anteil bei den flughafenaffinen lediglich knapp 13 vH. Umgekehrt nutzen mehr als 45 vH der flughafenaffinen Unternehmen den Flughafen mehr als sieben Mal im Jahr (gegenüber nicht einmal 7 vH).

Um Informationen darüber zu erhalten, wie die Unternehmen am Mittleren Niederrhein die Qualität des Leistungsangebots am Flughafen Mönchengladbach beurteilen, waren zehn vorgegebene Qualitätsmerkmale mit Noten von „1" (sehr gut) bis „5" (mangelhaft) zu bewerten. In drei Bereichen erhält er Durchschnittsbenotungen von „gut" und besser: beim Parkraumangebot, der Straßenanbindung und der Abfertigungsdauer. In diesen Bereichen sehen die Unternehmen die zu erhaltenden Stärken des Flughafens. Zwischen gut und befriedigend liegt die Bewertung der An- und Abflugzeiten – offenbar sind die Hin- und Rückflugzeiten bei geringer Zahl von Flügen recht gut auf die Belange der Geschäftsreisenden abgestellt. Eine ähnliche Bewertung erhält die Ausschilderung. Bewertungen um „befriedigend" erhält der Flughafen beim Ambiente des Terminals sowie hinsichtlich der Qualität und der Verfügbarkeit von Serviceangeboten. Dabei wird die Breite des Serviceangebots erkennbar schlechter als seine Qualität beurteilt. Auch die Anbindung an den öffentlichen Personennahverkehr wird etwa mit „befriedigend" bewertet –

Tabelle 9

Jährliche Nutzung des Flughafens nach Wirtschaftsbereichen

	mehr als 10	7 bis 10	4 bis 6	1 bis 3	kein Mal	insgesamt
Produzierendes Gewerbe						
Anzahl	21	6	12	50	68	157
in vH des Wirtschaftsbereichs	13,4	3,8	7,6	31,8	43,3	100,0
in vH der Nutzungsgruppe	65,6	50,0	44,4	54,3	38,2	46,0
Handel						
Anzahl	8	5	11	32	82	138
in vH des Wirtschaftsbereichs	5,8	3,6	8,0	23,2	59,4	100,0
in vH der Nutzungsgruppe	25,0	41,7	40,7	34,8	46,1	40,5
Dienstleistungen						
Anzahl	3	1	4	10	28	46
in vH des Wirtschaftsbereichs	6,5	2,2	8,7	21,7	60,0	100,0
in vH der Nutzungsgruppe	9,4	8,3	14,8	10,9	15,7	13,5
Gesamt						
Anzahl	32	12	27	92	178	341
in vH des Wirtschaftsbereichs	9,4	3,5	7,9	27,0	52,2	100,0
in vH der Nutzungsgruppe	100,0	100,0	100,0	100,0	100,0	100,0

Ergebnisse einer Unternehmensbefragung.

Tabelle 10

Beurteilung des Flughafens Mönchengladbach

	Nennungen	Mittelwert der Benotung	Standardabweichung
Straßenanbindung	226	1,75	0,79
Anbindung an ÖPNV	119	2,92	1,11
Parkraumangebot	222	1,71	0,86
Ambiente des Terminals	209	2,83	0,88
Zahl der Flugziele	214	3,92	0,89
Abfertigungsdauer	191	1,81	0,61
Ankunfts- und Abflugzeiten	190	2,57	0,90
Verfügbarkeit von Serviceangeboten	166	3,16	0,75
Qualität der Serviceangebote	158	2,96	0,77
Ausschildern des Anfahrtsweges	207	2,57	0,89

Ergebnisse einer Unternehmensbefragung.

angesichts der objektiven Erreichbarkeit des Flughafens mit öffentlichen Verkehrsmitteln eine mehr als wohlwollende Beurteilung, wobei die recht hohe Standardabweichung auf größere Meinungsunterschiede hinweist. Die schlechteste Beurteilung erhält der Flughafen für die Zahl der erreichbaren Flugziele.

Vergleicht man die Beurteilungen in der Gruppe der flughafenaffinen bzw. nicht-flughafenaffinen Unternehmen miteinander, so fällt auf, dass die flughafenaf-

Tabelle 11

Beurteilung von Aussagen zum Flughafen Mönchengladbach

Aussage		trifft völlig zu	trifft zu	teils/ teils	trifft eher nicht zu	trifft überhaupt nicht zu	Gesamt	Mittlere Bewertung
Versäumte Weiterentwicklung	Anzahl	37	56	48	12	7	160	
	in vH	23,1	35,0	30,0	7,5	4,4	100,0	2,35
Ruhiger Eindruck	Anzahl	33	165	25	3	0	226	
	in vH	14,6	73,0	11,1	1,3	0,0	100,0	1,99
Keine Perspektiven	Anzahl	9	23	44	91	48	215	
	in vH	4,2	10,7	20,5	42,3	22,3	100,0	3,68
Gefahr für Umwelt und Lebensqualität	Anzahl	4	22	43	76	79	224	
	in vH	1,8	9,8	19,2	33,9	35,3	100,0	3,91
Wichtiger Standortfaktor	Anzahl	14	94	60	45	11	224	
	in vH	6,3	42,0	26,8	20,1	4,9	100,0	2,75
Wichtiges Infrastrukturelement	Anzahl	25	128	41	30	3	227	
	in vH	11,0	56,4	18,1	13,2	1,3	100,0	2,37
Gefahr einer Fehlinvestition	Anzahl	2	26	48	97	33	206	
	in vH	1,0	12,6	23,3	47,1	16,0	100,0	3,65
Gibt Entwicklungsimpulse	Anzahl	28	126	45	21	6	226	
	in vH	12,4	55,8	19,9	9,3	2,7	100,0	2,34
Unbedeutender Provinzflughafen	Anzahl	10	47	67	64	39	227	
	in vH	4,4	20,7	29,5	28,2	17,2	100,0	3,33
Imageträger für Stadt und Region	Anzahl	32	90	53	37	12	224	
	in vH	14,3	40,2	23,7	16,5	5,4	100,0	2,58

Ergebnisse einer Unternehmensbefragung.

finen Unternehmen den Flughafen Mönchengladbach bei fast allen Kriterien besser beurteilen als dies die nicht-flughafenaffinen tun – einzige Ausnahme ist das „Ambiente des Terminals", bei dem beide Gruppen identische Bewertungen abgeben. Bei der Anbindung an den öffentlichen Personennahverkehr und bei der Straßenanbindung liegen die Bewertungen durch die flughafenaffinen Unternehmen um zwei bis drei Zehntelnoten besser. Da man davon ausgehen kann, dass die flughafenaffinen Unternehmen die Verkehrsanbindung anderer Flughäfen besser kennen als dies bei den nicht-flughafenaffinen Unternehmen der Fall ist, kann die festgestellte Abweichung aus Sicht des Mönchengladbacher Flughafens als Pluspunkt registriert werden.

Tabelle 11 informiert über die Einschätzung des Flughafens durch die Unternehmen. Von den zehn vorgegebenen Aussagen fand die Aussage „Der Flughafen in Mönchengladbach macht einen ruhigen und gepflegten Eindruck" die höchste Zustimmung. Bei einer Durchschnittsbewertung von 1,99 fanden fast 88 vH der Unternehmen diese Aussage (völlig) zutreffend. Ob sie jedoch ein positives Signal beinhaltet, muss bezweifelt werden; auf einem gut funktionierenden Flughafen mit einem entsprechenden Leistungsangebot ist eher „hektische Betriebsamkeit" als Ruhe zu erwarten. Mehr als zwei Drittel der Unternehmen meinten, dass der Flughafen nach dem Ausbau wichtige Beiträge zur Verbesserung der regionalen Wirtschaftsentwicklung leisten könnte (2,34); recht viele Unternehmen trauen ihm wohl zu, ein Impulsgeber der regionalen Wirtschaftsentwicklung zu werden. Dass der Flughafen ein Produkt der versäumten Weiterentwicklung des Landeplatzes ist, findet eine ähnliche Zustimmung (2,35); dies deutet darauf hin, dass offenbar viele Unternehmen glauben, eine konsequente Weiterentwicklung hätte bereits früher erfolgen können. Auch dass der Flughafen ein wichtiges Element der regionalen Infrastruktur ist, wird stark vertreten (2,37); die Unternehmen gehen offensichtlich davon aus, dass er Effekte induzieren kann, wie sie gemeinhin von Infrastruktureinrichtungen erwartet werden. Rund 55 vH der Unternehmen sehen im Flughafen einen Imageträger für die Region (2,58), und knapp 50 vH meinen, dass er auch im derzeitigen Ausbauzustand ein wichtiger Standortfaktor für die regionale Wirtschaft ist (2,75).

Dementsprechend niedrig fällt die Zustimmung zu negativ belegten Aussagen aus: Nur rund ein Viertel der Unternehmen vertritt die Meinung, dass der Flughafen ein unbedeutender Provinzflughafen ist (3,33), er wird selbst in seinem derzeitigen Ausbaustand von der regionalen Wirtschaft als nicht unerheblich angesehen. Die überwiegende Mehrheit der Unternehmen glaubt darüber hinaus nicht, dass ein Ausbau zu einer Fehlinvestition führen könnte (3,65). Eine ähnliche Bewertung (3,68) erhält die Aussage, der Flughafen biete auch nach dem geplanten Ausbau keine Perspektiven für die regionale Wirtschaft. Die geringste Zustimmung von Seiten der regionalen Wirtschaft erhält die Aussage, der Flughafen sei eine Gefahr für die Umwelt und die Lebensqualität in der Region (3,91). Die Unternehmen sehen mithin die umweltbelastenden Einflüsse des Flughafens und negative Auswirkungen auf das Wohnumfeld als eher gering an.

Eine ergänzende Korrelationsanalyse sollte zeigen, welche Zusammenhänge es im Antwortverhalten gibt. Unternehmen, die die Auffassung vertreten, dass der Flughafen nach dem Ausbau wichtige Beiträge zur Verbesserung der regionalen Wirtschaftsentwicklung leisten könne, stimmen danach in hohem Maße auch den Aussagen zu[11], dass der Flughafen ein Produkt der versäumten Weiterentwicklung des Landeplatzes, ein wichtiges Element der regionalen Infrastruktur, ein wichtiger Standortfaktor und ein regionaler Imageträger ist. Gleichzeitig sind diese Unternehmen nicht der Auffassung, dass er ein unbedeutender Provinzflughafen sei, auch nach dem Ausbau keine Perspektive biete, eine Gefahr für die Umwelt- und Lebensqualität darstelle und der Ausbau die Gefahr einer Fehlinvestition berge. Allein diese Betrachtung deutet darauf hin, dass die Unternehmen aufgrund der vorgelegten Aussagen zwei Gruppen zuzuordnen sind, innerhalb derer es große Gemeinsamkeiten im Antwortverhalten, zwischen ihnen hingegen deutliche Unterschiede gibt. Die erste Gruppe (Potenzial etwa 50 bis 60 vH der Unternehmen) richtet die Erwartung positiver ökonomischer Effekte an den derzeit vorhandenen Flughafen und an seinen Ausbau. Die zweite (10 bis 15 vH) betont stärker die Risiken eines Ausbaus. Unternehmen, die in einem Bereich (z.B. Infrastruktur) die Chance betonen, die der Flughafen bietet, nennen häufig auch auf anderen Fel-

[11] In diesen und den folgenden Fällen haben die Korrelationskoeffizienten das erwartete Vorzeichen, nehmen Werte zwischen 0,30 und 0,60 an und sind bei einer Irrtumswahrscheinlichkeit von 5 vH statistisch gesichert.

Tabelle 12

Gesamteindruck des Flughafens Mönchengladbach

	Insgesamt	Produzierendes Gewerbe	Handel	Dienstleistungen	Flughafenaffin	Nicht flughafenaffin
sehr gut						
Anzahl	3	0	3	0	1	2
Anteil in vH	1,3	0,0	3,8	0,0	2,2	1,1
gut						
Anzahl	74	34	24	16	24	50
Anteil in vH	32,5	29,6	30,4	47,1	52,2	27,5
befriedigend						
Anzahl	122	66	42	14	18	104
Anteil in vH	53,5	57,4	53,2	41,2	39,1	57,1
ausreichend						
Anzahl	27	15	8	4	2	25
Anteil in vH	11,8	13,0	10,1	11,8	4,3	13,7
mangelhaft						
Anzahl	2	0	2	0	1	1
Anteil in vH	0,9	0,0	2,5	0,0	2,2	0,5
Insgesamt						
Anzahl	228	115	79	34	46	182
Anteil in vH	100,0	100	100	100	100	100
Durchschnittsnote	2,79	2,83	2,77	2,65	2,52	2,85

Ergebnisse einer Unternehmensbefragung.

dern (Standortfaktor, regionale Wirtschaftsentwicklung, Imageträger) die Chance. Unternehmen, für die Risiken in einem Bereich (z.B. Umwelt-/Lebensqualität) bestehen, sehen vielfach Risiken und Nachteile auch in anderen (keine Perspektive durch Ausbau, Gefahr einer Fehlinvestition, unbedeutender Provinzflughafen).

Tabelle 12 gibt einen Gesamteindruck, wie die Unternehmen der Region den Flughafen beurteilen. Die Gesamtnote erreicht 2,79; rund ein Drittel der Unternehmen bewertet den Flughafen mit den Noten „gut“ und „sehr gut“. Deutliche Differenzierungen nach Wirtschaftsbereichen sind nicht festzustellen, wohl aber, dass die flughafenaffinen Unternehmen den Flughafen (Durchschnittsnote 2,52) erkennbar besser beurteilen als der Rest (2,85).

3.3. Beurteilung der Wirkungen eines Flughafenausbaus

Die bisher dargestellten Befragungsergebnisse haben gezeigt, dass die Unternehmen der Region dem Flughafen bereits im derzeitigen Ausbaustand eine erkennbare Bedeutung als regionaler Imageträger, als Standortfaktor und als Element der Infrastruktur beimessen. Die Frage ist, ob der anvisierte Ausbau des Flughafens diese Effekte für die Region noch verstärken würde. Die Unternehmen wurden deshalb zunächst danach gefragt, ob ein Ausbau den eigenen Standort aufwerten

Tabelle 13

Erwartung bezüglich einer Aufwertung des Unternehmensstandorts

	Ja	Nein	Vielleicht	Insgesamt
Affine Unternehmen				
Anzahl	29	8	7	44
Anteil an Zeilensumme in vH	65,9	18,2	15,9	100,0
Anteil an Spaltensumme in vH	55,8	4,6	13,0	15,7
Nichtaffine Unternehmen				
Anzahl	23	166	47	236
Anteil an Zeilensumme in vH	9,7	70,3	19,9	100,0
Anteil an Spaltensumme in vH	44,2	95,4	87,0	84,3
Gesamt				
Anzahl	52	174	54	280
Anteil an Zeilensumme in vH	18,6	62,1	19,3	100,0
Anteil an Spaltensumme in vH	100,0	100,0	100,0	100,0

Ergebnisse einer Unternehmensbefragung.

würde, was immerhin fast jedes fünfte Unternehmen bejaht; weitere knapp 20 vH schließen mit der Antwort „vielleicht" solche Aufwertungseffekte nicht aus (Tabelle 13). Auffällig ist, dass das Antwortverhalten der als flughafenaffin klassifizierten Unternehmen davon deutlich abweicht; fast 66 vH dieser Unternehmen gehen davon aus, dass der Ausbau einen aufwertenden Effekt für ihren Standort haben wird, weitere 16 vH schließen dies nicht von vornherein aus. Von den Unternehmen, die mit einer Standortaufwertung rechnen, sind fast 56 vH den flughafenaffinen zuzurechnen – deutlich mehr, als es ihrem Anteil in der Stichprobe entspricht (16 vH). Umgekehrt sind unter den Unternehmen, die nicht mit einer Standortaufwertung rechnen, die nicht-flughafenaffinen klar überrepräsentiert (95 vH).

Daneben sollten die Unternehmen Auskunft darüber geben, ob sie durch den Ausbau bei einer Reihe von Faktoren Verbesserungen oder Verschlechterungen erwarten (Tabelle 14). Der Ausbau des Flughafens würde sich nach Auffassung von über 72 vH der Unternehmen – insbesondere der flughafenaffinen – positiv auf den Ausbaustand der Infrastruktur auswirken; weniger als 2 vH erwarten hier negative Effekte. 68 vH der Unternehmen sind der Auffassung, der Ausbau werde sich positiv auf Ansiedelungen in der Region auswirken; nicht ein einziges Unternehmen befürchtet hier negative Wirkungen. Rund 70 vH aller und sogar fast 96 vH der flughafenaffinen Unternehmen glauben, dass der Ausbau Flughafens die regionalwirtschaftliche Entwicklung positiv beeinflusst. 55,6 vH der Unternehmen – wiederum insbesondere die flughafenaffinen – meinen, dass der Ausbau auch zu einer Erleichterung des Strukturwandels beitragen könne. Keines der flughafenaffinen und lediglich zwei der übrigen Unternehmen rechnen mit negativen Konsequenzen für den Strukturwandel. Der Zeitbedarf im Privat- und Geschäftsreisesverkehr wird sich nach Ansicht der befragten Unternehmen positiv entwickeln. Auch für das regionale Image werden sich durch den Flughafenausbau nach Meinung der meisten Unternehmen (80 vH) positive Effekte ergeben; lediglich ein einziges Un-

Tabelle 14

Folgen des Flughafenausbaus

	Positiv		Gar nicht		Negativ		Insgesamt	
	Anzahl	Anteil in vH	Anzahl	Anteil in vH	Anzahl	Anteil in vH	Anzahl	Anteil in vH
Infrastrukur								
Affine	36	83,7	6	14,0	1	2,3	43	100,0
Nichtaffine	144	69,9	59	28,6	3	1,5	206	100,0
Insgesamt	180	72,3	65	26,1	4	1,6	249	100,0
Ansiedlungen								
Affine	41	89,1	5	10,9	0	0,0	46	100,0
Nichtaffine	131	63,3	76	36,7	0	0,0	207	100,0
Insgesamt	172	68,0	81	32,0	0	0,0	253	100,0
Entwicklung								
Affine	44	95,7	2	4,3	0	0,0	46	100,0
Nichtaffine	135	65,2	72	34,8	0	0,0	207	100,0
Insgesamt	179	70,8	74	29,2	0	0,0	253	100,0
Strukturwandel								
Affine	34	77,3	10	22,7	0	0,0	44	100,0
Nichtaffine	104	51,0	98	48,0	2	1,0	204	100,0
Insgesamt	138	55,6	108	43,5	2	0,8	248	100,0
Reiseverkehr								
Affine	45	93,8	2	4,2	1	2,1	48	100,0
Nichtaffine	183	88,4	22	10,6	2	1,0	207	100,0
Insgesamt	228	89,4	24	9,4	3	1,2	255	100,0
Image								
Affine	36	87,8	5	23,0	1	0,5	204	100,0
Nichtaffine	156	76,5	47	23,0	1	0,5	204	100,0
Insgesamt	192	78,4	52	21,2	1	0,4	245	100,0
Wohnqualität								
Affine	4	9,8	20	48,8	17	41,5	41	100,0
Nichtaffine	9	4,4	86	42,4	108	53,2	203	100,0
Insgesamt	13	5,3	106	43,4	125	51,2	244	100,0
Umweltqualität								
Affine	3	7,5	22	55,0	15	37,5	40	100,0
Nichtaffine	3	1,5	98	48,3	102	50,2	203	100,0
Insgesamt	6	2,5	120	49,4	117	48,1	243	100,0
Flächenverbrauch								
Affine	7	17,5	22	55,0	11	27,5	40	100,0
Nichtaffine	10	5,0	106	52,7	85	42,3	201	100,0
Insgesamt	17	7,1	128	53,1	96	39,8	241	100,0
Arbeitsmarktlage								
Affine	35	85,4	6	14,6	0	0,0	41	100,0
Nichtaffine	129	62,9	74	36,1	2	1,0	205	100,0
Insgesamt	164	66,7	80	32,5	2	0,8	246	100,0

Ergebnisse einer Unternehmensbefragung.

ternehmen sieht das regionale Image verschlechtert. Was die Wohnqualität anbelangt, werden dagegen eher negative Auswirkungen erwartet (51,2 vH). Ähnliches ergibt sich bei der Umweltqualität (48,1 vH). Auch beim Flächenverbrauch überwiegen diejenigen, die von negativen Konsequenzen eines Ausbaus ausgehen (40 vH); erneut unterscheiden sich die Angaben der flughafenaffinen Unternehmen. Genau zwei Drittel der Unternehmen sehen in dem Ausbau eine Chance zur

Verbesserung der Arbeitsmarktlage; nur zwei befürchten negative Arbeitsmarkteffekte. Wieder deutlich günstiger fällt hier die Beurteilung bei den flughafenaffinen Unternehmen aus (85 vH). Bei allen abgefragten Faktoren ist zu erkennen, dass die flughafenaffinen Unternehmen die möglichen positiven Wirkungen stärker betonen; Risiken eines Flughafenausbaus werden von ihnen seltener gesehen.

4. Zusammenfassung

Flughäfen können die wirtschaftliche Entwicklung an ihrem Standort und der umliegenden Region über angebots- und nachfrageseitige Zusammenhänge beeinflussen. Die empirische Überprüfung der Relevanz dieser Zusammenhänge für den Flughafen Mönchengladbach erfolgte zunächst für den derzeitigen Ausbaustand. Dort waren zu Beginn des Jahres 2001 395 Personen beschäftigt. Die mit der Leistungserstellung dieser Beschäftigten in Verbindung stehende Investitionsgüter- und Vorleistungsnachfrage sichert am Mittleren Niederrhein zwischen 105 und 130 weitere Arbeitsplätze. Über den regionalen Einkommenskreislauf werden weiter zwischen 100 und 145 Arbeitsplätze gesichert. Für gut 16 vH der befragten Unternehmen aus der Region ist ein Flughafen ein unabdingbarer oder wichtiger Standortfaktor. Diese Unternehmen werden als luftfracht- bzw. flughafenaffin bezeichnet. Die Definition klar abgegrenzter flughafenaffiner Branchen ist demgegenüber kaum möglich. Rund 80 vH der Unternehmen gaben an, dass sie den Flughafen Mönchengladbach in den letzten 12 Monaten gar nicht oder nur relativ selten benutzt haben, mehr als die Hälfte hatte ihn überhaupt nicht genutzt – Ergebnisse, die sicherlich nicht zuletzt vor dem Hintergrund einer derzeit stark begrenzten Zahl von erreichbaren Flugzielen zu sehen sind. Vor diesem Hintergrund ist es fast überraschend, dass knapp 10 vH der Unternehmen am Mittleren Niederrhein den Flughafen im Jahr mehr als zehn Mal benutzen. Erwartungsgemäß ist die Nutzungshäufigkeit der flughafenaffinen Unternehmen überdurchschnittlich.

Eine von den Befragten vorgenommene Benotung hob das Parkraumangebot, die Straßenanbindung und die Abfertigungsdauer hervor. Zwischen gut und befriedigend liegen die Bewertungen der An- und Abflugzeiten und der Ausschilderung, bei befriedigend das Ambiente des Terminals, die Anbindung an den öffentlichen Personennahverkehr sowie Qualität und Verfügbarkeit von Serviceangeboten. Am schlechtesten fällt die Beurteilung der erreichbaren Flugziele aus. Die befragten Unternehmen sind mehrheitlich der Meinung, dass der Flughafen einen ruhigen und gepflegten Eindruck macht. Der dadurch entstehende, leicht verschlafene Eindruck wird aber dadurch relativiert, dass nur vergleichsweise wenige den Flughafen für unbedeutend halten. Stattdessen meinen sie mehrheitlich, er sei ein wichtiges Element der regionalen Infrastruktur, ein regionaler Imageträger und ein wichtiger Standortfaktor für die regionale Wirtschaft. Die umweltbelastenden Einflüsse und seine negativen Auswirkungen auf das Wohnumfeld werden als gering eingestuft. Nach dem Ausbau könne er – so die Meinung vieler Unternehmen – wichtige Beiträge zur Verbesserung der regionalen Wirtschaftsentwicklung leisten. Dass ein Ausbau zu einer Fehlinvestition führen könnte, halten die meisten Unternehmen für eher unwahrscheinlich. In der Befragung sind zwei Gruppen von Unternehmen zu unterscheiden: Die erste, zahlenmäßig deutlich stärkere Gruppe richtet die

Erwartung positiver ökonomischer Effekte an den derzeit vorhandenen Flughafen und an seinen Ausbau. Die zweite Gruppe betont hingegen stärker die Risiken eines Flughafenausbaus.

Sollte es zu einem Ausbau des Mönchengladbacher Flughafens kommen, so sind die vorgetragenen Überlegungen zu ergänzen und zu modifizieren: Die nachfrageseitigen regionalen Effekte der dann erforderlichen Investitionen sind nicht besonders ausgeprägt – nach den Schätzungen können maximal 400 Arbeitsplätze in der Region gesichert werden. Diese Zahl bedarf einer zusätzlichen Relativierung, da es sich um einen zeitlich gestreckten, einmaligen Impuls handelt. Gleichwohl könnte der Flughafen im Endausbau nicht unerhebliche Beschäftigungseffekte für die Region zur Folge haben. Geht man von 3 Mill. Passagieren und zwischen 90 und 100 Beschäftigte für 100 000 Passagiere aus, ergibt sich eine Zahl von 2 730 bis 2 994 Mitarbeitern. Über die Vorleistungs- und Investitionsgüternachfrage könnten zwischen 740 und 980 weitere regionale Arbeitsplätze gesichert werden, über die regionalen Einkommens- und Vorleistungskreisläufe weitere 700 bis 1 100 Beschäftigungsverhältnisse.

In der Befragung gaben die Unternehmen mehrheitlich an, dass der Ausbau die Infrastruktur stärken, Unternehmensansiedelungen in der Region erleichtern, der regionalen Wirtschaftsentwicklung neue Impulse geben, den Zeitbedarf im Privat- und Geschäftsreiseverkehr (und damit Kosten) verringern, das regionale Image verbessern werde und last but not least den regionalen Arbeitsmarkt entlasten könne. Der Ausbau des Flughafens hätte – nach Meinung der Mehrheit der Unternehmen – aber auch negative Auswirkungen, und zwar auf die Wohn- und Umweltqualität und auf den Flächenverbrauch. Die flughafenaffinen Unternehmen betonen die möglichen positiven Wirkungen stärker als andere; mögliche Risiken eines Ausbaus werden von ihnen seltener gesehen.

Literatur

Batey, P.W.J. and M. Madden (2001), Socio-Economic Impact Assessment: Meeting Client Requirements. In G. Clarke and M. Madden (eds.), *Regional Science in Business*. Berlin et al.: Springer, 37–59.

Cerny, M., B. Dachs und Th. Schröck (1998), *Wirtschaftsfaktor Flughafen Wien*. Industriewissenschaftliches Institut, Wien.

Düsseldorf Express Airport Mönchengladbach (Hrsg.) (o.J.), *Fluggastbefragung 1998*. o.O.

Hakfoort, J., T. Poot and P. Rietveld (2001), The Regional Economic Impact of an Airport: The Case of Amsterdam Schiphol Airport. *Regional Studies* 35: 595–604.

Hamm, R. (1999), Regionalwirtschaftliche Effekte von Events und Probleme bei ihrer Quantifizierung. Überlegungen am Beispiel eines Fußball-Bundesligavereins. *Tourismus Journal* 3: 303–324.

Hamm, R. unter Mitarbeit von M. Eckroth et al. (2001), Wirtschaftliche Strukturen und Entwicklungen in der Stadt Neuss. Schriftenreihe der Industrie- und Handelskammer Mittlerer Niederrhein. IHK Mittlerer Niederrhein, Krefeld et al.

Hamm, R. unter Mitarbeit von J. Cremer, W. Hendrix und M. Landgraf (2002), *Die regionalwirtschaftliche Bedeutung des Flughafens Mönchengladbach* – Derzeitiger Stand und Perspektiven. Gutachten im Auftrag des Fördervereins Flughafen Mönchengladbach. Hochschule Niederrhein, Fachbereich Wirtschaft, Mönchengladbach.

Hamm, R. und M. Wenke (2001), Regionalwirtschaftliche Effekte der Fachhochschule Niederrhein. Schriften und Materialien zur Regionalforschung 10. RWI, Essen.

Hart, D.A. and Ph. McCann (2000), The Continuing Growth of London Stansted Airport: Regional Economic Impacts and Potential. *Regional Studies* 34: 875–882.

Hilsinger, H.-H. (1976), Das Flughafen-Umland – Eine wirtschaftsgeographische Untersuchung an ausgewählten Beispielen im westlichen Europa. Bochumer Geographische Arbeiten 23. Paderborn: Schöningh.

Holub, H.W. (1996), Probleme der Berechnung von Umwegrentabilitäten – gezeigt am Beispiel von Großveranstaltungen im Kultursektor. *WISU – Wirtschaftsstudium* 1996 (12): 1110–1115.

Hübl, L., U. Hohls-Hübl und B. Wegener (1990), *Berliner Flughäfen und ihre Bedeutung als Wirtschafts- und Standortfaktor.* Berliner Flughafen-Gesellschaft, Berlin.

Hübl, L., U. Hohls-Hübl, B. Wegener unter Mitarbeit von J. Schaffner (2001), Hannover Airport – Ein Impulsgeber für die Region. Beiträge zur regionalen Entwicklung 84. Kommunalverband Großraum Hannover, Hannover.

Hofmann, U. (1996), Produktivitätseffekte der öffentlichen Infrastruktur. Europäische Hochschulschriften 5: Volks- und Betriebswirtschaft 1945. Frankfurt a.M. et al.: Lang.

IHK Düsseldorf (Hrsg.) (1995), *Stellungnahme zum Antrag der Flughafen Düsseldorf GmbH zur Änderung der Betriebsregelung für das Parallelbahnsystem des Flughafens Düsseldorf.* Düsseldorf.

Kampmann, R. (1988), Möglichkeiten und Grenzen regionaler Multiplikatoranalysen. *RWI-Mitteilungen* 39 (2): 193–213.

Konopka, H.-J. (2001), Der „neue" Flughafen Leipzig/Halle. Die Bedeutung des Airports für luftverkehrsaffine Unternehmen. Europäische Hochschulschriften 5: Volks- und Betriebswirtschaft 2756. Frankfurt a.M. et al.: Lang.

Kunz, V. (1991), Infrastruktur, Betriebsgröße und höherwertige Tertiärisierung als Bestimmungsfaktoren der regionalen Wirtschaftskraft. *Informationen zur Raumentwicklung* 1991 (9/10): 579–598.

Kurte, J. (1999), *Produktions- und Beschäftigungseffekte von Verkehrsflughäfen am Beispiel des Flughafens Köln/Bonn.* Dissertation, Universität Köln.

Munnell, A.H. and L.M. Cook (1990), How Does Public Infrastructure Affect Regional Economic Performance? *New England Economic Review* 1990 (9/10): 11–33.

Pagnia, A. (1992), Die Bedeutung von Verkehrsflughäfen für Unternehmungen – Eine exemplarische Untersuchung der Flughäfen Düsseldorf und Köln/Bonn für Nordrhein-Westfalen. Europäische Hochschulschriften 5: Volks- und Betriebswirtschaft 1376. Frankfurt a.M. et al.: Lang.

RWI – Rheinisch-Westfälisches Institut für Wirtschaftsforschung (Hrsg.) (1987), Möglichkeiten und Grenzen der empirischen Abschätzung von direkten und indirekten Arbeitsmarkteffekten regional konzentrierter Nachfrage- und Angebotsimpulse. Gutachten im Auftrag des Ministers für Wirtschaft, Mittelstand und Technologie des Landes Nordrhein-Westfalen. (Bearb.: R. Kampmann.) Essen.

Sorgenfrei, J. (1989), Regionalflughäfen: Funktionen und Wirkungen. Verkehrswissenschaftliche Schriften aus dem Institut für Verkehrswissenschaft der Universität Hamburg 40. Göttingen: Vandenhoeck & Ruprecht.

Statistisches Bundesamt (Hrsg.), Statistisches Jahrbuch der Bundesrepublik Deutschland 2000. Stuttgart 2001: Metzler-Poeschel.

Zusammenfassung

Der vorliegende Beitrag befasst sich am Beispiel des „Airports Düsseldorf Mönchengladbach" und des Mittleren Niederrheins mit der regionalwirtschaftlichen Bedeutung eines Flughafens. Im ersten Abschnitt werden einige theoretische Überlegungen vorgestellt. Dabei werden die Gesamteffekte eines Flughafens zunächst in nachfrage- und angebotsseitige Wirkungen unterteilt und die verschiedenen Wirkungszusammenhänge im Detail beschrieben. Die empirische Analyse wendet sich zunächst den Nachfrageeffekten zu, die mit Hilfe eines einfachen iterativen regionalen Multiplikatormodells abgeschätzt werden. Danach werden die angebotsseitigen Effekte behandelt. Da es recht schwierig ist, diese Effekte zu quantifizieren, wurde eine Firmenbefragung genutzt, um zumindest qualitative Informationen zu erhalten. Als wesentliches Ergebnis der Arbeit kann festgehalten werden, dass vom „Airport Düsseldorf Mönchengladbach" nach einem Ausbau spürbare Nachfrageeffekte erwartet werden können. Die Firmenbefragung zeigt darüber hinaus, dass die Existenz eines Flughafens zu Produktivitätssteigerungen und einer Verbesserung der Standortbedingungen in der Region führen kann.

Résumé

La présente étude analyse sur le point de vue théorique et empirique l'importance d'un aéroport, en prenant comme exemple l' «aéroport de Düsseldorf Möchengladbach » et de la région de Mittlerer Niederrhein. Les effets de la demande sont estimés à l'aide d'un modèle multiplicateur itératif simple et régional. Une enquête a été effectuée, pour mesurer les effets de l'offre et d'obtenir au moins des informations qualitatives. Il est à retenir comme résultat principal, qu'on peut s'attendre aux effets de la demande après l'extension de l'aéroport. L'enquête montre en plus, que l'existence d'un aéroport peut avoir pour effet, l'augmentation de la productivité et l'amélioration des conditions régionales.

Umweltpolitik und nachhaltiges Wirtschaften

RWI-Mitteilungen 2002, Jg. 53 (1-4): 321–343

Die ökologische Steuerreform – ein Zukunftsmodell der Vergangenheit?

von Bernhard Hillebrand

The ecological tax reform in Germany has been in force for tree years. According to the basic idea energy consumption is taxed and social security contributions are reduced by tax revenues. In reality this idea is faced with rather difficult problems. Energy prices do not simply reflect the tax burden but depend on worldwide energy markets and their demand and supply conditions. A stronger influence of taxes could be established by higher tax rates, additional tax burden however lowers the competitiveness of energy-intensive production processes. Finally, climate change policy relies not only on eco taxes but also on a couple of measures and instruments. Thus the tax reform must be integrated into the existing bundle of instruments, especially into the emissions trading system planned by the European Union. (JEL: Q43; Q48; H23)

Vor mehr als drei Jahren verabschiedete der Deutsche Bundestag das Gesetz zum Einstieg in eine ökologische Steuerreform. Damit wurde der Energieverbrauch einer zusätzlichen Steuer unterworfen und die daraus fließenden Einnahmen zur Senkung der Beiträge zur gesetzlichen Rentenversicherung genutzt. Wenige Monate später trat das Gesetz zur Fortführung der ökologischen Steuerreform in Kraft, mit dem eine jährliche Steigerung der Steuersätze für Strom und Kraftstoffe bis zum Jahr 2003 gesetzlich festgeschrieben und damit der von Umweltökonomen vielfach geforderten Internalisierung von externen Effekten Rechnung getragen wurde[1]. Anfang des nächsten Jahres wird dieses Reformprojekt mit der fünften Stufe abgeschlossen.

Vor diesem Hintergrund erscheint die Frage berechtigt, ob und wenn ja unter welchen Bedingungen eine Fortentwicklung der ökologischen Steuerreform über das Jahr 2003 hinaus sowohl unter ökologischen als auch unter ökonomischen Aspekten sinnvoll sein kann. Dabei dürfte selbstverständlich sein, dass eine unmodifizierte, lineare Fortschreibung der Steuersätze weder den inzwischen gewonnenen Erfahrungen noch den eingetretenen Veränderungen der Rahmenbedingungen angemessen ist. Stattdessen wird im Folgenden versucht, die Voraussetzungen für mögliche Modifikationen und Fortentwicklungen dieses Reformkonzepts aufzuzeigen und die ökologischen und ökonomischen Implikationen darzustellen.

[1] Zur theoretischen Begründung und den damit zusammenhängenden Bewertungsproblemen vgl. etwa Hohmeyer et al. 1997.

Die Analyse konzentriert sich im Wesentlichen auf drei Aspekte: Im ersten Abschnitt werden die Wechselwirkungen zwischen Energiepreisen und -mengensteuern dargestellt, denn für die vom Gesetz intendierte Lenkungswirkung sind nicht nur die zusätzlichen Steuern, sondern auch die Preise auf den Energiemärkten von Bedeutung, wobei eine zusätzliche Steuer umso geringere Wirkungen entfalten wird, je höher das Energiepreisniveau ohne Steuern bereits ist. Der zweite Abschnitt konzentriert sich auf die sektoralen Be- und Entlastungen einer Fortentwicklung der Steuerreform. Auch wenn die Weiterentwicklung nicht zwangsläufig an die bis 2003 beschlossenen Besteuerungstatbestände anknüpfen muss, so dürften das bestehende Gesetz und die dort festgelegten Regelungen wichtige Eckpunkte dafür sein. Im dritten Abschnitt wird die Steuerreform in den Gesamtzusammenhang der Maßnahmen und Instrumente eingeordnet, die sowohl national als auch EU-weit entweder bereits beschlossen sind oder in naher Zukunft Gesetzeskraft erlangen werden. Von besonderer Bedeutung ist in diesem Zusammenhang der von der EU-Kommission im Oktober 2000 vorgelegte Entwurf einer Richtlinie zur Einführung eines EU-weiten Handels mit Rechten für Treibhausgasemissionen (EU-Kommission 2000, 2001). Eine zusammenfassende Bewertung beschließt die Arbeit.

1. Energiepreise und ökologische Steuerreform

Ziel der ökologischen Steuerreform ist eine Verringerung des Energieverbrauchs und der damit verbundenen Umweltbelastungen. Als Instrument bedient sie sich einer zusätzlichen Steuer, mit der das Preissystem zu Gunsten eines ressourcenschonenden Umgangs mit Energie korrigiert werden soll. Das Energiepreissystem selbst wird jedoch nicht nur von zusätzlichen Steuern, sondern von einer Vielzahl weiterer Faktoren beeinflusst, die außerhalb der Entscheidungskompetenz der nationalen Umweltpolitik liegen. Dabei sind im Extremfall Entwicklungen möglich, die entweder die angestrebten Wirkungen einer Öko-Steuer vollständig vereiteln oder den Einsatz zusätzlicher Steuern überflüssig erscheinen lassen. Beide Extremfälle konnten seit Einführung der ökologischen Steuerreform beobachtet werden.

1.1. Kraftstoffpreise

Die ökologische Steuerreform sieht für Kraftstoffe bekanntlich einen jährlichen Anstieg der Steuersätze um 6 Pf bzw. 3,07 ct/l, kumuliert über alle Stufen mithin einen Preisimpuls von 30 Pf bzw. 15,35 ct/l vor. Im Vergleich zu den Ausschlägen am Weltölmarkt nehmen sich diese Preisimpulse allerdings eher bescheiden aus. Allein im Verlauf des ersten Jahres der ökologischen Steuerreform stieg der Importpreis für Vergaserkraftstoffe um rund 20 ct/l und der Importpreis für Dieselkraftstoffe um mehr als 16 ct/l zu. Ursächlich hierfür waren Produktionskürzungen[2] der OPEC sowie die anziehende Nachfrage in der zweiten Hälfte des Jahres: Der Preis für die Nordseesorte Brent lag im vierten Quartal 1999 bei 24 $/barrel und damit mehr als doppelt so hoch wie zum Jahresanfang. Insgesamt verteuerten

[2]Im Frühjahr 1999 reduzierten die erdölexportierenden Länder aus dem OPEC-Raum die Fördermenge um 1,5 auf 26,3 Mill. barrel/Tag.

Tabelle 1

Kraftstoffpreise und ökologische Steuerreform
1999/I bis 2001/IV; in ct/l

		Importpreis	Mineralölsteuer	Ökosteuer	Verbraucherpreis
			Vergaserkraftstoff		
1999	I	14,21	50,11	–	78,93
	II	20,15	50,11	3,07	85,20
	III	28,26	50,11	3,07	90,26
	IV	29,35	50,11	3,07	93,29
2000	I	34,47	50,11	6,14	98,12
	II	40,52	50,11	6,14	100,40
	III	46,67	50,11	6,14	104,51
	IV	46,68	50,11	6,14	103,66
2001	I	39,76	50,11	9,20	103,71
	II	46,63	50,11	9,20	110,15
	III	38,64	50,11	9,20	103,25
	IV	32,99	50,11	9,20	97,75
			Dieselkraftstoff		
1999	I	11,41	31,70	–	55,80
	II	14,38	31,70	3,07	62,10
	III	18,73	31,70	3,07	66,89
	IV	22,67	31,70	3,07	71,31
2000	I	27,82	31,70	6,14	76,98
	II	29,31	31,70	6,14	74,29
	III	36,79	31,70	6,14	82,01
	IV	44,26	31,70	6,14	87,87
2001	I	32,14	31,70	9,20	83,20
	II	32,43	31,70	9,20	83,75
	III	32,12	31,70	9,20	83,50
	IV	28,99	31,70	9,20	80,10

Eigene Berechnungen.

RWI ESSEN

sich im Jahresdurchschnitt die Rohöleinfuhren von 13,28 \$/barrel auf 17,59 \$/barrel. Für die deutschen Importeure wurde dieser Preisauftrieb durch die Abwertung der D-Mark bzw. des Euro forciert. Im Jahresverlauf resultierte allein aus der Höherbewertung des Dollars eine Teuerung um rund 13 vH, so dass die Einfuhrpreise für die wichtigste Importenergie Erdöl im Durchschnitt des Jahres 1999 um mehr als 39 vH höher ausfiel als im Vorjahr.

Auch in den folgenden Jahren hielt diese Tendenz zunächst an; der Erdölpreis stieg bis zum Ende des Jahres 2000 auf mehr als 30 \$/barrel an, die Importpreise für Vergaserkraftstoffe erreichten Ende des Jahres 2000 mit knapp 47 ct/l, für Dieselkraftstoffe mit mehr als 44 ct/l ihren Höhepunkt (Tabelle 1). Gegenüber dem Ausgangsniveau von Anfang 1999 stiegen die Importpreise für Kraftstoffe bis Ende des Jahres 2000 mit rund 33 ct/l folglich um einen Betrag, der dem doppelten Satz der durch die Ökosteuer bis zum Jahr 2003 insgesamt vorgesehen Erhöhungen entspricht. Auch in diesem Jahr trug die Wechselkursentwicklung – der Euro verlor gegenüber dem Dollar fast 15 cent – mit dazu bei, dass die Einfuhrpreise in inländischer Währung um mehr als 20 vH stärker stiegen als die Weltmarktpreise. Die von der Einführung der ökologischen Steuerreform intendierte Lenkungswirkung hätte sich demnach zumindest in den ersten Jahren auch ohne diese Reform eingestellt.

Dem Preisanstieg folgte jedoch im Verlauf des Jahres 2001 ein deutlicher Rückgang; der Erdölpreis fiel in einzelnen Monaten auf unter 20 $/barrel, und die Importpreise für Vergaser- und Dieselkraftstoffe lagen Ende des letzten Jahres um knapp 15 ct/l niedriger als Ende des Jahres 2000. Wäre demnach die ökologische Steuerreform erst zu Beginn des letzten Jahres eingeführt worden, hätte die Preisentwicklung an den Weltenergiemärkten die intendierte Lenkungswirkung innerhalb eines Jahres vollständig zunichte gemacht.

1.2. Brennstoffpreise

Für die zur Raumheizung eingesetzten Energieträger Heizöl und Erdgas sind diese widersprüchlichen Preisimpulse noch ausgeprägter. Denn zum einen sieht das Gesetz zur Einführung und zur Fortführung der ökologischen Steuerreform für diese Energieträger nicht nur niedrigere, sondern auch über den gesamten Zeitraum unveränderte Steuersätze vor. Zum anderen orientieren sich die Importpreise auch dieser Energieträger am Erdölpreis, wobei die Anbindung bei leichtem Heizöl produktionsbedingt, bei Erdgas vertraglich vereinbart ist. Demzufolge dominierten diese zum Teil erratischen Schwankungen das Preissystem (Tabelle 2) und damit letztlich auch das Verbrauchsverhalten. Der Einfluss der Ökosteuer erscheint vor diesem Hintergrund fast vernachlässigbar, erreicht doch der Steuersatz mit 2,07 €/MWh bei leichtem Heizöl und 1,80 €/MWh bei Erdgas nicht einmal 10 vH des Endverbraucherpreises. Auch die von der ökologischen Steuerreform intendierte Umorientierung der mittel- und langfristigen Preisentwicklung dürfte bei diesen relativ niedrigen Steuersätzen kaum erreicht werden. Höhere und im Zeitablauf steigende Steuersätze würden diesem Ziel zwar dienen, könnten jedoch insbesondere bei kräftig steigenden Weltmarktpreisen die Akzeptanz der ökologischen Steuerreform in Frage stellen, da sich dann die Belastungen aus ökologischer Steuerreform und autonomen Preisanstieg kumulieren würden.

1.3. Strompreise

Am 29. April 1998 trat in Deutschland das neue Energiewirtschaftsrecht in Kraft. Damit wurden die Gebietsmonopole abgeschafft und den Verbrauchern die freie Wahl ihres Versorgungsunternehmens ermöglicht. Mit dieser wettbewerblichen Öffnung verbanden sich unterschiedliche Erwartungen; herausragend war jedoch bei allen Beteiligten die Hoffnung auf sinkende Energiepreise, vor allem sinkende Stromkosten. Deutschland galt bis dahin als Standort mit relativ hohen Energiepreisen, die Strompreise lagen im europäischen Vergleich stets im oberen Drittel, und die Bundesregierung sah in dieser Liberalisierung eine wichtigen Beitrag zur „Sicherung des Standortes Deutschland".

Tabelle 2

Brennstoffpreise und ökologische Steuerreform
1999/I bis 2001/IV; in €/MWh

		Importpreis	Mineralölsteuer	Ökosteuer	Verbraucherpreis
			Heizöl, leicht		
1999	I	8,03	4,13	–	17,28
	II	10,12	4,13	2,07	20,81
	III	13,19	4,13	2,07	24,38
	IV	15,96	4,13	2,07	27,16
2000	I	19,58	4,13	2,07	30,42
	II	20,64	4,13	2,07	31,87
	III	25,90	4,13	2,07	38,87
	IV	31,16	4,13	2,07	40,72
2001	I	22,62	4,13	2,07	31,84
	II	22,83	4,13	2,07	34,16
	III	22,61	4,13	2,07	34,27
	IV	20,41	4,13	2,07	32,41
			Erdgas		
1999	I	5,53	2,02[a]	–	30,50
	II	5,30	2,02	1,80[a]	30,89
	III	5,45	2,02	1,80	30,79
	IV	7,07	2,02	1,80	31,59
2000	I	8,06	2,02	1,80	33,61
	II	9,62	2,02	1,80	36,56
	III	10,93	2,02	1,80	38,54
	IV	12,88	2,02	1,80	42,17
2001	I	14,69	2,02	1,80	46,57
	II	14,80	2,02	1,80	47,24
	III	10,54	2,02	1,80	46,77
	IV	12,14	2,02	1,80	44,66

Eigene Berechnungen. – [a]Im Unterschied zum Gesetz sind die hier ausgewiesenen Steuersätze auf den Heizwert normiert und nicht auf den Brennwert. RWI ESSEN

Die Einführung und Fortführung der ökologischen Steuerreform zielt demgegenüber auf eine Internalisierung bislang externer Umweltbelastungen, insbesondere auf eine Verringerung der CO_2-Emissionen und damit auf eine zusätzliche Belastung der Stromverbraucher. Der Steuersatz beträgt nach dem Stromsteuergesetz grundsätzlich 20,00 DM bzw. 10,23 €/MWh (§ 3) und steigt in vier Stufen bis zum Jahr 2003 um jeweils 5,00 DM bzw. 2,56 €/MWh an, so dass nach Ablauf dieser Frist der Regelsteuersatz 40 DM bzw. 20,45 €/MWh beträgt. Für Nachtspeicherheizungen, die vor dem Inkrafttreten des Gesetzes installiert wurden, sowie für den Fahrstromverbrauch des Schienenverkehrs gelten auf die Hälfte des Regelsatzes reduzierte Sätze. Für Unternehmen der Land- und Forstwirtschaft und des Produzierenden Gewerbes gilt bis zu einem Verbrauch von 50 MWh je Unternehmen und Jahr ebenfalls der Regelsatz. Für darüber hinausgehende Stromverbräuche sieht das Stromsteuergesetz reduzierte Sätze vor, die auf 20 vH des Regelsteuersatzes festgelegt wurden. Falls trotz der reduzierten Steuersätze die Belastungen durch die

Tabelle 3

Strompreise und ökologische Steuerreform
1999/I bis 2001/IV; in €/MWh

		Erzeugungs- und Verteilungskosten	Ökosteuer	Verbraucherpreis
		Produzierendes Gewerbe		
1999	I	57,78	–	57,78
	II	57,50	2,05	59,55
	III	55,29	2,05	57,33
	IV	50,64	2,05	52,69
2000	I	47,73	2,56	50,28
	II	46,16	2,56	48,71
	III	45,90	2,56	48,45
	IV	46,87	2,56	49,43
2001	I	48,22	3,07	51,28
	II	48,07	3,07	51,14
	III	48,31	3,07	51,38
	IV	48,29	3,07	51,36
		Haushalte		
1999	I	123,44	–	123,44
	II	119,49	10,23	129,72
	III	120,30	10,23	130,53
	IV	116,18	10,23	126,40
2000	I	111,60	12,78	124,38
	II	110,71	12,78	123,49
	III	110,17	12,78	122,95
	IV	111,78	12,78	124,56
2001	I	114,78	15,34	130,12
	II	115,10	15,34	130,44
	III	115,55	15,34	130,88
	IV	115,77	15,34	131,11

Eigene Berechnungen.

RWI ESSEN

Stromsteuer höher sind als die Entlastungen durch die Senkung der Arbeitgeberbeiträge, kann den Unternehmen des Produzierenden Gewerbes die Steuer teilweise erstattet oder erlassen werden (Spitzenausgleich bzw. Kappungsgrenze). Die Erstattung wird allerdings nur für die in einem Unternehmen über 50 MW hinausgehenden Verbrauchsmengen bzw. für Steuerschulden von mehr als 1 000 DM bzw. 511,30 € gewährt. Darüber hinaus hält der Gesetzgeber eine Zusatzbelastung dann für zumutbar, wenn die Stromsteuer die Entlastung über die Senkung der Arbeitgeberbeiträge zur Rentenversicherung um nicht mehr als 20 vH übersteigt.

Infolge dieser Sonderregelungen sind die Zusatzbelastungen durch die ökologische Steuerreform für das Produzierende Gewerbe bislang deutlich geringer ausgefallen als die durch die Liberalisierung erreichten Kosten- und Preissenkungen. Damit konnten zwar die Erwartungen auf niedrigere Strompreise für die Unternehmen in

Deutschland erfüllt, die intendierte Lenkungswirkung der Ökosteuerreform jedoch nicht erreicht werden: drei Jahre nach Einführung der ökologischen Steuerreform liegen die Strompreise für industrielle Abnehmer einschließlich Stromsteuer um mehr als 25 vH niedriger als noch zu Beginn des Jahres 1998. Auch wenn ein Teil dieses Preiseffektes (etwa 0,3 Pf bzw. 0,15 ct/kWh) dem bereits erwähnten Verfall der Weltmarktpreise für Steinkohle und Erdgas bis Anfang des Jahres 2000 zugerechnet werden muss, so zeigt dies, dass der Interessenkonflikt zwischen Preissenkungen durch die wettbewerbliche Öffnung einerseits und Preissteigerungen durch die Internalisierung der externen Kosten andererseits im Produzierenden Gewerbe bislang zu Gunsten der Liberalisierung ausgegangen ist.

Im Bereich der privaten Haushalte ist dieses Bild weniger klar. Zum einen sind die Steuersätze fünfmal so hoch wie im Produzierenden Gewerbe, der Preisimpuls daher am Ende 20,45 €/MWh, zum anderen konnten die privaten Haushalte bislang nur geringe Vorteile aus der Liberalisierung der Strommärkte ziehen: Ende des letzten Jahres lagen die Strompreise ohne Berücksichtigung der Stromsteuer mit 11,6 ct/kWh nur um 0,4 ct/kWh niedriger als zu Beginn der wettbewerblichen Öffnung (Tabelle 3). Größere Preiseffekte wurden von den Haushalten selbst verhindert: Die geringe Wechselbereitschaft verminderte den Druck zu Preissenkungen der eingesessenen Gebietsmonopole, die Verweigerung von Durchleitungen, hohe Wechselgebühren und eine zum Teil bewusste Verunsicherung der Kunden taten ein Übriges. Nach Presseberichten wechselten jedenfalls nur ca. 2 bis 3 vH der privaten Kunden ihren Anbieter. Dennoch gelang es den Versorgungsunternehmen erst zu Beginn des letzten Jahres, die Stromsteuer auf die privaten Konsumenten zu überwälzen. Begünstigt wurde dies durch zusätzliche Gesetzesinitiativen zum Schutz der Kraft-Wärme-Kopplung und zum Ausbau der regenerativen Energiequellen[3], die den Elektrizitätsversorgungsunternehmen einen plausiblen Grund boten, Anfang dieses Jahres Preiserhöhungen anzukündigen und diese am Markt auch durchzusetzen.

Zusammenfassend kann demnach festgestellt werden, dass die von der ökologischen Steuerreform beabsichtigte Umorientierung des Preissystems in den ersten Jahren dieser Reform kaum gelungen ist; im Gegenteil: Die erratischen Preisbewegungen auf den Weltenergiemärkten haben in den vergangenen Jahren das nationale Energiepreissystem wesentlich stärker beeinflusst als die zusätzlichen Steuern. Da derartige Preisbewegungen auch für die Zukunft nicht ausgeschlossen werden können, dürfte der Einfluss der ökologischen Steuerreform auf das Energiepreissystem ebenfalls in den nächsten Jahren eher begrenzt bleiben. Die ökologische Lenkungswirkung hängt insoweit eher von den zukünftigen Weltenergiepreisen als von zusätzlichen Energiesteuern ab.

[3]Durch die Bindung der Einspeisevergütungen an den Strompreis verschlechterte sich die Wettbewerbsfähigkeit der Stromerzeugung in Kraft-Wärme-Kopplung und mit Hilfe regenerativer Energiequellen deutlich. Für letztere beispielsweise hatte der Preisverfall zur Folge, dass die Einspeisevergütungen von 14,7 Pf/kWh 1997 auf 13,5 Pf/kWh 1999 zurückgingen und ohne gesetzliche Änderungen im Jahr 2000 auf weniger als 12,5 Pf/kWh gesunken wären. Die Vergütungen für Strom aus Kraft-Wärme-Kopplung lagen vor Beginn der wettbewerblichen Öffnung mit 7 bis 8 Pf/kWh zwar deutlich niedriger, büßten jedoch durch den Preisrückgang ebenfalls 2 bis 3 Pf/kWh ein. Diesem Verfall sollte mit dem Erneuerbare-Energien-Gesetz – EEG vom 29. März 2000 und dem Gesetz zum Schutz der Stromerzeugung aus Kraft-Wärme-Kopplung (Kraft-Wärme-Kopplungsgesetz) vom 12. Mai 2000 entgegengewirkt werden.

2. Sektorale Be- und Entlastungen

An die ökologische Steuerreform knüpft sich allerdings nicht nur die Erwartung auf eine Reduktion des Energieverbrauchs und der damit verbundenen Umweltbelastungen, sondern auch auf zusätzliche Einnahmen, die bei entsprechender Kompensation Ineffizienzen im bestehenden Steuer- und Abgabensystem verringern und zu einer „doppelten Dividende" zusätzlicher Abgaben beitragen sollen[4]. Die zusätzlichen Einnahmen sollen deshalb speziell zur Verringerung der Arbeitgeberbeiträge zur gesetzlichen Rentenversicherung verwendet werden. Da das Gesetz wie gezeigt jedoch eine Reihe von Sonderregelungen für das Produzierende Gewerbe enthält, ist das zusätzliche Mittelaufkommen, das zur Verringerung der Arbeitgeberbeiträge eingesetzt werden kann, eher begrenzt. Ein deutlich höheres Aufkommen könnte dadurch erzielt werden, dass diese Sonderregelungen in Zukunft allmählich abgebaut werden. Gegenüber dem bestehenden Gesetz würden dadurch insbesondere die Kappungsgrenzen und die reduzierten Steuersätze entfallen.

Im Folgenden sollen diese Änderungen analysiert und in ihren Auswirkungen auf die sektoralen Kostenstrukturen dargestellt werden. Dabei werden folgende Varianten unterschieden:

- im Status quo gilt der Stand der Gesetzgebung im Jahr 2003, also reduzierte Steuersätze für das produzierende Gewerbe und die Kappungsgrenzen;
- in Variante A entfallen die Kappungsgrenzen;
- in Variante B entfallen die Kappungsgrenzen und die reduzierten Steuersätze.

Für die Fortentwicklung der ökologischen Steuerreform wären zwar noch eine Vielzahl anderer Varianten denkbar, die hier ausgewählten Modifikationen orientieren sich jedoch an dem bestehenden Gesetz; sie dürften ausreichen, um die Probleme hinreichend exakt umreißen zu können. Die Analyse konzentriert sich ausschließlich auf die zusätzlichen Einnahmen und die direkten sektoralen Be- und Entlastungen; sie ist insoweit statisch und blendet Anpassungsprozesse an die höheren Energiekosten oder sinkenden Arbeitskosten aus.

2.1. Energiewirtschaft

Das Gesetz zum Einstieg in eine ökologische Steuerreform ist zwar als Verbrauchssteuer konzipiert und hat insofern keinen Einfluss auf den Energieeinsatz zur Energieumwandlung. Dennoch unterliegen auch die Unternehmen der Energieversorgung den neuen Steuertatbeständen, da sie bei der Umwandlung selbst Energie verbrauchen und die im Gesetz festgelegten Sonderregelungen auch auf sie anzuwenden sind. Außerdem waren in der Energieversorgung knapp 275 000, im Steinkohlenbergbau rund 55 000, im Braunkohlenbergbau etwa 18 000, in der Erdöl- und Erdgasgewinnung mehr als 5 000 und in der Mineralölverarbeitung

[4] Eine ausführliche Diskussion dieses Begriffs und der damit zusammenhängenden Probleme enthält Scholz 2000.

Tabelle 4

Saldo[1] der Be- und Entlastungen im Energieangebot
in Mill. €

	Status quo	Variante A	Variante B
Elektrizität	−106,9	−108,3	−190,3
Gasversorgung	−15,7	−15,9	−15,4
Fernwärme	−74,5	−74,9	−79,7
Steinkohle	−30,0	−30,1	68,3
Braunkohle	3,9	6,9	103,2
Erdöl, Erdgas	0,0	1,4	17,9
Mineralöl	6,7	14,6	106,7
Insgesamt	−216,5	−206,3	10,6

Eigene Berechnungen. – [1]Ein positiver Saldo ist gleichbedeutend mit einer Nettobelastung.

über 21 000 Menschen beschäftigt (Statistisches Bundesamt 2001), für die Beiträge zur gesetzlichen Sozialversicherung in Höhe von mehr als 3 Mrd. € aufgewendet wurden: Durch die Senkung des Beitragssatzes zur Rentenversicherung sind in der Endstufe Kostenentlastungen in Höhe 216,5 Mill. € zu erwarten. Die Hälfte dieses Betrages entfällt auf die Elektrizitätswirtschaft, ein weiteres Viertel auf den Steinkohlenbergbau, dessen gesetzliche Sozialkosten aufgrund der höheren Beitragssätze in der knappschaftlichen Rentenversicherung deutlich über dem gesamtwirtschaftlichen Durchschnitt liegen.

Von besonderer Bedeutung für das Energieangebot ist jedoch, dass mit dem neuen Gesetz die bislang erhobenen Steuern auf den Einsatz von Erdgas, leichtem und schwerem Heizöl erlassen werden können, wenn diese Energieträger in Kraft-Wärme-Kopplungs(KWK-)Anlagen mit einem Nutzungsgrad von 70 vH und mehr in einem Monat eingesetzt werden. In der öffentlichen Fernwärmeversorgung dominiert der Einsatz von KWK-Anlagen, die im Durchschnitt des Jahres 1999 einen Jahresnutzungsgrad von 71,3 vH erreichten.[5] Folglich wird für diese Energieeinsätze (Erdgas: 34,1 TWh, Heizöl, leicht: 1,9 TWh und Heizöl, schwer: 1,4 TWh)[6] nicht nur die Zusatzsteuer, sondern auch die bislang geltende Mineralölsteuer entfallen. Saldiert man diese Entlastungen mit den zusätzlichen Belastungen der Brennstoffeinsätze in reinen Heizwerken, die den erhöhten Steuersätzen unterliegen, ergibt sich eine Entlastung von 74,5 Mill. €. Bezogen auf die Wärmeabgabe von 72,0 TWh entspricht dies einer Entlastung von 0,1 ct/kWh.

Der Wegfall der Kappungsgrenzen (Variante A) und die Angleichung der Steuersätze auf das Niveau der Regelsteuersätze (Variante B) haben natürlich keinen Einfluss auf diese Entlastungen. Gleichzeitig können jedoch wegen der höheren Steu-

[5]Nach Angaben der Arbeitsgemeinschaft Fernwärme (AGFW 2000: 5ff.) betrug der Brennstoffeinsatz in Heizkraftwerken im Jahre 1999 147,5 TWh; damit wurden rund 33 TWh brutto bzw. 30,5 TWh netto Strom und 72 TWh Wärme erzeugt, insgesamt also eine Energie von 105 TWh erzeugt.

[6]Die Energieeinsätze stammen aus dem Monatsbericht über die öffentliche Elektrizitätsversorgung des Statistischen Bundesamtes; hier insbesondere die Brennstoffverbräuche für die Stromerzeugung und Wärmeabgabe.

eraufkommen die Arbeitgeberbeiträge zur Rentenversicherung weiter gesenkt werden. Diese Entlastung kommt allerdings weniger der Fernwärme als vielmehr der Elektrizitätsversorgung zugute, so dass sich dadurch der wenn auch geringe Wettbewerbsvorteil der KWK verringert. Denn während die steuerliche Begünstigung der KWK mit der Freistellung von der bisherigen Mineralölsteuer nahezu vollständig ausgeschöpft ist, profitiert die Elektrizitätsversorgung in zunehmendem Umfang von der Senkung der Arbeitgeberbeiträge zur Rentenversicherung. In Variante B ist dieser Kostenvorteil mit 190 Mill. € fast doppelt so hoch wie in der Endstufe der gegenwärtigen Reform (Tabelle 4).

Die übrigen Bereiche des Energieangebots – Braunkohleförderung, Erdöl-, Erdgasgewinnung und Mineralölverarbeitung – werden durch die hier angenommenen Weiterentwicklungen zusätzlich belastet, besonders ausgeprägt im Braunkohlenbergbau und in der Mineralölverarbeitung. Für die Braunkohleförderung beispielsweise erreicht die Zusatzbelastung in Variante B rund 103 Mill. €, was bei einer Förderung von 160 Mill. t rund 64 ct/t Rohbraunkohle entspricht.

2.2. Land- und Forstwirtschaft

Die Landwirtschaft ist im Vergleich zum Energieangebot von der ökologischen Steuerreform in mehrfacher Hinsicht stärker betroffen. Zum einen gelten für diesen Bereich keine Belastungsgrenzen. Darüber hinaus sind die Entlastungswirkungen wesentlich geringer als in den übrigen Bereichen, da der überwiegende Teil der in der Landwirtschaft tätigen Menschen selbständig ist, mithin von den Arbeitgeberbeiträgen keine Entlastungen zu erwarten sind. Schließlich besteht der überwiegende Teil des Energieverbrauchs aus Kraftstoffen, für die das Gesetz weder eine Erstattungsmöglichkeit noch reduzierte Steuersätze vorsieht. Zwar gilt nach Artikel 1 (StromStG) auch für Unternehmen der Land- und Forstwirtschaft mit einem Verbrauch von 50 MWh ein reduzierter Steuersatz von 4 DM/MWh, diese Schwelle dürften jedoch nur wenige Großbetriebe überschreiten. Für den Durchschnitt der landwirtschaftlichen Betriebe erreicht der Stromverbrauch lediglich knapp 10 MWh (zu Einzelheiten vgl. BML 1998: 159). Nimmt man etwa an, dass der Stromverbrauch proportional von der landwirtschaftlich genutzten Fläche abhängt, so erreichen lediglich die Betriebe mit über 100 ha landwirtschaftlich genutzter Fläche (4 vH aller Betriebe) einen Stromverbrauch, der deutlich über 50 MWh hinausgeht. Für die Großbetriebe ist die Degressionswirkung allerdings erheblich, da die Belastung je Hektar um mehr als 40 vH niedriger ist als die der

Tabelle 5

Saldo[1] der Be- und Entlastungen in der Land- und Forstwirtschaft
in Mill. €

	Status quo	Variante A	Variante B
Landwirtschaft	492,5	492,2	494,2
Forstwirtschaft	−15,5	−15,8	11,2
Insgesamt	477,0	476,4	505,4

Eigene Berechnungen. – [1]Ein positiver Saldo ist gleichbedeutend mit einer Nettobelastung. RWI ESSEN kleineren Betriebsgrößen. Aufgrund dieser Zusammenhänge wird die Landwirtschaft netto mit knapp 500 Mill. € belastet (Tabelle 5). Bemerkenswert ist dabei, dass diese Belastung wie gezeigt in allen hier untersuchten Modifikationen nahezu unverändert bleibt, die Landwirtschaft mithin von den im gegenwärtigen Gesetz geltenden Sonderregelungen nicht profitiert.

2.3. Verarbeitendes Gewerbe

Allen bisherigen Ansätzen von Energiesteuern liegt ein Konzept zugrunde, das auf eine zusätzliche Besteuerung entweder der Schadstoffemissionen oder des Energieinhalts von Energieträgern abzielt. Folglich wird als Bemessungsgrundlage stets eine physische Bezugsgröße, der Steuersatz als Wertgröße pro Mengeneinheit definiert. Unabhängig von der konkreten Ausgestaltung hat dieses Konstruktionsprinzip zur Folge, dass eine derartige Steuer die gegenwärtige Energiepreisstruktur tendenziell nivelliert. Denn alle Energieträger werden unabhängig von ihrem jeweiligen Preisniveau mit einem aus dem Steuersatz abgeleiteten Aufschlag belegt. Die relativen Preiseffekte, die für die ökonomischen Implikationen von besonderer Bedeutung sind, fallen für Verbrauchergruppen, die Energie zu relativ niedrigen Preisen beziehen, wesentlich höher aus als bei Verbrauchern mit überdurchschnittlich hohen Energiepreisen. Diese systemimmanente Problematik wird besonders deutlich bei jenen Unternehmen, die vergleichsweise energieintensiv produzieren, Energie zu relativ niedrigen Preise beziehen und im internationalen Wettbewerb stehen, da sie – sofern das Gesetz keine Ausnahmeregelungen vorsieht – überdurchschnittlich hohe Steuerlasten zu tragen haben, die sie ohne Produktionseinbußen nicht oder nur unvollkommen überwälzen können. Aufgrund dieses Sachverhalts sehen alle in einzelnen Mitgliedsländern der EU bisher verabschiedeten Reformansätze mehr oder weniger ausgeprägte Sonderregelungen für energieintensive Produktionsprozesse vor[7]. Hinzu kommt, dass in diesen Sektoren die Preiselastizität des Energieverbrauchs relativ niedrig ist und er durch zusätzliche Steuern daher nur marginal beeinflusst werden kann.

Das gegenwärtige Ökosteuer-Gesetz folgt ebenfalls dem Konzept einer Mengensteuer, die Steuersätze sind auf den Energiegehalt der Energieträger bezogen. Folglich würden ohne entsprechende Sonderregelungen zum Teil gravierende Wettbewerbsnachteile für die energieintensiven Produktionssegmente des Verarbeitenden Gewerbes entstehen. Gegen diese unerwünschten Nebenwirkungen enthält das Gesetz die erwähnten Sonderregelungen. Besonders hervorzuheben ist in diesem Zusammenhang die Steuerentlastung von solchen Unternehmen, die KWK-Anlagen mit einem Nutzungsgrad von mindestens 70 vH betreiben. Von dieser Regelung profitieren insbesondere die Chemie und die Holzschliff-, Zellstoff-, Papier- und Pappeproduktion. In der Chemischen Industrie beispielsweise waren 1996 rund 4900 MW an Kraftwerksleistung installiert, davon der überwiegende Teil (rund 85 vH) als Dampf- oder Gasturbinen. Das in diesen Anlagen eingesetzte Heizöl oder Erdgas unterliegt nicht nur keiner zusätzlichen Steuer, sondern wird auch von der bislang geltenden Mineralölsteuer freigestellt. Diese Steuerentlastung

[7]Für eine detailliertere Darstellung vgl. Arndt et al. 1998: 115ff.; Arndt, Hillebrand o.J.. Ausgewählte Reformmodelle insbesondere der skandinavischen Länder und Niederlande enthält Schlegelmilch 1999. Eine detaillierte Analyse der rechtlichen Probleme findet sich in Jenzen 1998.

Tabelle 6

Saldo[1] der Be- und Entlastungen im Verarbeitenden Gewerbe
in Mill. €

	Status quo	Variante A	Variante B
Grundstoffe	35,4	168,0	2 208,0
darunter:			
Chemie	–49,1	–16,8	794,0
Steine, Erden	113,5	125,1	376,9
Eisen, Stahl	12,8	44,2	383,0
NE-Metalle	4,8	39,3	284,2
Holzschliff, Zellstoff, Papier, Pappe	7,1	31,3	264,4
Investitionsgüter	–876,7	–892,7	–401,0
darunter:			
Maschinenbau	–262,7	–267,2	–198,0
Straßenfahrzeugbau	–222,3	–226,3	–36,7
Elektrotechnik	–186,6	–190,0	–94,9
Verbrauchsgüter	–113,3	–115,2	283,8
darunter:			
Glas	21,1	23,6	105,2
Kunststoffwaren	–45,1	–46,2	79,6
Textilien	–12,7	–13,1	51,6
Nahrungsmittel	69,8	69,6	331,2
Verarbeitendes Gewerbe insgesamt	–884,7	–770,3	2 422,0

Eigene Berechnungen. – [1]Ein positiver Saldo ist gleichbedeutend mit einer Nettobelastung.

erreicht allein bei Erdgas in der Chemischen Industrie 31,0 Mill. €, in der Holzschliff-, Zellstoff-, Papier- und Pappeproduktion 13,7 Mill. €. Für die endgültige Be- oder Entlastung der Unternehmen sind diese ökologisch sinnvollen Steuerentlastungen allerdings nur dann von Belang, wenn die Steuern insgesamt unterhalb der Belastungsgrenze bleiben, die vom Gesetzgeber vorgegeben wird. Nur in diesen Fällen kann durch den verstärkten Einsatz von KWK-Anlagen die Energieeffizienz gesteigert und damit die Steuerschuld weiter vermindert werden. Da der überwiegende Teil der Unternehmen, die KWK-Anlagen betreiben, den energieintensiven Sektoren zuzurechnen ist, für die eine Verringerung der Energiesteuer infolge der bereits erreichten oder überschrittenen Belastungsgrenzen nicht greift, dürfte der Anreiz zur Steigerung der Energieeffizienz vergleichsweise bescheiden bleiben.

Diese spezifischen Merkmale des gegenwärtigen Gesetzes sind ausschlaggebend dafür, dass eine nachhaltige Verschlechterung der Wettbewerbsfähigkeit energieintensiver Produktionsprozesse ausgeschlossen werden kann. Der Saldo aus zusätzlichen Be- und Entlastungen liegt in der Regel unter 15 Mill. €. Lediglich die Unternehmen der Industrie der Steine und Erden haben Nettobelastungen in Höhe von 113 Mill. € zu tragen. In den arbeitsintensiven Sektoren, insbesondere im Investitionsgütergewerbe, sind deutliche Nettoentlastungen zu erwarten. In der Summe verringern sich die Produktionskosten im Verarbeitenden Gewerbe insgesamt durch das gegenwärtige Gesetz um knapp 885 Mill. € (Tabelle 6). Eine ähnliche Bilanz ergibt sich beim Wegfall der Kappungsgrenzen; zwar steigt in dieser Variante die Belastung der energieintensiven Grundstoffbereiche um etwas mehr als 130 Mill. €, gleichzeitig werden jedoch die arbeitsintensiveren Investitionsgütersektoren um weitere 16 Mill. € entlastet.

Eine nachhaltige Verschlechterung der Wettbewerbsfähigkeit energieintensiver Produktionsprozesse ergibt sich jedoch bei Aufhebung der reduzierten Steuersätze. In dieser Variante übersteigen die zusätzlichen Belastungen in den energieintensiven Grundstoffbereichen die Entlastungen um mehr als 2,2 Mrd. €. Eine Angleichung der Steuersätze würde jedoch auch alle übrigen Sektoren des Verarbeitenden Gewerbes im Vergleich zum Status quo schlechter stellen. So wird der Entlastungseffekt in den Investitionsgütersektoren mehr als halbiert, die Verbrauchsgüterindustrie wird vom Nettoempfänger zum Nettozahler, und die Belastungen in der Nahrungs- und Genussmittelindustrie steigen auf mehr als 330 Mill. €.

2.4. Übrige Bereiche

Im Gegensatz zur Landwirtschaft und zum Produzierenden Gewerbe sieht das Gesetz für die übrigen Bereiche weder Erstattungsmöglichkeiten noch Belastungsgrenzen vor. Reduzierte Steuersätze gelten nur für den Fahrstromverbrauch des Schienenverkehrs, der Kraftstoffverbrauch unterliegt der Regelbesteuerung. Demnach haben die hier untersuchten Modifikationen nur insoweit einen Einfluss auf die Be- und Entlastungen dieser Sektoren, als über das höhere Mittelaufkommen stärkere Entlastungen der Arbeitgeberbeiträge finanziert werden können. Für das Baugewerbe beispielsweise können die Nettoentlastungen von 230 auf 430 Mill. € fast verdoppelt werden. Im distributiven Teil der Volkswirtschaft überwiegen dennoch die Belastungen (Tabelle 7); dafür sind – ähnlich wie in der Landwirtschaft – sowohl steuersystematische wie auch sektorspezifische Faktoren verantwortlich. Zu den steuersystematischen Faktoren zählen insbesondere die erwähnten Regelsteuersätze für Kraftstoffe, die zudem bei der Berechnung der Kappungsgrenzen nicht berücksichtigt werden. Darüber hinaus ist vor allem im Handel ein großer Teil der Erwerbstätigen selbständig, so dass von den Arbeitgeberbeiträgen keine entsprechenden Entlastungen zu erwarten sind. Da die Belastung durch die Kraftstoffbesteuerung in allen drei Varianten unverändert bleibt, infolge des höheren Mittelaufkommens die Entlastungswirkungen jedoch zunehmen, ist auch in den Handels- und Verkehrssektoren beim Wegfall der Kappungsgrenzen und bei Angleichung der Steuersätze eine Verringerung der Nettobelastungen zu erwarten.

Die Dienstleistungssektoren im engeren Sinn sowie der Staat werden in allen drei Varianten netto entlastet. Bemerkenswert ist allerdings, dass aufgrund der vergleichsweise hohen und unveränderlichen Kraftstoffbesteuerung die übrigen Dienstleistungen erst bei Wegfall der Kappungsgrenzen und Angleichung der Steuersätze entlastet werden, in den beiden übrigen Varianten hingegen Nettozahler der Reform sind.

Die privaten Haushalte sind bei der gegenwärtigen Regelung und auch beim Wegfall der Kappungsgrenzen Nettozahler der Reform. Das Aufkommen aus der Ener-

Tabelle 7

Saldo[1] der Be- und Entlastungen im Baugewerbe und in den übrigen Bereichen
in Mill. €

	Status quo	Variante A	Variante B
Baugewerbe	−230,3	−238,4	−430,3
Handel, Verkehr	1 417,2	1 397,5	901,8
darunter:			
Großhandel	131,2	124,3	−36,7
Einzelhandel	236,0	230,8	152,2
Eisenbahn	224,9	223,6	136,4
Schifffahrt	−9,4	−9,6	−14,1
Übriger Verkehr	956,5	953,0	858,2
Dienstleistungen	−779,0	−799,9	−1 291,7
darunter:			
Kreditinstitute	−337,9	−343,1	−475,5
Gaststätten	−67,5	−70,4	−122,2
Sonstige Dienstleistungen	16,9	10,3	−140,9
Staat	−1 486,1	−1 514,9	−2 148,7
Insgesamt	−1 078,2	−1 155,7	−2 968,9
Private Haushalte	1 622,8	1 576,7	−143,5

Eigene Berechnungen. – [1]Ein positiver Saldo ist gleichbedeutend mit einer Nettobelastung. RWI ESSEN

giesteuer übersteigt die Entlastungen der Arbeitnehmerbeiträge zur Sozialversicherung in beiden Varianten um rund 1,6 Mrd. €. Ursächlich sind sowohl die unterschiedlichen Steuersätze, Erstattungsmöglichkeiten und Belastungsgrenzen des eigentlichen Gesetzes als auch die implizite Erhöhung der Steuersätze durch die Mehrwertsteuer. Folglich tragen die privaten Haushalte nicht nur den größeren Teil der zusätzlichen Steuerlast, sondern leisten auch einen nicht zu vernachlässigenden Beitrag zur Entlastung der Unternehmen. Erst bei Angleichung der Steuersätze ist der Saldo von Be- und Entlastungen nahezu ausgeglichen.

Aus den dargestellten sektoralen Be- und Entlastungen ergeben sich einige wichtige Schlussfolgerungen für die Fortentwicklung der ökologischen Steuerreform:

- Die bislang im Gesetz vorgesehene Kappungsgrenze könnte aufgegeben werden, solange für das Produzierende Gewerbe reduzierte Steuersätze gelten. Allerdings ist das damit erzielbare zusätzliche Mittelaufkommen von rund 160 Mill. € relativ gering und hat keine nennenswerten zusätzlichen Entlastungseffekte zur Folge.
- Mit einer Angleichung der Steuersätze an die Regelbesteuerung kann das zusätzliche Mittelaufkommen demgegenüber um etwa 6 Mrd. € gesteigert, die Arbeitgeber- und Arbeitnehmerbeiträge zur Sozialversicherung nochmals deutlich – um knapp 1 vH-Punkt – reduziert werden. Damit verbunden ist wegen der Unterschiede in den sektoralen Energie- und Arbeitseinsätzen eine deutlich stärkere Spreizung der Produktionskosten. Überdurchschnittliche Belastungen ha-

ben die energieintensiven Grundstoffproduktionen zu erwarten. Die absolut höchsten Zusatzkosten treten jedoch im Handel und Verkehr auf, da dort der Kraftstoffverbrauch dominiert, für den das Gesetz keine Steuerbefreiungen, -ermäßigungen oder Belastungsgrenzen vorsieht. Besonders hervorzuheben ist jedoch die Tatsache, dass bei Wegfall der reduzierten Steuersätze sich für die arbeitsintensiven Sektoren des Verarbeitenden Gewerbes der Saldo aus zusätzlichen Be- und Entlastungen verschlechtert, die für diese Sektoren positiven Wirkungen des gegenwärtigen Gesetzes sich folglich deutlich abschwächen oder sogar ins Gegenteil verkehren.

- Die privaten Haushalte sind nach den gegenwärtigen Regelungen Nettozahler der Reform: das Aufkommen aus der Energiesteuer übertrifft die Entlastungen der Arbeitnehmerbeiträge um rund 1,6 Mrd. €. Diese Zusatzbelastungen können allerdings bei Angleichung der Steuersätze vollständig abgebaut werden.

Zusammenfassend ist festzustellen, dass durch die ökologische Steuerreform die Grundlagen für eine stärkere, durch staatliche Vorgaben induzierte Spreizung der sektoralen Produktionskosten gelegt werden. Fortentwicklungen etwa über eine Angleichung der Steuersätze oder gar eine weitere Steigerung der Steuersätze können diese Tendenz erheblich verstärken, so dass über eine Verringerung des Energieverbrauchs hinaus der sektorale Strukturwandel beschleunigt wird, in dessen Folge umweltintensive Produktionssegmente zu Gunsten arbeitsintensiver zurückgedrängt werden sollen. Auch wenn dieser Strukturwandel gesamtwirtschaftlich neutral gestaltet werden kann, verbinden sich damit u.U. gravierende regionale Anpassungsprobleme, die aufgrund der konkreten Ausgestaltung der bisherigen Reform weitgehend vermieden werden konnten. Fortentwicklungen etwa durch weitere Dynamisierungen der Steuersätze oder dem Wegfall der Steuervergünstigungen für die Unternehmen des Produzierenden Gewerbes werden diesen strukturellen Wandel erheblich beschleunigen und insoweit erheblich größere Anpassungsprobleme aufwerfen.

3. Die Ökosteuer als Teil eines Instrumentenbündels

Seit Anfang der neunziger Jahre ist in Deutschland eine Vielzahl von Maßnahmen ergriffen worden, mit denen eine Verringerung des Energieverbrauchs und der damit verbundenen CO_2-Emissionen erreicht werden soll. Das Bündel reicht von ordnungsrechtlichen Ge- und Verboten über zusätzliche Steuern und Abgaben bis hin zu freiwilligen Vereinbarungen. Die ökologische Steuerreform ist Teil davon, ihre Weiterentwicklung daher auf diese übrigen Instrumente abzustimmen. Dabei wird ihre Lenkungswirkung umso geringer ausfallen, je umfangreicher das bereits bestehende Maßnahmenbündel ist und umgekehrt.

3.1. Ökosteuer und ordnungsrechtliche Instrumente

Der Energieverbrauch zur Beheizung von Wohnungen unterliegt bereits einer Vielzahl von gesetzlichen Vorgaben, die sowohl den Wärmebedarf der Gebäude und die Effizienz der Heizungsanlagen wie auch das Verbrauchsverhalten beeinflussen sollen. Für den Neubau beispielsweise besteht mit der Energiespar-Verord-

Tabelle 8

Wirtschaftlichkeit einer vorzeitigen Modernisierung von Heizungsanlagen[1]
in €/Jahr

	2001	2002	2003	Kumuliert
		Ohne Ökosteuer		
Betriebskosten				
Altanlage	664	691	718	2 073
Neuanlage	553	576	599	1 728
Differenz	–111	–115	–120	–346
Kapitalkosten[2]	761	761	761	2 284
Gesamtkosten	650	646	642	1 938
		mit Ökosteuer		
Betriebskosten				
Altanlage	694	721	749	2 164
Neuanlage	579	601	624	1 803
Differenz	–116	–120	–125	–360
Kapitalkosten[2]	761	761	761	2 284
Gesamtkosten	646	641	637	1 923

Eigene Berechnungen. – [1]Niedertemperaturkessel auf Basis Erdgas für ein Einfamilienhaus mit 130 m^2 Wohnfläche, einem spezifischen Wärmebedarf von 50 W/m^2 und einem Jahresnutzungsgrad von 1 900 Stunden. – [2]Amortisationszeit von 20 Jahren, Zinssatz 5 vH.

nung ein ordnungsrechtliches Instrument, das als Standard für neu errichtete Gebäude das Niedrigenergiehaus vorschreibt. Zusätzliche Steigerungen dieses Standards etwa auf das Niveau eines Passivhauses sind mit erheblichen Zusatzkosten verbunden und können insofern durch zusätzliche Steuern kaum erreicht werden. Außerdem zeigt die Erfahrung, dass die ordnungsrechtlichen Standards bislang jedenfalls kontinuierlich angehoben wurden und daher die Lenkungswirkung von zusätzlichen Steuern immer weiter eingeschränkt wird.

Erheblich größere Einsparpotenziale als im Wohnungsneubau werden jedoch im Gebäude- und Heizungsanlagenbestand vermutet. Insbesondere der vorzeitige Ersatz veralteter Anlagen kann den Energieverbrauch und die CO_2-Emissionen spürbar verringern; denn unter den messpflichtigen Öl- und Gasfeuerungsanlagen ist der Anteil der Anlagen, die vor 1982 errichtet wurden, mit mehr als 15 vH bei Öl und 12 vH bei Gas relativ hoch. Beim Ersatz dieser Altanlagen durch moderne Niedertemperaturkessel sind Effizienzverbesserungen um 10 vH-Punkte, bei Einbeziehung der Brennwerttechnik sogar um bis zu 16 vH-Punkte möglich. Die ökologische Steuerreform könnte über die Verteuerung des Brennstoffeinsatzes diesen Modernisierungsprozess insoweit fördern, als mit den Einsparungen auch die Energieausgaben stärker gesenkt werden können.

Die Wirtschaftlichkeit solcher Ersatzinvestitionen entscheidet sich allerdings nicht allein nach den eingesparten Energieausgaben, sondern auch nach den mit dem vorzeitigen Austausch der alten Heizungsanlage verbunden zusätzlichen Kapitalkosten. Um diesen Effekt zu quantifizieren, sind die Betriebskosten der alten und neuen Heizungsanlage, die zusätzlichen Kapitalkosten sowie die Belastungen durch die Ökosteuer zu vergleichen. Diese Kostenbestandteile sind für ein erdgasbeheiztes Einfamilienhaus mit einer Fläche von 130 m^2, einem Wärmebedarf von 50 W/m^2 sowie 1 900 Vollbenutzungsstunden bei Einführung der Ökosteuer in Tabelle 8 zusammengestellt. Für die Berechnungen von entscheidender Bedeutung ist dabei der Umstand, dass der Betrieb dieser Altanlagen nach der Novellierung der 13. Bundesimmissionsschutzverordnung (Kleinfeuerungsanlagenverordnung) ohnehin nur bis zum Jahr 2003 zulässig ist, die wirtschaftlichen Vorteile eines vorzeitigen Ersatzes daher nur bis zum Ende des Jahres 2003 der ökologischen Steuerreform zugerechnet werden können.

Unter diesen restriktiven Voraussatzungen überrascht es kaum, dass der Preisimpuls der Ökosteuer bei weitem nicht ausreicht, um eine vorzeitige Umstellung auf effizientere Anlagen zu fördern. Der zusätzliche Kapitaldienst erreicht in den Jahren der vorgezogenen Ersatzinvestitionen eine Höhe, die durch die Reduktion der Energieausgaben auch nicht annähernd ausgeglichen werden kann. Folglich bleibt die Lenkungswirkung der Ökosteuer insbesondere wegen der ordnungsrechtlichen Auflagen relativ eng begrenzt ist.

3.2. Ökosteuer und Emissionshandel

Die EU-Kommission hat am 23. Oktober 2001 einen Richtlinienvorschlag für die Einführung eines Handels mit Treibhausgasemissionen in der EU vorgelegt (EU-Kommission 2001). Mit diesem Vorschlag soll ein umweltpolitisches Instrument, das nicht nur als ökologisch treffsicher, sondern auch als wirtschaftlich effizient gilt, für die EU-weite Klimaschutzpolitik eingesetzt werden. Der Handel soll ab dem Jahr 2005 auf Unternehmensebene zwar EU-weit, jedoch auf Anlagen der Energiewirtschaft (Strom- und Wärmeerzeugung, Raffinerien, Kokereien), der Eisenmetallerzeugung und -verarbeitung, der mineralverarbeitenden Industrie (Zement, Kalk, Glas, keramische Erzeugnisse) sowie der Zellstoff, Papier- und Pappeerzeugung begrenzt werden.

Der Handel mit Emissionsrechten gilt grundsätzlich als effizientes Instrument, um ein vorgegebenes Reduktionsziel kostenminimal zu erreichen. Denn auf dem Markt für Emissionsrechte bildet sich ein Gleichgewichtspreis, der sich auf exakt jenem Niveau einpendelt, bei dem jede zusätzliche Nachfrage nach Emissionsrechten höhere Kosten verursacht als die Verringerung der Emissionen und jedes zusätzliche Angebot höhere Vermeidungskosten induziert, als vom Markt honoriert wird. In diesem Idealmodell enthält der Preis für Emissionsrechte alle Informationen, die für die Investitions- und Verbrauchsentscheidungen der Marktteilnehmer von Bedeutung sind.

Kosteneffizienz und ökologische Treffsicherheit lassen sich somit als bedeutende Vorteile von Mengensteuerungen identifizieren. Ein weiterer Vorteil besteht darin, dass sich die Preise am Lizenzmarkt – wie auf normalen Gütermärkten – nach Angebot und Nachfrage an Emissionen bzw. Emissionsminderungen bilden, Steuern

Schaubild

Zusammenhang zwischen Energiepreisentwicklung auf dem Weltmarkt und Lizenzpreis

1990 bis 2000; in DM/t Rohöl

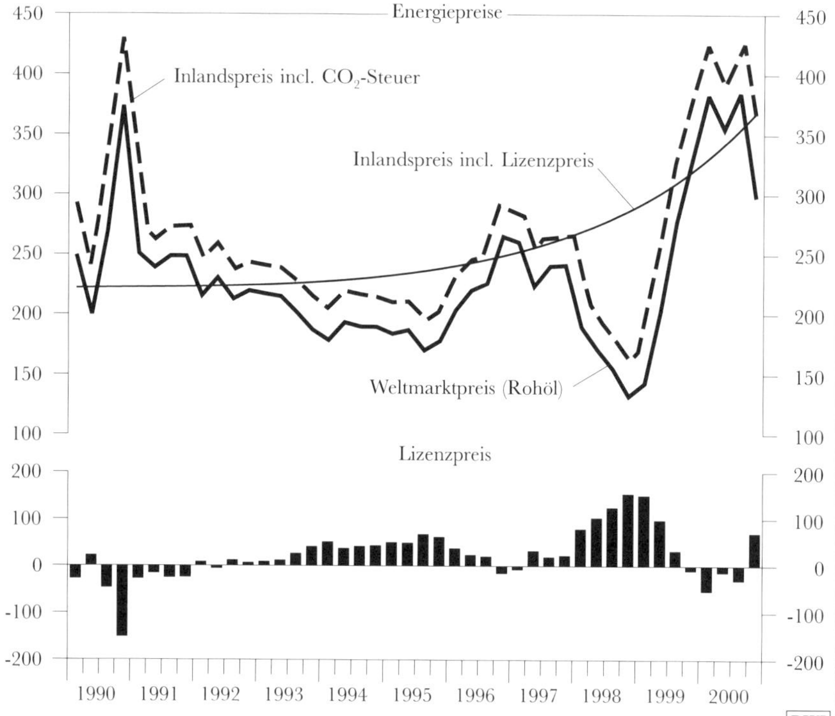

Eigene Berechnungen.

hingegen – jedenfalls in der gegenwärtigen Ausgestaltung – als Zuschlag auf die Energiepreise erhoben werden. Dieser Grundsatz hat zur Folge, dass die Lizenzpreise bei steigenden Energiepreisen sinken und umgekehrt – mithin als Puffer zwischen der Preisentwicklung an den Weltenergiemärkten und den Verbraucherpreisen im Inland fungieren (Schaubild). Dieser Ausgleichsmechanismus erklärt sich daraus, dass Minderungsmaßnahmen, die erst bei steigenden Energiepreisen wirtschaftlich werden, das Angebot an Emissionen bzw. Emissionsminderungen erhöhen, gleichzeitig die Nachfrage verringern und so einen Rückgang der Lizenzpreise erzwingen; er erweist sich insbesondere für die mittel- und langfristige Planungssicherheit als vorteilhaft. Denn im Gegensatz zu Steuern, die ihre Lenkungswirkung nicht entfalten können, wenn der damit intendierte Anstieg der Energiepreise durch Preissenkungen auf den Energiemärkten – wie im ersten Abschnitt gezeigt – unterlaufen wird, sind die Preise am Lizenzmarkt in erster Linie ein Reflex der ökologischen Ziele und der davon abhängigen Vermeidungskosten. Der Einfluss der Energiepreise ist dabei umso geringer, je höher der Anteil der Kapitalkosten an den Vermeidungskosten insgesamt ist – wie das Beispiel der regenerativen Energiequellen zeigt.

Diese stabilisierende Wirkung tritt bei zusätzlichen Steuern/Abgaben nicht auf. Denn die steuerinduzierte Belastung der Energiepreise wird unabhängig von der jeweiligen Konstitution des Weltenergiemarktes starr weitergeben. Ist der Steuersatz einmal festgelegt, steigt bei sinkenden Energiepreisen grundsätzlich das Risiko, anvisierte Klimaschutzziele zu verfehlen, wie auch umgekehrt bei steigenden Energiepreisen die Einführung einer zusätzlichen Steuer überflüssig ist, wenn das Energiepreisniveau auch ohne Steuern ausreicht, das Reduktionsziel zu erreichen.

Es ist offenkundig, dass in einem EU-weiten Emissionshandel der Einsatz anderer Instrumente im Prinzip überflüssig ist. Es wäre allerdings wenig realistisch anzunehmen, dass mit der Etablierung eines Emissionshandels die ökologische Steuerreform ebenso wie andere ordnungsrechtliche Ge- und Verbote per Gesetz aufgehoben würden. Allerdings können mit einer zielgerichteten Kombination der eingesetzten Instrumente die ökonomischen Zusatzbelastungen deutlich reduziert werden. So könnte insbesondere jenen Unternehmen, die am Emissionshandel teilnehmen, die Ökosteuer vollständig erstattet werden. Dabei wäre der Anreiz zur Beteiligung selbstverständlich umso größer, je höher die vermeidbaren Steuerbelastungen ausfallen – bei Wegfall der Kappungsgrenzen und einheitlichen Regelsteuersätzen (Variante B) sind sie etwa fünf Mal so hoch wie im Status quo. Besonders hervorzuheben ist jedoch die Tatsache, dass die Ökosteuer auf den gesamten Kraftstoff-, Strom-, Gas- und Heizölverbrauch zu entrichten ist, mit dem Kauf von Emissionsrechten demgegenüber nur die Differenz zwischen tatsächlichen und erlaubten Emissionen ausgeglichen werden muss. Nach gegenwärtig geltendem Recht wäre mithin die Teilnahme am Handel bereits dann wirtschaftlich, wenn der Zukauf von Emissionsrechten unter den in Tabelle 9 als Status Quo ausgewiesenen Belastungen bliebe; bei Aufhebung der reduzierten Steuersätze wäre der Anreiz mehr als fünfmal so hoch. Damit wäre der Wechsel in ein Handelsregime bei den gegenwärtigen Ökosteuer-Regelungen bereits dann vorteilhaft, wenn im Durchschnitt über alle Branchen der Preis für Emissionsrechte die Grenze von 2,34 €/t CO_2 nicht überschreiten würde und Emissionsrechte in Höhe der tatsächlichen Emissionen vollständig zugekauft werden müssten. Verringert sich der Anteil der so zu erwerbenden Emissionsrechte, verschiebt sich die Wirtschaftlichkeitsschwelle für den Eintritt in ein Handelsregime ebenfalls stetig nach unten, so dass der Eintritt dann auch bei deutlich höheren Preisen attraktiv wäre.

Hinter dieser aggregierten Durchschnittsbetrachtung verbergen sich allerdings sektoral erheblich unterschiedliche Anreize: Während bei den gegenwärtigen Regelungen z.B. für die Feuerfest-Industrie die Teilnahme noch bis zu einem Preis von 12 €/t CO_2 vorteilhaft wäre, läge diese Schwelle für die Stahlindustrie mit nur 0,92 € erheblich niedriger. Ursächlich dafür sind die heterogenen Steuersätze: Während Erdgas und Heizöl nur mit etwa 1,50 €/t CO_2 zusätzlich belastet werden, beträgt der Steuersatz bei Strom etwa 7,50 €/t CO_2 und bei Kraftstoffen mehr als 60 €/t CO_2. Stein- und Braunkohle unterliegen keiner zusätzlichen Steu-

Tabelle 9

Potenzielle Steuerentlastungen bei Emissionshandel nach Branchen

2003

	CO_2-Emissionen	Steuerentlastung in Mill. €		
	in Mill. t	Status Quo	Variante A	Variante B
Kaliindustrie	1,1	1,8	1,8	18,8
Zementindustrie	10,0	14,7	25,1	92,5
Kalkindustrie	2,7	4,2	5,4	17,3
Fliesen- und Platteninduslrie	0,5	3,1	3,1	9,4
Ziegelindustrie	2,2	16,4	16,4	41,5
Feuerfest-Industrie	0,3	3,6	3,6	10,0
Stahlindustrie	62,1	57,2	89,1	414,0
NE-Metallindustrie	14,0	30,3	65,1	313,8
Chemische Industrie	49,4	168,8	204,0	1 049,2
Papierindustrie	13,5	25,0	49,4	286,4
Glasindustrie	6,5	42,6	45,4	129,8
Textilindustrie	3,8	22,3	22,4	87,8
Zuckerindustrie	2,2	3,8	3,8	20,5
Insgesamt	168,3	393,6	534,6	2 491,0

Eigene Berechnungen.

er. Folglich sind stromintensive Sektoren überdurchschnittlich hoch, Sektoren mit hohem Stein- und Braunkohleeinsatz deutlich unterdurchschnittlich belastet.

Für den Emissionshandel wären diese Unterschiede genau dann anreizkompatibel, wenn sie die unterschiedlichen Vermeidungskosten widerspiegeln würden, Sektoren mit hohen Steuerersparnissen also als potenzielle Käufer angesehen werden könnten. Diese Hypothese lässt sich empirisch nicht hinreichend genau überprüfen, auch wenn einiges dafür spricht, dass die Vermeidungskosten in stromintensiven Prozessen höher sind als in Unternehmen mit hohem Stein- und Braunkohleeinsatz. Denn Strom kann in der Regel nicht durch andere Energieträger substituiert, anstelle von Stein- und Braunkohle können zumindest grundsätzlich auch die kohlenstoffärmeren Energieträger Heizöl oder Erdgas eingesetzt werden.

Zusammenfassend kann somit festgestellt werden, dass die Lenkungswirkung der Ökosteuer durch das bislang dominierende Ordnungsrecht erheblich eingeschränkt und durch einen zukünftigen Handel mit Emissionsrechten sogar vollständig aufgehoben wird. Eine sinnvolle Weiterentwicklung über das Jahr 2003 hinaus erscheint unter diesem Aspekt zumindest fraglich, zumal die ordnungsrechtlichen Standards auch in Zukunft kontinuierlich an den jeweiligen Stand der Technik angepasst und angehoben werden. Sie wäre gänzlich überflüssig, wenn der Handel mit Rechten zu CO_2-Emissionen ab dem Jahr 2008 verbindlich vorgeschrieben und damit die Energieträger nach ihrem Kohlenstoffgehalt zusätzlich belastet würden.

5. Zusammenfassende Bewertung

Seit dem 1. April 1999 gilt das Gesetz zum Einstieg in die ökologische Steuerreform, seit dem 1. Januar 2000 das Gesetz zu ihrer Fortführung. Ziel dieser Reform ist eine Verringerung des Energieverbrauchs und der damit verbundenen Umweltbelastungen. Als Instrument bedient sie sich einer zusätzlichen Steuer, mit der das Preissystem zu Gunsten eines ressourcenschonenden Umgangs mit Energie korrigiert werden soll. Die vorliegende Analyse hat gezeigt, dass dieses Vorhaben auf erhebliche Probleme stößt. Denn das Energiepreissystem wird nicht nur von zusätzlichen Steuern, sondern von einer Vielzahl weiterer Faktoren beeinflusst, die außerhalb der Entscheidungskompetenz der nationalen Umweltpolitik liegen und in ihrer Bedeutung die ökologisch motivierten Korrekturen bei weitem übertreffen. Gerade in den ersten Jahren der Reform traten diese Probleme offen zu Tage. So wurde gleichzeitig mit der Einführung der Öko-Steuer die wettbewerbliche Öffnung der Strom- und Gasmärkte wirksam und dadurch die von der Stromsteuer intendierte Lenkungswirkung erheblich abgeschwächt. Für Kraftstoffe und andere Mineralölprodukte erwies sich die Einführung der Öko-Steuer zumindest in den Jahren 1999 und 2000 als Doppelbelastung, da zusätzlich zur Öko-Steuer die Preise dieser Energieprodukte aus anderen Gründen zum Teil drastisch anstiegen. Die intendierte Lenkungswirkung hätte sich demnach zumindest in den ersten Jahren auch ohne diese Reform eingestellt. Die beabsichtigte Umorientierung des Preissystems ist in den ersten Jahren der Reform insoweit kaum gelungen, im Gegenteil: Die erratischen Preisbewegungen auf den Weltenergiemärkten und die Änderungen der Rahmenbedingungen haben in den vergangenen Jahren das nationale Energiepreissystem wesentlich stärker beeinflusst als die zusätzlichen Steuern auf den Energieverbrauch. Da diese Dominanz in Zukunft eher noch zunehmen wird, dürfte der Einfluss der ökologischen Steuerreform auf das Energiepreissystem eher begrenzt bleiben.

An die ökologische Steuerreform knüpft sich allerdings nicht nur die Erwartung auf eine Reduktion des Energieverbrauchs und der damit verbundenen Umweltbelastungen, sondern auch auf zusätzliche Einnahmen, die bei entsprechender Kompensation Ineffizienzen im bestehenden Steuer- und Abgabensystem verringern und zu einer „doppelten Dividende" zusätzlicher Abgaben beitragen sollen. Die sektorale Bilanzierung der Belastungen aufgrund der zusätzlichen Energiesteuer und der Entlastungen aufgrund der Senkung der Arbeitgeberbeiträge zur gesetzlichen Rentenversicherung lässt erkennen, dass diese Intention weitgehend erreicht wurde. In den arbeitsintensiven Sektoren, insbesondere im Investitionsgütergewerbe, sind deutliche Nettoentlastungen eingetreten. In der Summe konnten die Produktionskosten im Verarbeitenden Gewerbe durch das gegenwärtige Gesetz um fast 1 Mrd. € gesenkt werden. Außerdem haben reduzierte Steuersätze und Belastungsobergrenzen dazu beigetragen, dass sich die Wettbewerbsfähigkeit energieintensiver Produktionsprozesse durch die Ökosteuer nicht verschlechtert hat. Diese positiven Wirkungen können bei einer Fortentwicklung über das Jahr 2003 hinaus nur dann aufrecht erhalten werden, wenn entweder die Kappungsgrenzen oder die reduzierten Steuersätze für das Produzierende Gewerbe im Wesentlichen erhalten bleiben. Eine Angleichung der Steuersätze an die Regelbesteuerung und der Wegfall der Kappungsgrenzen hätten nicht nur für die energieintensiven Grundstoffproduktionen erhebliche Zusatzbelastungen zur Folge, sondern würde auch die arbeitsintensiveren Sektoren des Produzierenden Gewerbes im Vergleich zum Status quo schlechter stellen. So würden der Entlastungseffekt in den Investitionsgütersektoren mehr als halbiert, die Verbrauchsgüterindustrie vom Nettoempfänger zum -zahler und sich die Belastungen in der Nahrungs- und Genussmittelindustrie mehr als verdoppeln. Die mit der bisherigen Reform erzielten positiven Effekte würden dadurch erheblich abgeschwächt, wenn nicht sogar neutralisiert.

Für die Fortentwicklung der Ökosteuer über das Jahr 2003 hinaus von besonderer Bedeutung ist jedoch, dass seit der Verabschiedung des Ökosteuer-Gesetzes zusätzliche Instrumente in die Diskussion eingebracht, bestehende zum Teil deutlich verschärft wurden. So gilt seit dem 1. Februar 2002 die Energiespar-Verordnung, die für neu errichtete Wohnungen den Standard eines Niedrigenergiehauses, für modernisierte Altbauten erheblich strengere Maßstäbe an die Energieeffizienz legt. Da diese ordnungsrechtlichen Standards auch in Zukunft weiter angehoben werden, wird die Lenkungswirkung von zusätzlichen Steuern immer weiter eingeschränkt. Von besonderer Bedeutung ist in diesem Zusammenhang der von der EU-Kommission im Herbst letzten Jahres vorgeschlagene Handel mit Emissionsrechten. Er gilt grundsätzlich als effizientes Instrument, um ein vorgegebenes Reduktionsziel kostenminimal zu erreichen; unter diesem Aspekt ist er äquivalent mit einem Abgabensystem bzw. einer Ökosteuer, im Gegensatz dazu allerdings zielgenau und insoweit der Ökosteuer überlegen. Darüber hinaus kann der Emissionshandel als Puffer zwischen den Preisschwankungen an den Weltenergiemärkten und den Verbraucherpreisen im Inland fungieren, da sich die Preise am Lizenzmarkt – wie auf normalen Gütermärkten – nach Angebot und Nachfrage an Emissionen bzw. Emissionsminderungen bilden. Im Gegensatz zu Steuern, die ihre Lenkungswirkung nicht entfalten können, wenn der damit intendierte Anstieg der Energiepreise durch Preissenkungen auf den Energiemärkten unterlaufen wird, sind die Preise am Lizenzmarkt in erster Linie ein Reflex der ökologischen Ziele und der davon abhängigen Vermeidungskosten und insoweit unabhängig von Preisänderungen auf den Weltenergiemärkten. Sollte sich daher in absehbarer Zeit der Handel mit Emissionsrechten in der Klimaschutzpolitik als zusätzliches Instrument etablieren, wäre eine Weiterentwicklung der ökologischen Steuerreform kaum sinnvoll; sie wäre sogar gänzlich überflüssig, wenn der Handel ab dem Jahr 2008 verbindlich vorgeschrieben und damit die Energieträger nach ihrem Kohlenstoffgehalt zusätzlich belastet würden.

Literatur

AGFW – Arbeitsgemeinschaft Fernwärme (Hrsg.) (2000), *Hauptbericht der Fernwärmeversorgung 1999.* Frankfurt a.M.

Arndt, H.-W. et al. (1998), Ökosteuern auf dem Prüfstand der Nachhaltigkeit. Angewandte Umweltforschung 13. Berlin: Analytica.

Arndt, H.-W. und B. Hillebrand (o.J.), Energiesteuern in Europa – rechtliche Grundlagen, ökologische und ökonomische Wirkungen. Untersuchungen des RWI. RWI, Essen, in Vorbereitung.

BML – Bundesministerium für Landwirtschaft und Forsten (Hrsg.) (1998), *Statistisches Jahrbuch für die Landwirtschaft 1996*. Münster-Hiltrup: Landwirtschaftsverlag.

Gesetz zur Einführung der ökologischen Steuerreform. *BGBl* 1999, Teil I: 1566ff.

Gesetz zur Fortführung der ökologischen Steuerreform. *BGBl* 1999, Teil I: 2432ff.

Gesetz zur Neuregelung des Energiewirtschaftsrechts vom 24. April 1998. *BGBl* 1998, Teil I: 730ff.

Hohmeyer, O., R.L. Ottinger and K. Rennings (eds.) (1997), *Social Costs and Sustainability*. Heidelberg: Springer.

Jenzen, H. (1998), Energiesteuern im nationalen und internationalen Recht – eine verfassungs-, europa- und welthandelsrechtliche Untersuchung. Mannheimer Beiträge zum Öffentlichen Recht und Steuerrecht 20. Frankfurt a.M. et al.: Peter Lang.

Kommission der Europäischen Gemeinschaften (Hrsg.) (2000), Grünbuch zum Handel mit Treibhausgasemissionen in der Europäischen Union. KOM (2000) 87 endg. Brüssel.

Kommission der Europäischen Gemeinschaften (Hrsg.) (2001), Vorschlag für eine Richtlinie des Europäischen Parlaments und des Rates über einen Rahmen für den Handel mit Treibhausgasemissionen in der Europäischen Gemeinschaft und zur Änderung der Richtlinie 96/61/EG des Rates. KOM (2001) 581. Brüssel.

Schlegelmilch, K. (Hrsg.) (1999), Green Budget Reform in Europe: Countries at the Forefront. Berlin: Springer.

Scholz, Ch.M. (2000), Environmental Tax Reform and the Double Dividend – A Theoretical and Emipircal Analysis for Germany. Kieler Studien 304. Tübingen: Mohr-Siebeck.

Statistisches Bundesamt (Hrsg.) (2001), Beschäftigung, Umsatz, Investitionen und Kostenstruktur der Unternehmen in der Energie- und Wasserversorgung 1998. Fachserie 4: Produzierendes Gewerbe, Reihe 6.1. Stuttgart: Metzler-Poeschel.

Zusammenfassung

Seit mehr als drei Jahren ist die ökologische Steuerreform in Kraft, die den Energieverbrauch einer zusätzlichen Steuer unterwirft und die daraus fließenden Einnahmen zur Senkung der Beiträge zur gesetzlichen Rentenversicherung nutzt. Damit stellt sich die Frage, unter welchen Bedingungen ihre Fortentwicklung über das Jahr 2003 hinaus sowohl unter ökologischen als auch unter ökonomischen Aspekten sinnvoll sein kann. Dazu stellt die Analyse die Wechselwirkungen zwischen Energiepreisen und -steuern dar und zeigt die sektoralen Be- und Entlastungen. Schließlich wird die Reform in den Gesamtzusammenhang der Maßnahmen und Instrumente eingeordnet, die sowohl national als auch EU-weit entweder bereits beschlossen sind oder in naher Zukunft Gesetzeskraft erlangen werden, insbesondere die Einführung eines EU-weiten Handels mit Rechten zu Treibhausgasemissionen.

Résumé

Depuis plus de trois ans la reforme juridique d'impôt écologique est en cours, qui prévoit un impôt supplémentaire à la consommation d'énergie. Les recettes, qui en découlent sont utilisées pour permettre la réduction des contributions au régime légal de l'assurance retraite. Ainsi, la question se pose, dans quelles conditions sa prolongation au delà de l'an 2003 peut être adéquate sous les aspects écologiques et économiques. L'analyse met en évidence les actions réciproques entre les prix énergétiques et les impôts et montre les charges et décharges sectorielles. Pour terminer, la reforme est mise dans le contexte général des mesures et instruments d'application, qui sont déjà en cours ou conclus dans l'avenir proche sur le plan national et aussi dans le cadre de l'Union Européenne. Dans ce contexte, l'échange des droits d'émission de gaz à effet de serre dans l'Union Européenne est traité particulièrement.

RWI-Mitteilungen 2002, Jg. 53 (1-4): 345–360

Umweltpolitik und Kapitalstock – Determinanten der Nutzungsdauer von Pkw im internationalen Vergleich

von Karl-Heinz Storchmann[1]

Since older automobiles are less efficient and technologically obsolete, over-aged capital stocks are associated with higher environmental burden. Hence, influencing the age distribution of car stocks, especially in emerging nations, is one key to a successful environmental policy in the transportation sector. But there is little empirical evidence on depreciation in an international comparison. The paper generates depreciation rates for passenger cars for different countries and quantifies their main determinants. Depreciation patterns are mainly shown geometrically. The economic life of automobiles depends on prices for new cars and particularly on real income. In the long-run an income increase by $1000 is likely to increase the annual depreciation rate by 0.7%. (JEL: H23; Q48; E2)

Der Kraftstoffverbrauch des Pkw-Verkehrs und mit ihm der CO_2- und Schadstoffausstoß ist eine „abgeleitete" Nachfrage und ergibt sich aus drei Faktoren: der Anzahl der Pkw, der Kilometerleistung je Pkw sowie dem spezifischen Kraftstoffverbrauch bzw. Schadstoffausstoß je Kilometer. Dementsprechend können Reduktionsstrategien prinzipiell am Pkw-Bestand, an der Nutzung (z.B. *modal split*) oder an den technischen Eigenschaften der Fahrzeuge ansetzen. Der vorliegende Beitrag konzentriert sich auf die letzte Möglichkeit.

Aus umweltpolitischer Sicht steht insbesondere die Altersstruktur der Pkw im Mittelpunkt des Interesses. Da davon auszugehen ist, dass ältere Fahrzeuge weniger effizient sind, verbindet sich mit einem veralteten Kapitalstock c.p. eine höhere Umweltbelastung als mit einem modernen. Fallbeispiele in OECD/UNEP (1999) zeigen, dass die Altersstruktur signifikante Auswirkungen auf die Emission von CO, CO_2, HC und NO_x hat. Eine an der Reduktion der Schadstoffemission ausgerichtete Umweltpolitik wird daher versuchen, den Anteil alter, ineffizienter Fahrzeuge möglichst gering zu halten. Mit anderen Worten: Die Nutzungsdauer von Pkw sollte verkürzt, d.h. die Abschreibung beschleunigt werden.

Ein praktisches Beispiel einer derartigen Politik sind *scrappage schemes* bzw. Verschrottungsprämien: Durch finanzielle Anreize sollen Besitzer von Altfahrzeugen dazu bewogen werden, diese zu verschrotten und durch moderne Pkw zu ersetzen.

[1]Dr. Karl-Heinz Storchmann, Lecturer, Economics Department, Yale University, war von 1991 bis 2001 Mitarbeiter des RWI in der Forschungsgruppe „Energiewirtschaft".

Derartige Prämien wurden in den USA (1990, 1992 und 1993), Griechenland (1991 bis 1993), Ungarn (1993), Dänemark (1994 und 1995), Frankreich (1994 und 1995), Spanien (seit 1994), Irland (1995 bis 1997), Norwegen (1996), Kanada (1996) sowie Italien (seit 1997) angeboten. Ein Überblick über die verschiedenen Programme sowie ihrer Schwächen findet sich in ECMT (1999).

Ein weiteres Problemfeld ist das hohe Alter des Fahrzeugbestands in Ländern der Dritten Welt. Dies ist auf die (angenommen) lange Nutzungszeit sowie auf den Import von Gebrauchtfahrzeugen zurückzuführen (z.B. Grubel 1979). So sind ein großer Teil der *new registrations* in den meisten afrikanischen Ländern ineffiziente Altfahrzeuge aus Japan, Deutschland und Frankreich; Gebrauchtwagen aus den USA werden in der Regel nach Lateinamerika verschifft. Der hohe Bedarf an solchen Fahrzeugen scheint ein Anzeichen dafür zu sein, dass sich das Abschreibeverhalten in Ländern der Dritten Welt grundsätzlich von dem der Industrieländer unterscheidet. Angesichts des dynamischen Wachstums des Pkw-Bestands insbesondere in den Schwellenländern lässt sich hier ein enormes Problempotenzial erkennen. Die Empfehlung, den Import von Gebrauchtfahrzeugen mit hohen Steuern zu belegen oder besser ganz zu verbieten (OECD, UNEP 1999), erscheint auf den ersten Blick zwar konsequent, ist aber wenig wissenschaftlich fundiert. Denn trotz der Relevanz der Kapitalnutzungsdauer für die Umweltpolitik erstaunt, dass die empirischen Grundlagen in diesem Bereich ausgesprochen dünn sind. Informationen über die durchschnittlichen Nutzungszeiten von Pkw sind auf nationaler Ebene sehr lückenhaft. Da man sogar für die meisten Industrieländer auf mehr oder weniger zuverlässige Schätzungen angewiesen ist, gehen vergleichende Untersuchungen oftmals von einer pauschalen Abschreibungsdauer von beispielsweise 15 Jahren aus (z.B. Johansson, Schipper 1997). Dies mag für Industrieländer aufgrund ähnlicher Rahmenbedingungen gerechtfertigt sein. In globaler Hinsicht ist dies jedoch problematisch; entsprechende Daten für Entwicklungsländer liegen nicht vor.

Der vorliegende Beitrag will dieses Problem beleuchten und versuchen, Daten zur Abschreibungsdauer von Pkw im internationalen Vergleich zu ermitteln. Anschließend werden die wesentlichen Determinanten dieser Nutzungszeit in einer Querschnittsanalyse bestimmt und quantifiziert. Die Arbeit schließt mit umweltpolitischen Anwendungsbeispielen der gefundenen Zusammenhänge.

1. Datenbasis

Über die durchschnittliche Nutzungszeit nationaler Pkw-Flotten sind nur wenig Informationen verfügbar. Verschiedene statistische Ämter stellen allerdings Annäherungsgrößen wie das Durchschnittsalter des Pkw-Bestands zur Verfügung. Da sich im Bestand allerdings auch die Wachstumsdynamik des Kapitalstocks ausdrückt, herrscht in Ländern mit umfangreichen Erweiterungsinvestitionen (Netto-Neuzugängen) ein vergleichsweise junges Durchschnittsalter vor. Während z.B. der Pkw-Bestand der USA ein Durchschnittsalter von etwa 9 Jahren hat (Davis 2001), ist der Deutschlands 6,7 und der Irlands nur 5,5 Jahre alt (EEA 2002). Hierdurch drückt sich aber nicht zwangsläufig aus, dass die Nutzungszeit von Pkw in Irland kürzer als in den USA ist. Anders als in den USA wird das Flottenalter in Irland von den hohen Neuzugängen der letzten Jahre bestimmt, da sich bei einem wachsenden Bestand der Abstand zwischen durchschnittlicher Nutzungsdauer und dem Durchschnittsalter der Flotte vergrößert. So wird das durchschnittliche Alter der Löschungen in Deutschland für 1999 mit 11,6 Jahren angegeben (BMV 2000). Je nach Jahrgang gehen Schätzungen für die USA von deutlich längeren Nutzungszeiten, von bis zu 16 Jahren, aus (Davis 2001). Somit ist das Durchschnittsalter des Bestands wenig geeignet, um Nutzungszeiten von Pkw zu erklären.

Statt dessen bietet es sich an, auf die marktmäßige Bewertung des Kapitalguts während der Nutzungsdauer Bezug zu nehmen. Der Wert eines Kapitalgutes wird in erster Linie durch das Einkommen, das es während seiner Lebensdauer generiert, bestimmt. Grundsätzlich kann man davon ausgehen, dass der Wert eines Kapitalgutes dem Nettobarwert aller zukünftigen Einkommens- oder Nutzenströme zuzüglich dem verbleibendem Schrottwert entspricht (Blades 2001; Jorgenson 1994; Wykoff 1973):

(1) $$V_t = \sum_{i=0}^{T-t} \frac{f_{t+i}}{(1+r)^i} + \frac{S}{(1+r)^{T-t}},$$

wobei V_t für den Wert des Kapitalguts zum Zeitpunkt t, f_i für den Nutzenstrom in t und T für die Lebensdauer des Gutes steht. S ist der Schrottwert und r die Diskontrate. Geht man davon aus, dass der Schrottwert gegen Null tendiert (oder zumindest minimal im Vergleich zum Anschaffungspreis ist), bleibt lediglich der erste Teil der Gleichung übrig. Allerdings lässt sich dieser Nutzenstrom nicht ohne Weiteres ex ante quantifizieren; deshalb ist man auf Annäherungslösungen angewiesen. Wie später gezeigt wird, kann zum einen ein bestimmter Nutzenstrom angenommen werden, der dann als Grundlage zur Kalkulation der jeweiligen Abschreibungen dient. Zum anderen können Nutzenströme geschätzt werden, da viele gebrauchte Kapitalgüter auf Märkten gehandelt werden. Funktionierende Märkte für Gebrauchtwagen gibt es nahezu überall. Dementsprechend reflektieren die jeweiligen Gebrauchtwagenpreise die von den Marktteilnehmern erwarteten ex ante-Nutzenströme. Jährliche Abschreibungen spiegeln sich somit in den Preisunterschieden zwischen den einzelnen Pkw-Baujahren wider.

Märkte für gebrauchte Pkw sind überall sehr gut entwickelt, Preisinformationen sind in Tages- und Wochenzeitungen, Fachzeitschriften sowie im Internet jedermann zugänglich. Da die dort genannten Preise aber lediglich Vorstellung von Anbietern sind, werden sie nicht zwingend den tatsächlichen Marktpreisen entsprechen, sondern müssen als Obergrenze des Marktwerts verstanden werden. Dennoch kann man davon ausgehen, dass sie eine ausreichend genaue Annäherungsgröße und damit relative gute Proxy-Variable für den Gleichgewichtspreis sind. Daher wurden diese Informationen genutzt und für 50 Pkw aus 28 Staaten Datenreihen zu Preisen und Alter zusammengestellt. Um zeitliche Verzerrungen zu vermeiden, wurden sämtliche Daten in einem engen Zeitfenster (Januar bis April 2001) aufgenommen. Es handelt sich somit um Preise verschieden alter Fahrzeuge zu einem Zeitpunkt. Anders als bei Peles (1988) wurde nicht nur der Durchschnittspreis pro Baujahr einbezogen, sondern alle Anfang 2001 verfügbaren Preise einer Marke. Da jüngere Jahrgänge wesentlich öfter angeboten werden als ältere, findet dadurch eine Gewichtung statt. Sehr alte Pkw, von denen viele schon aus dem Bestand ausgeschieden und nur noch wenige Exemplare marktfähig sind, haben weniger Gewicht als relativ junge Fahrzeuge. Geht man davon aus, dass die zufällig gewählten Preise einer repräsentativen Auswahl entsprechen, wird dadurch die Altersstruktur aller auf dem Markt befindlichen Pkw abgebildet. Diese wird der Abschreibungsstruktur zugrunde gelegt.

Berücksichtigt wurden lediglich Pkw, die fahrbereit sind und nicht über Extraausstattungen verfügen. Es wurden Typen gewählt, die in den jeweiligen Ländern oft gehandelt werden und deren Modellreihe älter als 10 Jahre ist (z.B. Toyota Corolla, VW Golf). Neuwagen wurden aus zwei Gründen nicht mitaufgenommen: Zum einen gewähren Autohändler oftmals Rabatte, so dass der tatsächliche Verkaufspreis deutlich unter dem Listenpreis liegen kann. Zum anderen sind im Kaufpreis eines Neuwagens nicht selten Nebenleistungen (z.B. Garantie, Inspektionen) enthalten, die normalerweise nicht in den Preis eines Gebrauchtwagens eingehen. Die Datenquellen finden sich in der Übersicht am Ende des Beitrags.

2. Abschreibungen: Theorie

Wie dargestellt determinieren die Netto-Nutzenströme während seiner Lebensdauer den Wert eines Kapitalgutes. Geht man mit Böhm-Bawerk (1884) und Wicksell (1893) von der Annahme aus, dass ein Schaukelstuhl seinen Dienst nach 10 Jahren immer noch genauso tut wie am ersten Tag, wird der jährliche Nutzen des Schaukelstuhls immer gleich sein. Eine Glühbirne brennt über ihre gesamte Lebensdauer in gleicher Qualität. Erst wenn der Glühfaden durchbrennt, bricht der Nutzenstrom abrupt ab. Der Böhm-Bawerk-Wicksell'sche Ansatz unterstellt somit Sicherheit und geht von konstanten Nutzenströmen über die gesamte Lebensdauer eines Kapitalguts aus. Dieser Ansatz ist auch als *one-hoss shay*-[2] oder *light bulb*-Modell bekannt. Wie in Tabelle 1 dargestellt, führt er unter der Annahme einer konstanten Diskontrate zu im Zeitablauf progressiven Abschreibungen.[3]

Auch wenn die Einfachheit dieses Ansatzes besticht, so sind doch zwei Probleme evident: Einerseits besteht über den Wert zukünftiger Nutzenströme Unsicherheit. Andererseits kann man davon ausgehen, dass die Effizienz der meisten Kapitalgüter mit zunehmendem Alter zurückgeht: Reparatur- und Erhaltungskosten steigen an, gleichzeitig sinkt die Zuverlässigkeit. Schließlich entsteht ein Wertverlust auch dadurch, dass das Gut veraltet ist und nicht mehr dem „aktuellen Stand der Technik“ entspricht (*obsolescence*). Daher wird der jährliche Nutzen eines Kapitalguts im Laufe seiner Lebenszeit abnehmen. Tabelle 2 gibt einige Beispiele zum Zusammenhang zwischen Nutzenstrom und Abschreibungen. Demnach führen abneh-

[2] Nach dem Gedicht „The Deacon's masterpiece or, The wonderful *one-hoss shay*: a logical story" von Oliver Wendall Holmes (1895). Es handelt von einer einspännigen Kutsche, die keinerlei Abnutzungserscheinungen zeigt, bis sie schliesslich ganz zusammenfällt: „You see of course if you are not a dunce, how it went to pieces all at once, – all at once and nothing first, – just as bubbles do when they burst“.

[3] Der Einfachheit halber wurde angenommen, dass der gesamte jährliche Nutzenstrom jeweils am ersten Tag des Jahres anfällt. Demgemäß wird der Nutzen des ersten Jahres nicht abdiskontiert.

Tabelle 1

Beziehung zwischen Nutzenstrom und Kapitalwert im *one-hoss shay*-Modell

Diskontrate 5 vH, Schrottwert = 0

Jahr	Nutzenstrom	Wert des abdiskonierten Nutzenstroms zum Jahresanfang							
		1	2	3	4	5	6	7	8
1	1	1,00							
2	1	0,95	1,00						
3	1	0,91	0,95	1,00					
4	1	0,86	0,91	0,95	1,00				
5	1	0,82	0,86	0,91	0,95	1,00			
6	1	0,78	0,82	0,86	0,91	0,95	1,00		
7	1	0,74	0,78	0,82	0,86	0,91	0,95	1,00	
8	1	0,71	0,74	0,78	0,82	0,86	0,91	0,95	1,00
Kapitalwert		6,79	6,08	5,33	4,55	3,72	2,86	1,95	1,00
in vH von V_1		1,00	0,90	0,79	0,67	0,55	0,42	0,29	0,15

Eigene Berechnungen. Erläuterungen vgl. Text.

Tabelle 2

Nutzenstrom, Kapitalwert und Abschreibungen in verschiedenen Modellen

Diskontrate 5 vH, Schrottwert = 0

	Jahr							
	1	2	3	4	5	6	7	8
one-hoss shay								
Nutzen/Jahr	1,00	1,00	1,00	1,00	1,00	1,00	1,00	1,00
Wert	1,00	0,90	0,79	0,67	0,55	0,42	0,29	0,15
Abschreibung	–	0,10	0,11	0,12	0,12	0,13	0,13	0,14
Lineare Abnahme								
Nutzen/Jahr	1,00	0,90	0,80	0,70	0,60	0,50	0,40	0,30
Wert	1,00	0,82	0,66	0,51	0,37	0,25	0,15	0,07
Abschreibung	–	0,18	0,16	0,15	0,14	0,12	0,10	0,08
Geometrische Abnahme[1]								
Nutzen/Jahr	1,00	0,90	0,81	0,73	0,66	0,59	0,53	0,48
Wert	1,00	0,84	0,69	0,55	0,43	0,31	0,20	0,10
Abschreibung	–	0,16	0,15	0,14	0,12	0,12	0,11	0,10
Lineare Abschreibung[2]								
Nutzen/Jahr	1,00	0,96	0,92	0,89	0,85	0,82	0,79	0,75
Wert	1,00	0,87	0,75	0,62	0,50	0,38	0,25	0,13
Abschreibung	–	0,13	0,13	0,13	0,13	0,13	0,13	0,13

Eigene Berechnungen. – [1]Abnahme um 10 vH pro Jahr. – [2]Geometrische Nutzenabnahme um 3,95 vH pro Jahr.

mende Nutzenströme – anders als im *one-hoss shay*-Modell – zu im Zeitablauf konstanten oder abnehmenden Abschreibungen[4].

3. Abschreibungen: Ergebnisse

Frühere Untersuchungen für die USA haben gezeigt, dass im Zeitablauf ansteigende Abschreibungen für Pkw der Realität nicht entsprechen. Wykoff (1970) hat für den Zeitraum von 1950 bis 1969 festgestellt, dass die Abschreibungen des ersten Jahres am größten ist. Danach nehmen die Beträge in der Regel ab, vereinzelt bleiben sie auch konstant. Dieses Muster konnte von Peles (1988) für den Zeitraum 1975 bis 1985 bestätigt werden. Dementsprechend wird das *one-hoss shay*-Modell im Folgenden nicht weiter untersucht, sondern das lineare und degressive Abschreibungsmuster herangezogen.

Bei linearer Abschreibung, d.h. bei konstanten Abschreibungsbeträgen, errechnet sich der Wert des Kapitalguts V zum Zeitpunkt t als

(2) $$V_t = (1 - \delta t)V_0,$$

wobei δ die jährliche Abschreibungsrate und t das Alter bezeichnen. Zur Abbildung degressiver Abschreibungen wurde ein logarithmischer Typ gewählt:

(3) $$V_t = e^{-\delta t}V_0.$$

Dieses von Jorgenson (1973), Wykoff (1970, 1973) und anderen postulierte geometrisch-degressive Abschreibungsmuster führt zu konstanten prozentualen Abschreibungsraten. Gleichungen (2) und (3) wurden mit Absolutglied (a_0) für alle 50 Autotypen gesondert mittels OLS-Regression geschätzt. Die Ergebnisse sind in Tabelle 3 zusammengefasst. Beide Regressionsgleichungen zeigen vergleichsweise hohe R^2 (in der Regel > 0,8), womit beide Ansätze gute Annäherungen an die Beobachtungen liefern. Auffällig ist jedoch die große Bandbreite der R^2: Während sie sich bei linearer Abschreibung zwischen 0,41 und 0,97 bewegen, sind es bei logarithmischer Abschreibung zwischen 0,50 und 0,98. Für die überwiegende Mehrzahl der Pkw-Typen haben logarithmische Abschreibungsmuster einen deutlich höheren Erklärungswert; Abschreibungen verlaufen also eher geometrisch-degressiv als linear. Anders als im *one-hoss-shay*-Modell postuliert, nimmt der Nutzenstrom des „Kapitalguts" Pkw im Zeitablauf ab.

Weiter fällt auf, dass die Absolutglieder nicht immer den erwarteten Werten entsprechen, d.h. 1 im linearen und 0 im logarithmischen Modell. Vielmehr liegen sie oftmals darunter, was ein Indiz dafür sein könnte, dass der gewählte Neuwagenlistenpreis aufgrund gewährter Rabatte zu hoch ist und nicht dem tatsächlichen Verkaufspreis entspricht. Ein weiterer Grund betrifft in erster Linie Entwicklungslän-

[4] Je nach Wahl der Diskontrate können theoretisch mit abnehmendem Nutzenstrom auch im Zeitablauf ansteigende Abschreibungen verbunden sein.

Tabelle 3

Abschreibungen ausgewählter Pkw-Modelle im internationalen Vergleich

Ergebnisse von Querschnittsregressionen[1]

Land	Marke	n	Lineare Abschreibung			Logarithmische Abschreibung		
			a_0	δ	R^2	a_0	δ	R_2
				OECD Länder				
Australien	Toyota Camry	346	1.02	–0.063	0.80	0.18	–0.119	0.85
	Toyota Corolla	119	0.98	–0.046	0.68	0.06	–0.075	0.73
	Honda Civic	15	1.04	–0.062	0.77	0.19	–0.109	0.76
Dänemark	VW Golf	326	0.79	–0.052	0.80	–0.10	–0.126	0.90
Deutschland	VW Golf 1.6/1.8	218	0.90	–0.072	0.87	0.21	–0.219	0.91
	Opel Astra	262	0.76	–0.056	0.76	0.26	–0.249	0.81
	Opel Omega	129	0.52	–0.034	0.63	–0.28	–0.206	0.78
	BMW 316I	259	0.89	–0.077	0.89	0.11	–0.212	0.91
	BMW 520I	1435	0.83	–0.069	0.88	0.07	–0.192	0.90
Frankreich	VW Golf	94	0.89	–0.067	0.77	0.00	–0.152	0.91
Irland	VW Golf 1.6/1.8	61	0.99	–0.088	0.86	0.10	–0.154	0.89
Italien	BMW 318I	110	0.83	–0.070	0.89	0.07	–0.197	0.92
Mexiko	VW Jetta	39	0.65	–0.043	0.77	–0.34	–0.112	0.84
Neuseeland	Toyota Corolla	326	0.62	–0.039	0.64	–0.35	–0.110	0.64
Norwegen	VW Golf	447	0.78	–0.044	0.87	0.02	–0.144	0.94
Österreich	VW Golf	247	0.83	–0.058	0.89	0.09	–0.182	0.88
Polen	VW Golf 1.6/1.8	96	0.73	–0.039	0.80	0.00	–0.134	0.95
	Toyota Corolla	86	0.80	–0.053	0.87	–0.08	–0.127	0.89
	VW Passat	115	0.71	–0.046	0.81	0.04	–0.163	0.95
Schweden	VW Golf	466	0.74	–0.051	0.85	–0.10	–0.145	0.91
Schweiz	VW Golf 1.6/1.8	171	0.81	–0.052	0.88	0.10	–0.177	0.87
USA	Cadillac Seville	233	0.69	–0.049	0.77	–0.14	–0.163	0.83
	Toyota Camry	375	0.73	–0.051	0.85	–0.01	–0.168	0.93
	Honda Accord	567	0.82	–0.062	0.84	0.14	–0.191	0.89
	Honda Civic	486	0.65	–0.049	0.79	–0.15	–0.172	0.86
				Nicht-OECD-Länder				
Ägypten	Honda Civic	21	0.49	–0.021	0.71	–0.52	–0.079	0.84
Brasilien	VW Gol	193	0.68	–0.036	0.76	–0.24	–0.104	0.93
Indien	Hindustan Ambassador	161	0.50	–0.015	0.51	–0.69	–0.055	0.58
	Maruti 800	607	0.84	–0.043	0.76	–0.03	–0.095	0.80
Indonesien	Toyota Corolla	185	0.73	–0.047	0.78	–0.20	–0.106	0.87
Kenia	Nissan Sunny	174	0.56	–0.031	0.60	–0.38	–0.109	0.68
	Peugeot 504	128	0.59	–0.029	0.70	–0.30	–0.099	0.67
	Toyota Hilux	77	0.68	–0.028	0.61	–0.29	–0.068	0.69
Kolumbien	Mazda 323	24	0.52	–0.023	0.81	–0.44	–0.083	0.82
Malaysia	Honda Accord	122	0.78	–0.049	0.89	0.16	–0.158	0.90
	Proton Saga/Wira	189	0.88	–0.052	0.97	0.03	–0.112	0.98
Namibia	Toyota Hilux	52	0.67	–0.030	0.41	–0.40	–0.065	0.50
	VW Golf	38	0.77	–0.047	0.69	–0.16	–0.119	0.82
Philippinen	Toyota Corolla	213	0.62	–0.030	0.68	–0.28	–0.104	0.76
	Mitsubishi Lancer	285	0.60	–0.029	0.71	–0.36	–0.093	0.83
	Mitsubishi Galant	148	0.65	–0.032	0.80	–0.03	–0.129	0.93
Rumänien	VW Golf	117	0.87	–0.055	0.85	0.00	–0.137	0.89
	Opel Vectra	102	0.79	–0.058	0.88	–0.11	–0.130	0.90
Simbabwe	Mazda 323	161	0.58	–0.025	0.73	–0.37	–0.084	0.76
Süd Afrika	VW Golf	127	0.67	–0.034	0.58	–0.22	–0.106	0.66
	Toyota Corolla	101	0.63	–0.036	0.81	–0.27	–0.119	0.89
Swaziland	Nissan 1400	61	0.67	–0.032	0.74	–0.29	–0.085	0.76
	Toyota Corolla	92	0.68	–0.033	0.53	–0.20	–0.092	0.57
UAE[2]	Toyota Corolla	35	0.73	–0.049	0.80	–0.17	–0.127	0.91
Uruguay	VW Golf	147	0.61	–0.030	0.76	–0.26	–0.107	0.85

Eigene Berechnungen. – [1]Zu den Ansätzen vgl. Text. – [2]Vereinigte Arabische Emirate.

der: Geht man nämlich von degressiven Abschreibungen aus und wird der Gebrauchtwagenmarkt in erster Linie von älteren Pkw oder importierten Gebrauchtfahrzeugen bestimmt, dann wird der Neuwagenpreis aufgrund der Funktionsform ex definitione unterschätzt.

Beim linearen Modell liegen die (konstanten) Abschreibungen δ zwischen 2 vH und 9 vH vom Pkw-Neuwert pro Jahr, beim logarithmischen die prozentualen Wertminderungen zwischen 6 vH und 25 vH pro Jahr. Es fällt auf, dass die Durchschnittswerte des linearen Ansatzes für OECD-Länder mit 5,84 vH[5] deutlich höher als die für Nicht-OECD-Staaten (3,52 vH) sind. Gleiches gilt für den logarithmischen Ansatz: Die Abschreibungsrate liegt für OECD-Länder mit 16 vH rund 60 vH höher als die für Nicht-OECD-Länder. Dies bestätigt die Hypothese, dass Pkw in ärmeren Ländern deutlich länger als in wohlhabenden genutzt werden.

Vergleicht man diese Abschreibungsraten mit denen, die in anderen empirischen Untersuchungen ermittelt wurden, fällt auf, dass sie deutlich niedriger sind als etwa die von Peles (1988) für die USA im Zeitraum 1975 bis 1985 festgestellten Raten. Dies impliziert, dass Pkw nun langsamer abgeschrieben, d.h. länger genutzt werden als noch vor 30 Jahren. Unter anderem ist dies auf Produktverbesserungen zurückzuführen. Zerlegt man Abschreibungen in eine „technische" und eine „zyklische" (ökonomische) Komponente (Greenspan, Cohen 1999), zeigt sich, dass erstere in den letzten Jahrzehnten zu sinkenden Abschreibungsraten geführt hat. Für die USA lässt sich belegen, dass sich die Modelljahre seit 1970 durch eine steigende Lebensdauer auszeichnen. Dies gilt, obwohl gerade in dieser Zeit die Fahrzeuggröße deutlich abgenommen hat. Erst in den letzten Jahren scheint sich dieser Trend umzukehren (Davis 2001).

Den starken Einfluss der „zyklischen" Komponente auf die Nutzungsdauer von Fahrzeugen verdeutlicht das Schaubild; es zeigt die Preis-Alters-Kombinationen zweier Fahrzeuge vergleichbarer Größe in Indien (Hindustan Ambassador) und den USA (Honda Civic). Zur besseren Vergleichbarkeit der Pkw-Preise in Indien und den USA wurden sie in Kaufkraftparitäten (PPP) umgerechnet. Es zeigt sich, dass das indische Fahrzeug deutlich teurer als das amerikanische ist und länger genutzt wird: Während der Honda in den USA nach 19 Jahren vollkommen vom Markt verschwunden zu sein scheint, waren noch rund 10 vH aller angebotenen Hindustan älter als 30 Jahre.

In Tabelle 4 sind Altersmerkmale ausgewählter Pkw-Angebote zusammengetellt. Danach liegt das Durchschnittsalter von angebotenen Pkw in den Industrieländern durchweg zwischen 5 und 7 Jahren. Hingegen wird der Gebrauchtwagenmarkt in Entwicklungsländern maßgeblich auch von älteren Fahrzeugen bestimmt; so liegt das Durchschnittsalter von in Simbabwe angebotenen Mazda 323 bei 11,4 Jahren, das des bereits erwähnten indischen Hindustan Ambassador sogar bei 13,4 Jahren.

[5] Ohne Mexiko und Polen sind dies sogar 6,1 vH.

Schaubild 1

Gebrauchtwagenpreise in Indien und den Vereinigten Staaten nach Alter

2001; in 1000 $ (PPP von 1995)

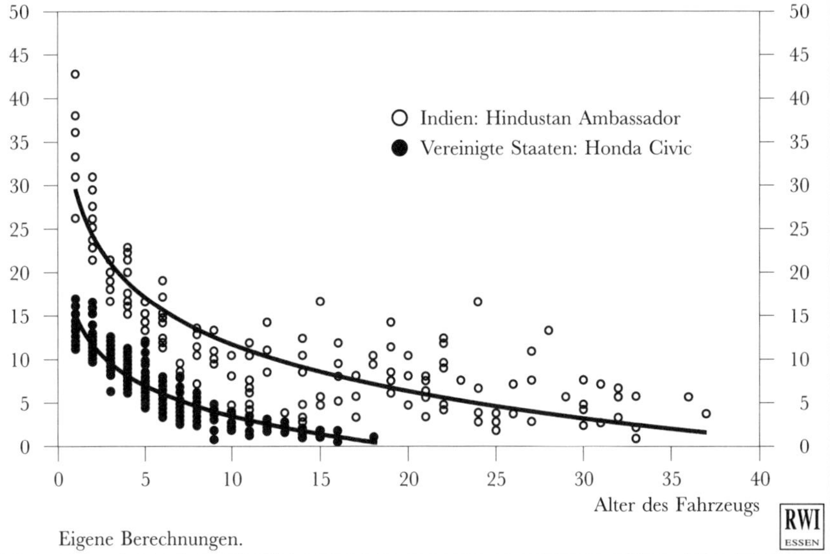

Eigene Berechnungen.

Theoretisch lassen sich aus den geschätzten Parametern der Abschreibefunktionen (Tabelle 3) erwartete Nutzungszeiten einzelner Pkw-Modelle in den jeweiligen Ländern errechnen. Da die logarithmische Funktion gewählt wurde, wird zu keinem Punkt der Wert Null erreicht. Um das Ende der Nutzungszeit zu bestimmen, musste daher ein „Ausscheidungskriterium" festgelegt werden. Den deutschen Erfahrungen entsprechend wird davon ausgegangen, dass ein Wagen als abgeschrieben gilt, wenn er 6 vH des Neuwagenwertes unterschritten hat. Die so ermittelten Nutzungszeiten sind in Tabelle 4 dargestellt; sie liegen für einen VW Golf in den wohlhabenden Industrieländern in der Regel zwischen 11 und 15 Jahren, was mit den Daten für Deutschland und den USA übereinstimmt (BMV 2000; Davis 2001). Für ärmere OECD-Länder wie Mexiko und Polen errechnen sich Laufzeiten von knapp über 20 Jahren. Im Vergleich dazu liegen sie in den Entwicklungsländern durchweg über 20 Jahren, 30 Jahre sind keine Seltenheit.

Es ist allerdings fraglich, ob ein Kriterium, das vom Wert des Fahrzeugs abhängig ist, im internationalen Vergleich Sinn macht. Zwar ist davon auszugehen, dass ein Wagenwert von 200 $ in den USA ein Ausscheidungskriterium ist, angesichts eines jährlichen Durchschnittseinkommens von unter 1 000 $ (PPP von 1995) in den meisten Ländern Afrikas scheint dieser Wert jedoch dort noch beträchtlich zu sein. In Entwicklungsländern haben ältere Kapitalgüter aufgrund des niedrigeren Lohnniveaus einen höheren Wert als in Industrieländern. Reparatur- und Wartungskosten einerseits, Opportunitätskosten verursacht durch sinkende Zuverlässigkeit an-

Tabelle 4

Alter und errechnete Nutzungszeit ausgewählter Pkw-Modelle

Land	Pkw-Typ	n	Alter angebotener Pkw in Jahren			Nutzungszeit in Jahren	
			jüngster	ältester	Durchschnitt	Neuwert[2]	Einkommen[3]
OECD Länder							
Deutschland	VW Golf	218	1	16	5,35	13,8	14,0
Österreich	VW Golf	247	1	20	5,97	14,1	17,9
Mexiko	VW Jetta	39	1	12	5,90	22,0	28,8
Polen	VW Golf	96	1	20	7,39	21,0	22,4
Schweiz	VW Golf	171	1	20	7,60	11,1	14,6
USA	Honda Civic	486	1	18	6,02	15,5	13,0
Nicht-OECD Länder							
Ägypten	Honda Civic	21	4	19	9,68	29,0	31,3
Brasilien	VW Golf	193	1	21	5,82	24,8	30,4
Indien	Hindustan Ambassador	161	1	49	13,44	38,4	44,5
Indonesien	Toyota Corolla	185	1	13	6,02	24,6	31,1
Kenia	Toyota Hilux	77	2	19	9,72	36,9	67,7
Malaysia	Proton Saga/Wira	189	1	13	6,82	25,6	24,7
Namibia	Toyota Hilux	52	1	19	6,76	37,4	45,0
Philippinen	Toyota Corolla	213	1	23	6,83	24,4	34,0
Simbabwe	Mazda 323	161	2	20	11,40	29,2	36,3
Süd Afrika	VW Golf	127	2	22	9,65	24,4	23,1
Swaziland	Toyota Corolla	92	4	16	7,98	28,4	40,4
UAE[1]	Toyota Corolla	35	1	15	6,44	20,7	16,6
Uruguay	VW Golf	147	1	19	7,17	23,8	31,2

Eigene Berechnungen. Zu den Annahmen vgl. Text. – [1]Vereinigte Arabische Emirate. – [2]Wenn $V_t < 0{,}06 * V_0$. – [3]Wenn $V_t < 0{,}1 * Y$.

dererseits sind deutlich geringer als in Hochlohnländern. Daher wäre es geeigneter, das Lohnniveau (Opportunitätskosten) als Maßstab dafür zu nehmen, wann ein Pkw ganz abgeschrieben wird. Aus Mangel an vergleichbaren Daten wurde stattdessen auf das verfügbare Einkommen zurückgegriffen; es wurde davon ausgegangen, dass ein Pkw abgeschrieben ist, wenn sein Wert 10 vH des durchschnittlichen verfügbaren Pro-Kopf-Einkommens unterschreitet. Auch die so errechneten Laufzeiten sind in Tabelle 4 dargestellt. Es zeigt sich, dass sich durch die Wahl dieses Kriteriums die Nutzungszeit in den meisten Industrieländern kaum ändert, während sie in den Entwicklungsländern deutlich ansteigt.

An dieser Stelle sei allerdings angemerkt, dass die durchschnittliche Nutzungsdauer von Pkw in vielen Ländern der Dritten Welt sowie des ehemaligen Ostblocks kürzer ist, als es diese Berechnungen nahelegen. Dies ist auf die bereits erwähnte Tatsache zurückzuführen, dass ein Großteil der „Neuregistrierungen" nicht aus Neufahrzeugen, sondern aus importierten Gebrauchtwagen besteht. In einigen Ländern überschreitet dieser Anteil 90 vH (Tabelle 5). Um die genaue Nutzungszeit

Tabelle 5

Anteil importierter Gebrauchtwagen an allen Neuregistrierungen in ausgewählten Ländern

1990 bis 1998; in vH

	1990	1991	1992	1993	1994	1995	1996	1997	1998	Durchschnitt
Malawi[1]		50,7	38,0	54,2	30,2	28,8	45,4	44,4		41,7
Mali[2]			83,0	88,8	92,0	87,2	41,2			78,4
Mauritius[3]	28,9	40,6	42,2	43,7	44,7	48,9	54,6	44,0	40,0	43,2
Nigeria[4]	69,5	56,3	66,9	72,7	94,9	67,7				71,3
Senegal[5]	61,6	64,1	67,6	76,6	60,5	54,9	70,2	79,8		66,9
Tunesien[6]	64,5	57,5	54,1	60,5	72,9	59,0	58,6	53,0	51,4	59,1
Ungarn[7]					49,4	45,9	25,6	8,1	4,7	26,7
Polen[8]		64,6	52,0	44,1	48,6	41,2	40,9	33,8	7,6	41,6
Neuseeland[9]	53,4	46,0	42,5	44,9	50,1	55,2	63,4	62,4	64,9	53,6

Quellen: [1]Bezieht sich auf Pkw und Lkw; National Statistical Office of Malawi 1999. – [2]Republique du Mali 1991 bis 1998. – [3]Central Statistical Office of the Republic of Mauritius 1991 bis 1999). – [4]Federal Office of Statistics of Nigeria 1991 bis 1998. – [5]Republique du Senegal 1998. – [6]Persönliche Information des Institut National de la Statistique de la Republique Tunisie 2001. – [7]Importierte Gebrauchtwagen älter als 3 Jahre; Hungarian Central Statistical Office 1995 bis 1999. – [8]Eigene Berechnungen nach Maxton 1999 und IRF 2000. – [9]Persönliche Information des Transport Registry Centre New Zealand, Palmerston North.

der jeweiligen nationalen Pkw-Flotte berechnen zu können, müssten daher Informationen nicht nur über den Anteil importierter, bereits (teil-) abgeschriebener Gebraucht-Pkw, sondern auch über deren Alter verfügbar sein. Dies ist nicht der Fall, weshalb allenfalls Nährungslösungen möglich sind.

4. Determinanten der Abschreibungsrate

Auch wenn die Berechnung von Pkw-Nutzungszeiten von verschiedenen Annahmen abhängt und deshalb nur als Näherung anzusehen ist, hat sich doch gezeigt, dass es deutliche Unterschiede sowohl zwischen den einzelnen Modellen als auch zwischen den Ländern gibt. Im Folgenden wird versucht, die wesentlichen Determinanten den Abschreibungsraten (Tabelle 4) mit Hilfe einer einfachen Querschnittsanalyse zu bestimmen[6].

Da die Pkw-Abschreibungsraten δ zwischen einzelnen Ländern stark variieren, ist davon auszugehen, dass sie maßgeblich von Einkommen und Pkw-Preisen beeinflusst werden (z.B. Pindyck 1979). Es ist zu erwarten, dass die Pro-Kopf-Einkommen positiv mit der Abschreibungsrate korreliert sind; hohe Neuwagenpreise dürften den gegenteiligen Effekt hervorrufen. Die Wirkungen von Kraftstoffpreisen werden in der Literatur kontrovers diskutiert: Zum einen geben steigende Benzinpreise Anreize, die Fahrzeugflotte zu erneuern und alte, ineffiziente Pkw durch effiziente Neuwagen zu ersetzen (z.B. Eskeland, Feyzioglu 1997). Zum anderen wir-

[6]Aufgrund der breiteren Streuung in den Merkmalsausprägungen sind Querschnittsmodelle besonders geeignet, langfristige Anpassungsprozesse an unterschiedliche Einkommens- und Preisverhältnisse abzubilden (z.B. Griffin, Gregory 1976).

Tabelle 6

Determinanten der Abschreibungsraten
Ergebnisse einer Querschnittsanalyse

	Y	*CARP*	*GASP*	constant	R^2
linearer Ansatz	–0,74[a] (–2,09)	0,01 (1,27)	0,07[a] (2,09)	–4,84[b] (–6,38)	0,55
logarithmischer Ansatz	–0,32[b] (–4,36)	0,03[a] (2,04)	0,57 (0,84)	–11,37[b] (–7,51)	0,71

Eigene Berechnungen. Zu den Ansätzen vgl. Text. Alle Parameter beziehen sich auf δ in vH. – [a]Signifikanz > 5 %. – [b]Signifikanz > 1 %.

ken steigende Kraftstoffpreise restriktiv auf das Budget und dementsprechend wie ein negativer Einkommenseffekt. Dies sollte zu geringeren Abschreibungsraten führen (z.B. Johansson, Schipper 1997). Deshalb wurden alle drei Größen in die Funktion aufgenommen und folgende Querschnittsgleichung für die 50 Pkw-Modelle geschätzt:

$$\delta_i = \alpha_0 + \alpha_1 Y_i + \alpha_2 CARP_i + \alpha_3 GASP_i + \varepsilon_i \,, \tag{4}$$

wobei Y_i das Pro-Kopf-Einkommen in Land *i* und $CARP_i$ der entsprechende Neuwagenpreis ist. Beide Größen sind in 1 000 $ (PPP) gemessen. *GASP* steht für den Benzinpreis ($ (PPP)/l). Tabelle 6 zeigt, dass der Erklärungswert der Gleichung für logarithmische Abschreibungen deutlich höher als für lineare ist. Maßgebliche Determinante der Abschreibungsrate ist das Einkommen. Erwartungsgemäß steigt mit zunehmendem Einkommen die Abschreibungsrate und geht die Nutzungszeit zurück. Ausgehend vom Absolutglied des logarithmischen Ansatzes, das eine einkommensunabhängige Abschreibungsrate von etwa 10,4 vH anzeigt, ist bei einem jährlichen Einkommenszuwachs um 1 000 $ mit einem Anstieg der Abschreibungsrate um 0,32 vH zu rechnen. Da das Einkommen für die meisten untersuchten Länder und für alle der Dritten Welt in Kaufkraftparitäten höher ist als in Dollar, ist der Effekt eines Einkommensanstiegs um 1 000 $ deutlich höher als 0,32 vH. Da für die Strichprobe gilt 1 $ = 2,1 $ PPP, wird ein Einkommensanstieg um 1 000 $ zu einem Anstieg der Abschreibungen um 0,67 vH führen.

Verglichen damit ist der Einfluss der Neuwagenpreise auf die Abschreibungsraten deutlich geringer. Dies ist auf zwei Faktoren zurückzuführen, die in unterschiedliche Richtungen wirken. Einerseits geben hohe Neuwagenpreise Anreize zur längeren Nutzung und senken damit die Umschlagsgeschwindigkeit des Pkw-Bestands. Andererseits führen sie zu Substitutionseffekten: Kleinere und preiswertere Pkw ersetzen größere. Da größere Pkw ceteris paribus „haltbarer" sind als kleinere (RWI 2002), führt dies zu steigenden Abschreibungsraten. Zusammengefasst überwiegt der erste Effekt.

Für den Benzinpreispreis wurde in beiden Gleichungen ein positives Vorzeichen geschätzt. Damit scheint der Kosteneffekt zu überwiegen, und bei steigenden Kraftstoffpreisen ist mit einem sinkenden δ und damit steigender Nutzungszeit zu rechnen. Allerdings zeigen die Prüfmaße eine nur geringe Signifikanz. Gleiches gilt für die Neuwagenpreise. Dies mag allerdings auch darauf zurückzuführen sein, dass Jahressteuern auf den Besitz von Pkw aufgrund mangelnder Verfügbarkeit nicht in die Gleichung aufgenommen werden konnten.

5. Politikrelevanz

Warum ist es aus umweltpolitischer Sicht wichtig zu wissen, wie die Abschreibefunktion von Pkw aussieht und wie sie determiniert ist? Um diese Frage zu beantworten, wird wieder auf die Verschrottungsprämien zurückgegriffen (Gleichung (1)). Es ist evident, dass ein Pkw-Halter nur dann einen Anreiz zur Verschrottung hat, wenn die Prämie P_t mindestens so hoch ist wie der erwartete Nettonutzen abzüglich des Schrottwerts:

(5) $$P_t \geq \sum_{i=0}^{T-t} \frac{f_{t+i}}{(1+r)^i} - \frac{S}{(1+r)^{T-t}}.$$

Dies wird jedoch maßgeblich von T und damit der Abschreibungsrate bestimmt. Je länger die Restlaufzeit, umso höher muss die Prämie sein. Darüber hinaus hängt f auch von der Nutzungsintensität des Fahrzeugs ab. Ein Wagen mit hoher jährlicher Kilometerleistung wird c.p. einen höheren Nutzenstrom induzieren. Hier zeigt sich das eigentliche Dilemma der *scrappage schemes*: Betroffen sind in erster Linie Fahrzeuge mit kurzer Restlaufzeit und geringer Nutzungsintensität, also Fahrzeuge, die wenig Schadstoff ausstoßen und ohnehin bald aus dem Bestand gegangen wären.

Wie dargestellt kann jedoch steigendes Einkommen T deutlich verkürzen; c.p. würde sich dadurch die notwendige Verschrottungsprämie verringern. Aufgrund der sich verändernden Abschreibestruktur werden Pkw allerdings dann auch ohne Prämie früher aus dem Bestand genommen, was *scrappage schemes* obsolet macht.

Steigendes Einkommen in Industrieländern, d.h. ein Anstieg der Abschreibungsrate, macht Gebrauchtwagen für Entwicklungsländer früher verfügbar. Das Durchschnittsalter eingeführter Gebrauchtwagen sinkt dann dort. Einen Effekt auf die Abschreibefunktion hat dies allerdings kaum; dazu wäre auch hier ein Anstieg des Einkommens nötig.

Soll also der Import gebrauchter Pkw aus Industrieländern verboten werden, wie dies in OECD/UNEP (1999) vorgeschlagen wird? Zum einen würde dies den Entwicklungsländern den Vorteil geringer Lohnkosten rauben und zu einer Wohlfahrtseinbusse führen (Sen 1962[7]; Grubel 1979). Zum anderen würde der Schrottwert gebrauchter Fahrzeuge in den Industrieländern sinken. Wie sich aus Gleichung (5) leicht ableiten lässt, führt dies wiederum zu einer längeren Nutzungszeit in den Industrieländern.

[7] Sen (1962) weist nach, dass arme Länder auch dann Wohlfahrtseffekte durch den Import gebrauchter Kapitalgueter erfahren, wenn man *one-hoss shay*-Bedingungen unterstellt.

Damit sind steigende Einkommen der entscheidende Faktor zur Effizienzsteigerung des Pkw-Bestands, zumindest im Hinblick auf dessen Altersstruktur. Inwieweit dies auch auf die Größenstruktur (z.B. Hubraum) sowie den spezifischen Verbrauch zutrifft, muss an dieser Stelle offen gelassen werden. Auch soll nicht unerwähnt bleiben, dass die Effizienz des Kapitalstocks – neben seiner Größe (Pkw-Bestand) und Nutzung (Fahrleistungen) – nur ein Faktor der Umweltbelastung ist. Empirische Untersuchungen haben gezeigt, dass zumindest der Pkw-Bestand eng mit dem Einkommen korreliert ist. Insbesondere für Entwicklungs- und Schwellenländer ist dabei mit Einkommenselastizitäten über 1 zu rechnen (z.B. Pindyck 1979; Dargay, Gately, 1999).

Übersicht

Quellen für Pkw-Preise

Ägypten	Cars.com.eg, online: http://cars.com.eg/
Australien	Carselect.Com, online: www.carselect.com.au/
Brasilien	Estadao.com.br, online: www.estado.estadao.com.br/suplementos/autos.html
Dänemark	Volkswagen AG, Denmark, online: www.volkswagen.dk/
Deutschland	Reviermarkt, online: www.reviermarkt.de/
Frankreich	Le Parisien, online: www.parisienpa.com
Indien	Automartindia, online: www.automartindia.com/
Indonesien	Kompas, online: www.kompas.com
Irland	The Irish Times
Italien	BMW Italia, online: www.bmw.it
Kenia	The Daily Nation
Kolumbien	El Tiempo, online: http://clasificados.eltiempo.terra.com.co/vehiculos/
Malaysia	New Straits Times, online: www.nst.com.my/
Mexiko	Reforma, online: www.reforma.com/
Namibia	The Namibian, online: www.namibian.com.na/
Neuseeland	AutoNet, online: www.autonet.co.nz/
	Autopoint, online: www.autopoint.co.nz
Norwegen	Volkswagen AG, Norway, online: www.volkswagen.no
Österreich	Oberösterreichische Nachrichten, online: http://194.112.170.105/kfz/anzclu_kfz.taf
Philippinen	Manila Bulletin, online: www.mb.com.ph/
Polen	Gazeta Wyborcza, online: www2.gazeta.pl/
Rumänien	Romania Libera
Schweden	Volkswagen AG, Sweden, online: www.volkswagen.se/begagnat/
Schweiz	Fahrzeugpool, online: www.fahrzeugpool.ch/
	Autonet.ch, online: www.autonet.ch/
	Autoclick.ch, online: www.autoclick.ch
Simbabwe	The Chronicle
Süd Afrika	The Sowetan, online: www.sowetan.co.za/
Swaziland	Times of Swaziland, online: www.times.co.sz/
UAE	Gulf News, online: www.gulf-news.com/Classifieds/
Uruguay	El Pais, online: www3.diarioelpais.com/edicion/
USA	The Atlanta Journal-Constitution, online: www.ajcclassifieds.com/

Literatur

Blades, D. (2001), *Measuring Capital: A Manual on the Measurement of Capital Stocks, Consumption of Fixed Capital and Capital Services.* OECD, Paris. Internet: www.oecd.org/pdf/M0000900/M00009324.pdf.

Böhm-Bawerk, E. von (1884), *Kapital und Kapitalzins.* Erste Abteilung: Geschichte und Kritik der Kapitalzins-Theorien. Innsbruck: Wagner.

BMV – Bundesminister für Verkehr, Bau- und Wohnungswesen (Hrsg.) (2000), *Verkehr in Zahlen 2000.* Hamburg: Deutscher Verkehrs-Verlag.

Central Statistical Office of the Republic of Mauritius (ed.) (1991-1999), *Digest of Road Transport and Road Accident Statistics.* Port Louis, verschiedene Ausgaben.

Dargay, J. and D. Gately (1999), Income's effect on car and vehicle ownership, worldwide: 1960-2015. *Transportation Research* A 33: 101–138.

Davis, St. (2001), *Transport Energy Data Book.* 21st edition. Oak Ridge National Laboratory, Oak Ridge, TN.

Eskeland, G.S. and T.N. Feyzioglu (1997), Is demand for polluting goods manageable? An econometric study of car ownership and use in Mexico. *Journal of Development Economics* 53: 423–445.

ECMT – European Conference of Ministers of Transport (ed.) (1999), *Cleaner Cars: Fleet Renewal and Scrappage Schemes.* Paris.

EEA – European Environmental Agency (ed.) (2000), Are we moving in the right Direction? Indicators on transport and environmental integration in the EU: TERM 2000. Environmental Issue Report 12, Copenhagen. Internet: http://reports.eea.eu.int/ENVISSUENo12/en/.

Federal Office of Statistics of Nigeria (ed.) (1991-1998), *Review of the Nigeria Economy.* Lagos, verschiedene Ausgaben.

Greenspan, A. and D. Cohen (1999), Motor Vehicle Stocks, Scrappage, and Sales. *Review of Economics and Statistics* 81 (3): 369–383.

Griffin, J. and P. Gregory (1976), An intercountry translog model of energy substitution responses. *American Economic Review* 66 (5): 845–857.

Grubel, H. (1979), International trade in used cars and problems of economic development. Department of Economics and Commerce Discussion Paper 79-07-3. Simon Fraser University, Burnaby, British Columbia.

Hungarian Central Statistical Office (ed.) (1995-1999), *Statistical Yearbook of Hungary.* Budapest, verschiedene Ausgaben.

IRF – International Road Federation (ed.) (2000), *World Road Statistics.* Geneva.

Johansson, O. and L. Schipper (1997), Measuring the long-run fuel demand of cars. Separate estimations of vehicle stock, mean fuel intensity, and mean annual driving distance. *Journal of Transport Economics and Policy* 37: 277–292.

Jorgenson, D.W. (1973), The economic theory of replacement and depreciation. In W. Sellekaerts (ed.), *Econometrics and Economic Theory.* New York: MacMillan, 189–221.

Jorgenson, D.W. (1994), Empirical Studies of Depreciaton. HIER Discussion Paper 1704. Harvard Institute of Economic Research. Harvard University, Cambridge, MA.

Maxton, G. (1999), *World car forecast.* The outlook for sales, production and vehicles in use to 2005, 1999 edition. The Economist Intelligence Unit, London.

National Statistical Office of Malawi (1999), *Monthly Statistical Bulletin.* Zomba.

OECD, UNEP – Organisation for Economic Co-operation and Development and United Nations Environment Programme (eds.) (1999), *Older Gasoline Vehicles in Developing Countries and Economies in Transition*: Their Importance and Policy Options for Addressing Them. Paris.

Peles, Y.C. (1988), On the Depreciation of Automobiles. *International Journal of Transport Economics* 15 (1): 43–54.

Pindyck, R.S. (1979), *The structure of world energy demand.* Cambridge, MA: MIT Press.

Republique du Mali, Direction Nationale de la Statistique et de l'Informatique (ed.) (1991-1998), *Bulletin Mensuel de Statistique.* Bamako, verschiedene Ausgaben.

Republique du Senegal, Ministere de l'Economie (ed.) (1998), *Situation Economique & Sociale du Senegal.* Edition 1997. Dakkar.

RWI – Rheinisch-Westfälisches Institut für Wirtschaftsforschung (Hrsg.) (2002), *Sterbetafeln für Pkw.* RWI, Essen, unveröffentlicht.

Sen, A.K. (1962), On the usefulness of used machines. *Review of Economics and Statistics* 44 (3): 346–348.

Wicksell, K. (1893), *Über Wert, Kapital und Rente.* Jena: Fischer.

Wykoff, F.C. (1970), Capital depreciation in the postwar period: automobiles. *Review of Economics and Statistics* 52: 168–172.

Wykoff, F.C. (1973), A User Cost Approach to New Automobile Purchases. *Review of Economic Studies* 40 (3): 377–390.

Zusammenfassung

Da ältere Pkw technisch obsolet und energieineffizient sind, gelten überalterte Pkw-Bestände aus umweltpolitischer Sicht als besonders problematisch. Den Pkw-Bestand zu verjüngen und damit nah an das „technische Optimum" zu führen, ist daher Ziel einer umweltschonenden Verkehrspolitik. Obwohl das theoretische Verständnis der Nutzung und Abschreibung von Pkw in den letzten 20 Jahren große Fortschritte gemacht hat, ist die empirische Basis insbesondere in internationaler Hinsicht ausgesprochen beschränkt. Zum Abschreibungsverhalten in Schwellen- und Entwicklungsländern liegen überhaupt keine Informationen vor. Dieser Beitrag will dazu beitragen, diese Lücke zu schließen und ermittelt Abschreibungsraten für 50 Pkw-Modelle in 28 Staaten sowie deren maßgebliche Determinanten. Im Ergebnis zeigt sich, dass Abschreibungen überwiegend geometrischen Mustern folgen. Sie werden neben Neuwagenpreisen in erster Linie durch die Realeinkommen beeinflusst. Langfristig ist damit zu rechnen, dass ein Anstieg der Pro-Kopf-Einkommen um 1 000 $ die jährliche Pkw-Abschreibungsrate um 0,7 vH anhebt.

Résumé

Comme les anciennes automobiles sont démodées et énergiquement inefficientes, celles-ci représentent un problème sur le plan écologique. Le rajeunissement du stock d'automobile et ainsi d'hausser celui-ci au niveau technique d'optimum, est le but principal d'une politique écologique de transport. Cependant, la base empirique et surtout sur le plan international est très limitée. Aucune information concernant la pratique d'amortissement dans les pays émergents et sous-développés est disponible. Cette étude a pour but d'apporter une contribution pour combler cette lacune et présente des taux d'amortissement pour cinquante modèles de voiture dans 28 pays et leurs déterminants principaux. Les résultats mettent en évidence, que l'amortissement se présente dans la majorité des cas sous forme géométrique. En dehors du prix d'une nouvelle automobile, il est influencé par le revenu réel.

RWI-Mitteilungen 2002, Jg. 53 (1-4): 361–376

Bewertung vor Gericht – Schadensmessung mit Hilfe der „Kontingenten Evaluierungsmethode“

von Ulrike Lehr[1]

There are two legislative acts in the United States on liability following environmental damages – the Superfund law and CERCLA – which sparked a heated debate on the existence of non-use values and the only method able to capture such values, the Contingent Valuation Method. The paper shows how the political debate paralleling the legislative procedure has become fertile for the development and the application of the method to a variety of environmental goods. (JEL: D61; Q26; Q27)

Anfang der neunziger Jahre wurden vor dem Hintergrund einer aufgeheizten umweltpolitischen Debatte die Zusammenhänge zwischen den amerikanischen gesetzlichen Regelungen zum Schadensersatz bei Umweltschäden und der Entwicklung der Kontingenten Evaluierungsmethode (KEM; *Contingent Valuation Method*) zur Umweltbewertung zum ersten Mal deutlich. Bis zu diesem Zeitpunkt hatte die Methode erst allmählich Einzug in die gerade an Bedeutung zunehmende Diskussion über den Umgang mit natürlichen Ressourcen in der ökonomischen Theorie gehalten. Fragen der Luftreinhaltung, des Schutzes von Gewässern und bestimmter Fischsorten sowie immer wieder die Bewertung von Erholungsgebieten waren Gegenstand der ersten mittels der KEM durchgeführten Studien. Neben der Reisekostenmethode und der Methode der hedonischen Preise begann sich die KEM als ein weiteres Instrument im ökonomischen Werkzeugkasten zu etablieren. Ein Durchbruch, auch für die theoretische Weiterentwicklung, fand jedoch erst statt, als sich die KEM plötzlich im Zentrum der Auseinandersetzung zwischen verschiedenen Interessengruppen als Instrument zur Schadensbemessung vor Gericht wiederfand. Seitdem wird um ihre Zuverlässigkeit und Aussagefähigkeit in Wissenschaft und Politik heftig gestritten.

Die Standpunkte der Befürworter und Gegner haben sich im Laufe der Zeit nicht angenähert, aber sie waren bis heute Ursache für eine intensive Erforschung und Verbesserung der Methode. Vor diesem Hintergrund wird im Folgenden zum einen die Entwicklung der amerikanischen gesetzlichen Regelungen zum Schadensersatz bei Umweltschäden vom *Comprehensive Environmental Response, Compensation and*

[1]Dipl.-Phys. M.Sc. Ulrike Lehr, Lehrstuhl für Volkswirtschaftslehre, insbesondere Umweltökonomie und Ordnungspolitik (520 F), Institut für VWL, Universität Hohenheim, war von 1993 bis 1999 Mitarbeiterin des RWI in der Forschungsgruppe „Energiewirtschaft“.

Liability Act (CERCLA) von 1980 bis heute nachgezeichnet. Zum anderen wird gezeigt, inwiefern der öffentlich geführte wissenschaftliche Streit um diese Regelungen die Weiterentwicklung der KEM beeinflusst und befruchtet hat. Um die Heftigkeit, mit der diese Auseinandersetzung geführt wurde, zu verstehen, bedarf es eines kurzen Blicks in die Theorie. Daher werden im ersten Abschnitt zunächst die wohlfahrtstheoretischen Grundlagen der Umweltbewertung in Erinnerung gerufen und dann die wesentlichen Methoden dazu dargestellt. Der zweite Abschnitt gibt eine Übersicht über die Regelungen von CERCLA über den *Oil Pollution Act* bis hin zum Auslaufen der *Superfund Tax*. Der dritte Abschnitt fasst die wichtigsten Fragestellungen, die in der Bewertungsliteratur seit 1990 bearbeitet wurden, zusammen und zieht Parallelen zu der politischen Diskussion über den Schadensersatz nach Umweltunfällen. Der Beitrag schließt mit einem kurzen Fazit.

1. Umweltbewertung

1.1. Wohlfahrtstheoretische Grundlagen

Natürliche Ressourcen können in vielerlei Weise geschädigt werden; z.B. durch langjährige produktive Nutzung, wie beim Braunkohletagebau oder beim Abbau anderer Rohstoffe, oder durch vom Menschen verursachte bzw. natürliche Katastrophen. Bei einem von Menschen verursachten und plötzlich auftretenden Schaden spricht man häufig von Umweltunfällen, etwa beim Austritt von giftigen Dämpfen aus einer Fabrik, beim Entweichen giftiger Chemikalien in Gewässer oder bei Tankerunfällen, die mit großen Mengen auslaufenden Erdöls ganze Küstenregionen nachhaltig schädigen.

Wenn für einen derartigen Schaden Ersatz geleistet werden soll, geht es meistens um Geldbeträge, die durchaus eine beachtliche Höhe erreichen können. Die interessante Frage ist jedoch, wie sich ein derartiger Schaden monetär bewerten lässt. Ein erster möglicher Ansatz besteht darin, den Schaden mit dem entgangenen produktiven Nutzen der geschädigten natürlichen Ressource zu bewerten. So wäre infolge des weltweit bekannten Exxon Valdez Tankerunfalls 1989 z.B. die Höhe des Produktionsausfalls der Fischereibetriebe (bewertet mit aktuellen Preisen abzüglich der normalerweise anfallenden Fischereikosten) ein Maß für die Größenordnung des entstandenen Schadens gewesen. Weitere Produktionsausfälle ließen sich im Gastronomie- und Tourismusgewerbe finden, denn vermutlich lässt die Reisetätigkeit (abgesehen vom anfänglichen Tourismus der Schaulustigen) schnell nach, wenn die Umweltqualität derart stark gemindert ist. Andere Schädigungen, z.B. die Folgen der Deponierung von toxischen Abfällen, lassen sich über die Ausfälle der Bewirtschaftung durch Vermietung und Verpachtung des Grundstücks oder darauf befindlicher Immobilien bewerten. Es leuchtet jedoch unmittelbar ein, dass natürliche Ressourcen für den Menschen mehr zu bieten haben, als es die produktive Nutzung widerspiegelt. So kann eine Ressource als Naherholungsgebiet für Freizeitaktivitäten ausfallen, ein See durch eine Verschmutzung nicht mehr als Badesee zugelassen sein oder ein Fluss durch die Einleitung giftiger Stoffe in seinem Fischbestand derart dezimiert sein, dass Angler ihn nicht mehr nutzen können. Eine vollständige Bewertung müsste also zumindest diese konsumtive Nutzung mit einbeziehen.

Genau genommen gilt es somit, den durch eine Umweltschädigung *der Gesellschaft insgesamt* entstandenen Nutzenentgang ökonomisch zu bewerten. Über den direkten Gebrauchsnutzen hinaus kann eine Ressource zudem einen Nichtgebrauchsnutzen (s.u.) aufweisen, der sich aus ihrer bloßen Existenz ableiten kann. Letztlich will man zur Bewertung des entstandenen Schadens ein Maß für die damit verbundenen individuellen Nutzenänderungen der betroffenen Wirtschaftssubjekte finden, das dann zu einer gesellschaftlichen Nutzen- bzw. Wohlfahrtsänderung aggregiert werden kann. Diese typischerweise in Geldeinheiten ausgedrückte Wohlfahrtsänderung wird dann als der durch den zu bewertenden Umweltunfall verursachte gesellschaftliche Schaden interpretiert.

Typische Maße für individuelle Nutzenänderungen sind die auf *John Hicks* zurückgehenden „Kompensationsmaße", die „Kompensierende Variation" (CV) und die „Äquivalente Variation" (EV). Die CV (Hicks 1939, 1942) gibt den Geldbetrag an, den man einem Individuum nach einem Umweltunfall mindestens geben müsste, damit es sich trotz des Umweltschadens genau so wohl fühlt wie zuvor. Dies führt zur Interpretation der CV als die minimale Entschädigungsforderung (*willingness to accept*) für eine Umweltverschlechterung. Das zur CV spiegelbildliche Konzept der EV gibt den Geldbetrag an, den das Individuum maximal für die Verhinderung bzw. für das „Ungeschehenmachen" des zu bewertenden Umweltunfalls zu zahlen bereit wäre (seine *willingness to pay* bzw. maximale Zahlungsbereitschaft). Sind die von einem Umweltunfall verursachten individuellen Nutzenänderungen in Form der CV oder EV bekannt, so werden sie üblicherweise im Sinne des Hicks-Kaldor-Kriteriums (Hicks 1939; Kaldor 1939) durch simples Addieren der individuellen Nutzenmaße zur gesellschaftlichen Wohlfahrtsänderung, d.h. zu dem von dem Umweltunfall verursachten gesellschaftlichen Schaden, aggregiert.

Für die empirische Berechnung von CV und EV existieren exakte Verfahren, soweit die zu messenden Nutzenänderungen auf Änderungen des Marktgüterkonsums eines Individuums beruhen (Vartia 1983). Schwieriger ist ihre Berechnung allerdings, wenn – wie bei Umweltveränderungen – Güter betroffen sind, die nicht auf Märkten gehandelt werden. In diesem Fall müssen spezielle Verfahren zur empirischen Bestimmung der Hicks-Maße herangezogen werden, die im Folgenden kurz dargestellt werden.

1.2. Indirekte Methoden

Indirekte Methoden der Umweltbewertung versuchen, den sicheren Boden der beobachtbaren Markthandlungen nicht vollständig zu verlassen und von diesen auf die Wertschätzung eines Umweltgut zurückzuschließen. So werden bei der *Reisekostenmethode* die Kosten erfasst, die mit dem Erreichen z.B. eines Naherholungsgebietes zusammenhängen. Hierunter fallen sowohl die direkten Reisekosten wie Fahrtkosten, Parkkosten und Eintritte wie auch die mit der Anreise verbrachte Zeit. Dabei wird unterstellt, dass es einen eindeutigen Zusammenhang gibt zwischen dem Aufwand zum Erreichen beispielsweise eines Badesees oder eines Naherholungsgebiets und dem Nutzen, den der Besuch dieses Badesees stiftet. Im Einzelnen wird in Reisekostenstudien häufig eine Art Nachfragekurve ermittelt, die so genannte Entfernungs-Besuchsabnahme-Kurve, die die Besuchshäufigkeit z.B. eines Vogelbeobachtungsgebiets in Abhängigkeit von der Länge der Anreise darstellt. Methodische Schwierigkeiten ergeben sich aus der Bewertung der Reisezeit (typischerweise mit dem Lohnsatz) als aufgewandte „Kosten". Schließlich kann die Anreise zu einem Naturpark ebenso als Bestandteil des Freizeiterlebnisses gewertet werden (im Cabriolet auf einer einsamen Landstraße) wie als Aufwand (im Stau auf einer vollen Autobahn), und die Bewertung mit dem Lohnsatz ist wegen der unterstellten Substituierbarkeit zwischen Arbeit und Freizeit in den meisten Berufen mehr als zweifelhaft.

Die *hedonische Preismethode* verfolgt bei der Ermittlung des Wertes eines Umweltguts eine ähnliche Strategie der Ableitung von beobachtbaren Markthandlungen. Sie wird überwiegend im Immobilienbereich angewandt und unterstellt einen Zusammenhang zwischen den Preisen für ansonsten gleichwertige Häuser oder Wohnungen, die sich nur durch die Umweltqualität ihrer Umgebung unterscheiden. So würde sich die Höhe eines Umweltschadens etwa im Absinken der erzielbaren Preise für Wohnungen äußern, da z.B. der ehemals wertvolle Blick auf Küste und Meer nun durch die Aussicht auf gestrandete und verendete Seevögel zu ersetzen wäre. Zu fragen ist allerdings, ob der Einfluss des Umweltzustands innerhalb der vielen den Mietpreis beeinflussenden Faktoren wirklich zuverlässig zu isolieren ist.

Abgesehen von methodischen Schwächen wohnt den indirekten Methoden jedoch vor allem die Quelle zur systematischen Unterschätzung des Wertes eines Umweltguts dadurch inne, dass per definitionem nur der aus dem Gebrauch einer Ressource abgeleitete Wert berücksichtigt wird. Neben diesem Gebrauchswert wird natürlichen Ressourcen jedoch häufig auch ein Nichtgebrauchswert zugeschrieben, der mit Krutilla (1967) Eingang in die ökonomische Literatur gefunden hat. Nichtgebrauchswerte[2] umfassen alle Nutzenkomponenten, die ein Wirtschaftssubjekt aus der bloßen Existenz, der Vererbbarkeit und einer potenziellen späteren Nutzung einer Ressource zieht. Die Bedeutung beispielsweise, die in der Bevölkerung offensichtlich dem Erhalt der Arktis zugemessen wird, lässt sich fast nur durch das Konzept der Nichtgebrauchswerte erklären. Für den Durchschnittsmenschen ist es relativ unwahrscheinlich, dass er die Arktis in irgendeiner Weise jemals besuchen oder bereisen wird. Dennoch kann das Wissen um die Existenz eines intakten Lebensraums für Eisbären, Robben oder Seevögel für jemanden nutzenstiftend wirken oder der Verlust dieses natürlichen Raums sich nutzensenkend auswirken (Existenzwert). Darüber hinaus kann man wünschen und daraus Nutzen ziehen, dass dieser natürliche Raum für die Nachwelt und die Nachkommen erhalten bleibt (Vermächtniswert) oder dass er für einen eventuellen in der Zukunft liegenden Besuch ungestört vorgefunden wird (Optionswert).

Indirekte Bewertungsmethoden können diesen Nichtgebrauchswert einer Ressource nicht erfassen, da die Messgrundlage das beobachtete Nutzungsverhalten ist. Um den gesamten ökonomischen Wert einer natürlichen Ressource oder der Verminderung von Umweltqualität durch einen Umweltschaden abzubilden, muss man sich deshalb direkten Bewertungsverfahren zuwenden.

[2]Ausführliche Auseinandersetzungen mit der Abgrenzung und den Problemen von Nichtgebrauchswerten finden sich bei Randall (1991) oder Shechter/Freeman (1994).

1.3. Direkte Methoden – die Kontingente Evaluierungsmethode

Unter den direkten Bewertungsmethoden nimmt die KEM auch durch die ihr zugemessene Bedeutung als gerichtlich zugelassenes Verfahren eine prominente Stellung ein. Es handelt sich um eine Interviewmethode, die auf einem einfachen Grundgedanken basiert: Da es für Umweltqualität keinen Markt gibt, auf dem sich Markthandlungen beobachten ließen, wird einer Stichprobe von Haushalten ein hypothetischer Markt präsentiert, auf dem das zu bewertende Umweltgut angeboten wird. Auf diesem hypothetischen Markt können die Befragten das zu bewertende Umweltgut zu einem bestimmten Preis (hypothetisch) kaufen, so dass sich aus diesem simulierten Marktverhalten (ebenfalls hypothetische) Nachfragefunktionen nach dem zu bewertenden Umweltgut ableiten lassen. Als Urheber der KEM-Idee gilt Ciriacy-Wantrup (1947); als erster praktischer Versuch, die Zahlungsbereitschaft einzelner Haushalte durch Befragung zu ermitteln, wird eine Studie von Davis (1963) angesehen.

Ausgangspunkt einer jeden KEM-Untersuchung ist die Definition des zu bewertenden Guts. Da Umweltgüter normalerweise nicht auf Märkten gehandelt werden, ist die hypothetische Marktsituation für die Befragten zunächst ungewohnt. Somit ist es notwendig, das zur Diskussion stehende Projekt, beispielsweise das Einsetzen von Begleitschiffen zur Vermeidung von Tankerunfällen oder den Einbau von Warnsystemen zur Verhinderung von Chemieunfällen, sorgfältig zu beschreiben, damit die Befragten verstehen, was sie für die von ihnen geäußerte Zahlungsbereitschaft erhalten. Zu einer derartigen Beschreibung gehört zum einen eine verbale Darstellung, zum anderen werden jedoch gerade bei persönlich durchgeführten Interviews auch visuelle Hilfsmittel wie Landkarten, Grafiken und Fotos, teilweise sogar Videos eingesetzt. Die Entwicklung eines glaubwürdigen Szenarios stellt bei der Vorbereitung einer KEM-Studie eine der wesentlichen Aufgaben dar, denn von dem Verständnis des zu bewertenden Umweltguts hängt die Zuverlässigkeit der Methode ab.

In einem zweiten Schritt wird den Befragten der so genannte Zahlungsmechanismus erläutert. Zunächst muss geklärt werden, in welcher Form die Zahlung für das Umweltgut (z.B. die Verhinderung oder Beseitigung eines Umweltschadens) stattfinden soll. Hierbei gilt es zum einen, ein Zahlungsmittel zu finden, das von den Befragten nicht aus sich heraus abgelehnt wird. Schlägt man z.B. die Finanzierung des Projektes über eine Steuer vor, so kann es geschehen, dass die Befragten eine Zahlungsbereitschaft von Null äußern, nicht etwa, weil sie das Projekt ablehnen, sondern weil sie der Auffassung sind, es gäbe doch schon zu viele Steuern und der Staat würde sich bei Steuern ohnehin nur bereichern. Zum anderen muss für die Befragten eine eindeutige Beziehung zwischen ihrer geäußerten Zahlungsbereitschaft und dem Zustandekommen des Projektes erkennbar sein.

Im dritten Schritt erfolgt die eigentliche Frage nach der Zahlungsbereitschaft. Während in den frühen KEM-Studien diese Frage offen formuliert wurde: „Welchen Betrag wären Sie für das soeben beschriebene Projekt zu zahlen bereit?“, hat sich in den letzten 15 Jahren zunehmend das so genannte Referendumsformat durchgesetzt; hierbei wird den Befragten eine Zahlung als mit dem vorgeschlagenen Projekt verbundene Kosten genannt, und sie werden gefragt, ob sie diesem Programm zustimmen würden oder es ablehnen. Bei den offenen Frageformaten hat sich herausgestellt, dass bei den Befragten häufig Unsicherheit besteht, welche Zahlung realistisch und plausibel ist. Das Referendumsformat liefert allerdings bei Akzeptanz des Programms nur eine untere Schranke für die Zahlungsbereitschaften, bei Ablehnung des Programms erhält man eine obere Schranke, denn der vorgeschlagene Betrag übersteigt die wirkliche Zahlungsbereitschaft.

Die hier geschilderte Struktur eines KEM-Interviews ist für die Bewertung von umweltverbessernden Projekten und für die Schadensbemessung nach Umweltunfällen im Wesentlichen gleich. Im Falle einer Bewertung eines umweltverbessernden Projektes würde man – wohlfahrtstheoretisch gesprochen – gerne nach der CV fragen, d.h. nach dem Geldbetrag, den der Haushalt aufgeben könnte, ohne nach Durchführung eines umweltverbessernden Projektes schlechter gestellt zu sein als zuvor. Zur Bewertung eines Schadens erscheint es zunächst natürlich, ebenfalls die CV heranzuziehen und nach dem Geldbetrag zu fragen, den der Haushalt als Entschädigung fordert, um nicht schlechter gestellt zu sein als zuvor. Um die (politisch unerwünschte) Gefahr der Übertreibung einer Schadenersatzforderung zu vermeiden, geht man typischerweise dazu über, die Zahlungsbereitschaft für ein den Umweltschaden vermeidendes Projekt zu ermitteln. Der Hintergrund ist scheinbar eher psychologischer Natur: Wirtschaftssubjekte geben als Entschädigungsforderungen für den Verlust eines Gutes im Durchschnitt höhere Beträge an, als sie in der umgekehrten Situation für das Gut zu zahlen bereit wären. Die Ursache wird einer Art *endowment*-Effekt zugeschrieben, wobei es hier auch einen moralischen *endowment*-Effekt zu geben scheint. So haben Boyce et al. (1992) einen Teil der amerikanischen Bevölkerung gefragt, was sie als Entschädigung von den Japanern dafür verlangen würden, dass diese den Walfang fortsetzen dürften. Umgekehrt wurde ein Teil der Bevölkerung gefragt, was sie bereit wären, den Japanern für eine Beendigung des Walfangs zu zahlen. Dieser Betrag war deutlich niedriger, da die Bevölkerung sich im Recht als Walschützer fühlte und den „Bösen" nicht auch noch Geld geben wollte für etwas, das sich gewissermaßen moralisch verbietet.

Ergebnis einer KEM-Studie sind somit die Zahlungsbereitschaften einer Bevölkerungsstichprobe, die dann auf die von dem Umweltschaden oder von der -verbesserung betroffene Bevölkerung hochgerechnet werden. Wohlfahrtsmessung gehört unter Ökonomen zu einem der Gebiete, auf denen kräftig gestritten wird. Die KEM wurde seit ihren Anfängen auf das Heftigste diskutiert. Zu einer Eskalation kam es jedoch erst, als die Methode zur Feststellung von Entschädigungsansprüchen vor Gericht zugelassen wurde, wie Portney (1994: 7) schreibt: „Thus did existence values and the contingent valuation method come to meet the real world".

2. Vom Superfund zum NOAA-Panel

In Reaktion auf den so genannten *Love Canal*-Umweltskandal 1978 erließ Präsident *Jimmy Carter* 1980 schon fast am Ende seiner Amtszeit den *Comprehensive Environmental Response, Liability and Compensation Act*, auch bekannt unter dem Namen *Super-*

fund-Gesetz. *Love Canal* galt seinerzeit als das Sinnbild der „großen" verbrecherischen Unternehmen, die den „ahnungslosen Verbraucher" ausnutzen und ohne Rücksicht auf erhebliche gesundheitliche Spätfolgen schädigen[3]. In *Love Canal*, außerhalb von *Niagara Falls*, deponierte das elektrochemische Unternehmen *Hooker* zwischen 1942 und 1953 Abfälle in unbenutzten Kanälen. Durch die Beschaffenheit des Lehmbodens schien das Grundwasser vor diesen potenziell toxischen Abfällen geschützt, und die Gegend war zum Deponiezeitpunkt weitgehend unbewohnt. 1957 erwarb die Gemeinde von *Niagara Falls*, NY, dieses Grundstück für den symbolischen Preis von einem Dollar, erbaute zunächst eine Grundschule und verkaufte das restliche Land weiter an eine Erschließungsgesellschaft. Durch die Erschließung drangen Giftstoffe in die Wohnbauten ein, und die Siedlung wurde 1978 schließlich geräumt.

In einer in der Retrospektive viel kritisierten Studie der *Environmental Protection Agency* wurden erhebliche Gesundheitsrisiken für die Einwohner von *Love Canal* festgestellt. Dies führte – wohl auch vor dem Hintergrund der damaligen Mobilisierbarkeit von Umweltängsten in der Bevölkerung – zu der Befürchtung, halb Amerika säße auf „chemischen Zeitbomben", und zu der Forderung nach einer gesetzlichen Regelung. Hauptanliegen des *Superfund*-Gesetzes war die Identifikation der von gefährlichen Stoffen betroffenen Flächen und der Unternehmen, die für diese Stoffe verantwortlich sind. Seine wichtigste Botschaft war die Verankerung des Verursacherprinzips in der Gesetzgebung zum Umgang mit Gefahrstoffen. Jedoch enthielt das *Superfund*-Gesetz eine Klausel, durch die die Umweltbewertung durch die Hintertür ins Spiel kam: Regierungsbehörden erhielten das Recht, auf Schadensersatz bei Schäden zu klagen, die durch Gefahrstoffe an natürlichen Ressourcen entstanden, die in ihrer treuhänderischen Verwaltung lagen (z.B. Seen, Flüsse, Wälder, Feuchtgebiete). Daraus resultierte die Aufforderung an das Innenministerium, einen Kriterienkatalog zu entwickeln, der die kompensierbaren Schäden genau auflistet und die Bewertungsverfahren benennt, die zur Schadensbemessung zugelassen sind.

Der 1986 in erster Fassung verabschiedete Katalog enthält noch ein eindeutiges Votum für die Messung von geschädigten Gebrauchswerten und lässt die Bewertung von Nichtgebrauchswerten nur zu, wenn keine Gebrauchswerte festzustellen sind. Unter Nichtgebrauchswerten versteht man wie erläutert den Nutzen, der aus einem Gut erwächst, aber nicht mit dessen Gebrauch zusammenhängt. So kann eine Landschaft einerseits einen Gebrauchswert bei Freizeitaktivitäten haben; sie kann aber auch einen Existenz-, Vermächtnis- oder Optionswert (s.o.) haben. Der Kriterienkatalog des Innenministeriums wurde in Folge mehrerer Prozesse in Frage gestellt, so dass es 1989 zu einer Revisionsgerichtsentscheidung kam, die das Innenministerium explizit anweist, Nichtgebrauchswerten denselben Stellenwert zuzuweisen wie Gebrauchswerten. In der Begründung heißt es: „(...) regulation prescribing hierarchy of methodologies by which lost use value of natural resources could be measured, that focuses exclusively on market values for such resources when market values are available, is not a reasonable interpretation of CERCLA".

[3]Jedoch kann Love Canal aus der Rückschau auch anders bewertet werden; vgl. Taylor 1995; Burnett 1996.

Das *Superfund*-Gesetz war zunächst für einen Zeitraum von fünf Jahren erlassen, in dessen Verlauf $ 1,5 Mrd. in einem Fond zusammenkamen, aus dem die Restaurationsarbeiten an belasteten Gebieten finanziert werden sollten. 1986 wurde der *Superfund Amendments and Reauthorization Act* verabschiedet, der die Höhe des *Trust Fund* auf $ 8,5 Mrd. festlegt und die Kriterien, nach denen unter diesem Gesetz Restaurationen vorgenommen werden, an die bestehende Umweltgesetzgebung auch der einzelnen betroffenen Bundesstaaten anpasst.

1995 lief die *Superfund*-Steuer, die den *Trust Fund* speist, aus. Seit diesem Zeitpunkt wird eine Neuauflage, Fortschreibung oder Wiedereinführung des Gesetzes mindestens einmal jährlich im Kongress und auch im Senat diskutiert. Die teilweise erbittert geführte Auseinandersetzung konzentriert sich hierbei im Wesentlichen auf drei Aspekte des Gesetzes: Zum einen gilt es, eine Finanzierungsmöglichkeit des Fonds im Anschluss an die 1995 ausgelaufene Finanzierung durch Steuern auf Öl, verschiedene chemische Produkte und Unternehmensgewinne oberhalb von 2 Mill. $ zu finden. Zum anderen werden die Haftungsregelungen besonders für kleine und mittlere Unternehmen von etlichen Senatoren als ineffizient und schädlich zurückgewiesen. Schließlich wird der Einbezug der Nichtgebrauchswerte in die Schadensbemessung in allen Gesetzesvorlagen seit 1995 versucht auszuschließen. So hat die Senatsvorlage S.1285 (1995) explizit die Aufhebung der Verwendung von Nichtgebrauchswerten in Title VII zum Gegenstand. In der Beschreibung dieser Gesetzesvorlage heißt es (Reisch 1995): „The bill writes a new definition of 'natural resource' which includes a 'commitment for use' provision requiring that the resource be 'subject to public use or to a planned public use, for which there is an authorized and documented legal, administrative, budgetary, or financial commitment.' It eliminates non-use damages (...)". Dieser Gesetzesentwurf sowie die nachfolgenden in ähnlicher Formulierung kamen entweder nicht durch den Senat oder durch den Kongress oder wurden von der *Clinton*-Regierung per Veto verhindert. Mit zunehmenden Fällen außergerichtlicher Regelungen, bei denen das Konzept der Nichtgebrauchswerte zum Tragen kam, nahmen auch die Widerstände gegen dieses Konzept zu. So wurde 1998 eine Klage außergerichtlich beigelegt, bei der es um die Verunreinigungen des *Clark River Basin* durch Bergbauaktivitäten ging. Inklusive Nichtgebrauchswerte belief sich der Streitwert auf 765 Mill. $, die außergerichtliche Einigung lag bei 260 Mill. $. Bislang ist die Behandlung des Nichtgebrauchswertskonzepts jedoch offen geblieben, die Finanzierung des Fonds hingegen wurde von der *Bush*-Administration für das Finanzjahr 2003 im Februar dieses Jahres von 860 Mill. $ (2001) auf 28 Mill. $ zurückgefahren.

In anderen Bereichen sind Nichtgebrauchswerte durchaus ebenfalls Bestandteil der Schadensbemessung – z.B. beim *Clean Water Act*, dem *Deepwater Port Act*, dem *Trans Alaska Pipeline Act* oder dem *Outer Continental Shelf Lands Act*. Das lauteste Medienecho erhielten sie jedoch im Zusammenhang mit dem *Oil Pollution Act*, einem Gesetz, das als Reaktion auf den Tankerunfall der *Exxon Valdez* verabschiedet wurde. Im März 1989 lief die *Exxon Valdez* im *Prince William Sound* vor Alaska auf Grund, fast 50 Mill. l Rohöl verunreinigten ca. 2 000 km Küstenlinie, und ca. 250 000 Seevögel starben an den Folgen der Ölpest. 1990 verabschiedete der Kongress den *Oil Pollution Act* und beauftragte die *National Oceanic Atmospheric Administration* (NOAA),

Kriterien zur Schadensbemessung aufzustellen. Vielleicht aufgrund der Öffentlichkeitswirksamkeit dieser Entscheidung und der hitzigen Debatte über die Einbeziehung von Nichtgebrauchswerten beauftragte die NOAA einen Expertenausschuss, dem die Nobelpreisträger *Kenneth Arrow* and *Robert Solow* vorstanden, mit der Beantwortung der Frage, wie zuverlässig die einzige bekannte Messmethode zur Bewertung von Nichtgebrauchswerten, die KEM, sei. Der Abschlussbericht dieses so genannten NOAA-Panels wurde 1993 veröffentlicht (Federal Registry, January 15, 1993) und empfiehlt die Anwendung dieser Methode zur Messung von Gebrauchs- und Nichtgebrauchswerten, legt allerdings einen *best practice*-Kriterienkatalog fest und empfiehlt die Durchführung von Studien, die diesen erhöhten Ansprüchen genügen und als Referenz dienen können.

Zu jedem der oben beschriebenen Schritte bei der Durchführung einer KEM-Studie hat das NOAA-Panel eine Reihe von Vorschlägen unterbreitet. So sind die zur Darstellung des zu bewertenden Umweltprojekts verwendeten Materialien im Vorfeld sorgfältig einer Reihe von Pretests zu unterziehen. Dies gilt sowohl für die verbale Beschreibung des Programms als auch besonders für die Verwendung von visuellen Materialien. Zu einem umfassenden Verständnis des vorgeschlagenen Projekts seitens der Befragten gehört auch die Betonung der zeitlichen Dimension der Schadensbehebung. Die Befragten müssen verstehen, in welchem Umfang die betroffene Ressource wieder hergestellt werden soll, wie lange dies dauern wird und wie sich die Kosten auf diese Zeit verteilen. Im zweiten Schritt sollten Ablehnungen gegenüber dem vorgeschlagenen Zahlungsinstrument durch Folgefragen zur Begründung von ablehnenden Antworten ausgeschlossen werden. Auch der Zahlungsmodus sollte Gegenstand von intensiven Pretests sein. Für den dritten Schritt, die Erhebung der Zahlungsbereitschaft, empfiehlt das Panel eindeutig die Verwendung der Referendumsmethode. Als konservativeres Maß empfiehlt es die Verwendung der Zahlungsbereitschaft in der weiter oben beschriebenen Form auch bei der Feststellung von Schäden. Vor der eigentlichen Frage nach der Ablehnung oder Befürwortung des vorgeschlagenen Programms sollten die Befragten dezidiert auf die alternativen Verwendungsmöglichkeiten ihres Budgets sowie auf Substitute zu dem zu bewertenden Umweltgut hingewiesen werden. Darüber hinaus sollen sie mehrfach auf die Größenordnung des Projekts hingewiesen werden, und dieses soll gegen anderen, umfassenderen Alternativen abgegrenzt werden. Das soll den der KEM immer wieder vorgeworfenen *embedding*-Effekt vermeiden (s.u.). Das NOAA-Panel schließt mit der eindeutigen Aussage, dass sorgfältig geplante und durchgeführte KEM- Studien zur Bewertung von Umweltschäden geeignet sind. Da die KEM als einzige Methode in der Lage ist, Nichtgebrauchswerte zu messen, empfiehlt das Panel die Durchführung derartiger Studien und ihre Verwendung bei Schadensersatzansprüchen vor Gericht.

Sei es der Autorität ihrer Verfasser geschuldet oder der Tatsache, dass eine Ölpest vom Ausmaß der *Exxon Valdez*-Katastrophe nicht allzu häufig vorkommt, jedenfalls begann sich der politische Streit um die Aussagen des NOAA-Panels ab der Mitte der neunziger Jahre zu legen (obwohl *Exxon* die Schadensersatzzahlung, zu der es sich in einer außergerichtlichen Regelung bereit erklärt hatte und zu deren Zustandekommen eine KEM-Studie (Carson et al. 1992) maßgeblich beigetragen hat, bis heute nicht geleistet hat). Die Wissenschaft hat sich mit den durch das NOAA-Panel aufgeworfenen Fragen auseinander gesetzt und einige Fragen mehr oder weniger endgültig geklärt, andere sind bis heute offen.

3. Die KEM in Theorie und Praxis

Bis 1980

Über die frühen KEM-Studien seit Beginn der sechziger Jahre sind einige Übersichtsartikel erschienen; so halten Cummings et al. bereits 1986 eine erste Rückschau auf ihre Theorie und die Praxis, und das bis heute wohl einflussreichste Standardwerk zur Methode von Mitchell/Carson (1989) listet im Anhang über 100 Studien auf, die zwischen 1962 und 1989 entstanden sind. Das hauptsächliche Augenmerk lag in den frühen Studien auf Untersuchungen zum Einfluss der Stichprobengröße, der Art der Befragung und dem Erhebungsdesign. So kristallisierte sich langsam das persönliche Interview als das Befragungsformat der Wahl heraus, da es bei schriftlichen Befragungen entweder zu viele nicht verwertbare Rückläufe gab oder insgesamt die Rücklaufquoten zu gering waren. Das Erhebungsdesign entwickelte sich von der offenen Fragestellung: „Wieviel wären Sie für das oben beschriebene Programm zu zahlen bereit?" über das so genannte *Bidding Game*, bei dem die Befragten bei Annahme (Ablehnung) eines ersten Vorschlags mit einer Reihe sich erhöhender (sinkender) Zahlungsvorschläge konfrontiert wurden, bis sie nicht mehr (gewillt waren), den letzten Vorschlag zu akzeptieren. Gegen Ende der siebziger Jahre fand die wissenschaftliche Auseinandersetzung um die Nichtgebrauchswerte ihren Höhepunkt (Krutilla, Fischer 1975; Sagoff 1980) und floss wie geschildert erstmals in die amerikanischen gesetzlichen Regelungen zum Schadensersatz bei Umweltschäden ein. Die daraus entstehende politische Diskussion gab wiederum Anlass zu einer Reihe von Studien, die sich mit den verschiedenen Formen der Nichtgebrauchswerte auseinander setzten (McConnell 1983; Fisher, Raucher 1984; Randall, Stoll 1983; Smith 1987).

Bis Mitte der neunziger Jahre

Mit dem Eintritt der KEM in die „wirkliche Welt" gewann auch die Frage nach etwaigen strategischen Verzerrungen der geäußerten Zahlungsbereitschaften zunehmend an Bedeutung. Lohnt es sich für die Befragten, ihre Zahlungsbereitschaft zu über- oder untertreiben, weil sie Befürworter oder Gegner des Projekts sind und sie sich einen Vorteil vom Zustandekommen bzw. Scheitern erhoffen? Das offene Frageformat scheint für diese Art von Verzerrung am anfälligsten zu sein, so dass die Empfehlung des NOAA-Panels, sich auf das Referendumsformat zu verlegen, auch die Möglichkeiten zu strategischer Verzerrung verringert. Die zunehmende Konzentration darauf verlangte jedoch nach einer Weiterentwicklung statistischer Modelle, die die so gewonnenen Daten zum einen zuverlässig interpretierbar machen und die zum anderen mit der mikroökonomischen Nutzentheorie vereinbar sind. Cameron (1988) zeigte einen Weg auf, wie die Referendumsdaten als Zahlungsbereitschaften interpretierbar werden.

Da Referendumsdaten nur eine obere Grenze der Zahlungsbereitschaft im Falle einer Ablehnung der Zahlung und eine untere Grenze bei Zustimmung reflektieren, stellt die ökonometrische Modellierung dieser Grenzen eine der zentralen Herausforderungen beim Umgang mit derartigen Daten dar (Hanemann et al. 1991; Langford 1998). Insbesondere der Umgang mit Zahlungsablehnungen hat verschiedene Autoren über die Jahre beschäftigt (Ready, Hu 1995; Reiser, Shechter 1999; Werner 1999; Haab 1999). Eine Weiterentwicklung, die doppelte Referendumsmethode, die jeweils bei Zustimmung (Ablehnung) des Gebots ein weiteres höheres (tieferes) Gebot zulässt, verbesserte die statistische Effizienz der Daten (Kanninen 1993) und wird heute bevorzugt. Darüber hinaus wird in der Literatur zunehmend der Frage nachgegangen, ob die parametrische Schätzung mit ihren festen Verteilungsannahmen geeignet ist, Verteilungen von Zahlungsbereitschaften zu modellieren (Li 1996; Boman et al. 1999; An 2000; Crooker, Kling 2000).

Einer der Hauptvorwürfe gegen die KEM ist, dass sie nicht verträglich mit den Grundsätzen der mikroökonomischen Nutzentheorie sei. Nutzenfunktionen sollten mit den Mengen des „konsumierten Gutes" monoton zunehmen, somit auch mit den Mengen des zur Verfügung gestellten Umweltguts. Daher muss die Zahlungsbereitschaft signifikant messbar ansteigen, wenn das auf dem hypothetischen Markt angebotene Umweltgut deutlich vergrößert wird, d.h. wenn beispielsweise eine ganze Seenplatte anstelle eines einzelnen Sees zur Bewertung gestellt wird. Direkt zu Beginn der neunziger Jahre wurde jedoch der Vorwurf erhoben, dass die bis dahin durchgeführten Studien diesen Zusammenhang nicht aufweisen. Man spricht hier vom so genannten Scope-Test, den die KEM-Studien nicht bestehen, oder auch vom *embedding*-Effekt (Loomis et al. 1993; Whitehead et al. 1998). Dieser Begriff lässt sich aus dem vermuteten Verhalten der befragten Wirtschaftssubjekte ableiten; anstelle die Frage nach ihrer Zahlungsbereitschaft für genau das vorgeschlagene Projekt zu beantworten, geben sie ihre Zahlungsbereitschaft für ein generelleres und größeres Projekt an. Somit, so die Kritiker der Methode (Kahneman, Knetsch 1992; Knetsch 1994; Diamond, Hausman 1993, 1994), ist ein wesentlicher Teil der geäußerten Zahlungsbereitschaften der Wertschätzung der Befragten der „Natur an sich" oder der „Rettung der Meere" und nicht eines konkreten Naturparks oder der Säuberung eines bestimmten Küstenabschnitts zuzuschreiben.

Bereits in Studien Mitte der achtziger Jahre wurde dieser *part-whole-bias* untersucht, infolge der Schadensersatzklagen gegen *Exxon* wurde diesem Kritikpunkt immer größere Bedeutung beigemessen. So ist der Vorwurf des *embedding* auch in den kritischen Eingaben zur Streichung der Nichtgebrauchswerte aus dem Bewertungskatalog des *Superfund* regelmäßig zu finden (Cummings, Harrison 1994). Besonders befruchtend für diese Kritik war Andreonis (1990) Konzept des *Warm glow of giving*, das davon ausgeht, dass ein Teil der geäußerten Zahlungsbereitschaft auf das positive Gefühl, eine gute Tat verübt zu haben, entfällt, ganz gleich, ob der Gegenstand dieser guten Tat ein Kind, ein Wal oder ein Küstenstreifen ist. In der Literatur (Carson, Mitchell (1995)) oder zur Entwicklung neuer Testverfahren Smith/Osborne (1996) hat sich die Auseinandersetzung bis in die heutige Zeit gehalten. Eine endgültige Klärung, ob es einen *embedding*-Effekt gibt und wie er im KEM-Studiendesign vermieden werden kann, liegt bis heute nicht vor. So findet Svedsater (2000) die *embedding*-Hypothese bestätigt, Giraud et al. (1999) untersuchen eine Reihe von

Studien und stellen fest, dass der Scope-Test überwiegend bestanden wird, Bennet et al. (1998) wiederum kommen zu unterschiedlichen Ergebnissen beim Vergleich verschiedener australischer Studien. Letztlich scheint die pragmatische Lösung darin zu bestehen, die Befragten explizit darauf hinzuweisen, dass nur ein Teil eines möglicherweise größeren Ganzen zu bewerten ist (vgl. z.B. Schulze 1998 für ein interessantes Fragebogendesign).

Insgesamt darf trotz aller Kontroversen nicht vergessen werden, dass auch in den Zeiten der hitzigsten Debatten regelmäßig auf der ganzen Welt KEM-Studien durchgeführt werden und in die politische Entscheidungsfindung eingehen. Der überwiegende Teil beschäftigt sich mit positiven Umweltveränderungen im Rahmen von Kosten-Nutzen-Analysen, und vielleicht sind die Kritiker bei der Verwendung öffentlicher Gelder, wenn auch nicht endgültig verstummt, so doch großzügiger.

Bis heute

Die Forschung beschäftigt sich bis heute mit der Weiterentwicklung der KEM, und der ohnehin schon umfangreichen Literatur werden monatlich neue Studien und Erkenntnisse hinzugefügt. Um die Motive für die geäußerten Zahlungsbereitschaften besser zu verstehen, werden KEM-Studien nun häufig mit anderen Ansätzen kombiniert. Die eher dem Marketing und der Produktforschung entlehnte Technik der *Conjoint-Analyse* oder des *Contingent-Ranking* scheint hier einige viel versprechende Ansätze aufzuweisen (Sen 2000; Spash 2000). Die Fülle der vorliegenden Studien legt zudem die Frage nahe, ob es wirklich notwendig ist, zur Bewertung eines neuen Projektes wieder eine neue – kostenintensive – Studie durchzuführen oder ob sich frühere Ergebnisse nicht in eindeutiger Weise auf neue Projekte übertragen lassen. Dies hat zu einem Zweig in der Literatur geführt, der sich mit dem so genannten Nutzentransfer auseinandersetzt (Desvousges et al. 1992; Boyle, Bergstrom 1992; Bergland et al. 1995; Ahlheim, Lehr 2002). So interessant diese Ansätze vor dem Hintergrund der hohen Kosten von Primärstudien für die weitere Verbreitung von KEM-Studien sind, so viele Fragen lassen die bisherigen Arbeiten zum Nutzentransfer offen.

4. Fazit

Verfolgt man die Themen in den Veröffentlichungen der letzten 20 Jahre zur Kontingenten Evaluierung, so erweisen sich einige von ihnen als echte Wiedergänger. Ebenso, wie in der politischen Diskussion die hauptsächlichen Kritikpunkte an der Zuverlässigkeit und Glaubwürdigkeit der Methode immer wiederkehren, scheint auch die Wissenschaft zu vielen Fragen nicht zu einem endgültigen Urteil gekommen zu sein. Gegenüber den Anfängen hat sich die Aussagekraft einer KEM-Studie gewiss erheblich gesteigert. Letztlich hat sich die politische Diskussion förderlich auf die Weiterentwicklung der KEM ausgewirkt (Hackl, Pruckner 2000). Bislang wird jedoch heftig über das beste Fragebogendesign, die beste Art, Überschätzungen zu vermeiden, und die beste mathematische Technik zur Auswertung der Ergebnisse gestritten.

In der Rückschau gelten die abschließenden Empfehlungen des NOAA Panels auch heute noch, das seinen Bericht mit den Worten schloss: „Until such time there is a set of reference surveys, the burden of proof of reliability must rest on the survey designers. (...) In order to alleviate this burden of proof, we strongly urge the government to undertake the task of creating a set of reliable reference surveys that can be used to interpret the guidelines and also to calibrate surveys that do not fully meet the conditions.“ Ein solcher Referenzpunkt steht bis heute aus.

Literatur

Ahlheim, M. and W. Buchholz (2000), WTP or WTA – Is that the question? Reflections on the difference between „willingness to pay" and „willingness to accept". *Zeitschrift für Umweltpolitik und Umweltrecht* 23 (2): 253–271.

Ahlheim, M. und U. Lehr (2002), Nutzentransfer: Das Sparmodell der Umweltbewertung. *Perspektiven der Wirtschaftspolitik* 3 (1): 85–104.

An, M.Y (2000), A Semiparametric distribution for willingness to pay and statistical inference with dichotomous choice contingent valuation data. *American Journal of Agricultural Economics* 82 (3): 487–500.

Andreoni, J. (1990), Impure altruism and donations to public goods: A theory of warm-glow-giving. *Economic Journal* 100: 464–477.

Bennet, J., M. Morrison and R. Blamey (1998), Testing the Validity of Responses to Contingent Valuation Questioning. *Australian Journal of Agricultural and Resource Economics* 42 (2): 131–148.

Bergland, O., K. Magnussen and S. Navrud (1995), Benefit Transfer: Testing for Accuracy and Reliability. Discussion paper 9503. Agricultural University of Norway, Ås.

Bishop, R.C. and T.A. Heberlein (1979), Measuring values of extra-market goods: Are indirect measures biased? *American Journal of Agricultural Economics* 61: 926–930.

Boman, M., G. Bostedt and B. Kriström (1999), Obtaining welfare bounds in discrete-response valuation studies: A nonparametric approach. *Land Economics* 75 (2): 284–294.

Boyce, R ., T. Brown, G. McClelland, G. Peterson and W. Schulze (1992), An experimental examination of intrinsic values as a source of the WTP-WTA disparity. *American Economic Review* 82 (5): 1366–1373.

Boyle, K.J. and J.C. Bergstrom (1992), Benefit Transfer Studies: Myths, Pragmatism, and Idealism. *Water Resources Research* 28 (3): 657–663.

Braden, J.B. and C.D. Kolstad (eds.) (1991), *Measuring the demand for environmental quality.* Amsterdam: North-Holland.

Breslaw, J.A. and J.B. Smith (1995), A simple and efficient method for estimating the magnitude and precision of welfare changes. *Journal of Applied Econometrics* 10: 313–327.

Burnett, S. (1996), Superfund: History of Failure. *Brief Analysis* 198. National Center for Policy Analysis, Dallas, TX.

Cameron, T.A. (1988), A New Paradigm for Valuing Non-market Goods Using Referendum Data: Maximum Likelihood Estimation by Censored Logistic Regression. *Journal of Environmental Economics and Management* 15: 355–379.

Carson, R.T., R.C. Mitchell, W.M. Hanemann, R.J. Kopp, S. Presser and P.A. Ruud (1992), *A Contingent Valuation Study of Lost Passive Use Values Resulting from the Exxon Valdez Oil Spill.* A Report to the Attorney General of Alaska.

Carson, R.T. and R.C. Mitchell (1995), Sequencing and nesting in contingent valuation surveys. *Journal of Environmental Economics and Management* 28: 155–173.

Ciriacy-Wantrup, S.V. (1947), Capital returns from soil-conservation practices. *Journal of Farm Economics* 29: 1188–1190.

Crooker, J. and C. Kling (2000), Nonparametric bounds on welfare measures: A new tool for nonmarket valuation. *Journal of Environmental Economics and Management* 39 (2): 145–161.

Cummings, R.G., D.S. Brookshire and W.D. Schulze (eds.) (1986), *Valuing Environmental Goods: A State of the Art Assessment of the Contingent Method.* Totowa, NJ: Rowman and Allanheld.

Cummings, R.G. and G.W. Harrison (1994), Was the Ohio Court Well Informed in its Assessment of the Accuracy of the Contingent Valuation Method? *Natural Resources Journal* 34 (1): 1–36.

Davis, R. (1963), *The value of outdoor recreation*: An economic study of the Maine Woods. Harvard: University Press.

Desvouges, W.H., M.C. Naughton and G.R. Parsons (1992), Benefit Transfer: Conceptual Problems in Estimating Water Quality Benefits Using Existing Studies. *Water Resources Research* 28 (3): 675–683.

Desvouges, W.H., F.R. Johnson, R.W. Dunford, K.J. Boyle, S.P. Hudson and K.N. Wilson (1993), Measuring natural resource damages with contingent valuation: Tests of validity and reliability. In J.A. Hausman (ed.), 91–159.

Diamond, P.A. and J.A. Hausman (1993), On contingent valuation measurement of nonuse values. In J.A. Hausman (ed.), 3–38.

Diamond, P.A. and J.A. Hausman (1994), Contingent valuation: Is some number better than no number? *Journal of Economic Perspectives* 8: 45–64.

Fisher, A. and R. Raucher (1984), Intrinsic Benefits of Improved Water Quality: Conceptual and Empirical Perspectives. In V.K. Smith and A.D. Witte (eds.).

Giraud, K., J.B. Loomis and R.L. Johnson (1999), Internal and external scope in willingness-to-pay estimates for threatened and endangered wildlife. *Journal of Environmental Management* 56 (3): 221–229.

Haab, T.C. (1999), Nonparticipation or misspecification? The impacts of nonparticipation on dichotomous choice contingent valuation. *Environmental and Resource Economics* 14 (4): 443–461.

Hackl, F. und G.J. Pruckner (2000), Braucht die deutsche Umweltpolitik einen Exxon Valdez Tankerunfall? *Perspektiven der Wirtschaftspolitik* 1: 93–114.

Hanemann, W., J. Loomis and B. Kanninen (1991), Statistical efficiency of double-bounded dichotomus choice contingent valuation. *American Journal of Agricultural Economics* 73: 1255–1263.

Hanemann, W.M. (1991), Willingnes to pay and willingness to accept: How much can they differ? *American Economic Review* 81: 635–647.

Hausman, J.A. (ed.) (1993), *Contingent valuation: A critical assessment.* Amsterdam: Elsevier.

Hicks, J.R. (1939), Foundations of welfare economics. *Economic Journal* 49: 696–712.

Hicks, J.R. (1942), Consumer's surplus and index numbers. *Review of Economic Studies* 9: 126–137.

Kahneman, D. and J.L. Knetsch (1992), Valuing public goods: The purchase of moral satisfaction. *Journal of Environmental Economics and Management* 22 (1): 57–70.

Kaldor, N. (1939), Welfare propositions and interpersonal comparisons of utility. *Economic Journal* 49: 549–552.

Kanninen, B. (1993), Optimal Experimental Design for Double-Bounded Choice Contingent Valuation. *Land Economics* 69 (2): 138–46.

Knetsch, J.L. (1994), Environmental valuation: Some problems of wrong questions and misleading answers. *Environmental Values* 3: 351–368.

Knetsch, J.L. (1995), Asymmetric valuation of gains and losses and preference order assumptions. *Economic Inquiry* 33: 134–141.

Krutilla, J. (1967), Conservation reconsidered. *American Economic Review* 56: 777–786.

Krutilla, J. and A. Fisher (1975), *The Economics of Natural Environments*: Studies in the Valuation of Commodity and Amenity Resources. Baltimore, John Hopkins University Press.

Langford, I.H. (1998), Improved estimation of willingness to pay in dichotomous choice contingent valuation studies. *Land Economics* 74 (1): 65–75.

Li, C.Z. (1996), Semiparametric Estimation of the Binary Choice Model for Contingent Valuation. *Land Economics* 72 (4): 462–73.

Loomis, J., M. Lockwood and T. DeLacy (1993), Some Empirical Evidence on Embedding Effects in Contingent Valuation of Forest Protection. *Journal of Environmental Economics and Management* 25 (1): 45–55.

McConnell, K. (1983), Existence and Bequest Value. In R.D. Rowe and L.G. Chestnut (eds.), 254–264.

Mitchell, R.C. and R.T. Carson (1981), *An experiment in determining willingness to pay for national water quality improvements*. Draft Report to the U.S. Environmental Protection Agency. Washington, DC.

Mitchell, R.C. and R.T. Carson (1989), *Using surveys to value public goods*: The contingent valuation method. Washington, DC: Resources for the Future.

NOAA – National Oceanic and Atmospheric Administration (ed.) (1993), Report of the NOAA panel on contingent valuation. Federal Register 58/10, 4602–4614. Washington, DC.

Navrud, S. and G.J. Pruckner (1997), Environmental valuation – To use or not to use? *Environmental and Resource Economics* 10: 1–26.

Pethig, R. (ed.) (1994), *Valuing the environment*: Methodological and measurement issues. Dordrecht: Kluwer Acad. Publ.

Portney, P.R. (1994), The contingent valuation debate: Why economists should care. *Journal of Economic Perspectives* 8: 3–17.

Randall, A. (1991), Total and nonuse values. In J.B. Braden and C.D. Kolstad (eds.), 303–321.

Randall, A. and J. Stoll (1983), Existence Value in a Total Valuation Framework. In R.D. Rowe and L.G. Chestnut (eds.), 265–274.

Ready, R. and D. Hu (1995), Statistical approaches to the fat tail problem for dichotomous choice contingent valuation. *Land Economics* 71 (4): 491–499.

Reisch, M. (1995), Superfund reauthorization in the Senate. A Summary of S.1285, CRS Report for Congress, 96-25 ENR. Washington, DC.

Reiser, B. and M. Shechter (1999), Incorporating zero values in the economic valuation of environmental program benefits. *Environmetrics* 10 (1): 87–101.

Rowe, R.D. and L.G. Chestnut (eds.), *Managing Air Quality and Scenic Resources at National Parks and Wilderness Areas*. Boulder: Westview Press.

Sagoff, M. (1980), On the Preservation of Species. *Columbia Journal of Environmental Law* 7: 33–67.

Schulze, W.D. (1998), Embedding and calibration in measuring non-use values. *Resource and Energy Economics* 20 (2): 163–178.

Sen, A. (2000), The discipline of cost-benefit analysis. *Journal of Legal Studies* 29 (2): 931–952.

Shechter, M. and S. Freeman (1994), Nonuse value: Reflections on the definition and measurement. In R. Pethig (ed.), 171–194.

Smith, V.K. (1987), Non-Use Values in Benefit-Cost Analysis. *Southern Economic Journal* 54 (1): 19–26.

Smith, V.K. and L. Osborne (1996), Do Contingent Valuation estimates Pass a "Scope" Test? A Meta Analysis. *Journal of Environmental Economics and Management* 31 (3): 287–301.

Smith, V.K. and A.D. Witte (eds.) (1994), *Advances in Applied Microeconomics*. Greenwich: JAI Press.

Spash, C. (2000), Ethical motives and charitable contributions in contingent valuation: Empirical evidence from social psychology and economics. *Environmental Values* 9 (4): 453–479.

Svedsater, H. (2000), Contingent valuation of global environmental resources: Test of perfect and regular embedding. *Journal of Economic Psychology* 21 (6): 605–623.

Taylor, J. (1995), Salting the Earth. The Case for Repealing Superfund. *Regulation* 18 (2): 14-26.

Vartia, Y.O. (1983), Efficient methods of measuring welfare change and compensated income in terms of ordinary demand functions. *Econometrica* 51: 79–98.

Werner, M. (1999), Allowing for zeros in dichotomous-choice contingent-valuation models. *Journal of Business and Economic Statistics* 17 (4): 479–486.

Whitehead, J.C., T.C. Haab and J.C. Huang (1998), Part-whole bias in contingent valuation: Will scope effects be detected with inexpensive survey methods? *Southern Economic Journal* 65 (1): 160–168.

Zusammenfassung

Anfang der neunziger Jahre wurden vor dem Hintergrund einer aufgeheizten umweltpolitischen Debatte die Zusammenhänge zwischen den amerikanischen gesetzlichen Regelungen zum Schadensersatz bei Umweltschäden und der Entwicklung der Kontingenten Evaluierungsmethode zur Umweltbewertung zum ersten Mal deutlich. Die Standpunkte der Befürworter und Gegner haben sich im Laufe der Zeit nicht angenähert, aber sie waren Ursache für eine intensive Erforschung und Verbesserung der Methode. Vor diesem Hintergrund zeichnet der vorliegende Beitrag die Entwicklung der amerikanischen gesetzlichen Regelungen zum Schadensersatz bei Umweltschäden von 1980 bis heute nach. Dazu werden zunächst die wohlfahrtstheoretischen Grundlagen der Umweltbewertung in Erinnerung gerufen und die wesentlichen Methoden dazu dargestellt. Schließlich werden die wichtigsten Fragestellungen, die in der Bewertungsliteratur seit 1990 bearbeitet wurden, zusammengefasst und Parallelen zur politischen Diskussion über den Schadensersatz nach Umweltunfällen gezogen.

Résumé

Les relations entre les réglementions juridiques américaines du dédommagement concernant les dommages écologiques d'une part et l'évolution de la méthode d'évaluation du contingent d'estimation écologique d'autre part sont apparues plus clairement pour la première fois avec les débats chauds du début des années quatre-vingt-dix sur la politique écologique. Se basant sur ce fait, l'étude suivante présente l'évolution des réglementations juridiques américaines du dédommagement écologique de 1980 jusqu'aujourd'hui. Premièrement, l'auteur rappelle les bases théoriques du concept d'optimalité adapté aux questions écologiques et présente les méthodes principales. Finalement, les questions principales traitées dans la littérature depuis 1990 sont résumées et des parallèles aux discussions politiques concernant un dédommagement après des accidents écologiques sont tracés.

RWI-Mitteilungen 2002, Jg. 53 (1-4): 377–396

Energieverbrauch und CO_2-Emissionen in der VR China – Determinanten, Entwicklung und Politikoptionen

von Andreas Oberheitmann

With growing energy demand and related negative side effects, environmental issues are coming more and more onto the political agenda in China. Regarding the instruments used energy taxes are especially discussed in China. On the basis of an analysis of the determinants of the Chinese energy demand and supply and the econometric modelling of the Chinese primary energy supply two issues are the focus of the article: What are the quantitative implications of a progressive primary energy tax on the use of coal in China and – as an outlook on the future – which complementary strategies for the reduction in carbon dioxide can be discussed. Suitable strategies cover the promotion of renewable energy and the utilisation of the Clean Development Mechanism under the Kyoto Protocol. (JEL: Q41; Q48; Q21; C32)

China ist ein Land der Superlative, nicht nur hinsichtlich Bevölkerung und Fläche, sondern vor allem auch der Dynamik der wirtschaftlichen Entwicklung und des Energieverbrauchs. Auch wenn das reale Bruttoinlandsprodukt (BIP) pro Kopf in China weniger als 3 vH dessen der USA beträgt, so lag die Nachfrage nach Energie mit 1,26 Mrd. t Steinkohleneinheiten (SKE) im Jahr 1998 hinter den USA an zweiter Stelle in der Welt[1] – und dies, obwohl sich in den letzten Jahren in China, wie auch in anderen Staaten, der Zuwachs des Energieverbrauchs und die wirtschaftliche Entwicklung voneinander abgekoppelt haben. So stieg das reale BIP von 1980 bis 2000 von etwa 1 800 auf knapp über 9 000 Mrd. $ und hat sich somit verfünffacht. Der Primärenergieverbrauch hat sich demgegenüber von 615 auf 1 350 Mill. t SKE gerade einmal verdoppelt. Dennoch ist der spezifische Energieverbrauch mit 1 240 kg SKE/1 000 $ BIP noch deutlich höher als in den USA (353 kg SKE) oder in Deutschland (169 kg SKE).

Vor dem Hintergrund der Herausforderungen des wachsenden Energieverbrauchs und der Kohledominanz treten in der VR China vor allem Strategien zur Minderung von Luftschadstoffen immer stärker in den Vordergrund des politischen und wirtschaftlichen Interesses. Im Zentrum steht bei den global wirkenden Treibhausgasen das Kohlendioxid (CO_2). Im Jahr 2000 wurden etwa 3 Mrd. t CO_2 emittiert; China ist damit der zweitgrößte Emittent. Bis zum Jahr 2020 kann mit Emissionen in Höhe von 5,5 Mill. t gerechnet werden. Die Internationale Energieagentur (IEA

[1] Beim Energieangebot steht China hinter den USA und Russland an dritter Position.

1998: 438) prognostiziert Emissionen von bis zu 7,1 Mrd. t, fast 20 vH der Weltemissionen, wenngleich die Emissionen in China in den letzten Jahren etwas zurückgegangen sind und die im Herbst 2002 neu erscheinende IEA-Projektion für das Jahr 2020 auch niedriger ausfallen dürfte.

Zwei Fragen sollen in diesem Zusammenhang näher untersucht werden, zum einen, welchen Einfluss eine aktive Umweltpolitik etwa durch die Einführung einer Kohlesteuer auf die zukünftigen Emissionen von CO_2 hat; zum anderen, welche komplementären Strategien zur Minderung dieses Treibhaugases denkbar sind. So ergeben sich für die Zukunft zusätzliche Optionen der Förderung regenerativer Energiequellen sowie der Nutzung des „Clean Development Mechanisms" (CDM) unter dem Kyoto-Protokoll. Im ersten Abschnitt werden die Energienachfrage, -angebots sowie die CO_2-Emissionen analysiert. Der zweite Abschnitt beschreibt kurz die methodische Vorgehensweise. Vor diesem Hintergrund werden im dritten Abschnitt die Auswirkungen einer progressiven Primärenergiesteuer auf Kohle aufgezeigt. Eine Zusammenfassung mit Ausblick beschließt die Arbeit.

1. Energieverbrauch und CO_2-Emissionen

1.1. Strukturen und Determinanten des Energieangebots

Aufgrund der immer noch vorherrschenden Politik der Versorgungssicherheit aus heimischen Energieträgern ist die Struktur des Energieangebots im Wesentlichen durch die vorhandenen Energiereserven determiniert. Mit 1145 Mrd. t verfügt China über 11 vH der Kohlereserven in der Welt; etwa 84 vH davon sind Steinkohle. Es bestehen jedoch erhebliche regionale Disparitäten zwischen dem Angebot und der Nachfrage nach Kohle (Karte 1): Die Nord-Provinzen Shanxi, Hebei und die Innere Mongolei beherbergen etwa die Hälfte dieser Reserven, gefolgt von den Nord-West Provinzen, insbesondere von Shaanxi (30 vH). Die Kohlenachfrage liegt jedoch vor allem in den prosperierenden östlichen und südlichen Küstenprovinzen (Guangdong, Fujian, Jiangsu usw.). Die Überbrückung der Entfernungen von zum Teil mehreren Tausend Kilometern bringt dabei erhebliche Transportprobleme, -kosten und transportbedingte Umweltbeeinträchtigungen mit sich.

China hat eigene Ölvorkommen (Karte 2); Schätzungen bewegen sich zwischen 60 und 90 Mrd. t. 40 vH davon liegen offshore, nur ein Teil wird derzeit ausgebeutet. Auf dem Land wird Öl im Osten Chinas gefördert; die Quellen in Daqing, Shengli und Liaohe machen zusammen etwa 70 vH der Förderung aus. Insbesondere die industrielle Entwicklung und die damit verbundene Nachfrage nach Öl sowohl als Energieträger als auch als nichtenergetischer Einsatzstoff, etwa in der Chemischen Industrie, sowie die steigende Motorisierung des Landes führten zu einem enormen Anstieg des Verbrauchs. Da das heimische Angebots (Zunahme 1980 bis 1997: 52 vH) mit der Nachfrage (106 vH) nicht Schritt halten konnte, geriet China seit 1994 in die Position eines Nettoimporteurs.

Die Förderung von Kohle und Öl ist mit der Gewinnung von Gas verbunden. Die Gasreserven werden auf etwa 60 Bill. m^3 geschätzt, etwa 30 Bill. m^3 sind an Land

Karte 1

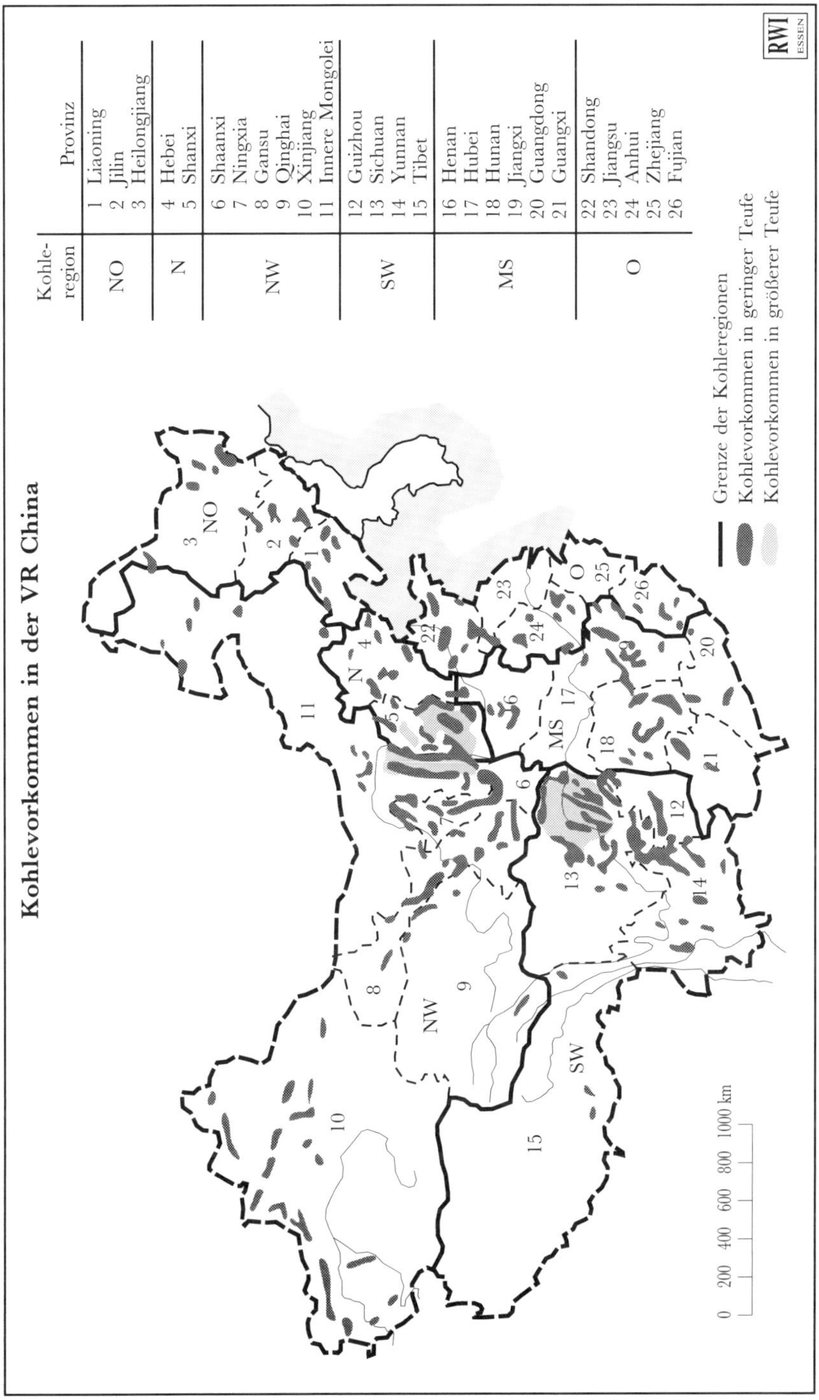
Kohlevorkommen in der VR China
Kohle-region
Provinz
NO
1 Liaoning
2 Jilin
3 Heilongjiang
N
4 Hebei
5 Shanxi
NW
6 Shaanxi
7 Ningxia
8 Gansu
9 Qinghai
10 Xinjiang
11 Innere Mongolei
SW
12 Guizhou
13 Sichuan
14 Yunnan
15 Tibet
MS
16 Henan
17 Hubei
18 Hunan
19 Jiangxi
20 Guangdong
21 Guangxi
O
22 Shandong
23 Jiangsu
24 Anhui
25 Zhejiang
26 Fujian
Grenze der Kohleregionen
Kohlevorkommen in geringer Teufe
Kohlevorkommen in größerer Teufe
0 200 400 600 800 1000 km
RWI ESSEN

Karte 2

Mineralöl- und Erdgasvorkommen in der VR China

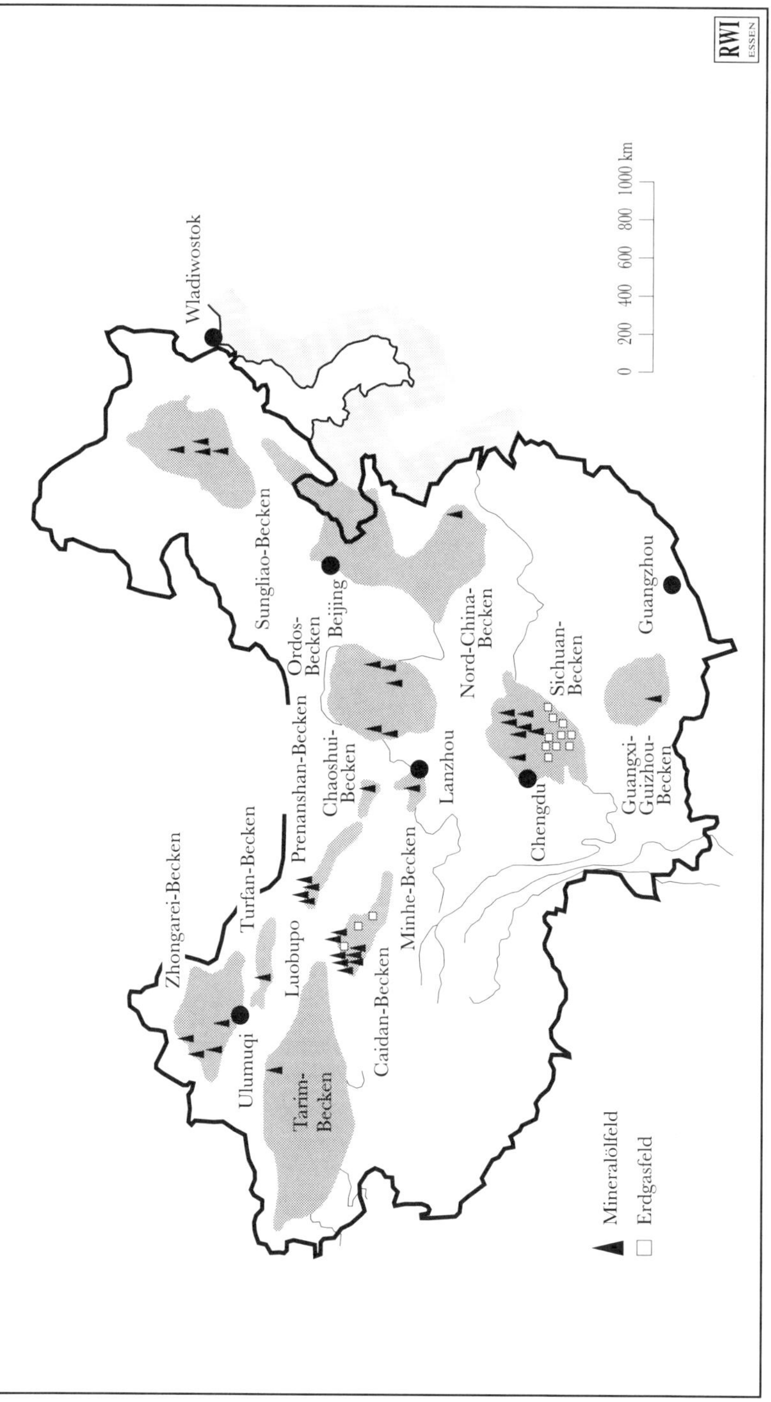

förderbar (Andrews-Speed et al. 1999: 49f.), insbesondere in Zentral- und Westchina (Karte 2). Aufgrund der relativ geringen Förderung spielt Gas derzeit bei der Energieversorgung aber eine vergleichsweise geringe Rolle, auch wenn sich sein Anteil am Primärenergieverbrauch seit 1980 um etwa 50 vH vergrößert hat. Erdgas soll jedoch nach dem Willen der Regierung als saubere Energie mit dem Potenzial höherer Wirkungsgrade (etwa in der Stromerzeugung) in Zukunft eine größere Bedeutung bekommen. Bisher war die Verfügbarkeit ein Engpassfaktor; mit der Fertigstellung der Pipeline von Kasachstan an die chinesische Ostküste wird diese technische Restriktion aber aufgehoben. Um die Abnahmeverpflichtungen realisieren zu können, betreibt die Regierung die Unterstützung eines massiven Zubaus an Erdgaskapazitäten durch das Ordnungsrecht. So wurde etwa in Peking verfügt, dass innerhalb des dritten Straßenringes keine Kohle mehr zur Strom- und Wärmeerzeugung verwendet werden darf und durch Erdgas zu ersetzen ist. Auch werden bei möglichen ausländischen Klimaschutzprojekten im Rahmen des CDM Erdgasprojekte präferiert.

Zweitwichtigste Primärenergiequelle im Strombereich ist kein fossiler Energieträger, sondern die Wasserkraft. Derzeit beträgt ihr Anteil an der Stromerzeugung rund 20 vH. Mit etwa 700 GW besitzt China die theoretisch größten Potenziale zur Nutzung der Wasserkraft in der Welt. Mit der derzeitigen Technik können jedoch nur maximal 56 vH ausgebeutet werden. Bei einer installierten Leistung von 60 GW ist davon momentan nur ein Teil realisiert, da aufgrund der geographischen Gegebenheiten neue Projekte immer teurer werden. Das bekannteste Projekt ist der „Drei-Schluchten-Staudamm" am Yangste, welches mit einer Gesamtkapazität von mehr als 18 GW das größte Wasserkraftwerk wird, das in der Welt gebaut wurde. In der Endausbaustufe entspricht die Gesamtleistung etwa 12 großen Kohlekraftwerken. Die Realisierung ist jedoch mit ökologischen Gefahren behaftet, da es bei einem Dammbruch zu Überschwemmungen in nie gekanntem Ausmaß kommen würde. Auch treten soziale Probleme auf, denn es müssen zur Errichtung des Staudamms etwa 1 Mill. Menschen umgesiedelt werden.

Andere regenerative Energien werden in China zur Zeit nur in sehr begrenzten Umfang genutzt. Es stehen jedoch in den weiten Flächen Chinas dafür große Potenziale bereit:

- zwei Drittel des Staatsgebiets machen Flächen aus, die pro Jahr mehr als 0,6 MJ/m^2 Sonneneinstrahlung haben;
- China besitzt zwei Gürtel mit reicher Windenergie (um Xinjiang, Gansu und der Inneren Mongolei sowie im südlichen Küstengebiet), in denen eine effektive Windgeschwindigkeit von 3 m/s herrscht und die eine Leistungsdichte von 200 bis 300 W/m^2 aufweisen;
- die Nutzung geothermischer Hochtemperaturenergie ist in Tibet und im Westen Yunans möglich, an der Küste können die Gezeiten zur Energiegewinnung genutzt werden (Oberheitmann 1999: 22).

Neben der Solartechnik wird auch die Nutzung der Windenergie mehr und mehr vorangetrieben. Bereits Ende der siebziger Jahren wurden nach chinesischen An-

Tabelle 1

Primärenergieverbrauch in China
1980 bis 1998

	1980	1985	1990	1995	1996	1997	1998
			in Mill. t SKE				
Primärenergieverbrauch	615	777	963	1 298	1 350	1 352	1 278
			in vH				
Elektrischer Strom	3,8	4,9	5,4	6,2	5,9	6,1	6,8
Kohle	72,6	75,9	75,5	72,5	71,9	69,6	67,8
Öl	20,4	17,0	17,0	19,5	20,2	22,1	23,0
Gas	3,1	2,2	2,1	1,8	2,0	2,2	2,4
Insgesamt	100,0	100,0	100,0	100,0	100,0	100,0	100,0

Eigene Berechnungen nach Angaben in Lawrence Berkeley National Laboratory 2001. RWI ESSEN

gaben die ersten kleinen Anlagen installiert. Die Vorbereitungen zum Bau der ersten größeren Anlage in Rongcheng in der Provinz Shandong begannen im Jahr 1986. Heute existieren in China Windenergieanlagen mit einer Gesamtkapazität von etwa 150 MW; dies entspricht aber nur 0,05 vH der gesamten installierten Kraftwerksleistung (etwa 280 GW).

Strom wird nicht nur aus der Verbrennung fossiler Energieträger und aus regenerativen Energien erzeugt, sondern auch mit Hilfe der Kernenergie. Nach Schätzungen der *Asian Development Bank* besitzt China Reserven an Uran, um 30 Jahre lang 15 GW Kapazität zu unterhalten. Seit Beginn der achtziger Jahre werden Kernkraftkapazitäten aufgebaut, insbesondere in Regionen mit geringen Vorkommen, aber hoher Nachfrage nach Energie, also in den prosperierenden Küstenprovinzen[2].

In den vorhandenen Energiereserven spiegelt sich die Energieträgernutzung wider (Tabelle 1). Vorrangiger Energieträger ist mit 68 vH die Kohle, doch ist insbesondere die Nachfrage nach Elektrizität bereits in den achtziger Jahren deutlich angestiegen (1980 bis 1998: 215 vH; im Vergleich dazu Öl: 129 vH; Kohle: 88 vH; Gas: 52 vH). Die Energiebilanz Chinas weist für 1998 einen deutlichen Rückgang auf. Dieser wird vor allem auf die Schließung zehntausender kleiner und kleinster Kohleminen und der damit verbundenen geringeren Primärenergiebereitstellung an Kohle zurückgeführt (Sinton, Fridley 2001: 3). Die derzeit vorliegenden Energiebilanzen für die Jahre 1997 und 1998 sind jedoch nicht vollständig, insofern sind die Daten für diese Jahre als vorläufig anzusehen.

[2] Am 15. Dezember 1991 wurde das erste chinesische Kernkraftwerk in Qinshan (Provinz Zhejiang) mit einer installierten Leistung von 300 MW in Betrieb genommen. Es war in Eigenregie entwickelt und gebaut worden. In den Jahren 1993 und 1994 wurden in Dayawan (Provinz Guangdong) zwei 900 MW Blöcke in chinesisch-französischer Koproduktion errichtet. Derzeit sind bis 2007 6,6 GW Kapazität im Bau, und zwar die Erweitung des Werkes in Qinshan sowie zwei neue Kraftwerke in Lingao (Provinz Guangdong) und Lianyungang (Provinz Jiangsu).

Tabelle 2

Endenergieverbrauch und CO_2-Emissionen in China
1980 bis 1998

	Endenergieverbrauch in Mill t SKE	CO_2-Emissionen in Mill. t CO_2
1980	535	1 524
1985	701	1 927
1990	898	2 375
1995	1 205	3 160
1996	1 301	3 290
1997	1 259	3 265
1998	1 273	3 053

Eigene Berechnungen nach Angaben in Lawrence Berkeley National Laboratory 2001. RWI ESSEN

1.2. Energienachfrage und CO_2-Emissionen

Die Endenergienachfrage hat sich von 535 Mill. t SKE im Jahr 1980 auf 1 300 Mill. t SKE im Jahr 1998 mehr als verdoppelt. Im Jahr 1998 waren damit CO_2-Emissionen in Höhe von etwa 3 Mrd. t verbunden[3] (Tabelle 2). Insbesondere hat sich der Energieverbrauch in den Sektoren Dienstleistungen (280 vH), Verkehr (170 vH) und Industrie (170 vH) gegenüber 1980 stark erhöht. Der Anteil der industriell genutzten Energie betrug im Jahr 1998 69 vH (Schaubild 1), was im Vergleich zu anderen Entwicklungsländern beträchtlich ist.

Wichtigster Grund dafür ist der hohe Anteil energieintensiver schwerindustrieller Produktion, insbesondere im Montanbereich und in der Chemischen Industrie, die zusammen etwa 40 vH der industriellen Endenergienachfrage ausmachen. Aufgrund einer Vielzahl von kleinen und veralteten Anlagen verbraucht China für eine Tonne Rohstahl im Durchschnitt mit 42,7 GJ vier Mal mehr Energie als etwa die Vereinigten Staaten (Buttermann 1999: 141), obwohl sich die Energieintensität in diesem Sektor in den neunziger Jahren bereits um etwa 20 vH verbessert hat. Mit Blick auf die infrastrukturellen Bedürfnisse wird sich die Energienachfrage zur Stahlproduktion weiter vergrößern. Nach Prognosen der IEA (1994: 172) wächst der Gesamtbedarf an Energie im Eisen- und Stahlbereich bis 2010 im Jahresdurchschnitt um 2,6 vH. Vor diesem Hintergrund ergibt sich auch ein beträchtlicher Zuwachs der CO_2-Emissionen.

Neben der Schwerindustrie spielt die Stromerzeugung eine wichtige Rolle für die Nachfrage nach Energie, insbesondere auch Kohle. Über 40 vH des gesamten Primärenergieangebots an Kohle wird von der Stromerzeugung absorbiert. Derzeit bestehen 75 vH des Kraftwerksparks aus Kohlekraftwerken. Der Anteil der Kohle ist dabei in den letzten zehn Jahren nahezu konstant geblieben. Dennoch gibt es Substitutionsprozesse: In der Stromerzeugung ersetzt Gas zu einem Teil den in alten Blockheizkraftwerken verwendeten Dieseltreibstoff, vor allem aber die im unte-

[3]Für die lokalen bzw. regionalen Umweltbelastungen ist insbesondere das Schwefeldioxid (SO_2) relevant; China emittierte 1998 25,4 Mill. t.

Schaubild 1

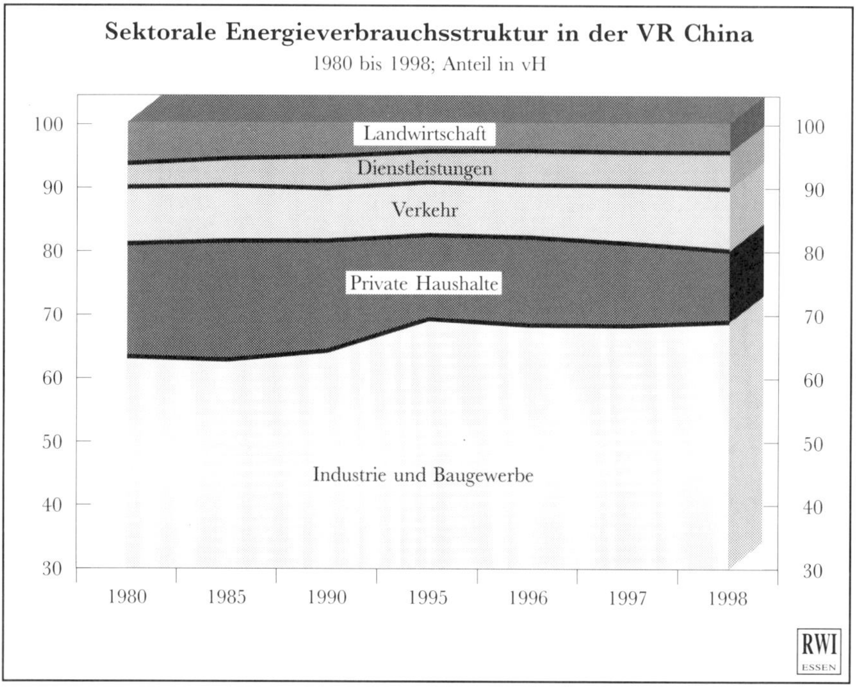

ren Spitzenlastbereich eingesetzte Kohle und Wasserkraft. Aufgrund der höheren Wirkungsgrade in GuD-Anlagen und der geringeren CO_2-Intensität des Erdgases wird seit Ende der neunziger Jahre beim Zubau an Kraftwerkskapazität auch in China auf Gas gewechselt.

Daneben ist der Private Verbrauch von Energie beachtlich. Von 1980 bis 1998 wuchs die Bevölkerung von knapp 1 auf 1,25 Mrd. Personen. Allerdings ist der Pro-Kopf- Verbrauch von Energie in China mit 1 t SKE noch relativ gering. Im Vergleich dazu lag er in den USA 1998 bei 7,6 t SKE, in Deutschland bei 4,2 t SKE. Hier zeigt sich das mögliche Niveau des Energieverbrauchs Chinas in der Zukunft. Der private Energieverbrauch bestimmt sich vor allem durch das Wachstum des Wohnungsbaus (in Abhängigkeit vom benötigten Wohnraum pro Person bzw. Haushalt und der zur Verfügung gestellten Baufläche), der Nutzung von elektrischen Gebrauchsgütern (in Abhängigkeit vom Einkommen) sowie aus der technischen Effizienzverbesserungen in beiden Bereichen. Auch wenn der Verbrauch zwischen 1980 und 1998 um 55,8 vH gestiegen ist, verringerte sich seine relative Bedeutung: Machte er 1985 noch 18,6 vH des Gesamtverbrauchs aus, waren es 1998 nur 11,3 vH.

1990 lebten in jedem Haushalt durchschnittlich 3,5 Personen, für die nächsten zwei Jahrzehnte erwartet die IEA (1994: 178) in den Städten 3,2 Personen und damit verbunden ein Wachstum der Zahl der Haushalte. Der pro Kopf benötigte

Wohnraum wurde mit sieben Quadratmetern veranschlagt (IEA 1994: 178). Vor diesem Hintergrund ergibt sich ein Bauflächenbedarf in städtischen Gebieten von mindestens 130 Mill. m^2.

Was den Gebrauch von Haushalts- und Konsumelektronik angeht, hat sich in den vergangenen Jahren – wenn auch auf niedrigem Niveau – ein gewaltiger Anstieg gezeigt. Seit 1978 ist die Nutzungsrate von Ventilatoren um das 20-fache, von Fernsehern um das 60-fache und von Waschmaschinen um das 97-fache gestiegen (Andrews-Speed et al. 1999: 360). Auch die Verwendung von Klimaanlagen – vor allem in den Südprovinzen – hat enorm zugenommen. Hinsichtlich der technischen Qualitätsmerkmale sind vor allem im Heizungsbereich Defizite zu vermuten, da die meisten Systeme veraltet sind und aufgrund zu kleiner Boiler in großem Maße Energie verschwenden. Hier sind in den vergangenen Jahren durch die Substitution von kohlebeheizten durch effizientere gasbetriebene Anlagen große Fortschritte gemacht worden, was sicherlich einen Teil der Rückgänge des Anteils des Wärme- am Gesamtenergieverbrauch der Privaten Haushalte erklärt.

Ein weiterer, immer wichtiger werdender Faktor des steigenden Energieverbrauchs ist die zunehmende Motorisierung; dies bezieht sich sowohl auf den öffentlichen als vor allem auch auf den privaten Güter- und Personenkraftverkehr. Insbesondere die im Rahmen der wirtschaftlichen Reformen seit dem Ende der siebziger und Anfang der achtziger Jahre begonnene Welle von Gründungen kleiner und mittlerer Unternehmen (Handel, Transportdienstleistungen usw.) führte zu einem enormen Anstieg der Zahl von Last- und Personenkraftwagen. Im Zuge der weiteren wirtschaftlichen Expansion wird mit steigendem Wohlstand die private Pkw-Nutzung zunehmen. Nicht zuletzt der Weg der Außenhandelsliberalisierung zur Mitgliedschaft Chinas in der WTO und die mit den Zollsenkungen verbundenen Preissenkungen für Importfahrzeuge haben Einfluss auf die Nachfrage nach Fahrzeugen und damit auf die Motorisierung und die CO_2-Emissionen. Insgesamt hat sich der Bestand an privaten Kraftfahrzeugen 2000 gegenüber 1996 mehr als verdoppelt (Zhongguo Tongji Bu 2002: 508).

Vor diesem Hintergrund stehen im Folgenden zwei Fragestellungen im Vordergrund:

- Mit welchem Energieverbrauch ist das Wirtschaftswachstum in Zukunft verbunden und welchen Einfluss kann die Umweltpolitik auf die CO_2-Emissionen nehmen?
- Welche komplementären Strategien sind zur CO_2-Emissionsreduktion denkbar?

2. Prognose des Primärenergieverbrauchs

Statistische Basis sind die Daten des Lawrence Berkeley National Laboratory (2001)[4]. Mit Hilfe regressionsanalytischer Verfahren wird im Folgenden der Pri-

[4] In Produktionsprozessen der Eisenschaffenden Industrie wird Koks in Gichtgas umgewandelt, das zum Teil wieder im Hochofenprozess eingesetzt wird, zum Teil aber an andere Sektoren geht. Zur Vermeidung von Doppelzählungen wurden die Daten um das Gichtgas im Koks bereinigt. Das auf den Heizwert bezogene Koksäquivalent von Gichtgas wurde vom Kokseinsatz der Eisenschaffenden Industrie abgezogen und im Umwandlungsbereich gebucht.

märenergieverbrauch, seine Aufteilung auf die Energieträger sowie die Preise der Sekundärenergieträger in einem einfachen Modell geschätzt, um so zu Größenordnungen der genannten Variablen zu gelangen. Der Energieverbrauch wird innerhalb der Systematik der chinesischen Energiebilanz inklusive der Primärenergiebilanzwerte der Sekundärenergieträger nach zwölf Energieträgern differenziert[5]. Das Modell umfasst insgesamt 19 Gleichungen. Die Primärenergieverbräuche reagieren auf Preisänderungen gemäß ihrer Preis- und Substitutionselastizitäten. Zielgröße ist der gesamte Primärenergieverbrauch; er dient zur Ermittlung der einzelnen Primärenergieverbräuche[6]. Die ex post-Anpassung des Modells ist angesichts seiner Einfachheit zufriedenstellend; beim Primärenergieverbrauchs (pro Kopf) liegt die durchschnittliche Abweichung bei 1,3 vH. Der mittlere Fehler (MEAN) hat eine Größe von –2 389 t SKE, der mittlere absolute Fehler (MAE) 14 747 kt SKE, die Wurzel aus dem mittleren quadratischen Fehler (RMSE) 17 670 kt SKE[7]. Als exogene Größen zur Schätzung der Energiepreise und -verbräuche dienen u.a.:

- BIP pro Kopf sowie Bevölkerung;
- Rohölpreis und Wechselkurs des Renminbi (RMB) zum Dollar;
- Preise der Konkurrenzenergien;
- eine für die Raumwärme relevante Temperaturvariable, welche durch die Heizgradtage die Abweichung der Temperatur vom langfristigen Trend misst.

Ein nicht unbeträchtlicher Teil der Variablen liegt außerhalb der Einflusssphäre der nationalen Politik, hat aber dennoch großen Einfluss auf das Angebot und die Nachfrage nach Energie. Hierzu zählen etwa der Rohölpreis oder der Wechselkurs des RMB zum Dollar. Tabelle 3 zeigt die Entwicklung ausgewählter Größen für die Schätzung des Primärenergieverbrauchs.

In der Schätzgleichung hängt der Primärenergieverbrauch (*PEV*) von den Relativpreisen für Kohle (P_K) zum Rohöl ($P_{Öl}$) bzw. zu den Übrigen Gasen (P_{Gas}) sowie dem realen *BIP* ab (Gleichung 1). Anders als bei einzelnen Energieträgern lässt sich der Primärenergieverbrauch insgesamt mit dem Temperatureinfluss ökonometrisch nicht nachweisen; dies mag damit zu erklären sein, dass im Süden Chinas aufgrund der klimatischen Verhältnisse gar nicht geheizt wird, dies aber der prosperierendste Teil des Landes ist. Die Schätzgleichung (OLS) für den Stützzeitraum 1990 bis 1998 lautet (T-Werte in Klammern):

$$(1) \quad PEV = -2334540 * P_K/P_{Öl} - 952690 * P_K/PE_{Gas} + 71{,}825 * BIP + 1018240$$
$$(2{,}68) \qquad (2{,}40) \qquad (2{,}39) \qquad (5{,}62)$$
$$\text{MAPE} = 1{,}30;\ \text{DW} = 2{,}51;\ \bar{R}^2 = 0{,}975.$$

[5]Kohle, Koks, Motorenbenzin, Diesel, Kerosin, Leichtes Heizöl, Schweres Heizöl, Erdgas, Elektrischer Strom, Fernwärme, Sonstige Energieträger.

[6]Eine detaillierte Beschreibung des Modells ist in Vorbereitung.

[7]Zur Beurteilung der Qualität empirischer Modelle anhand verschiedener Prüfmaße vgl. im Einzelnen Heilemann 1981 und die dort angegebene Literatur.

Tabelle 3

Ausgewählte Determinanten des Energieverbrauchs in China
1990 bis 2020

	1980	1990	2000	2005	2010	2015	2020
BIP[1], in Mrd. RMB	1 809	3 757	9 030	11 260	14 030	17 480	21 790
Bevölkerung, in Mill.	987	1 143	1 295	1 337	1 379	1 423	1 469
Kohlepreis, in RMB/t SKE	15	32	89	92	94	97	100
Rohölpreis, in RMB/t SKE	97	641	737	816	903	1 000	1 107
Erdgaspreis, in RMB/t SKE	174	358	1 289	1 431	1 587	1761	1 954

Eigene Berechnungen nach Angaben in IEA 1998 und Lawrence Berkeley National Laboratory 2001. – [1]In Preisen von 1998.

RWI ESSEN

Tabelle 4

Zukünftiger Primärenergieverbrauch in China
2000 bis 2020

	2000	2005	2010	2015	2020
	in Mill. t SKE				
Primärenergieverbrauch	1 350	1 540	1 760	2 030	2 350
	in vH				
Elektrizität	6,9	7,3	7,5	7,7	7,7
Kohle	65,3	64,3	63,8	63,0	62,0
Mineralöl	25,3	25,2	25,3	25,4	25,7
Gas	2,5	2,6	3,4	4,0	4,6
Insgesamt	100,0	100,0	100,0	100,0	100,0

Eigene Berechnungen.

RWI ESSEN

In der Prognose wird davon ausgegangen, dass die Preise für Kohle, Rohöl und Erdgas bis 2020 dem von der IEA (1998: 280) prognostizierten Pfad (Kohle: 0,5 vH; Öl: 2,1 vH; Gas: 2,1 vH) entsprechen. Die Ergebnisse sind in Tabelle 4 dargestellt.

Die Schätzung für den Sekundärenergieverbrauch wird hier am Beispiel des schweren Heizöls ($PEV_{sÖl}$) aufgezeigt (Gleichung 2). Sein Verbrauch hängt vom relativen Preis zu Rohöl, der Temperatur (HGT), der Bevölkerung (BEV), der Primärenergieintensität des realen BIP sowie von zwei Dummy-Variablen für die Jahre 1990 und 1991 ab, Folgejahre des politiisch turbulenten Jahres 1989:

$$(2) \quad PEV_{sÖl} = \underset{(4{,}03)}{-11430{,}200} * P_{sÖl}/P_{Öl} + \underset{(9{,}96)}{9{,}404} * HGT + \underset{(2{,}45)}{252{,}367} * \mathrm{BEV} -$$

$$\underset{(2{,}32)}{60{,}768} * PEV/BIP + \underset{(5{,}71)}{7437{,}530} * D90 + \underset{(4{,}53)}{4184{,}670} * D91 + \underset{(2{,}86)}{292280}$$

$$\mathrm{MAPE} = 3{,}92;\ \mathrm{DW} = 2{,}56;\ \overline{R}^2 = 0{,}990.$$

Auf Basis dieser einfachen Modellrechnungen wächst der Primärenergieverbrauch von 2000 bis 2020 um 75 vH von 1,4 auf 2,4 Mrd. t (Tabelle 4). Dies liegt aus den genannten Gründen unterhalb der Schätzungen der IEA (2,7 Mrd. t SKE bzw. 14 vH des Primärenergieverbrauches in der Welt (19,3 Mrd. t SKE); IEA 2001: 29). Die Struktur wird sich weiter zu Lasten der Kohle verschieben: Aufgrund der steigenden Energieeffizienz beim Einsatz von Kohle und deren Substitution durch Erdgas wird der Kohleverbrauch unterdurchschnittlich wachsen (65,2 vH), der von Erdgas (220,2 vH) und Mineralöl (76,3 vH) überdurchschnittlich. Darüber hinaus wird Elektrizität einen höheren Stellenwert einnehmen, die insbesondere den Primärenergieträger Kohle substituiert, z.B. durch die stärkere Nutzung zur Wärmeenergieerzeugung im Haushalts- und Gewerbebereich. Darüber hinaus wird Strom in immer geringerem Maße durch Kohlefeuerung bereitgestellt. Neben Gas werden Wasserkraft nach der Inbetriebnahme des „Drei-Schluchten-Staudamms“ und Kernkraft in stärkerem Maße zur Stromerzeugung beitragen. Dies schlägt mit einem Wachstum des Primärenergieverbrauchs von Elektrizität von 94,5 vH zu Buche. An diesen Referenzszenario sind mögliche Politikoptionen auszurichten.

3. Herausforderungen für Energiepolitik und Emissionsminderung

3.1. Herausforderungen steigender CO_2-Emissionen

Das unterstellte Wirtschaftswachstum ist mit einem Anstieg der CO_2-Emissionen von 3,2 Mrd. t im Jahr 2000 auf 5,5 Mrd. t im Jahr 2020 verbunden (70 vH; Tabelle 5); dies entspricht 356 kg CO_2/1 000 RMB bzw. 2 950 kg CO_2/ 1 000 \$. Zum Vergleich: Die CO_2-Intensität der USA betrug im Jahr 2000 640 kg CO_2/1 000 \$. Zwar wird sich die CO_2-Intensität in China durch die Verbesserung der Energieintensität und Brennstoffsubstitution um etwa 30 vH reduzieren, doch besteht aus umweltpolitischer Sicht dringender Handlungsbedarf. Im Übrigen beliefen sich die SO_2-Emissionen im Jahr 2000 auf 46,5 Mill. t.

Zur Reduktion der Emissionen sind erhebliche – staatliche und private – Investitionen erforderlich; letztere in Form von Direktinvestitionen, Entwicklungshilfe, Geldern internationaler Organisationen wie der Weltbank oder der Asiatischen

Tabelle 5

Zukünftige CO_2-Emissionen in China

2000 bis 2020; in Mill. t

	2000	2005	2010	2015	2020
Kohle	2 400	2 700	3 600	3 480	3 980
Mineralöl	760	860	980	1 130	1 330
Gas	60	70	100	130	180
Insgesamt	3 220	3 630	4 130	4 720	5 480

Eigene Berechnungen.

Tabelle 6

Preis von Kohle und Koks in China im Steuerszenario
2003 bis 2020; in RMB/t SKE

	Steuersatz	Kohle	Koks
2003	2	93	909
2005	6	97	945
2010	16	111	1 187
2015	28	125	1 432
2020	43	142	1 723

Eigene Berechnungen nach Angaben in IEA 1998 und Lawrence Berkeley National Laboratory 2001. RWI ESSEN

Entwicklungsbank[8]. Im neunten Fünfjahresplan (1996 bis 2000) wurden nach Angaben der *State Economic and Trade Commission* (SETC 1995: 4) für den Umweltschutz von der Zentralregierung 450 Mrd. RMB (120 Mrd. DM) eingeplant, 46 vH davon für die Minderung und die Kontrolle von Luftschadstoffen. In der Periode des zehnten Fünfjahresplanes (2001 bis 2005) wird eine Produktion der heimischen Umweltschutzindustrie in Höhe von 200 Mrd. RMB erwartet, davon 55 Mrd. RMB Umweltgüter. Die Wachstumsrate der Umweltschutzindustrie soll nach SETC-Angaben 15 vH pro Jahr betragen. Die Regierung hat bisher keine Prognosen über die daraus resultierenden Emissionsreduktionen veröffentlicht. Um eine deutliche Minderung der CO_2-Emissionen zu erreichen, sind jedoch vermutlich zusätzliche Instrumente erforderlich. Als wichtigste Politiken und Maßnahmen werden im zehnten Fünfjahresplan (2001 bis 2005) sowohl das Ordnungsrecht (Emissionsstandards) als auch Umweltabgaben genannt (SETC 2000: 7).

Im Folgenden werden deshalb die Wirkungen der Einführung einer progressiven Primärenergiesteuer geschätzt, die mit ab 2002 stetig steigendem Steuersatz einer Erhöhung des Kohlepreises um jährlich 2,5 vH entspricht[9]. Vor dem Hintergrund der Wachstumsziele des Landes sowie möglicher Auswirkungen auf die internationale Wettbewerbsfähigkeit des Landes dürfte eine derartige Steuer sicherlich nicht höher ausfallen. Ziel ist es, über den autonomen technischen Fortschritt hinaus Investitionen in CO_2-Emissionsminderungstechniken zu stimulieren. Die Auswirkungen von sektoral differenzierten Emissionsstandards im Endenergieverbrauch sollen an dieser Stelle nicht betrachtet werden und lassen Platz für weitere Analysen.

3.2. Effekte einer progressiven Steuer auf den Primärenergieverbrauch von Kohle

Der Verbrauch von Kohle speist sich fast ausschließlich aus inländischer Gewinnung, Importe sind ebenso vernachlässigbar wie Exporte (1998: 2,5 vH). Die Einführung einer Steuer auf den Verbrauch von Kohle hat mit dem Preisimpuls einen

[8] Im Jahr 1998 vergab die Weltbank Kredite in Höhe von 2,6 Mrd. $ an China, 16,6 vH davon für Umweltschutz (Andrews-Speed et al. 1999: 288).

[9] Da sich der Primärenergieverbrauch wie gezeigt in überaus hohem Maße aus Kohle speist und dort durch Effizienzsteigerungen die größten CO_2-Einsparpotenziale zu vermuten sind, ist es sinnvoll, eine Steuer dort anzusetzen.

Tabelle 7

CO_2-Emissionen und der Energieträgerstruktur in China nach Einführung einer Kohlesteuer

2005 bis 2020

	2005	2010	2015	2020
CO_2-Emissionen				
Emissionen im Steuerszenario	3 590	4 020	4 560	5 240
Abweichungen gegenüber dem Referenzfall				
in Mill. t CO_{250}	–40	–110	–180	–240
in vH	–1,2	–2,7	–3,8	–4,4
Primärenergieträger, Anteil in vH				
Elektrizität	7,2	7,4	7,5	7,5
Kohle	64,2	62,9	61,7	60,4
Mineralöl	25,7	26,4	27,0	27,6
Gas	2,8	3,3	3,8	4,4
Insgesamt	100,0	100,0	100,0	100,0

Eigene Berechnungen.

über die Vorleistungen wirkenden Effekt auf den Verbrauch von Energie. Da der Preis der Sekundärenergieträger in hohem Maße von dem der Primärenergieinputs abhängt, wird sich über der Verteuerung der Kohle z.B. der von Koks ändern (Tabelle 6). Durch die Einführung der Kohlesteuer sinken die CO_2-Emissionen bis zum Jahr 2020 gegenüber dem Referenzfall um 240 Mill. t bzw. 4,4 vH auf 5,2 Mrd. t (Tabelle 7)[10].

Die relative Verteuerung der Kohle führt dabei zu einer Verschiebung der Primärenergieträgerstruktur. Kohle verliert weiter an Gewicht, ihr Anteil am gesamten Primärenergieverbrauch sinkt auf 60,4 vH. Im Referenzfall hatte er noch bei 62,0 vH gelegen (Tabelle 4). Die Bedeutung des Mineralöls nimmt hingegen zu. Nach Einführung der Steuer hat es einen Anteil von 27,6 vH (25,7 vH). Dies trägt durch ihren niedrigeren spezifischen CO_2-Gehalt zur Senkung der gesamtwirtschaftlichen CO_2-Intensität bei (Tabelle 8). Der Anteil von Erdgas liegt 2020 bei 4,4 vH, der der Elektrizität bei 7,5 vH. Da der Zuwachs beim Mineralöl überproportional ist, steigen die Verbräuche an Gas und Strom im Steuerfall nur absolut, ihr Anteil geht gegenüber dem Referenzfall zurück.

Die gesamtwirtschaftliche CO_2-Intensität sinkt bis 2020 gegenüber dem Referenzfall um 9,6 vH auf 241 kg CO_2/1 000 RMB BIP (Tabelle 8; umgerechnet 1 993 kg CO_2/1 000 \$). Sie ist damit im Vergleich etwa zu den USA (640 kg) aber immer noch hoch. Die Energieintensität Deutschlands lag 2000 mit 300 kg/1 000 \$ noch um ein Mehrfaches niedriger. Will die Regierung höhere CO_2-Emissionsminderungen realisieren, so müsste der Steuersatz deutlich höher sein. Dies dürfte aber aus wirtschafts- und entwicklungspolitischen Überlegungen nicht zu realisieren sein.

[10] Die SO_2-Emissionen reduzieren sich gegenüber dem Referenzfall durch die Steuer um 1,9 Mill. t bzw. 4,3 vH auf 44,6 Mill. t.

Tabelle 8

CO_2-Intensität in China nach Einführung einer Kohlesteuer

2000 bis 2020; in kg CO_2/1 000 RMB BIP

	Referenzfall	Steuerfall
2000	356	356
2005	323	319
2010	295	287
2015	271	261
2020	252	241

Eigene Berechnungen.

RWI ESSEN

4. Zusammenfassung und Ausblick

Trotz einer Abkoppelung der Energieverbrauchs vom Wachstum der Wirtschaft kann die inländische Erzeugung die wachsende Energienachfrage in China kaum noch decken. So ist das Land seit 1993 Nettoimporteur von Mineralöl. Die Steigerung der Energienachfrage erfolgte in der Vergangenheit vor allem aufgrund des Wachstums der energieintensiven Schwerindustrien mit einem hohen Kohleanteil wie der Eisen- und Stahlindustrie sowie der öffentlichen und industriellen Stromerzeugung. Daneben ist im Zuge der steigenden verfügbaren Einkommen der privaten Haushalte sowie einer Tertiarisierung der Ökonomie der Verkehrs-, Haushalts- und Kleinverbrauchsbereich immer mehr zu einem bedeutenden Bestimmungsmoment der Nachfrage geworden.

Die Struktur des Energieangebots ist aufgrund der Politik der Versorgungssicherheit aus heimischen Energiequellen durch die vorhandenen Energiereserven bestimmt. Vorherrschende Energiequelle ist die Kohle. Mittelfristig wird das wirtschaftliche Wachstum nicht durch nationale Energieknappheit bzw. steigende Importe an Energie restringiert. Die Reichweiten der nationalen Ressourcen bei Kohle (80 Jahre) und Gas (104 Jahre) (Stahl 1998) sind ausreichend und insbesondere im Kohlebereich kostengünstig zu erschließen. Dies hat in der Vergangenheit erhebliche Wachstumsraten des BIP zugelassen. Da die heimischen Ressourcen an Erdöl mit einer Reichweite von noch etwa 20 Jahren begrenzt sind, werden die Grenzkosten der Ausbeutung der nationalen Vorkommen in der nahen Zukunft deutlich über dem Weltmarktpreis liegen und so der Import einen volkswirtschaftliche Wohlfahrtszuwachs darstellen.

Mit wachsender Bedeutung von Umweltaspekten treten die zukünftigen CO_2-Emissionen immer mehr in der Vordergrund des Interesses, wenngleich das Land es ablehnt, seine wirtschaftliche Entwicklung durch globale ökologische Anforderungen – etwa durch das Eingehen quantitativer Verpflichtungen gegenüber dem Kyoto-Protokoll – zu beeinträchtigen. Für das Jahr 2020 muss mit CO_2-Emissionen in Höhe von mindestens 5,5 Mrd. t gerechnet werden. Die IEA prognostiziert sogar 7 Mrd. t (20 vH der CO_2-Emissionen in der Welt).

Tabelle 9

Struktur der Stromerzeugung in China

1980 bis 1998; Anteil in vH

	1980	1985	1990	1995	1996	1997	1998
Kohle	79,7	76,4	78,2	75,9	75,7	76,8	77,3
Erdgas	0,5	0,6	1,1	1,7	1,4	2,0	2,0
Diesel	0,5	0,5	0,5	2,9	2,9	2,4	2,3
Summe Thermisch	80,6	77,5	79,8	80,5	80,0	81,2	81,5
Wasserkraft	19,4	22,5	20,2	18,0	18,8	17,4	17,2
Kernenergie	0,0	0,0	0,0	1,5	1,3	1,3	1,3
Erneuerbare Energien	0,00	0,00	0,00	0,01	0,02	0,03	0,04
Insgesamt	100,0	100,0	100,0	100,0	100,0	100,0	100,0

Eigene Berechnungen nach Angaben in Lawrence Berkeley National Laboratory 2001. RWI ESSEN

Der zehnte Fünf-Jahresplan nennt als mögliche Politikoptionen für die Minderung von Luftschadstoffen unter anderem Umweltabgaben. Nach einfachen regressionsanalytischen Schätzungen reduziert die Implementation einer progressiven Primärenergiesteuer auf den Einsatz von Kohle – sie entspricht damit in etwa einer Erhöhung des Kohlepreises im Jahr 2002 um jährlich 2,5 vH – die CO_2-Emissionen bis zum Jahr 2020 um etwa 240 Mill. t, die lokal und regional relevanten SO_2-Emissionen um 1,9 Mill. t gegenüber dem Referenzszenario. Dabei sinkt der Anteil der Kohle am Primärenergieverbrauch auf 60,4 vH. Die geringere CO_2-Intensität des Mineralöls und ein Rückgang des gesamten Primärenergieverbrauchs führen zu einer Senkung der gesamtwirtschaftlichen CO_2-Intensität auf ca. 2000 kg SKE/1 000 $ BIP. Im Vergleich zu den Werten für die USA oder gar Deutschland im Jahr 2000 ist dies noch immer um das Drei- bzw. Siebenfache höher. Insgesamt könnte die Einführung der CO_2-Steuer allerdings nur einen kleinen Beitrag zur Emissionsminderung leisten, da ihre Ausgestaltung mit Rücksicht auf die Wachstumsziele und die internationale Wettbewerbsfähigkeit sehr moderat ausfallen muss und der autonome technische Fortschritt auch bis zum Jahr 2020 den Großteil der Effizienzsteigerungen ausmachen wird.

Eine zusätzliche Strategie zur Minderung der CO_2-Emissionen ist die verstärkte Nutzung regenerativer Energien, insbesondere der Wasser-, aber auch der Windkraft und der Solarenergie. Seit Mitte der achtziger Jahre ist der Anteil der Wasserkraft zur Stromerzeugung kontinuierlich zurückgegangen (Tabelle 9), doch mit der Fertigstellung des „Drei-Schluchten-Staudammes" wird ihre Bedeutung wieder merklich zunehmen. Der weitere Ausbau stößt jedoch zunehmend an ökonomische Grenzen. Unterstellt man, dass die günstigsten Vorkommen zuerst genutzt wurden, ergeben sich steigende Grenzkosten der Erschließung und Ausbeutung neuer Ressourcen. Da die größten Ressourcen im gebirgigen und deshalb technisch schwer zu erschließenden Südwesten Chinas liegen, sind die Grenzkosten zumindest für größere Wasserkraftwerke sehr hoch (Andrews-Speed et al. 1999: 258).

Schaubild 2

Windenergiekapazität in der VR China

1977 bis 1998; in MW

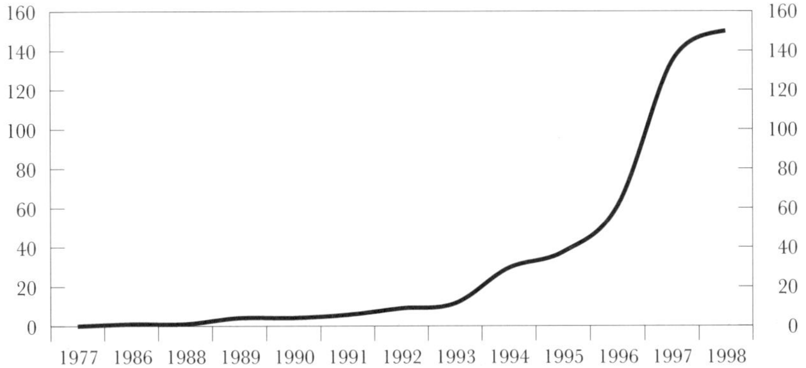

Dai et al. 1986, Lawrence Berkeley National Laboratory 2001.

RWI ESSEN

Windkraft bietet neben den ökologischen Effekten zusätzliche Vorteile einer dezentralen Energieerzeugung, insbesondere in entlegenen ländlichen Regionen. Die Anbindung an das zentrale Stromversorgungsnetz und die damit verbundenen Kosten entfallen. Zwar ist ihr Anteil mit 0,05 vH der Gesamtkapazität noch sehr gering, doch weisen das Wachstum der installierten Leistung und die strategischen Planungen der Regierung auf eine in Zukunft größere Bedeutung hin (Schaubild 2). Ein umfangreicher Zubau scheitert derzeit jedoch noch an den im Vergleich zu konventioneller Stromerzeugung zu hohen Kosten (1 200 \$/kW; zum Vergleich: konventionelle Kohleverstromung 700 \$/kW). Auch zukünftig wird China wohl aus entwicklungspolitischen Überlegungen auf einen weitreichenden Zubau von Windenergie verzichten.

Einen möglichen Ausweg aus dem Dilemma fehlender Investitonen in den Klimaschutz und steigender CO_2-Emissionen bietet der CDM, der als ein Ergebnis der internationalen Klimaverhandlungen implementiert wurde (Art. 12, Abs. 1 des Kyoto-Protokolls), da auf der einen Seite moderne Technologie attrahiert wird, die ohne den CDM nicht implementiert würde, zum anderen China keine eigenen Mittel aufwenden muss, um den zusätzlichen Umweltnutzen in Form der Ressourcenschonung und Emissionsminderung zu erhalten. Dies spiegelt auch die Regelung des Kyoto-Protokolls wider, denn Zweck des neuen Finanzierungsmechanismus (Art. 12, Abs. 2) ist:

- die Nicht-Annex-I Staaten (wie die VR China) dabei zu unterstützen, eine nachhaltige Entwicklung zu erreichen, und gleichzeitig

- die Annex-I-Staaten bei der Erzielung ihrer Treibhausgasemissionsminderungen zu unterstützen (UNFCCC 1998: 19).

Tabelle 10

Globales Marktpotential zur Nutzung des CDM
in Mill. t CO_2-Äquivalenten

Marktsegment	Umfang
Nachfrage 2008 bis 2012 (ohne USA)	1 400 bis 2 400
Angebot „hot air"	950 bis 2 150
Angebot an Senken in Annex I-Staaten	ca. 330
Nettonachfrage nach JI/CDM	0 bis 1 800

Schätzungen der Weltbank.

Annex-I Staaten können sich zertifizierte Emissionsreduktionen (*Certified Emission Reductions*; CER) ab dem Jahr 2000 auf ihre Minderungsverpflichtungen in der ersten Budgetperiode 2008 bis 2012 anrechnen. Dabei werden die erreichten Treibhausgasminderungen ganz oder zum Großteil dem Investorstaat gutgeschrieben. Materiell entspricht dies dem Prinzip der *Joint Implementation* (Art. 6 des Kyoto Protokolls)[11]. Insofern sind JI und CDM zwar in bezug auf die inhaltliche Ausgestaltung kompatibel, beziehen sich jedoch auf eine unterschiedliche Gruppe von Partnerländern. Gastland von JI sind Annex-I-Staaten (hier im Wesentlichen die Transformationsstaaten in Mittel- und Osteuropa), Gastland beim CDM sind Nicht-Annex-I-Staaten, also die Entwicklungsländer wie China.[12]

Wie groß das realisierbare Potenzial für mögliche JI/CDM-Projekte in China letztlich sein wird, hängt von verschiedenen Nachfrage- und Angebotsfaktoren ab (Tabelle 10). Auf der einen Seite ist die Nachfrage nach JI/CDM-Projekten durch den Verzicht der USA auf die Ratifizierung des Kyoto-Protokolls geringer geworden und damit auch die potenziellen Investitionen in JI/CDM-Projekte. Auf der anderen Seite macht insbesondere die Substitution von CDM-Projekten durch „heiße Luft" – erst recht nach den weiteren Zugeständnissen an Russland – das Potenzial für eine umfangreiche Nutzung des CDM geringer. Im Extremfall kann es sogar gegen Null gehen.

[11] Mit den Beschlüssen der siebten Vertragsstaatenkonferenz in Marrakesch im Jahr 2001 (UNFCCC 2000) wurden JI und CDM bei der Durchführung materiell gleichgestellt, jedoch ist beim CDM weiterhin die Anrechnung der CER mit der Entrichtung einer Gebühr verbunden. Diese ist sowohl dazu gedacht, (a) die Verwaltungskosten der CDM-Maßnahmen zu decken, als vor allem auch (b) Maßnahmen zur Anpassung an die Folgen der Klimaveränderungen in (besonders anfälligen) Nicht-Annex-I Staaten zu finanzieren. Dies könnte China eine zusätzliche Anschubfinanzierung für Klimaschutzprojekte bringen.

[12] Da das Gastland beim CDM derzeit keine Minderungsverpflichtungen hat, können ihm diese Minderungen auch nicht zum Budget hinzuaddiert werden. Voraussetzungen für den CDM sind die Freiwilligkeit der Teilnahme, reale, messbare und langfristige Erfolge der Minderungen der Klimaveränderungen und die Reduktion von Treibhausgasen, die ohne dieses Projekt emittiert worden wären. Nach dem Willen der siebten Vertragsstaatenkonferenz können beim CDM Treibhausgassenken nicht angesetzt werden.

Literatur

Andrews-Speed, Ph. et al. (1999), Energy Policy and Structure in the People´s Republic of China. Untersuchungen des RWI 31. RWI, Essen.

Buttermann, H.G. (1999), Potentiale und Kosten einer globalen CO_2-Minderungsstrategie in der Stahlindustrie. *RWI-Mitteilungen* 50 (3): 129–155.

Dai, H.Z., S.Y. Chen, X.G. Wu and J.P. Cai (1997), Grid Connected Wind Power in China: Development, Problems and Solution. In IEA (ed.), *Energy Efficiency Improvements in China.* Policy Measures, Innovative Finance and Technology Deployment. Conference Proceedings Beijing, PRC 3-4 December 1996. Paris.

Heilemann, U. (1981), Zur Prognoseleistung ökonometrischer Konjunkturmodelle für die Bundesrepublik Deutschland. Schriftenreihe des RWI N.F. 44. Berlin: Duncker & Humblot.

IEA – International Energy Agency (ed.) (1999), *Elaborating the Clean Development Mechanism under the Kyoto Protocol.* The Buenos Aires "COP 4" Climate Change Negotiations. Paris.

IEA – International Energy Agency (ed.) (lfd. Jahre), *World Energy Outlook.* Paris.

IMF – International Monetary Fund (ed..) (2001), *Balance of Payments Statistics Yearbook.* Washington, DC.

Lawrence Berkeley National Laboratory (ed.) (2001), *China Energy Databook.* Berkeley, CA.

Oberheitmann, A. (1999), Aktuelle Ergebnisse der internationalen Klimaverhandlungen und Möglichkeiten der Treibhausgasminderungen in China. Duisburger Arbeitspapiere zur Ostasienwirtschaft 48. Universität Duisburg.

Sinton. J.E. and D.G. Fridley (2001), Growth in China's Carbon Dioxide Emissions is Slower than Expected. *Sinosphere* 4 (1): 3–5.

Stahl, W. (1998), *Die weltweiten Reserven der Energierohstoffe*: Mangel oder Überfluß? Bundesanstalt für Geowissenschaft und Rohstoffe, Hannover.

SETC – State Economic and Trade Commission (ed.) (1995), *The National Ninth Five-Year Plan for Environmental Protection and the Long-Term Targets for the Year 2010.* Beijing.

SETC – State Economic and Trade Commission (ed.) (2000), *The Tenth Five-Year Plan for the Development of the Environmental Protection Industry.* Beijing.

UNFCCC – United Nations Framework Convention on Climate Change (ed.) (2000), Mechanisms persuant to Articles 6, 12 and 17 of the Kyoto Protocol – Text for further negotiation on principles, modalities, rules and guidelines. Note by the Chairman. FCCC/SB/2000/3, 12.4.2000. Bonn.

UNFCCC – United Nations Framework Convention on Climate Change (ed.) (1998), Adoption of the Kyoto Protocol to the United Nations Framework Convention on Climate Change Kyoto. FCCC/CP/7/Add.1, Decision 1/CP.3, Annex A, 18.3.1998. Bonn.

Zhongguo Tongji Bu (ed.) (2002), Zhongguo Tongji Nianjian 2001. Beijing (Statistisches Amt der Volksrepublik China (Hrsg.), Statistisches Jahrbuch der Volksrepublik China).

Zusammenfassung

Auch wenn sich der Einsatz von Energie in der VR China von der gesamtwirtschaftlichen Entwicklung abgekoppelt hat, so hat sich der Primärenergieverbrauch in den vergangenen 20 Jahren verdoppelt. Mit einem Kohleanteil von knapp 70 vH ist die Energieträgerstruktur sehr einseitig. Vor dem Hintergrund einer noch immer sehr niedrigen Energieeffizienz und einer Verdoppelung des Energieverbrauchs in den nächsten 20 Jahren gewinnen umweltpolitische Fragen immer mehr an Gewicht. Als Politikoption für die Minderung von Luftschadstoffen werden auch Umweltabgaben gesehen. Mit Hilfe regressionsanalytischer Schätzungen lässt sich zeigen, dass durch die Einführung einer Primärenergiesteuer (2 vH) auf den Einsatz von Kohle eine Reduktion der CO_2-Emissionen um etwa 240 Mill. t bis 2020 gegenüber dem Referenzszenario zu erreichen sein dürfte. Dies ist vor allem durch die Begünstigung des Mineralöls bedingt. Dennoch ist der Rückgang der gesamtwirtschaftlichen CO_2-Intensität auf etwa 2 000 kg SKE/1 000 $ BIP vergleichsweise bescheiden. Im Vergleich zu den Werten USA oder gar

Deutschland im Jahr 2000 wäre sie 2020 noch immer drei- bzw. sieben Mal so hoch. Inwieweit komplementäre Strategien wie die Förderung regenerativer Energien oder die Nutzung des Clean Development Mechanism zu weiteren Emissionsminderungen beitragen können, hängt stark von internationalen Faktoren – Preise für Energie oder für CO_2-Zertifikate – ab.

Résumé

La consommation primaire d'énergie a doublé en République populaire de la Chine malgré que l'emploi énergétique s'est découplé de l'évolution économique globale durant les dernières vingt années. La structure de la forme d'énergie est très concentrée sur le charbon. Ainsi, les questions écologiques gagnent de plus en plus du terrain. On peut démontrer, que par l'introduction d'un impôt sur l'énergie primaire, une réduction d'émission de CO_2 d'environ 240 million de tonnes pouvait être atteinte jusque l'an 2020 en comparaison du scénario référentiel. Cependant, la réduction globale économique est insignifiante en comparaison aux données des Etats-Unis d'Amérique ou même de l'Allemagne. Dans quelle mesure des stratégies complémentaires telle que la promotion des énergies régénératrices ou l'emploi d'un mécanisme pour un développement propre (« clean Development Mechanism ») peuvent contribuer à la réduction supplémentaire d'émission, est fortement dépendant des facteurs internationaux.